中國史學基本典籍叢刊

唐六典

上

〔唐〕李林甫等撰
陳仲夫 點校

中華書局

圖書在版編目(CIP)數據

唐六典:全2册/(唐)李林甫等撰;陳仲夫點校. —北京:中華書局,2014.7(2025.6重印)
(中國史學基本典籍叢刊)
ISBN 978-7-101-10163-8

Ⅰ.唐… Ⅱ.①李…②陳… Ⅲ.官制-研究-中國-唐代 Ⅳ.D691.42

中國版本圖書館CIP數據核字(2014)第101911號

責任編輯:胡 珂
責任印製:管 斌

中國史學基本典籍叢刊
唐 六 典
(全二册)
〔唐〕李林甫等 撰
陳仲夫 點校
*
中 華 書 局 出 版 發 行
(北京市豐臺區太平橋西里38號 100073)
http://www.zhbc.com.cn
E-mail:zhbc@zhbc.com.cn
北京新華印刷有限公司印刷
*
850×1168毫米 1/32 · 24¾印張 · 4插頁 · 436千字
2014年7月第1版 2025年6月第10次印刷
印數:12301-13100册 定價:118.00元

ISBN 978-7-101-10163-8

唐六典

陳仲夫先生手題書名

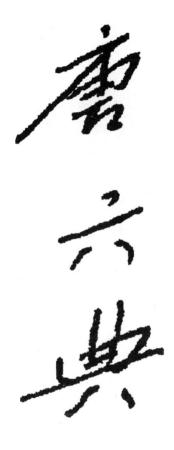

唐六典簡介

唐六典三十卷，題名御撰，李林甫等奉勑注。開元十年（七二二），中書舍人陸堅被旨修六典，唐玄宗李隆基手寫白麻紙凡六條，曰理典、教典、禮典、政典、刑典、事典，令以類相從，撰録以進。這便是六典一書之所以興修、命名和題作「御撰」的由來。事實上，它是經過十幾年間前前後後衆多集賢院學士如毋煚、余欽、咸廙業、孫季良、韋述、陸善經、苑咸等人的不懈努力，由宰相兼學士知院事者領銜主修，歷經張説、蕭嵩、張九齡，至李林甫知院事任内，於開元二十七年（七三九）始全部撰成進上的，所以稱「李林甫等奉勑注」。

無論唐玄宗的動機如何，是否真的一時興到，欲依周禮太宰六典之文，成唐六官之典，以文飾太平，由於有了他手寫的六條，而唐代的官制又與周官迥異，這就給奉命修書的學士帶來了很大的困難，連曾經七次奉命修書，富有經驗的飽學之士徐堅，思之歷年，都感到無從措手。後來學士們不得已乃採取「以令式入六司，像周禮六官之制，其沿革並入注」的方法，終於修成了一部以唐代中央及地方各級官吏的名稱、員品、職掌爲正文，以其自周官以來之沿革爲注文的六典。由於它是以唐代官制爲本，而且直接取材於當時施行之令式的，其正文中間或列入了一些古代有之而今不常置的官吏，以及遇有在漫長的修書過程中其官名、員品、職掌有所改易的，又多在注中作了交待（前者如卷一於歷述三師、三公、尚書令之員品職掌後，出注曰：「自太師已下，皆古宰相之職，今不常置，故備敍之。」後者如卷二於述考功員外郎「掌天下貢擧之職」句下出注曰：「開元二十四年，敕以爲權輕，專令禮部侍郎一人掌貢擧。然以舊職故，復敍於此云。」諸如此類，毋庸枚擧），因此基本上是與成書前後唐代現行之官制吻合的。其注文中所敍沿革，除涉及周官之處諸多附會外，自秦、漢而下則相當詳實，多爲後來杜佑修通典所本。六典是一部以開元年間現行的職官制度爲本，追溯其歷代沿革源流，以明設官分職之義的考典之書。由於百官職掌所涉範圍至廣，其內容兼及唐代的土地制度，賦稅土貢，都城規制，宮殿建築，官方手工業分工，禮樂儀制，文化教育，乃至宗教等政治、經濟、文化的許多方面，具有很高的史料價值，所以它是我們今天研究唐史，特別是唐代官制極爲重要而不可或缺的一部書。

六典於唐代已有傳寫本，且曾遠傳至日本，惜均早已湮没無聞。北宋曾鞏在館閣時嘗見此書，「其前有序，明皇自撰意，而其篇首皆曰御撰，李林甫注」；後曾氏又得一不全本，「其前所載序同，然其篇首不曰御撰，其第四一篇則曰集賢院學士知院事中書令脩國史上柱國始興縣開國子臣張等奉敕撰」。（見元豐類稿卷三十四乞賜唐六典狀）宋神宗元豐三年（一〇八〇），曾於禁中鏤版，以摹本賜近臣及館閣，世稱北宋（元豐）本。以上諸本原書，今亦俱已不存。現存最早的是南宋紹興四年温州州學所刻的大唐六典殘本十五卷，世稱南宋本，原書分别庋藏於北京圖書館、南京博物院及北京大學圖書館三處；一九八四年，中華書局將其彙爲一編，依原來的行款尺寸，影印出版。其次是由席文同、李立卿相繼積累年之功，據王鏊參預修明會典時自禁中「手録以歸」的抄本，於明正德二年（一五一五）刊行的正德本三十卷，除有個别缺頁外，相當完整。後來的明嘉靖本和清掃葉山房本、廣雅書局本，都是據正德本輾轉傳刻的。此外，日本人近衛家熙曾以正德本爲底本，參校羣籍，詳加考訂，於一七二四年整理成書，世稱近衛本。一九七三年，日本廣池學園刊出廣池千九郎訓點，内田智雄補訂之本。係以殘宋本、宋孫逢吉職官分紀爲主，校近衛本，世稱廣池本。上述諸本雖仍流行，但爲數不多，世人難得一見，加以魯魚亥豕，蟲蝕版損，刊落誤植，訛脱增衍之處所在多有，因此我們今天重新整理出版了這部書，以饗讀者。

陳仲夫一九八八年十一日於北京大學中關園寓所

點校凡例

（一）是書卷一至三、七至十五、二十八至三十以南宋本爲底本，卷四至六、十六至二十七以明正德本爲底本，分卷一仍其舊。

（二）本書以嘉靖本、近衞本、廣雅本爲主要通校本，並以太平御覽、職官分紀、資治通鑑胡三省注所引唐六典文全部通校一過。此外，更廣蒐古書，凡六典徵引所及之載籍，無論其稱名與否，靡不盡量羅致原著，已佚者則求諸輯本或類書，逐字逐句對照，作出詳細考證。但校語則力求簡潔，並盡可能援用本校與對校，以便讀者省覽。所用書籍均散見於校記中，泰半爲通行本，以數量繁多，於此不復一一列舉。

（三）掃葉山房本因錯字太多，幾乎令人不堪卒讀，故一概不予採用。

（四）廣雅本雖係據掃葉山房本翻刻者，並很可能已參考過近衞本，汲取其大部分成果，但錯別字遠較掃葉山房本爲少，且有許多創見（如卷二司勳郎中員外郎職掌條原注「魏武帝以牽招爲中護軍將軍」，正德、嘉靖二本「牽」字並缺，近衞校曰「據魏志，缺字當填以『韓』，『招』當作『浩』。」而廣雅本則直作「牽招」，與南宋本及史實合。又如卷二十六太子中舍人員品條原注「至咸寧二年，齊王攸爲太傅」，正德、嘉靖二本「攸」並訛作「冏」，近衞沿而不校，廣雅本則作「攸」，與資治通鑑卷二一〇先天元年八月戊申王琚累遷太子中舍人條胡三省注引唐六典文及史實合。若此之類，不勝枚舉），故亦將其作爲主要通校本之一。

（五）底本訛字，凡證據充足明白，可以確定無疑者，一律逕改原文，出校曰「某字原本作某，據某本（某書）改」，以便省覽。其有證據微嫌不足，確信程度稍遜者，則仍録原文，出校曰「據某本（某書），某字疑當作某」，以示慎重。凡屬明顯之點畫錯誤，如「臯朝」之與「皇朝」；避諱缺筆，如「桓」之與「桓」，若此之類，則逕予更正，一般不出校。

（六）底本與別本或他書之間，其字句略有異同，而以別本或他書爲差勝者，亦仍録原文，而出校曰「某字某本（某書）作某」，以供參考。

（七）底本有殘字、缺字或漫漶不可辨認者，一般均隨處逕補。爲避免繁瑣，無論空白、墨釘、版損、蟲蝕，一律出校曰「某某數字原本殘缺，據某本（某書）補」。其中間有略涉微嫌，難以遽補者，則按原缺字數空格，而校記之。極少數墨釘空缺，或案據明白，或詳參文義，可以確定爲原版因誤衍而刊去者，則不空格，逕直以上下文連書，仍予出校。

（八）其有底本缺頁，而據別本補者，均於起訖處各出校記。遇有採用廣雅本轉據他書補入者，則更於起訖處加【 】號，以便審察。

（九）底本如有脱文，苟案據明白，則隨處逕增，而出校曰「某某數字原本無，據某本（某書）增」。其有不增字而出校曰「據某本（某書），此下疑當有某某數字」或「某本（某書）此下有某某數字」者，同訛字及異同字仍舊之例。

（一〇）衍文衍字，必確信無疑者，始芟去之，不則仍舊。或删或存，均校記之。

（一一）前人整理唐六典者，以日本之近衛家熙用功最多，成績最突出。本書與之相較：（甲）就十五卷南宋本而言，彼此所用之底本不同。（乙）近衛理校之處，似嫌過多，如「某字當作某」之類，屢見不鮮。本書則竭力避免理校，而盡量運用本校、對校、他校，務求穩妥。遇有比較複雜之問題，更不惜篇幅，詳爲考證，以明去取之由。（丙）近衛校記之根據一般比較籠統，使讀者難以覆檢。本書校記則力求詳列所根據之書名、卷第、條目，以備核查。（丁）彼此校勘之途徑及根據多有不同。一般説來，以本書之根據爲較早較原始，故凡本書與近衛結論相合之處，大都按作者自身遵循之途徑及採用之根據，別出校記，而不復列舉近衛大名。但仍祈讀者將兩書結論相合之處，悉視爲近衛研究之成果，以旌前賢首創之功，庶免後學掠美之嫌。

（一二）凡近衛以理校及有創造性發明而爲本書所採用者，仍一一列舉其名，以示尊重。

(一三)近衞誤校之處，本書一般均置而不論。但對其中一部分似是而實非，容易使人誤信者，則不得不作必要之駁正，以澄清是非。

(一四)凡宋、明諸本均訛闕衍脱，近衞校明本已出校增補删改，而廣雅本與之吻合者，一律以近衞本與廣雅本先後並舉，並盡量引用有關資料證實之，以示慎重。

(一五)廣池本據以校近衞本之殘宋本，于本書爲底本之一部分，職官分紀亦在本書詳校之列。雖兩書所編不同時不同地，恐亦不免有殊途同歸之處。廣池本已先期面世，涉及同一問題時，雙方校語或有合與不合，校勘記中不再一一指陳。

(一六)凡底本與主要通校本均訛闕衍脱而以他書增補删改者，校記必列舉各本情況，庶幾讀者能一覽而得知其餘焉。

(一七)凡底本不誤而别本或他書誤者，一般不出校。但遇有底本似非而實是，别本或他書似是而實非者，則作爲特殊情況處理，仍予出校，以祛其疑。

(一八)底本與别本文字雖不同而意義無大差别者，一般不出校。

(一九)唐六典所有引文，與原書相較，每多改易增損，以古人引書大率如此，苟於意義無甚出入，一概不校。

(二〇)本書校記以卷爲單位，集中於每卷之末，以(一)、(二)、(三)、(四)等系列爲序。

唐六典目録

卷五

卷六

卷七

卷八

卷九

卷十

卷十一

卷十二

卷十三

卷十四

卷十五

卷十六

卷十七

卷十八

卷十九

卷二十二

卷二十三

卷二十七

卷二十八

卷二十九

卷三十

唐六典三師三公尚書都省卷第一

御撰

集賢院學士兵部尚書兼中書令脩國史上柱國開國公臣李林甫等奉敕注上

三師

太師一人

太傅一人

太保一人

三公

太尉一人

司徒一人

司空一人

尚書都省〔一〕

令一人　左丞相一人　右丞相一人　左丞一人　右丞一人　左司郎中一人　右司郎中一人　左司員外郎一人　右司員外郎一人　都事六人　主事六人　令史十八人　書令史三十六人　亭長六人　掌固十四人

太師一人，正一品；太傅一人，正一品；太保一人，正一品。尚書云：「成王既黜殷命，〔二〕滅淮夷，〔三〕歸酆，作周官。立太師、太傅、太保，茲爲三公，論道經邦，燮理陰陽。」孔安國曰：「師，天子所師法；傅，傅相天子；保，保安天子於德義。」禮記云：「設四輔及三公，不必備，惟其人。言使能也。」漢承秦制，不置三公。漢末，以大司馬、大司徒、大司空爲三公，師傅之官，位在三公上。〔四〕後漢因之，師、傅尊號曰「上公」，置府僚。魏、晉、江左皆然。後魏太師、太傅、太保尊號曰「三師」，後周又爲三公。隋氏又爲三師，皇朝因之。漢書云：「太師、太傅、太保皆古官，金印、紫綬。」漢官儀云：〔五〕「俸月三百五十斛。」齊職儀云：「品第一，金章、紫綬，進賢三梁冠，絳朝服，〔六〕佩山玄玉。」周武王以太公爲太師，詩云：「維師尚父，〔七〕時維鷹揚。」成王以周、召爲之，書云：「召公爲保，周公爲師，相成王，爲左右。」漢高后元年置太傅，以右丞相王陵爲之，後省；八年復置，尋省。哀帝元壽二年復置。平帝元始元年置太師、太保，孔光以太傅遷太師，王舜以車騎將軍爲太保，王莽以大司馬領太傅，又置少傅，爲四輔。莽篡位，以太傅、太保、國師、國將爲四輔焉。〔八〕漢光武唯置太傅，有府僚，拜故密令卓茂爲之。明帝以鄧禹爲之。章、安已下，初卽位皆置太傅録尚書事，其人亡，因罷。迄于漢末，〔九〕獻帝初平二年，又置太師，以相國董卓爲之。魏氏以鍾繇、司馬宣王爲太傅，鄭冲爲太保，〔一〇〕太師不見其人。晉以景王名師，乃係周官名，〔一一〕置太宰以代之。武帝以安平王孚爲太宰，鄭冲爲太傅，王祥爲太保。江左太師並因晉爲太宰。梁制十八班，班多者爲貴，上公班第十八，秩萬石。陳以爲贈官。後魏三師正一品，非勳德崇重不居焉。北齊因之。後周依周官，以太師、太傅、太保爲三公，不置府僚。隋氏依後魏爲三師，因後周不置府僚，初拜，於尚書省上。煬帝三年廢三師官。皇朝復置，儀制依隋氏。

三師，訓導之官也，其名卽周之三公。漢哀、平間，始尊師傅之位在三公上，謂之「上公」，明雖天子必有所師。其後或廢或置，大抵無所統職。至後魏，特稱三師，以正其名。然非道德崇重則不居其位，無其人則闕之，故近代多以爲贈官。皇朝因之，其或親王拜者，但存其名耳。

太尉一人，正一品；月令云：「命太尉，〔一二〕贊桀俊。〔一三〕」漢書百官表云：「太尉，秦官。〔一四〕」應劭曰：〔一五〕「自上安下曰『尉』。〔一六〕」齊職儀云：「太尉，品第一，金章、紫綬，〔一七〕進賢三梁冠，〔一八〕絳朝服，佩山玄玉。郊廟冕服、七旒，〔一九〕玄衣纁裳，〔二〇〕服七章。〔二一〕」春秋合誠圖云：〔二二〕「堯坐舟中，〔二三〕與太尉舜臨觀鳳凰授圖。〔二四〕」運斗樞云：〔二五〕「舜以太尉爲天子。〔二六〕」然緯書通人皆疑其僞，故班氏所不取，〔二七〕而大國亦有其職。〔二八〕漢初或置或省，盧綰、周勃、灌嬰、周亞夫、田蚡並爲之。武帝元狩四年，置大司馬，當太尉之職。至後漢建武二十七年，省大司馬，又置太尉，以太僕趙熹爲之，而與司徒、司空爲三公。靈帝末，劉虞爲大司馬，而太尉如故，二職始兩置矣。漢制，〔二九〕三公府分部九卿，太尉所部太常、衛尉、光禄三卿。三公並置官屬，俸月三百五十斛。獻帝建安十三年，省三公官，置丞相。魏初又置，而兼置大司馬。晉以司馬望爲太尉。歷宋、齊、梁、陳、後魏、北齊，並爲三公，置府僚。宋有大將軍則不置太尉。〔三〇〕齊以大司馬爲贈官。梁氏三公加秩至萬石，班第十八。陳正第一品，而與大司馬兩置。後魏有大將軍，不置太尉，正光已後，〔三一〕又並置之。隋置太尉、司徒、司空爲三公，正一品，置府僚；尋省府僚，置公則於尚書省上，皇朝因焉。武德初，秦王兼之；永徽中，長孫無忌爲之。其後，親王拜三公者皆不視事，祭祀則攝者行焉。

司徒一人，正一品；左傳云：「昔少昊氏以鳥名官，祝鳩氏爲司徒。」尚書：「舜命契曰：『百姓不親，五品不遜，汝作司徒，敬敷五教在寬。』」周則爲卿官。書云：「御事：司徒、司空、司馬。」又云：「司徒掌邦教，敷五典，擾兆人。」秦置丞相，省司徒。漢因之。至哀帝元壽二年，更名大司徒，與大司馬、大司空爲三公。建武元年，以前將軍鄧禹爲大司徒。二十七年，朱祐議：「契作司徒，禹作司空，並無『大』字。」遂下二府去焉。漢制，司徒所部太僕、鴻臚、廷尉三卿。漢末罷三公，置丞相。魏罷丞相，置三公，以華歆爲司徒。晉以何曾爲司徒。趙王倫篡位，以梁王肜爲丞相，〔三二〕省司徒；肜遷，復舊。永嘉元年，王衍爲司徒，東海王越爲丞相，則始兩置矣。成帝以王導爲丞相，以司徒府爲丞相府；導薨，復舊。宋有丞相，又置司徒。齊以丞相爲贈官，梁又兩置，陳氏以丞相爲贈官，後魏正光之後復兩置。北齊廢丞相，乾明中又兩置。後周並廢。隋廢丞相，置司徒。皇朝因之。歷代品秩、章服皆同太尉。

司空一人，正一品。左傳云：「少昊氏以鳲鳩氏爲司空。」〔三三〕書：「舜命禹：『汝作司空，平水土，惟時懋哉！』」孔安國曰：「司空主空土以居人。」案：空，穴也，古者穴居。周以司空爲冬官，掌邦事。秦置御史大夫，省司空。漢因之。至成帝綏和元年，御史大夫何武建議依古置三公官，改御史大夫爲大司空。時，議者以縣、道官獄有司空，〔三四〕故加「大」字以別之。哀帝建平二年，朱博駮議：「古之帝王不必相襲。」五年，罷大司空，置御史大夫；元壽二年，〔三五〕復爲大司空。故與御史大夫不兩置。建武元年，用讖言，以野王令王梁爲大司空。二十七年，以朱祐議，去「大」字。獻帝建安十三年，又省司空，〔三六〕置御史大夫。漢制，司空所部宗正、少府、司農三卿。魏省御史大夫，置司空。景初二年，以司隸校尉崔林爲司空。晉以荀顗爲司空。歷宋、齊、梁、陳、後魏、北齊，皆省御史大夫，置司空。後周二職並廢。隋氏諱「忠」，以御史中丞之職爲大夫，故又置司空，品、職並同太尉。皇朝因之。

三公，論道之官也。蓋以佐天子，理陰陽，平邦國，無所不統，故不以一職名其官。然周、漢已來，代存其任。自隋文帝罷三公府僚，皇朝因之，其或親王拜者，亦但存其名位耳。

尚書都省

尚書令一人，正二品。秦置尚書，有令、丞，屬少府。漢因之。武、昭後，其任稍重。漢書云：〔三七〕「宣帝時任中尚書官。〔三八〕元帝時，弘恭、石顯相繼爲中書令；元帝被疾，不親政事，遂委任焉。及前將軍蕭望之領尚書事，知顯專權邪辟，建言以爲『尚書，百官之本，國家樞機，宜以通明公正處之。武帝遊燕後庭，故用宦者，非古制也。宜罷中尚書宦官』。」中尚書，謂中書及尚書也，中書典尚書奏事，故連言之。及光武親總吏職，權歸尚書，三公但受成事而已。漢官儀云：「尚書令主贊奏事，總典綱紀，無所不統，秩千石；故公爲之者，朝會不陛奏事，增秩二千石。天子所服五時衣賜尚書令、僕射。其三公、列卿、將軍、大夫、〔三九〕五營校尉行複道中，遇尚書令、僕射、左·右丞、郎，皆迴車預避。衛士傳呼，不得紆臺官；〔四〇〕臺官過，乃得去。每朝會，尚書令、御史中丞、司隸校尉各獨座，故京師號曰『三獨座』。」晉氏尚書令假銅印、墨綬，冠進賢兩梁，納言幘，五時朝服，佩水蒼玉；受拜則策命之，以在端右故也。及賈充爲尚書令，以目疾表置省事吏四人。自魏至晉、宋、齊，秩皆千石，品並第三。梁加秩中二千石，班第十六。陳加品至第一。後魏、北齊及隋品皆第二，皇朝因之。服鷩冕、八旒、七章，三梁冠。後漢以尚書令、僕射及六曹尚書爲八座。魏氏省爲五曹，則僕射有二；若僕射省一，則尚書有六，率以爲常。今則以二丞相、六尚書爲八座。然後漢尚書稱臺，魏、晉已來爲省，皇朝因之。龍朔二年改爲中臺，咸亨元年復舊。光宅元年改爲文昌臺，長安三年又爲中臺，神龍初復舊。

尚書令掌總領百官，儀形端揆。其屬有六尚書，法周之六卿，一曰吏部，二曰户部，三曰禮部，四曰兵部，五曰刑部，六曰工部，凡庶務皆會而決之。初，秦變周法，天下之事皆決丞相府，置尚書於禁中，有令、丞，掌通章奏而已。漢初因之。武、宣之後，稍以委任。及光武親總吏職，天下事皆上尚書，與人主參決，乃下三府，尚書令爲端揆之官。魏、晉已來，其任尤重。皇朝武德中，太宗初爲秦王，嘗親其職，自是闕不復置，其國政樞密皆委中書，八座之官但受其成事而已。自太師已下，皆古宰相之職，今不常置，故備敍之。

尚書左丞相一人，右丞相一人，並從二品。左、右丞相，本左、右僕射也。漢書百官表云：「僕射，秦官，自侍中、尚書、博士、郎皆有僕射。古者重武官，有主射以督課，因所領之職以爲號。」若尚書則曰「尚書僕射」。漢因秦。後漢建安四年，以執金吾榮邵爲尚書左僕射，分置左、右，蓋自此始。漢官儀：「僕射，秩六百石；公爲之，加至二千石。」自晉以後，給省事吏三人。魏、晉、宋、齊秩皆六百石，品並第三。梁品猶第三，秩中二千石，班第十五。陳品加至第二。後魏、北齊及隋品皆從第二。自魏、晉以來，置二則爲左、右僕射；或不兩置，但曰尚書僕射。宋百官階次云：「尚書僕射，勝右減左，望在二者之間。僕射職爲執法，置二則曰左、右執法。又與列曹尚書分領諸曹郎。令闕，則左僕射爲省主。自東晉以來，祠部尚書多不置，以右僕射主之。若左、右僕射並闕，則置尚書僕射以掌左事，置祠部尚書以掌右事。」然則尚書僕射、祠部尚書不常置矣。隋置左、右僕射，從二品，皇朝因之。自漢已來，章服並與令同。龍朔二年改爲左、右匡政，咸亨元年復爲僕射。光宅元年更名左、右相，神龍元年復爲僕射。開元初，改爲左、右丞相。

左、右丞相掌總領六官，紀綱百揆，以貳令之職，今則專統焉。〔四一〕初亦宰相之職也。開元中，張說兼之，後罷知政，猶爲丞相。自此已後，遂不知國政。

左丞一人，正四品上；右丞一人，正四品下。司馬彪續漢書云：「尚書丞一人，秦所置，漢因之。至成帝建始四年置列曹尚書，更置丞四人。至光武減其二，惟置左、右丞各一人。」丞者，承也，言承助令、僕總理臺事也。然漢列曹尚書四人，成帝加至五人，彪言成帝置列曹尚書，恐誤也。漢官儀云：「尚書令、左丞，總領綱紀，無所不統；僕射、右丞，掌領廩假錢穀。」晉傅咸云：「左丞得奏彈八座。」魏、晉已來，左丞主臺內禁令，宗廟祠祀，朝儀禮制，選用置吏，糺諸不法，無所迴避；右丞掌庫藏、廬舍，凡諸器用之物，刑獄、兵器。〔四二〕然則右減於左，其來尚矣。魏、晉、宋已來，左、右丞銅印、墨綬，絳朝服，進賢一梁冠。自魏至宋、齊，品皆第六，秩四百石。梁左丞班第九，右丞班第八，並第四品，秩六百石。陳因之。後魏、北齊左丞正四品下，右丞從四品上。〔四三〕隋初，左丞從四品上，右丞從四品下；〔四四〕煬帝左、右丞並正四品。皇朝左丞正四品上，右丞正四品下；服絺冕、六旒，三章，兩梁冠。龍朔二年改爲左、右肅機，〔四五〕咸亨元年復爲左、右丞。永昌元年爲從三品，神龍二年復故。

左、右丞掌管轄省事，糺舉憲章，以辨六官之儀制，而正百僚之文法，分而視焉。若左闕，則右兼知其事；右闕，則左亦如之。若御史有糺劾不當，兼得彈奏。

左司郎中一人，右司郎中一人，並從五品上；尚書郎，漢初置四人：一人主匈奴單于營部，一人主羌夷吏民，〔四六〕一人主户口墾田，一人主財帛委輸。光武分尚書爲六曹郎，合三十四郎，而史闕曹名。魏有殿中、吏部、駕部、金部、虞曹、比部、南主客、〔四七〕祠部、度支、庫部、農部、水部、儀曹、三公、倉部、民曹、二千石、中兵、外兵、別兵、都兵、考功、定課、都官、騎兵，凡二十五曹郎。晉氏又加直事、屯田、起部、車部、左士、右士、運曹，其民曹、中兵、外兵分爲左、右，主客又分爲左、右、南、北，無農部、定課、考功，凡三十五曹，置郎二十三人，更相統攝。東晉置殿中、祠部、吏部、儀曹、三公、比部、金部、倉部、度支、都官、左民、駕部、庫部、中兵、外兵十五曹。宋高祖加騎兵、主客、起部、水部，合爲十九曹。元嘉以後，又增刪定、功論二曹，而省騎兵，凡二十曹郎。齊因之。梁加騎兵、虞曹、屯田，〔四八〕合二十三曹。陳省梁二曹，不知省何曹也。後魏有三十六郎，史闕曹名。北齊有吏部、考功、主爵、殿中、儀曹、三公、駕部、祠部、主客、虞曹、屯田、起部、左中兵、左外兵、右中兵、右外兵、都兵、都官、二千石、比部、〔四九〕水部、膳部、度支、倉部、左民、右民、金部、庫部二十八曹郎。隋開皇初，有吏部、主爵、司勳、考功、禮部、祠部、主客、膳部、兵部、職方、駕部、庫部、都官、刑部、比部、司門、度支、户部、金部、倉部、工部、屯田、虞部、〔五〇〕水部二十四曹郎；三年，以刑部領都官，民部領度支。煬帝改六曹，具於本司。至龍朔二年，改吏部爲司列，主爵爲司封，考功爲司績，禮部爲司禮，祠部爲司禋，膳部爲司膳，主客爲司藩，户部爲司元，〔五一〕度支爲司度，倉部爲司庾，金部爲司珍，兵部爲司戎，職方爲司城，駕部爲司輿，庫部爲司庫，刑部爲司刑，都官爲司僕，比部爲司計，工部爲司平，屯田爲司田，虞部爲司虞，水部爲司川，唯司勳、司門依舊。咸亨元年復故。漢書天文志：「南宮二十五星曰『哀烏郎位』。〔五二〕」漢明帝時，館陶公主爲子求郎，不許，而賜錢千萬；謂羣臣曰：「郎官上應列宿，出宰百里，非其人則民受其殃。〔五三〕」漢制：尚書郎主作文書起草，更直於建禮門內。臺給青縑白綾被，或以錦被，帷帳，氈蓐，畫通中枕。〔五四〕太官供食物，湯官供餅餌、五熟果食，〔五五〕五日壹美食，下天子一等。〔五六〕給尚書郎指使二人、女侍史二人，〔五七〕皆選端正，執香爐、香囊，從入臺，護衣服。奏事建禮門內，得神僊門；神僊門內，得明光殿、神僊殿，〔五八〕因得省中。省中皆胡粉塗壁，畫古賢列女，以丹漆地，謂之丹墀。尚書郎握蘭，含雞舌香，奏事與黃門侍郎對揖，黃門侍郎稱「已聞」，乃出。丞、郎月賜赤管大筆一雙，隃麋墨一枚。〔五九〕御史中丞、侍御史行復道中，遇尚書丞、郎，皆避車執板住揖，丞、郎坐車舉手禮之，車過，〔六〇〕乃去。及晉、宋、齊、梁，尚書官上朝及下禁斷行人，猶其制也。漢官儀：「丞、郎見令、僕射，執絜拜；〔六一〕朝賀，對揖。丞、郎見尚書，執絜對揖，稱曰『明時』。郎見左、右丞，對揖，呼曰『左、右君』。」漢制：八座、丞、郎初拜，並集都堂交禮；遷，又解交。至宋已後，唯八座解交，而丞、郎不解交也。自晉已後，八座及丞、郎多不奏事。梁武帝天監初，詔曰：「自禮闈陵替，歷茲永久，郎署備員，無取職事，粃糠文案，貴尚虛閑，空有趨墀之名，了無握蘭之實。曹郎可依昔奏事。」自是始奏事矣。初，秦置郎中令，其屬官有五官中郎將、左·右中郎將，秩皆比二千石，〔六二〕是爲三署。署中有中郎、侍郎、郎中。郎中秩比三百石，侍郎秩比四百石，中郎秩比六百石，並無員數，多至千人，〔六三〕分隸三署，主執戟宿衞宮殿門，出充車騎。漢因之。故馮唐爲郎中署長，揚雄爲侍郎，並其任也。漢官云：「尚書郎初從三署郎選詣尚書臺試，每一郎缺，則試五人，先試牋、奏。初入臺，稱郎中；滿歲，稱侍郎；〔六四〕視事五年，遷大縣令。亦參用孝廉爲之。其郎中、侍郎之名，皆因三署舊號也。客曹郎主胡羌事，劇遷二千石或刺史；其次遷爲縣令，秩滿自占縣，詔書賜錢三萬，與三臺祖餞。」然漢言郎者，多非尚書郎。漢文時，直不疑買金償同舍郎；漢武時，顏駟爲郎，三代不遇；〔六五〕及諸言以貲爲郎，父任爲郎，兄任爲郎，皆三署郎也。至後漢，二署猶離分，〔六六〕有尚書及曹名冠首者，即尚書郎也。魏、二晉以後，無三署郎矣。自漢以來，尚書諸曹並通謂之尚書郎。漢代兩置，其職則同。魏、晉、宋、齊惟置郎中，梁、陳兩置，後魏、北齊惟置郎中。隋開皇初，唯置侍郎；至開皇六年，每司各置員外郎。煬帝三年，改諸曹侍郎但曰「郎」，每曹各置二郎；尋又省一郎，置承務郎，同開皇員外之職。皇朝改郎爲郎中，又每曹置員外郎。案：左、右司郎中，前代不置。煬帝三年，尚書都司始置左、右司郎各一人，品同諸曹郎，從五品，掌都省之職。〔六七〕皇朝因改曰郎中。至龍朔二年，改爲左、右承務；咸亨元年復故。〔六八〕其服章與諸司郎中並同：玄冕、五旒，衣無章，裳刺黻一章，兩梁冠。

左司員外郎一人，右司員外郎一人，並從六品上；天后永昌元年置。時，顧琮自侍御史除，元懷貞以洛州司户遷。神龍元年省，二年又置。其職務與郎中分掌。其朝服與諸司員外郎並爵弁，玄纓，簪導，青衣，纁裳，一梁冠。

都事六人，從七品上。都事，本尚書都令史之職。沈約宋書云：「令史，蓋前漢官也。」史記：「趙禹補中都官，用廉爲令史。」是也。華嶠後漢書：「韋彪上疏曰『有楚獄事繁』，故置尚書令史以助郎。」又云：「郎主文案，與令史不殊。」續漢書：「尚書置令史十八人，後增列曹三人，合二十一人。」漢官儀云：「能通蒼頡、史篇，〔六九〕補蘭臺令史；滿歲，補尚書令史；滿歲，爲尚書郎；出，亦與郎同宰百里。郎與令史分職受事。〔七〇〕令史見僕射、尚書，執版拜；見丞、郎，執版揖。」齊職儀云：「自魏、晉、宋、齊，正令史、書令史皆有品秩，朱衣，執版，進賢一梁冠。」楊楞伽北齊鄴都故事云：「尚書郎判事正坐，都令史側坐，書令史過事。洛京、鄴都令史皆平揖郎，由來無拜。吏部郎選試高第及工書者奏補，皆加戎號。」案：歷代令史皆有品秩。漢尚書臺令史秩二百石。魏氏令史皆八品。晉百官公卿表云：「尚書都令史八人，秩二百石，與左、右丞總知都臺事。」宋、齊八人，梁、陳五人，品並第八。梁武天監初，制曰：「尚書五都，職參政要，非但總領衆局，亦乃方軌二丞。頃雖求才，未臻妙簡。可革用士流，每盡時彦，庶同持領，秉此羣目。」於是，以都令史視奉朝請。〔七一〕太學博士劉納，司空法曹參軍劉顯，太學博士孔虔孫，司空法曹參軍蕭軌、宣毅墨曹參軍王顒並以才地兼美，首膺茲選矣。隋開皇初，改都令史爲都事，置八人，正八品上。〔七二〕皇朝置六人。自晉、宋、齊、後魏、北齊、隋，都令史置八者，當八座之數。梁、陳置五者，南朝多不置祠部尚書，當五曹之數。皇朝置六者，當六曹之數。

左、右司郎中・員外郎各掌付十有二司之事，以舉正稽違，省署符目；都事監而受焉。

凡都省掌舉諸司之綱紀與其百僚之程式，以正邦理，以宣邦教。凡上之所以逮下，其制有六，曰：制、敕、册、令、教、符。天子曰制，曰敕，曰册。皇太子曰令。親王、公主曰教。尚書省下於州，州下於縣，縣下於鄉，皆曰符。凡下之所以達上，其制亦有六，曰：表、狀、牋、啓、牒、辭。〔七三〕表上於天子，其近臣亦爲狀。牋、啓於皇太子，〔七四〕然於其長亦爲之，非公文所施。九品已上公文皆曰牒。庶人言曰辭。〔七五〕諸司自相質問，其義有三，曰：關、刺、移。關謂關通其事，刺謂刺舉之，移謂移其事於他司。移則通判之官皆連署。凡內外百司所受之事皆印其發日，爲之程限：一日受，二日報。其事速及送囚徒，隨至即付。小事五日，謂不須檢覆者。中事十日，謂須檢覆前案及有所勘問者。大事二十日，謂計算大簿帳及須諮詢者。獄案三十日，謂徒已上辨定須斷結者。其急務者不與焉。小事判勾經三人已下者給一日，四人已上給二日；中事，每經一人給二日；大事各加一日。內外諸司咸率此。若有事速及限內可了者，不在此例。其文書受、付日及訊囚徒，並不在程限。凡尚書省施行制、勅，案成則給程以鈔之；〔七六〕通計符、移、關、牒二百紙已下限二日。過此已往，每二百紙已上加二日，〔七七〕所加多者不得過五日。若軍務急速者，不出其日。若諸州計達於京師，量事之大小與多少以爲之節：二十條以上，二日；倍之，三日；又倍之，四日；又倍之，五日；雖多，不是過焉。凡制、敕施行，京師諸司有符、移、關、牒下諸州者，必由於都省以遣之。若在京差使者，令使人於都省受道次符、牒，然後發遣。若諸方使人欲還，亦令所由司先報尚書省，所有符、牒，並令受送。凡文案既成，勾司行朱訖，皆書其上端，記年、月、日，納諸庫。凡施行公文應印者，監印之官考其事目，無或差繆，然後印之；必書於曆，每月終納諸庫。其印，每至夜，在京諸司付直官掌；在外者，送當處長官掌。凡尚書省官，每日一人宿直，都司執直簿一轉以爲次。〔七八〕凡諸司長官應通判者及上佐、縣令皆不直也。凡內外百僚日出而視事，既午而退，有事則直官省之；其務繁，不在此例。凡天下制敕、計奏之數，省符、宣告之節，率以歲終爲斷。京師諸司，皆以四月一日納於都省。其天下諸州，則本司推校以授勾官，勾官審之，連署封印，附計帳使納於都省。常以六月一日都事集諸司令史對覆，若有隱漏、不同，皆附於考課焉。

主事六人，從九品上；漢官云：「光祿勳有南、北廬主事、三署主事，〔七九〕於諸郎之中察茂才高第者爲之，秩四百石，次補尚書郎，〔八〇〕出宰百里。」謝承後漢書：「胡伯蕃、范滂、公沙穆並以俊才舉孝廉，除郎中、光祿勳主事。」後魏尚書吏部、儀曹、三公、虞曹、都官、二千石、比部各量事置掌故主事員，門下置主事令史，並從八品上。隋初，諸臺、省並置主事令史。煬帝三年，並去「令史」之名，其主事隨曹閑劇而置，〔八一〕每十令史置一主事，不滿十者亦置一人，雜用才術之士。顏慜楚文學名家，爲內史主事，其後尋罷之。皇朝並用流外入流者補之。

令史十八人，書令史三十六人。自魏、晉已來，令史之任，用人常輕。梁、陳、後魏、北齊雖預品秩，益又微矣。其革選卑降，始自平隋。開皇初，著令，有流外勳品、二品、三品、四品、五品、六品、七品、八品、九品之差，皇朝因之，諸臺、省並曰令史。〔八二〕其尚書都省令史、書令史並分抄行署文書。食貯□□□日□十錢，〔八三〕給三口糧。國初限八考已上入流；若六考已上□上□考六上，〔八四〕並入流爲職事。初，隋氏革選，令史爲流外，得官者少，年限亦深。武德初，天下始定，京師穀價貴，遠人不願仕流外，至調州佐史及朝集典充選，不獲已，相資而往，故促以年考，〔八五〕優其敍次，六、七年有至本司主事及上縣尉。近革選，限□考六上入流。〔八六〕每府史三考、令史兩考聽轉選，續前勞也。

亭長六人，漢因秦制，每十里一亭，〔八七〕

亭有長。高祖爲泗上亭長。隋文帝始採古亭長之名以爲流外之號，皇朝因之。主守省門，通傳禁約。掌固十四人。史記云：「郡國有好文學、敬長上、肅政教、順鄉里者，詣太常受業如博士弟子，課能通一藝已上，補文學掌故。」又「東方朔云：『曾不得掌故，安敢望侍郎乎？』」掌故，主故事也，史、漢本亦爲此「固」字。隋令稱「掌事」，皇朝稱「掌固」。主守當倉庫及廳事舖設，職與古殊。與亭長皆爲番上下，通謂之番官。轉入府史，從府史轉入令史，選轉皆試判。

校勘記

〔一〕尚書都省　「都」字原本無，正德以下諸本皆同，據正文增。

〔二〕成王既黜殷命　「成王」二字原本殘缺，據正德本補。

〔三〕滅淮夷　「滅」字原本殘缺，據正德本補。

〔四〕位在三公上　「位」字原本無，正德以下諸本皆同，據太平御覽卷二〇六「總敍三師」條引六典文增。

〔五〕漢官儀云　「官」字原本訛作「宫」，據正德本改。

〔六〕絳朝服　近衛校明本曰：「宋志『絳朝服』作『給五時朝服』。」又引晉書輿服志及宋書禮志云云，文繁不備録，具見近衛本唐六典卷一補考。案：宋書禮志云：「魏祕書監秦靜曰：『漢氏承秦，改六冕之制，俱玄冠絳衣而已。』晉名曰五時朝服，有四時朝服，又有朝服。」志中備載百官服制，其

「絳朝服」唯於「州刺史」條下一見而已，諸如太宰、太傅、丞相、大司馬等並作「給五時朝服」，而通典職官則俱作「絳朝服」，其事絶非偶然。蓋自晉至於宋、齊，二者之名雖異，其實則同，時人或以此稱，或以彼呼。沈約宋書力求畫一，然刪改猶或未盡；杜佑通典別有所據，遂生斯異。觀通典記晉、宋百官輿服，其章、綬、冠、佩玉往往與晉志、宋志咸同，唯獨於二書之稱「五時朝服」者多作「絳朝服」，益以明矣。南齊輿服之制雖多依晉、宋，然六典原注所引齊職儀，於晉志、宋志之稱「五時朝服」者每多作「絳朝服」，蓋亦由彼此襲用之名稱有所不同耳。校記於此，以供參酌，後不復贅。

〔七〕維師尚父　「父」字原本訛作「又」，據正德本改。

〔八〕以太傅太保國師國將爲四輔焉　漢書王莽傳「太傅太保」作「太師太傅」。

〔九〕迄于漢末　「于」字原本訛作「千」，據正德本改。

〔一〇〕鄭冲爲太保　原本五字均殘缺，正德、嘉靖二本倂下文「太」共缺六字，近衛校曰：「據晉志，當塡以『鄭冲爲太保太』六字。」廣雅本不缺字，文同近衛校記，與晉書職官志合，今據以補。

〔一一〕乃係周官名　「係」字正德、嘉靖二本俱作「依」，廣雅本作「以」，晉書職官志全句作「故又採周官官名」。案：爾雅釋詁云：「係，繼也。」文義亦自可通，故仍其舊。

〔一二〕命太尉　「太」字原本殘缺，據正德本補。

〔一三〕贊桀俊　原本三字均殘缺，據正德本補。

〔一四〕秦官　「官」字原本殘缺，據正德本補。

〔一五〕應劭曰　「應」字原本殘缺，據正德本補。

〔一六〕自上安下曰尉　「自上安下」四字原本殘缺，正德、嘉靖二本並作「貞上安下」，近衛校曰：「『貞』當作『自』。」廣雅本不缺字，文作「自上安下」，與漢書百官公卿表顏注引文合，今據以補。

〔一七〕金章紫綬　「綬」字原本殘缺，據正德本補。

〔一八〕進賢三梁冠　原本僅存「梁」字，餘並殘缺，據正德本補。

〔一九〕郊廟冕服七旒　案：通典職官二「太尉」條云「齊制九旒」；同書禮十七「冕」條則云東晉「王、公、卿助祭郊廟冠平冕，王、公八旒，卿七旒」，而宋、齊因之。南齊書輿服志「平冕各以組爲纓」條云「王、公八旒」，而「總敍冠冕」條則云「舊相承三公已下冕七旒，青玉珠；卿大夫以下五旒，黑玉珠。永明六年，太常丞何諲之議案周禮命數，改三公八旒，卿六旒。尚書令王儉議依漢三公服山(原本訛作「二」)龍九章，卿華蟲七章，從之。」蓋齊之章服前後曾數易其制也。

〔二〇〕玄衣纁裳　「玄衣纁」三字原本殘缺；正德、嘉靖二本並作「空不纁」，近衛校曰：「『空不』恐當作『玄衣』。」廣雅本不缺字，文作「玄衣纁」。案：周禮卷五春官宗伯第三「司服」條鄭注云：「凡冕服皆玄衣纁裳。」後世都沿襲之。今據以補。

〔二一〕服七章　原本三字均殘缺，據正德本補。

〔二二〕春秋合誠圖云　「秋合」二字原本殘缺；正德、嘉靖二本不缺字，全文作「春秋金成圖云」，近衛訛

「成」爲「城」，校曰：『全城』當作『合誠』。」廣雅本不缺字，而「誠」作「成」。案：本句及其下引文具見太平御覽卷二〇七「太尉」條，今據以補。

〔二三〕堯坐舟中　「舟」字原本訛作「丹」，據正德本改。

〔二四〕與太尉舜臨觀鳳凰授圖　「圖」字原本殘缺，據正德本補。

〔二五〕運斗樞云　「運斗」二字原本殘缺；正德、嘉靖二本均不缺字，而訛「樞」作「劭」，近衞校曰：「『劭』當作『樞』。」廣雅本作「運斗樞云」，今據以補。

〔二六〕舜以太尉爲天子　「舜」字原本殘缺，據正德本補。

〔二七〕故班氏所不取　正德、嘉靖二本「氏」、「不」之間並缺一字，近衞校曰：「當連書。」廣雅本「氏不」連書。案：原本「所」字雖漫漶，猶自可見，今仍其舊。

〔二八〕而大國亦有其職　「大」字原本殘缺，據正德本補。

〔二九〕漢制　「漢」字原本殘缺；正德、嘉靖二本並訛作「晉」，近衞校曰：「恐當作『漢制』。」廣雅本作「漢」，與下文「司徒」條原注合，今據以補。

〔三〇〕宋有大將軍則不置太尉　「大」字原本訛作「太」，據正德本改。

〔三一〕正光已後　「光」字原本殘缺，據正德本補。

〔三二〕以梁王肜爲丞相　「肜」字原本訛作「彤」，正德以下諸本皆然，今據宋書百官志改。下同。

〔三三〕少昊氏以鳲鳩氏爲司空　「鳲」字原本訛作「鳴」，正德、嘉靖二本亦然，近衞校曰：「『鳴』當作

『鳴』。」廣雅本作「鳴」，與左傳昭公十七年「郯子曰」條合，今據以改。

〔三四〕議者以縣道官獄有司空　「獄有」二字太平御覽卷二〇八「司空」條引漢書附注及通典職官二「司空」條原注均互倒。

〔三五〕元壽二年　「二」字原本訛作「元」，正德以下諸本皆然，今據漢書百官公卿表並參照上文「司徒員品」條原注改。

〔三六〕獻帝建安十三年又省司空　「三」字原本訛作「二」，正德以下諸本皆然，今據後漢書獻帝紀改。

〔三七〕漢書云　「云」字原本殘缺，據正德本補。

〔三八〕宣帝時任中尚書官　「宣帝」二字原本殘缺，據正德本補。

〔三九〕將軍大夫　續漢書百官志注引蔡質漢儀作「將大夫」。

〔四〇〕衛士傳呼不得紆臺官　太平御覽卷二一〇「尚書令」條引漢官儀、續漢書百官志注引蔡質漢儀，「傳」下俱無「呼」字。

〔四一〕今則專統焉　「令」字自正德以下諸本俱作「令」，近衛校明本曰：「據唐志，『令』下脫『闕』字。」案：通典職官四「尚書令」條曰：「武德初，太宗爲秦王時嘗居之，其後人臣莫敢當，故自龍朔三年，制廢尚書令。」迄於玄宗、肅宗之世，終不更置。同書同卷「僕射」條曰：「大唐左、右僕射，因前代，本副尚書令。自尚書令廢闕，二僕射則爲宰相。」又曰：「及貞觀末，除僕射必加『同中書門下平章事』及『參知機務』等名方爲宰相，不然則否。然爲僕射者亦無不加焉。至開元以來，則罕有加者。」又曰：「開元元年改爲左、左丞相，從二品，統理衆務，舉持綱目，總判省事。」蓋於時尚書左、右僕射實爲尚書省長官，且習以爲居端揆之任也。六典特以太宗曾爲尚書令，故猶存其職名耳。前文「尚書令員品」條下原注「自太師已下，皆古宰相之職，今則不常置，故備敍之」與本文「今則專統焉」可以參互發明。又職官分紀卷八「尚書省」條引六典文亦作「今則專統焉」。據此，「今」字疑或不誤，故仍其舊，而詳誌以備考。

〔四二〕刑獄兵器　「刑」字原本訛作「刊」，後人墨書作「刑」，與正德以下諸本合，今從之。

〔四三〕右丞從四品上　魏書官氏志：太和前制，尚書左丞第四品上，右丞第四品中；太和後制，左丞從四品上，右丞從四品下。又據隋書百官志記載，北齊尚書左、右丞品同太和後制。誌此以備考。

〔四四〕右丞從四品下　「從」字原本無。正德、嘉靖二本亦然，近衞校曰：「『丞』下脱『從』字。」廣雅本有之，今據增。

〔四五〕龍朔二年改爲左右肅機　「右」字原本殘缺，據正德本補。

〔四六〕一人主羌夷吏民　「羌」字原本訛作「差」，據正德本改。

〔四七〕南主客　原本作「南北主客」，正德以下諸本皆然，今據宋書百官志删。

〔四八〕梁加騎兵虞曹屯田　「騎兵」二字原本訛作「删定」。正德、嘉靖二本亦然，近衞校曰：「考隋志，梁置騎兵，『删定』當作『騎兵』。」廣雅本作「騎兵」，今據以改。

〔四九〕比部　「部」字原本無。正德、嘉靖二本亦然，近衞校曰：「『比』下脱『部』字。」廣雅本有之，今據增。

〔五〇〕司門度支户部金部倉部工部屯田虞部　以上十六字原本俱無；正德、嘉靖二本亦然，近衛校曰：「按逸八曹。隋志『比部』下有『司門、度支、户部、金部、倉部、工部、屯田、虞部』。」廣雅本有之，今據以增。

〔五一〕户部爲司元　「元」字原本訛作「户」，正德以下諸本皆然，今據卷三「户部郎中員品」條原注改。

〔五二〕南宫二十五星曰哀烏郎位　正德、嘉靖二本均同此文，近衛校曰：「漢志作『十五星』，史記作『一十五星』，『二』當作『一』。」廣雅本改「二」字爲「後聚」。案：今本史記天官書云：「南宫『五星五帝坐後聚一十五星蔚然曰『郎位』。」漢書天文志云：「南宫『五星五帝坐後聚十五星曰『哀烏郎位』。」而初學記卷十一「侍郎郎中員外郎」條「明時郎」下注則云「漢書（原本訛「書」爲「官」）天文志曰：『南宫二十五星哀烏郎位。』」太平御覽卷二一五「總敍尚書郎」條云：「漢書曰：『南宫二十五星應臺郎位。』」似前人所見漢書傳本中亦有作「二十五星」者，誌以備考。

〔五三〕非其人則民受其殃　後漢書明帝紀「非」上有「苟」字。

〔五四〕畫通中枕　正德、嘉靖二本同此，近衛校曰：「宋志及通典無『畫』字。」廣雅本删去之。案：後漢書鍾離意傳注引蔡質漢官儀有「畫」字，李肇翰林志亦有之，未可遽定孰者爲正，故仍其舊。

〔五五〕湯官供餅餌五熟果食　宋書百官志、通典職官四「歷代郎官」條、太平御覽卷二一五「總敍尚書郎」條引漢官儀，「食」均作「實」。

〔五六〕下天子一等 「子一」二字原本殘缺，據正德本補。

〔五七〕給尚書郎指使二人女侍史二人 近衛校明本曰：「『指使』通典作『侍史』。」案：通典職官四「歷代郎官」條云：「給尚書郎侍史一人，女侍史二人。」宋書百官志則云：「給尚書〔郎〕伯使一人，女侍史二人。」而後漢書鍾離意傳注引漢官儀又云：「〔給〕尚書郎伯使二人，女侍史二人，皆選端正者。伯使從至止車門還；女侍史絜被服，執香爐燒燻，從入臺中，給使護衣服也。」三者復相歧異。考續漢書百官志「左、右丞員品」條本注有「左丞主吏民章報及騶、伯史」之語，則諸說之中，疑當以鍾離意傳注所引漢官儀爲正；「指」、「侍」殆均「伯」之訛字也。誌以備考。

〔五八〕神僊門內得明光殿神僊殿 本文疑有舛訛脫漏。近衛校明本曰：「雍祿云：『建禮門內，得神僊門；神僊門內，得明光殿，省中云云。』據此，『神僊殿』三字當削。」誌以備考。

〔五九〕隃麋墨一枚 「麋」字原本及正德、嘉靖本並訛作「糜」，近衛逕改爲「麋」，廣雅本亦作「麋」，與宋書百官志合。案：隃麋爲漢舊縣（在今陝西省汧陽縣東），其地產名墨，有「不化黃金」之譽，今從改。

〔六〇〕車過 續漢書百官志注引蔡質漢儀，「過」下有「遠」字。

〔六一〕執絜拜 正德、嘉靖二本同，近衛校曰：「後漢志『絜』作『板』，下仿之。」其所據當是續漢書百官志注所引蔡質漢儀。廣雅本並下文均改作「板」。案：史記張湯傳曰：「絜令揚主之明。」集解云：「韋昭曰：『在板絜。』」正義云：「按謂律令也，古以板書之。」是漢世朝官所執之板亦得謂之絜也。六典原注蓋別有所本歟？誌以備考。

〔六二〕秩皆比二千石　「比」字原本無，正德以下諸本皆然，今據漢書百官公卿表增。

〔六三〕多至千人　「千」字原本訛作「手」，據正德本改。

〔六四〕初入臺稱郎中滿歲稱侍郎　案：續漢書百官志注引蔡質漢儀曰：「初上臺，稱守尚書郎中；歲滿，稱尚書郎；三年，稱侍郎。」册府元龜卷四五七臺省部總序「守」上有「試」字，餘略同續漢志注所引漢儀。太平御覽卷二一五「總叙尚書郎」條引漢官儀曰：「尚書郎初上詣臺，稱守尚書郎；滿歲，稱尚書郎中；三年，稱侍郎。」宋書百官志、初學記卷十一職官部「侍郎郎中員外郎」條敍事引漢官，略同六典此注。蓋漢儀、漢官儀、漢官諸書所記原多互有歧異也。

〔六五〕三代不遇　「遇」字正德以下諸本俱作「遷」。

〔六六〕二署猶難分　據上下文義，「署」疑當作「者」。「二者」蓋指尚書郎及三署郎而言。

〔六七〕掌都省之職　「掌」字原本殘缺；正德、嘉靖二本亦然，近衞校曰：「據隋志，闕當填以『掌』。」廣雅本不缺字，文作「掌」，而訛「省」爲「事」。考資治通鑑卷一八三「大業十二年七月甲子」條胡三省注引唐六典，闕字固作「掌」，今據補。

〔六八〕咸亨元年復故　「咸」字原本殘缺，據正德本補。

〔六九〕能通蒼頡史篇　正德、嘉靖二本同，近衞校曰：「鄭氏通志略引漢官儀，『史』下有『籀』字，六典脱之。」廣雅本「史」下有「籀」字。考漢書王莽傳云：「徵天下通一藝，教授十一人以上，及有（中略）

史篇文字。」顏師古注：「孟康曰：『史籀所作十五篇古文書也。』」漢世史籀篇一稱史篇，此爲治小學者熟知之事，故漢官儀原文不必有「籀」字，而六典原注亦非定有脱文也。如太平御覽卷二一三「令史」條引漢官儀即全同六典本注，而無「籀」字。近衛所校疑未允，廣雅本殆妄增。

〔七〇〕郎與令史分職受事　近衛校明本曰：「太平御覽引漢官儀，『事』作『書』。」考六典本注下文引鄴都故事云「尚書郎判事正坐，都令史側坐，書令史過事」；又引晉百官公卿表云尚書都令史「與左、右丞總知都臺事」，知原文固當作「事」，毋庸置疑也。

〔七一〕以都令史視奉朝請　原本「以」下七字盡脱，正德以下諸本皆然，今據隋書百官志增。

〔七二〕正八品上　隋書百官志：開皇初，都事從八品上；煬帝時，改爲正八品。

〔七三〕表狀牋啓牒辭　「牒」、「辭」二字原本互倒，正德以下諸本皆然，今據其下原注改。

〔七四〕牋啓於皇太子　唐會要卷二十六牋表例及舊唐書職官志「於」均作「上」。

〔七五〕庶人言曰辭　「言」字原本無，正德以下諸本皆然，今據唐會要卷二十六牋表例及舊唐書職官志增。

〔七六〕案成則給程以鈔之　「程」字原本無，正德以下諸本皆然，今據舊唐書職官志增。

〔七七〕每二百紙已上加二日　唐律疏議卷九職制上「諸稽緩制書者」條疏議作「每二百紙以下加一日程」。

〔七八〕都司執直簿一轉以爲次　唐會要卷八十二當直及舊唐書職官志「簿」下均無「一」字。

〔七九〕光禄勳有南北廬主事三署主事　上「主」字原本訛作「云」；正德、嘉靖二本亦然，近衛校曰：「『云』當作『主』。」廣雅本作「主」，與資治通鑑卷一八九「武德四年十月庚戌」條胡三省注引唐六典合，今據以改。

〔八〇〕次補尚書郎　「郎」字原本殘缺，據正德本補。

〔八一〕其主事隨曹閑劇而置　近衛校明本曰：「據隋志，『主事』當作『令史』。」案：「令史」下文自有專條，此處所述者爲主事沿革，蓋謂去「主事令史」之「令史」二字，其人數之多少則視曹務之閑劇而定也。通典職官四「歷代都事主事令史」條云：「煬帝三年，去『令史』之名，但曰『主事』，隨曹閑劇而每十令史置一主事，不滿十者亦一人。」其行文及涵義均與六典本注類同。資治通鑑卷一八九「武德四年十月庚戌」條胡三省注引唐六典文，亦與此注悉同。由此可見，「主事」二字實不訛。

〔八二〕諸臺省並曰令史　「並曰」二字原本殘缺，正德、嘉靖二本亦缺，據職官分紀卷八「尚書省令史書令史」條引六典補。廣雅本不缺字，「並」作「皆」，誌以備考。

〔八三〕食貯□□□日□十錢　原本「貯」下缺三字，「日」下缺一字。正德、嘉靖二本「十錢」以上七字全缺。廣雅本不缺字，全文作「掌録判校，每日給十錢」，未知所據，恐非是。職官分紀卷八「尚書省令史書令史」條引六典，全句作「食著米菜料日四十錢」，誌以備考。

〔八四〕若六考已上□上□考六上　原本「已上」之下及「考六」之上各殘缺一字。正德、嘉靖二本均自

「六考」起，至「考六」止，共闕九字，近衛校曰：「未詳。」廣雅本全句作「若能通倉頡、史籀篇者爲上」，不知所自出，恐未必是。職官分紀卷八「尚書省令史書令史」條引六典，缺字作「頻」、「七」，誌以備考。

〔八五〕故促以年考　「年」字原本殘缺，正德、嘉靖二本亦闕，今據通典職官四「歷代都事主事令史」條補。

〔八六〕限□考六上入流　原本「限」下殘缺一字，正德以下諸本此注均多脫漏謬誤，不足據。職官分紀卷八「尚書省令史書令史」條引六典缺字作「十」，疑是也，誌以備考。

〔八七〕每十里一亭　「每十」二字原本殘缺，據正德本補。

唐六典尚書吏部卷第二

吏部尚書一人　侍郎二人
郎中二人　員外郎二人　主事四人　令史三十人
書令史六十人　亭長八人　掌固十三人〔一〕
司封郎中一人
員外郎一人　主事二人　令史四人　書令史九人
掌固四人
司勳郎中一人
員外郎二人　主事四人　令史三十三人　書令史六十

七人〔二〕　掌固四人

考功郎中一人

員外郎一人　主事三人　令史十五人〔三〕　書令史三十人〔四〕　掌固四人

吏部尚書一人，正三品；周之天官卿也。漢舊儀云：「尚書四人，爲四曹：一曰常侍曹，〔五〕二曰二千石曹，〔六〕三曰民曹，四曰客曹。成帝增置三公曹，爲五曹。其常侍曹主丞相、御史、公卿事。〔七〕後漢光武又分爲六曹；常侍曹爲吏部曹，〔八〕主選舉、齋祀事。漢末，又改吏部爲選部，專掌選舉事。靈帝以梁鵠爲選部尚書。魏改選部爲吏部。歷晉，至宋孝武大明二年，置二吏部尚書，廢五兵尚書，尋復舊名。齊、梁、陳、後魏、北齊皆曰吏部尚書。後周依周官，置大冢宰卿一人，正七命。〔九〕隋復曰吏部尚書。然此官歷代班序常尊，不與諸曹同也。漢官儀：「尚書秩六百石，次補二千石。」晉令：「吏部尚書五時朝服，納言幘，進賢兩梁冠，佩水蒼玉，乘軺車皂輪。」袁子正書曰：「尚書佩契刀囊，執版，加簪筆焉。」自魏至梁並第三品。梁秩加至中二千石；後定十八班，班多爲貴，吏部尚書班第十四，諸曹尚書班第十三。陳因梁。〔一〇〕後魏、北齊、隋吏部尚書並正第三品，〔一一〕皇朝因之，掌文官選舉。龍朔二年改爲司列太常伯，〔一二〕咸亨元年復爲吏部尚書。光宅元年改爲天官尚書，神龍元年復故。侍郎二人，正四品上。周之天官小宰中大夫也。

漢已來尚書侍郎，今郎中之任也。後周依周官。隋煬帝三年，尚書六曹吏部、禮部、兵部、刑部、民部、工部各置侍郎一人，以貳尚書之職，並正第四品。皇朝諸曹侍郎降爲正四品下，惟吏部侍郎爲正四品上。龍朔二年改爲司列少常伯，咸亨元年復爲吏部侍郎。總章元年，與兵部各增一員。光宅、神龍並隨曹改復。

吏部尚書、侍郎之職，掌天下官吏選授、勳封、考課之政令。凡職官銓綜之典，封爵策勳之制，權衡殿最之法，悉以咨之。其屬有四：一曰吏部，二曰司封，三曰司勳，四曰考功；尚書、侍郎總其職務而奉行其制命。凡中外百司之事，〔一三〕由於所屬，皆質正焉。凡選授之制，每歲孟冬，以三旬會其人：去王城五百里之內，集於上旬；千里之內，集於中旬；千里之外，集於下旬。以三銓分其選：一曰尚書銓，二曰中銓，三曰東銓。以四事擇其良：一曰身，二曰言，三曰書，四曰判。每試判之日，皆平明集於試場，識官親送，〔一四〕侍郎出問目，試判兩道。或有糊名，〔一五〕學士考爲等第。或有試雜文，以收其俊乂。以三類觀其異：一曰德行，二曰才用，三曰勞效。德鈞以才，才鈞以勞。其優者擢而升之，否則量以退焉。所以正權衡，明與奪，抑貪冒，進賢能也。然後據其狀以覈之，量其資以擬之。五品已上以名聞，送中書門下，聽制授焉。六品已下常參之官，量資注定；其才識頗高，可擢爲拾遺、補闕、監察御史者，亦以名送中書門下，聽敕授焉。其餘則各量資注擬。若都畿、清望，歷職三任，經十考已上者，得隔品授之。〔一六〕不然則否。謂監察御史、左·右拾遺、大理評事、畿縣丞·簿·尉三任十考已上，有隔品授者。〔一七〕凡出身非清流者，不注清資之官。謂從流外及視品出身者。其中書主書、門下錄事、尚書都事，歷任考詞，使狀有清幹及德行、言語，兼書、判、吏用，經十六考已上者，〔一八〕聽擬寺・監丞、左・右衛及金吾長史。凡注官皆對面唱示。若官、資未相當及以爲非便者，聽至三注。三注不伏注，至冬檢舊判注擬。〔一九〕凡伎術之官，皆本司銓注訖，吏部承以附甲焉。謂秘書、殿中、太僕寺等伎術之官，唯得本司遷轉，不得外敍。若本司無闕者，聽授散官，有闕先授。若再經考滿者，亦聽外敍。凡同事聯事及勾檢之官，皆不得注大功已上親。凡皇親及諸軍功，〔二〇〕兼注員外官。其內外員外官及檢試官，本司長官量閑劇取資歷清正舊人分判曹事，自外則不判。若長官及別駕、長史、司馬等官，則不在此例。凡注官階卑而擬高則曰「守」，階高而擬卑則曰「行」。凡三銓注擬訖，皆當銓團甲以過左、右丞相。若中銓、東銓，則亦先過尚書訖，乃上門下省。給事中讀，黃門侍郎省，侍中審，然後進甲以聞。若尚書、丞相、門下批「官不當」者，則改注，亦有重執而上者。凡大選終季春之月。若有選人身在軍旅，則軍中試書、判，封送吏部而注擬。亦或春中不解而後集，謂之春選。若優勞人有敕卽與處分及卽與官者，並聽非時選，一百日內注擬畢。所以定九流之品格，補萬方之闕政，官人之道備焉。

郎中二人，從五品上；周官太宰屬官有下大夫，蓋郎中之任也。秦有郎中，以其爲郎，侍衛居中，故曰郎中。漢選尚書郎初從三署郎次補之。初入尚書臺，稱郎中；滿歲，稱侍郎。〔二一〕故郎中之名，猶因三署舊號也。按：吏部郎中，後漢置之，職在選舉。魏、晉用人，妙於時選，其諸曹郎功高者遷爲吏部郎。其吏部郎歷代品秩皆高於諸曹郎。魏、晉、宋、齊吏部郎品第五，〔二二〕諸曹郎第六。梁吏部郎品第四，班第十一。〔二三〕諸曹郎班第十。陳因梁。後魏、北齊吏部郎品正第四上，諸曹郎品正第六上。〔二四〕後周依周官。隋初，二十四司並爲侍郎，品從第五。〔二五〕煬帝三年，置六司侍郎，諸曹侍郎並改爲郎，又改吏部爲選部郎，異於六侍郎之名。皇朝爲吏部郎中。龍朔二年改爲司列大夫，咸亨、光宅、神龍並隨曹改復。員外郎二人，從六品上；周官太宰屬官有上士，蓋今員外郎之任也。宋百官階次有員外郎，美遷爲尚書郎。後周依周官。隋文帝開皇六年，尚書二十四司各置員外郎一人，品從第六，謂曹郎本員之外復置郎也。煬帝三年，又廢二十四司員外郎，每司減一郎，〔二六〕置承務郎一人，同開皇員外郎之職；曰選部承務郎，一人。皇朝尚書諸曹各置員外郎一人，〔二七〕吏部置二人。龍朔、咸亨、光宅、神龍並隨曹改復。主事四人，從八品下。隋煬帝初置，爲從九品下。開元二十四年，升爲八品。

郎中一人，掌考天下文吏之班、秩、品、命。〔二八〕凡敍階二十九：從一品曰開府儀同三司，後漢殤帝延平元年，鄧騭爲車騎將軍、儀同三司，「儀同」之名，自此始也。又呂布有平董卓之勳，開府如三司；魏黃初三年，黃權爲車騎將軍、開府儀同三司，「開府」之名，自此始也，其品第一。梁班第十七，陳氏秩萬石，北齊從一品。後周置上開府儀同三司、開府儀同三司、上儀同三司、儀同三司等十一號，以酬勤勞。隋氏因之。皇朝初，惟置開府儀同三司，爲散官品。正二品曰特進，二漢及魏、晉以爲加官，從本官服，〔二九〕無吏、卒，品第二，位次諸公下，在開府、驃騎上，進賢兩梁冠、黑介幘、五時朝服，無章綬。又漢朝雜事云：「諸侯功德優盛，朝廷所敬異，有賜位特進，〔三〇〕在三公下，平冕、玄衣，侍祠郊廟。」宋百官階次：「江左皆兼官。晉傅咸奏特進品第二，執皮帛，坐侍臣之下。」梁班第十七。〔三一〕北齊特進第二品。隋特進爲正二品，散官。皇朝因之。從二品曰光祿大夫，秦郎中令屬官有中大夫，漢氏因之。武帝太初元年更名光祿大夫，秩比二千石，掌論議，無員。後漢因之。自魏以來，諸公卿告老，多加其位。晉太始初，分爲左、右光祿大夫，皆無員；若致仕，又給六尺牀、帳、簟、蓐。〔三二〕宋氏因之。

齊光祿勳府有左、右光祿大夫，皆銀章、青綬；若加金章、紫綬者，爲金紫光祿大夫。王晏乞一片金，乃啟轉金紫。〔三三〕梁、陳並因之，光祿大夫十三班。〔三四〕後魏左、右光祿大夫從第一品；太和二十三年，〔三五〕第二品。北齊因之。後周左、右光祿大夫正八命。〔三六〕隋爲正二品，〔三七〕散官。煬帝改光祿大夫爲從一品，左光祿大夫正二品，右光祿大夫從二品。皇朝初，猶有左、右之名，貞觀之後，唯有光祿大夫。正三品曰金紫光祿大夫，本兩漢光祿大夫也。至魏、晉，有加金章、紫綬者，則謂爲金紫光祿大夫。晉則金紫、銀青、左、右四職並置，假金章、紫綬及加金章、紫綬並秩第二，祿賜、班位、冠幘、車服、佩玉及諸所賜給皆與特進同。自晉已後，皆爲兼官，少有正授。梁金紫光祿大夫爲第十四班，陳爲中二千石，北齊從二品，隋氏因爲散官，煬帝爲正三品，皇朝因之。從三品曰銀青光祿大夫，本末與金紫同。晉有銀青光祿大夫王翹之。宋、齊之後，或置或省。梁、陳無職。北齊三品。隋正三品，散官；煬帝改爲從三品。皇朝因之。然而加金章、紫綬及銀章、青綬則尊崇之，合居光祿之上，隋氏定令誤，〔三八〕遂因仍不改。正四品上曰正議大夫，隋煬帝置，爲正四品，散官。蓋取秦大夫官論議，〔三九〕故置正議、通議之名。正四品下曰通議大夫，隋煬帝置，正四品。〔四〇〕從四品上曰太中大夫，秦太中大夫秩比千石，掌論議。漢氏因之。梁班第十一，陳秩千石。〔四一〕北齊從第三品。皇朝爲散官。從四品下曰中大夫，秦置中大夫。漢武帝太初元年，改爲光祿大夫。北齊中大夫第四品。皇朝爲散官。正五品上曰中散大夫，後漢有中散大夫，六百石，無員。魏、晉因之。齊職儀：「品第七，絳朝服，進賢一梁冠。」梁班第十，陳秩千石。皇朝爲散官。正五品下曰朝議大夫，漢官儀：「大夫以上得奉朝議。」則其義也。隋文帝置朝議大夫，爲從三品，散官。從五品上曰朝請大夫，漢諸將軍、公卿年高德重者，得以列侯就第，特進，奉朝請，則其義也。隋煬帝置朝請大夫，爲正五品，散官。從五品下曰朝散大夫，隋文帝置朝散大夫，爲正四品，散官；煬帝改爲從五品下。〔四二〕正六品上曰朝議郎，宋、齊、梁、陳、後魏、北齊，諸九品散官皆以將軍爲品秩，謂之加戎號。隋開皇六年，始置六品已下散官，並以郎爲正階，尉爲從階：正六品上爲朝議郎，下爲武騎尉；從六品上爲通議郎，下爲屯騎尉；正七品上爲朝請郎，下爲驍騎尉；從七品上爲朝散郎，下爲游騎尉；正八品上爲給事郎，下爲飛騎尉；從八品上爲承奉郎，下爲旅騎尉；正九品上爲儒林郎，下爲雲騎尉；從九品上爲文林郎，下爲羽騎尉。煬帝又置八郎、八尉。六品置建節尉、奮武尉，七品置宣惠尉、綏德尉，八品置懷仁尉、守義尉，九品置奉誠尉、立信尉，並爲正從。又，六品置承議郎、通直郎，七品置宣德郎、朝散郎，〔四三〕八品置登仕郎、將仕郎，〔四四〕九品置常從郎、奉信郎，〔四五〕亦爲正從。皇朝以郎爲文職，尉爲武職，遂採開皇、大業之制，以爲六品已下散官。正六品下曰承議郎，隋煬帝置，爲正六品。從六品上曰奉議郎，隋文帝置通議郎，皇朝改焉。從六品下曰通直郎，晉、宋以來，諸官皆有通直，蓋謂官有高下，而得通爲宿直者。隋煬帝置通直郎三十人，從六品。正七品上曰朝請郎，晉、宋、齊、梁、陳並有奉朝請員。正七品下曰宣德郎，隋煬帝置宣德郎三十人，〔四六〕正七品。從七品上曰朝散郎，隋文帝置。從七品下曰宣義郎，梁有宣義將軍。隋文帝置游騎尉，皇朝改焉。正八品上曰給事郎，隋文帝置。正八品下曰徵事郎，隋煬帝置。從八品上曰承奉郎，隋文帝置。從八品下曰承務郎，隋煬帝尚書二十四司各置承務郎一人，類今尚書員外郎也。皇朝因其名而置。正九品上曰儒林郎，前史各有儒林傳，取其義也。正九品下曰登仕郎，從九品上曰文林郎，北齊置文林館，徵文學之士以充之，取其義也。從九品下曰將仕郎。凡散官四品已下、九品已上，並於吏部當番上下。其應當番四十五日。若都省須使人送符及諸司須使人者，並取兵部、吏部散官上。經兩番已上，聽簡入選；不第者依番，多不過六也。凡敍階之法，有以封爵，謂嗣王、郡王初出身，從四品下敍；親王諸子封郡王者，從五品上，〔四七〕國公，正六品上；郡公，正六品下；〔四八〕縣公，從六品上；侯及伯、子、男並遞降一等。若兩應敍者，從高敍也。有以親戚，謂皇親緦麻已上及皇太后周親，正六品上敍；皇太后大功親、皇后周親，從六品上；皇祖免親、〔四九〕皇太后小功・緦麻、皇后大功親，正七品上；皇后小功・緦麻親、皇太子妃周親，從七品上。其外戚各依本服降二等敍。娶郡主，正六品上；娶縣主，正七品上。郡主子，出身從七品上；縣主子，從八品上敍。有以勳庸，謂上柱國，正六品上敍；柱國已下，每降一等，至騎都尉，從七品下；驍騎尉、飛騎尉，正九品上；雲騎尉、武騎尉，從九品上。有以資蔭，謂一品子，正七品上敍，至從三品子，〔五〇〕遞降一等。四品、五品有正、從之差，亦遞降一等；從五品子，從八品下敍。國公子，亦從八品下。三品以上蔭曾孫，五品已上蔭孫；孫降子一等，曾孫降孫一等。贈官降正官一等，散官同職事。若三品帶勳官者，即以勳官品同職事蔭；四品降一等，五品降二等。郡、縣公子，準從五品孫；縣男已上子，降一等。勳官二品子，又降一等。二王後子孫，準正三品蔭。有以秀、孝，謂秀才上上第，正八品上；已下遞降一等，至中上第，從八品下。明經降秀才三等。進士、明法甲第，從九品上；乙第，降一等。若本蔭高者，秀才、明經上第，加本蔭四階；已下遞降一等。明經通二經已上，每一經加一階；及官人通經者，後敍加階亦如之。凡孝義旌表門閭者，出身從九品上敍。有以勞考，謂內外六品已下，四考滿，皆中中考者，因選，進一階；每二中上考，又進兩階；每一上下考，進兩階。若兼有下考，得以上考除之。有除免而復敍者，皆循法以申之，無或枉冒。謂官人犯除名限滿應敍者，文、武三品已上奏聞；正四品於從七品下敍，已下遞降一等，〔五一〕從五品於從八品上敍；六品、七品，從九品上敍；八品、九品，從九品下敍。若出身品高於此法者，仍從高。

凡應入三品、五品者，皆待別制而進之，不然則否。謂應入三品者，皆須先在四品已上官，仍限三十考已上、本階正四品上、無痕累者，奏聽進止。應入五品者，皆須先在六品已上官及左·右補闕、殿中侍御史、太常博士、詹事司直、京兆·河南·太原府判司，皆限十六考已上、本階正六品上；伎術官本司無六品官，頻任三政七品者，仍限二十考已上。並所司勘責訖，上中書門下重勘訖，然後奏聞，別制以授焉。凡文武百僚之班序，官同者先爵，爵同者先齒。謂文武朝參行立：二王後位在諸王侯上，餘各以官品爲序。致仕官各居本色之上。〔五二〕若職事與散官、勳官合班，則文散官在當階職事者之下，武散次之，勳官又次之。官同者，異姓爲後。若以爵爲班者，亦準此。其男已上任文、武官者，從文、武班。若親王、嗣王任卑官職事者，仍依王品。郡王任三品已下職事者，在同階品上。自外無文、武官者，嗣王在太子太保下，郡王次之，國公在正三品下，郡公在從三品下，縣公在正四品下，侯在從四品下，伯在正五品下，子在從五品上，男在從五品下。〔五三〕若前官被召見及預朝參者，在本品見任上；以理解者，〔五四〕在同品下；其在本司參集者，各依職事。若散官三品已上在京者，〔五五〕正、冬朝會依百官例。凡京師有常參官，謂五品以上職事官、〔五六〕八品已上供奉官、員外郎、〔五七〕監察御史、太常博士。供奉官，謂侍中，中書令，左、右散騎常侍，黃門、中書侍郎，諫議大夫，給事中，中書舍人，起居郎，起居舍人，通事舍人，左·右補闕，拾遺，御史大夫，御史中丞，侍御史，殿中侍御史。諸司長官，謂三品已上長官。若敕喚諸司長官及賜者，開府儀同三司、特進、光祿大夫、太子賓客、尚書左·右丞相、〔五八〕諸司侍郎、中書門下五品已上官、御史中丞，並同長官例。若別賜物，中書門下官正三品準二品，四品準三品，五品準四品；同中書門下平章事並同中書門下正三品。清望官，謂內外三品已上官及中書·黃門侍郎，尚書左·右丞，諸司侍郎，並太常少卿、祕書少監、太子少詹事、左·右庶子、左·右率及國子司業。〔五九〕四品已下、八品已上清官。四品謂太子左、右諭德，左·右衞、左·右千牛衞中郎將，左、右副率，〔六〇〕率府中郎將。五品謂御史中丞，諫議大夫，給事中，中書舍人，〔六一〕贊善大夫，太子洗馬，國子博士，諸司郎中，祕書丞，著作郎，太常丞，左、右衞郎將，左、右率府郎將。六品謂起居郎，舍人，太子司議郎、舍人，諸司員外郎，侍御史，祕書郎，著作佐郎，太學博士，詹事丞，太子文學，國子助教。七品：左、右補闕，殿中侍御史，太常博士，詹事司直，四門博士，太學助教。八品：左、右拾遺，監察御史，四門助教。每日以六品已上清官兩人待制於衙內。若供奉官、宿衛官，不在此例。凡授左・右丞相、侍中、中書令、六尚書已上官，聽進讓；其四品已上清望官，〔六二〕才職相當，不應進讓。按：舊制御史大夫、六尚書已上要官皆進讓。臣林甫等伏以爲進讓之禮，朝廷所先，兩省侍郎及南省諸司侍郎、左・右丞，雖在四品，職居清要，亦合讓也。凡職事官應覲省及移疾，不得過程。謂身有疾病滿百日，若所親疾病滿二百日及當侍者，並解官申省以聞。〔六三〕其應侍人才用灼然、要籍驅使者，令帶官侍養。年七十以上應致仕，若齒力未衰，亦聽釐務。若請致仕，五品已上，皆上表聞；六品已下，申尚書省奏聞。凡官人身及同居大功已上親自執工商，家專其業，皆不得入仕；風疾、使酒，不得任侍奉之官。凡內外官清白著稱、強幹有聞，若上第，則中書門下改授；清白著稱，皆須每任有使狀一「清」、考詞二「清」，經三任爲第一等，兩任爲第二等，一任爲第三等。其都督、刺史既無考詞，每使狀有一「清」字，亦準任數爲等第。強幹有聞科等第亦準此，其科等第一等同清白第二等。五品已上，量加進改；六品已下，至冬選量第加官。若第二、第三等人，五品已上，改日稍優之；〔六四〕六品已下，不待秩滿，聽選，加優授焉。〔六五〕其嶺南、黔中三年一置選補使，號爲「南選」。應選之人，各令所管勘責，具言出身、由歷、選數，作簿書預申省。所司具勘曹名、考第、造歷子，印署，與選使勘會，將就彼銓注訖，然後進甲以聞。凡天下官吏各有常員。開元二十三年，敕以爲諸色補署，頗多繁冗，停廢諸司、監、署、府十餘所，減冗散官三百餘員。其見在員數，已具此書，各冠列曹之首；或未該者，以其繁細，亦存乎令、式。凡諸司置直，皆有定制。諸司諸色有品直：吏部二人，兵部三人，考功、職方、庫部、戶部、度支、駕部、比部各一人，門下省明法一人、能書二人、裝潢一人，刑部明法一人，弘文館學直四人、造供奉筆二人、造寫御書筆二人、裝書一人、揚書一人，修史館裝書一人，中書省明法一人、能書四人、裝制敕一人、翻書譯語十人、乘驛二十人，集賢院能書六人、裝書十四人、造筆四人，大理寺明法二人，太常寺三十人，光祿寺十人，鴻臚寺譯語並計二十人，金銀作一人，漆作一人，太府、太僕、衞尉、司農寺各三人，沙苑監一人，〔六六〕少府監十四人，將作監五十人，殿中省尚食局·尚藥局各十人、尚乘局二十人、尚輦局三人、尚舍局四人、尚衣局一人，祕書省圖畫一人、丹青五人、造筆一人，太史監五人，國子監明五經一人、文章兼明史一人，崇文館揚書一人，內侍省一百人，內坊四人，僕寺十人，家令寺七人，教坊二十人，總監十四人，軍器監四人，隴右六使孳課一十二人，太原府監牧役使孳課二人。外官直考者，選同京官。其前官及常選人，每年任選。若散官、三衞、勳官直諸司者，每年與折一番。內外官吏則有假寧之節，謂元正、冬至各給假七日，寒食通清明四日，八月十五日、夏至及臘各三日。正月七日·十五日、〔六七〕晦日、春·秋二社、二月八日、三月三日、四月八日、五月五日、〔六八〕三伏日、七月七日·十五日、九月九日、十月一日、立春、春分、〔六九〕立秋、秋分、立夏、立冬、每旬，並給休假一日。〔七〇〕五月給田假，〔七一〕九月給授衣假，〔七二〕爲兩番，各十五日。私家祔廟，各給假五日。〔七三〕四時祭，〔七四〕各四日。父母在三千里外，三年一給定省假三十五日；〔七五〕五百里，五年一給拜掃假十五日，並除程，五品已上並奏聞。冠，給三日；五服內親冠，給假一日，不給程。婚嫁，九日，除程。周親婚嫁，五日；大功，三日；小功，一日，不給程。齊衰周，給假三十日；〔七六〕葬，三日；除服，二日。小功五月，給假十五日；葬，二日；除服，一日。緦麻三月，給假七日；葬及除服皆一日。周已上親皆給程。若聞喪舉哀，並三分減一。私忌給假一日，忌前之夕聽還。五品已上請假出境，皆吏部奏聞。行李之命。凡別敕差使事務繁劇要重者，給判官二人，每判官並使及副使各給典二人；非繁劇者，判官一人、典二人，使及副使各給典一人；四品已上清望官，別給孔目官一人。凡吏部差使，各循其次。若員外郎及鴻臚、太府、司農、將作、少府、軍器等監、寺丞，及押當兵馬、倉庫、園廚、苑囿、邑司、伎術、當作等官，皆不在差限。簿書景跡，功賞殿最，〔七七〕具員皆與員外郎分而理焉。

郎中一人，掌小選。凡未入仕而吏京司者，復分爲九品，通謂之行署。其應選之人，以其未入九流，故謂之流外銓，亦謂之小銓。其校試銓注，與流内銓略同。謂六品已下、九品已上子及州縣佐吏。若庶人參流外選者，本州量其所堪，送尚書省。其在吏部、兵部、考功、都省、御史臺、中書、門下，〔七八〕是爲「前行要望」，目爲「七司」；〔七九〕其餘則曰「後行閑司」。謂流外轉選者始自府、寺而超授七司者，以爲非次。長安中，畢構奏而革之，應入省者，先授閑司及後行，經兩考，方轉入七司，便爲成例。凡擇流外職有三：一曰書，二曰計，三曰時務。其工書、工計者，雖時務非長，亦敍限；〔八〇〕三事皆下，則無取焉。每經三考，聽轉選，量其才能而進之；不則從舊任。其考滿，有授職事官者，有授散官者。舊則郎中專知小銓，開元二十五年敕銓試訖，應留、放，皆尚書、侍郎定之。員外郎一人，掌選院，謂之南曹。〔八一〕其曹在選曹之南，故謂之南曹。每歲，選人有解狀、簿書、資歷、考課，〔八二〕必由之以覈其實，乃上三銓；其三銓進甲則署焉。員外郎一人，掌判曹務。〔八三〕凡當曹之事，無巨細，皆與郎中分掌焉。應簡試，如貢舉之制。舊，齋郎隸太常，則禮部簡試。開元二十五年，隸宗正，其太廟齋郎則十月下旬宗正申吏部，應試則帖論語及一大經。

司封郎中一人，從五品上；北齊置主爵郎中一人，隋文帝爲主爵侍郎，煬帝改爲主爵郎。武德初，爲主爵郎中。龍朔二年改爲司封大夫，咸亨元年復故。光宅元年改爲司封郎中，神龍元年復故。開元二十四年，復爲司封。員外郎一人，從六品上；隋文帝置，煬帝改爲主爵承務郎。〔八四〕武德初，爲主爵員外郎。〔八五〕龍朔、咸亨、光宅、神龍、開元並隨曹改復。〔八六〕主事二人，從九品上。

司封郎中、員外郎掌邦之封爵。凡有九等：一曰王，正一品，食邑一萬户。二曰郡王，從一品，食邑五千户。三曰國公，從一品，食邑三千户。四曰郡公，正二品，食邑二千户。五曰縣公，從二品，食邑一千五百户。六曰縣侯，從三品，食邑一千户。七曰縣伯，正四品，〔八七〕食邑七百户。八曰縣子，正五品，〔八八〕食邑五百户。九曰縣男，從五品，〔八九〕食邑三百户。五等之爵，蓋始於黄帝，其傳言：「置左、右大監，監于萬國。」〔九〇〕書堯典云：「協和萬邦。」又云：「輯五瑞。」卽五等諸侯所執玉也。〔九一〕夏、殷已上，其制難詳。至周，則云「列爵惟五，分土惟三」，始有封國大小之制。戰國之時，又有雜號封君，謂商君、平原君等。秦又立二十等爵，以當軍功。漢置王、侯二等，其二十等爵亦存；亦有「君」，謂稷嗣、奉春等。後漢又有鄉、亭侯之號。〔九二〕魏氏五等，皆以鄉、亭，〔九三〕多假空名，不食本邑。及司馬宣王誅曹爽，〔九四〕封舞陽侯。至晉，復五等之制。宋、齊之後，或置或廢，亦不常也。隋氏始立王、公、侯已下制度，皇朝因之。然户、邑率多虚名，其言食實封者，乃得真户。〔九五〕舊制，户皆三丁以上一分入國。開元中定制，以三丁爲限，租賦全入封家。皇兄弟、皇子皆封國，謂之親王。親王之子承嫡者，爲嗣王。皇太子諸子並爲郡王。親王之子承恩澤者亦封郡王，諸子封郡公。其嗣王、郡王及特封王子孫承襲者，降授國公。諸王、公、侯、伯、子、男若無嫡子及罪、疾，立嫡孫。無嫡孫，以次立嫡子同母弟；無母弟，立庶子。無庶子，立嫡孫同母弟；無母弟，立庶孫。曾、玄已下亦同此。無後者，國除。凡名山、大川及畿內縣皆不得以封。至郡公，有餘爵，聽回授子孫。其國公皆特封焉。凡內命婦之制：貴妃、淑妃、德妃、賢妃並爲夫人，皆正一品；昭儀、昭容、昭媛、充儀、充容、充媛並爲嬪，正二品；婕妤九員，正三品；美人九員，正四品；才人九員，正五品；寶林二十七員，正六品；御女二十七員，正七品；采女二十七員，正八品。按：黄帝有四妃，帝嚳亦然，帝堯因之。〔九六〕蓋象后妃四星，其一明者爲正妃，餘三小者爲次妃。至舜不告而娶，不立正妃，但三妃而已，謂之三夫人。夏后氏增以三三而九，合十二人。春秋說云：「天子娶十二人。」即夏制也。禮記曰：「古者，天子立六宮、三夫人、九嬪、二十七世婦、八十一御女，以聽天下之內理。」此蓋以象三公、九卿之數，則殷制也。周官曰：「九嬪掌婦學之法。」至漢初，有夫人、美人及姬之號。武帝制婕妤、娙娥、容華、充衣，〔九七〕各有爵位。元帝加昭儀之號，凡十四等。光武乃有貴人、才人之號。晉諸公贊曰：〔九八〕「舊制：貴嬪、夫人比三公，假金紫；淑媛、淑儀、修容、修儀、婕妤、容華、充華爲九嬪，比九卿，假銀青。〔九九〕後魏孝文改定內官，各有視品。宋、齊、梁、陳、北齊、後周多依古制，或有增損，事則不經。隋氏定制，則依周官之制，皇朝因之，爲百二十一人。皇太子良娣二員，正三品；良媛六員，正四品；承徽十員，正五品；昭訓十六員，正七品；奉儀二十四員，正九品。漢書曰：「太子有妃，有良娣，有孺子，〔一〇〇〕妻、妾三等。」歷代因之。至宋明帝，更爲太子置內職二等，有保林、良娣。〔一〇一〕齊建元中，太子宮置三內職：良娣比關內侯，保林比五等侯，〔一〇二〕才人比駙馬都尉。隋初定制也，皇朝因之。外命婦之制：皇姑封大長公主，皇姉妹封長公主，皇女封公主，皆視正一品；皇太子之女封郡主，視從一品；王之女封縣主，視正二品。公羊傳曰：「天子將嫁女於諸侯，必使同姓諸侯主之，」故曰「公主」。詩曰：「何彼穠矣，美王姬也。雖則王姬，亦下嫁於諸侯。〔一〇三〕車服不繫於其夫，下王后一等。」漢家公主所食曰邑；諸王女曰翁主，亦曰王主。後漢皇女皆封縣公主，儀服同列侯；尊崇者加號爲長公主，乘赤罽車馬，與諸侯同。兩漢皆列侯尚主。自魏、晉已來，尚主皆拜駙馬都尉。晉、宋已來，皇女皆封郡公主，王女皆封縣主。王母、妻爲妃。一品及國公母、妻爲國夫人；三品已上母、妻爲郡夫人；四品、若勳官二品有封，母、妻爲郡君；五品、若勳官三品有封，母、妻爲縣君。散官並同職事。勳官四品有封，母、妻爲鄉君。其母邑號皆加「太」字。各視其夫及子之品，若兩有官爵者，皆從高。若內命婦一品之母爲正四品郡君，二品母爲從四品郡君，〔一〇四〕三品、四品母並爲正五品郡君。〔一〇五〕凡婦人不因夫及子而別加邑號，〔一〇六〕夫人云「某品夫人」，郡君爲「某品郡君」，縣君、鄉君亦然。古者，諸侯之妻，邦人稱之曰「夫人」，亦曰「小君」。春秋傳曰：「惠公元妃孟子。」則妃及夫人、郡君、縣君、鄉君之號皆起於此。漢高祖封蕭何夫人爲酇君，景帝封王皇后母曰平原君。後漢安帝封乳母王聖爲野王君，獻帝封董卓母爲池陽君。晉封虞潭母孫氏武昌侯太夫人，〔一〇七〕加金章、紫綬。太康元年，封羊祜夫人爲鄉君。〔一〇八〕孝武時，哀帝外祖母高安鄉君進封宣城郡廣德君。宋高祖母蕭氏初封豫章國太夫人，妻臧氏爲國夫人。晉令式云：「郡公·侯太夫人、夫人，〔一〇九〕銀印、青綬，佩水蒼玉。〔一一〇〕」宋、齊之後，多用其制。至隋氏始定品格，皇朝因之。〔一一一〕凡庶子有五品已上官封，皆封嫡母；無嫡母，即封所生母。凡二王後夫人、職事五品已上、散官三品已上、王及國公母·妻朝參，各視其夫及子之禮。凡親王孺人二人，視正五品；媵十人，視正六品。嗣王、郡王及一品媵十人，視從六品；二品媵八人，視正七品；三品及國公媵六人，視從七品；四品媵四人，視正八品；五品媵三人，視從八品。降此已往皆爲妾。古者，諸侯一娶九女，其嫡者爲夫人，餘爲姪、娣、孺人及媵，蓋因此。凡皇家五等親及諸親三等存亡、升降，皆立簿籍，每三年一造。除附之制，並載於宗正寺焉。

司勳郎中一人，從五品上；周官有司勳上士二人，凡有功者，司勳詔之。後周夏官有司勳上士一人，掌六勳之賞。隋文帝立司勳侍郎二人，煬帝改爲司勳郎。武德初，爲司勳郎中。龍朔二年改爲司勳大夫，〔一二〕咸亨元年復故。〔一三〕員外郎二人，從六品上；隋文帝置，煬帝改爲司勳承務郎，皇朝復爲司勳員外郎。龍朔、咸亨、光宅、神龍並隨曹改復。主事四人，從九品上。

司勳郎中、員外郎掌邦國官人之勳級。凡勳十有二等：十二轉爲上柱國，比正二品；柱國，楚官也。項梁爲楚上柱國，又陳嬰爲上柱國，又蔡賜爲上柱國。至西魏之末，始置柱國，用旌戎秩。時隴西郡公李諱、〔一四〕廣陵王元欣、趙郡公李弼、河内郡公獨孤信、南陽公趙貴、常山公于謹、彭城公侯莫陳崇與周太祖爲八柱國。至後周建德四年，初置上大將軍、上開府儀同三司、開府儀同三司、上儀同三司、儀同三司、上柱國、柱國之秩，以賞勳勞。始以齊王憲、蜀公尉遲迥爲上柱國是也。隋高祖受命，又採後周之制，置上柱國爲從一品，柱國爲正二品，上大將軍從二品，大將軍正三品，上開府儀同三司從三品，開府儀同三司正四品，上儀同三司從四品，儀同三司正五品，大都督正六品，帥都督從六品，〔一五〕都督正七品，總十一等，以酬勤勞。皇朝改以勳轉多少爲差，以酬勳秩。十一轉爲柱國，比從二品；戰國時，楚有柱國昭陽；楚、漢之際，共敖爲柱國也。十轉爲上護軍，比正三品；九轉爲護軍，比從三品；秦有護軍都尉。漢高祖以陳平爲護軍中尉，盡護諸將。文帝時，韓安國爲護軍將軍。平帝元始元年，更名護軍都尉爲護軍。魏武帝以牽招爲中護軍將軍。晉中護軍將軍、護軍將軍等並銀章、青綬，武冠，絳朝服，品第四。宋、齊、梁、陳並有護軍將軍、中護軍之職。梁武廬江置鎮蠻護軍，武陵置安遠護軍。皇朝採之，爲勳官品職。八轉爲上輕車都尉，比正四品；七轉爲輕車都尉，比從四品；漢武帝以公孫賀爲輕車將軍。漢又有輕車校尉。梁、陳、後魏、北齊、隋皆有輕車將軍。六轉爲上騎都尉，比正五品；五轉爲騎都尉，比從五品；漢武帝置騎都尉。漢書云：「拜李陵爲騎都尉。」更始時，謡曰：「爛羊胃，騎都尉。」晉、宋、齊、梁、陳、隋並有其名。四轉爲驍騎尉，比正六品；三轉爲飛騎尉，比從六品；二轉爲雲騎尉，比正七品；一轉爲武騎尉，比從七品。隋文帝置驍騎、飛騎、雲騎、武騎尉，爲文散階，皇朝採爲勳品。凡有功效之人合授勳官者，皆委之覆定，然後奏擬。凡征、鎮勳未授身亡者，其勳依例加授。其餘汎勳未授身亡者，〔一二六〕不在敍限。

考功郎中一人，從五品上；漢官儀：「曹郎二人，掌天下歲盡集課。」魏尚書郎曹有考功郎中一人。〔一二七〕宋、齊並置功論郎中，梁有秩論侍郎，〔一二八〕並考功郎中之任也。北齊有考功郎中。隋文帝置考功侍郎，煬帝改爲考功郎，皇朝改爲考功郎中。龍朔二年改爲司績大夫，咸亨元年復故。員外郎一人，從六品上；隋文帝置，煬帝改爲承務郎，皇朝復爲員外郎。龍朔二年改爲司績員外郎，〔一二九〕咸亨元年復故。主事三人，從九品上。〔一三〇〕

考功郎中、員外郎之職，〔一三一〕掌內外文武官吏之考課。凡應考之官，皆具録當年功過、行能，本司及本州長官對衆讀，議其優劣，定爲九等考第，各於其所由司準額校定，然後送省。內外文武官，量遠近，以程限之有差。京師百僚，九月三十日已前校定，十月一日送省。外官去京一千五百里內，八月三十日；三千里內，七月三十日；五千里內，五月三十日；七千里內，三月三十日；萬里內，正月三十日已前校定。其外官附朝集使送簿至省。凡流內、流外官考前釐務不滿二百日者，不考。每年別敕定京官位望高者二人，其一人校京官考，一人校外官考。又定給事中、中書舍人各一人，其一人監京官考，一人監外官考。郎中判京官考，員外郎判外官考。其檢覆同者，皆以功過上使。京官則集應考之人對讀注定，外官對朝集使注定訖，各以奏聞。其親王及中書門下與京官三品已上、外官五大都督，並以功過狀奏，聽裁。凡考課之法有四善：一曰德義有聞，二曰清慎明著，三曰公平可稱，四曰恪勤匪懈。善狀之外，有二十七最：一曰獻替可否，拾遺補闕，爲近侍之最；二曰銓衡人物，擢盡才良，爲選司之最；三曰揚清激濁，褒貶必當，爲考校之最；四曰禮制儀式，動合經典，爲禮官之最；五曰音律克諧，不失節奏，爲樂官之最；六曰決斷不滯，與奪合理，爲判事之最；七曰部統有方，警守無失，爲宿衛之最；八曰兵士調習，〔一二〕戎裝充備，爲督領之最；九曰推鞫得情，處斷平允，爲法官之最；十曰讎校精審，明於刊定，〔一三〕爲校正之最；十一曰承旨敷奏，吐納明敏，爲宣納之最；十二曰訓導有方，生徒充業，爲學官之最；十三曰賞罰嚴明，攻戰必勝，爲將帥之最；十四曰禮義興行，肅清所部，爲政教之最；十五曰詳録典正，詞理兼舉，爲文史之最；十六曰訪察精審，彈舉必當，爲糾正之最；十七曰明於勘覆，稽失無隱，爲句檢之最；十八曰職事修理，供承強濟，爲監掌之最；十九曰功課皆充，丁匠無怨，爲役使之最；二十曰耕耨以時，收穫剩課，〔一三〕爲屯官之最；二十一曰謹於蓋藏，明於出納，爲倉庫之最；二十二曰推步盈虛，究理精密，爲曆官之最；二十三曰占候醫卜，效驗居多，爲方術之最；二十四曰譏察有方，行旅無壅，爲關津之最；二十五曰市鄽不擾，姦濫不行，爲市肆之最；二十六曰牧養肥碩，蕃息孳多，爲牧官之最；二十七曰邊境肅清，城隍修理，爲鎮防之最。一最已上有四善爲上上；一最已上有三善，或無最而有四善爲上中；一最已上有二善，或無最而有三善爲上下；一最已上有一善，或無最而有二善爲中上；一最已上，或無最而有一善爲中中；職事粗理，善最弗聞爲中下；愛憎任情，處斷乖理爲下上；背公向私，職務廢闕爲下中；居官諂詐，貪濁有狀爲下下。若於善最之外别可嘉尚，及罪雖成殿、情狀可矜，雖不成殿而情狀可責者，省校之日，皆聽考官臨時量定。諸官人犯罪負殿者，計贖銅一斤爲一負，公罪倍之。十負爲一殿。當上上考者，雖有殿不降，此謂非私罪。自上中已下，率一殿降一等。即公座殿失應降，若當年勞劇有異於常者，聽減一殿。內外官從見在任改爲别官者，其年考從後任申校。其别敕賜考，限當年附校。如不及當年，及當年無考，於以次有考年限。百司量其閑劇，諸州據其上下，進考之人皆有定限。苟無其功，不要充數；功過於限，亦聽量進。諸食禄之官，考在中上已上，每進一等，加禄一季；中下已下，每退一等，奪禄一季。若私罪下中已下，公罪下下，並解見任，奪當年禄，追告身；周年，聽依本品叙。其流外官，本司量其行能、功過，立四等考第而勉進之。清謹勤公，勘當明審爲上；居官不怠，執事無私爲中；不勤其職，數有愆犯爲下；背公向私，貪濁有狀爲下下。每年對定，具簿上省。其考下下者，解所任。凡親、勳、翊衞皆有考第。考第之中，略有三等。專勤謹慎，宿衞如法，便習弓馬者爲上；番期不違，職掌無失，雖解弓馬，非是灼然者爲中；違番不上，數有犯失，好請私假，不習弓馬者爲下。諸衞主帥，如三衞之考。凡統領有方，部伍整肅，清平謹恪，武藝可稱者爲上；居官無犯，統領得濟，雖有武藝，不是優長者爲中；在公不勤，數有愆失，至於武用，復無可紀者爲下。其監門校尉、直長，如帥之考。正色當官，明於按察，監當之處，能肅察姦非者爲上；居官不怠，檢校無失，至於監察，未是灼然者爲中；不勤其職，數有愆違，檢校之所，事多疏漏者爲下。其謚議之法，古之通典，皆審其事，以爲不刊。諸職事官三品已上、散官二品已上身亡者，其佐史録行狀申考功，〔一三五〕考功責歷任勘校，下太常寺擬謚訖，覆申考功，於都堂集省内官議定，然後奏聞。贈官同職事。無爵者稱「子」。若蘊德丘園，聲實明著，雖無官爵，亦奏賜謚曰「先生」。

員外郎掌天下貢舉之職。〔一三六〕開元二十四年，敕以爲權輕，專令禮部侍郎一人知貢舉。然以舊職故，復叙於此云。凡諸州每歲貢人，其類有六：一曰秀才，二曰明經，三曰進士，四曰明法，五曰書，六曰筭。其弘文、崇文生各依所習業隨明經、進士例。其秀才試方略策五條，文、理俱高者爲上上，文高理平、理高文平者爲上中，文、理俱平者爲上下，文、理粗通爲中上，文劣理滯爲不第。此條取人稍峻，自貞觀後遂絶。其明經各試所習業，文、注精熟，辨明義理，然後爲通。正經有九：禮記、左傳爲大經，毛詩、周禮、儀禮爲中經，周易、尚書、公羊、穀梁爲小經。通二經者，一大一小，若兩中經；通三經者，大、小、中各一；通五經者，大經並通。其孝經、論語並須兼習。〔一二七〕諸明經試兩經，進士一經，每經十帖。孝經二帖，論語八帖。〔一二八〕每帖三言。通六已上，然後試策：周禮、左氏、禮記各四條，餘經各三條，孝經、論語共三條，〔一二九〕皆録經文及注意爲問。其答者須辨明義理，然後爲通。通十爲上上，通八爲上中，通七爲上下，通六爲中上。其通三經者，全通爲上上，通十爲上中，通九爲上下，通八爲中上，通七及二經通五爲不第。〔一三〇〕其進士帖一小經及老子，皆經、注兼帖。試雜文兩首，策時務五條，文須洞識文律，策須義理愜當者爲通。若事義有滯、詞句不倫者爲不。其經、策全通爲甲，策通四、帖通六已上爲乙，已下爲不第。其明法試律、令各一部，識達義理、問無疑滯者爲通。粗知綱例、未究指歸者爲不。所試律、令，每部試十帖。策試十條：律七條，令三條。〔一三一〕全通者爲甲，通八已上爲乙，已下爲不第。其明書則說文六帖，字林四帖。諸試書學生帖試通訖，先口試，不限條數，疑則問之，並通，然後試策。〔一三二〕其明筭則九章三帖，海島、孫子、五曹、張丘建、夏侯陽、周髀、五經等七部各一帖。其綴術六帖，緝古四帖。録大義本條爲問。答者明數造術，辨明術理，然後爲通。記遺三等數，讀令精熟，試十得九爲第。其試綴術、緝古者，綴術七條，緝古三條。諸及第人並録奏，仍關送吏部。書、筭於從九品下叙排。弘、崇生雖同明經、進士，以其資廕全高，試亦不拘常例。弘、崇生習一大經、一小經者，〔一三三〕兩中經者，習史記者，漢書者，東觀漢記者，三國志者，皆須讀文精熟，言音典正。策試十道，取粗解注義，經通六，史通三。其試時務策者，須識文體，不失問目意，試五得三。皆兼帖孝經、論語共十條。應簡齋郎，準貢舉例帖試。太常解申禮部勘責，十月內送考功，帖論語及一大經，及第者，奏聞。國子監大成二十員，〔一三四〕取貢舉及第人聰明灼然者，試日誦千言，並口試，仍策所習業，十條通七，然後補充，各授官，依色令於學內習業，以通四經爲通。其祿俸、賜會準非伎術直例給。業成者於吏部簡試，孝經、論語共試八條，餘經各試八條，間日一試，灼然明練精熟爲通。口試十通九，策試十通七爲第。所加經者，禮記、左傳、毛詩、周禮各加兩階，餘經各加一階。及第者放選，優與處分；如不及第，依舊任。每三年一簡。九年業不成者，解退，依常選例。業未成、年未滿者，不得別選及充餘使。若經事故，應敍日，還令覆上。其先及第人欲加經、及官人請試經者亦準此。〔一三五〕

校勘記

〔一〕掌固十三人　舊唐書職官志及新唐書百官志均作「十二人」。

〔二〕書令史六十七人　舊唐書職官志作「六十人」，新唐書百官志同六典。

〔三〕令史十五人　舊唐書職官志作「十三人」，新唐書百官志同六典。

〔四〕書令史三十人　舊唐書職官志作「二十五人」，新唐書百官志同六典。

〔五〕一曰常侍曹　原本「一」、「曰」間殘缺一字，正德以下諸本俱連書，今據以改。

〔六〕二曰二千石曹　上「二」字原本殘缺，據正德本補。

〔七〕其常侍曹主丞相御史公卿事　「主」字原本訛作「土」，據正德本改。

〔八〕常侍曹爲吏部曹　續漢書百官志注引蔡質漢儀曰：「（常侍曹）主常侍、黃門、御史事，世祖改曰『吏曹』。」據此，「常」上疑脱「改」字。

〔九〕正七命　「正」字原本無，正德以下諸本皆然，據通典職官二十一後周官品增。

〔一〇〕陳因梁　「因」字原本無，正德以下諸本皆然。近衛校明本曰：「『梁』上脱『因』。」是。今據以增。

〔一一〕後魏北齊隋吏部尚書並正第三品　原本「隋」與上文「梁」相連，其間無「後魏北齊」四字，正德以下諸本皆然。近衛校明本曰：「按：『梁』、『隋』間恐當有『後魏北齊』四字。」是。今據以增。

〔一二〕龍朔二年改爲司列太常伯　「太」字原本作「大」，據正德本改。

〔一三〕凡中外百司之事　「中」字原本無，正德、嘉靖二本亦然，近衛校曰：「太平御覽引六典，『凡』下有『中』字。」廣雅本有「中」字，與職官分紀卷九「吏部尚書」條引六典文亦相合，今據以增。

〔一四〕識官親送　「識」字自正德以下諸本俱作「試」。玉井是博南宋本大唐六典校勘記曰：「『識』近衛本、書局本並作『試』，似是也。」案：通典選舉三歷代制下原注云：「唐制爲防選人冒濫，咸「以同流者五五爲聯，以京官五人爲保，一人爲識。」又，唐會要卷七十五選部下雜處置載開元四年九月十二日勅曰：「諸色選人納紙保後五日內，其保、識官各于當司具名品，并所在人州貫、頭銜，都爲一牒，報選司。若有僞濫，先用（疑當作「開」）缺，然後准式處分。」據此，疑「識」字本不謬，明人妄改，後來踵襲其訛耳。

〔一五〕或有糊名　正德以下諸本「名」上俱脱「糊」字，近衞校明本曰：「『名』恐當作『召』。」案：通典選舉三歷代制下云：「武太后又以吏部選人多不實，乃令試日自糊其名，暗考以定等第。糊名自此始也。」唐會要卷七十五選部下雜處置載天册元年十月二十二日敕曰：「其常選人自今已後宜委所司依常例銓注，其糊名人試及令學士考判宜停。」又載開元十五年九月敕曰：「今年吏部選人，宜依例糊名試判，臨時考第奏聞。」是唐已間行糊名之制，固當以宋本爲正。

〔一六〕得隔品授之　「品」字原本訛作「路」；正德、嘉靖二本亦然，近衞校曰：「舊唐志『路』作『品』，是。」廣雅本作「品」，與六典本條原注「有隔品授者」合，今據以改。

〔一七〕謂監察御史左右拾遺大理評事畿縣丞簿尉三任十考已上有隔品授者　案：唐會要卷七十五選部下雜處置載聖曆三年正月三十日勅曰：「監察御史、左・右拾遺、赤縣簿・尉、大理評事、兩畿縣丞・主簿・尉三任已上，及内外官經三任十考以上不改舊品者，選敘日各聽量隔品處分。餘官必須依次授任，不得超越。」疑六典本注或有脱文，誌以備考。

〔一八〕經十六考已上者　「十」字原本壞作「一」，後人墨書作「十」，與唐會要卷七十五選部下雜處置所載神功元年閏十月二十五日勅合，今仍之。　正德本亦壞作「一」，嘉靖本墨釘，近衞校明本曰：「『一』當削。」廣雅本逕删去之，俱非。

〔一九〕三注不伏注至冬檢舊判注擬　案：通典選舉三歷代制下（大唐）曰：「已注而唱示之，不厭者得反通其辭。（中略）三唱而不厭，聽冬集。」新唐書選舉志略同。據此，「伏」下「注」字疑當作「聽」，下屬與「至冬」連讀。

〔二〇〕凡皇親及諸軍功　舊唐書職官志作「凡皇親、諸親及軍功」。

〔二一〕初入尚書臺稱郎中滿歲稱侍郎　參看卷一校勘記〔六四〕。

〔二二〕魏晉宋齊吏部郎品第五　「齊吏」二字原本殘缺，正德以下諸本均不缺字，而訛「宋齊」爲「來晉」，今據職官分紀卷九「吏部郎中」條引六典文補。

〔二三〕班第十一　「十一」兩字原本殘缺，正德以下諸本均不缺字，而訛「十一」爲「六上」，今據職官分紀卷九引六典「吏部郎中員品」條原注補。

〔二四〕諸曹郎品正第六上　「曹」字原本殘缺，據正德本補。

〔二五〕隋初二十四司並爲侍郎品從第五　隋書百官志云：「開皇初，尚書吏部侍郎正四品上，尚書諸曹侍郎正六品上。三年，諸曹侍郎並加爲從五品。」

〔二六〕煬帝三年又廢二十四司員外郎每司減一郎　隋書百官志：「煬帝三年，廢諸司員外郎，而每增置一曹郎，各爲二員。（中略）尋又每減一郎。」據此，所減者蓋諸曹郎也。六典本注疑有脫文。

〔二七〕皇朝尚書諸曹各置員外郎一人　「一人」二字原本無，正德以下諸本皆然，今據職官分紀卷九引六典「吏部員外郎員品」條原注增。

〔二八〕掌考天下文吏之班秩品命　太平御覽卷二百十六「吏部郎中」條引六典文、舊唐書職官志「班秩品命」並作「班秩階品」，職官分紀卷九「吏部郎中」條引六典文同本注。

〔二九〕從本官服　資治通鑑卷一九四「貞觀九年十一月特進李靖上書」條胡三省注引唐六典及注文與此咸同。宋書百官志「服」上有「車」字。

〔三〇〕有賜位特進　據太平御覽卷二四三「特進」條引漢雜事，「有」字疑當作「者」，與上文連讀。

〔三一〕梁班第十七　近衞校明本曰：「據隋志，『七』當作『五』。」案：資治通鑑卷一九四「貞觀九年十一月特進李靖上書」條胡三省注引唐六典及注亦作「七」，與隋書百官志互異，誌以備考。

〔三二〕又給六尺牀帳簟蓐　近衞校明本曰：「太平御覽『致仕』條下引晉書，『六尺』作『几杖』。」案：近衞所舉太平御覽引文乃卷二四三「致仕官」條下王祥以太保致仕故事，其左、右光禄大夫致仕禮賜，未必盡與之同，不足爲據。考晉書何曾傳曰：「曾以太傅致仕，詔賜八尺牀、帳、簟、褥。」太平御覽卷七〇六「牀」條引梁書曰：「賀革『年二十，如（當作『始』）輟耒就父受業，精力不怠。有六尺方牀，思義未達，則横卧其上，不盡其義，終不肯食。』」蓋六尺牀、八尺牀者，俱牀名也。誌此以備考。

〔三三〕王晏乞一片金乃啓轉金紫　案：南齊書百官志云「樂安任遐爲光禄，就王晏乞一片金，晏乃啓轉爲金紫，不行。」此其事也。六典本注疑有脱文。

〔三四〕光禄大夫十三班　「光」字原本殘缺，據正德本補。

〔三五〕太和二十三年　「三」字原本殘缺，正德以下諸本並訛作「六」，今據魏書官氏志補。

〔三六〕後周左右光祿大夫正八命　「命」字原本訛作「品」，正德以下諸本皆然，今據周書盧辯傳改。

〔三七〕隋爲正二品　「二」字原本殘缺，正德以下諸本並訛作「一」，今據隋書百官志補。

〔三八〕隋氏定令誤　「隋」字原本訛作「請」，據正德本改。

〔三九〕蓋取秦大夫官論議　據漢書百官公卿表及通典職官十六「光祿大夫以下」條，「官」疑當作「掌」。

〔四〇〕正四品　隋書百官志「正」作「從」。

〔四一〕陳秩千石　「陳」字原本無，正德以下諸本皆然，今緣六典文例，據隋書百官志增。

〔四二〕煬帝改爲從五品下　隋書百官志，朝散大夫從五品。資治通鑑卷二〇八「神龍元年九月崔汪除五品散官」條胡三省注引唐六典同本注。

〔四三〕七品置宣德郎朝散郎　隋書百官志「朝散」作「宣義」。

〔四四〕八品置登仕郎將仕郎　隋書百官志「登仕」作「徵事」。

〔四五〕九品置常從郎奉信郎　隋書百官志云：「尋改常從爲登仕，奉信爲散從。」

〔四六〕隋煬帝置宣德郎三十人　隋書百官志「三十」作「四十」。

〔四七〕親王諸子封郡王者從五品上　唐會要卷八十一階引舊制、新唐書百官志「郡王」並作「郡公」。通典職官十二歷代王侯封爵引龍朔二年制曰：「諸王子嫡者封郡王，任職從四品下敘；其衆子封郡公，從五品上敘。」案：親王衆子封郡公者，位置雖尊，亦斷無越居國公上之理。豈此處所謂封郡王者，乃指下文「司封郎中、員外郎職掌」條所稱「親王諸子承恩澤者」而言耶？誌以備考。

〔四八〕郡公正六品下　以上六字原本無，正德以下諸本皆然，今據舊唐書職官志及新唐書選舉志增。

〔四九〕皇祖免親　「祖」字原本訛作「祖」，據正德本改。

〔五〇〕至從三品子　原本「至」字殘缺；正德以下諸本並以「從」與上文「叙」字連書，中間不缺字，今據唐會要卷八十一階引舊制補。

〔五一〕已下遞降一等　「下」字原本訛作「上」，正德以下諸本皆然，近衞校明本曰：「『上』恐當作『下』。」案：唐律疏議卷三名例「（諸除名者）六載之後聽叙，依出身法」條疏議曰：「正四品於從七品下叙，從四品於正八品上叙，正五品於正八品下叙，（中略）八品、九品並於從九品下叙。」由此可見，「上」字顯當作「下」，今改正。

〔五二〕致仕官各居本色之上　通典禮三十五天子朝位所引公式令及開元六年八月敕、唐會要卷二十五文武百官朝謁班序所引天寶三載公式令，「色」並作「品」。案：唐人語中「本品」與「本色」之含義差別甚大，揆諸下文稱「郡王任三品已下職事者，在同階品上」及「若前官被召見及預朝參者，在本品見任上；以理解者，在同品下」等語，「色」字固疑當作「品」。

〔五三〕男在從五品下　「男在從」三字原本殘缺，正德以下諸本均不缺字，而訛「從五」爲「正六」，今據通典禮三十五天子朝位所引公式令補。

〔五四〕以理解者　「以理解」三字原本殘缺；正德、嘉靖二本亦然，近衞校曰：「當填以『以理解』。」與通典禮三十五天子朝位所引公式令合，今據以補。

〔五五〕若散官三品已上在京者　「品已上」三字原本殘缺；正德、嘉靖二本並於「品」下殘缺二字，近衛校曰：「當塡以『已上』。」與通典禮三十五天子朝位引公式令合，今據以補。

〔五六〕謂五品以上職事官　「五品以」三字原本殘缺，正德、嘉靖二本亦然，近衛校明本及廣雅本均不缺字，文作「五品以」，與職官分紀卷九引六典「吏部郎中職掌」條原注合，今據以補。

〔五七〕八品已上供奉官員外郎　「奉官員外郎」五字原本殘缺；正德、嘉靖二本均於「供」下缺四字，近衛校曰：「據文獻通考所引儀制令，當塡以『奉官員外』。」又，「郎」訛作「都」，近衛校曰：「『都』當作『郎』。」廣雅本不缺字，文同近衛校記，與職官分紀卷九引六典「吏部郎中職掌」條原注及通典禮三十五天子朝位所引儀制令合，今據以補。

〔五八〕尚書左右丞相　案：唐左、右丞相係從二品職事官，爲尚書都省長官，時人目之爲端揆、端右，與開府儀同三司、特進等品位雖尊而無職事，僅爲文散者不同，自應在「三品已上長官」之列，而不當居於「同長官例」之內。又尚書左、右丞亦爲職事官，左丞正四品上，其班位在同品中僅次於黄門、中書侍郎，而在尚書吏部侍郎上；右丞正四品下，其班位居同品之首，在尚書左、右司及諸司侍郎上，自當在「同長官之例」內。「相」字疑衍。

〔五九〕左右率及國子司業　舊唐書職官志所列清望官中無「太子左、右率」。

〔六〇〕左右副率　舊唐書職官志作「太子左・右率府、左・右内率府率及副」。

〔六一〕中書舍人　舊唐書職官志其下有「太子中允、中舍人」。

〔六二〕其四品已上清望官　近衛校明本曰：「舊唐志『上』作『下』。」案：六典原注及舊唐書職官志所列清望官雖小有異同，然其最下均無低於從四品下階者，似當仍以六典原注爲正。

〔六三〕謂身有疾病滿百日至並解官申省以聞　以上二十八字原本大字連書於「不得過程」下，誤作正文。正德、嘉靖二本亦然，近衛校曰：「『謂身』以下至『以聞』二十八字當作注文，連本注。」廣雅本移作注文，今據以改。

〔六四〕改日稍優之　原本「日」訛作「曰」，「稍」字無。正德、嘉靖二本亦然，近衛校曰：「據舊唐志，『曰』當作『日』，『日』下有『稍』字。」是，今據以改、增。

〔六五〕六品已下不待秩滿聽選加優授焉　舊唐書職官志作「六品已下，秩滿聽選，不在放限」。

〔六六〕沙苑監一人　「苑」字原本及正德、嘉靖本均訛作「茄」，近衛逕改作「苑」，廣雅本作「苑」，今據以改。

〔六七〕正月七日十五日　上「日」字原本殘缺，據正德本補。

〔六八〕五月五日　「月」字原本殘缺，據正德本補。

〔六九〕立春春分　「春春分」三字原本殘缺，據正德本補。

〔七〇〕並給休假一日　「休」字原本訛作「伏」；正德以下諸本皆然。近衛校明本曰：「『伏』當作『休』。」是，今據以改。

〔七一〕五月給田假　「田假」二字原本殘缺，據太平御覽卷六三四「急假」條引假寧令補。

〔七二〕九月給授衣假　「九」字原本殘缺，據太平御覽卷六三四「急假」條引假寧令補。

〔七三〕各給假五日　「五日」二字原本殘缺，正德以下諸本不缺字，文作「二日」，今據太平御覽卷六三四「急假」條引假寧令補。

〔七四〕四時祭　「四」字原本殘缺；又，自「時祭」起，原本缺一頁，均據正德本補。

〔七五〕三年一給定省假三十五日　太平御覽卷六三四「急假」條引假寧令「三十五」作「三十」。

〔七六〕給假三十日　據通典禮六十八雜制原注，「日」下疑當有「葬，五日；除服，三日。齊衰三月、五月，大功九月，並給假二十日」等二十三字。

〔七七〕功賞殿最　「最」字原本訛作「雪」，嘉靖本亦然，近衛校曰：「『雪』當作『最』。」廣雅本作「最」，與舊唐書職官志合，今據以改。

〔七八〕其在吏部兵部考功都省御史臺中書門下　舊唐書職官志「兵部」下有「禮部」。

〔七九〕目爲七司　舊唐書職官志「七」作「八」。

〔八〇〕其工書工計者雖時務非長亦叙限　舊唐書職官志云：「取工書、計，兼頗曉時務。（三事中，有一優長，則在叙限。）」

〔八一〕掌選院謂之南曹　太平御覽卷二一六「吏部員外郎」條引六典作「掌判南曹」四字。職官分紀卷九引六典「吏部員外郎職掌」條同本文。

〔八二〕選人有解狀簿書資歷考課　自「選人」起，還據宋本。「簿」字原本訛作「籍」；正德、嘉靖二本亦然，近衛校曰：「舊唐志『籍』作『簿』。」廣雅本作「簿」，今據以改。

〔八三〕掌判曹務　原本無「判」字，正德以下諸本皆然，今據太平御覽卷二一六「吏部員外郎」條及職官分紀卷九「吏部員外郎」條引六典文增。

〔八四〕煬帝改爲主爵承務郎　「改爲」及「郎」三字原本殘缺，據正德本補。

〔八五〕爲主爵員外郎　「員外郎」三字原本殘缺，據正德本補。

〔八六〕龍朔咸亨光宅神龍開元並隨曹改復　「亨」字原本殘缺，據正德本補。

〔八七〕正四品　通典職官二十二大唐官品作「正四品上」。

〔八八〕正五品　通典職官二十二大唐官品作「正五品上」。

〔八九〕從五品　通典職官二十二大唐官品作「從五品上」。

〔九〇〕監于萬國　原本「于」訛作「千」，據正德本改。

〔九一〕卽五等諸侯所執玉也　原本「諸」訛作「者」，據正德本改。

〔九二〕後漢又有鄉亭侯之號　「之」字原本殘缺，據正德本補。

〔九三〕皆以鄉亭　「鄉」字原本訛作「卿」，據正德本改。

〔九四〕及司馬宣王誅曹爽　「王」字原本殘缺，據正德本補。

〔九五〕乃得真户　「乃」字原本訛作「及」，據正德本改。

〔九六〕帝堯因之　「堯」字原本殘缺，據正德本補。

〔九七〕武帝制婕妤娙娥容華充衣　「妤」字原本訛作「好」，正德、嘉靖二本亦然，據廣雅本改，下「妤」字同。「容」，漢書外戚傳作「傛」；「衣」，漢書外戚傳作「依」。

〔九八〕晉諸公贊曰　「曰」字原本訛作「日」，據正德本改。

〔九九〕舊制至假銀青　宋書后妃傳曰：「晉武帝採漢、魏之制，置貴嬪、夫人、貴人，是爲三夫人，位視三公；淑妃、淑媛、淑儀、修華、修容、修儀、婕妤、容華、充華，是爲九嬪，位視九卿。」太平御覽卷一四五「嬪」條引晉諸公讚文悉同六典原注。

〔一〇〇〕有孺子　「孺」字原本訛作「娥」，正德以下諸本皆然，據本書卷二十六「太子内官」條原注改。

〔一〇一〕有保林良娣　原本訛作「有保林郎」，正德、嘉靖二本亦然，近衞校曰：「宋書何皇后傳云：『上更爲太子置内職二等：曰保林，曰良娣。』據此，『保林郎』當作『保林、良娣』，『良』誤作『郎』。」廣雅本作「有保林、良娣」，與本書卷二十六「太子内官」條原注合，今據以改。

〔一〇二〕良娣比關内侯保林比五等侯　「關内侯保林比」六字原本無，正德、嘉靖二本亦然，近衞校曰：「據南齊書后妃傳，『比』下脱『開國侯、保林比』六字。」廣雅本唯於「保林」下脱一「比」字，今參照本書卷二十六「太子内官」條原注增。

〔一〇三〕亦下嫁於諸侯　「亦」字原本殘缺，正德以下諸本並作「而」，今據毛詩卷一何彼襛矣補。

〔一〇四〕二品母爲從四品郡君　唐會要卷二十六命婦朝皇后曰：「一品、二品母爲正四品郡君。」舊唐書職官志、新唐書百官志並同六典。

〔一〇五〕三品四品母並爲正五品郡君　唐會要卷二十六命婦朝皇后、新唐書百官志「郡君」作「縣君」，舊唐書職官志同六典。

〔一〇六〕凡婦人不因夫及子而別加邑號　通典職官十六內官「號」下有「者」字。

〔一〇七〕晉封虞潭母孫氏武昌侯太夫人　「太」字原本作「大」，據正德本改。

〔一〇八〕封羊祜夫人爲鄉君　原本「封」訛作「到」，「祜」訛作「枯」，據正德本改。

〔一〇九〕郡公侯太夫人夫人　原本下「夫」字訛作「中」，正德以下諸本皆然，今據晉書輿服志改。

〔一一〇〕佩水蒼玉　「玉」字原本訛作「王」，正德、嘉靖二本亦然，近衞校明本逕改作「玉」，廣雅本亦作「玉」，與晉書輿服志合，今據以改。

〔一一一〕皇朝因之　「皇」字原本訛作「阜」，據正德本改。

〔一一二〕龍朔二年改爲司勳大夫　「二」字原本訛作「元」，正德以下諸本皆然。近衞校明本曰：「『元』當作『二』。」案：有關唐制之載籍中，唯唐會要卷五十八「司勳郎中」條云「龍朔元年二月四日，改爲司勳大夫。咸亨二年，復改爲司勳郎中」，與六典本條原注合。然新唐書高宗本紀明言：「（龍朔）二年二月甲子，大易官名。」又曰：「（咸亨）元年十二月庚寅，復官名。」且六典原注於龍朔、咸亨官制之改復，凡明載年代者，多作「龍朔二年」及「咸亨元年」，故改焉。

〔一一三〕咸亨元年復故　「元」字原本作「二」，今改。參見校記〔一一二〕。

〔一一四〕時隴西郡公李諱　李諱者，李虎也，爲唐室祖先，故諱焉。

〔一二五〕帥都督從六品　原本「帥」訛作「師」，「六品」二字殘缺，據正德本改、補。

〔一二六〕其餘汎勳未授身亡者　「亡」字原本訛作「光」，據正德本改。

〔一二七〕魏尚書郎曹有考功郎中一人　「魏」字原本訛作「有」，正德以下諸本皆然，今據職官分紀卷九引六典「考功郎中員品」條原注改。

〔一二八〕梁有秩論侍郎　「秩」字原本訛作「扶」，據正德本改。

〔一二九〕龍朔二年改爲司績員外郎　「司」字原本訛作「自」，據正德本改。

〔一三〇〕從九品上　通典職官二十二大唐官品及新唐書百官志並作「從八品下」。舊唐書職官志云：「舊從九品上，開元二十四年改（中書、門下、尚書都省、兵・吏部、考功、禮部）七司入八品。」

〔一三一〕考功郎中員外郎之職　「員外郎」三字原本無，正德以下諸本皆然。案：太平御覽卷二一六「考功郎中」條引六典曰：「考功郎中、員外郎掌內外文武官吏之考課。」舊唐書職官志曰：「（考功）郎中、員外郎之職，掌內外文武官吏之考課。」新唐書百官志曰：「考功郎中、員外郎各一人，掌文武百官功過善惡之考法及其行狀。」三者於「郎中」之下並綴及「員外郎」，證諸六典本條正文，其間復有「郎中判京官考，員外郎判外官考」之語，疑六典原有「員外郎」三字，後人以唐考功員外郎舊制專掌貢舉，又見下文有「員外郎掌天下貢舉之職」一節，未經細覈，遽而刊除之，今復增。

〔一三二〕八曰兵士調習　「習」字原本訛作「集」，正德以下諸本皆然，今據職官分紀卷九引六典「考功郎中職掌」條改。

〔一二三〕明於刊定　「刊」字原本訛作「利」，據正德本改。

〔一二四〕收穫剩課　近衛校明本曰：「通鑑注及舊、新唐志（『剩課』）作『成課』。」廣雅本易「剩」爲「成」，疑是也。誌以備考。

〔一二五〕其佐史録行狀申考功　「史」字原本訛作「吏」，正德、嘉靖二本亦然；廣雅本作「史」，與本書卷十四「太常博士職掌」條原注及唐會要卷七十九謚法上引舊制合，今據以改。

〔一二六〕員外郎掌天下貢舉之職　案：本條正文及原注所載貢舉之制，與卷四「禮部尚書、侍郎職掌」條所載者每多不同。蓋此爲述舊制，而後者則兼及開元二十四年改隸前後更易之制也。

〔一二七〕其孝經論語並須兼習　案：唐會要卷七十五貢舉上「明經」條曰：「上元元年十二月二十七日，天后上表曰：『（上略）望請王公以下，内外百官，皆習老子道德經。其明經咸令習讀，一准孝經、論語，所司臨時策試。請施行之。』至二年正月十四日，明經咸試老子策二條，進士試帖三條。」又曰：「儀鳳三年三月勑：『自今已後，道德經、孝經並爲上經，貢舉皆須兼通。』」又曰：「長壽二年三月，則天自制臣範兩卷，令貢舉人習業；停老子。」又曰：「神龍元年二月二日赦文：天下貢舉人停習臣範，依前習老子。」據此，「論語」下疑脱「老子」。

〔一二八〕孝經二帖論語八帖　本書卷四「禮部尚書、侍郎職掌」條原注曰：「舊制：諸明經試每經十帖，孝經二帖，論語八帖，老子兼注五帖。」

〔一二九〕孝經論語共三條　通典選舉三歷代制下云：「開元二十一年，元宗新注老子成，詔天下每歲貢士減尚書、論語策，而加老子焉。」舊唐書玄宗本紀曰：「（開元）二十一年春正月庚子朔，制令士庶家藏老子一本，每年貢舉人量減尚書、論語兩條策，加老子策。」

〔一三〇〕通七及二經通五爲不第　「七」字原本訛作「士」，據正德本改。

〔一三一〕令三條　「三」字原本訛作「二」，正德以下諸本皆然，今據通典選舉三歷代制下改。

〔一三二〕並通然後試策　通典選舉三歷代制下、新唐書選舉志均不言試策。

〔一三三〕弘崇生習一大經一小經者　原本「小」上無「一」字，正德以下諸本皆然，今緣卷四「禮部尚書、侍郎職掌」條原注文例增。

〔一三四〕國子監大成二十員　卷二十一國子監「大成」條「二十」作「十」，原注曰：「初置二十人，開元二十年減十人。」

〔一三五〕其先及第人欲加經及官人請試經者亦準此　「此」字原本訛作「比」，正德本殘缺，據嘉靖本改。

唐六典尚書户部卷第三

户部尚書一人　侍郎二人

郎中二人　員外郎二人　主事四人　令史十七人〔一〕

書令史三十四人　計史一人　亭長六人　掌固十人

度支郎中一人

員外郎一人　主事二人　令史十六人　書令史三十三

人　計史一人　掌固四人

金部郎中一人

員外郎一人　主事三人　令史十人〔二〕　書令史二十一

人　計史一人　掌固四人

倉部郎中一人

員外郎一人　主事三人　令史十二人〔三〕　書令史二十三人〔四〕　計史一人　掌固四人

戶部尚書一人，正三品；周之地官卿也。漢成帝置尚書五人，其三曰民曹，主吏人上書事。後漢以民曹兼主繕修功作，當工官之任。魏置左民尚書，晉初省之，太康中又置。惠帝時有右民尚書。〔五〕東晉及宋、齊並置左民尚書，梁、陳並置左戶尚書，並掌戶籍，兼知工官之事。後魏、北齊有度支尚書，亦左民、左戶之任也。〔六〕後周依周官，置地官府大司徒卿。隋初曰度支尚書，開皇三年改爲民部，皇朝因之。貞觀二十三年改爲戶部，明慶元年改爲度支，〔七〕龍朔二年改爲司元太常伯，〔八〕咸亨元年復爲戶部。光宅元年改爲地官尚書，〔九〕神龍元年復故。侍郎二人，正四品下。周之地官小司徒中大夫也。漢已來尚書侍郎，今郎中之任。後周依周官。隋煬帝置民部侍郎，皇朝因之。貞觀二十三年改爲戶部，明慶元年改爲度支，龍朔二年改爲司元少常伯，咸亨、光宅、神龍並隨曹改復。戶部尚書、侍郎之職，掌天下戶口井田之政令。凡徭賦職貢之方，經費賙給之筭，藏貨贏儲之准，悉以咨之。其屬有四：一曰户部，二曰度支，三曰金部，四曰倉部；尚書、侍郎總其職務而奉行其制命。凡中外百司之事，由於所屬，皆質正焉。

郎中二人，從五品上；周官司徒屬官有下大夫，蓋郎中之任也。漢尚書郎一人主户口墾田。魏有左民郎曹，〔一〇〕西晉兼置右民郎曹，東晉及宋、齊唯有民部曹，〔一一〕梁、陳爲左户郎，後魏爲左户曹郎，〔一二〕北齊有左民郎曹。〔一三〕隋初，民部郎曹置侍郎二人，煬帝除「侍」字，皇朝爲郎中。貞觀二十三年改爲户部，明慶爲度支，龍朔爲司元大夫，咸亨、光宅、神龍並隨曹改復。員外郎二人，從六品上；周官司徒屬官有上士，後周依焉，蓋今員外之任也。隋開皇六年置民部員外郎，煬帝改爲民曹承務郎，皇朝改爲民部員外郎。貞觀、明慶、龍朔、咸亨、光宅、神龍並隨曹改復。主事四人，從九品上。隋煬帝置。郎中、員外郎掌領天下州縣户口之事。〔一四〕凡天下十道，任土所出而爲貢賦之差。其物産經不盡載，並具下注。舊額貢獻，多非土物。或本處不産，而外處市供；或當土所宜，緣無額遂止。開元二十五年，勑令中書門下對朝集使隨便條革，以爲定準，故備存焉。分十道以總之：

一曰關内道，古雍州之境，今京兆、華、同、岐、〔一五〕邠、隴、涇、寧、坊、鄜、丹、延、慶、鹽、原、會、靈、夏、豐、勝、綏、銀，凡二十有二州焉。其原、慶、靈、夏、延又管諸蕃落降者，爲羈縻州。東拒河，西抵隴坂，南據終南之山，北邊沙漠。河歷銀、綏、延、丹、同、華六州之界，隴坂在隴州之西，終南山在京兆之南，沙漠在豐、勝二州之北。其名山有太白、九嵕、吴山、岐山、梁山，泰華之嶽在焉。太白在京兆武功縣，九嵕在奉天縣，吴山在隴州，岐山在岐州，梁山在同州韓城縣，華嶽在華州。其大川有涇、渭、灞、滻。

涇水出涇州，至京兆入渭；渭水出渭州，歷秦、隴、岐、京兆、同、華六州入于河；灞、滻並出京兆，入渭。厥賦絹、綿、布、麻。京兆、同、華、岐四州調綿、絹，餘州布、麻。開元二十五年敕：「關輔既寡蠶桑，每年庸、調並宜折納粟造米支用。其河南、河北不通水運州，宜折租造絹，以替關中。」厥貢岱赭，鹽山、角弓、龍鬚席、蓯蓉、野馬皮、麝香。京兆粲草席、地骨白皮、酸棗人，〔一六〕華州伏苓、伏神、細辛，同州皺文吉莫皮，岐、隴、涇、寧、鄜、坊、丹等州龍鬚席，原、夏等州白氈，夏州角弓，鹽州鹽山，會州駞褐，靈州鹿角膠、岱赭、花蓯蓉、雕翎，靈州、豐州野馬皮，勝、銀等州女稽布，邠州火筯、剪刀、蓽豆、澡豆，丹、延、慶等州麝香。遠夷則控北蕃、突厥之朝貢焉。

二曰河南道，古豫、兗、青、徐四州之境，今河南府、陝、汝、鄭、汴、蔡、許、豫、潁、〔一七〕陳、亳、宋、曹、滑、濮、鄆、濟、齊、淄、徐、兗、泗、沂、青、萊、登、密、海，凡二十有八州焉。東盡於海，西距函谷，南瀕於淮，北薄于河。海水在青、萊、登、密、海、泗六州之境；函谷在虢州；淮水出唐州，歷豫、潁、亳、泗四州之南境；黃河歷虢、陝、河南府、鄭、滑、濮、濟、齊、淄、青十州之北境。〔一八〕名山則有三崤、少室、砥柱、蒙山、嶧山，嵩、岱二嶽在焉。三崤在河南永寧縣界；少室在登封縣；砥柱在陝州河北縣；蒙山在沂州費縣；嶧山在兗州鄒縣；中嶽嵩山在河南告成縣；東嶽泰山，一名岱山，在兗州乾封縣。大川有伊、洛、汝、潁、沂、泗之水，淮、濟之瀆。伊出河南伊陽縣，北流入洛；〔一九〕洛出商州上洛縣，經虢州、河南入河；汝水在汝州；潁水在潁州；沂、泗二水並出兗州；淮水源在唐州桐栢縣；濟水源在河南濟源縣。厥賦絹、絁、綿、布。陳、許、汝、潁州調以絁、綿，〔二〇〕唐州麻布，〔二一〕餘州並以絹及綿。厥貢紬、絁、文綾、絲葛、水葱·藨心蓆、瓷·

石之器。鄭、汴、許、陳、亳、宋、曹、濮、鄆、徐等州絹，〔二二〕汝州紬、絁，陝、潁、徐三州紬、絁，仙、滑二州方紋綾，〔二三〕豫州鷄鶒綾、雙絲綾、蓍草、碁子，〔二四〕潁州綿，兗州鏡花綾，齊州絲葛，淄、兗、齊等州防風，青州仙文綾，鄭州麻黃，許州蔍心席，登州水葱席，陝州栝蔞根、栢子人，〔二五〕曹州蛇床子，濟州阿膠，〔二六〕泗州貲布，〔二七〕沂、兗等州紫石英，萊、登、密等州牛黃，登州文石器、海砂，密州布，〔二八〕海州楚布，萊州石器，河南府瓷器。〔二九〕遠夷則控海東新羅、日本之貢獻焉。

三曰河東道，古冀州之境，今太原、潞、澤、晉、絳、蒲、虢、汾、慈、隰、石、沁、儀、嵐、忻、代、朔、蔚、雲，虢州或屬河南。凡十有九州焉。東距恒山，西據河，南抵首陽、太行，〔三〇〕北邊匈奴。恒山在太原之東，河水經嵐、石、隰、慈、絳、蒲六州之西境，〔三一〕首陽在蒲州南，太行在澤州南。其名山則有雷首、介山、霍山、嶂山。〔三二〕雷首在蒲州；〔三三〕介山在汾州；霍山在晉州；嶂山在代州，一名五臺山。其大川有汾、晉及丹、沁之水。汾水出忻州，歷太原、汾、晉、絳、蒲五州入河；晉水出太原晉陽，入汾；丹水出澤州；沁水出沁州，歷晉、絳、澤三州，至懷，南入河。〔三四〕厥賦布、繭。〔三五〕蒲州調以繭，〔三六〕餘州並用麻、布。厥貢蒻扇、龍鬚席、墨、蠟、石英、麝香、漆、人蔘。太原龍骨、甘草、礬石、鋼鐵，潞州墨、人蔘、花蜜、兔絲子，澤州白石英、野雞、禹餘糧，〔三七〕晉州蠟燭，〔三八〕絳州防風，蒲州龍骨、竹扇，虢州硯瓦、地骨白皮，〔三九〕汾州石膏，慈州蠟，隰、石二州胡女布，晉、汾二州龍鬚席，儀、澤、潞等州人蔘，〔四〇〕嵐、虢、忻等州麝香，忻州豹尾，代州熟青、熟緑，朔、代二州白鵰翎，蔚州松子，雲州鵰翎。

四曰河北道，古幽、冀二州之境，今懷、衛、相、洺、邢、趙、恒、定、易、幽、莫、瀛、深、冀、貝、魏、博、德、滄、棣、嬀、檀、營、平、安東，凡二十有五州焉。〔四一〕其幽、營、安東各管羈縻州。〔四二〕東並于海，南迫于河，西距太行、恒山，北通渝關、薊門。海在棣、滄、幽、平、營五州之東，河水經懷、衞、相、魏、博、德、棣七州之南境，太行在懷州北，恒山在定州西，渝關在平州東，薊門在幽州北。其名山有林慮、白鹿、封龍、井陘、碣石之山，〔四三〕恒嶽在焉。林慮在相州西，白鹿在衞州北，封龍在趙州西，井陘在恒州西，碣石在營州東，恒山北嶽在定州恒陽縣。其大川有漳、淇、呼沲之水。漳水出潞州，歷相、洺、邢、冀、滄入海。淇水出衞州，與清水合；歷魏、貝、德、滄四州，與漳水合。呼沲在定、滄二州界，亦與漳水合。厥賦絹、綿及絲。相州調兼以絲，餘州皆以絹、綿。厥貢羅、綾、平紬、絲布、綿紬、鳳翮・葦席、墨。恒州貢春羅、孔雀等羅，定州兩窠細綾，懷州牛膝，〔四四〕洺、博、魏等州平紬，邢州瓷器，魏州綿紬，衞、趙、莫、冀等州綿，瀛、深、冀、德、棣等州絹，相州紗、鳳翮席、胡粉，邢州絲布，恒州羅，定州紬、綾，幽州范陽綾，貝州白氈，滄州葦席、柳箱，嬀、營、歸順等州麝香，檀州、安東府人參，平州蔓荆子，薊州鹿角膠，易州墨，燕州墨、豹尾，安東、單于野馬皮。遠夷則控契丹、奚、靺鞨、室韋之貢獻焉。

五曰山南道，古荆、梁二州之境，今荆、襄、鄧、商、復、郢、隨、唐、峽、歸、均、房、金、夔、萬、忠、〔四五〕已上十六州爲山南東道。〔四六〕梁、洋、集、通、開、壁、巴、蓬、渠、涪、渝、合、鳳、興、利、閬、果，〔四七〕已上西道。凡三十有三州焉。東接荆、楚，西抵隴、蜀，南控大江，北據商、華之山。江水自蜀歷渝、涪、忠、萬、夔、歸、峽、荆八州界。其名山有嶓冢、熊耳、巫峽、銅梁、荆山、峴山。嶓冢在梁州金牛縣，熊耳在商州上洛縣，巫峽在夔州巫山縣，銅梁在合州石鏡縣，荆山在襄州荆山縣，峴山在襄州襄陽縣。大川則有巴、漢、沮、淯之水。巴水在合州界入江；漢水源出梁州金牛縣，初名漾水，一名沔水，歷洋、金、均、襄、郢、荆、復七州，至沔州入于江；〔四八〕沮水源出房州永清縣，至荆州界入江；淯水出鄧州，南入漢。〔四九〕厥賦絹、布、綿、紬。梁、利、隨、均、荆、襄雜有綿、絹，合州調以綿、紬，餘州並調以麻、布。厥貢金、漆、蜜蠟、蠟燭、鋼鐵、芒消、麝香、布、交梭白穀、細紵、綾、葛、綵綸、蘭干。利州貢金、鋼鐵，荆州交梭穀、子方穀、紋綾，〔五〇〕襄州漆隱起庫路真，鄧、利、果等州絲布，襄、均、房、商等州麝香，復、郢、開等州白紵，隨州綾，唐州絹，峽州芒消，歸州紵、麻布，金州麩金，萬州金，忠州蘊薰席，梁州燕支、紅花，洋州白交梭，壁、巴、蓬、通、忠、渠等州綿紬，集、通、合等州白藥子，通州絳香，渠州買子木并子，涪州連頭獠布，渝、峽、隨等州葛，合州牡丹皮，閬州重蓮綾，〔五一〕襄州白穀，鳳州蠟燭，巴州蘭干布，〔五二〕房州紵，襄州烏漆碎石文漆器、白綸巾，興、鳳、集、夔等州蜜蠟。

六曰隴右道，古雍、梁二州之境，今秦、渭、成、武、洮、岷、疊、宕、河、蘭、鄯、廓、已上隴右。涼、甘、肅、瓜、沙、伊、西、北庭、安西，已上河西。凡二十有一州焉。其秦、涼、鄯、洮、北庭、安西、甘、岷又管羈縻州。東接秦州，西逾流沙，南連蜀及吐蕃，北界朔漠。流沙在沙州已北，連延數千里。其名山有秦嶺、隴坻、西傾、朱圉、積石、崆峒、三危、鳥鼠同穴。秦嶺在秦州上邽縣，隴坻在清水縣，西傾在洮州之西南，朱圉在秦州伏羌縣，積石在河州枹罕縣，〔五三〕合黎在甘州張掖縣，崆峒在肅州福禄縣，三危在沙州燉煌縣，鳥鼠同穴在渭州渭源縣。其大川則有洮水、弱水、羌水，洮水出西羌中，歷岷、蘭二州界入河；弱水在甘州删丹縣；羌水歷宕、武、文三州之界。河瀆及休屠之澤在焉。河水歷廓、河、鄯、蘭等州界，休屠澤在涼州界。厥賦布、麻。厥貢麩金、礪石、碁石、蜜蠟、〔五四〕蠟燭、毛毼、麝香、白氎及鳥獸之角、羽毛、皮革。廓、宕二州貢麩金，宕州散金、麝香，〔五五〕沙州碁子，肅州礪石，成州、武州蠟燭，洮州毛毼，涼州毼布，甘、肅、瓜、涼等州野馬皮，西州白氎，〔五六〕瓜州吉莫皮，伊州陰牙角，胡桐律，〔五七〕鄯州牸羊角、野馬皮，岷、秦二州龍鬚席、犛牛尾、雕翎，秦州芎藭，肅州肉蓯蓉、栢脉根，瓜州草豉子，北庭州速霍角、陰牙角、阿魏截根，安西緋氈、硇砂、陰牙角、氍毹，甘、沙、渭、河、蘭、疊等州麝香。遠夷則控西域胡、戎之貢獻焉。

七曰淮南道，古楊州之境，〔五八〕今楊、楚、和、滁、濠、壽、廬、舒、蘄、黄、沔、安、申、光，凡一十有四州焉。東臨海，西抵漢，南據江，北距淮。海在楊、楚二州東，漢在沔州，淮水經申、光、壽、濠、楚五州北境入海，江水經沔、黄、蘄、舒、和、楊六州南境入海。其名山有八公、灊、大別、霍山、羅山、塗山。八公山在壽州壽陽縣；大別山在壽州霍山縣；霍山一名天柱，在舒州懷寧縣，自漢已來爲南嶽，隋文帝開皇九年，〔五九〕以南衡山爲南嶽，廢霍山爲名山；羅山在申州；塗山在濠州鍾離縣。其大川有滁、肥之水，巢湖在焉。滁水源出廬州合肥縣，巢湖在合肥、巢二縣界。厥賦絁、絹、綿、布。淮南道庸、調雜有紵、貲、火麻等布，壽州以絁、布、綿、麻，安、光二州調以絁、絹，〔六〇〕申州綿、絹。〔六一〕厥貢交梭、紵、絺、孔雀・熟絲布、青銅鏡。楊州貢青銅鏡、莞席、細紵，廬州交梭，申、光二州貢絺、紵、葛，〔六二〕楚州貢孔雀布，和州紵練，滁、沔二州麻、貲布，〔六三〕蘄、舒二州白紵布，黄州紵、貲布、烏蛇，安州青紵布，壽、廬、光等州生石斛，〔六四〕壽州葛布，廬州貢熟絲布。

八曰江南道，古楊州之南境，今潤、常、蘇、湖、杭、歙、睦、衢、越、婺、台、温、明、括、建、福、泉、汀、已上東道。宣、饒、撫、虔、洪、吉、郴、袁、江、鄂、岳、潭、衡、永、道、邵、澧、朗、辰、飾、錦、施、南、溪、思、〔六五〕黔、費、業、巫、夷、播、溱、珍，已上西道。〔六六〕凡五十有一州焉。黔中又管羈縻州。〔六七〕東臨海，西抵蜀，南極嶺，北帶江。海水在蘇、杭、越、台、温、括、泉、福八州之東，江水經岳、鄂、江、宣、潤、常、蘇七州之北入海。〔六八〕其名山有茅山、蔣山、天目、會稽、四明、〔六九〕天台、括蒼、縉雲、金華、大庾、武夷、廬山，而衡岳在焉。茅山在潤州延陵、句容二縣界；〔七〇〕蔣山一名鍾山，在潤州江寧縣；天目在杭州於潛縣；〔七一〕會稽在越州山陰縣；四明在餘姚縣；天台在台州始豐縣；括蒼、縉雲皆在括州；金華在婺州；大庾在虔州南康縣；武夷在建州建安縣；廬山在江州尋陽縣；衡山在衡州湘潭縣。其大川有浙江、湘、贛、沅、澧之水，洞庭、彭蠡、太湖之澤。浙江水有三源：一出歙州，一出衢州，一出婺州，歷睦、杭、越三州界入海。湘水出桂州湘源縣，北流歷永、衡、潭、岳四州界，入洞庭。贛水經虔、吉、洪三州界，入彭蠡。沅水歷巫、辰、朗、岳四州界，入洞庭。澧水源出澧州石門縣，至岳州界入洞庭。洞庭湖在岳州巴陵縣界。彭蠡湖一名宮亭湖，在江州尋陽縣界。太湖在蘇、常、湖、宣四州界。厥賦麻、紵。潤州調火麻，餘州並以紵布。厥貢紗、編、綾、綸、蕉、葛、練、〔七二〕麩金、犀角、鮫魚、籐紙、朱砂、水銀、零陵香。潤州方棊水波綾，常州紫綸巾、兔褐，蘇州紅綸巾，〔七三〕杭、越二州白編，睦、越二州交梭，衢、婺二州籐紙，綿，越州吴綾，建州蕉、花練，〔七四〕福州蕉、海蛤，泉、括二州綿，饒、衡、巫等州麩金、犀角，洪、撫、江、潭、永等州葛，〔七五〕蘇州吴石脂、吴蛇牀子，台州金漆、乾薑、甲香，江州生石斛，鄂、江二州銀，永州石燕，道州零陵香，澧州龜子綾、五入簟，朗州紵練，〔七六〕辰、錦二州光明砂、水銀，溪、錦二州朱砂，常、湖、歙、宣、虔、吉、郴、袁、岳、道等州白紵布，施、宣二州黄連，宣州綺，南州班布，思、黔、費、業、溱、珍等州蠟，夷州蠟燭，温、台二州鮫魚皮。遠夷則控五溪之蠻。

九曰劍南道，古梁州之境，今益、蜀、彭、漢、綿、劍、梓、遂、普、資、簡、陵、邛、眉、雅、嘉、榮、瀘、戎、黎、茂、龍、扶、文、當、松、静、柘、〔七七〕翼、悉、維、嶲、姚，凡三十有三州焉。其黎、戎、瀘、茂、松、嶲、姚又管羈縻州，静、柘、翼、悉、維五州並管羌、夷。東連牂牁，西界吐蕃，南接羣蠻，北通劍閣。劍閣在劍州普安縣界，今謂之劍門。其名山有峨眉、青城、鶴鳴、岷山。峨眉在嘉州；青城在蜀州；鶴鳴在蜀州晉源縣；岷山在岷州，劍南道之西北界。其大川有涪、雒及西漢之水，江瀆在焉。涪水歷松、龍、綿、梓、遂、合六州界入江；雒水出漢州什方縣，〔七八〕經益、簡、資、瀘四州界入江；西漢水歷利、閬、果、合四州界入江；大江水自松州甘松嶺經翼、茂、彭、蜀、益、陵、眉、嘉、戎、瀘十州之界，入山南道。厥賦絹、綿、葛、紵。瀘州調以葛、紵等布，餘州皆用綿、絹及紵布。厥貢麩金，羅，綾，綿，紬，交梭，彌牟布，絲，葛，麝香，羚羊・犛牛角、尾。益、蜀二州單絲羅，益州高杼衫段，彭州交梭，簡州綿紬，漢州紵布、彌牟布，綿州雙紃，梓州、遂州樗蒲綾，戎、普、瀘等州葛，〔七九〕邛、劍、嶲等州絲布，龍、雅、眉、嘉、資等州麩金，姚、茂、扶、静、文、悉、松、維、當、柘、翼等州麝香，劍州蘇薰席，普州天門冬煎，榮州班布，黎州蜀椒，龍州羚羊角，當、静、柘等州當歸、羌活，松州狐尾，悉州當歸、犛牛尾，維州犛牛尾，姚州金。遠夷則控西洱河羣蠻之貢獻焉。〔八〇〕

十曰嶺南道，古楊州之南境，今廣、循、潮、漳、韶、連、端、康、岡、恩、高、春、封、辯、瀧、新、潘、雷、羅、儋、崖、瓊、振、已上廣府管内。桂、昭、富、梧、賀、龔、象、柳、宜、融、古、嚴、已上桂府管内。容、籐、義、竇、禺、白、廉、繡、黨、牢、巖、鬱林、平琴、已上容府管内，鬱林、平琴二州復名。〔八一〕邕、賓、貴、横、欽、潯、瀼、籠、田、武、環、澄、已上邕府管内。安南、驩、愛、陸、峯、湯、萇、福禄、龐，〔八二〕已上安南管内，福禄一州複名。〔八三〕凡七十州焉。〔八四〕其五府又管羈縻州。東、南際海，西極羣蠻，北據五嶺。其名山有黄嶺及鬱水之靈洲焉。黄嶺在廣州寶安縣，靈洲在廣州南海縣鬱水之中。〔八五〕其大川有桂水、鬱水。桂水出桂州臨源縣，歷昭、富、梧三州界，入鬱水；鬱水一名浪水，歷籐、梧、封、康、端、廣六州界，入海。厥賦蕉、紵、落麻。廣州等調以紵布，端州調蕉布，康、封二州調以落麻布。厥貢金、銀、沈香、甲香、水馬、翡翠、孔雀、象牙、犀角、龜殼、〔八六〕鼊鼊、綵籐、竹布。融、象二州貢金，桂、邕、昭、柳等五十餘州貢銀，桂州銅盤，連州細布、鍾乳，崖、欽二州高良薑，廣州竺席、〔八七〕生沈香、水馬、甲香、鼊鼊皮、籐簟，廣州、安南並貢龜殼，循、振二州五色籐盤，振州班布食單，安南及潮州蕉，安南檳榔、鮫魚皮、翠毛，〔八八〕愛、龐等州孔雀尾，驩州象牙、藥、犀角、金簿黄屑、沈香，漳、潮等州鮫魚皮、甲香，〔八九〕韶州竹子布，〔九〇〕岡州甲香、詹糖香，〔九一〕廣、潮、高、循、峯、邵等州及安南蚺蛇膽，〔九二〕春、韶、瀧、廣等州石斛，〔九三〕雷州絲電，富州班布、白石英，蒙州麩金，古州蠟，容州朱砂、銀，〔九四〕欽州翡翠毛，陸州玳瑁、鼊皮、翠毛、甲香，〔九五〕峯州豆蔻，福禄、邵二州白蠟，福禄、龐二州紫鉚木，〔九六〕昆州桂心。其遠夷則控百越及林邑、扶南之貢獻焉。

凡天下之州、府三百一十有五，〔九七〕而羈縻之州蓋八百焉。京兆、河南、太原爲三都。潞、楊、益、荆、幽爲大都督府，單于、安西、安北爲大都護府，安南、安東、北庭爲上都護府，涼、秦、靈、延、代、兖、梁、安、越、洪、潭、桂、廣、戎、福爲中都督府，夏、原、慶、豐、勝、營、松、洮、鄯、西、雅、瀘、茂、巂、姚、夔、黔、辰、容、邕爲下都督府。同、華、岐、蒲爲四輔州，蒲新升入。陝、懷、鄭、汴、魏、絳爲六雄州，〔九八〕絳新升入。虢、汝、汾、晉、宋、許、滑、衛、相、洺爲十望州。〔九九〕汾新升入。安東、平、營、檀、嬀、蔚、朔、忻、安北、單于、代、嵐、雲、勝、豐、鹽、靈、會、涼、肅、甘、瓜、沙、伊、西、北庭、安西、河、蘭、鄯、廓、疊、洮、岷、扶、柘、維、靜、悉、翼、松、當、戎、茂、嶲、姚、播、黔、驩、容爲邊州。四萬户已上爲上州，陝、汝、虢、仙、澤、邠、隴、涇、寧、鄜、坊，户雖不足，亦爲上州。三萬户已上爲中州，不滿爲下州。〔一〇〇〕凡三都之縣，在城内曰京縣，奉先同京城。城外曰畿縣。又望縣有八十五焉。同州：馮翊、朝邑、澄城、白水、郃陽。〔一〇一〕華州：鄭縣、華陰、下邽。〔一〇二〕岐州：雍縣、扶風、陳倉。陝州：陝縣、桃林、硤石、河北、芮城。〔一〇三〕虢州：閿鄉、湖城。鄭州：管城縣、陽武、新鄭、滎澤。汴州：浚儀、開封、尉氏、雍丘。宋州：宋城。滑州：酸棗。兖州：金鄉。許州：扶溝。汝州：梁縣。僊州：襄城。蒲州：河東、桑泉、安邑、虞鄉、汾陰、猗氏、解縣。絳州：正平、龍門、夏縣、聞喜、翼城。晉州：臨汾、洪洞。〔一〇四〕汾州：隰城、平遥、介休。〔一〇五〕潞州：上黨。懷州：河内、武德、武陟、獲嘉。魏州：貴鄉、魏縣、昌樂、頓丘、元城。相州：滏陽。〔一〇六〕洺州：〔一〇七〕永年。冀州：信都、南宮。瀛州：河間。深州：饒陽。益州：成都、蜀縣、郫縣、新繁。彭州：九隴、導江。〔一〇八〕蜀州：晉原、青城。漢州：雒縣。〔一〇九〕潤州：曲阿、江寧。〔一一〇〕常州：晉陵。蘇州：吳縣。杭州：餘杭。越州：會稽。婺州：金華。荆州：江陵。襄州：襄陽。揚州：江都、揚子。其餘則六千户已上爲上縣，二千户已上爲中縣，一千户已上爲中下縣，不滿一千户皆爲下縣。

凡天下之户八百一萬八千七百一十，口四千六百二十八萬五千一百六十一。開元二十二年數。百户爲里，五里爲鄉。兩京及州縣之郭内分爲坊，〔一一一〕郊外爲村。里及村、坊皆有正，以司督察。里正兼課植農桑，催驅賦役。四家爲鄰，五家爲保。〔一一二〕保有長，以相禁約。凡男、女始生爲「黄」，四歲爲「小」，十六歲爲「中」，二十有一爲「丁」，六十爲「老」。每一歲一造計帳，三年一造户籍。縣以籍成于州，州成于省，〔一三〕户部總而領焉。諸造籍起正月，畢三月，所須紙筆、裝潢、軸帙皆出當户内，口別一錢。計帳所須，户別一錢。凡天下之户，量其資産，定爲九等。每三年，縣司注定，州司覆之，然後注籍而申之於省。每定户以仲年，子、卯、午、酉。造籍以季年。丑、辰、未、戌。州、縣之籍恒留五比，省籍留九比。凡户之兩貫者，先從邊州爲定，次從關内，〔一四〕次從軍府州；若俱者，各從其先貫焉。樂住之制：居狹鄉者，聽其從寬；居遠者，聽其從近；居輕役之地者，聽其從重。畿内諸州不得樂住畿外，京兆、河南府不得住餘州。其京城縣不得住餘縣，有軍府州不得住無軍府州。辨天下之四人，使各專其業：凡習學文武者爲士，肆力耕桑者爲農，功作貿易者爲工，屠沽興販者爲商。工、商皆謂家專其業以求利者；其織紝、組紃之類，〔一五〕非也。工、商之家不得預於士，〔一六〕食禄之人不得奪下人之利。

凡天下之田，五尺爲步，二百有四十步爲畝，畝百爲頃。度其肥瘠寬狹，以居其人。〔一七〕凡給田之制有差：丁男、中男以一頃；中男年十八已上者，亦依丁男給。〔一八〕老男、篤疾、癈疾以四十畝；寡妻妾以三十畝，若爲户者則減丁之半。凡田分爲二等：一曰永業，一曰口分。丁之田二爲永業，〔一九〕八爲口分。凡道士給田三十畝，女冠二十畝；〔二〇〕僧、尼亦如之。凡官户受田減百姓口分之半。凡天下百姓給園宅地者，良口三人已下給一畝，〔二一〕三口加一畝；賤口五人給一畝，五口加一畝，其口分、永業不與焉。若京城及州、縣郭下園宅，不在此例。〔一三二〕凡給口分田皆從便近；居城之人本縣無田者，則隔縣給授。凡應收授之田皆起十月，畢十二月。凡授田先課後不課，先貧後富，先無後少。凡州、縣界內所部受田悉足者爲寬鄉，〔一三三〕不足者爲狹鄉。凡官人受永業田：〔一三四〕親王一百頃，職事官正一品六十頃，郡王及職事官從一品五十頃，國公若職事官正二品四十頃，郡公若職事官從二品三十五頃，〔一三五〕縣公若職事官正三品二十五頃，職事官從三品二十頃，侯若職事官正四品十四頃，伯若職事官從四品十一頃，子若職事官正五品八頃，男若職事官從五品五頃；上柱國三十頃，柱國二十五頃，上護軍二十頃，護軍十五頃，上輕車都尉一十頃，輕車都尉七頃，〔一三六〕上騎都尉六頃，騎都尉四頃，驍騎尉、飛騎尉各八十畝，雲騎尉、武騎尉各六十畝。其散官五品已上同職事給。其地並於寬鄉請授，〔一三七〕亦任隔越請射、蒞帥，皆許傳之子孫，不在此授之限。〔一三八〕若未請受而身亡者，子孫不合追請。若襲爵者，祖、父未請地，〔一三九〕其子、孫減初受封者之半。凡天下諸州公廨田：大都督府四十頃，中都督府三十五頃，下都督、都護、上州各三十頃，中州二十頃，宮總監、下州各十五頃，上縣十頃，中縣八頃，中下縣六頃，上牧監、上鎮各五頃，下縣及中牧、下牧、司竹監、中鎮、諸軍折衝府各四頃，諸冶監、諸倉監、下鎮、上關各三頃，互市監、諸屯監、上戍、中關及津各二頃，津隸都水，則不別給。下關一頃五十畝，中戍、下戍、嶽、瀆各一頃。凡諸州及都護府官人職分田：二品一十二頃，三品、四品以二頃爲差，五品至八品以一頃爲差，九品二頃五十畝。〔一三〇〕鎮、戍、關、津、嶽、瀆及在外監官：五品五頃，六品三頃五十畝，七品三頃，八品二頃，九品一頃五十畝。三衞中郎將、上府折衝都尉各六頃，中府、下府以五十畝爲差，郎將各五頃；上府果毅都尉四頃，中府、下府以五十畝爲差；上府長史、別將各三頃，中府、下府各二頃五十畝。親王府典軍五頃五十畝，副典軍四頃。千牛備身、備身左右、太子千牛備身各三頃。諸軍上折衝府兵曹各二頃，中府、下府各一頃五十畝。其外軍校尉一頃二十畝，旅帥一頃，隊正、副各八十畝。凡給職分田，〔一三一〕若陸田限三月三十日，稻田限四月三十日，以前上者，並入後人；以後上者，入前人。其麥田以九月三十日爲限。若應給職田無地可充者，率畝給粟二斗。

凡賦役之制有四：一曰租，二曰調，三曰役，四曰雜徭。開元二十三年，敕以爲天下無事，百姓徭役務從減省，遂減諸司色役一十二萬二百九十四。課户每丁租粟二石；其調隨鄉土所産綾、絹、絁各二丈，布加五分之一，輸綾、絹、絁者綿三兩，輸布者麻三斤，皆書印焉。若當户不成匹、端、屯、綟者，皆隨近合成。其調麻每年支料有餘，折一斤納粟一斗。凡丁歲役二旬，有閏之年加二日。無事則收其庸，每日三尺；布加五分之一。有事而加役者，旬有五日免其調，三旬則租、調俱免。通正役並不得過五十日。凡庸、調之物，仲秋而斂之，季秋發於州。租則准州土收穫早晚，量事而斂之，仲冬起輸，孟春而納畢；江南諸州從水路運送之處，若冬月水淺上埭艱者，四月已後運送。〔一三二〕本州納者，季冬而畢。凡諸國蕃胡內附者，〔一三三〕亦定爲九等，四等已上爲上户，七等已上爲次户，八等已下爲下户；上户丁稅銀錢十文，〔一三四〕次户五文，下户免之。附貫經二年已上者，上户丁輸羊二口，次户一口，下户三户共一口。無羊之處，準白羊估折納輕貨。若有征行，令自備鞍馬，過三十日已上者，免當年輸羊。凡內附後所生子，即同百姓，不得爲蕃户也。凡嶺南諸州稅米者，上户一石二斗，次户八斗，下户六斗；若夷、獠之户，皆從半輸。輕稅諸州、高麗、百濟應差征鎮者，並令免課、役。〔一三五〕凡天下諸州稅錢各有準常，三年一大稅，其率一百五十萬貫；每年一小稅，其率四十萬貫，以供軍國傳驛及郵遞之用。每年又別稅八十萬貫，以供外官之月料及公廨之用。凡水、旱、蟲、霜爲災害，則有分數：十分損四已上，免租；損六已上，免租、調；損七已上，課、役俱免。若桑、麻損盡者，各免調。若已役、已輸者，聽免其來年。凡丁新附于籍帳者，春附則課、役並徵，夏附則免課從役，秋附則課、役俱免。〔一三六〕其詐冒、隱避以免課、役，不限附之早晚，皆徵之。凡丁户皆有優復蠲免之制。諸皇宗籍屬宗正者及諸親，五品已上父祖、兄弟、子孫，及諸色雜有職掌人。若孝子、順孫、義夫、節婦志行聞於鄉閭者，州縣申省奏聞，表其門閭，同籍悉免課役；有精誠致應者，則加優賞焉。

凡京畿充奉陵縣及諸陵墓及廟邑户，各有差降焉。橋陵盡以奉先；獻陵以三原，昭陵以醴泉，乾陵以奉天，定陵以富平，各三千户。若獻祖、懿祖二陵，各置灑掃三十人；興寧、永康二陵各置一百人，恭陵亦如之。隱太子及章懷、懿德、節愍、惠莊、惠文、惠宣等七陵各置三十人，諸親王墓各置十人，諸公主墓各置五人。周文帝、隋文帝陵各置二十人，周、隋諸帝陵各置十人。皆取側近下户充，仍分作四番上下。凡內外職事官葬者，〔一三七〕一品給營墓夫一百人，以二十人爲差，〔一三八〕至五品二十人。人別役十日。凡太山天齊王置守廟三百户，〔一三九〕亳州玄元皇帝廟置三十户。〔一四〇〕其亳州户每户營田十畝，以充祠祭等用。

凡京司文武職事官皆有防閤，一品九十六人，二品七十二人，三品三十八人，〔一四一〕四品三十二人，五品二十四人；六品給庶僕十二人，〔一四二〕七品八人，〔一四三〕八品三人，九品二人。公主邑士八十人，〔一四四〕郡主六十人，〔一四五〕縣主四十人，特封縣主三十四人。京官任兩職者，從多給。〔一四六〕凡州縣官僚皆有白直，二品四十人，三品三十二人，〔一四七〕四品二十四人，五品十六人，六品十人，七品七人，七品佐官六人。八品五人，九品四人。〔一四八〕凡州縣官及在外監官皆有執衣以爲驅使，二品十八人，三品十五人，四品十二人，五品九人，六品、七品各六人，八品、九品各三人。執衣並以中男充。凡諸親王府屬並給士力，其品數如白直。其防閤、庶僕、白直、士力納課者，每年不過二千五百，執衣不過一千文。凡州、縣有公廨白直及雜職，其數見州、縣中。兩番上下；執衣，三番上下。邊州無白直、執衣者，取比州充。凡有功之臣賜實封者，皆以課户充準户數，州、縣與國官、邑官執帳共收其租、調，各準配租調遠近，州、縣官司收其脚直，然後付國、邑官司，其丁亦準此，入國、邑者，收其庸。凡食封皆傳于子孫。食封人身没以後，所封物隨其男數爲分，承嫡者加與一分。若子亡者，即男承父分；寡妻無男，承夫分。若非承嫡房，至玄孫即不在分限，其封物總入承嫡房，一依上法爲分。其非承嫡房，每至玄孫，準前停。其應得分房無男，有女在室者，準當房分得數與半；女雖多，更不加。雖有男，其姑、姊、妹在室者，亦三分減男之二。若公主食實封，則公主薨乃停。凡庶人年八十及篤疾，給侍丁一人；九十，給二人；百歲，三人。皆先盡子孫，次取近親，次取輕色丁。凡親王入朝皆給車牛、馱馬。車牛六十乘，〔一四九〕馱馬一百匹。若太妃同來，加車牛十乘、馬二十匹。別敕追入，給馬六十匹。內外百官家口應合遞送者，皆給人力、車牛。一品手力三十人，車七乘，馬十匹，驢十五頭；二品手力二十四人，車五乘，馬六匹，驢十頭；三品手力二十人，車四乘，馬四匹，驢六頭；四品、五品手力十二人，車二乘，馬三匹，驢四頭；六品、七品手力八人，車一乘，馬二匹，驢三頭；八品、九品手力五人，車一乘，馬一匹，驢二頭。若別敕給遞者，三分加一。家口少者，不要滿此數。無車牛處，以馬、驢代。

凡天下朝集使皆令都督、刺史及上佐更爲之；若邊要州都督、刺史及諸州水旱成分，則佗官代焉。皆以十月二十五日至于京都，十一月一日户部引見訖，於尚書省與羣官禮見，然後集于考堂，應考績之事。元日，陳其貢篚於殿庭。凡京都諸縣令，每季一朝。

度支郎中一人，從五品上；〔一五〇〕漢有度支侍郎，即郎中之任也。歷魏、晉、宋、齊、後魏、北齊並有度支郎中，梁、陳、隋爲侍郎，煬帝但曰「郎」。自漢、魏已來，皆度支尚書領度支郎，開皇三年，改度支尚書爲民部尚書，始民部領之，皇朝因焉。武德三年加「中」字。龍朔二年改爲司度大夫，咸亨元年復故。員外郞一人，從六品上；〔一三一〕隋開皇六年置，煬帝改曰承務郞，皇朝爲員外郞。龍朔、咸亨隨曹改復。主事二人，從九品上。度支郞中、員外郞掌支度國用、租賦少多之數，〔一三二〕物產豐約之宜，水陸道路之利，每歲計其所出而支其所用。開元二十二年敕，諸司繁冗，及年支色役，〔一三三〕費用既廣，姦僞日滋。宜令中書門下與諸司長官量事停減冗官及色役、年支、雜物等，總六十五萬八千一百九十八，官吏稍簡而費用省矣。凡物之精者與地之近者以供御，〔一三四〕謂支納司農、太府、將作、少府等物。物之固者與地之遠者以供軍，謂支納邊軍及諸都督、都護府。皆料其遠近、時月、衆寡、好惡，而統其務焉。凡陸行之程：馬日七十里，步及驢五十里，車三十里。水行之程：舟之重者，泝河日三十里，江四十里，餘水四十五里；空舟泝河四十里，江五十里，餘水六十里。沿流之舟則輕重同制，河日一百五十里，江一百里，餘水七十里。其三硤、砥柱之類，不拘此限。若遇風、水淺不得行者，即於隨近官司申牒驗記，〔一三五〕聽折半功。〔一三六〕轉運、徵斂、送納，皆準程而節其遲速。凡和市、糴皆量其貴賤，均天下之貨，以利於人。凡金銀、寶貨、綾羅之屬，皆折庸、調以造焉。凡天下舟車水陸載運皆具爲腳直，輕重、貴賤、平易、險澀，而爲之制。河南、河北、河東、關內等四道諸州運租、庸、雜物等腳，每馱一百斤，一百里一百文，山阪處一百二十文；車載一千斤九百文。黃河及洛水河，並從幽州運至平州，上水，十六文，下，〔一三七〕六文。餘水，上，十五文；下，五文。從澧、荆等州至楊州，四文。其山阪險難、驢少處，不得過一百五十文；平易處，不得下八十文。其有人負處，兩人分一馱。其用小舡處，並運向播、黔等州及涉海，各任本州量定。凡天下邊軍皆有支度之使以計軍資、糧仗之用，每歲所費，皆申度支而會計之，以長行旨爲準。支度使及軍州每年終各具破用、見在數申金部、度支、倉部勘會。開元二十四年敕，〔一五八〕以每年租耗雜支，輕重不類，令户部修長行旨條五卷，諸州刺史、縣令改替日，並令遞相交付者。省司每年但據應支物數進畫頒行，附驛遞送。其支配處分，並依旨文爲定，金部皆遞覆而行之。

金部郎中一人，從五品上；漢置尚書郎四人，其一人主財帛委輸，蓋金部郎曹之任也。歷魏、晉、宋、齊、後魏、北齊並有金部郎中，梁、陳、隋爲侍郎，煬帝但曰「郎」，皇朝因之。武德三年加「中」字。龍朔二年改爲司珍大夫，咸亨元年復故。員外郎一人，從六品上；隋開皇六年置，煬帝改曰承務郎，皇朝爲員外郎。龍朔、咸亨隨曹改復。主事三人，從九品上。

金部郎中、員外郎掌庫藏出納之節，金寶財貨之用，權衡度量之制，皆總其文籍而頒其節制。凡度以北方秬黍中者一黍之廣爲分，十分爲寸，十寸爲尺，一尺二寸爲大尺，十尺爲丈。凡量以秬黍中者容一千二百爲龠，二龠爲合，十合爲升，十升爲斗，三斗爲大斗，十斗爲斛。凡權衡以秬黍中者百黍之重爲銖，二十四銖爲兩，三兩爲大兩，十六兩爲斤。凡積秬黍爲度、量、權衡者，調鍾律，測晷景，合湯藥及冠冕之制則用之；內、外官司悉用大者。凡庫藏出納皆行文傍，季終而會之。若承命出給，則於中書省覆而行之。〔一五九〕百司應請月俸，則符、牒到，所由皆遞覆而行之。舊制，京官有防閤、庶僕、俸食、雜用等。開元二十四年，〔一六〇〕敕以爲「名目雖多，料數先定，〔一六一〕既煩案牘，因此生姦。自今已後，合爲一色，都以月俸爲名。其貯米亦合入祿數同申。」遂爲恒式。乃置木契，與應出物之司相合，以次行用，隨符、牒而合之，以明出納之慦。金部置木契一百一十隻：二十隻與太府寺合，十隻與東都合，十隻與九成宮合，十隻與行從太府寺合，十隻行從金部與京金部合，十隻行從金部與東都合，二十隻與東都太府寺合，二十隻東都金部與京金部合。凡有互市，皆爲之節制。諸官私互市唯得用帛練、蕃綵，自外並不得交易。其官市者，兩分帛練，〔一六二〕一分蕃綵。若蕃人須糴糧食者，監司斟酌須數，與州司相知，聽百姓將物就互市所交易。〔一六三〕凡縑、帛之類，必定其長短廣狹之制，端、匹、屯、綟之差焉。羅、錦、綾、絹、紗、縠、絁、紬之屬以四丈爲匹，布則五丈爲端，綿則六兩爲屯，絲則五兩爲絇，〔一六四〕麻乃三斤爲綟。凡賜物十段，則約率而給之：絹三匹，布三端，綿四屯。〔一六五〕賞布、紵布、罽布各一端。春、夏以絲代綿。若雜綵十段，則絲布二匹、紬二匹、綾二匹、縵四匹。〔一六六〕若賜蕃客錦綵，〔一六七〕率十段則錦一張、綾二匹、縵三匹、綿四屯。〔一六八〕凡遣使覆囚，〔一六九〕則給以時服一具，隨四時而與之。若諸使經二季不還，〔一七〇〕則給以時服一副，每歲再給而止。諸□人出使覆囚者，〔一七一〕并典各給時服一具，〔一七二〕春、夏遣者給春衣，秋、冬去者給冬衣。〔一七三〕其出使外蕃及傔人并隨身雜使、雜色人有職掌者，量經一府已上，亦准此。其雜色人邊州差者，不在給限。其尋常出使過二季不還者，當處斟量，并典各給時服一副。去本任五百里內充使者，不在給限。凡時服稱一具者，全給之；一副者，減給之。一具者，春、秋給袍一、絹汗衫一、頭巾一、白練袴一、絹褌一、鞾一量并氈；夏則以衫代袍，以單袴代袷袴，餘依春、秋；冬則袍加綿一十兩，襖子八兩，袴六兩。一副者，除襖子、汗衫、褌、頭巾、鞾，餘同上。正、冬之會，稱束帛有差者，皆賜絹，五品已上五匹，六品已下三匹。命婦會，則視其夫、子。

倉部郎中一人，從五品上；周禮地官有廩人下大夫之職，爲舍人、倉人、司祿之長，〔一七四〕掌九穀之數，〔一七五〕賙賜稍食，以知足否，蓋倉部之任也。自魏、晉、宋、齊、後魏、北齊並有倉部郎中，梁、陳爲侍郎。後周地官府有司倉下大夫一人。隋初置倉部侍郎，煬帝但曰「郎」。宋、齊、梁、陳、後魏、北齊並以度支尚書領倉部；開皇三年，改度支爲民部，〔一七六〕領之。皇朝因隋，曰倉部郎，武德三年加「中」字。龍朔二年改曰司庾大夫，〔一七七〕咸亨元年復故。員外郎一人，從六品上；後周地官府有小司倉上士一人，則其任也。隋開皇六年置，煬帝曰承務郎，皇朝復曰倉部員外郎。龍朔、咸亨並隨曹改復。主事三人，從九品上。倉部郎中、員外郎掌國之倉庾，受納租稅，出給祿廩之事。凡京官每年祿：〔一七八〕正一品七百石，〔一七九〕從一品六百石，正二品五百石，從二品四百六十石，〔一八〇〕正三品四百石，從三品三百六十石，正四品三百石，〔一八一〕從四品二百六十石，正五品二百石，從五品一百六十石，〔一八二〕正六品一百石，下以十石爲差，至從七品七十石，正八品六十七石，下以五石爲差，至從九品五十二石。外官降一等。應降等者，正、從一品各以五十石爲一等，〔一八三〕二品、三品皆以三十石爲一等，四品、五品皆以二十石爲一等，六品、七品皆以五石爲一等，八品、九品皆以二石五斗爲一等。春、夏二季則春給之，秋、冬二季則秋給之。有閏者不別給。乃置木契一百枚以與出給之司相合，以次行用，隨符、牒而給之。倉部置木契一百隻：三十隻與司農寺合，十隻與太原倉監合，十隻與永豐倉監合，二十隻與東都司農寺合，二十隻行從倉部與京倉部合，十隻與行從司農寺合。凡在京諸司官人及諸色人應給倉食者，皆給貯米，本司據見在供養。九品以上給白米。〔一八四〕流外長上者，〔一八五〕外別給兩口糧。諸牧尉給五口糧，牧長四口糧。兩口準丁，餘準中男給。諸牧監獸醫上番日，及衞士、防人已上征行若在鎮及番還，並在外諸監、關、津番官上番日給。士人任者，若尉、史，並給身糧。諸官奴婢皆給公糧，其官戶上番充役者亦如之。凡致仕之官五品已上及解官充侍者，各給半祿。卽還官者，通計前祿以充後數。〔一八六〕凡都之東租納于都之含嘉倉，〔一八七〕自含嘉倉轉運以實京之太倉。〔一八八〕自洛至陝運於陸，自陝至京運於水，〔一八九〕量其遞運節制，置使以監統之。陸運從洛至陝分別量計十五文，〔一九〇〕付運使，於北路分爲八遞，〔一九一〕應須車牛，任使司量運多少召雇情願者充，〔一九二〕以十月起運，盡歲止。凡王公已下，每年戶別據已受田及借荒等，具所種苗頃畝，造青苗簿，諸州以七月已前申尚書省；至徵收時，畝別納粟二升，以爲義倉。寬鄉據見營田，狹鄉據籍徵。若遭損四已上，免半；七已上，全免。其商賈戶無田及不足者，上上戶稅五石，上中已下遞減一石，中中戶一石五斗，中下戶一石，下上七斗，下中五斗，下下戶及全戶逃並夷獠薄稅並不在取限，半輸者準下戶之半。〔一九三〕鄉土無粟，聽納雜種充。凡義倉之粟唯荒年給糧，不得雜用。若有不熟之處隨須給貸及種子，皆申尚書省奏聞。凡常平倉所以均貴賤。今太府寺屬官有常平署。開元二十四年敕：「常平之法，其來自久。比者，州縣雖存，所利非廣；京師輻湊，浮食者多。今於京城內大置常平，賤則加價收糴，使遠近奔委；貴則終年出糶，而永無匱乏也。」

校勘記

〔一〕令史十七人　舊唐書職官志作「十五人」，新唐書百官志同六典。

〔二〕令史十人　舊唐書職官志作「八人」，新唐書百官志同六典。

〔三〕令史十二人　舊唐書職官志作「九人」，新唐書百官志同六典。

〔四〕書令史二十三人　舊唐書職官志作「二十人」，新唐書百官志同六典。

〔五〕惠帝時有右民尚書　宋書百官志云：「(晉)太康中，有吏部、殿中、五兵、田曹、度支、左民六尚書。惠帝世，又有右民尚書。尚書止於六曹，不知此時省何曹也。」又通典職官五「户部尚書」條云：「魏置左民尚書，晉惠帝又加置右民尚書。」據此，「有」上疑脱「又」字。

〔六〕亦左民左户之任也　「左户」原本作「右户」，正德以下諸本均然，今據職官分紀卷九「户部尚書」條改。

〔七〕明慶元年改爲度支　案：「明慶」卽「顯慶」，以避唐中宗李顯諱作「明」。

〔八〕龍朔二年改爲司元太常伯　「太」字原本作「大」，據正德本改。

〔九〕光宅元年改爲地官尚書　「元」字原本作「二」，正德以下諸本皆然，今據舊唐書職官志改。

〔一〇〕魏有左民郎曹　宋書百官志及晉書職官志「左民郎曹」並作「民曹」。

〔一一〕東晉及宋齊唯有民部曹　據晉書職官志、宋書百官志及南齊書百官志，「民」上疑當有「左」字。

〔一二〕後魏爲左户曹郎　通典職官五「户部郎中」條「左户曹郎」作「户部郎」。

〔一三〕北齊有左民郎曹　隋書百官志及通典職官五「户部郎中」條云：北齊兼有左、右户（民）曹。

〔一四〕郎中員外郎掌領天下州縣户口之事　職官分紀卷九「户部郎中員外郎職掌」條引六典文，與之悉同。太平御覽卷二一七「户部郎中」條引六典文作「郎中、員外郎掌分理户口、井田之事」，舊唐書職官志與之同。

〔一五〕今京兆華同岐　「岐」字原本訛作「歧」，據正德本改。下「岐州」與「岐山」之「岐」字均此。

〔一六〕京兆粲草席地骨白皮酸棗人　廣雅本「人」作「仁」。案：「人」與「仁」通，故唐人所記藥名「仁」多作「人」。

〔一七〕蔡許豫潁　「潁」字原本訛作「穎」，正德、嘉靖二本亦然，今據廣雅本改。下「潁川」與「潁水」之「潁」均同。

〔一八〕黄河至北境　通志地理略引開元十道圖作「黄河歷虢、陜、河南、汴、鄭、滑、濮、濟、淄、青十州之北境」。

〔一九〕北流入洛　「北」字原本訛作「比」，據正德本改。

〔二〇〕陳許汝潁州調以絶綿　「陳」字原本訛作「陝」，據正德本改。

〔二一〕唐州麻布　案：據本卷山南東道正文及原注，唐州於六典撰定之時，殆已曾一度劃歸山南東道，本處「唐州麻布」四字，疑或係因其原屬河南道而誤入之也。詳見校記〔四五〕。

〔二二〕鄭汴許陳亳宋曹濮鄆徐等州絹　「亳」字原本訛作「毫」，據正德本改。

〔二三〕仙滑二州方紋綾　「紋」字原本訛作「絞」，據正德本改。

〔二四〕豫州鷄鶒綾雙絲綾蓍草碁子　新唐書地理志「絲」作「距」，通志地理略引開元十道圖同六典原注。

〔二五〕陝州栝蔞根栢子人　「栝蔞」二字原本作「括簍」，據正德本改。

〔二六〕濟州阿膠　「濟」字原本訛作「齊」，據正德本改。

〔二七〕泗州貲布　「州貲」二字原本訛作「水賛」，正德以下諸本並訛作「水賓」，據新唐書地理志改。

〔二八〕登州文石器海砂密州布　通志地理略引開元十道圖作「登州文石器，海、密等州布」。

〔二九〕河南府瓷器　「瓷」字原本作「瓷」，據正德本改。

〔三〇〕南抵首陽太行　「抵」字原本訛作「低」，據正德本改。

〔三一〕河水經嵐石隰慈絳蒲六州之西境　原本「嵐」訛作「風」，「隰」訛作「濕」，「絳」訛作「絡」，「蒲」訛作「滿」，均據正德本改。

〔三二〕其名山則有雷首介山霍山崞山　「崞」字原本訛作「嵉」，正德以下諸本皆然；近衞校明本曰：「『嵉山』當作『崞山』。下同。」與通志地理略引開元十道圖合，今據以改。

〔三三〕雷首在蒲州　「首」字原本訛作「百」，據正德本改。

〔三四〕南入河　「入」字原本訛作「人」，據正德本改。

〔三五〕厥賦布繭　「繭」字原本訛作「襽」，正德以下諸本皆然，據通志地理略引開元十道圖改。下同。

〔三六〕蒲州調以繭　「蒲」字原本訛作「滿」，據正德本改。

〔三七〕澤州白石英野雞禹餘糧　「白」字原本訛作「曰」，據正德本改。「野」字原本訛作「黔」，正德以下諸本皆然，據通志地理略引開元十道圖改。

〔三八〕晉州蠟燭　「蠟」字原本作「臘」，據正德本改。

〔三九〕虢州硯瓦地骨白皮　「骨白」二字原本訛作「宮曰」，據正德本改。

〔四〇〕儀澤潞等州人參　「潞」字原本訛作「路」，正德本亦然，據嘉靖本改。

〔四一〕凡二十有五州焉　「州」字原本無，正德、嘉靖二本亦然，據廣雅本增。

〔四二〕其幽營安東各管羈縻州　「各」字原本訛作「冬」，據正德改。

〔四三〕其名山有林慮白鹿封龍井陘碣石之山　「白」字原本訛作「曰」，據正德本改。

〔四四〕懷州牛膝　「牛」字原本訛作「子」，正德、廣雅二本亦然，嘉靖本缺頁，據通志地理略引開元十道圖改。

〔四五〕今荆襄至金夔萬忠　近衞校明本曰：「按舊唐志，唐州舊屬河南道，至德後割屬山南東道，六典疑追定於至德之後歟？」案：唐六典一書完成於開元二十七年。唐會要卷三十六修撰曰：「（開元）二十七年二月，中書令張九齡（當作『李林甫』。蓋張九齡於開元二十四年十一月已由中書令遷右丞相，罷知政事；二十五年四月，復左遷荆州大都督府長史，遠離朝廷。李林甫於開元二十四年七月爲兵部尚書，十一月兼中書令；二十七年四月，復由兵部尚書改爲吏部尚書。其于開元二十七年二月所任之官，正與六典卷首所具職銜相合也。）等撰六典三十卷成，上之，百官稱賀。」嗣後更定，史書無聞，此其一也。六典所論定者，本屬開元典制。自成書以迄於至德，其間制度之更易者非少，何以獨於唐州移隸一事輒加追改，且又改之不盡，復於河南道下記唐州賦調？此其二也。唐朝州縣之廢置移隸，事極繁細，卽以唐州而論，其廢置、易名、改轄、移隸，又何止一端？舊唐書地理志所載沿革，雖較他書爲詳，證諸有關載籍，實亦未能備録。如舊唐書肅宗本紀所載至德二年改西京爲中京一節，就當時而言，其事遠較唐州之改隸爲大，舊唐書地理志卽未收録。此其三也。總之，近衞但執唐州移隸一事，遽疑六典追定於至德之後，頗嫌論據不足，實難令人信服。至於河南道下之所以重出「唐州麻布」四字，校勘記〔三一〕已略及之，兹不復贅。

〔四六〕已上十六州爲山南東道　「東」字原本無；正德本亦然，嘉靖本缺頁，近衞校明本曰：「『道』上恐脱『東』字。」廣雅本添之，是。今據以增。

〔四七〕梁洋至閬果　「閬」字原本訛作「闐」，據正德本改。

〔四八〕至沔州入于江　「沔」字原本訛作「荆」，正德、廣雅二本亦然，嘉靖本缺頁，據通志地理略引開元十道圖改。

〔四九〕南入漢　「入」字原本訛作「沿」，據正德本改。

〔五〇〕荆州交梭縠子方縠紋綾　近衞校明本曰：「唐志作『方紋綾』，『縠』疑衍。」案：通志地理略引開元十道圖與六典此注同。通典食貨六江陵郡土貢不言「交梭縠、子方縠、紋綾」，而有「白方紋綾」。

誌以備考。

〔五一〕閬州重蓮綾　「閬」字原本訛作「圓」；正德本亦然，嘉靖本缺頁，近衞校曰：「『圓』當作『閬』。」廣雅本作「閬」，與通志地理略引開元十道圖合，今據以改。

〔五二〕巴州蘭干布　「干」字原本訛作「于」，據正德本改。

〔五三〕積石在河州枹罕縣　「枹」字原本訛作「抱」，正德、嘉靖二本亦然，據廣雅本改。

〔五四〕厥貢麩金礪石碁石蜜蠟　案：六典本條原注未載隴右道有貢蜜蠟州。據通典食貨六，武都郡（武州）土貢有蜜蠟；又新唐書地理志階州（即武州）土貢亦有蜜蠟。

〔五五〕宕州散金麝香　原本「散金麝香」作「散麝香」，正德以下諸本皆然。案：通典食貨六，懷道郡（宕州）所貢有散金，新唐書地理志宕州土貢有散金、麝香，今據以增「金」字。

〔五六〕西州白氎　通志地理略引開元十道圖「白氎」作「白氈、氎」。案：通典食貨六交河郡（西州）貢氎布十端；新唐書地理志西州土貢有氎布、氈。

〔五七〕伊州陰牙角胡桐律　「桐」字原本訛作「樀」；正德、嘉靖二本並訛作「樀」，近衞校曰：「『樀』當作『桐』。」廣雅本「胡桐律」作「胡桐淚」。案：通典食貨六伊州土貢有胡桐淚二十五斤，通志地理略引開元十道圖作「胡桐律」，今據以改。

〔五八〕古楊州之境　正德以下諸本「楊」並作「揚」。楊州、揚州，古人通書。下同。

〔五九〕隋文帝開皇九年　「九」字原本訛作「也」，正德以下諸本並作「七」。案：開皇七年，陳未滅，衡山猶在陳境内，隋文帝斷無以其爲南嶽之理，今從通志地理略引開元十道圖改。

〔六〇〕安光二州調以絁絹　通志地理略引開元十道圖「調以」作「麻、貲」。

〔六一〕申州綿絹　「申」字原本訛作「里」，據正德本改。

〔六二〕申光二州貢絺紵葛　原本「紵」作「綄」，正德以下諸本皆然，據通志地理略引開元十道圖改。

〔六三〕滁沔二州麻貲布　「二」字原本訛作「一」，據正德本改。

〔六四〕壽廬光等州生石斛　「生石」二字原本訛作「主五」，據正德本改。

〔六五〕辰飾錦施南溪思　通志地理略引開元十道圖作「辰、錦、施、南、溪、敍、思」。近衞校明本曰：「『飾』字當削。」又曰：「據通志略，『溪』下脱『敍』字。」案：唐無飾州，其「飾」字殆以與「錦」字形近而致衍。今若於六典正文去「飾」增「敍」，則與下文五十一州之數正相吻合，近衞所校，似可憑信。然通典食貨六所載天寶時天下諸郡常貢、同書州郡典及舊唐書地理志均無敍州；新唐書地理志及元和郡縣志則並謂敍州本巫州，天寶時改爲潭陽郡，大歷五年更名敍州，是敍州即巫州矣。開元時是否巫、敍二州並置，尚有疑問，此其一。設若於六典正文削「飾」而增「敍」，則又與五十一州之數不相符合，此其二。今因史料不足，難以確論，姑誌其疑，以備參考。

〔六六〕已上西道　四字原本無，正德以下諸本皆然，今按六典原注文例增。

〔六七〕黔中又管羈縻州　「黔」字原本訛作「黠」，據正德本改。

〔六八〕江水經岳鄂江宣潤常蘇七州之北入海　「水」字原本訛作「太」，據正德本改。

〔六九〕其名山有茅山蔣山天目會稽四明　「明」字原本訛作「門」，據正德本改。

〔七〇〕茅山在潤州延陵句容二縣界　「茅」字原本訛作「菉」，據正德本改。又，近衛校明本曰：「通志略『延陵』作『丹陽』。」案：新唐書地理志延陵有茅山，以地望准之，知其誤實不在六典原注。

〔七一〕天目在杭州於潛縣　「杭」字原本訛作「沆」，據正德本改。

〔七二〕厥貢紗編綾綸蕉葛練　正德、嘉靖二本「練」作「綀」，近衛校曰：「通志略『練』作『綀』。」案：原本此條正文有練無綀，注文則有綀無練，兩不相應，未知孰是。查通典食貨六及元和郡縣志建州貢物並有練，新唐書地理志建州土貢有蕉、花練，竹練，誌此以備考。

〔七三〕蘇州紅綸巾　「綸」字原本訛作「綸」，據正德本改。

〔七四〕建州蕉花練　「花」字原本殘缺；正德以下諸本並「蕉練」連書，中間不缺字。案：通志地理略引開元十道圖作「蕉花練」，又新唐書地理志建州土貢有蕉、花練、竹練，今補以「花」字。

〔七五〕洪撫江潭永等州葛　「江」字原本殘缺；正德以下諸本並「撫潭」連書，中間不缺字。案：通典食貨六、新唐書地理志並云江州貢葛，通志地理略引開元十道圖「撫」、「潭」間有「江」字，今據以補。

〔七六〕朗州紵練　通志地理略引開元十道圖「練」作「綀」。案：通典食貨六云朗州貢紵練布十端，新唐書地理志朗州土貢有紵練，誌以備考。

〔七七〕當松靜柘　近衛校明本曰：「太平御覽圖經曰：『拓州蓬山郡，土地與當州同。唐顯慶三年置州，取其拓封彊，爲郡之名。』唐志同本書。」案：通典食貨六及州郡六、兩唐書地理志、通志地理略引開元十道圖均作「柘州」。元和郡縣志三十二云：「柘州，儀鳳二年置，以山多柘木，因以爲名。」資治通鑑卷二百「顯慶元年冬十一月丙寅」條曰：「生羌酋長浪我利波等帥衆内附，以其地置柘、栱二州。」胡三省注曰：「柘州蓬山郡、栱州，以鉢南伏浪恐部置，皆屬松州都督府。宋白曰：『柘州以開拓爲稱，音達各翻。』」同書卷二百三「永淳元年秋七月」條曰：「吐蕃將論欽陵寇柘、松、翼等州。」胡三省注曰：「顯慶三年開置柘州蓬山郡，屬松州都督府。宋白作『拓』，曰：『以開拓爲稱。』今按新、舊書皆作『柘』。」考敦煌發現唐寫本貞元十道録殘卷亦作「柘州」，故自以作「柘」爲是。其云「以開拓爲稱」者，恐係後人臆測，未必確有所據也。

〔七八〕雒水出漢州什方縣　「方」字原本殘缺，據正德本補。通志地理略引開元十道圖作「邡」。什方、什邡，古人通書。

〔七九〕戎普瀘等州葛　「普」字原本訛作「晋」，正德本亦然，嘉靖本訛「雷」。近衛校明本曰：「『晋』當作『普』。」廣雅本作「普」，與通志地理略引開元十道圖合，今據以補。

〔八〇〕遠夷則控西洱河羣蠻之貢獻焉　「洱」字原本訛作「河」，正德以下諸本皆然；近衛校明本曰：「據通志略，『河』當作『洱』。」是。今據以改。

〔八一〕鬱林平琴二州復名　「復」字正德以下諸本並作「複」，二字通。

〔八二〕安南驩愛陸峯湯萇福禄龐　通典州郡十四、兩唐書地理志「萇」均作「長」，通志地理略引開元十道圖同六典。

〔八三〕福禄一州複名「一」字原本殘缺；正德以下諸本並「禄州」連書，中間不缺字，今據通志地理略引開元十道圖補。

〔八四〕凡七十州焉　近衛校明本曰：「按：所載州名六十九，疑逸一州。今據下注『福禄郡』之文，疑脱『邵州』。」案：據上文「户部郎中、員外郎職掌」條原注，其所載天下貢賦，當以開元二十五年定額爲準。然唐於開元二十一年已重分天下爲十五道，而六典正文猶分十道以敍之，與通志地理略所載開元十道圖咸同，未悉其故。又稽下文「厥貢」條原注，其州名爲本條正文所不載者，邵州凡兩見（通志地理略引開元十道圖，其一作「郚州」），昆州、蒙州各一見，今試爲一一考釋之：（一）唐先後有兩昆州。其一在今雲南省，武德元年承隋復置，屬劍南道，其地與嶺南道轄區相隔遼遠，且爲羈縻州，六典例所不載。其二即柳州，武德四年初置，名昆州；同年，改稱南昆州。貞觀八年，又改稱柳州，其名已見於六典正文桂府管内及「厥貢」條原注，似無於同注中以早經廢棄之舊稱別出之理。疑此處原注之昆州實乃禺州，以「昆」、「禺」形近而致訛也。（二）唐有邵州，轄今湖南省邵陽、武岡二縣，屬江南西道。史既不言其曾改隸嶺南道，事實上亦決無隔越道、郴等州（均在江南西道管内）而一度飛屬嶺南道之理。考元和郡縣志三十八，嶺南道安南都護府所管附貢州内有郡州，「管縣二：郡口、安樂。貢白蠟二十斤，孔雀尾二具，蚺蛇膽二枚。」又新唐書地理志嶺南道所管諸蠻州内有郡州，隸安南都護府，「土貢白蠟、孔雀尾。縣二：郡口、樂安。」與六典原注邵州貢蚺蛇膽、白蠟參合，疑「邵」乃「郡」之訛寫。復考元和郡縣志所列安南管內附貢州凡七，依次爲長州、郡州、諒州、武安州、唐林州、武定州、貢州。其中之長州，於六典正文載在七十州、府之内；邵州若爲郡州之訛寫，則注文有而正文不載；自諒州以下，正文、注文俱無。竊疑長州前此原在州、府之列，故不僅見於六典，亦見於通典州郡及兩唐書地理志中，與驩、愛、陸、峯等州相提並論，載有户數，甚至兼載口數。郡州則當開元十道圖及六典撰述之時，其亦曾一度入於州、府之列，而於二者成書前後，已改爲附貢州，故正文削去之，不在七十州、府之内。然以删除未盡，遂致注文猶存其名也。(三)蒙州初置於武德四年，本名南蒙州，貞觀八年，改稱蒙州。通典食貨六及州郡十四、元和郡縣志三十七、兩唐書地理志俱以蒙州與桂、昭、富、梧、象等州並列，通典州郡十四及舊唐書地理志且備載其四至，疑六典正文所脱者正係蒙州，以「蒙」、「象」二字形近，被傳鈔者誤削耳。今惟嶺南五管，轄州至多，諸書於其沿革，大多記之不盡，莫能詳究，姑備誌所疑，以供參考云爾。

〔八五〕靈洲在廣州南海縣鬱水之中　「洲」字原本訛作「州」，正德以下諸本皆然，據正文改。

〔八六〕犀角龜殼　「殼」字原本訛作「殿」；正德、嘉靖二本作「虓」，近衞校曰：「『虓』當作『殼』。」廣雅本作「殼」，與下文原注合，今據以改。

〔八七〕廣州竺席　近衞校明本曰：「『竺』當作『竹』。」案：古「竺」與「竹」通。

〔八八〕安南檳榔鮫魚皮翠毛　「鮫」字原本訛作「鮻」，據正德本改。

〔八九〕漳潮等州鮫魚皮甲香　「魚」字原本訛作「創」，正德以下諸本並訛作「釗」，據通志地理略引開元十道圖改。

〔九〇〕韶州竹子布　「布」字原本訛作「在」，據正德本改。

〔九一〕岡州甲香詹糖香　「甲香詹」三字原本殘缺，據正德本補。

〔九二〕廣潮高循峯邵等州及安南蚺蛇膽　「邵」疑爲「郡」之訛字，參見校記〔八四〕。下「福祿邵」之「邵」同。

〔九三〕春韶瀧廣等州石斛　「瀧」下原本有「⿱⿰隹音又」字，當係「音」、「雙」二字之合寫，爲「瀧」之音注，誤入正文，今據正德本刪。

〔九四〕容州朱砂銀　「朱」字原本訛作「未」，據正德本改。

〔九五〕陸州玳瑁鼊皮翠毛甲香　「玳」字原本訛作「近」；正德、嘉靖二本並殘缺，近衞校曰：「當填以『玳』。」與通志地理略引開元十道圖合，今據以改。廣雅本作「瑇」，與「玳」同。「鼊」字原本訛作「鼊」，據正德本改。

〔九六〕福祿龐二州紫鉚木　「鉚」字原本訛作「鈾」，正德以下諸本皆然。近衞校明本曰：「『鉗』當作『鉚』。」與新唐書地理志合，今據以改。

〔九七〕凡天下之州府三百一十有五　案：綜合六典前述十道所轄州、府數，總得三百一十有六。設如校記〔六五〕所云削去飾州，而不補敍州，〔八四〕所云補蒙州以足七十之數，則適得三百一十有五焉，且與通典、元和郡縣志、兩唐書地理志均無大牴牾，誌以備考。

〔九八〕陝懷鄭汴魏絳爲六雄州　「六」字原本訛作「兖」，正德、嘉靖二本亦然，近衛校曰：「『兖』當作『六』。」廣雅本作「六」，與通志地理略引開元十道圖合，今據以改。

〔九九〕虢汝汾晉宋許滑衛相洺爲十望州　「相」下宋本缺一頁，據正德本補。

〔一〇〇〕三萬户已上爲中州不滿爲下州　通志地理略引開元十道圖「三萬」作「二萬」，舊唐書職官志與之同。案：宋本唐六典卷三十「中州」下原注云：「户二萬以上。」又「下州」下原注云：「户不滿二萬者爲下州。」據此，「三」疑當作「二」。另據通典職官十五「郡太守」條原注及唐會要卷七十量户口定州縣等第例引開元十八年三月敕曰：「太平時久，户口日殷，宜以四萬户以上爲上州，二萬五千户爲中州，不滿二萬户爲下州。」其所言開元中州户數，又有異焉。誌以備考。

〔一〇一〕馮翊朝邑澄城白水郃陽　「翊」字原本訛作「用」，嘉靖本訛「州」，近衛校曰：「『用』當作『翊』。」廣雅本作「翊」，與通志地理略引開元十道圖合，今據以改。「澄城」原本訛作「登成」，嘉靖、廣雅二本亦然，據通志地理略引開元十道圖改。

〔一〇二〕鄭縣華陰下邽　「鄭」字原本訛作「郎」，嘉靖、廣雅二本亦然，據通志地理略引開元十道圖改。

〔一〇三〕陝縣桃林硤石河北芮城　「陝」字原本訛作「峽」，嘉靖、廣雅二本亦然，據通志地理略引開元十道圖改。

〔一〇四〕臨汾洪洞　「洪」字原本訛作「陰」，嘉靖、廣雅二本亦然，據通志地理略引開元十道圖改。

〔一〇五〕隰城平遥介休　「遥」字原本訛作「進」，嘉靖本亦然，近衞校曰：「通志略『進』作『遥』。」廣雅本作「遥」，是，今據以改。

〔一〇六〕溢陽　「溢」字原本訛作「塗」，嘉靖、廣雅二本亦然，據通志地理略引開元十道圖改。

〔一〇七〕洛州　「洺」字原本訛作「洛」，嘉靖本同，近衞校曰：「通志略『洛』作『洺』。」廣雅本作「洺」，是，今據以改。

〔一〇八〕九隴導江　「隴」字原本訛作「龍」，嘉靖、廣雅二本亦然，據通志地理略引開元十道圖改。

〔一〇九〕雒縣　「雒」字原本訛作「維」，嘉靖、廣雅二本亦然，據通志地理略引開元十道圖改。

〔一一〇〕曲阿江寧　「阿」字原本訛作「河」，嘉靖本亦然，近衞校曰：「通志略『河』作『阿』。」廣雅本作「阿」，是，今據以改。

〔一一一〕兩京及州縣之郭内分爲坊　「郭」字原本作「廓」，嘉靖、廣雅二本亦然，據通志地理略引開元十道圖改。

〔一一二〕五家爲保　近衞校明本曰：「舊唐志『家』作『鄰』。」案：舊唐書食貨志同六典作「家」，近衞所據者當爲職官志。通志地理略引開元十道圖亦作「五鄰爲保」。資治通鑑卷一百九十「武德七年四月」條作「四家爲鄰，四鄰爲保」，考異曰：「唐曆云：『四家爲鄰，五家爲保。』按通典，四鄰爲保。唐曆誤也。」然今存日本之宋版通典實作「五家爲保」，通行之殿本通典則作「三（當爲『五』之訛）家爲保。」考唐律疏議卷二十四鬬訟四「諸强盜及殺人，賊發，被害之家及同伍即告其主司。若家人、同伍單弱，比伍爲告」條疏議曰：「强盜及以殺人，賊發，被害之家及同伍共相保伍者須告報主司者，謂坊正、村正、里正以上。若家人、同伍單弱不能告者，比伍爲告。每五家之外，即有比伍，亦須速告主司。」又「卽同伍保内在家有犯知而不糾者」條疏議曰：「卽同伍保内，依令謂伍家相保之内。」同書卷十七賊盜一「諸有所規避而執持人爲質者皆斬，部司及鄰伍知見避質不格者徒二年」條疏議曰：「部司謂持質人處村正並四鄰伍保。」蓋唐制以四家爲鄰，加保長一家爲五家，構成一保，故亦謂之「伍保」，合稱則謂之「四鄰伍保」或「鄰保」。唐曆不誤，司馬光考異失之；六典正文實是，固毋庸置疑而誌異也。

〔一一三〕州成于省　「州成」以上，據正德本補；自「于省」起，還從宋本。

〔一一四〕次從闕內　「闕」字原本訛作「開」。正德、嘉靖二本亦然，近衛校曰：「『開』當作『闕』。」廣雅本作「闕」，與舊唐書職官志合，今據以改。

〔一一五〕其織紝組紃之類　「紝」字原本訛作「絍」，據正德本改。

〔一一六〕工商之家不得預於士　「工」字原本訛作「二」，據正德本改。

〔一一七〕度其肥瘠寬狹以居其人　「度」字原本訛作「廣」，據正德本改。

〔一一八〕亦依丁男給　「依丁」二字原本訛作「已下」，據正德本改。

〔一一九〕丁之田二爲永業　「田」字原本訛作「由」，據正德本改。

〔一二〇〕女冠二十畝　「冠」字原本訛作「官」，據正德本改。

〔一二一〕良口三人已下給一畝　「下」字原本訛作「上」，正德以下諸本皆然，據通典食貨二田制下改。

〔一二二〕不在此例　「此」字原本訛作「北」，據正德本改。

〔一二三〕凡州縣界内所部受田悉足者爲寬鄉　「鄉」字原本訛作「卿」，據正德本改。下狹鄉之「鄉」同。

〔一二四〕凡官人受永業田　舊唐書職官志「官人」下有「及勳」二字。

〔一二五〕郡公若職事官從二品三十五頃　原本「三」訛作「五」，據正德本改。

〔一二六〕輕車都尉七頃　「車」字原本訛作「東」，據正德本改。

〔一二七〕其地並於寬鄉請授　「鄉」字原本訛作「卿」，據正德本改。

〔一二八〕不在此授之限　通典食貨二田制下「此」作「收」。

〔一二九〕祖父未請地　「請」字原本訛作「諸」，據正德本改。

〔一三〇〕五品至八品以一頃爲差九品二頃五十畝　通典食貨二田制下云「五品七頃，六品五頃，七品四頃，八品三頃，九品二頃五十畝」，唐會要卷九十二内外官職田引武德元年制、資治通鑑卷二一二「開元十年正月乙丑」條及卷二二四「永泰元年閏十月丁未」條胡三省注均與之同。

〔一三一〕凡給職分田　「職分」二字原本訛作「公廨」，正德以上諸本皆然，今據下文「若應給職田無地可充者」語、通典食貨二田制下及職官十七職田公廨田改。

〔一三二〕四月已後運送　通典食貨六賦税下原注，其下有「五月三十日納完」句。

〔一三三〕凡諸國蕃胡内附者　「蕃」字原本殘缺，據正德本補。

〔一三四〕上户丁稅銀錢十文　通典食貨六賦稅下及舊唐書食貨志「錢」上俱無「銀」字。

〔一三五〕並令免課役　「令」字原本殘缺，今據正德本補。

〔一三六〕秋附則課役俱免　據唐會要卷八十五籍帳引舊制，「秋」下疑脱「冬」字。

〔一三七〕凡內外職事官葬者　原本無「官」字，正德以下諸本皆然，據卷十八「鴻臚寺司儀令職掌」條增。

〔一三八〕以二十人爲差　原本「二十」訛作「三十」，正德以下諸本皆然，據卷十八「鴻臚寺司儀令職掌」條原注改。

〔一三九〕凡太山天齊王置守廟三百户　舊唐書禮儀志「三百」作「二十」。

〔一四〇〕亳州玄元皇帝廟置三十户　正德以下諸本「三十」均作「二十」。

〔一四一〕三品三十八人　通典職官十七禄秩及新唐書食貨志均作「四十八」人。

〔一四二〕六品給庶僕十二人　通典職官十七禄秩作「五人」，新唐書食貨志作「十五人」。

〔一四三〕七品八人　通典職官十七禄秩及新唐書食貨志均作「四人」。

〔一四四〕公主邑士八十人　「主」字原本訛作「王」，據正德本改。

〔一四五〕郡主六十人　「主」字原本殘缺，據正德本補。

〔一四六〕從多給　「給」字原本殘缺；正德以下諸本並作「從多」，其下不缺字，今據通典職官十七禄秩補。

〔一四七〕三品三十二人　「人」字原本殘缺，據正德本補。

〔一四八〕九品四人　案：六典本條所載一品至於九品州縣官僚白直人數，與通典職官十七禄秩「武太后光宅元年九月」下所繫「諸州縣之官流外九品以上皆給白直」條全同。新唐書食貨志唯無「七品佐官六人」一語，餘亦悉同。而通典同卷同篇又云：「開元十年正月，（中略）凡州縣官皆有白直：二品四十人，三品三十二人，四品二十人，五品十六人，六品十二人，七品六人，八品五人，九品四人。」誌此以備參考。

〔一四九〕車牛六十乘　「車」字原本訛作「專」，據正德本改。

〔一五〇〕從五品上　原本無「上」字，正德以下諸本皆然，據舊唐書職官志增。

〔一五一〕從六品上　原本無「上」字，正德以下諸本皆然，據舊唐書職官志增。

〔一五二〕度支郎中員外郎掌支度國用租賦少多之數　資治通鑑卷二二二「上元二年冬十月」條胡三省注引唐六典，「少多」作「多少」。太平御覽卷二一七「度支郎中」條引六典作「度支郎中、員外郎掌判天下租賦少多之數」，舊唐書職官志略同。案：太平御覽引用六典，與原書每多異文，苟於義無大出入，概不出校。著以爲例，後不復贅。

〔一五三〕及年支色役　「支」字原本訛作「及」，正德、嘉靖二本亦然，近衞校曰：「『及』當作『支』。」廣雅本作「支」，是，今據改。

〔一五四〕凡物之精者與地之近者以供御　太平御覽卷二一七「度支郎中」條引六典，「御」作「國」。

〔一五五〕即於隨近官司申牒驗記　「驗」字原本殘缺，正德、嘉靖二本亦然；廣雅本缺字作「報」，非。今據資治通鑑卷二五九「乾寧元年義昌節度使董昌加斂貢獻」條胡三省注校補。

〔一五六〕聽折半功　「折」字原本殘缺，正德以下諸本並訛「折半」爲「以年」，今據通鑑「董昌加斂貢獻」條胡注改。

〔一五七〕下　正德以下諸本「下」下均有「水」字。

〔一五八〕開元二十四年敕　「二」字原本訛作「一」，正德以下諸本皆然，今據唐會要卷五十八尚書省諸司中「户部尚書」條改。

〔一五九〕則於中書省覆而行之　舊唐書職官志「中書」下有「門下」二字。

〔一六〇〕開元二十四年　「四」字原本無，正德以下諸本皆然，據通典職官十七禄秩及唐會要卷九十一內外官料錢上增。

〔一六一〕料數先定　「定」字原本殘缺，據正德本補。

〔一六二〕兩分帛練　「帛」字原本無，正德以下諸本皆然，今據上文「諸官私互市唯得用帛練蕃綵」增。

〔一六三〕聽百姓將物就互市所交易　「互」字原本訛作「歹」，據正德本改。

〔一六四〕絲則五兩爲絇　「絇」字原本訛作「約」，正德以下諸本並訛作「紵」，今據通典食貨六賦稅下原注改。

〔一六五〕綿四屯　「綿」字原本殘缺，據正德本補。

〔一六六〕則絲布二匹紬二匹綾二匹縵四匹　原本「紬」下缺一字，「綾二」下缺四字；正德、嘉靖二本並於「絲布」下緊接其後「倉部郎中、員外郎職掌」條之正文「從三品」，中間脱漏；今據廣雅本轉採舊唐書職官志(下一六七至一七〇條同)補。

〔一六七〕若賜蕃客錦綵　原本「錦」上殘缺四字，據廣雅本補。

〔一六八〕率十段則錦一張綾二匹縵三匹綿四屯　「三匹」及「四屯」四字原本殘缺，據廣雅本補。

〔一六九〕凡遣使覆囚　「凡遣」二字原本殘缺，據廣雅本補。

〔一七〇〕若諸使經二季不還　「若諸使」三字原本殘缺，據廣雅本補。

〔一七一〕諸□人出使覆囚者　原本「諸」下缺一字，據本條正文「凡遣使覆囚，則給以時服一具」，疑當補以「遣」字。

〔一七二〕並典各給時服一具　「時」字原本殘缺，據上條所引正文補。

〔一七三〕秋冬去者給冬衣　「給」字原本殘缺，據傅增湘藏園羣書題記卷三録宋本補。

〔一七四〕爲舍人倉人司禄之長　原本「倉」下「人」字殘缺，據周禮卷三地官司徒第二「廩人下大夫」條鄭注補。

〔一七五〕掌九穀之數　「九」字原本殘缺，據周禮卷四地官司徒下「廩人職掌」條補。

〔一七六〕改度支爲民部　「改」字原本殘缺，據通典職官五尚書下「户部尚書」條補。

〔一七七〕龍朔二年改曰司庾大夫　「二」字原本訛作「三」，據通典職官五尚書下「倉部郎中」條原注改。

〔一七八〕凡京官每年禄　「京」字原本作「百」。案：下文有「外官降一等」之語，「百」字顯訛，廣雅本作「京」，與通典職官十七禄秩及新唐書百官志合，今據以改。

〔一七九〕正一品七百石　「七」字原本殘缺，據廣雅本補。

〔一八〇〕從二品四百六十石　「百六」二字原本殘缺，廣雅本正、從二品祿誤倒，據通典職官十七祿秩補。

〔一八一〕正四品三百石　「品三」二字原本殘缺，據正德本補。

〔一八二〕從五品一百六十石　「一」字原本殘缺，據正德本補。

〔一八三〕正從一品各以五十石爲一等　原本「從」下「一」字殘缺，正德以下諸本並訛「一品」爲「一等」，今據通典職官十七祿秩補。

〔一八四〕九品以上給白米　原本「九」下六字並殘缺，據正德本補。

〔一八五〕流外長上者　「者」字原本殘缺，據正德本補。

〔一八六〕通計前祿以充後數　「祿」字原本殘缺，據正德本補。

〔一八七〕凡都之東租納于含嘉倉　舊唐書職官志「都之東」作「都已東」。

〔一八八〕自含嘉倉轉運以實京之太倉　「倉轉」二字原本殘缺，據正德本補。

〔一八九〕自陝至京運於水　「運」字原本殘缺，據正德本補。

〔一九〇〕陸運從洛至陝分別量計十五文　「分」字原本殘缺，據正德本補。

〔一九一〕於北路分爲八遞　「八」字原本殘缺，自正德以下諸本俱訛作「之」。案：據通典食貨十漕運原注「舊於河南路運至陝郡太原倉，又運至永豐倉及京太倉。開元初，河南尹李傑始爲陸運使，從含嘉倉至太原倉置八遞場，相去每長四十里」，則缺字固當補以「八」也。

〔一九二〕任使司量運多少召雇情願者充　自「量運」二字起原本殘缺，改據正德本。

〔一九三〕半輸者準下户之半　「輸」字原本訛作「輪」，嘉靖、廣雅二本亦然。近衞校明本曰：「『輪』當作『輸』。」是，今據以改。

唐六典尚書禮部卷第四

禮部尚書一人　侍郎一人

郎中一人　員外郎一人　主事二人　令史五人　書令史一十人〔一〕　亭長六人　掌固八人

祠部郎中一人

員外郎一人　主事二人　令史六人〔二〕　書令史十三人〔三〕　掌固四人〔四〕

膳部郎中一人

員外郎一人　主事二人　令史四人　書令史九人

掌固四人

主客郎中一人

員外郎一人　主事二人　令史四人　書令史九人

掌固四人

禮部尚書一人，正三品；周之春官卿也。漢成帝置尚書五人，其四曰客曹，主外國夷狄事。光武分六曹，吏部曹主選舉、齋祀事。然則夷狄、齋祀，皆今禮部之職。東晉始置祠部尚書，常與右僕射通職，若右僕射闕，則以祠部尚書知右事。宋、齊、梁、陳皆號祠部尚書。後魏稱儀曹尚書。北齊亦爲祠部尚書，掌祠祭、醫藥、死喪、贈賻等事。〔五〕後周依周官，置春官府大宗伯卿一人。隋更爲禮部尚書，皇朝因之。龍朔二年改爲司禮太常伯，咸亨元年復爲禮部。光宅元年爲春官尚書，神龍元年復故。侍郎一人，正四品下。周之春官小宗伯中大夫也。漢已來尚書侍郎，今郎中之任。後周依周官。隋煬帝置禮部侍郎，皇朝因之。龍朔二年改爲司禮少常伯，咸亨、光宅、神龍並隨曹改復。

禮部尚書、侍郎之職，掌天下禮儀、祠祭、燕饗、貢舉之政令。其屬有四：一曰禮部，二曰祠部，三曰膳部，四曰主客；尚書、侍郎總其職務而奉行其制命。凡中外百司之事，由於所屬，皆質正焉。凡舉試之制，每歲仲冬，率與計偕。其科有六：一曰秀才，試方略策五條。此科取人稍峻，貞觀已後遂絶。二曰明經，三曰進士，四曰明法，五曰書，六曰筭。凡正經有九：禮記、左氏春秋爲大經，毛詩、周禮、儀禮爲中經，周易、尚書、公羊春秋、穀梁春秋爲小經。通二經者，一大一小，若兩中經。通三經者，大、小、中各一。通五經者，大經並通。其孝經、論語、老子並須兼習。凡明經先帖經，然後口試並答策，取粗有文理者爲通。〔六〕舊制，諸明經試每經十帖，孝經二帖，論語八帖，老子兼注五帖，每帖三言，通六已上，然後試策十條，通七，卽爲高第。開元二十五年敕：諸明經先帖經，通五已上，然後口試，每經通問大義十條，通六已上，並答時務策三道。凡進士先帖經，然後試雜文及策，文取華實兼舉，策須義理愜當者爲通。舊例帖一小經並注，通六已上；帖老子兼注，通三已上，然後試雜文兩道，時務策五條。開元二十五年，依明經帖一大經，通四已上，餘如舊。凡明法試律、令，取識達義理，問無疑滯者爲通。所試律、令，凡每部試十帖。策試十條：律七條，令三條。凡明書試說文、字林，取通訓詁，兼會雜體者爲通。說文六帖，字林四帖；兼口試，不限條數。凡明筭試九章、海島、孫子、五曹、張丘建、夏侯陽、周髀、五經、綴術、緝古，取明數造術，辨明術理者爲通。九章三帖，五經等七部各一帖，綴術六帖，緝古四帖，錄大義本條爲問。凡此六科，求人之本，必取精究理實而升爲第。其有博綜兼學，須加甄奬，不得限以常科。開元二十五年敕，明經、進士中，除所試外，明經有兼明五經已上，每經帖十通五已上，口問大義十條，疏義精通，通五已上；進士有兼通一史，試策及口問各十條，通六已上，須加甄奬，所司錄名奏聞。其進士唱及第訖，〔七〕具所試雜文及策，〔八〕送中書門下詳覆。其明經口問，仍須對同舉人考試。其試弘文、崇文生，自依常式。其弘文、崇文館學生雖同明經、進士，以其資廕全高，試取粗通文義。弘、崇生習一大經一小經、兩中經者，習史記者、漢書者、東觀漢記者、〔九〕三國志者，皆須讀文精熟，言音典正，策試十道，取粗解注義，經通六，史通三。其試時務策者，皆須識文體，不失問目意，試五得三。皆兼帖孝經、論語，共十條。太廟齋郎亦試兩經，文義粗通，然後補授，考滿簡試。其郊社齋郎簡試亦如太廟齋郎。其國子監大成十員，取明經及第人聰明灼然者，試日誦千言，并口試，仍策所習業十條通七，然後補充，各授散官，依色令於學內習業，〔一〇〕以通四經爲限。其祿俸賜會準非伎術直例給。業成者於吏部簡試，孝經、論語共試八條，餘經各試八條，間日一試，灼然明練精熟爲通。口試十通九、策試十通七爲第。〔一一〕所加經者，禮記、左傳、毛詩、周禮各加兩階，〔一二〕餘經各加一階。及第者放選，優與處分；不第者，三年一簡，〔一三〕九年業不成者，解退，依常選例。業未成年未滿者，不得別選及充餘使。若經事故，應敍日，還令覆上。其先及第人欲加經、及官人請試經者，皆準此。

郎中一人，從五品上；周官大宗伯屬官有下大夫，蓋郎中之任也。魏、晉、宋、齊、梁、陳、後魏、北齊有殿中郎、儀曹郎，而殿中掌表疏，儀曹掌吉凶禮制，皆禮部之職也。後周依周官。隋初，禮部曹置侍郎一人，煬帝除「侍」字，又改爲儀曹。皇朝因稱郎中。武德三年復爲禮部，龍朔二年改爲司禮大夫。咸亨、光宅、神龍隨曹改復。〔一四〕員外郎一人，〔一五〕從六品上；周官大宗伯屬官有上士；後周依焉，蓋今員外郎之任也。隋開皇六年置禮部員外郎，煬帝改爲儀曹承務郎。武德初改爲禮部員外郎，龍朔二年改爲司禮員外郎。咸亨、光宅、神龍並隨曹改復。主事二人，從八品

下。〔一六〕

禮部郎中、員外郎掌貳尚書、侍郎，舉其儀制而辨其名數。凡五禮之儀一百五十有二：一曰吉禮，其儀五十有五：一曰冬至祀圜丘，二曰祈穀于圜丘，三曰雩祀于圜丘，四曰大享于明堂，五曰祀青帝于東郊，六曰祀赤帝于南郊，七曰祀黄帝于南郊，八曰祀白帝于西郊，九曰祀黑帝于北郊，十曰禮祭百神于南郊，十一曰朝日于東郊，十二曰夕月于西郊，十三曰祀風伯、雨師、靈星、司中、司命、司人、司禄，十四曰夏至祭方丘，十五曰祭神州于北郊，十六曰祭太社，十七曰祭五岳、四鎮，十八曰祭四海、四瀆，十九曰時享于太廟，二十曰祫享于太廟，二十一曰禘享于太廟，二十二曰拜五陵，二十三曰巡五陵，二十四曰祭先農，二十五曰享先蠶，二十六曰享先代帝王，二十七曰薦新于太廟，二十八曰祭司寒，二十九曰祭五龍壇，三十曰視學，三十一曰皇太子釋奠，三十二曰國學釋奠，三十三曰釋奠于齊太公，三十四曰巡狩告圜丘，三十五曰巡狩告社稷，三十六曰巡狩告宗廟，三十七曰巡狩，三十八曰封禪，三十九曰祈于太廟，四十曰祈于太社，四十一曰祈于北郊，四十二曰祈于岳瀆，四十三曰諸州祭社稷，四十四曰諸州釋奠，四十五曰諸州祭禜，四十六曰諸縣祭社稷，四十七曰諸縣釋奠，四十八曰諸縣祈禜，四十九曰諸太子廟時享，五十曰王公已下時享其廟，〔一七〕五十一曰王公已下祫享其廟，五十二曰王公已下禘享其廟，〔一八〕五十三曰四品已下時享其廟，五十四曰六品已下時祭，五十五曰王公已下拜掃。二曰賓禮，其儀有六：一曰蕃國王來朝，〔一九〕二曰戒蕃王見，〔二〇〕三曰蕃王奉見，四曰受蕃使表及幣，五曰燕蕃國王，六曰燕蕃國使。三曰軍禮，其儀二十有三：一曰親征類于上帝，二曰宜于太社，三曰造于太廟，〔二一〕四曰禡于所征之地，五曰軷于國門，六曰告所過山川，七曰露布，〔二二〕八曰勞軍將，九曰講武，十曰田狩，十一曰射于射宮，〔二三〕十二曰觀射于射宮，十三曰遣將出征宜于太社，十四曰遣將告于太公廟，十五曰遣將告于太廟，〔二四〕十六曰祀馬祖，十七曰享先牧，十八曰祭馬社，十九曰祭馬步，二十曰合朔伐鼓，二十一曰合朔諸州伐鼓，二十二曰大儺，二十三曰諸州、縣儺。四曰嘉禮，其儀有五十：一曰皇帝加元服，二曰納后，三曰正、至受皇太子朝賀，四曰皇后正、至受皇太子朝賀，五曰正、至受皇太子妃朝賀，六曰皇后正、至受太子妃朝賀，〔二五〕七曰正、至受羣臣朝賀，八曰千秋節受羣臣朝賀，九曰皇后正、至受羣臣朝賀，十曰皇后受外命婦朝賀，十一曰皇帝于明堂讀春令，十二曰讀夏令，十三曰讀秋令，十四曰讀冬令，十五曰養老于太學，〔二六〕十六曰臨軒册皇后，十七曰臨軒册皇太子，〔二七〕十八曰内册皇太子，十九曰臨軒册王公，二十曰朝堂册諸臣，〔二八〕二十一曰册内命婦，二十二曰遣使册授官爵，二十三曰朔日受朝，二十四曰朝集使辭見，二十五曰皇太子加元服，二十六曰納妃，二十七曰正、至受羣臣賀，二十八曰受宫臣賀，二十九曰與師、傅、保相見，三十曰受朝集使參辭，三十一曰親王冠，〔二九〕三十二曰納妃，三十三曰公主降嫁，三十四曰三品以上冠，三十五曰四品以下冠，三十六曰六品以下冠，三十七曰三品以上婚，三十八曰四品以下婚，三十九曰六品以下婚，四十曰朝集使禮見及辭，四十一曰任官初上，四十二曰鄉飲酒，四十三曰正齒位，四十四曰宣赦書，四十五曰羣臣詣闕上表，四十六曰羣臣起居，四十七曰遣使慰勞諸蕃，四十八曰遣使宣撫諸州，四十九曰遣使諸州宣制，五十曰遣使諸州宣赦書。五曰凶禮，其儀一十有八。一曰凶年振撫，二曰勞問疾患，三曰中宫勞問，〔三〇〕四曰皇太子勞問，五曰五服制度，六曰皇帝爲小功已上舉哀，七曰敕使弔祭，八曰會喪，九曰册贈，十曰會葬，十一曰致奠，十二曰皇后舉哀弔祭，十三曰皇太子舉哀弔祭，十四曰皇太子妃舉哀弔祭，十五曰三品已上喪，十六曰四品以下喪，十七曰六品以下喪，十八曰王公已下喪。禮制通議其新五禮，〔三一〕開元二十年修，凡一百五十卷。

凡君臣上下皆有通稱。凡夷夏之通稱天子曰「皇帝」，臣下内外兼稱曰「至尊」，〔三二〕天子自稱曰「朕」，臣下敷奏於天子曰「陛下」，服御曰「乘輿」，行幸曰「車駕」。皇太子已下，率土之内，於皇帝皆稱「臣」。六宫已下，率土之内，婦人於太皇太后、皇太后、皇后皆稱「妾」；〔三三〕百官曰「殿下」，自稱曰「臣」。〔三四〕百官於皇太子亦曰「殿下」，自稱名，東宫官則稱「臣」。〔三五〕凡散官正二品、職事官從三品已上，爵郡王已上，於公文皆不稱姓。凡六品已下官人奏事，〔三六〕皆自稱官號、臣、姓名，然後陳事。通事舍人、侍御史、殿中侍御史則不稱官號。凡上表、疏、箋、啓及判、策、文章，如平闕之式。謂昊天、后土，天神、地祇，上帝、天帝，廟號，祧皇祖、妣，皇考、皇妣，先帝、先后，皇帝、天子，陛下、至尊，太皇太后、皇太后、皇后、皇太子皆平出；宗廟、社稷，太社、太稷，神主、山陵、陵號，乘輿、車駕，制書、敕旨，明制、聖化，天恩、慈旨，中宮、御前，闕廷、朝廷之類並闕字；宗廟中、陵中、行陵、陵中樹木、待制、乘輿車中馬，舉陵廟名爲官，如此之類，皆不闕字。若泛説古典，延及天地，不指説平闕之名者，亦不平出。若寫經史羣書及撰録舊事，其文有犯國諱者，皆爲字不成。

凡元日大陳設於太極殿，〔三七〕今大明宮於含元殿，在都則於乾元殿。皇帝衮冕臨軒，展宮縣之樂，陳歷代寶玉、輿輅，備黄麾仗。二王後及百官、朝集使、皇親、諸親並朝服陪位。〔三八〕皇太子獻壽，次上公獻壽，次中書令奏諸州表，黄門侍郎奏祥瑞，户部尚書奏諸州貢獻，禮部尚書奏諸蕃貢獻，太史令奏雲物，侍中奏禮畢。然後，中書令又與供奉官獻壽。時，殿上皆呼萬歲。按：舊儀闕供奉官獻壽禮，但位次立，禮畢，〔三九〕竟無拜賀。開元二十五年，臣林甫謹草其儀，奏而行之。大會之日，陳設亦如之。皇帝服通天冠。皇太子稱觴獻壽，次上公稱觴獻壽，侍中宣賜束帛有差。其日，外命婦朝中宮，爲皇后稱觴獻壽，司宮宣賜束帛有差。凡冬至大陳設如元正之儀，其異者，皇帝服通天冠，無諸州表奏、祥瑞、貢獻。凡元正、冬至大會之明日，百官、朝集使皆詣東宮，爲皇太子獻壽。凡千秋節，皇帝御樓，設九部之樂，百官袴褶陪位，上公稱觴獻壽。凡京司文武職事九品已上，每朔、望朝參；五品已上及供奉官、員外郎、監察御史、太常博士，每日朝參。凡蕃國主朝見，皆設宮縣之樂及黃麾仗；若蕃國使，則減黃麾之半。凡册皇后、皇太子、皇太子妃、諸王、王妃、公主，並臨軒册命，陳設如冬、正之儀；訖，皆拜太廟。凡車駕巡幸及還京，百官辭迎皆於城門外；留守宮內者，在殿門外。行從官每日起居，兩京文武職事五品已上三日一奉表起居，三百里內刺史朝見。〔四〇〕東都留司文武官每月於尚書省拜表，及留守官共遣使起居，皆以月朔日，使奉表以見，中書舍人一人受表以進。北都留守每季一起居。凡皇太子行，先一日，在京文武職事五品已上並詣宮辭；還宮明日，詣宮參。凡元正，若皇帝加元服，皇太后加號，皇后、皇太子初立，天下諸州刺史，若京官五品已上在外者，並奉表、疏賀，皆禮部整比，送中書總奏之。

凡祥瑞應見，皆辨其物名。〔四一〕若大瑞，大瑞謂景星、〔四二〕慶雲、黃星真人、〔四三〕河精、麟、鳳、鸞、比翼鳥、同心鳥、永樂鳥、富貴、吉利、神龜、龍、騶虞、白澤、神馬、龍馬、澤馬、白馬赤髦、白馬朱騣之類，〔四四〕周匝、角瑞、獬豸、比肩獸、六足獸、茲白、騰黃、騊駼、白象、一角獸、天鹿、鼈封、酋耳、豹犬、露犬、玄珪、明珠、玉英、山稱萬歲、慶山、山車、象車、烏車、根車、金車、朱草、屈軼、蓂莢、平露、萐莆、蒿柱、金牛、玉馬、玉猛獸、玉瓮、神鼎、銀瓮、〔四五〕丹甑、醴泉、浪井、河水清、江河水五色、海水不揚波之類，皆爲大瑞。上瑞，謂三角獸、白狼、赤羆、赤熊、赤狡、〔四六〕赤兔、九尾狐、白狐、玄狐、白鹿、白麞、白兕、玄鶴、赤烏、青烏、三足烏、赤鷰、赤雀、比目魚、甘露、廟生祥木、福草、禮草、萍實、大貝、白玉赤文、紫玉、玉羊、玉龜、玉牟、玉英、玉璜、〔四七〕黃銀、金藤、珊瑚鉤、駭雞犀、戴通璧、玉瑠璃、雞趣璧之類，〔四八〕皆爲上瑞。中瑞，謂白鳩、白烏、蒼烏、白澤、白雉、雉白首、翠鳥、〔四九〕黃鵠、小鳥生大鳥、朱雁、五色雁、白雀、赤狐、黃羆、青燕、〔五〇〕玄貉、赤豹、白兔、九真奇獸、充黃出谷、澤谷生白玉、琅玕景、碧石潤色、〔五一〕地出珠、陵出黑丹、威綏、延喜、福井、紫脫常生、賓連闊達、善茅、草木長生，〔五二〕如此之類，〔五三〕並爲中瑞。下瑞，謂秬秠、嘉禾、芝草、華苹、人參生、竹實滿、椒桂合生、木連理、嘉木、戴角麀鹿、駮鹿、神雀、冠雀、黑雉之類爲下瑞。〔五四〕皆有等差。若大瑞，隨卽表奏，文武百僚詣闕奉賀。其他並年終員外郎具表以聞，有司告廟，百僚詣闕奉賀。其鳥獸之類有生獲者，各隨其性而放之原野。其有不可獲者，若木連理之類，所在案驗非虛，具圖畫上。凡太陽虧，所司預奏，其日置五鼓、五兵於太社，皇帝不視事，百官各素服守本司，不聽事，過時乃罷。月蝕則擊鼓於所司救之。若五嶽、四鎮、四瀆崩竭，皆不視事三日。凡二分之月，三公巡行山陵，則太常卿爲之副焉。若獻祖、懿祖二陵，令趙州刺史年別一度巡行。〔五五〕

凡百官拜禮各有差：文武官三品已下拜正一品；中書門下則不拜。東宮官拜三師，四品已下拜三少；自餘屬官於本司隔品者皆拜焉。其准品應致敬而非相統攝，則不拜。謂尚書都事於諸司郎中，殿中主事於主局，直長之類，其品雖卑，則亦不拜。若流外官，拜本司品官。凡致敬之式，若非連屬應敬之官相見，或自有親戚者，各從其私禮。諸官人在路相遇者，四品已下遇正一品，東宮官四品已下遇三師，諸司郎中遇丞相，皆下馬。凡行路之間，賤避貴，少避老，輕避重，去避來。

凡國有五聲、八音，〔五六〕五聲爲宮、商、角、徵、羽，八音謂金、石、絲、竹、匏、土、革、木。六律、六呂。六律：黃鍾，太簇，姑洗，蕤賓，夷則，無射。六呂：大呂，夾鍾，中呂，林鍾，南呂，應鍾。陳四縣之度，四縣謂宮縣、軒縣、判縣、特縣。〔五七〕分二舞之節，〔五八〕謂文舞、武舞。以和人倫，以調節氣，以享神鬼，以序賓客。凡衆樂之制並載太常寺。凡私家不得設鐘、磬。三品已上得備女樂，五品已上女樂不得過三人。居大功已上喪受册及之官，雖有鼓樂，縱而不作。

凡太廟、太社及諸宮殿門，東宮及一品已下、諸州門，施戟有差：凡太廟、太社及諸宮殿門，各二十四戟；東宮諸門，施十八戟；正一品門，十六戟；開府儀同三司、嗣王、郡王、若上柱國・柱國帶職事二品已上及京兆・河南・太原府、大都督、大都護門，十四戟；上柱國・柱國帶職事三品已上、中都督府、上州、上都護門，十二戟；國公及上護軍・護軍帶職事三品，若下都督、中・下州門，各一十戟。

凡內外百司皆給銅印一鈕。其吏部、司勳各置二印，兵部置一印，考功、駕部、金部、尚食・尚乘局各別置一印。其文曰「某司之印」，東都即云「東都某司之印」。內外諸司有傳符、銅符之處，〔五九〕各給封符印一枚，發驛封符及封魚函則用之。〔六〇〕諸司從行者各給行從印，其文曰「某司行從之印」；駕還，則封納本司。凡內外百官有魚符之制。並出於門下省。

凡服飾尚黄，旗幟尚赤。乘輿之服則有大裘冕、衮冕、鷩冕、毳冕、絺冕、玄冕、通天冠、武弁、弁服、黑介幘、白紗帽、平巾幘、翼善冠之服。〔六一〕並出於殿中省。皇后之服則有禕衣、鞠衣、鈿釵禮衣之制。並出於内侍省。皇太子之服則有衮冕、具服遠遊冠、公服遠遊冠、烏紗帽、弁服、平巾幘、進德冠之服。並出於左春坊。皇太子妃之服則有褕翟、鞠衣、鈿釵禮衣。並出於右春坊。

凡王公、第一品服衮冕，垂青珠九旒，以組爲纓，色如其綬；青纊充耳；角簪導；〔六二〕青衣、纁裳，服九章，每章一行，重以爲等，每行九；白紗中單，黼領，青褾、襈、裾；〔六三〕革帶、鉤䚢，大帶，韍，劍，珮，綬，朱韈，赤舄。〔六四〕二品服鷩冕，八旒，七章，餘同衮冕。三品服毳冕，七旒，五章，餘同鷩冕。四品服絺冕，六旒，三章，餘同毳冕。五品服玄冕，五旒，無章，〔六五〕餘同絺冕。六品至九品服爵弁。玄纓，簪導，青衣、纁裳，白紗中單，青領、褾、襈、裾，革帶、鉤䚢，大帶，爵韠，白韈，赤履之服。凡冕服及爵弁服，助祭、親迎則服之。若私家祭祀，三品已上，及褒聖侯祭孔子，皆服玄冕；五品已上，服爵弁；六品已下，通服進賢冠之服。若職事官三品已上有公爵者，嫡子婚，聽假絺冕；五品已上孫、九品已上子及五等爵婚，〔六六〕皆假以爵弁服；庶人婚，假以絳公服。凡百官朝服，陪祭、朝會、〔六七〕大事則服之；冠，幘，纓，簪導，絳紗單衣，白紗中單，皁領、褾、襈、裾，白裙、襦，革帶、鉤䚢，假帶，曲領，方心，絳紗蔽膝，韈，舄，劍，雙珮，雙綬。六品已下去劍、珮、綬。公服，朔望朝謁見皇太子則服之；冠，幘，纓，簪導，絳紗單衣，白裙、襦，革帶、鉤䚢，假帶，〔六八〕方心，韈，履，紛盤囊，隻珮。〔六九〕六品已下去紛鞶囊、隻珮。凡綬，親王纁朱綬，一品緑綟綬，二品、三品紫綬，四品青綬，五品黑綬。凡有綬則有紱。弁服，尋常公事則服之。牙簪導，纓，玉琪，朱衣，素裳，革帶，鞶囊，小綬，隻珮，〔七〇〕白韈，烏皮履。一品九琪，二品八琪，三品七琪，四品六琪，五品五琪，六品已下去琪及鞶囊、隻綬。〔七一〕平巾幘之服，武官及衛官尋常公事則服之。冠及褶依本品色，並大口袴，起梁帶，烏皮鞾。若武官陪位大仗，〔七二〕加螣蛇裲襠。〔七三〕袴褶之服，朔望朝會則服之。五品已上通用紬綾及羅，〔七四〕六品已下用小綾。應著袴褶，並起十月一日，至二月三十日已前。

凡百僚冠、笏，遠遊三梁冠、黑介幘、青緌，皆諸王服之；親王即加金附蟬。若進賢冠，三品已上三梁，五品已上兩梁，九品已上一梁，三師、三公、〔七五〕太子三師・三少、五等爵、尚書省、秘書省、諸寺・監、詹事府、東宮三寺及散官、親王傅・友・文學，並關、津、岳、瀆等流內九品已上服之。〔七六〕武弁，平巾幘，文武官及中書・門下・殿中・內侍省、〔七七〕諸衛及太子諸坊・諸率府，及鎮、戍流內九品已上服之。侍中、中書令、散騎常侍加貂蟬。法冠，一名獬豸，監察御史已上服之。高山冠，內侍省內謁者等服之。〔七八〕卻非冠，亭長、門僕服之。進德冠，五品已上附山雲加琪，如弁服之制。三品已上笏前詘後直，五品已上前詘後挫，並用象；九品已上任用竹、木，上挫下方。男以上，聽依爵品執笏。繖、幰，若職事官五品已上，上及散官三品已上，爵國公已上及縣令，並用繖。一品青油纁通幰，〔七九〕朱裏；三品已上青通幰，朱裏；五品已上青偏幰，碧裏。珂、珮珂，三品已上九子，四品七子，五品五子。珮，一品山玄玉，五品已上水蒼玉。各有差。凡常服亦如之。親王、三品已上、二王後服用紫，飾以玉；五品已上服用朱，飾以金；七品已上服用緑，飾以銀；九品已上服用青，飾以鍮石；流外、庶人服用黃，飾以銅、鐵。凡凶服不入公門。遭喪被起在朝者，各依本品著淺色絁縵；周已下慘者，朝參起居亦依品色，無金玉之飾。起復者，朝會不預。周喪未練，大功未葬，則亦準比例。

凡外命婦之服，若花釵翟衣，外命婦受册、從蠶、朝會、婚嫁則服之。第一品，花釵九樹，翟九等；二品，花釵八樹，翟八等；三品，花釵七樹，翟七等；四品，花釵六樹，翟六等；五品，花釵五樹，翟五等。其服並素紗中單，黼領，朱褾、襈，蔽膝，青衣，革帶，青韈、舄，珮，綬。其衣通用羅縠充。鈿釵禮衣，外命婦朝參、辭見及禮會則服之。〔八〇〕一品九鈿，二品八鈿，三品七鈿，四品六鈿，五品五鈿，並通用雜色，制與翟衣同。加雙珮、小綬，〔八一〕去舄加履。凡婚嫁花釵禮衣，六品已下妻及女嫁則服之；其釵覆笄而已。其兩博鬢任以金、銀、雜寶爲飾。禮衣則大袖連裳，青質；素紗中單，朱褾、襈；〔八二〕蔽膝，大帶；以青衣帶、革履、韈。〔八三〕其次花釵禮衣，庶人女嫁則服之。〔八四〕釵以金、銀塗，瑠璃等飾。〔八五〕連裳青質，以青衣帶、革履、韈，皆自制也。凡婚嫁之服，若資蔭高者，皆從高。女初嫁，聽攝母服廟見，已後准常。親王孺人服依本品。五品已上媵，降妻一等；妾，降媵一等。〔八六〕凡婦人常服五等已上諸親女、婦及五品已上母、妻通服者，從多給；服已終則不給。〔八七〕

凡內外職事五品已上在兩京薨、卒，及身死王事，將葬，皆祭以少牢，三品已上贈以束帛，一品加乘馬。既引，又遣使贈於郭門之外，皆以束帛，一品加璧。致仕薨、卒，並依職事見任之法。凡百官葬禮皆有輀車、引、披、鐸、翣、明器、方相、魌頭之制，〔八八〕皆載於鴻臚之職焉。

碑碣之制，五品已上立碑；螭首龜趺，〔八九〕趺上高不過九尺。七品已上立碣；〔九〇〕圭首方趺，趺上高不過四尺。〔九一〕若隱淪道素，孝義著聞，雖不仕，亦立碣。凡石人、石獸之類，三品已上用六，五品已上用四。凡德政碑及生祠，皆取政績可稱，州爲申省，省司勘覆定，奏聞，乃立焉。

祠部郎中一人，從五品上；東晉置。歷宋、齊、梁、陳、後魏、北齊皆有祠部郎，後周春官府有典祠中大夫一人，隋有祠部郎，皇朝稱郎中。龍朔二年改爲司禋大夫，咸亨元年復故。員外郎一人，從六品上；隋文帝置，煬帝爲承務郎，皇朝復爲祠部員外郎。龍朔、咸亨隨曹改復。主事二人，從九品上。祠部郎中、員外郎掌祠祀享祭，天文漏刻，國忌廟諱，卜筮醫藥，道佛之事。〔九二〕凡祭祀之名有四：一曰祀天神，二曰祭地祇，三曰享人鬼，四曰釋奠於先聖先師。其差有三：若昊天上帝、五方帝、皇地祇、神州、宗廟爲大祀，日、月、星、辰、社稷、先代帝王、岳、鎮、海、瀆、帝社、先蠶、孔宣父、齊太公、諸太子廟爲中祀，司中、司命、風師、雨師、衆星、山林、川澤、五龍祠等及州縣社稷、釋奠爲小祀。冬至祀昊天上帝於圜丘，以高祖配焉；又祀東方青帝靈威仰、〔九三〕南方赤帝赤熛怒，西方白帝白招拒，北方黑帝叶光紀，中央黃帝含樞紐及大明、夜明於壇之第一等，又祀内官五十五坐於壇之第二等，〔九四〕又祀中官一百五十九坐於壇之第三等；〔九五〕又祀外官一百五坐、衆星三百六十坐於内壝之内。〔九六〕正月上辛祈穀于圜丘，祀昊天上帝，以高祖配焉；祀五方帝於壇之第一等。孟夏之月大雩於圜丘，祀昊天上帝，以太宗配焉；又祀五方帝於壇之第一等，又祀太昊、炎帝、黃帝、少昊、顓頊於壇之第二等，又祀勾芒、祝融、后土、蓐收，玄冥於內壝之內。季秋之月大享於明堂，祀昊天上帝，以睿宗配焉；又祀五方帝、五帝、五官各於其方。夏至祭皇地祇於方丘，以高祖配焉；祭神州於壇之第一等；五岳、四鎮、四海、四瀆、五方山林·川澤·丘陵·墳衍·原隰，凡七十坐，皆於內壝之內。汾陰后土祠廟亦四時祭焉。孟冬之月祭神州地祇於北郊，奉太宗以配焉。立春之日祀青帝於東郊，以太昊配焉，其勾芒氏及歲星、東方三辰七宿並從祀。立夏之日祀赤帝於南郊，以神農配焉，其祝融氏及熒惑星、南方三辰七宿並從祀。季夏土王日祀黃帝於南郊，以軒轅配焉，其后土氏、鎮星並從祀。立秋之日祀白帝於西郊，以少昊配焉，其蓐收氏、太白星、西方三辰七宿並從祀。立冬之日祀黑帝於北郊，以顓頊配焉，其玄冥氏、辰星及北方三辰七宿並從祀。春分之日朝日於東郊，秋分之日夕月於西郊，立春後丑日祀風師於國城東北，立夏後申日祀雨師於國城西南，立秋後辰日祀靈星於國城東南，立冬後亥日祀司中、司命、司人、司祿於國城西北。仲春上戊祭太社，以后土氏配焉；祭太稷，以后稷氏配焉。仲秋之月及臘日亦如之。四孟月及臘日大享太廟，〔九七〕春享則兼祭司命及户，夏享則兼祭竈。季夏之月祭中霤。秋享兼祭門及厲，冬享兼祭行。若臘享，則七祀徧祭，皆於太廟之西門內之南。凡三年一祫享，以孟冬；五年一禘享，以孟夏，皆七祀徧祭。若祫享，則配享功臣皆列於當室之前。高祖之廟則開府儀同三司淮安王神通、禮部尚書河間王孝恭、陝東道大行臺右僕射鄭國公殷開山、戶部尚書渝國公劉政會配饗。〔九八〕太宗之廟則司空梁國公房玄齡、尚書左僕射萊國公杜如晦、尚書左僕射申國公高士廉配享。高宗之廟則司空英國公李勣、尚書左僕射北平縣公張行成、中書令高唐縣公馬周配享。〔九九〕中宗之廟則侍中平陽郡王敬暉、侍中扶陽郡王桓彥範、中書令博陵郡王崔玄暐、〔一〇〇〕中書令漢陽郡王張柬之、中書令南陽郡王袁恕己配饗。睿宗之廟則太子少傅許國公蘇瓌、尚書左丞相徐國公劉幽求配饗。〔一〇一〕孟夏吉亥享先農於東郊，以后稷配。季春吉巳享先蠶於西郊。仲春上丁釋奠于孔宣父，以顏回配，其七十二弟子及先儒並從配；謂子淵、子騫、伯牛、仲弓、子有、子路、宰我、子貢、子游、子夏、曾參、顓孫師、澹臺滅明、宓子賤、原憲、公冶長、南宮适、公皙哀、曾點、顏路、商瞿、高柴、漆雕開、公伯寮、司馬牛、樊遲、有若、公西赤、巫馬期、梁鱣、顏相、冉孺、曹卹、伯虔、公孫龍、冉季產、秦子南、漆雕哆、顏子驕、漆雕徒父、壤駟赤、商澤、石作蜀、任不齊、公夏首、公良孺、后處、秦冉、奚容箴、公肩定、顏辛、鄡單、句井疆、罕父黑、秦商、申黨、公祖子之、榮子旂、縣成、左人郢、燕伋、鄭子徒、秦非、施之常、顏噲、步叔乘、顏之僕、陳亢籍、樂欣、廉潔、顏何、叔仲會、狄黑、邽巽、孔忠、公西與如、公西葴等，〔一〇二〕及左丘明、公羊高、穀梁赤、伏勝、高堂生、戴聖、毛萇、孔安國、劉向、鄭衆、杜子春、馬融、盧植、鄭玄、服虔、賈逵、何休、王肅、王弼、杜預、范甯等，凡九十八人。仲秋之月亦如之。仲春上戊釋奠於齊太公，以留侯張良配焉；仲秋之月亦如之。孟冬祭司寒於冰室，仲春祀馬祖，仲夏享先牧，仲秋祭馬社，仲冬祭馬步，並以剛日，皆於大澤之中。季冬臘日前寅蜡百神於南郊，大明、夜明、神農、后稷、伊耆、五官、五星、二十八宿、十二辰、五嶽、四鎮、四海、四瀆、五田畯、〔一〇三〕青龍、朱雀、麒麟、騶虞、玄武及五方山林·川澤·丘陵·墳衍·原隰·井泉·水·墉·坊·於菟·鱗·羽·介·毛·蠃·郵·表·畷·猫·昆蟲，凡一百八十七坐；若其方有災害，則闕而不祭，祭井泉於川澤之下。立春之日，祭東嶽泰山於兖州，東鎮沂山於沂州，東海於萊州，東瀆淮於唐州；立夏之日，祭南嶽衡山於衡州，南鎮會稽山於越州，南海於廣州，南瀆江於益州；季夏土王日，祭中嶽嵩山於河南府；立秋之日，祭西嶽華山於華州，西鎮吴山於隴州，西海及西瀆河於同州；立冬之日，祭北嶽恒山於定州，北鎮醫無閭於營州，北海及北瀆濟於河南府，各於其境内，本州長官行焉。蜀州青城丈人山，每歲春、秋二時享以蔬饌，委縣令行。側近以三、兩人洒掃。凡三年一享帝嚳氏於頓丘；享唐堯於平陽，而稷、卨配焉；享虞舜於河東，咎繇配焉；享夏禹於安邑，伯益配焉；享殷湯於偃師，伊尹配焉；享周文王於酆，太公配焉；享周武王於鎬，周公、召公配焉；享漢高祖於長陵，蕭何配焉，皆以仲春之月。四時仲月，享隱、章懷、懿德、節愍、惠莊、惠文、惠宣七太子廟，令其子孫主祭，有司給牲牢、樂縣，太常博士相禮焉。四仲月享隋文帝、周武帝廟，酅公、介公主祭。凡州、縣皆置社稷，如京、都之制，仲春上戊，州、縣官親祭；仲秋上戊亦如之。凡州、縣皆置孔宣父廟，以顔回配焉，仲春上丁，州、縣官行釋奠之禮；仲秋上丁亦如之。凡官爵二品已上，祠四廟；五品已上，祠三廟；〔一〇四〕六品已下達於庶人，祭祖禰而已。凡國有封禪之禮，則依圜丘方澤之神位。古封禪禮多闕而不載，其玉檢文亦秘，代莫得知。開元二十三年，上封泰山，乘馬直造山頂，唯一二大臣得從焉；其玉檢文爲蒼生祈福，當時不秘，人得以知之。若親征，禡類昭告各依本神位焉。車駕巡幸，路次名山大川、古昔聖帝明王·名臣將相陵墓及廟應致祭者，名山大川三十里內，聖帝明王二十里內，名臣將相十里內，並令本州祭之。

凡國有大祭祀之禮，皇帝親祭，則太尉爲亞獻，光祿卿爲終獻；若有司攝事，則太尉爲初獻，〔一〇五〕太常卿爲亞獻，光祿卿爲終獻；孔宣父廟，則國子祭酒爲初獻，司業爲亞獻，國子博士爲終獻；齊太公廟，則太常卿爲初獻，少卿爲亞獻，丞爲終獻。諸小祀唯官一獻。凡大祀散齋四日，致齋三日；中祀散齋三日，致齋二日；小祀散齋二日，致齋一日，皆祀前習禮、沐浴，並給明衣。諸大祀齋官皆於散齋日平明集尚書省受誓戒；其致齋日，三公於都省安置，所司鋪設。若車駕親行及齋官向祀祭之所，本司預告州縣及金吾相知，令平明清所行之路，〔一〇六〕道次不得見諸凶穢、縗絰及聞哭泣之聲。散齋日不得弔喪問疾，不判署刑殺文書，不決罰罪人。

凡京師孟夏已後旱則先祈岳、鎮、海、瀆及諸山川能興雲雨者，〔一〇七〕皆於北郊望祭；又祈社稷；又祈宗廟。每七日一祈，不雨，還從嶽、瀆如初。旱甚則修雩。秋分已後，雖旱不雩。雨足皆報祀。若州、縣，則先祈社稷及境內山川。〔一〇八〕若霖雨，則京城禜諸門，門別三日，每日一禜；不止，祈山川、嶽鎮、海瀆；三日不止，祈社稷、宗廟。若州、縣，則禜城門及境內山川而已。〔一〇九〕

凡天下觀總一千六百八十七所。一千一百三十七所道士，五百五十所女道士。每觀觀主一人，上座一人，監齋一人，共綱統衆事。而道士修行有三號：其一曰法師，其二曰威儀師，其三曰律師。其德高思精謂之鍊師。而齋有七名：其一曰金録大齋，〔一〇〕調和陰陽，消災伏害，爲帝王國土延祚降福。〔一一〕其二曰黄録齋，並爲一切拔度先祖。其三曰明真齋，學者自齋齊先緣。其四曰三元齋，正月十五日天官，爲上元；七月十五日地官，爲中元；十月十五日水官，爲下元，皆法身自懺愆罪焉。其五曰八節齋，修生求仙之法。其六曰塗炭齋，通濟一切急難。其七曰自然齋。普爲一切祈福。而禳謝復三事：其一曰章，其二曰醮，其三曰理沙。〔一二〕大抵以虚寂自然無爲爲宗。其法出於老子，自云有物混成，先天地生，視之不見，聽之不聞，搏之不得，湛然而存，隨感應物，厥跡無常。奉其道者，咸蠲去邪累，澡雪心神，及至白日昇天，〔一三〕長生代上。又稱道者有三元、九府、百二十官，一切諸神，咸所統攝；至有化金消玉，行符敕水，奇方妙術，驅鬼役神之能，故好異者共尊事之。又言二儀之間有三十三天，一天之中三十六宫，〔一四〕宫有一主，最高者曰無極至尊，次曰大至真尊，次天覆地載陰陽真尊，次供正真尊。其事甚妙，故啟敘其宗旨也。蓋老子生於殷末，在周爲守藏史、柱下史，〔一五〕作爲道書五千言，其要在清静理國，立身之要出。〔一六〕至後漢，張道陵號天師，闡揚其化，周於四海者，〔一七〕以顯其德。

凡天下寺總五千三百五十八所。三千二百四十五所僧，二千一百一十三所尼。〔一八〕每寺上座一人，寺主一人，都維那一人，共綱統衆事。而僧持行者有三品：其一曰禪，二曰法，三曰律。大抵皆以清静慈悲爲宗。釋氏之源，秦、漢已前未傳中土。至漢武元狩中，遣將軍霍去病討匈奴，殺休屠王，獲其祭天金人，帝以爲神，列於甘泉宮。金人率長丈餘，不祭祀，但燒香禮拜而已。〔一二九〕及至張騫使大夏，聞其旁有身毒國，一名天竺國，有浮屠之教。哀帝元壽元年，受大月氏王使浮屠經。後漢明帝永平三年，夜夢金人，頂有日光，〔一三〇〕飛行殿庭，乃訪羣臣，侍中傅毅始以佛對。於是，帝遣郎中蔡愔使於天竺國，寫浮屠遺範。愔乃與沙門迦葉摩騰、竺法蘭東還洛陽。〔一三一〕中國有沙門及拜禮之法，自此始也。愔得佛經四十二章及釋迦立像，明帝令畫工圖佛像，置清涼臺及顯節陵上。愔之還也，以白馬負經，漢因立白馬寺於洛城雍關西。〔一三二〕浮屠正號曰佛陀，譯之則爲靜覺。〔一三三〕所謂佛者，本號釋迦文，卽天竺釋迦衞國王之子，〔一三四〕於四月八日夜從母右脅而生，〔一三五〕有三十二相。當周莊王九年，魯莊公七年，夏四月，恒星不見夜明是也。以布施、持戒、忍辱、精進、禪定、智惠爲宗，所謂六波羅密者也。自齊、梁之後，其道彌尊。

凡道士、女道士、僧、尼之簿籍亦三年一造。其籍一本送祠部，一本送鴻臚，一本留於州、縣。凡道士、女道士衣服皆以木蘭、青碧、皂荆黄、緇壞之色。〔一三六〕若服俗衣及綾羅、乘大馬、酒醉、與人鬭打、招引賓客、占相吉凶、以三寶物餉餽官寮、勾合朋黨者，皆還俗。若巡門教化、和合婚姻、飲酒食肉、設食五辛、作音樂博戲、毁罵三綱、凌突長宿者，皆苦役也。

凡道觀三元日、千秋節日，凡修金籙、明真等齋及僧寺別敕設齋，〔一三七〕應行道官給料。高祖神堯皇帝，五月六日。文穆皇后，五月一日。太宗文武聖皇帝，五月二十六日。文德聖皇后，六月二十一日。高宗天皇大帝，十二月四日。大聖天后，十一月二十六日。中宗孝和皇帝，六月二日。和思皇后，四月七日。睿宗大聖真皇帝，六月十日。昭成皇后，正月二日。皆廢務。凡廢務之忌，若中宗已上，京城七日行道，外州三日行道；睿宗及昭成皇后之忌，京城二七日行道，外州七日行道。八代祖獻祖宣皇帝，十二月二十三日。宣莊皇后，六月三日。七代祖懿祖光皇帝，九月八日。光懿皇后，八月九日。皆不廢務。六代祖太祖景皇帝，九月十八日。景烈皇后，五月六日。五代祖代祖元皇帝，四月二十四日。元真皇后，三月六日。孝敬皇帝，四月二十五日。哀皇后，十二月二十日。皆不廢務，京城一日設齋。凡國忌日，兩京定大觀、寺各二散齋，諸道士、女道士及僧、尼，皆集於齋所，京文武五品以上與清官七品已上皆集，行香以退。若外州，亦各定一觀、一寺以散齋，州、縣官行香。應設齋者，蓋八十有一州焉。謂四輔、五府、六雄、十望、曹、濮、兗、齊、豫、徐、陳、青、亳、仙、涼、秦、瀛、貝、邢、恒、冀、定、趙、滄、德、深、博、易、相、梁、襄、澤、安、綿、梓、遂、眉、邛、果、彭、蜀、漢、潤、越、常、蘇、杭、婺、衢、湖、宣、洪、潭、廣、桂、隴、邠、涇等州是也。〔一二八〕其道士、女道士、僧、尼行道散齋，皆給香油、炭料。若官設齋，道、佛各施物三十五段，供修理道、佛，寫一切經；道士、女道士、僧、尼各施錢十二文。五品已上女及孫女出家者，官齋、行道，皆聽不預。若私家設齋，道士、女道士、僧、尼兼請不得過四十九人。凡遠忌日雖不廢務，然非軍務急切，亦不舉事。餘如常式。

膳部郎中一人，從五品上；後魏職品令：太和中改定百官，都官尚書管左士郎。北齊河清令，改左士郎爲膳部。〔一二九〕隋亦號膳部郎，皇朝改爲郎中。龍朔二年爲司膳大夫，咸亨元年復故。員外郎一人，從六品上；隋文帝置，煬帝改爲承務郎，皇朝復爲膳部員外郎。龍朔、咸亨隨曹改復。主事二人，從九品上。膳部郎中、員外郎掌邦之牲豆、酒膳，〔一〇〕辨其品數。凡郊祀天地、日月、星辰、嶽瀆，享祭宗廟、百神，〔一一〕在京、都者，用牛、羊、豕，滌養之數，省閱之儀，皆載於廩犧之職焉。若諸州祭嶽、鎮、海、瀆、先代帝王，以太牢；州、縣釋奠於孔宣父及祭社稷，以少牢；其祈禜，則以特牛。凡郊祀天地、日月、星辰、嶽瀆及享宗廟、百神在京都者，所用籩、豆、簠、簋、鉶、甑、俎之數，魚脯醯醢之味，石鹽菜果之羞，並載於太官之職焉。若諸州祭嶽、鎮、海、瀆及先代帝王，籩、豆各十，簠、簋各二，俎三；州、縣祭社稷、釋奠，每坐籩、豆各八，簠、簋、俎如上，其所實之物，如京、都之制。凡祀用尊、罍，所實之制，〔一二〕並載於良醞之職焉。凡天下之珍異甘滋之物，〔一三〕多少之制，封檢之宜，並載於尚食之職焉。凡非因大禮，不得獻食。若因大慶，獻食及所司供進，並不得用犢。若牸羊至厨生羔者，放長生。若大齋日，皆進素食，其應用之羊亦放爲長生。

凡諸陵所有進獻之饌，並載於陵令之職焉。

凡親王已下常食料各有差。每日細白米二升，粳米、粱米各一斗五升，〔一四〕粉一升，油五升，鹽一升半，醋二升，蜜三合，粟一斗，梨七顆，蘇一合，乾棗一升，木橦十根，炭十斤，葱、韭、豉、蒜、薑、椒之類各有差。〔一五〕每月給羊二十口，猪肉六十斤，魚三十頭，各一尺；酒九斗。三品已上常食料九盤，每日細米二升二合，粳米八合，麪二升四合，酒一升半，羊肉四分，醬四合，醋四合，瓜三顆，鹽、豉、葱、薑、葵、韭之類各有差；木橦，春二分，冬三分五釐；炭，春三斤，冬五斤。四品、五品常食料七盤，每日細米二升，麪二升三合，酒一升半，羊肉三分，瓜兩顆，餘並同三品。若斷屠及決囚日，停肉，給油一合、小豆三合。三品已上亦同此。六品已下、九品已上常食料五盤。每日白米二升，麪一升一合，油三勺，小豆一合，醬三合，醋三合，豉、鹽、葵、韭之類各有差；木橦，春二分，冬三分。凡諸王已下皆有小食料、午時粥料各有差。復有設食料、設會料，每事皆加常食料。又有節日食料。謂寒食麥粥，正月七日、三月三日煎餅，正月十五日、晦日膏糜，五月五日粽䊦，七月七日斫餅，九月九日麻葛糕，十月一日黍臛，皆有等差，各有配食料。蕃客在館設食料五等。蕃客設食料，蕃客設會料，各有等差焉。

主客郎中一人，從五品上；漢舊儀云：「尚書郎四人，其一主匈奴單于營部。」蓋主客之任也。至魏爲南主客。〔一三六〕晉氏主客分爲左、右、南、北。東晉省。宋置主客，齊、梁、陳並因之。〔一三七〕後魏職品令：太和中，吏部管南主客、北主客，祠部管左主客、右主客。〔一三八〕北齊河清令，改左主客爲主爵，南主客爲主客，掌諸蕃雜客事。〔一三九〕隋開皇爲主客郎，大業五年改爲司藩郎，皇朝爲主客郎中。龍朔二年改爲司藩大夫，咸亨元年復故。員外郎一人，從六品上；隋文帝置，煬帝爲承務郎，皇朝爲主客員外郎。龍朔、咸亨隨曹改復。主事二人，從九品上。主客郎中、員外郎掌二王後及諸蕃朝聘之事。二王之後：酅公，隋室楊氏。介公。周室宇文氏。凡四蕃之國經朝貢已後自相誅絕及有罪見滅者，蓋三百餘國。今所在者，有七十餘蕃。謂三姓葛邏禄，處蜜，處月，〔一四〇〕三姓咽蔑，〔一四一〕堅昆，拔悉蜜，〔一四二〕窟內有姓殺下，突厥，奚，契丹，遠番靺鞨，渤海靺鞨，室韋，和解烏羅護，烏素固，達末婁，達垢，日本，新羅，大食，吐蕃，波斯，拔汗那，康國，安國，石國，俱戰，提教律國，罽賓國，東天竺，西天竺，南天竺，北天竺，中天竺，吐火羅，米國、火尋國，〔一四三〕骨咄國，訶毗施國，曹國，拂菻國，謝䫻教時山屋馱國，獅子國，真臘國，尸科佛誓國，婆利國，葱嶺國，俱位國，林邑國，護密國，怛没國，悒怛國，烏萇國，迦葉彌羅國，無靈心國，蘇都瑟那國，史國，俱密國，于建國，可薩國，遏曜國，習阿薩般國，龜茲國，琉勒國，于闐國，焉耆國，突騎施等七十國，各有土境，分爲四蕃焉。其朝貢之儀，享燕之數，高下之等，往來之命，皆載於鴻臚之職焉。

校勘記

〔一〕書令史一十人　舊唐書職官志、新唐書百官志並作「十一人」。

〔二〕令史六人　舊唐書職官志作「五人」，新唐書百官志作「六人」。

〔三〕書令史十三人　舊唐書職官志作「十一人」，新唐書百官志作「十三人」。

〔四〕掌固四人　舊唐書職官志作「八人」，新唐書百官志作「四人」。

〔五〕北齊亦爲祠部尚書掌祠祭醫藥死喪贈賻等事　隋書百官志：北齊有六尚書。其祠部尚書「統祠部（掌祠部、醫藥、死喪、贈賜等事）、主客（掌諸蕃雜客等事）、虞曹（掌地圖、山川遠近、園囿、田獵、殽膳、雜味等事）、屯田（掌籍田、諸州屯田等事）、起部（掌諸興造、工匠等事）五曹。祠部無尚書則右僕射攝」，蓋亦不常置。六典本注所及但爲祠部郎中之職，以概其餘也。通典職官五

「禮部尚書」條原注「祠祭」作「祠部」，餘悉同六典。

〔六〕取粗有文理者爲通　「理」字原本作「性」，嘉靖、廣雅二本亦然，據通典選舉三歷代制下改。

〔七〕其進士唱及第訖　通典選舉三歷代制下無「及」字。

〔八〕具所試雜文及策　「策」字原本訛作「第」，嘉靖、廣雅二本亦然，據通典選舉三歷代制下改。

〔九〕東觀漢記者　「漢」字原本無，嘉靖、廣雅二本亦然，據卷二「考功員外郎掌天下貢舉之職」條原注增。

〔一〇〕依色令於學內習業　「色」字原本訛作「邑」，嘉靖、廣雅二本亦然，據卷二「考功員外郎掌天下貢舉之職」條正文改。舊唐書職官志作「舊」。

〔一一〕口試十通九策試十通七爲第　原本上「十」字訛作「七」，據嘉靖本改。

〔一二〕禮記左傳毛詩周禮各加兩階　「加」字原本無，嘉靖、廣雅二本亦然，據卷二「考功員外郎掌天下貢舉之職」條原注增。

〔一三〕不第者三年一簡　據卷二「考功員外郎掌天下貢舉之職」條原注，「者」下疑當有「依舊任」三字。

〔一四〕咸亨光宅神龍　「咸亨」二字原本無，嘉靖、廣雅二本亦然，據下文「員外郎員品」條原注增。

〔一五〕員外郎一人　原本「郎」下衍「中」字，嘉靖、廣雅二本亦然，據職官分紀卷十「禮部郎中」條引六典刪。

〔一六〕主事二人從八品下　原本「從八品下」作「從九品上」，嘉靖、廣雅二本亦然。案：舊唐書職官志

「總叙官品」條從八品下階內有中書、門下、尚書都省、兵·吏部、考功·禮部主事，注曰：「舊從九品上，開元二十四年改七司入八品，其省內諸司依舊。」今據以改。

〔一七〕五十日王公已下時享其廟　「時」字原本殘缺，嘉靖本亦然，據廣雅本補。通典禮八十一開元禮纂類十六「王公已下」作「三品已上」，下「王公已下祫享其廟」、「王公已下禘享其廟」並同。

〔一八〕王公已下禘享其廟　「禘」字原本訛作「神」，嘉靖、廣雅二本亦然，據通典禮八十一開元禮纂類十六改。

〔一九〕蕃國王來朝　通典禮六十六開元禮纂類一序例上「五禮篇目」條「王」作「主」，下「蕃王」、「蕃國王」咸同。

〔二〇〕戒蕃王見　「戒」字原本訛作「戎」，嘉靖、廣雅二本亦然，據通典禮六十六開元禮纂類一序例上「五禮篇目」改。

〔二一〕三日造于太廟　通典禮六十六開元禮纂類一序例上「五禮篇目」條「造」作「告」。

〔二二〕七日露布　同上「露」上有「宣」字。

〔二三〕十一日射于射宮　「宮」字原本訛作「官」，嘉靖本亦然，近衛校曰：「『官』當作『宮』，下同。」廣雅本作「宮」，與通典禮六十六開元禮纂類一序例上「五禮篇目」合，今據以改。

〔二四〕十四日遣將告于太公廟十五日遣將告于太廟　通典禮六十六開元禮纂類一序例上「五禮篇目」條「太公廟」與「太廟」互倒。

〔二五〕皇后正至受太子妃朝賀　同上「太」上有「皇」字。

〔二六〕十五日養老于太學　同上作「十五於太極殿讀五時令，十六養老於太學」，已下遞降至三十九作「四品已下婚」，而無「六品以下婚」之目。

〔二七〕十七日臨軒册皇太子　「軒」字原本訛作「朝」，嘉靖、廣雅二本亦然，今據下文「凡册皇后、皇太子、皇太子妃、諸王、王妃、公主，並臨軒册命」之言，從通典禮六十六開元禮纂類一序例上「五禮篇目」改。

〔二八〕二十日朝堂册諸臣　「册」字原本訛作「燕」，嘉靖、廣雅二本亦然，據通典禮六十六開元禮纂類一序例上「五禮篇目」改。

〔二九〕三十一日親王冠　原本「親」字殘缺，「王」訛作「主」，嘉靖本亦然，今據通典禮六十六開元禮纂類一序例上「五禮篇目」補、改。廣雅本「親王」作「諸王」。

〔三〇〕三日中宮勞問　「宮」字原本訛作「官」，嘉靖、廣雅二本亦然，據通典禮六十六開元禮纂類一序例上「五禮篇目」改。

〔三一〕禮制通議其新五禮　近衛校明本曰：「『其新』之『其』，疑當作『具』。」

〔三二〕臣下內外兼稱曰至尊　通典禮六十八開元禮纂類三序例下「雜制」條、唐會要卷二十六牋表例引儀制令，「兼」並作「通」。

〔三三〕六宮已下率土之內婦人於太皇太后皇太后皇后皆稱妾　通典禮六十八開元禮纂類三序例下

「雜制」條云:「皇后以下,率土之內,於皇帝、太皇太后皆稱妾;六宮以下,率土婦人於皇后同稱妾。」唐會要卷二十六牋表例引儀制令「太皇太后」下有「皇太后」三字,餘悉同通典。

〔三四〕百官曰殿下自稱曰臣　唐會要卷二十六牋表例引儀制令作「百官上疏於太皇太后、皇太后稱殿下,自稱皆曰臣」。

〔三五〕百官於皇太子亦曰殿下自稱名東宮官則稱臣　通典禮六十八開元禮纂類三序例下「雜制」條曰:「百官上疏及對皇太子皆曰『殿下』。(百官自稱名,宮官自稱臣。)」唐會要卷二十六牋表例引儀制令曰:「百官及東宮(官)對皇太子皆稱『殿下』(上啓、表同),百官自稱名,宮官自稱臣。」

〔三六〕凡六品已下官人奏事　「下」字原本訛作「上」,嘉靖、廣雅二本亦然,據唐會要卷二十五百官奏事引舊制改。

〔三七〕凡元日大陳設於太極殿　「太」字原本作「大」,嘉靖本亦然,據廣雅本改。

〔三八〕二王後及百官朝集使皇親諸親並朝服陪位　「諸親」之「親」原本作「王」,嘉靖、廣雅二本亦然。案:通典禮八十三開元禮纂類十八「皇帝正至受羣臣朝賀(并會)」條云:「設諸親位於四品、五品之南(皇宗親在東,異姓親在西)。」又新唐書禮樂志九云:「(設)諸親(位)於四品、五品之南。」由此可見「王」字固當作「親」,今改。

〔三九〕禮畢　「禮」字原本訛作「體」,嘉靖、廣雅二本亦然,據唐會要卷二十四受朝賀引舊制改。

〔四〇〕三百里內刺史朝見　通典禮六十八開元禮纂類三序例下「雜制」條云:「州界去行在所三百里內

者，刺史遣使起居，若車駕從比州及州界過，刺史朝見。」

〔四一〕凡祥瑞應見皆辨其物名　舊唐書職官志及新唐書百官志「物名」並作「名物」。

〔四二〕大瑞謂景星　近衞校曰：「『大瑞』二字恐衍。」

〔四三〕黄星真人　近衞校曰：「延喜式作『黄真人』。」

〔四四〕神馬龍馬澤馬白馬赤髦白馬朱騣之類　近衞校曰：「『龍馬』以下至『之類』十四字及下『騰黄騊駼』四字，式爲『神馬』注文。」案：新唐書百官志、資治通鑑卷一九三「貞觀二年九月丁未」條胡三省注引儀制令並云大瑞「其名物六十有四」，六典本注正合其數，宜從其舊。

〔四五〕玉瓮神鼎銀瓮　近衞補考曰：「延喜式『銀瓮』下有『瓶瓮』。」案：六典原注恐不必有。參閲校記〔四四〕。

〔四六〕赤羆赤熊赤狡　原本「羆」下無「赤熊赤」三字，嘉靖、廣雅二本亦然，近衞校明本曰：「式『羆』下有『赤熊赤』三字。」今據以增。

〔四七〕玉英玉璜　近衞校曰：「式『玉英』作『玉典』。」考太平御覽卷八〇五珍寶部四「玉下」條引雒書曰：「王者不藏金玉，則紫玉見于深山；服飾不逾祭服，則玉英出。」是玉英亦古之一瑞也，未知孰正。又「玉璜」二字原本殘缺，嘉靖本亦然，近衞校曰：「式作『玉璜』二字。」今據以補。廣雅本作「玉芝」。

〔四八〕黄銀金縢珊瑚鈎駭雞犀戴通璧玉瑠璃雞趣璧之類　近衞校曰：「式『縢』作『勝』。」又曰：「式〔『雞趣』下）無『璧』字。」又，「通」字原本殘缺，嘉靖本亦然，據唐令拾遺儀制令引延喜式補。又，新唐書百官志、資治通鑑卷一九三「貞觀二年九月丁未」條胡三省注引儀制令並云中瑞「其名物三十有八」，今計其數共有三十九，豈原注所無之「赤熊」不當據延喜式以增之歟？待考。

〔四九〕謂白鳩白烏蒼烏白澤白雉雉白首翠鳥　「白烏蒼烏」原本作「白烏赤烏」，嘉靖、廣雅二本亦然，近衞校明本曰：「式『鳥』作『烏』。」考新唐書百官志、資治通鑑卷一九三「貞觀二年九月丁未」條胡三省注引儀制令並云「蒼烏、朱鴈爲中瑞，其名物三十有二」，今改。「雉雉」二字原本訛作「雌雄」，近衞校曰：「式『雌雄』作『雉雉』。」又「白首」二字原本殘缺，近衞校曰：「式作『白首』二字。」今據以校補。嘉靖本「白雉」作「白雌」，其下殘缺三字；廣雅本「雉雉白首」作「雌雄雉」三字，恐非是。又「白澤」已見於大瑞，待考。

〔五〇〕赤狐黃羆青燕　近衞校曰：「式『燕』作『熊』。」

〔五一〕碧石潤色　「碧」字原本殘缺，嘉靖本亦然，近衞校曰：「式作『碧』。」今據以補。廣雅本缺字作「風」，恐非是。

〔五二〕威綏延喜福并紫脱常生賓連潤達善茅草木長生　「威」字原本殘缺，嘉靖本亦然，近衞校曰：「式作『威委威』三字。」案：六典本注適合中瑞三十二之數，故唯補「威」字，而舍「威委」。廣雅本缺字作「及」，非。原本上「生」字殘缺，「賓」訛作「實」，「茅」訛作「第」，嘉靖本亦然，據近衞校明本引延喜式補、改。廣雅本以「常實」連書，「茅」作「第」，均非是。

〔五三〕如此之類　原本作「〇此之類」，近衛校曰：「據上下文例，『圈此』當削。」嘉靖本作「此之類」三字，今據廣雅本增補「如」字。

〔五四〕人參生竹實滿椒桂合生木連理嘉木戴角麀鹿駮鹿神雀黑雉之類　上「生」字原本殘缺，嘉靖本亦然，近衛校曰：「式作『生』。」考太平御覽卷九九一藥部八「人參」條引禮斗威儀曰：「君乘木而王，有人參生。」則「人參生」者，亦古之一瑞也，今據以補；廣雅本缺字作「及」，非。「滿」字原本作「蒲」，嘉靖、廣雅二本亦然，近衛校明本曰：「式『蒲』作『滿』。」考太平御覽卷九六二竹部一「竹上」條引淮南子曰：「太清之治也，鳳、麟降，蓍、龜兆，甘露下，竹實盈。」由此可見「蒲」蓋「滿」之形訛，今改。「嘉木」原本訛作「嘉禾」，嘉靖、廣雅二本亦然，據近衛校明本引(延喜)式改。近衛又曰：「式『駮鹿』作『駿麀』。」更曰：「式『神雀』下有『冠雀』二字。」「式『黑雉』下有『白雉』二字。」案：新唐書百官志、資治通鑑卷一九三「貞觀二年九月丁未」條胡三省注引儀制令並曰下瑞「其名物十四」，六典本注所列，數才十三，未知究遺何物，誌以待考。

〔五五〕令趙州刺史年別一度巡行　「刺」字原本殘缺，嘉靖本亦然，近衛校曰：「當填以『刺』。」廣雅本不缺字，文作「刺」，今據以補。

〔五六〕凡國有五聲八音　舊唐書職官志「國」作「樂」。

〔五七〕四縣謂宮縣軒縣判縣特縣　「特」字原本殘缺，嘉靖本亦然，近衛校曰：「當填以『特』。」廣雅本作「犆」（卽「特」字），證諸周禮卷六春官宗伯下「小胥職掌」條曰：小胥「正樂縣之位，王宮縣，諸侯軒縣，卿判縣，士特縣，辨其聲。」則作「特」者，是也，今據以補。

〔五八〕分二舞之節　「舞」字原本訛作「武」，嘉靖、廣雅二本亦然，據舊唐書職官志改。

〔五九〕內外諸司有傳符銅符之處　新唐書車服志「銅」下有「魚」字。

〔六〇〕發驛封符及封魚函則用之　「驛」字原本訛作「金」，嘉靖、廣雅二本亦然，據新唐書車服志改。

〔六一〕乘輿之服至翼善冠之服　「鷩」字原本訛作「驚」，嘉靖本亦然，據廣雅本改；下「鷩服」皆同此。「黑介幘」原本作「白黑幘」，嘉靖、廣雅二本並同，據本書卷十一「殿中省尚衣奉御職掌」條正文及舊唐書輿服志改。

〔六二〕角簪導　通典禮六十八開元禮纂類三序例下「君臣冕服冠衣制度」條、舊唐書輿服志並作「簪導」；通典原注引令云：「五品以上乃通用犀。」新唐書車服志同六典本注。

〔六三〕青褾襈裾　「褾」字原本訛作「縹」，嘉靖、廣雅二本並同，據通典禮六十八開元禮纂類序例下「君臣冕服冠衣制度」條、舊唐書輿服志及新唐書車服志改。「裾」，舊唐書輿服志作「裙」，通典原注引令云、新唐書車服志同六典原注。

〔六四〕赤舃　原本作「青舃」，嘉靖、廣雅二本並同，據通典禮六十八「君臣冕服冠衣制度」條、舊唐書輿服志及新唐書車服志改。

〔六五〕無章　新唐書車服志作「衣韍無章」。通典禮六十八「君臣冕服冠衣制度」條及舊唐書輿服志並云：「衣無章，裳刺黻一章。」

〔六六〕五品已上孫九品已上子及五等爵婚　通典禮六十八「君臣冕服冠衣制度」條及新唐書車服志「五品已上孫」並作「五品以上子、孫」。

〔六七〕陪祭朝會　通典禮六十八「君臣冕服冠衣制度」條、舊唐書輿服志及新唐書車服志並作「陪祭、朝饗、拜表」。

〔六八〕假帶　「帶」字原本無，嘉靖、廣雅二本亦然，據通典禮六十八「君臣冕服冠衣制度」條、舊唐書輿服志及新唐書車服志增。

〔六九〕隻珮　嘉靖、廣雅二本「隻」並作「雙」，舊唐書輿服志及新唐書車服志同之；通典禮六十八「君臣冕服冠衣制度」作「隻」。下文六品已下隻珮之「隻」同。

〔七〇〕隻珮　嘉靖、廣雅二本「隻」並作「雙」，通典禮六十八「君臣冕服冠衣制度」條、新唐書車服志亦然。

〔七一〕六品已下去琪及鞶囊隻綬　通典禮六十八「君臣冕服冠衣制度」條、新唐書車服志「隻綬」作「綬、珮」。

〔七二〕若武官陪位大仗　「位」字原本作「力」，嘉靖、廣雅二本亦然，據通典禮六十八「君臣冕服冠衣制度」條改。舊唐書輿服志作「立」，誌以備考。

〔七三〕加螣蛇裲襠　原本「螣」訛作「塍」、「裲」訛作「襧」，嘉靖本亦然，近衛校曰：「『塍』當作『螣』。」又：「『襧』當作『裲』。」廣雅本作「螣」、「裲」，今據以改。

〔七四〕五品已上通用紬綾及羅　近衞校曰：「據唐志，『紬綾』當作『細綾』。」案：通典禮六十八「君臣冕服冠衣制度」條亦作「紬綾」。又，舊唐書輿服志引武德四年八月勅：「三品已上大科紬綾及羅，其色紫，飾用玉；五品已上小科紬綾及羅，其色朱，飾用金；六品已上（「上」當作「下」）服絲布雜小綾，交梭雙紃，其色黃。」由此可見，「紬」字不訛。

〔七五〕三師三公　「師」字原本訛作「司」，嘉靖、廣雅二本亦然，據通典禮六十八「君臣冕服冠衣制度」條改。

〔七六〕並關津岳瀆等流內九品已上服之　通典禮六十八「君臣冕服冠衣制度」條「並關津岳瀆等」作「諸州、縣、關、津、嶽、瀆等」。

〔七七〕文武官及中書門下殿中內侍省　通典同上卷上條「文武官」作「武官」。

〔七八〕內侍省內謁者等服之　通典同上卷上條「內謁者」上有「內謁者監」四字。

〔七九〕一品青油纁通幰　「油」字原本訛作「洞」，嘉靖、廣雅二本亦然，據新唐書車服志改。

〔八〇〕外命婦朝參辭見及禮會則服之　「禮」字原本訛作「婚」，嘉靖、廣雅二本亦然，據通典禮六十八「皇后王妃內外命婦服及首飾制度」條、舊唐書輿服志及新唐書車服志改。

〔八一〕加隻珮小綬　通典同上卷上條「隻」作「雙」，舊唐書輿服志及新唐書車服志並云無珮、綬。

〔八二〕朱褾襈　通典同上卷上條「朱」作「采」。

〔八三〕以青衣帶革履韈　據通典同上卷上條及新唐書車服志，疑當作「以青衣革帶、履、韈」。下「花鈿禮衣」條原注同此。又，通典本條「履」下有「舄」。

〔八四〕庶人女嫁則服之　「女嫁」原本作「嫁女」，嘉靖、廣雅二本亦然，據通典同上卷上條及新唐書車服志改。

〔八五〕釵以金銀塗瑠璃等飾　同上作「釵以金、銀、瑠琉等塗飾」。

〔八六〕五品已上媵降妻一等妾降媵一等　新唐書車服志其下有「六品已上（當作「下」）妾降妻一等」九字。

〔八七〕凡婦人常服至不給　「者從多給，服已終則不給」十字原本作注文，嘉靖、廣雅二本亦然（廣雅本「者」訛作「著」），近衞校明本曰：「『者從』以下十字當連『通服』爲本文。」今據以改。

〔八八〕凡百官葬禮皆有輤車引披鐸翣明器方相魌頭之制　本書卷十八「鴻臚寺司儀署令職掌」條「翣」下有「挽歌」，無「明器」；「魌頭」下有「纛帳」。

〔八九〕螭首龜趺　「首」字原本訛作「音」，嘉靖本亦然，近衞校曰：「『音』當作『首』。」廣雅本作「首」，與通典禮六十八開元禮纂類三序例下「雜制」條合，今據以改。

〔九〇〕七品已上立碣　「碣」字原本訛作「碑」，嘉靖、廣雅二本亦然，據唐律疏議卷二十七雜律「毁人碑碣石獸」條疏議引喪葬令、通典同上卷上條改。

〔九一〕趺上高不過四尺　「高」字原本無，嘉靖、廣雅二本亦然，據上條「五品已上立碑」原注文例，參稽通典禮六十八「雜制」條增。

〔九二〕道佛之事　太平御覽卷二一八「祠部郎中」條引六典、舊唐書職官志及新唐書百官志「道、佛」並作「僧、尼」。案：本書卷十六「宗正寺崇玄署令員品」條原注云：「開元二十五年，敕以爲道本玄元皇帝之教，不宜屬鴻臚。自今已後，道士、女道士並宜屬宗正，以光我本根，故署亦隨而改隸焉。其僧、尼則別隸尚書祠部也。」又「崇玄署令職掌」條云：「崇玄署令掌京都諸觀之名數，道士之帳籍，與其齋醮之事。」而六典此處不但以道、佛之事並歸諸祠部，其下復詳及道觀名數及齋醮之事，豈本卷成書在開元二十五年更制之前，御覽所引殆後人追改者邪？謹誌於此，以備參考。

〔九三〕又祀東方青帝靈威仰　「青」字原本訛作「赤」，嘉靖本亦然，近衞校曰：「『赤』當作『青』。」廣雅本作「青」，今據以改。

〔九四〕又祀內官五十五坐於壇之第二等　通典禮六十九開元禮纂類四皇帝冬至祀圜丘「陳設」條、新唐書禮樂志一「內官」上並有「五星、十二辰、河、漢及」八字。

〔九五〕又祀中官一百五十九坐於壇之第三等　通典同上卷上條、新唐書禮樂志一「中官」上並有「二十八宿及」五字。

〔九六〕又祀外官一百五坐衆星三百六十坐於內壝之內　通典同上卷上條、新唐書禮樂志一云：外官一百有五坐於內壝之內，衆星三百六十坐於內壝之外。又，「壝」字原本訛作「壇」，嘉靖本亦然，近衞校曰：「（壇）當作『壝』。」廣雅本作「壝」，今據以改。下「壝」字均同。

〔九七〕四孟月及臘日大享太廟　「大」字原本訛作「太」，據廣雅本改。

〔九八〕高祖之廟至户部尚書渝國公劉政會配饗　舊唐書禮儀志六「鄭」作「鄖」，「户」作「吏」。

〔九九〕高宗之廟至中書令高唐縣公馬周配饗　原本「宗」訛作「祖」，「馬」訛作「焉」，嘉靖本亦然，近衞校曰：「『祖』當作『宗』。」又：「『焉』當作『馬』。」廣雅本正之，與舊唐書禮儀志六合，今據以改。

〔一〇〇〕中書令博陵郡王崔玄暐　「暐」字原本訛作「暉」，嘉靖、廣雅二本亦然，據舊唐書禮儀志六改。

〔一〇一〕睿宗之廟則太子少傅許國公蘇瓌尚書左丞相徐國公劉幽求配饗　「瓌」字原本訛作「環」，嘉靖本亦然，近衞校曰：「『環』當作『瓌』。」廣雅本作「瓌」，與通典禮七十四「祫禘以功臣配享」條及舊唐書禮儀志六合，今據以改。又，近衞校明本曰：「舊唐志『少』作『太』。」案：據通典、舊唐書蘇瓌傳，六典原注作「少」者，是。

〔一〇二〕謂子淵至公西葴等　「顏相」，新唐書禮樂志五、通典禮十三「孔子祠」條並作「顏柳」，史記仲尼弟子列傳云：「顏幸，字子柳。」又「冉季産」，新唐志同，通典作「冉季」，史記：「冉季，字子産。」又「漆雕哆」，新唐志作「漆雕斂」，通典作「漆雕子斂」，史記：「漆雕哆，字子斂。」又「秦冉」，新唐志作「秦開」，通典作「秦子開」，史記：「秦冉，字子開。」又「奚容箴」，新唐志、通典、史記並作「奚容箴」。又「顏辛」，新唐志、通典並作「顏襄」，史記：「顏祖，字襄。」又「鄡單」，新唐志、通典、史記並作「鄵單」。「陳亢籍」，新唐志、史記並作「原亢籍」，通典有「原亢，贈萊蕪伯」，又有「陳亢，贈潁伯」。「樂欣」，新唐志作「樂欬」，通典曰「樂顏，贈昌平伯（一作『欬』）」，史記曰「樂欬，字子聲」。「公西葴」，新唐志、通典、史記並作「公西箴」。

〔一〇三〕季冬臘日前寅蜡百神於南郊至五田畯　舊唐書禮儀志四「五」下有「方」字。考通典禮七十開元禮纂類五「皇帝臘日蜡百神於南郊」條曰：「設五官、田畯之坐各於其方。」疑「五」下當有「方」字。

〔一〇四〕凡官爵二品已上祠四廟五品已上祠三廟　通典禮六十八開元禮纂類三序例下「雜制」條云：「凡文武官二品以上祠四廟，三品以上祠三廟，五品以上不須兼祭。四廟外有始封祖，通祀五廟。」

〔一〇五〕則太尉爲初獻　「太」字原本作「大」，據嘉靖本改。

〔一〇六〕令平明清所行之路　「清」字原本訛作「親」，嘉靖本同，廣雅本訛作「視」，今據通典禮六十八開元禮纂類三序例下「齋戒」條及舊唐書禮儀志一改。

〔一〇七〕凡京師孟夏已後旱則先祈岳鎮海瀆及諸山川能興雲雨者　通典禮六十八「祈禱」條「京師」作「京、都」。

〔一〇八〕若州縣則先祈社稷及境內山川　通典同上卷上條云：「若州、縣旱則祈雨，先社稷，又祈境內山川能興雲雨者，餘準京、都例。」

〔一〇九〕若州縣則禜城門及境內山川而已　通典同上卷上條云：「若州、縣，禜城門：不止，祈界內山川及社稷。」

〔一一〇〕其一曰金録大齋　潛確類書卷六十三「鍊師」條引六典，「録」作「籙」。下「黄録」同。

〔一一一〕爲帝王國土延祚降福　「土」字原本訛作「王」，近衞校明本曰：「『王』當作『土』。」今據以改。

〔一一二〕其三曰理沙　潛確類書卷六十三「鍊師」條引六典，「理」作「埋」。

〔一一三〕及至白日昇天　魏書釋老志「及」作「乃」。

〔一一四〕又言二儀之間有二十三天一天之中三十六宮　廣雅本「二十三天」作「三十三天」。魏書釋老志云：「又言二儀之間有三十六天，中有三十宮。」

〔一一五〕在周爲守藏史柱下史　近衛校曰：「『史』當作『吏』。」案：史記老莊申韓列傳云老子「周守藏室之史也」，索隱：「按藏室史，乃周藏書室之史也。又張湯傳：『老子爲柱下史。』即藏室之柱下，因以爲官名。」據此，「史」字蓋不訛。

〔一一六〕其要在清靜理國立身之要出　近衛校曰：「『要出』二字可疑。」

〔一一七〕周於四海者　「者」字疑衍當删。

〔一一八〕三千二百四十五所僧二千一百一十三所尼　「二千」原本訛作「一千」，嘉靖本亦然，近衛校曰：「據舊唐志當作『二千』。」廣雅本作「二千」，今據以改。又舊唐書職官志「四十五」作「三十五」，「一十三」作「二十二（疑爲『三』之訛）」。

〔一一九〕但燈香禮拜而已　近衛校曰：「據後魏志，『燈』當作『燒』。」

〔一二〇〕頂有日光　嘉靖本同，近衛校曰：「據後魏志，『日』當作『白』。」廣雅本作「白」。案：袁宏後漢紀全句作「項有日月光」。

〔一二一〕愔乃與沙門迦華摩騰竺法蘭東還洛陽　近衛校曰：「『華』當作『葉』。」考魏書釋老志「迦華」作「攝」，疑爲音譯之不同，「華」字未必訛。

〔一二二〕漢因立白馬寺於洛城雍關西　「關」字原本訛作「門」，嘉靖、廣雅二本亦然，據魏書釋老志改。

〔一二三〕譯之則爲靜覺　魏書釋老志「靜」作「淨」。

〔一二四〕即天竺釋迦衞國王之子　同前書，「釋迦衞」作「迦維衞」。

〔一二五〕從母右脅而生　「而」字原本訛作「面」，嘉靖本亦然，近衞校曰：「『面』當作『而』。」廣雅本作「而」，與魏書釋老志合，今據以改。

〔一二六〕凡道士女道士衣服皆以木蘭青碧皂荆黄緇壞之色　近衞校曰：「本朝令（皂荆黄）作『皂黄』，無『荆』字。」又「壞」字原本訛作「環」，嘉靖、廣雅二本亦然，近衞校明本曰：「『環』當作『壞』。」據翻譯名義集七沙門服相篇云：袈裟，具云迦羅沙曳，此云不正色，從色得名，如經中壞色衣也。或名間色服。律有三種壞色，青、黑、木蘭。青謂銅青，黑謂雜泥，木蘭即樹皮也。近衞所校甚是。

〔一二七〕凡修金録明真等齋及僧寺別敕設齋　近衞校曰：「『凡』恐衍。」又曰：「『録』當作『籙』。」二字蓋以形近而訛也。

〔一二八〕謂四輔至等州是也　近衞校曰：「八十一州缺二州名，俟考。」案：所缺者其京兆、河南二府歟？以其爲兩京所在地，故略去也。誌以備考。

〔一二九〕改左士郎爲膳部　據通典職官五尚書下「膳部郎中」條，「部」下疑當有「郎」字。

〔一三〇〕膳部郎中員外郎掌邦之牲豆酒膳　太平御覽卷二一八「膳部郎中」條引六典悉同本文。舊唐書職官志「牲豆」下有「祭器」二字。

〔一三一〕享祭宗廟百神　太平御覽同上卷上條引六典，「祭」作「祀」。

〔一三二〕凡祀用尊罍所實之制　原本「祀」下殘缺三字，嘉靖本缺頁，今據本書卷十五「光禄寺良醞令職掌」條有「凡郊祀之日，帥其屬以實尊罍」之語，姑補以「用尊、罍」。廣雅本缺字作「各籩豆」，未知所出；職官分紀卷十「膳部郎中員外郎職掌」條引六典，缺字作「享六罇」，誌以備考。

〔一三三〕凡天下之珍異甘滋之物　原本「珍」下殘缺三字，嘉靖本缺頁，案本書卷十一「殿中省尚食奉御職掌」條有「凡天下諸州進甘滋珍異，皆辨其名數而謹其儲供」之語，今據以補「異甘滋」三字。廣雅本缺字作「及祭獻」，恐非是。職官分紀卷十「膳部郎中員外郎職掌」條引六典，缺字作「羞供進」，誌以備考。

〔一三四〕粳米粱米各一斗五升　「粱」字原本訛作「梁」，廣雅本亦然，嘉靖本缺頁。近衞校明本曰：「『梁』當作『粱』。」今據以改。

〔一三五〕葱韮豉蒜薑椒之類各有差　「蒜」字原本訛作「棘」，嘉靖本缺頁，近衞校曰：「『棘』當作『蒜』。」廣雅本作「蒜」，今據以改。

〔一三六〕至魏爲南主客　原本「客」上殘缺五字，嘉靖本缺頁，考通典職官五尚書下「主客郎中」條原注有「後光武分改爲南主客、北主客二曹，至魏亦爲南主客」之語，今斟酌六典殘缺字數，去「亦」，而以「至魏爲南主」補之。廣雅本全句作「漢有南、北主客」，殆非。職官分紀卷十「主客郎中員品」條引六典，缺字作「魏武有南主」，誌以備考。

〔一三七〕宋置主客齊梁陳並因之　原本「客」下「因」上殘缺五字，「因」下無「之」字，嘉靖本缺頁，今斟酌六典原注文例，據通典同上卷上條注中有「宋、齊、梁、陳單有主客」之語，姑增補改易如上。廣雅本全句作「宋置主客，不分南、北；齊、梁因」，恐非是。職官分紀卷十「主客郎中員品」條引六典不缺字，「並」作「皆」，「因」下有「之」字，誌以備考。

〔一三八〕祠部管左主客右主客　原本「客右」上五字殘缺，嘉靖本缺頁，近衞校曰：「據通典，當填以『祠部管左主』五字。」今據以補。廣雅本「祠」上衍「其」字，與六典殘缺字數不合，故棄而不取。

〔一三九〕南主客爲主客掌諸蕃雜客事　原本「南主」下殘缺五字，嘉靖本缺頁，近衞校曰：「據隋志，當填以『客爲主客掌』五字。」考通典職官五「主客郎中」條原注云：「北齊改左主客爲主爵，南主客爲主客。」又隋書百官志云北齊吏部尚書屬官有主爵（注曰：「掌封爵等事。」），祠部尚書屬官有主客（注曰：「掌諸蕃雜客事。」），近衞所校蓋是也，今據以補。廣雅本改「掌」爲「以領」，與六典原注殘缺字數不合，殆非。

〔一四〇〕處月　「月」字原本訛作「同」，嘉靖、廣雅二本亦然，據舊唐書突厥傳下改。

〔一四一〕三姓咽蔑　隋書突厥傳「姓」作「索」。

〔一四二〕拔悉蜜　「悉」字原本訛作「蕃」，嘉靖、廣雅二本亦然，據舊唐書突厥傳上改。

〔一四三〕火尋國　舊唐書突厥傳下「尋」作「燖」。

唐六典尚書兵部卷第五

兵部尚書一人　侍郎二人

郎中二人　員外郎二人〔一〕　主事四人　令史三十七人〔二〕　書令史六十人　制書令史十三人　甲庫令史十二人　亭長八人　掌固十二人

職方郎中一人

員外郎一人　主事二人　令史四人　書令史九人

掌固四人

駕部郎中一人

員外郎一人　主事三人〔三〕　令史十人　書令史二十四人〔四〕　掌固四人

庫部郎中一人

員外郎一人　主事二人　令史七人　書令史十五人

掌固四人

兵部尚書一人，正三品；周官夏官卿也。漢置五曹，未有主兵之任也。魏始置五兵尚書，謂中兵、外兵、騎兵、別兵、都兵也。晉太始中，〔五〕省五兵尚書；太康中，〔六〕又置七兵尚書，以舊五兵尚書中兵、外兵分爲左右。〔七〕東晉及宋又爲五兵，孝武大明二年又省之，順帝昇明元年又置。歷齊、梁、陳、後魏、北齊皆置五兵尚書。〔八〕後周依周官，置大司馬卿一人。隋改爲兵部尚書，皇朝因之。龍朔二年改爲司戎太常伯，〔九〕咸亨元年復爲兵部尚書。光宅元年改爲夏官尚書，神龍元年復故。侍郎二人，正四品下。周官夏官小司馬中大夫也。漢以來尚書侍郎，今郎中之任也。後周依周官。隋煬帝置兵部侍郎，皇朝因之。龍朔二年改爲司戎少常伯，咸亨元年復爲兵部侍郎。總章二年增置一員。〔一〇〕光宅、神龍並隨曹改復。

兵部尚書、侍郎之職，掌天下軍衛武官選授之政令。凡軍師卒戍之籍，山川要害之圖，廐牧甲仗之數，悉以咨之。其屬有四：一曰兵部，二曰職方，三曰駕部，四曰庫部；尚書、侍郎惣其職務而奉行其制命。凡中外百司之事，由於所屬，咸質正焉。凡選授之制，每歲孟冬，以三旬會其人：去王城五百里，集於上旬；千里之內，集於中旬；千里之外，集於下旬。以三銓領其事：一曰尚書銓，二曰東銓，三曰西銓。尚書爲中銓，兩侍郎分爲東、西銓。以五等閱其人：一曰長朶，二曰馬射，三曰馬槍，四曰步射，五曰應對。以三奇拔其選：一曰驍勇，二曰材藝，三曰可爲統領之用。其尤異者，登而任之，否則量以退焉。然後據其狀以覈之，考其能以進之。所以録深功，拔奇藝，備軍國，綜勳賢也。五品已上，皆奏聞而制授焉；六品已下，則量資注擬。其在軍鎮要籍不得赴選，委節度使銓試，具等第以申焉。其三奇、五等之選有殊尤者，得令宿衛。其宿衛皆帶本官以充。其選人有自文資人者，取少壯六尺已上，材藝超絶；考試不堪，還送吏部。凡官階注擬，團甲進甲，皆如吏部之制。凡大選終於季春之月。所以審名實之銓綜，備戎仗之物數，以戒軍令，而振國容焉。

郎中二人，從五品上；周官大司馬屬官有軍司馬下大夫，蓋郎中之任也。魏有五兵郎曹，皆置郎中。晉有七兵，皆置郎中。宋有中兵、外兵、騎兵，元嘉已後，省騎兵。齊因之。梁、陳有左中兵、右中兵、左外兵、右外兵、騎兵郎曹，〔二〕皆置侍郎，亦郎中任也。後魏、北齊有左中兵、右中兵、左外兵、右外兵、都兵郎曹，並置郎中。後周依周官。隋初始置兵部郎曹，置侍郎一人；煬帝除「侍」字，又改爲兵曹郎。武德初，依隋；三年，改爲兵部郎中。龍朔二年改爲司戎大夫，咸亨、光宅、神龍並隨曹改復。員外郎二人，從六品上；周官大司馬屬官有輿馬上士，〔一二〕後周依焉，蓋員外之任也。隋開皇六年置兵部員外郎，煬帝改爲兵曹承務郎，皇朝改爲兵部員外郎。龍朔二年改爲司戎員外郎，咸亨、光宅、神龍並隨曹改復。主事四人，從八品下。隋煬帝初置，爲從九品下；開元二十四年敕，改爲八品。郎中一人，掌考武官之勳祿品命，以二十有九階承而敍焉。〔一三〕從一品曰驃騎大將軍；漢有驃騎將軍霍去病；後漢有東平王蒼，魏有王泉，晉有紀瞻、王駿並爲之。〔一四〕齊職儀云：「驃騎品秩第二，金章、紫綬，武冠，絳朝服，佩水蒼玉。」梁官品令：「雜號將軍一百二十五，分爲二十四班，班多者爲貴，驃騎班第二十四。」陳品第一，秩中二千石。〔一五〕後魏職品令：第二。〔一六〕後周驃騎大將軍九命。隋官品令：「驃騎，正四品。」皇朝定令爲武散官，從一品。正二品曰輔國大將軍；魏甲辰令、晉官品令、梁官品令輔國將軍並第三品，後魏從第三品，後周七命，隋從六品下，皇朝改焉。從二品曰鎮軍大將軍；魏志曰文帝以陳羣爲鎮軍大將軍，秩二千石。晉公卿秩云：〔一七〕「楊駿、胡奮並領鎮軍將軍。」齊職儀云：「品第三。」後周八命，隋正六品下，〔一八〕皇朝改焉。正三品曰冠軍大將軍，史記曰楚義帝以宋義爲卿子冠軍；漢武帝以霍去病功冠三軍，封冠軍侯。其名起於此也。魏以文欽爲冠軍將軍。齊職儀云：「品秩第三。」晉令云：「金章、紫綬，給五時服，〔一九〕武冠，佩水蒼玉。」梁令：「第三品。」陳品第四，〔二〇〕秩中二千石。隋令：「正六品下。」〔二一〕皇朝改焉。懷化大將軍；皇朝所置，以授蕃官。從三品曰雲麾將軍，梁班第十八。〔二二〕陳品第四，〔二三〕秩中二千石。歸德將軍；皇朝所置，以授蕃官。正四品上曰忠武將軍，梁班第十九。〔二四〕陳品第四，〔二五〕秩中二千石。正四品下曰壯武將軍；梁大通三年又置二百四十二號將軍，〔二六〕爲四十四班，壯武班第十六。陳品第六，秩二千石。〔二七〕從四品上曰宣威將軍，皇朝所置。〔二八〕從四品下曰明威將軍；梁班第十二。〔二九〕後魏職品令：「正六品上。」正五品上曰定遠將軍，梁班第十二也。諸將軍亦爲二十四班，〔三〇〕止施於外國，定遠班第十二。正五品下曰寧遠將軍，梁官品令：「寧遠將軍，正五品。」〔三一〕從五品上曰游騎將軍，魏甲辰令：「游騎將軍，第四品。」陳秩二千石。〔三二〕從五品下曰游擊將軍；漢書曰：「武帝以蘇建、韓說爲游擊將軍。」後漢紀云：〔三三〕「光武以鄧晨爲游擊將軍。」晉官品令：「游擊將軍，四品。〔三四〕」陳秩二千石。正六品上曰昭武校尉，下曰昭武副尉；從六品上曰振威校尉，下曰振威副尉；正七品上曰致果校尉，下曰致果副尉；從七品上曰翊麾校尉，下曰翊麾副尉；正八品上曰宣節校尉，下曰宣節副尉；從八品上曰禦武校尉，〔三五〕下曰禦武副尉；正九品上曰仁勇校尉，下曰仁勇副尉；從九品上曰陪戎校尉，下曰陪戎副尉。漢書百官表：「校尉皆二千石，武帝置。」隋朝改爲散官，皇朝因之。凡懷化、歸德將軍量配於諸衞上下，其餘並兵部定其番第。五百里內七番，一千里內八番，二千里內十番，二千里外十二番，並一月上。四品已下，九品已上，於兵部上下；五百里內四番，一千里內五番，二千里內六番，二千五百里內七番，〔三六〕三千里內八番，各一季上。三千里外免番，隨須追集也。番滿者，六品已下並聽預簡選，量其才能，或留本司，或送吏部；五品已上者則奏聞。凡敍階之法，一如文散官之制。

凡天下之府五百九十有四，有上、中、下，並載於諸衞之職。

凡應宿衞官各從番第。諸衞將軍、中郎將、郎將及諸衞率、副率、千牛備身、備身左右、太子千牛並長上折衝・果毅應宿衛者，並一日上，兩日下；諸色長上，若司階、中候、司戈、執戟，並五日上，十日下。諸應外職掌押當及分司者，則年支焉。若左、右羽林將軍，每夜各一人更直，中郎將、郎將亦如之。長人長上，每日上，隨仗下。長人取六尺六寸已上厚澗者四十人，分左、右監門衛。備四考，依出身例授武散官，依舊長上。蕃人任武官者，並免入宿；任三衛者，配玄武門上，一日上，兩日下；配南衙者，長番，每年一月上。凡千牛備身、備身左右及太子千牛皆取三品已上職事官子・孫、四品清官子，儀容端正，武藝可稱者充；五考，本司隨文、武簡試聽選。加階應入武品，折其一考。四品謂諸司侍郎、左・右庶子。凡殿中省進馬取左、右衛三衛高蔭，簡儀容可觀者補充，分爲三番上下，考第、簡試同千牛例；僕寺進馬亦如之。

凡勳官十有二等，並載於司勳之職。皆量其遠邇以定其番第，五百里內五番，一千里內七番，一千五百里內八番，二千里內十番，二千里外十二番，各一月上。每上或分配諸司。上州及都督府番別各聽留六十人，中州四十五人，下州三十五人，分配監當城門、倉庫，亦量於數內通融配給。〔三七〕當州人少者，任取五十已上、五十九已下及輕疾丁充，並五番，上皆一月。五品已上四年，七品已上五年，〔三八〕多至八年，年滿簡送吏部，不第者如初。無文，聽以武選。

凡左、右衛親衛・勳衛・翊衛，及左、右率府親・勳・翊衛，及諸衛之翊衛，通謂之三衛。擇其資蔭高者爲親衛，取三品已上子、二品已上孫爲之。其次者爲勳衛及率府之親衛，四品子、三品孫、二品已上之曾孫爲之。又次者爲翊衛及率府之勳衛，四品孫、職事五品子・孫、三品曾孫、若勳官三品有封者及國公之子爲之。又次者爲諸衛及率府之翊衛，五品已上並柱國若有封爵兼帶職事官子孫爲之。〔三九〕又次者爲王府執仗、執乘。〔四〇〕散官五品已上子孫爲之。凡三衛皆限年二十一已上，每歲十一月已後，本州申兵部團甲、進甲，盡正月畢，其人衛雜配並注甲長定，不得移改。量遠邇以定其番第。五百里內五番，一千里內七番，一千里外八番，各一月上；三千里外九番，各倍其月。應補之人周親已上有犯刑戮者，〔四一〕配令兵部上下。凡諸衛及率府三衛貫京兆、河南、蒲、同、華、岐、陝、懷、汝、鄭等州，皆令番上，餘州皆納資而已。〔四二〕應納資者，每年九月一日於本貫及寄住處輸納，本貫挾名録申兵部。凡左、右衛之三衛分爲五仗：〔四三〕一曰親仗，二曰供奉仗，三曰勳仗，四曰翊仗，五曰散手仗，每月各配三十六人而上下焉。其五仗上下及引駕、細引考以五，左、右衛之他職掌及左、右率府之勳衛考以六，〔四四〕左、右率府之三衛帖五仗上下者，亦五考。諸衛及率府之翊衛考以八。考滿，兵部校試，有文，堪時務，則送吏部；無文，則加其年階，以本色遷授。若有才用，考內得補主帥及監門校尉、直長。〔四五〕凡左・右衛、左・右率府三衛經三考已上者，得補引駕、細引；考滿，簡試如三衛。三衛違番者，徵資一千五百文，仍勒陪番；有故者，免徵資。三番不到，注甲毀奪告身，〔四六〕有故者亦陪番。

凡王公已下皆有親事、帳內，六品、七品子爲親事，八品、九品子爲帳內。限年十八已上，〔四七〕舉諸州，率萬人已上充之。〔四八〕親王、嗣王、郡王、開府儀同三司及三品已上官帶勳者，差以給之。並本貫納其資課，皆從金部給付。皆限十周年則聽其簡試，文、理高者送吏部，其餘留本司，〔四九〕全下者退還本色。

凡兵士隸衞，各有其名：左、右衞曰驍騎，左、右驍衞曰豹騎，左、右武衞曰熊渠，左、右威衞曰羽林，左、右領軍衞曰射聲，〔五〇〕左、右金吾衞曰佽飛；〔五一〕東宮左、右衞率府曰超乘，〔五二〕左、右司禦率府曰旅賁，左、右清道率府曰直盪，總名爲衞士，皆取六品已下子孫及白丁無職役者點充。〔五三〕凡三年一簡點，成丁而入，六十而免，量其遠邇以定番第。百里外五番，〔五四〕五百里外七番，一千里外八番，各一月上；二千里外九番，倍其月上。若征行之鎮守者，免番而遣之。凡衞士各立名簿，具三年已來征防若差遣，仍定優劣爲三等，每年正月十日送本府印訖，〔五五〕仍錄一通送本衞，〔五六〕若有差、行、上番，折衝府據簿而發之。〔五七〕若征行及使經兩番已上者，免兩番；兩番已上者並二番。〔五八〕其不免番，還日即當番者，免上番。凡差衞士征戍、鎮防亦有團伍，〔五九〕其善弓馬者爲越騎團，餘爲步兵團，主帥已下統領之；火十人，有六馱馬。若無馬鄉，任備驢、騾及牛。若父兄子弟，不併遣之；若祖父母、父母老疾，無兼丁，〔六〇〕免征行及番上。其居常則皆習射，唱大角歌。番集之日，府官率而課試。凡左、右金吾衞有角手，諸衞有弩手，左、右羽林軍有飛騎及左、右萬騎·彍騎，天下諸軍有健兒，舊，健兒在軍皆有年限，更來往，頗爲勞弊。開元二十五年敕，以爲天下無虞，宜與人休息，自今已後，諸軍鎮量閑劇、利害，置兵防健兒，於諸色征行人內及客户中召募，取丁壯情願充健兒長住邊軍者，每年加常例給賜，兼給永年優復；其家口情願同去者，聽至軍州，各給田地、屋宅。人賴其利，中外獲安。是後，州郡之間永無征發之役矣。皆定其籍之多少與其番之上下，其所取人並具於本衛。每季上中書門下。凡關內團結兵，京兆府六千三百二十七人，同州六千七百三十六人，華州五千二百二十三人，蒲州二千七百三十五人。選丁户殷贍、身材強壯者充之，免其征賦，仍許在家常習弓矢，每年差使依時就試。秦、成、岷、渭、河、蘭六州有高麗、羌兵。皆令當州上佐一人專知統押，每年兩度教練，使知部伍，〔六一〕如有警急，即令赴援。諸州城傍子弟亦常令教習，每年秋集本軍，春則放散。黎、雅、邛、翼、茂五州有鎮防團結兵。〔六二〕並令刺史自押領，〔六三〕若須防遏，即以上佐及武官充。凡天下諸州差兵募取户殷丁多、人材驍勇，選前資官、勳官部分強明堪統攝者，節級權補主帥以領之。〔六四〕其義征者，別爲行伍，不入募人之營。凡軍行器物皆於當州分給之，如不足則自備，〔六五〕貧富必以均焉。凡諸州軍府應行兵馬之名簿，〔六六〕器物之多少，皆申兵部；軍散之日，亦錄其存亡多少以申而勘會之。凡諸道廻兵糧糒之物，衣資之費，皆所在州縣分而給之。〔六七〕

郎中一人掌判簿，以總軍戎差遣之名數。凡天下之節度使有八：其一曰關內朔方節度使，其統有單于、安北、東受降城、中受降城、西受降城，豐安軍、定遠城皆屬焉。其二曰河東節度使，其統有大同、横野、岢嵐三軍，雲州守捉使屬焉。〔六八〕其三曰河北幽州節度使，其統有經略、平盧、靜塞、威武、清夷、横海、高陽、唐興、恒陽、北平十軍，安東鎮守、渝關守捉、北平守捉三使屬焉。其四曰河西節度使，其統有赤水、大斗、建康、玉門、墨離、豆盧六軍，新泉守捉、甘州守捉、肅州鎮守三使屬焉。其五曰隴右節度使，其統有臨洮、河源、白水、安人、積石、莫門、振武七軍，平夷、五門、富耳、藍州、平戎、綏和五守捉使皆屬焉。〔六九〕其六曰劍南節度使，其統有昆明軍、松州·當州防禦、邛郲守捉、姚·嶲州經略四使屬焉。其七曰磧西節度使，其統有安西、疏勒、于闐、焉耆，爲四鎮經略使，又有伊吾、瀚海二軍，西州鎮守使屬焉。其八曰嶺南節度使，其統有廣、桂、邕、容、安南等五府經略使。若諸州在節度內者，皆受節度焉。其福州經略使、登州平海軍則不在節度之內。凡親王總戎則曰元帥，文、武官總統者則曰總管。以奉使言之，則曰節度使，有大使焉，有副大使焉，有副使焉，有判官焉。若大使加旌節以統軍，置木契以行動。凡將帥出征，〔七〇〕兵滿一萬人已上，置長史、司馬、倉曹·胄曹·兵曹參軍各一人；五千人已上，減司馬。諸軍各置使一人，五千人已上置副使一人，萬人已上置營田副使一人；每軍皆有倉曹、兵曹、胄曹參軍各一人。赤水、臨洮、河源等軍加胄曹參軍一人，朔方五城各加胄曹參軍一人。其横海、高陽、唐興、恒陽、北平等五軍皆本州刺史爲使。其兵各一萬人，十月已後募，分爲三番教習。五千人置總管一人，以折衝充；一千人置子將一人，以果毅充；五百人置押官一人，以別將及鎮戍官充。〔七一〕凡鎮皆有使一人，副使一人，萬人已上置司馬、倉曹·

兵曹參軍各一人；五千人已上，減司馬。〔七二〕凡諸軍、鎮每五百人置押官一人，一千人置子總管一人，五千人置總管一人。凡諸軍、鎮使·副使已上皆四年一替，總管已上六年一替，〔七三〕押官隨兵交替。副使、總管取折衝已上官充，子將已上取果毅已上充。

凡諸軍、鎮大使·副使已下皆有傔人、別奏以爲之使：〔七四〕大使三品已上，傔二十五人，別奏十人；四品、五品傔遞減五人，別奏遞減二人。副使三品已上，傔二十人，別奏八人；四品、五品傔遞減四人，別奏遞減二人。總管三品已上，傔十八人，別奏六人。四品、五品傔遞減三人，別奏遞減二人。子總管四品已上，傔十一人，別奏三人。五品、六品傔遞減二人，別奏遞減一人。若討擊、防禦、遊奕使·副使，傔准品各減三人，別奏各減二人；總管及子總管，傔准品各減二人，別奏各減一人。若鎮守已下無副使，或隸屬大軍、鎮者，使已下傔、奏並四分減一。所補傔、奏皆令自召以充。若府·鎮·戍正員官及飛騎、三衛衛士、邊州白丁，皆不在取限。

凡車駕在京，卽東都南、北衙皆置左、右屯營，別立使以統之；〔七五〕若車駕在都，則京城亦如之。北都准此。

凡大將出征皆告廟，授斧鉞，辭齊太公廟；〔七六〕辭訖，不反宿於家。臨軍對寇，士卒不用命，並得專行其罰。既捷，及軍未散，皆會衆而書勞，與其費用、執俘、折馘之數，皆露布以聞，乃告太廟。元帥凱旋之日，天子遣使郊勞，有司先獻捷於太廟，又告齊太公廟。諸軍將若須入朝奏事，則先狀奏聞。

員外郎一人掌貢舉及諸雜請之事。凡應舉之人有謀略、謂閑兵法。才藝、謂有勇技。平射、謂善能令矢發平直。十發五中，五居其次爲上第；三中，七居其次爲下第。筒射，謂善及遠而中。十發四中，六居其次爲上第；三中，七居其次爲下第；不及此者爲不第。皆待命以舉，非有常也。若州、府歲貢，皆孟冬隨朝集使以至省，〔七七〕勘責文狀而引試焉；亦與計科偕。〔七八〕有二科：一曰平射，試射長垜，三十發不出第三院爲第。二曰武舉。其試用有七：一曰射長垜，入中院爲上，入次院爲次上，入外院爲次。二曰騎射，發而並中爲上，或中或不中爲次上，總不中爲次。三曰馬槍，三板、四板爲上，〔七九〕二板爲次上，一板及不中爲次。四曰步射，射草人，中者爲次上，雖中而不法、雖法而不中者爲次。五曰材貌，以身長六尺已上者爲次上，已下爲次。六曰言語，有神彩，堪統領者爲次上，〔八〇〕無者爲次。七曰舉重，謂翹關。率以五次上爲第。〔八一〕皆試其高第者以奏聞。其科第之優劣，謂平射、筒射之上第者，前資、見任見選，聽減一次上，與官；勳·散·衞官、五品已上官子孫，帖仗二年而選。次第者，其應選則據資優與處分，〔八二〕應帖仗則三年而選。庶人之上第亦帖仗，〔八三〕其年比次第；庶人次第，又加二年。武貢之第者，勳官五品已上並三衞執仗、乘，「若品子年考已滿者，並放選；勳官六品已上並應宿衞人及品子五考已上者，並授散官，謂「軍士戰官」；〔八四〕餘並帖仗然後授散官。勳、獲之等級，謂軍士戰功之等級。若牢城苦戰第一等，〔八五〕酬勳三轉，第二、第三等差減一轉。凡破城、陣，以少擊多爲「上陣」，數略相當爲「中陣」，以多擊少爲「下陣」，轉倍以上爲「多少」。常據賊數以十分率之，殺獲四分已上爲「上獲」，二分已上爲「中獲」，一分已上爲「下獲」。凡上陣上獲第一等酬勳五轉，上陣中獲、中陣上獲第一等酬勳四轉，上陣下獲、中陣中獲、下陣上獲第一等酬勳三轉；其第二、第三等各遞降一轉。中陣下獲、下陣中獲第一等酬勳兩轉，〔八六〕第二、第三等並下陣下獲各酬勳一轉。其雖破城、陣，殺獲不成分者，三等陣各酬勳一轉。其跳盪、降功不在限。〔八七〕凡臨陣對寇，矢石未交，〔八八〕先鋒挺入，賊徒因而破者爲跳盪；其次先鋒受降者爲降功。〔八九〕凡酬功者，見任、前資、常選爲上資，文·武散官、衛官、勳官五品已上爲次資，五品子·孫、上柱國·柱國子、勳官六品已下、諸色有番考人爲下資，白丁、衛士、雜色人爲無資。凡跳盪人，上資加兩階，卽優與處分，應入三品、五品，不限官考；次資卽優與處分；下資優與處分；無資稍優與處分。其殊功第一等，上資加一階，優與處分，應入三品、五品，減四考；次資優與處分；下資稍優與處分；無資放選。殊功第二等，上資優與處分，次資稍優與處分，下資放選，無資常勳外加三轉。殊功第三等，上資稍優與處分，次資放選，下資應簡日放選，無資常勳外加兩轉。若破國王勝，〔九〇〕事愈常格，或斬將搴旗，功效尤異，雖不合格，並委軍將臨時錄奏。皆審其實而授敘焉。

員外郎一人掌選院，謂之南曹。每歲，選人有解狀、簿書、資歷、考課，〔九一〕必由之以覈其實，乃上三銓，進甲則署焉。

職方郎中一人，從五品上；周禮夏官有職方氏中大夫之職，〔九二〕掌天下之地圖，主四方之職貢，職方郎中之任也。後周依周官。隋開皇初，始置職方侍郎一人；煬帝曰職方郎。武德三年加「中」字。至龍朔二年，改爲司城大夫；〔九三〕咸亨元年復故。員外郎一人，從六品上；周禮夏官有職方上士。〔九四〕後周依周官。隋開皇六年置員外郎一人，煬帝改曰承務郎，皇朝爲職方員外郎。龍朔、咸亨並隨曹改復。主事二人，從九品上。職方郎中、員外郎掌天下之地圖及城隍、鎮戍、烽候之數，辨其邦國、都鄙之遠邇及四夷之歸化者。凡地圖委州府三年一造，與板籍偕上省。其外夷每有番官到京，委鴻臚訊其人本國山川、風土，爲圖以奏焉；副上於省。其五方之區域，都鄙之廢置，疆埸之争訟者，〔九五〕舉而正之。凡天下之上鎮二十，中鎮九十，下鎮一百三十有五；上戍十有一，中戍八十有六，下戍二百三十有五。〔九六〕凡烽候所置，大率相去三十里。若有山岡隔絶，須逐便安置，得相望見，不必要限三十里。其逼邊境者，築城以置之。每烽置帥一人、副一人。其放烽有一炬、二炬、三炬、四炬者，隨賊多少而爲差焉。舊關內、京畿、河東、河北皆置烽。開元二十五年敕以邊隅無事，寰宇乂安，內地置烽，誠爲非要，量停近甸烽二百六十所，計烽帥等一千三百八十八人。凡州、縣城門及倉庫門須守當者，取中男及殘疾人均爲番第以充，而免其徭賦焉。若修理廨宇及園廚，亦聽量使。

駕部郎中一人，從五品上；周禮夏官屬有輿司馬之職，蓋駕部之任也。魏氏始置駕部郎曹，歷晉、宋、齊、後魏、北齊並爲駕部郎中，梁、陳爲駕部侍郎。後周夏官府有駕部中大夫一人，隋文帝改爲駕部侍郎，煬帝曰駕部郎。宋、齊左民尚書領駕部，梁、陳左民部尚書領駕部，後魏、北齊殿中尚書領駕部，隋則兵部領焉，皇朝因之。武德三年加「中」字。龍朔二年改曰司輿大夫，咸亨元年復故。員外郎一人，從六品上；周禮夏官卿有輿司馬上士，後周夏官府小駕部上士一人，蓋駕部員外郎之任也。隋開皇六年置，〔九七〕煬帝改曰承務郎，皇朝爲駕部員外郎。龍朔、咸亨並隨曹改復。〔九八〕主事三人，從九品上。

駕部郎中、員外郎掌邦國之輿輦、車乘，及天下之傳、驛、廐、牧官私馬・牛・雜畜之簿籍，辨其出入闌逸之政令，司其名數。凡三十里一驛，天下凡一千六百三十有九所。〔九九〕二百六十所水驛，一千二百九十七所陸驛，八十六所水陸相兼。若地勢險阻及須依水草，不必三十里。每驛皆置驛長一人，量驛之閑要以定其馬數：都亭七十五疋，諸道之第一等減都亭之十五，第二、第三皆以十五爲差，第四減十二，第五減六，第六減四，其馬官給。有山阪險峻之處及江南、嶺南暑濕不宜大馬處，兼置蜀馬。凡水驛亦量事閑要以置船，事繁者每驛四隻，閑者三隻，更閑者二隻。凡馬三名給丁一人，〔一〇〇〕船一給丁三人。凡驛皆給錢以資之，什物並皆爲市。凡乘驛者，在京於門下給券，在外於留守及諸軍、州給券。若乘驛經留守及五軍都督府過者，長官押署；若不應給者，隨即停之。而監、牧六十有五焉，皆分使而統之。南使十五監，西使十六監，北使七監，東使九監，鹽州使八監，嵐州使三監，則廐牧及諸司馬、牛、雜畜各隸於籍帳，以時受而藏之。若畜養之宜，孳生之數，皆載於太僕之職。凡諸衞有承直之馬，諸衞每日置承直馬八十疋，以備雜使。諸衞官、諸州、府馬每月常差赴京、都爲承直，諸府常備，其數甚多。開元二十五年，敕以爲天下無事，勞費頗煩，宜隨京、都近便量留三千疋充扈從及街使乘直，餘一切並停。凡諸司有備運之車，〔一〇一〕諸司皆置車、牛，以備遞運之事。司農等車一千二十一乘，將作監三百四十五乘，殿中省尚乘局一百乘，少府監六十三乘，太常寺一十四乘，國子監二十乘，太僕寺一十乘，光祿寺二十乘，衞尉寺十乘，太府寺六乘，左、右衞各二乘，左、右驍衞各一乘，左、右武衞各一乘，左、右威衞各一乘，左、右領軍衞各一乘，左、右金吾衞各一乘，左、右監門衞各二乘，左、右羽林軍各三乘，家令寺一百八十乘，僕寺二十六乘，〔一〇二〕左、右衞率府各一乘。牛皆倍之。其過倍者則充營田，不足者則單駕。開元二十二年，敕量減六百餘頭、乘。皆審其制以定數焉。

庫部郎中一人，從五品上；周禮夏官有司甲下大夫，爲司戈盾、弓矢之長，各辨其物以待軍事，〔一〇三〕今庫部郎中之任也。魏氏始置庫部郎曹，歷晉、宋、齊、後魏、北齊並有庫部郎中，梁、陳爲侍郎。後周夏官府有武藏中大夫一人，隋文帝爲庫部侍郎，煬帝曰庫部郎。宋、齊、梁、陳並都官尚書領庫部，後魏、北齊度支尚書領，隋則兵部尚書領焉。武德三年加「中」字。龍朔二年改爲司庫大夫，咸亨元年復故。員外郎一人，從六品上；周禮夏官卿有司兵中士，後周有小武藏下大夫一人，蓋今庫部員外郎之任也。隋開皇六年置，煬帝改曰承務郎，皇朝爲庫部員外郎。龍朔、咸亨隨曹改復。主事二人，從九品上。庫部郎中、員外郎掌邦國軍州之戎器、儀仗，及冬至、元正之陳設，〔一〇四〕並祠祭、喪葬之羽儀，諸軍州之甲仗，皆辨其出入之數，量其繕造之功，以分給焉。

校勘記

〔一〕員外郎二人　「二」字原本作「三」，嘉靖、廣雅二本亦然。案：六典本卷正文、通典職官五尚書下「兵部尚書」條及舊唐書職官志均作「二人」；新唐書百官志亦曰「員外郎一人掌貢舉、雜請；一人判南曹，歲選解狀則覈簿書、資歷、考課」，今改。

〔二〕令史三十七人　舊唐書職官志及新唐書百官志均作「三十人」。

〔三〕主事三人　新唐書百官志作「二人」，舊唐書職官志同六典作「三人」。

〔四〕書令史二十四人　舊唐書職官志作「二十人」，新唐書百官志同六典。

〔五〕晉太始中　「太」字原本作「大」，嘉靖本亦然，據廣雅本改。

〔六〕太康中　「太」字原本作「大」，嘉靖本亦然，據廣雅本改。

〔七〕又置七兵尚書以舊五兵尚書中兵外兵分爲左右　案：宋書百官志云：「(晉)太康中，有吏部、殿中、五兵、田曹、度支、右民六尚書。」又通典職官五尚書下「兵部尚書」條原注曰：「按：晉雖分中兵、外兵爲左、右，與舊五兵爲七曹，然尚書唯置五兵而已，無七兵尚書之名，至後魏始有七兵尚書耳。今諸家著述或謂晉太康中置七兵尚書，誤矣。」六典本注殆沿晉書職官志之誤歟？

〔八〕歷齊梁陳後魏北齊皆置五兵尚書　通典職官五尚書下「兵部尚書」條曰：「後魏爲七兵尚書。」

〔九〕龍朔二年改爲司戎太常伯　「二」字原本訛作「元」，嘉靖、廣雅二本亦然，據通典職官五尚書下「兵部尚書」條原注改。

〔一〇〕總章二年增置一員　「二」字原本訛作「元」，嘉靖、廣雅二本亦然，據舊唐書高宗本紀改。

〔一一〕梁陳有左中兵右中兵左外兵右外兵騎兵郎曹　「左中兵」原本訛作「左兵中」，嘉靖本亦然，近衛校曰：「當作『左中兵』。」廣雅本作「左中兵」，是，今據以改。

〔一二〕周官大司馬屬官有輿馬上士　「有」字原本無，嘉靖、廣雅二本亦然，今據職官分紀卷十引六典「兵部員外郎員品」條原注增。

〔一三〕掌考武官之勳祿品命以二十有九階承而叙焉　太平御覽卷二一七「兵部郎中」條引六典作「掌

判帳及天下武官之階品、衛府之名數」，舊唐書職官志與之同。

〔一四〕晉有紀瞻王駿並爲之　近衛校明本曰：「按晉書，（王駿）當作扶風王駿。」其說固亦有據。然紀瞻之爲驃騎，在東晉元帝時，而扶風王駿之進拜驃騎，則遠在晉武帝太康初，其死亦早在太康七年，似不應反置於紀瞻之後。考東晉時任驃騎者雖多，而其姓名則無與「王駿」相近者，姑誌於此，以存疑焉。

〔一五〕陳品第一秩中二千石　隋書百官志曰：「（陳）鎮衛、驃騎、車騎等三號將軍擬官品第一，比秩中二千石。」

〔一六〕後魏職品令第二　魏書官氏志：太和二十三年復次職令，驃騎將軍位列第二品。

〔一七〕晉公卿秩云　隋書經籍志史部職官有晉公卿禮秩故事九卷，傅暢撰。晉公卿秩疑即是書。

〔一八〕隋正六品下　「正」字原本訛作「並」，嘉靖、廣雅二本亦然，據隋書百官志改。

〔一九〕給五時服　晉書職官志云：「大司馬、大將軍、太尉、驃騎、車騎、衛將軍諸大將軍開府位從公者，爲武官公。」又云：「文、武官公皆假金章、紫綬，著五時服。」通典職官十六武散官「鎮軍將軍以下」條記晉制，「服」上有「朝」字。

〔二〇〕陳品第四　隋書百官志作「擬官品第四」。

〔二一〕正六品下　隋書百官志、通典職官二十一秩品四所載隋官品令，冠軍將軍位從六品下。

〔二二〕梁班第十八　案：梁制殊爲紛繁，除官階之十八班外，有一百二十五號將軍之十品二十四班，又有一百九號將軍之十品二十四班（止施於外國）；大通以後，改置二百四十號（實有二百四十二號）將軍之四十四班，又有一百二十五號將軍之二十八班。此處乃指一百二十五號將軍二十四班中之第十八班也。以其所書頗不詳審，易致混淆，故校記如上。

〔二三〕陳品第四　隋書百官志作「擬官品第四」。

〔二四〕梁班第十九　案：指一百二十五號將軍二十四班中之第十九班也。

〔二五〕陳品第四　隋書百官志作「擬官品第四」。

〔二六〕梁大通三年又置二百四十二號將軍　近衞校明本曰：「隋志作『二百四十』。」案：隋書百官志雖云「凡二百四十號」，然數其所列名號，實爲二百四十有二焉。

〔二七〕陳品第六秩二千石　隋書百官志作「擬官品第六，秩千石」。

〔二八〕皇朝所置　案：據魏書官氏志記載，北魏時已有宣威將軍。

〔二九〕梁班第十二　隋書百官志記載，梁明威將軍居一百二十五號將軍二十四班中之第十三班。

〔三〇〕諸將軍亦爲二十四班　案：此諸將軍者，指所謂一百九號將軍也。

〔三一〕梁官品令寧遠將軍正五品　通典職官十六武散官「鎮軍將軍以下」條云：「寧遠將軍，晉置，大唐因之。」同書職官十九秩品二晉官品，寧遠將軍位居第五品。又據隋書百官志云：梁寧遠將軍居一百二十五號將軍之四品、十三班。

〔三二〕陳秩二千石　隋書百官志云：陳游騎將軍千石。

〔三三〕後漢紀云　「紀」字原本作「記」，嘉靖、廣雅二本亦然。近衛校明本曰：「『記』當作『紀』。」是。今據以改。

〔三四〕游擊將軍四品　資治通鑑卷二百二「儀鳳二年五月詔以杜孝昇爲游擊將軍」條胡三省注引晉官品令，「四」上有「第」字。

〔三五〕從八品上曰禦武校尉　通典職官十六武散官「諸校尉附」條、新唐書百官志「武」並作「侮」。下禦武副尉之「武」同此。

〔三六〕二千五百里內七番　「內」字原本無，嘉靖、廣雅二本亦然。近衛校明本曰：「『里』下脫『內』字。」是。今據以增。

〔三七〕亦量於數內通融配給　「內」字原本殘缺，嘉靖本亦然，近衛校明本逕補，今從之。廣雅本「數通」連書，非。

〔三八〕五品已上四年七品已上五年　舊唐書職官志作「五品已下、七品已上五年」。

〔三九〕五品已上並柱國若有封爵兼帶職事官子孫爲之　「子孫」二字原本無，嘉靖、廣雅二本亦然。案：資蔭三衛，不當由品官自爲之，其間必有脫文，今參照下文「又次者爲王府執仗、執乘」條原注「散官五品已上子孫爲之」校增。

〔四〇〕又次者爲王府執仗執乘　「爲王」二字原本殘缺，嘉靖本亦然，據廣雅本補。舊唐書職官志「王」上有「親」字。

〔四一〕應補之人周親已上有犯刑戮者　「補」字原本訛作「捕」，嘉靖、廣雅二本亦然，今據舊唐書職官志改。

〔四二〕餘州皆納資而已　「皆」字原本殘缺，嘉靖本亦然，據舊唐書職官志補。廣雅本不缺字，文作「應」，恐非是。

〔四三〕凡左右衛之三衛分爲五仗　「左」字原本殘缺，嘉靖本亦然，近衛校曰：「當塡以『左』。」廣雅本不缺字，文作「左」，與舊唐書職官志合，今據以補。

〔四四〕左右衛之他職掌及左右率府之勳衛考以六　「左右衛」原本訛作「左左衛」，據嘉靖本改。

〔四五〕考內得補主帥及監門校尉直長　「長」字原本殘缺，嘉靖本亦然；廣雅本缺字作「班」，非。案：本書卷二十五監門衛大將軍所屬有直長，今據以校補。

〔四六〕注甲毀奪告身　「甲」字原本訛作「里」，嘉靖、廣雅二本亦然。近衛校明本曰：「『里』恐當作『甲』。」是。今據以改。

〔四七〕限年十八已上　近衛校曰：「舊唐志『上』作『下』。」案：通典職官十七祿秩原注亦作「上」。又，親事帳內均納課品子也，而新唐書選舉志云：「凡納課品子，年十八以上，每州爲解，上兵部納課。」由此可見，作「上」者是。

〔四八〕率萬人以上充之　舊唐書職官志作「率萬人以充之」，通典職官十七祿秩原注作「共率萬人爲之」。

〔四九〕其餘留本司　「本」字原本訛作「大」，嘉靖、廣雅二本亦然，據舊唐書職官志改。

〔五〇〕左右領軍衛曰射聲　「射聲」二字原本訛作「豹騎」，嘉靖、廣雅二本亦然，據本書卷二十四「左、右領軍衛大將軍・將軍職掌」條正文改。

〔五一〕左右金吾衛曰佽飛　「佽」字原本訛作「依」，嘉靖本亦然，近衛校曰：「『依』當作『佽』。」廣雅本作「佽」，與舊唐書職官志合，今據以改。

〔五二〕東宮左右衛率府曰超乘　「超」字原本訛作「射」，嘉靖、廣雅二本亦然，據本書卷二十八「左、右衛率職掌」條正文改。

〔五三〕皆取六品已下子孫及白丁無職役者點充　「充」字原本訛作「死」，嘉靖本亦然，近衛校曰：「『點死』當作『點充』。」廣雅本作「充」，與舊唐書職官志合，今據以改。

〔五四〕百里外五番　「外」字原本訛作「內」，嘉靖、廣雅二本亦然。近衛校明本曰：「『內』恐當作『外』。」是。今據以改。

〔五五〕每年正月十日送本府印訖　舊唐書職官志「訖」作「記」。

〔五六〕仍録一通送本衛　舊唐書職官志「衛」下有「府」字。

〔五七〕折衝府據簿而發之　殿本舊唐書職官志「發」作「折」。

〔五八〕兩番已上者並二番　近衛校曰：「『兩番』至『二番』八字可疑。」

〔五九〕凡差衛士征戍鎮防亦有團伍　「士」字原本訛作「上」，嘉靖、廣雅二本亦然，據舊唐書職官志改。

〔六〇〕無兼丁　舊唐書職官志「無」上有「家」字。

〔六一〕使知部伍　「部」字原本訛作「郎」，嘉靖本亦然，據廣雅本改。

〔六二〕黎雅邛翼茂五州有鎮防團結兵　「邛」字原本訛作「押」，嘉靖、廣雅二本亦然，據舊唐書職官志改。

〔六三〕並令刺史自押領　「令」字原本訛作「領」，嘉靖、廣雅二本亦然。近衞校曰：「『領』疑當作『令』。」是。今據以改。

〔六四〕節級權補主帥以領之　舊唐書職官志「權」作「擢」。

〔六五〕如不足則自備　舊唐書職官志「則」下有「令」字。

〔六六〕凡諸州軍府應行兵馬之名簿　「軍府」原本訛作「諸府」，嘉靖、廣雅二本亦然，據舊唐書職官志改。又，舊唐志「兵」下無「馬」字。

〔六七〕皆所在州縣分而給之　舊唐書職官志「皆」下有「令」字。

〔六八〕雲州守捉使屬焉　近衞校曰：「據舊唐志，『州』當作『中』。」案：六典此處所記守捉之名，有用古郡名者，如北平守捉；有用州名者，如雲州守捉、甘州守捉、藍州守捉。雲州與雲中郡爲一地，本名雲州，天寶元年改稱雲中郡，故「州」字未必有誤。近衞所引舊唐書地理志所記乃爲天寶間制度，非開元二十五年以前之制，二者雖大體相同，然亦間有異焉，如甘州守捉之改爲張掖守捉，即是一例，故似不足以爲據也。

〔六九〕其統有臨洮河源白水安人積石莫門振武七軍平夷五門富耳藍州平戎綏和五守捉使皆屬焉　近衞校曰：「舊唐志『武』作『威』。」又補考曰：「通鑑作『臨洮、河源、白水、安人、振威、威戎、漠門、守塞、積石、鎮西十軍，綏和、合川、平夷三守捉』。」案：（一）通典州郡二及唐會要卷七十八節度使同六典作「武」。考資治通鑑卷二百十三云：「開元十七年三月甲寅，朔方節度使信安王禕攻吐蕃石堡城，拔之。（中略）乃分兵據守要害，令虜不得前。自是，河、隴諸軍遊奕，拓境千餘里。上聞大悅，更名石堡城曰振武軍。」又新唐書地理志「河州安昌郡」條曰：「西百八十里有鎮西軍，開元二十六年置；西八十里索恭川，有天成軍；西百餘里雕窠城，有振威軍，皆天寶十三載置。」元和郡縣志卷三十九「河州」條略同。由此可見振武軍設於六典成書之前，而振威軍則設於六典成書之後，作「振武」者，是。（二）近衞所引通鑑之文，繫於「天寶元年正月壬子」條下，其中漠門即莫門，振威即振武。至於威戎、寧塞、鎮西三軍，據通典州郡二序目下原注，均係杜佑之父杜希望於開元二十六年奏置者，六典記錄所及，一般止於開元二十五年，宜其不載也。（三）六典謂河西節度使屬下有五守捉，而數其所列則有六焉，未詳，待考。

〔七〇〕凡將帥出征　舊唐書職官志「征」作「行」。

〔七一〕五百人置押官一人以別將及鎮戎官充　「以」字原本無，嘉靖、廣雅二本亦然；近衞校明本曰：「『人』下恐脫『以』字。」蓋是也，今據以增。又，「戎」疑當作「戍」。

〔七二〕五千人已上減司馬　「上」字原本作下，嘉靖、廣雅二本亦然；近衞校明本曰：「『下』疑『上』字。」

與舊唐書職官志合，今據以改。

〔七三〕總管已上六年一替　舊唐書職官志「上」作「下」，「六」作「二」。

〔七四〕凡諸軍鎮大使副使已下皆有傔人別奏以爲之使　「下」字原本訛作「上」，嘉靖、廣雅二本亦然，據舊唐書職官志改。

〔七五〕別立使以統之　「統」字原本訛作「充」，嘉靖、廣雅二本亦然；近衞校明本曰：「『充』當作『統』。」與舊唐書職官志合，今據以改。

〔七六〕辭齊太公廟　「太」字原本作「大」，據嘉靖本改。

〔七七〕皆孟冬隨朝集使以至省　近衞校曰：「舊唐志『冬』作『春』。」案：本書卷三「戸部郎中、員外郎職掌」條云：凡天下朝集使「皆以十月二十五日至於京都，十一月一日戸部引見訖，於尚書省與羣官禮見，然後集於考堂，應考績之事」。是武舉人實於孟冬至省也。

〔七八〕亦與計科偕　近衞校曰：「舊唐志無『科』字。」考舊唐書職官志原文爲「凡貢舉，每歲孟春，亦與計偕」；又唐會要卷五十九尚書省諸司下「兵部尚書」條引舊制云「凡武舉，每歲孟冬，亦與計偕」。兩者與六典相較，除缺「科」字外，並少「隨朝集使以至省，勘責文狀而引試焉」之語。案「與計偕」者即「隨朝集使以至省」也。若六典果衍一「科」字，則不僅「隨朝集使以至省」與「亦與計偕」於義重複，且於此同義二語中著一「亦」字，文義亦殊不可通，疑必不然。查本書卷四「禮部尚書、侍郎職掌」條云：「凡舉試之制，每歲仲冬，率與計偕。其科有六：一曰秀才，二曰明經，三曰進士，四曰明法，五曰書，六曰筭。」頗疑本條所謂「計科」者，即指此六科而言。蓋謂武舉或隨朝集使至省，勘責引試，或與文舉同解也。謹誌於此，以備參考。

〔七九〕三板四板爲上　「板」字原本訛作「祓」，嘉靖本亦然，近衛校曰：「據通鑑注引六典文，『祓』當作『板』。下同。」廣雅本作「板」。案：近衛所引者乃資治通鑑卷二百七「長安二年春正月乙酉」條胡三省注。又，據通典選舉三歷代制下曰：「又斷木爲人，戴方版於頂上，凡四偶人，互列埒上。馳馬入埒，運槍左右觸，必版落而人不踣，名曰馬槍。」是「祓」固當作「板」也，今改。下「板」字均同。

〔八〇〕有神彩堪統領者爲次上　「統」字原本訛作「充」，嘉靖、廣雅二本亦然，據資治通鑑卷二百七「長安二年春正月乙酉」條胡三省注引唐六典改。

〔八一〕率以五次上爲第　原本「上」、「爲」二字互倒，嘉靖、廣雅二本亦然，據資治通鑑卷二百七「長安二年春正月乙酉」條胡三省注引唐六典改。

〔八二〕其應選則據資優與處分　「與」字原本訛作「直」，嘉靖、廣雅二本亦然；近衛校明本曰：「『直』當作『與』。」是。今據以改。

〔八三〕庶人之上第亦帖仗　「第」字原本訛作「等」，嘉靖、廣雅二本亦然，據文義改。

〔八四〕謂軍士戰官　近衛校曰：「『謂』以下五字疑衍。」

〔八五〕若牢城苦戰第一等　「苦」字原本訛作「若」，嘉靖、廣雅二本亦然；近衛校明本曰：「『若』恐當作

『苦』。」是。今據以改。

〔八六〕中陣下獲下陣中獲第一等酬勳兩轉　「中陣」原本訛作「中限」，嘉靖本亦然，近衞校曰：「『限』恐當作『陣』。」廣雅本作「陣」，是。今據以改。

〔八七〕其跳盪降功不在限　原本訛作「其跳盪功不在降限」，嘉靖、廣雅二本亦然，今據下文「賊徒因而破者爲跳盪，其次先鋒受降者爲降功」改。

〔八八〕矢石未交　「矢」字原本訛作「失」，嘉靖本亦然，據廣雅本改。

〔八九〕其次先鋒受降者爲降功　「受」字原本訛作「爲」，嘉靖、廣雅二本亦然；近衞校明本曰：「『爲』當作『受』。」是。今據以改。

〔九〇〕若破國王勝　近衞校曰：「『王』當作『全』。」

〔九一〕選人有解狀簿書資歷考課　「人」字原本訛作「入」，嘉靖本亦然，近衞校曰：「據舊唐志，『入』當作『人』。」廣雅本作「人」，是。今據以改。

〔九二〕周禮夏官有職方氏中大夫之職　「夏」字原本訛作「下」，嘉靖本亦然，近衞校曰：「『下』當作『夏』。」廣雅本作「夏」，是。今據以改。

〔九三〕改爲司城大夫　通典職官五尚書下「職方郎中」條原注、唐會要卷五十九尚書省諸司下「職方郎中」條、册府元龜卷四百五十七臺省部總序及新唐書百官志並同六典作「司城」，舊唐書職官志「總敍官制沿革」條及「職方郎中」條並作「司域」。

〔九四〕周禮夏官有職方上士　案：今本周禮職方氏有中大夫四人，下大夫八人，中士十六人，餘府、史、胥、徒有差，唯無上士。通典職官五尚書下「職方員外郎」條原注同六典。

〔九五〕疆埸之爭訟者　「埸」字原本訛作「場」，嘉靖、廣雅二本亦然，據職官分紀卷十「職方郎中職掌」條引六典文改。

〔九六〕下戍二百三十有五　舊唐書職官志「三十」作「四十」。

〔九七〕隋開皇六年置　「皇」字原本訛作「元」，嘉靖、廣雅二本亦然。近衛校明本曰：「『元』當作『皇』。」是。今據以改。

〔九八〕龍朔元亨並隨曹改復　「亨」字原本訛作「享」，嘉靖本亦然，據廣雅本改。

〔九九〕天下凡一千六百三十有九所　案：舊唐書職官志及新唐書百官志均同是數，而據六典本條原注所列水驛、陸驛及水陸相兼之數會而計之，蓋有一千六百四十有三所。

〔一〇〇〕凡馬三名給丁一人　「名」字疑訛。近衛校曰：「『名』當作『各』。」誌以備考。

〔一〇一〕凡諸司有備運之車　近衛校曰：「舊唐志『車』作『牛』。」案：據本條原注，疑「車」下脱「牛」字。

〔一〇二〕僕寺二十六乘　原本「僕」上有「左、右」二字，嘉靖、廣雅二本亦然。考本書卷二十七「太子僕寺僕員品」條正文及原注，唐太子僕寺固無左右之分，二字當屬衍文，今删。

〔一〇三〕各辨其物以待軍事　「辨」字原本訛作「辦」，嘉靖本亦然；廣雅本作「辨」，與周禮卷八夏官司馬下「司兵職掌」條合，今據以改。

〔一〇四〕及冬至元正之陳設　太平御覽卷二一七「庫部郎中員外郎」條引六典、舊唐書職官志「及」並作「凡」。

唐六典尚書刑部卷第六

刑部尚書一人　侍郎一人

郎中二人　員外郎二人　主事四人　令史十九人

書令史三十八人　亭長六人　掌固十人

都官郎中一人

員外郎一人　主事二人　令史九人　書令史十二人

掌固四人

比部郎中一人

員外郎一人　主事四人〔一〕　令史十四人　書令史二十

七人　計史一人　掌固四人

司門郎中一人

員外郎一人　主事二人　令史六人　書令史十三人

掌固四人

刑部尚書一人，正三品；周之秋官卿也。漢成帝始置三公曹，主斷獄事。後漢以三公曹掌天下歲盡集課事，又以二千石曹主中都官水火、盜賊、辭訟、罪法事。〔二〕晉初，依漢置三公尚書，掌刑獄；太康中，省三公尚書，以吏部尚書兼領刑獄。宋始置都官尚書，掌京師非違得失事，兼掌刑獄。齊、梁、陳、後魏、北齊皆置都官尚書。後周依周官，置大司寇卿一人。隋初曰都官尚書，開皇三年改爲刑部，皇朝因之。龍朔二年改爲司刑太常伯，〔三〕咸亨元年復爲刑部。光宅元年改爲秋官尚書，神龍元年復故。侍郎一人，正四品下。周之秋官小司寇中大夫也。漢以來尚書侍郎，今郎中之任。後周依周官。隋煬帝置刑部侍郎，皇朝因之。龍朔二年改爲司刑少常伯，咸亨、光宅、神龍並隨曹改復。刑部尚書、侍郎之職，掌天下刑法及徒隸句覆、關禁之政令。其屬有四：一曰刑部，二曰都官，三曰比部，四曰司門；尚書、侍郎總其職務而奉行其制命。〔四〕凡中外百司之事，由於所屬，咸質正焉。

郎中二人，從五品上；周禮大司寇屬官有士師下大夫，蓋郎中之任也。後漢有二千石曹尚書，掌刑法，因立二千石郎曹。〔五〕魏、晉、宋、齊並以三公郎曹掌刑獄，置郎中各一人；梁、陳因爲侍郎。後魏、北齊三公郎中各置二人。後周秋官府有小刑部下大夫一人。〔六〕隋初省三公曹，置刑部郎曹，掌刑法，置侍郎一人；煬帝除「侍」字，又改爲憲部郎，皇朝因之。武德三年改曰刑部郎中，龍朔二年改爲司刑大夫，咸亨、光宅、神龍並隨曹改復。員外郎二人，從六品上；周禮大司寇屬官有上士，後周依焉，蓋員外之任也。隋開皇六年置刑部員外郎，煬帝改爲憲部承務郎，皇朝因之。武德三年改曰刑部員外郎，龍朔、咸亨、光宅、神龍並隨曹改復。主事四人，從九品上。郎中、員外郎掌貳尚書、侍郎，舉其典憲而辨其輕重。凡文法之名有四：一曰律，二曰令，三曰格，四曰式。凡律一十有二章：一曰名例，二曰衞禁，三曰職制，四曰户婚，五曰廐庫，六曰擅興，七曰賊盜，八曰鬭訟，九曰詐僞，十曰雜律，十一曰捕亡，十二曰斷獄，而大凡五百條焉。律，法也。魏文侯師李悝集諸國刑書，造法經六篇：一、盜法，二、賊法，三、囚法，〔七〕四、捕法，五、雜法，〔八〕六、具法。商鞅傳之，改法爲律，以相秦，增相坐之法，造參夷之誅，大辟加鑿顛、抽脅、鑊亨、車裂之制。至漢，蕭何加悝所造户、興、廐三篇，謂之九章之律。〔九〕漢興，雖約法三章，然大辟尚有夷三族之令。當族者皆先黥、劓、斬左・右趾，笞殺之，梟其首，菹骨肉於其市，誹謗、詈詛又先斷其舌，謂之具五刑。至文帝，感緹縈之言，除肉刑，命丞相、御史定律曰：「諸當完者，爲城旦春；〔一〇〕當黥者，髡鉗爲城旦春；〔一一〕當劓者，笞三百籍笞；〔一二〕當斬左趾者，笞五百籍笞；當斬右趾及殺人先自告及吏坐受賕枉法、守縣官財物而即盜之、已論而復有笞罪者，〔一三〕皆棄市。罪人獄已決，完爲城旦舂；〔一四〕滿三歲，爲鬼薪白粲；鬼薪白粲一歲，爲隸臣、妾；隸臣、妾一歲，免爲庶人。鬼薪白粲滿三歲爲隸臣、妾，〔一五〕隸臣、妾滿二歲爲司寇，司寇一歲及作如司寇二歲皆免爲庶人。其亡逃及有罪耐已上，不用此令。」是後，外有輕刑之名，內實殺人，而笞五百、笞三百率多至死。至景帝定律，笞五百曰三百，〔一六〕笞三百曰二百；猶尚不全，又減笞三百曰二百，笞二百曰一百，遂定箠令：「以竹爲之，箠長五尺，其本大一寸，末薄半寸，皆平其節。當笞者，笞臀，無得更人。畢一罪，乃更人。」自是得全。至武帝時，張湯、趙禹增律令科條，大辟四百九條。宣帝時，于定國又刪定律令科條。〔一七〕成帝時，律令煩多，百有餘萬言，大辟之罪千有餘條。〔一八〕至後漢，馬融、鄭玄諸儒十有餘家，律令章句數十萬言。〔一九〕定斷罪所用者，合二萬六千餘條。魏武爲相，造甲子科條：犯釱左、右趾，易以木械。魏氏受命，參議復肉刑，屬軍國多故，竟寢之。乃命陳羣等採漢律，爲魏律十八篇，增漢蕭何律劫掠、詐僞、毀亡、告劾、繫訊、斷獄、請賕、驚事、償贓等九篇也。〔二〇〕依古義，制爲五刑，其大辟有三，髡刑有四，完刑、作刑各三，贖刑十一，罰金六，雜抵罪七，凡三十七名。晉氏受命，議復肉刑，復寢之。命賈充等十四人增損漢、魏律，爲二十篇：一、刑名，二、法例，三、盜律，四、賊律，五、詐僞，六、請賕，七、告劾，八、捕律，九、繫訊，十、斷獄，十一、雜律，十二、户律，十三、擅興律，十四、毀亡，十五、衛宮，十六、水火，十七、廄律，十八、關市，十九、違制，二十、諸侯，凡一千五百三十條。〔二一〕其刑名之制，大辟之刑有三：一曰梟，二曰斬，三曰棄市。髡刑有四：一曰髡鉗五歲刑，笞二百；二曰四歲刑；三曰三歲刑；四曰二歲刑。贖死，金二斤；贖五歲刑，金一斤十二兩；四歲、三歲、二歲各以四兩爲差。又有雜抵罪罰金十二兩、八兩、四兩、二兩、一兩之差。棄市以上爲死罪，二歲刑以上爲耐罪，〔二二〕罰金一兩以上爲贖罪。宋及南齊律之篇目及刑名之制略同晉氏，唯贖罪絹兼用之。梁氏受命，命蔡法度、沈約等十人增損晉律，爲二十篇：一、刑名，二、法例，三、盜劫，四、賊叛，五、詐僞，六、受賕，〔二三〕七、告劾，八、討捕，九、繫訊，十、斷獄，十一、雜律，十二、户律，十三、擅興，十四、毀亡，十五、衛宮，十六、水火，十七、倉庫，十八、廄律，十九、關市，二十、違制，大凡定罪二千五百二十九條。其刑名之制，加晉律一歲刑，半歲刑，百日刑，鞭杖二百，鞭杖一百，鞭杖五十、三十、一十之差；〔二四〕又加杖八等之差。其鞭有制鞭、法鞭、常鞭三等之差：制鞭，生革廉成；法鞭，生革去廉；常鞭，熟靼不去廉。杖有大杖、法杖、小杖，皆用生荆。其犯劫皆斬；會赦降死者，黵面爲「劫」字，髡鉗，補冶鎖士終身。〔二五〕陳令范泉、徐陵等參定律、令，律三十卷，令三十卷，科三十卷。〔二六〕採酌前代，條流冗雜，綱目雖多，博而非要，其制唯重清議禁錮之科。〔二七〕其罪人贓驗昭然而不款，則上測立。立測者，以土爲垛，高一尺，上員，劣容囚兩足立，鞭二十，笞三十訖，著兩械及杻上垛，〔二八〕一上測七刻，日再上；三七日上測，七日一行鞭，凡經鞭、杖一百五十得實不承者，〔二九〕得減罪論。凡囚鞭、杖著械；徒著鎖；死著三械，加壺手，〔三〇〕依梁氏。後魏初，置四部大人，坐庭決辭訟，以言語約束，刻契記事，無刑名之制。至太武帝，〔三一〕始命崔浩定刑名，於漢、魏以來律除髡鉗五歲、四歲刑，增二歲刑，〔三二〕大辟有轘、腰斬、殊死、棄市四等，凡三百九十條，門房誅四條，大辟一百四十條，五刑二百三十一條，〔三三〕始置枷拘罪人。文成時，又增律條章。至孝文時，定律凡八百三十三章，〔三四〕門房之誅十有六，大辟之罪二百三十，五刑三百七十七。北齊初命，造新律未成，文宣猶採魏制，性忍暴，恣行酷虐，訊囚用車輻壓踝，或使臂貫燒車釭，或使立燒犂耳上；常命憲司先定死罪囚，置仗衛內，帝欲殺人，執以應命，謂之「供御囚」。至武成時，趙郡王叡等造律成，奏上。凡十二篇：一、名例，二、禁衛，三、户婚，〔三五〕四、擅興，〔三六〕五、違制，六、詐僞，七、鬭訟，八、盗賊，〔三七〕九、捕斷，十、毁損，十一、廐牧，十二、雜律，凡定罪九百四十九條，大抵採魏、晉故事。其制刑名五：一曰死，重者轘之，其次梟首，其次斬，其次絞。二曰流刑，鞭、笞各一百，髡之，投邊裔，〔三八〕未有道里之差，以六年爲限。〔三九〕三曰刑罪，卽耐罪也，有五歲、四歲、三歲、二歲、一歲之差，〔四〇〕凡五等，各加鞭一百，其五歲者又加笞八十，四歲六十，三歲三十，〔四一〕二歲二十，一歲無笞，並鎖輸左校。四曰鞭，有一百、八十、六十、五十、四十之差，凡五等。五曰杖，有三十、二十、一十之差，凡三等。贖罪舊以金，皆代以中絹。〔四二〕罪刑年者鎖，無鎖以枷，流罪以上加杻械，死罪桁之。又制立重罪十條爲十惡。後周命趙肅等造律，保定中奏之，凡二十五篇：一、刑名，二、法例，三、祠享，〔四三〕四、朝會，五、婚姻，六、户禁，〔四四〕七、水火，八、興繕，九、衛宫，〔四五〕十、市廛，十一、鬭競，十二、劫盗，十三、賊叛，十四、毁亡，十五、違制，十六、關市，〔四六〕十七、諸侯，十八、廄牧，十九、雜犯，二十、詐僞，二十一、請求，二十二、告劾，〔四七〕二十三、逃亡，〔四八〕二十四、繫訊，二十五、斷獄，大凡定罪一千五百三十七條，比於齊律，煩而不當。其刑名之制，一曰杖刑五：自十至五十；二曰鞭刑五：自六十至於百；三曰徒刑五：徒一年者鞭六十、笞十，二年、三年、四年、五年皆遞加一十，至鞭一百、笞五十；四曰流刑五：流二千五百里者鞭一百、笞六十，以五百里爲差，鞭、笞皆加十，至流四千五百里者鞭、笞各一百，〔四九〕以六年爲限；五曰死刑五：〔五〇〕一曰磬，二曰絞，三曰斬，四曰梟，五曰裂。五刑之屬各有五，合二十五等。其贖罪，金、絹兼用。凡囚死罪枷而拲，流罪枷而梏，徒罪枷，鞭罪桎，杖罪散。至武帝，又造刑書要制，與律兼行。至宣帝殘酷，廣刑書要制爲刑經聖制，〔五一〕謂之「法經」，有上書字誤，鞭二百四十，名曰「天杖」；又作礔礰車，以威婦人。隋開皇元年，命高熲等七人定律；〔五二〕至三年，又敕蘇威、牛弘删定，凡十二篇，並蠲除前代梟首、轘裂及鞭刑；又依北齊置十惡；應贖者，皆以銅代絹。煬帝以開皇律、令猶重，除十惡之條，更制大業律，凡十八篇：一、名例，二、衛宫，三、違制，四、請求，五、户，六、婚，七、擅興，八、告劾，九、賊，十、盗，十一、鬭，十二、捕亡，十三、倉庫，十四、廐牧，十五、關市，十六、雜，十七、詐僞，十八、斷獄。其五刑之内降從輕典者二百餘條。末年嚴刻，生殺任情，不復依例。及楊玄感反，誅九族，復行轘裂、梟首，磔而射之。皇朝武德中，命裴寂、殷開山等定律令，其篇目一准隋開皇之律，刑名之制又亦略同，唯三流皆加一千里，居作三年、二年半、二年皆爲一年，以此爲異；又除苛細五十三條。貞觀初，有蜀王法曹參軍裴弘獻奏駮律令不便於時三十餘條。〔五三〕於時，又命長孫無忌、房玄齡等釐正，凡爲五百條，減開皇律大辟入流者九十三條，〔五四〕比古死刑，殆除其半。永徽中，復撰律疏三十卷，至今並行。

凡令二十有七：分爲三十卷。一曰官品，分爲上、下。二曰三師三公臺省職員，三曰寺監職員，四曰衛府職員，五曰東宫王府職員，六曰州縣鎮戍嶽瀆關津職員，七曰内外命婦職員，八曰祠，九曰户，十曰選舉，十一曰考課，十二曰宮衞，十三曰軍防，十四曰衣服，十五曰儀制，十六曰鹵簿，分爲上、下。十七曰公式，分爲上、下。十八曰田，十九曰賦役，二十曰倉庫，二十一曰廐牧，二十二曰關市，〔五五〕二十三曰醫疾，二十四曰獄官，二十五曰營繕，二十六曰喪葬，二十七曰雜令，而大凡一千五百四十有六條焉。令，教也，命也。漢書：「杜周曰：『前主所是著爲律，〔五六〕後主所是疏爲令。〔五七〕』」亦謂法也。漢時，決事集爲令甲以下三百餘篇。漢初，蕭何定律令。其後，張湯、趙禹、于定國、黄霸皆繼定律令。魏命陳羣等撰州郡令四十五篇，尚書官令、軍中令合百八十餘篇。晉命賈充等撰令四十篇：一、户，二、學，三、貢士，四、官品，五、吏員，六、俸廪，七、服制，八、祠，九、户調，十、佃，十一、復除，十二、關市，十三、捕亡，十四、獄官，十五、鞭杖，十六、醫藥疾病，十七、喪葬，十八、雜上，十九、雜中，二十、雜下，二十一、門下散騎中書，二十二、尚書，二十三、三臺秘書，二十四、王公侯，二十五、軍吏員，二十六、選吏，二十七、選將，二十八、選雜士，二十九、宮衞，三十、贖，三十一、軍戰，三十二、軍水戰，三十三至三十八皆軍法，三十九、四十皆雜法。宋、齊略同晉氏。梁初，命蔡法度等撰梁令三十篇：一、户，二、學，三、貢士贈官，四、官品，五、吏員，六、服制，七、祠，八、户調，九、公田公用儀迎，十、醫藥疾病，十一、復除，十二、關市，十三、劫賊水火，十四、捕亡，十五、獄官，十六、鞭杖，十七、喪葬，十八、雜上，十九、雜中，二十、雜下，二十一、宮衞，二十二、門下散騎中書，二十三、尚書，二十四、三臺秘書，二十五、王公侯，二十六、選吏，二十七、選將，二十八、選雜士，二十九、軍吏，三十、軍賞。後魏初命崔浩定令，後命游雅等成之，史失篇目。北齊令趙郡王叡等撰令五十卷，取尚書二十八曹爲其篇名，又撰權令二卷，兩令並行。後周命趙肅、拓跋廸定令，史失篇目。隋開皇命高熲等撰令三十卷：〔五八〕一、官品上，二、官品下，三、諸省臺職員，四、諸寺職員，五、諸衞職員，六、東宮職員，七、行臺諸監職員，八、諸州郡縣鎮戍職員，九、命婦品員，十、祠，十一、户，十二、學，十三、選舉，十四、封爵俸廪，十五、考課，十六、宮衞軍防，十七、衣服，十八、鹵簿上，十九、鹵簿下，二十、儀制，二十一、公式上，二十二、公式下，二十三、田，二十四、賦役，二十五、倉庫廄牧，二十六、關市，二十七、假寧，二十八、獄官，二十九、喪葬，三十、雜。皇朝之令，武德中裴寂等與律同時撰。至貞觀初，又令房玄齡等刊定。麟德中源直心，儀鳳中劉仁軌，垂拱初裴居道，神龍初蘇瓌，〔五九〕太極初岑羲，〔六〇〕開元初姚元崇，四年宋璟並刊定。

凡格二十有四篇。以尚書省諸曹爲之目，共爲七卷。其曹之常務但留本司者，別爲留司格一卷。蓋編錄當時制敕，永爲法則，以爲故事。漢建武有律令故事上、中、下三篇，皆刑法制度也。晉賈充等撰律、令，兼刪定當時制、詔之條，爲故事三十卷，與律、令並行。梁易故事爲梁科三十卷，蔡法度所刪定。陳依梁。後魏以「格」代「科」，於麟趾殿刪定，名爲麟趾格。北齊因魏立格，撰權格，與律、令並行。皇朝貞觀格十八卷，房玄齡等刪定。永徽留司格十八卷，散頒格七卷，長孫無忌等刪定；永徽中，又令源直心等刪定，唯改易官號、曹、局之名，不易篇第。永徽留司格後本，劉仁軌等刪定。垂拱留司格六卷，散頒格二卷，裴居道等刪定。太極格十卷，岑羲等刪定。開元前格十卷，姚元崇等刪定。開元後格十卷，宋璟等刪定。皆以尚書省二十四司爲篇名。凡式三十有三篇。亦以尚書省列曹及秘書、〔六一〕太常、司農、光祿、太僕、太府、少府及監門、宿衛、計帳爲其篇目，凡三十三篇，爲二十卷。後周文帝初輔魏政，大統元年，令有司斟酌今古通變可以益時者，爲二十四條之制；七年，又下有十二條之制；十年，命尚書蘇綽總三十六條，更損益爲五卷，謂之大統式。皇朝永徽式十四卷，垂拱、神龍、開元式並二十卷，其刪定與定格、令人同也。凡律以正刑定罪，令以設範立制，格以禁違正邪，式以軌物程事。

乃立刑名之制五焉：一曰笞，二曰杖，三曰徒，四曰流，五曰死。笞刑五，笞十至五十也。杖刑五，杖六十至于百。〔六二〕其工・樂户及習天文及官户、奴婢等犯流罪者，〔六三〕及家無兼丁犯徒者，各決二百放。又犯罪已發更重犯累決者，計數雖多，亦不過二百。徒刑五，自徒一年，以半年爲差，至於三年也。流刑三，自流二二千里，二千五百里，三千里，三流皆役一年，然後編所在爲户。而常流之外，更有加役流者，本死刑，武德中改爲斷趾，貞觀六年改爲加役流。謂常流唯役一年，此流役三年，故以加役名焉。死刑二。絞、斬。

乃立十惡，以懲叛逆，禁淫亂，沮不孝，威不道。其一曰謀反，謂謀危社稷。二曰謀大逆，謂謀毁宗廟、山陵及宫闕。三曰謀叛，謂謀背國從僞。〔六四〕四曰惡逆，謂毆及謀殺祖父母、父母，殺伯·叔父母、姑、兄、姊、外祖父母、夫、〔六五〕夫之祖父母·父母。五曰不道，謂殺一家非死罪三人，支解人，造畜蠱毒，魘魅。六曰大不敬，謂盜大祀神御之物、乘輿服御物，〔六六〕盜及僞造御寶，〔六七〕合和御藥誤不如本方及封題誤，若造御膳誤犯食禁，御幸舟船誤不牢固，指斥乘輿情理切害及對捍詔使而無人臣之禮。〔六八〕七曰不孝，謂告言、詈詛祖父母·父母；及别籍異財，〔六九〕若供養有闕；居父母喪身自嫁娶，若作樂，釋服從吉；聞祖父母、父母喪匿不舉哀；詐稱祖父母、父母死。八曰不睦，謂謀殺及賣緦麻已上親，毆、告夫及大功已上尊長。〔七〇〕九曰不義，謂謀殺本屬府主、刺史、縣令、見受業師。〔七一〕十曰内亂。謂姦小功已上親、祖·父妾。〔七二〕此十者，常赦之所不原。初，北齊立重罪十條爲十惡：一、反逆，二、大逆，三、叛，四、降，五、惡逆，六、不道，七、不敬，八、不孝，九、不義，十、内亂，犯此者不在八議論贖之限。隋氏頗有益損，皇朝因之。

廼立八議，以廣親親，以明賢賢，以篤賓旧，以勸功勤。其一曰議親，謂皇帝袒免以上親及太皇太后、皇太后緦麻以上親，〔七三〕皇后小功以上親。二曰議故，謂故旧。三曰議賢，謂有大德行。四曰議能，謂有大才藝。〔七四〕五曰議功，謂有大功勳。六曰議貴，謂職事官三品已上，散官二品已上及爵一品。七曰議勤，謂有大勤勞。〔七五〕八曰議賓。謂承先代後，爲國賓。八者犯死罪，所司先奏請議，得以減、贖論。周禮以八辟麗邦法，附刑罰，卽八議也。自魏、晉、宋、齊、梁、陳、後魏、北齊、後周及隋皆載於律。

凡贖罪以銅。自笞一十銅一斤，〔七六〕至杖一百卽十斤。〔七七〕徒一年二十斤，至徒三年則六十斤。流二千里銅八十斤，至流三千里則百斤。絞與斬，銅止一百二十斤。其私坐也，一斤爲一負；其公坐也，則二之。十負爲殿。凡贖者，謂在八議之條及七品已上官祖父母、父母、妻、子；〔七八〕五品已上，上至曾、高祖，下至曾、玄孫；五品已上妾犯非罪十惡；八品已下身犯流已下罪者，及年七十已上、十五已下及廢疾等犯罪加役流、反逆緣坐流、〔七九〕會赦猶流已下罪者，及年八十已上、十歲已下及篤疾犯盜與傷人者；及過誤殺人；及大辟疑罪者並以贖論。

凡計贓者，以絹平之。準律，以當處中絹估平之。開元十六年敕：「其以贓定罪者，並以五百五十爲定估。」其徵收平贓，並如律也。其贓有六焉：一曰強盜贓，自絹一尺，〔八〇〕至於十匹。二曰枉法贓，其刑絞；自絹一尺，至於十有五疋，其刑與強盜同。三曰不枉法贓，自絹一尺，至於三十疋加役流也。四曰竊盜贓，自絹一尺，至於五十疋加役流。五曰受所監臨贓，其刑流；自絹一尺，〔八一〕至於五十疋流二千里，其法與不枉法、竊盜皆同。六曰坐贓，其刑徒。自絹一尺，至於五十疋徒三年。凡六贓定罪有正條，餘皆約而斷焉。枉法贓，謂受人財爲曲法處分事者，一尺杖一百，已上每一疋加一等，〔八二〕止十五匹絞。不枉法贓，謂雖受財，依法處分者，一尺杖九十，二疋加一等，止三十疋加役流。若無祿人犯此二贓，並減有祿人一等，若枉法，二十匹卽絞；不枉法，四十匹加役流。強盜贓，謂以威力取其財，〔八三〕並與藥酒及食使狂亂取財，不得，徒二年；得財一尺徒三年，〔八四〕二疋加一等，十疋以上絞。竊盜贓者，謂私竊人財，不得，笞五十；得財一尺杖六十，〔八五〕一疋加一等，〔八六〕五疋徒一年，又每五疋加一等，五十疋止加役流。受所監臨贓者，謂不因公事受部人財物者，一尺笞四十，〔八七〕每一疋加一等，至八疋徒一年，又每八疋加一等，五十疋罪止流二千里。〔八八〕坐贓者，謂非監臨主司而因事受財者，一尺笞二十，〔八九〕每一疋加一等，至十疋徒一年，每十疋加一等，五十疋罪止徒三年。自外諸條皆約此六贓爲罪。

凡應減者，下就輕次焉；二死、三流，俱從一減。凡應加者，上就重次焉；五刑皆累加，雖數盈，不得至於死。凡律法之外有殊旨、別敕，則有死、流、徒、杖、除、免之差。謂有殊旨、別敕：宜殺卻、宜處盡、宜處死、宜配遠流、宜流卻、配流若干里，〔九〇〕及某處宜配流卻遣、宜徒、宜配徒若干年，至到與一頓、與重杖一頓、與一頓痛杖、決杖若干，宜處流、依法配流、依法配流若干里，宜處徒、依法配徒、與徒罪，依法處徒若干年，與杖罪、與除名罪、與免官罪、與免所居官罪，皆刑部奉而行之。

凡決死刑皆於中書門下詳覆。舊制皆於刑部詳覆，然後奏決。開元二十五年，敕以爲庶獄既簡，且無死刑，自今已後，有犯死刑，除十惡死罪、造僞頭首、劫殺、故殺、謀殺外，宜令中書門下與法官等詳所犯輕重，具狀聞奏。其左降官，除逆人親，並犯賄贓、名教，如有刻己自新，以功補過，使司應合聞薦，不須限以貶黜。

凡京都大理寺、京兆·河南府、長安·萬年·河南·洛陽縣咸置獄。其餘臺、省、寺、監、衛、府皆不置獄。

凡死罪枷而杻，婦人及徒、流枷而不杻，官品及勳、散之階第七已上鎖而不枷。勳官武騎尉及散官宣義郎並七品階。諸應議、請、減者，犯流已上，若除、免、官當者，並鎖禁。杖、笞與公坐徒及年八十、十歲、廢疾、懷孕、侏儒之類，皆訟繫以待斷。〔九一〕

凡有犯罪者，皆從所發州、縣推而斷之；在京諸司，則徒以上送大理，杖以下當司斷之；若金吾糾獲，亦送大理。犯罪者，徒已上縣斷定，送州覆審訖，徒罪及流應決杖、笞若應贖者，〔九二〕即決配、徵贖。其大理及京兆、河南斷徒及官人罪，並後有雪減，並申省司審詳無失，乃覆下之；如有不當者，亦隨事駮正。若大理及諸州斷流已上若除、免、官當者，〔九三〕皆連寫案狀申省案覆，理盡申奏；若按覆事有不盡，在外者遣使就覆，在京者追就刑部覆以定之。

凡決大辟罪皆於市。古者，決大辟罪皆於市。自今上臨御以來無其刑，但存其文耳。五品已上犯非惡逆已上，聽自盡於家。七品已上及皇族、若婦人犯非斬者，皆絞於隱處。決大辟罪，官爵五品已上在京者，大理正監決；在外者，上佐監決；餘並判官監決，在京決者，亦皆有御史、金吾監決。〔九四〕若因有寃濫灼然者，〔九五〕聽停決奏聞。凡決大辟罪，在京者，行決之司五覆奏；在外者，刑部三覆奏。在京者，決前一日二覆奏，決日三覆奏；在外者，初日一覆奏，後日再覆奏。〔九六〕縱臨時有敕不許覆奏，亦準此覆奏。若犯惡逆已上及部曲、奴婢殺主者，唯一覆奏。決大辟罪皆防援至刑所，囚一人防援二十人，每一人加五人。〔九七〕五品已上非惡逆者，聽乘車並官給酒食，聽親故辭訣，宣告犯狀，仍日未後乃行刑。囚在外，奏報之日，不得馳驛行下。凡京城決囚之日，〔九八〕尚食蔬食，〔九九〕內教坊及太常皆徹樂。每歲立春後至秋分，不得決死刑。若犯惡逆及奴婢、部曲殺主，〔一〇〇〕不依此法。其大祭祀及致齋、朔、望、上·下弦、二十四氣、雨未晴、夜未明、斷屠日·月及休假亦如之。〔一〇一〕其死囚無親戚者皆給棺，於官地內權殯。於京城七里外量置地一頃，擬埋諸司死囚；埋訖，仍下本屬告家人令取。

凡犯流罪已下應除、免、官當未奏身死者，免其追奪。謂不奪告身。若奏時不知身死，奏後云先死者，依奏定。其常赦所不原者，不在免限。流移之人皆不得棄放妻妾及私遁還鄉，若妻子在遠，預爲追喚，待至同發。〔一〇二〕配西州、伊州者，送涼府；江北人配嶺南者，送桂、廣府；非劍南人配姚、嶲州者，送付益府，取領卽還。其涼府等各差專使領送。所領送人皆有程限，不得稽留遲緩。至六載然後聽仕。其犯反逆緣坐流及免死役流不在此例。卽本犯不應流而特配流者，三載以後聽仕。有資者各依本犯收敍法。其解見任及非除名、移鄉者，年限、敍法皆準考解之例。

其應徒則皆配居作。在京送將作監，婦人送少府監縫作；外州者，供當處官役及修理城隍、倉庫及公廨雜使。犯流應住居作者亦準此。〔一〇三〕婦人亦留當州縫作及配舂。諸流、徒罪居作者皆著鉗，若無鉗者著盤枷，病及有保者聽脱，不得著巾、帶。每旬給假一日，臘、寒食各給二日，不得出所役之院。患假者，倍日役之。凡禁囚皆五日一慮焉。慮，謂檢閱之也。斷決訖，各依本犯具發處日、月別，〔一〇四〕總作一帳，附朝集使申刑部。

凡告言人罪，非謀叛以上，皆三審之。應受辭、牒官司並具曉示虛得反坐之狀。每審皆別日受辭，若有事切害者，〔一〇五〕不在此例。告密有不於所由，掩捕則從近也。謂告密人皆經當處長官告；長官有事，經佐官告；長官、佐官俱有事者，經比界論告。若須有掩捕應與餘州相知者，所在準法收捕。事當謀叛已上，馳驛奏聞。且稱告謀叛已上不肯言事意者，給驛部送京。其犯死罪囚及緣邊諸州鎮防人等若犯流人告密，並不在送限。

凡察獄之官先備五聽，一曰辭聽，二曰色聽，三曰氣聽，四曰耳聽，五曰目聽。又稽諸證信，有可徵焉而不肯首實者，然後拷掠，二十日一訊之。訊未畢，更移他司，仍須拷鞫，通計前訊，以充三度。卽罪非重害及疑似處少，不必備三。若因因訊致死者，皆與長官及糾彈官對驗。〔一〇六〕其拷囚及行決罰不得中易人。〔一〇七〕凡斷獄之官皆舉律、令、格、式正條以結之。若正條不見者，其可出者，則舉重以明輕；其可入者，則舉輕以明重。凡獄囚應入議、請者，皆申刑部，集諸司七品已上於都座議之。若有別議，所司科簡，具狀以聞。若衆議異常，堪爲典則者，録送史館。

凡枷、杖、杻、鎖之制各有差等。枷長五尺已上、六尺已下，〔一〇八〕頰長二尺五寸已上、六寸已下，共闊一尺四寸已上、六寸已下，徑頭三寸已上、四寸已下。〔一〇九〕杻長一尺六寸已上、二尺已下，〔一一〇〕廣三寸，厚一寸。鉗重八兩已上、一斤已下，長一尺已上、一尺五寸已下。鏁長八尺已上、一丈二尺已下。〔一一一〕杖皆削去節目，長三尺五寸。訊囚杖大頭徑三分二釐，小頭二分二釐；常行杖大頭二分七釐，小頭一分七釐；〔一一二〕笞杖大頭二分，小頭一分半。其決笞者腿、臀分受，〔一一三〕杖者背、腿、臀分受，須數等；拷訊者亦同。〔一一四〕願背、腿均受者，〔一一五〕聽。殿庭決杖者，皆背受。

凡鞫獄官與被鞫人有親屬、仇嫌者，皆聽更之。親謂五服内親及大功已上婚姻之家，並授業經師爲本部都督、刺史、縣令，及府佐與府主，皆同換推。

凡有罪未發及已發未斷而逢格改者，若格重則依舊條，輕從輕法。凡天下諸州斷罪應申覆者，每年正月與吏部擇使，取歷任清勤、明識法理者，仍過中書門下定訖以聞，乃令分道巡覆。若應句會官物者，加判官及典。刑部録囚徒所犯以授使，嶺南使以九月上旬先發遣。使牒與州案同，然後復送刑部。若州司枉斷，使推無罪，州司款伏，灼然無罪者，任使判放；其降入流、徒者，亦從流、徒法。若使人與州執見有別者，各以狀申。若理狀已盡，可斷決，而使人妄生節目盤退者，州司録申辨，及贓狀露驗者即決，不得待使覆；其餘罪皆待覆定。使人至日，先檢行獄囚枷鎖、鋪席及疾病、糧餉之事，有不如法者，皆以狀申。若巡察使、按察使、廉察使、採訪使，皆待制命而行，非有恒也。

凡在京諸司見禁囚，每月二十五日已前，本司録其所犯及禁時日月以報刑部。來月一日以聞。凡有寃滯不申欲訴理者，先由本司、本貫；或路遠而躓礙者，隨近官司斷決之。即不伏，當請給不理狀，至尚書省，左、右丞爲申詳之。又不伏，復給不理狀，經三司陳訴。又不伏者，上表。受表者又不達，聽撾登聞鼓。若惸、獨、老、幼不能自申者，乃立肺石之下。若身在禁繫者，親、識代立焉。立於石者，左監門衛奏聞。撾於鼓者，右監門衛奏聞。

凡國有赦宥之事，先集囚徒於闕下，命衛尉樹金雞，待宣制訖，乃釋之。

都官郎中一人，從五品上；都官者，本因漢置司隸校尉，其屬官有都官從事一人，掌中都官不法事，因以名官。都官者，義取掌中都官。中都官者，〔一一六〕京師官也。至魏明帝青龍二年，尚書陳矯奏置都官郎曹郎中。〔一一七〕晉、宋、齊都官郎中二人，後魏、北齊一人，梁、陳爲侍郎，並掌京師非違得失事，非今都官之任。後周置秋官府，有司厲之職，掌諸奴男女，〔一一八〕男子入於罪隸，〔一一九〕女子入於舂饎之事，蓋比今都官郎中之任也。隋初，置都官侍郎二人，猶掌非違得失事。開皇三年，改都官尚書曹曰刑部，其都官郎曹遂改掌簿録配没官私奴婢，並良賤訴競、俘囚之事。煬帝時，都官郎置二人，皇朝因置一人。武德三年加「中」字。龍朔二年改曰司僕大夫，〔一二〇〕咸亨元年復故。員外郎一人，從六品上；周禮秋官有司厲下士二人，掌男女奴，蓋比今都官員外郎之任也。後周依焉。隋文帝置員外郎，〔一二一〕煬帝改曰承務郎。武德三年改爲都官員外郎，龍朔、咸亨並隨曹改復。主事二人，從九品上。

都官郎中、員外郎掌配没隸，簿録俘囚，以給衣糧、藥療，以理訴競、雪免。凡公私良賤必周知之。凡反逆相坐，没其家爲官奴婢。反逆家男女及奴婢没官，皆謂之官奴婢。男年十四以下者，配司農；十五已上者，以其年長，命遠京邑，配嶺南爲城奴。〔一三二〕一免爲番户，再免爲雜户，三免爲良人，皆因赦宥所及則免之。凡免皆因恩言之，得降一等、二等，或直入良人。諸律、令、格、式有言官户者，是番户之總號，非謂别有一色。年六十及廢疾，雖赦令不該，並免爲番户；七十則免爲良人，任所居樂處而編附之。凡初配没有伎藝者，從其能而配諸司；婦人工巧者，入于掖庭；其餘無能，咸隸司農。凡諸行宫與監、牧及諸王、公主應給者，則割司農之户以配。諸官奴婢賜給人者，夫、妻、男、女不得分張；三歲已下聽隨母，不充數。若應簡進内者，取無夫無男女也。其餘雜伎則擇諸司之户教充。官户皆在本司分番，每年十月，都官按比。男年十三已上，在外州者十五已上，容貌端正，送太樂；〔一三三〕十六已上，送鼓吹及少府教習。有工能官奴婢亦准此。業成，準官户例分番。其父兄先有伎藝堪傳習者，〔一三四〕不在簡例。凡配官曹，長輸其作；番户、雜户，則分爲番。番户一年三番，雜户二年五番，番皆一月。十六已上當番請納資者，亦聽之。其官奴婢長役無番也。男子入于蔬圃，女子入厨饍，迺甄爲三等之差，以給其衣糧也。四歲已上爲「小」，十一已上爲「中」，二十已上爲「丁」。春衣每歲一給，冬衣二歲一給，其糧則季一給。丁奴春頭巾一，布衫、袴各一，牛皮鞾一量並氈。〔一三五〕官婢春給裙、衫各一，絹襌一，鞵二量；冬給襦、複袴各一，牛皮鞾一量並氈。十歲已下男春給布衫一、鞋一量，女給布衫一、布裙一、幞一量；冬，男女各給布襦一、幞鞈一量。官户長上者准此。其糧：丁口日給二升，中口一升五合，小口六合；諸户留長上者，丁口日給三升五合，中男給三升。〔一三六〕凡居作各有課程。丁奴，三當二役；中奴若丁婢，二當一役；中婢，三當一役。凡元、冬、寒食、喪、婚、乳免咸與其假焉。官户、奴婢，元日、冬至、寒食放三日假，産後及父母喪、婚放一月，聞親喪放七日。有疾，太常給其醫藥。其分番及供公廨户不在給限。〔一三七〕男、女既成，各從其類而配偶之。並不得養良人之子及以子繼人。每歲孟春，本司以類相從而疏其籍以申。每歲仲冬之月，條其生息，閱其老幼而正簿焉。每歲十月，所司自黃口以上並印臂，送都官閱貌。

比部郎中一人，從五品上；魏氏置，歷晉、宋、齊、後魏、北齊皆有郎中。後周天官府有計部中大夫，蓋其任也。梁、陳、隋並爲侍郎，煬帝曰比部郎。自晉、宋、齊、梁、陳皆吏部尚書領比部，後魏、北齊及隋則都官尚書領之，皇朝因焉。武德三年加「中」字。龍朔二年改爲司計大夫，咸亨元年復故。員外郎一人，從六品上；隋置員外郎，〔一三八〕煬帝曰承務郎，武德三年改爲員外郎。龍朔、咸亨隨曹改復。主事四人，從九品上。比部郎中、員外郎掌句諸司百寮俸料、公廨、贓贖、【調斂、徒役課程、逋懸數物，以周知内外之經費而總勾之。凡内官料俸以品第高下爲差，外官以州、縣、府之上、中、下爲差。凡稅天下户錢以充州、縣官月料，皆分公廨本錢之利。羈縻州所補漢官，給以當土之物。關、監之官，以品第爲差，其給以年支輕貨。鎮、軍司馬·判官俸禄同京官。鎮戍之官，以鎮】戍上、中、下爲差。〔一二九〕上鎮將給仗身四人，〔一三〇〕中・下鎮將、上鎮副各三人，中・下鎮副各二人，倉曹、兵曹、戍主・副各一人。其仗身十五日一替，收資六百四十文。凡京司有別借食本，中書、門下、集賢殿書院各借本一千貫，尚書省都司、吏部、户部、禮部、兵部、刑部、工部、御史臺、左・右春坊、鴻臚寺、〔一三一〕秘書省、國子監、四方館、弘文館各百貫，皆五分收利，以爲食本。諸司亦有之，其數則少。每季一申省，諸州歲終而申省，比部總句覆之。凡倉庫出內，營造傭市，丁匠功程，〔一三二〕贓贖賦斂，勳賞賜與，軍資器仗，和糴屯收，〔一三三〕亦句覆之。其在京給用則月一申之；在外，二千里內季一申之，二千里外兩季一申之，五千里外終歲一申之。凡質舉之利，收子不得踰五分，出息、債過其倍。若回利充本，官不理。

司門郎中一人，從五品上；〔一三四〕周禮大司徒屬官有司門下大夫，掌授管鍵，以啓閉國門。後周依周官。隋開皇初置司門侍郎，煬帝曰司門郎，皇朝因之。武德三年加「中」字。龍朔二年改曰司門大夫，咸亨元年復故。〔一三五〕員外郎一人，從六品上；周禮有司門上士，後周有小司門上士，隋置司門員外郎，煬帝改曰承務郎，武德三年改曰員外郎。龍朔、咸亨隨曹改復。〔一三六〕主事二人，從九品上。司門郎中、員外郎掌天下諸門及關出入往來之籍賦，而審其政。凡關二十有六，而爲上、中、下之差。京城四面關有驛道者爲上關，上關六：京兆府藍田關，華州潼關，同州蒲津關，岐州散關，隴州大震關，原州隴山關。餘關有驛道及四面關無驛道者爲中關，中關一十三：京兆府子午、駱谷、庫谷，〔一三七〕同州龍門，會州會寧，原州木峽，石州孟門，嵐州合河，雅州邛萊，彭州蠶崖，安西鐵門，興州興城，華州渭津也。〔一三八〕他皆爲下關焉。下關七：梁州甘亭、百牢，〔一三九〕河州鳳林，利州石門，延州永和，〔一四〇〕綿州松嶺，龍州涪水。所以限中外，隔華夷，設險作固，閑邪正暴者也。〔一四一〕凡關呵而不征，司貨賄之出入。其犯禁者，舉其貨，罰其人。古，書帛爲繻，刻木爲契，二物通爲之傳。〔一四二〕傳，如今過所。凡度關者，先經本部本司請過所，在京，則省給之；在外，州給之。雖非所部，有來文者，所在給之。若私度關及越度，至越所而不度，不應度關而給過所，若冒名請過所與人及不應受而受者，若家人相冒及所司無故稽留，若領人、兵度關而別人妄隨之，〔一四三〕若賫禁物私度及越度緣邊關，其罪各有差。

校勘記

〔一〕主事四人　舊唐書職官志作「二人」，新唐書百官志同六典。正文同此。

〔二〕又以二千石曹主中都官水火盜賊辭訟罪法事　續漢書百官志「法」作「眚」。

〔三〕龍朔二年改爲司刑太常伯　「太」字原本作「大」，嘉靖本亦然，據廣雅本改。

〔四〕尚書侍郎總其職務而奉行其制命　「奉」字原本無，嘉靖、廣雅二本亦然。案：六典卷二、三、四、五、七叙吏、户、禮、兵、工各部尚書、侍郎職掌皆有「奉」字，今依例增。

〔五〕因立二千石郎曹　「二」字原本訛作「一」，嘉靖、廣雅二本亦然，今據職官分紀卷十一引六典「刑部郎中員品」條原注改。

〔六〕後周秋官府有小刑部下大夫一人　「下」字原本訛作「小」，嘉靖、廣雅二本亦然，今據職官分紀同上卷上條改。

〔七〕三囚法　「囚」字原本訛作「因」，嘉靖、廣雅二本亦然，今據唐律疏義卷一名例一疏改。

〔八〕五雜法　「雜」字原本訛作「集」，嘉靖、廣雅二本亦然，據唐律疏議卷一名例一疏改。

〔九〕謂之九章之律　下「之」字原本訛作「九」，嘉靖、廣雅二本亦然，據唐律疏議卷一名例一疏改。

〔一〇〕諸當完者爲城旦舂　近衛校曰：「據漢志，『者』、『爲』間脱『完』字。」案：近衛所據者爲漢書刑法志所録張蒼、馮敬奏言：「臣謹議請定律曰：『諸當完者，完爲城旦舂。』」考顏師古注漢書，於其下引臣瓚曰：「文帝除肉刑，皆有以易之。故以完易髡，以笞代劓，以釱左、右止代刑。今既曰完矣，不復云以完代完也。此當言髡者完也。」是六典原注「爲」上無「完」字，固有理據，而非脱落也。後來載籍，如通典刑一刑制上雖存「完」字，然其注文則略同臣瓚之語。同書刑六肉刑議更逕云：「丞相張蒼、御史大夫馮敬奏議定律令：『諸髡者完爲城旦舂，當黥者髡鉗爲城旦舂，當劓者笞三百，當斬左、右趾者笞五百。』」又，册府元龜卷六〇九刑法部定律令一云：「丞相張蒼、御史大夫馮敬議請定律曰：『諸當完，爲城旦舂。』」由此可見，「完」字不必存。

〔一一〕髡鉗爲城旦舂　「髡」字原本殘缺，嘉靖本亦然，近衛校曰：「當填以『髡』。」廣雅本不缺字，文作「髡」，與漢書刑法志合，今據以補。

〔一二〕笞三百籍笞　「籍笞」二字漢書刑法志無之。下「笞五百籍笞」同此。

〔一三〕已論而復有笞罪者　漢書刑法志「而」作「命」。

〔一四〕完爲城旦舂　「完」字原本訛作「髡」，嘉靖、廣雅二本亦然，據漢書刑法志改。

〔一五〕鬼薪白粲滿三歲爲隸臣妾　以上十一字不見於漢書刑法志正文，蓋取自顏師古注「男子爲隸臣，女子爲隸妾。鬼薪白粲滿三歲爲隸臣，隸臣一歲免爲庶人。隸妾亦然也」之中。

〔一六〕笞五百曰三百　「三」字原本訛作「二」，嘉靖本亦然，近衞校曰：「『二』當作『三』。」廣雅本作「三」，與漢書刑法志合，今據以改。

〔一七〕于定國又删定律令科條　「又」字原本訛作「入」，嘉靖本亦然，據廣雅本改。

〔一八〕大辟之罪千有餘條　漢書刑法志「罪」作「刑」。

〔一九〕馬融鄭玄諸儒十有餘家律令章句數十萬言　晉書刑法志曰：「叔孫宣、郭令卿、馬融、鄭玄諸儒章句十有餘家，家數十萬言。」

〔二〇〕增漢蕭何律至驚事償贓等九篇也　近衞校曰：「『驚』通典作『警』。」案：晉書刑法志曰：「以驚事告急與興律烽燧及科令者，以爲驚事律。」作「驚」者是。

〔二一〕凡一千五百三十條　晉書刑法志云：「文帝爲晉王，患前代律、令本・注煩雜，（中略）於是命賈充定法律。（中略）合二十篇六百二十條二萬七千六百五十七言。蠲其苛穢，存其清約，事從中典，歸益於時。其餘未宜除者，（中略）皆從人心，權設其法，太平當除，故不入律，悉以爲令。

（中略）凡律、令合二千九百二十六條十二萬六千三百言，六十卷，故事三十卷。泰始三年，事畢表上。」其所言修律始末及條數均與六典本注有異，誌以備考。

〔二二〕二歲刑以上爲耐罪　「刑」字原本作「死」，嘉靖、廣雅二本亦然。案：「二歲死」無義，且死罪爲重罪，耐罪爲輕罪，於法亦斷無「二歲死以上爲耐罪」之理。考隋書刑法志記梁制曰：「刑二歲已上爲耐罪。」梁律係增損晉律而成者，今據以改。

〔二三〕六受賕　「賕」字原本訛作「求」，嘉靖本亦然，近衛校曰：「『求』當作『賕』。」廣雅本作「賕」，與隋書刑法志合，今據以改。

〔二四〕鞭杖五十三十一十之差　據隋書刑法志及通典刑二刑制中，「三十」下疑脱「二十」二字。

〔二五〕補冶鎖士終身　「冶」字原本訛作「治」，嘉靖、廣雅二本亦然，據隋書刑法志改。

〔二六〕律三十卷令三十卷科三十卷　近衛校曰：「隋志云：陳律九卷，范泉撰。」案：近衛所據者乃隋書經籍志。古書卷帙分合，原無定準，且隋志所列，或爲殘存卷數，亦未可知。考隋書刑法志云：陳武帝命范泉等「制律三十卷，令、律（據册府元龜卷六一一刑法部定律令三，「律」當作「科」）四十卷」。通典刑二刑制中云：「制律三十卷，科三十卷。」是六典此注蓋無庸置疑，而別存異説也。

〔二七〕其制唯重清議禁錮之科　「清」字原本訛作「請」，嘉靖、廣雅二本亦然，據隋書刑法志改。

〔二八〕著兩械及杻上械　「杻」字原本訛作「至」，嘉靖、廣雅二本亦然，據隋書刑法志改。

〔二九〕凡經鞭杖一百五十得實不承者　「鞭杖一百五十」，隋書刑法志作「杖合一百五十」，通典刑二刑制中及册府元龜卷六一一刑法部定律令三並作「鞭、杖合一百五十」。又，隋書刑法志、通典刑二刑制中及册府元龜卷六一一刑法部定律令三「實」並作「度」。

〔三〇〕加壺手　通典刑二刑制中「壺手」作「拲手」，原注曰：「拲音拱，兩手曰『拲』。」案：周禮卷九秋官司寇「掌囚」條云：「凡囚者，上罪梏拲而桎。」鄭玄注曰：「拲者，兩手共一木也。」隋書刑法志及册府元龜卷六一一刑法部定律令三並同六典作「壺手」。

〔三一〕至太武帝　「太」字原本作「大」，嘉靖本亦然，據廣雅本改。

〔三二〕增二歲刑　魏書刑罰志及通典刑二刑制中並作「增一年刑」。

〔三三〕凡三百九十條門房誅四條大辟一百四十條五刑二百三十一條　近衞校曰：「『房』下當有『之』字。」魏書刑罰志曰：「正平元年，（中略）游雅與中書侍郎胡方回等改定律制，（中略）凡三百九十一條（通典刑二刑法中作「三百七十條」）：門誅四，大辟一百四十，五刑二百二十一條。」

〔三四〕定律凡八百三十三章　魏書刑罰志及通典刑二刑制中並作「八百三十二章」。

〔三五〕三户婚　隋書刑法志「户婚」作「婚户」。唐律疏議卷十二户婚上篇題疏議曰：「户婚律，（漢）迄至後周，皆名户律。北齊以婚事附之，名爲婚户律。」通典刑二刑制中同六典原注。

〔三六〕四擅與　唐律疏議卷十六擅興篇題疏議曰：「又至高齊，改爲興擅律，隋開皇改爲擅興律。」隋書刑法志及通典刑二刑制中並同六典本注。

〔三七〕八盜賊　隋書刑法志及通典刑二刑制中「盜賊」並作「賊盜」。唐律疏議卷十七賊盜一篇題疏議曰：「自秦、漢逮至後魏皆名賊律、盜律，北齊合爲賊盜律。」

〔三八〕投邊裔　隋書刑法志及通典刑二刑制中並云：「投於邊裔，以爲兵卒。」

〔三九〕以六年爲限　隋書刑法志及通典刑二刑制中並云：「其不合遠配者，男子長徒，女子配舂，並六年。」

〔四〇〕有五歲四歲三歲二歲一歲之差　「五」字原本殘缺，據嘉靖本補。

〔四一〕三歲三十　隋書刑法志及通典刑二刑制中「三十」並作「四十」。

〔四二〕皆代以中絹　「皆」字原本訛作「晉」，嘉靖、廣雅二本亦然，據隋書刑法志及通典刑二刑制中改。

〔四三〕三祠享　隋書刑法志及通典刑二刑制中「祠」並作「祀」。

〔四四〕六户禁　隋書刑法志及通典刑二刑制中並同六典本注。唐律疏議卷十二户婚上篇題疏議曰：「迄至後周，皆名户律。」疑係簡言之也。

〔四五〕九衛宫　隋書刑法志及通典刑二刑制中並同六典本注。唐律疏議卷七衛禁上篇題疏議曰：「衛禁律者，秦、漢及魏未有此篇。晉太宰賈充等酌漢、魏之律，隨事增損，創制此篇，名爲宫衛律。自宋洎于後周，此名並無所改。」今案賈充之律，其十五篇曰衛宫，則是今本唐律疏議誤乙也。

〔四六〕十六關市　隋書刑法志及通典刑二刑制中「關市」並作「關津」。

〔四七〕二十二告劾　隋書刑法志及通典刑二刑制中「告劾」並作「告言」。

〔四八〕二十三逃亡　唐律疏議卷二十八捕亡篇題疏議曰：「至後魏名捕亡律，北齊名捕斷律，後周名逃捕律，隋復名捕亡律。」隋書刑法志及通典刑二刑制中並同六典本注。

〔四九〕至流四千五百里者鞭笞各一百　「四」字原本訛作「曰」，嘉靖本亦然，近衛校曰：「『曰』當作『四』。」廣雅本作「四」，與隋書刑法志合，今據以改。

〔五〇〕五曰死刑五　「五曰」二字原本無，嘉靖、廣雅二本亦然，據隋書刑法志增。

〔五一〕廣刑書要制爲刑經聖制　「書」字原本訛作「經」，嘉靖、廣雅二本亦然，據隋書刑法志改。

〔五二〕命高熲等七人定律　「熲」字原本訛作「潁」，嘉靖本亦然，近衛校曰：「據隋志，『潁』當作『熲』。下倣之。」廣雅本作「熲」，今據以改。下「熲」字均同。

〔五三〕有蜀王法曹參軍裴弘獻奏駮律令不便於時三十餘條　通典刑三刑制下及兩唐書刑法志「三十餘條」並作「四十餘事」。

〔五四〕減開皇律大辟入流者九十三條　通典刑三刑制下及兩唐書刑法志「三」並作「二」。

〔五五〕二十二曰關市　下「二」字原本訛作「五」，據嘉靖本改。

〔五六〕前主所是著爲律　原本「前」訛作「後」，「律」訛作「令」，嘉靖、廣雅二本亦然，據漢書杜周傳改。

〔五七〕後主所是疏爲令　原本「後」訛作「前」，「令」訛作「律」，嘉靖、廣雅二本亦然，據漢書杜周傳改。

〔五八〕隋開皇命高熲等撰令三十卷　「令」字原本無，嘉靖、廣雅二本亦然。案：隋書李德林傳曰：「開皇元年，勑令與太尉任國公于翼、高熲等同修律令，事訖奏聞，別賜九環金帶一腰、駿馬一匹，賞損益之多也。」同書經籍志史部刑法類有隋開皇令三十卷（目一卷），熲等所撰殆即此書，今據以增。

〔五九〕神龍初蘇瓌　「瓌」字原本訛作「環」，嘉靖本亦然，近衛校曰：「『環』當作『瓌』。」廣雅本作「瓌」，與舊唐志刑法志合，今據以改。

〔六〇〕太極初岑羲　「羲」字原本訛作「義」，嘉靖、廣雅二本亦然，據舊唐書刑法志改。下岑羲之「羲」同。

〔六一〕亦以尚書省列曹及秘書　「列」字原本訛作「刑」，嘉靖、廣雅二本亦然，據舊唐書刑法志改。

〔六二〕杖六十至于百　「于」字原本訛作「千」，嘉靖、廣雅二本亦然。案：唐律疏議卷一名例一所列杖刑實止于一百，蓋以「于」、「千」二字形近致訛，今改。

〔六三〕其工樂户及習天文及官户奴婢等犯流罪者　唐律疏議卷三名例三「工樂户」作「工樂雜户」。

〔六四〕謂謀背國從僞　「謀」字原本無。嘉靖、廣雅二本亦然，據唐律疏議卷一名例一「十惡」條及通典刑三刑制下增。

〔六五〕殺伯叔父母姑兄姊外祖父母夫　「夫」字原本無，嘉靖、廣雅二本亦然，據唐律疏議卷一名例一「十惡」條及通典刑三刑制下增。

〔六六〕謂盜大祀神御之物乘輿服御物　「大祀」二字原本無，嘉靖、廣雅二本亦然，據唐律疏議卷一名例一「十惡」條及通典刑三刑制下增。

〔六七〕盜及僞造御寶　「盜」字原本無，「僞」字原本訛作「御」，嘉靖、廣雅二本亦然，據唐律疏議卷一名例一「十惡」條及通典刑三刑制下增、改。

〔六八〕指斥至對捍詔使而無人臣之禮　唐律疏議卷一名例一及通典刑三刑制下「詔」並作「制」。

〔六九〕及別籍異財　唐律疏議卷一名例一「十惡」條及通典刑三刑制下「及」下均有「祖父母、父母在」六字。

〔七〇〕毆告夫及大功已上尊長　唐律疏議卷一名例一「十惡」條及通典刑三刑制下「長」下均有「小功尊屬」四字。

〔七一〕謂謀殺本屬府主刺史縣令見受業師　唐律疏議卷一名例一「十惡」條無「謀」字，疏議曰：「若殺訖，入不義；謀而未殺，自從雜犯。」通典刑三刑制下同六典本注。

〔七二〕謂姦小功已上親祖父妾　唐律疏議卷一名例一「十惡」條「祖・父妾」作「父・祖妾」，通典刑三刑制下無「祖」字。又，上述二書於「妾」下均有「及與和者」四字。

〔七三〕謂皇帝袒免以上親及太皇太后皇太后緦麻以上親　「袒」字原本訛作「祖」，據嘉靖本改。

〔七四〕謂有大才藝　唐律疏議卷一名例一「八議」條「藝」作「業」，通典刑三刑制下同六典本注。

〔七五〕謂有大勤勞　「勤」字原本訛作「功」，嘉靖、廣雅二本亦然，據唐律疏議卷一名例一「八議」條及通典刑三刑制下改。

〔七六〕自笞一十銅一斤　原本「一十」訛作「五十」，嘉靖、廣雅二本亦然，據舊唐書刑法志改。

〔七七〕至杖一百卽十斤　近衛校明本曰：「『卽』當作『則』。」廣雅本作「則」。案：「則」之與「卽」，字本相通，今仍其舊。

〔七八〕謂在八議之條及七品已上官祖父母父母妻子　「祖父母」三字原本無，嘉靖、廣雅二本亦然，據唐律疏議卷二名例二「七品以上官」條及「應議請減」條正文及疏議增。

〔七九〕反逆緣坐流　「反」字原本訛作「及」，嘉靖、廣雅二本亦然，據唐律疏議卷四名例四「諸年七十以上、十五以下及廢疾犯流罪以下收贖」條原注改。

〔八〇〕自絹一尺　「尺」字原本訛作「疋」，嘉靖、廣雅二本亦然，據唐律疏議卷十九賊盜三「諸强盜」條正文並疏議改。

〔八一〕自絹一尺　「一」字原本訛作「三」，嘉靖、廣雅二本亦然，據唐律疏議卷十一職制下「諸監臨之官受所監臨財物」條及通典刑三刑制下改。

〔八二〕已上每一疋加一等　唐律疏議卷十一職制下及通典刑三刑制下均無「已上」二字。

〔八三〕謂以威力取其財　「其」字原本殘缺，嘉靖本亦然，廣雅本作「人」，今據唐律疏議卷十九賊盜三「諸强盜」條及通典刑三刑制下補。

〔八四〕得財一尺徒三年　「尺」字原本訛作「疋」，嘉靖、廣雅二本亦然，通典刑三刑制下同，今據唐律疏議卷十九賊盜三「諸强盜」條正文及疏議改。

〔八五〕得財一尺杖六十　「尺」字原本訛作「疋」，嘉靖、廣雅二本亦然，據唐律疏議卷十九賊盜三「竊盜」條正文並疏議及通典刑三刑制下改。

〔八六〕一疋加一等　「一疋」原本訛作「二疋」，嘉靖、廣雅二本亦然，據唐律疏議卷十九賊盜三「竊盜」條正文並疏議及通典刑三刑制下改。

〔八七〕一尺笞四十　「尺」字原本訛作「疋」，嘉靖、廣雅二本亦然，據唐律疏議卷十一職制下「諸監臨之官受所監臨財物」條正文並疏議及通典刑三刑制下改。

〔八八〕五十疋罪止流二千里　「二」字原本訛作「三」，嘉靖、廣雅二本亦然。案：唐律疏議卷十一職制下「諸監臨之官受所監臨財物」條正文並疏議及通典刑三刑制下所列本罪均止於「五十匹流二千里」，今改。

〔八九〕一尺笞二十　「尺」字原本訛作「疋」，嘉靖、廣雅二本亦然，據唐律疏議卷二十六雜律上「坐贓致罪」條正文並疏議及通典刑三刑制下改。

〔九〇〕配流若干里　「干」字原本訛作「千」，嘉靖本亦然，據廣雅本改。下「依法配流若干里」之「干」同。

〔九一〕皆訟繫以待斷　「斷」字原本訛作「弊」，嘉靖、廣雅二本亦然，據新唐書刑法志改。

〔九二〕徒罪及流應決杖笞若應贖者　「笞」字原本無，嘉靖、廣雅二本亦然，據唐律疏議卷三十斷獄下「諸斷罪應上言而不上言」條疏議引獄官令增。

〔九三〕若大理及諸州斷流已上若除免官當者　「官」字原本訛作「宮」，嘉靖本亦然，據廣雅本改。

〔九四〕亦皆有御史金吾監決　通典刑六考訊附「亦皆有」作「皆令」。

〔九五〕若因有寃濫灼然者　通典刑六考訊附「因」作「囚」，「濫」作「枉」。

〔九六〕初日一覆奏後日再覆奏　全句原本作「初一日再覆奏」，嘉靖、廣雅二本亦然，據通典刑六考訊附校增。

〔九七〕每一人加五人　通典刑六考訊附「每一人」作「每一囚」。

〔九八〕凡京城決囚之日　通典刑六考訊附「城」下有「及駕在所」四字。

〔九九〕尚食蔬食　通典刑六考訊附「蔬」上有「進」字。

〔一〇〇〕若犯惡逆及奴婢部曲殺主　唐律疏議卷三十斷獄下「諸立春以後秋分以前決死刑者徒一年」條疏議引獄官令、通典刑六考訊附「逆」下並有「以上」二字。

〔一〇一〕其大祭祀至亦如之　唐律疏議卷三十斷獄下「諸立春以後秋分以前決死刑者徒一年」條疏議引獄官令「日月」作「月日」，「休假」作「假日」。

〔一〇二〕待至同發　「至」字原本訛作「死」，嘉靖、廣雅二本亦然。近衞校明本曰：「『死』當作『至』。」是，今據以改。

〔一〇三〕犯流應住居作者亦準此　近衞校曰：「依本朝令，『住』當作『任』。」廣雅本易「住」作「往」。案：此與下文「婦人亦留當州縫作及配舂」，俱指犯流罪依法留住合居作者而言。唐律疏議卷三名例三

「犯死罪非十惡」條云：「諸犯死罪非十惡，而祖父母、父母老疾應侍，家無期親成丁者，上請。犯流罪者，權留養親（謂非會赦猶流者），不在赦例（仍準同季流人未上道，限内會赦者，從赦原），課、調依舊。若家有進丁及親終期年者，則從流。計程會赦者，依常例。即至配所，應侍合居作者，亦聽親終期年，然後居作。」疏議曰：「流人至配所，親老疾應侍者，並依侍法，合居作者，聽親終期年然後居作。問曰：『犯罪聽侍，流人權留養親，中間各犯死罪以下，若爲科斷？』答曰：『（上略）流人聽侍者犯死罪，上請。若犯流，依留住法加杖，所侍親終，於配所累役。犯徒應役亦準此。』」同書同卷「工樂雜户」條云：「諸工、樂、雜户及太常音聲人犯流者，二千里決杖一百，一等加三十，留住，俱役三年（犯加役流者役四年）。若習業已成能專其事，及習天文並給使、散使，各加杖二百。犯徒者，準無兼丁例加杖，還依本色。其婦人犯流者，亦留住（造畜蠱毒應流者，配流如法），流二千里決杖六十，一等加二十，俱役三年；若夫、子犯流配者，聽隨至配所，免居作。」宋刑統名例三引獄官令亦作「住」。又日本令集解逸文獄令裏書：「穴云：『其犯流應住居作者，雜户、陵户及婦人依律不配流之類是。』」其義與上引唐律疏議「工樂雜户」條合。由此可見，六典原注作「住」者是。又「居作」原本訛作「居住」，嘉靖、廣雅二本亦然，今改正之。

〔一〇四〕各依本犯具發處日月別　近衞校曰：「按本朝令曰：『凡盜發及徒以上囚，各依本犯具録發及斷日、月、年別總帳，附朝集使申太政官。』據此，『別』上恐脱『年』字。」

〔一〇五〕若有事切害者　通典刑三刑制下「有事」作「事有」。

〔一〇六〕皆輿長官及糾彈官對驗　近衛校曰：「『輿』當作『與』。本朝令作『申』。」案：通典刑六考訊附云：「皆須申牒當處長官與糾彈官對驗。」疑「輿」當作「申」。

〔一〇七〕其拷囚及行決罰不得中易人　「囚」字原本訛作「四」，嘉靖本亦然，近衛校曰：「『四』當作『囚』。」廣雅本作「囚」，是。今據以改。

〔一〇八〕枷長五尺已上六尺已下　「長」字原本訛作「杖」，嘉靖、廣雅二本亦然，據通典刑六考訊附及宋刑統卷二十九斷獄律引獄官令改。

〔一〇九〕徑頭三寸已上四寸已下　近衛校曰：「（徑頭）當作『頭徑』。」通典刑六考訊附及宋刑統卷二十九斷獄律引獄官令「徑頭」均作「頸」。

〔一一〇〕杻長一尺六寸已上二尺已下　日本令集解逸文獄令裏書引開元令「二尺」作「二尺二寸」，通典刑六考訊附及宋刑統卷二十九斷獄律引獄官令並同六典本注。

〔一一一〕鏁長八尺已上一丈二尺已下　「鏁」字原本訛作「鎮」，嘉靖、廣雅二本亦然，據宋刑統卷二十九斷獄律引獄官令及日本令集解逸文獄令裏書引開元令改。

〔一一二〕小頭一分七釐　「小」字原本訛作「中」，嘉靖本亦然，近衛校曰：「唐律疏引獄官令『中』作『小』。」廣雅本作「小」，與唐律疏議卷二十九斷獄上「決罰不如法」條疏議引獄官令、通典刑六考訊附及舊唐書刑法志合，今據以改。

〔一一三〕其決笞者腿臀分受　「者」字原本無，嘉靖、廣雅二本亦然，據唐律疏議卷二十九斷獄上「決罰不如法」條疏議引獄官令、通典刑六考訊附及舊唐書刑法志增。

〔一一四〕須數等拷訊者亦同　「者」字原本訛作「笞」，嘉靖、廣雅二本亦然，據唐律疏議卷二十九斷獄上「決罰不如法」條疏議引獄官令、通典刑六考訊附及舊唐書刑法志改。

〔一一五〕願背腿均受者　唐律疏議卷二十九斷獄上「決罰不如法」條疏議引獄官令、通典刑六考訊附「願」上並有「笞以下」三字。

〔一一六〕中都官者　「者」字原本殘缺，嘉靖本亦然，據廣雅本補。

〔一一七〕尚書陳矯奏置都官郎曹郎中　「曹」字原本殘缺，嘉靖本亦然，近衛校曰：「當填以『曹』。」案：宋書百官志曰：「青龍二年有軍事，尚書令陳矯奏置都官、騎兵二曹郎，合爲二十五曹。」近衛所校，頗有理據，且與職官分紀卷十一引六典「都官郎中員品」條合，今據以補。廣雅本缺字作「有」，非是。

〔一一八〕掌諸奴男女　「女」字原本訛作「子」，嘉靖、廣雅二本亦然。案：此乃併下文「男子入於罪隸，女子入於舂饎之事」而言，自當作「女」，今據職官分紀卷十一引六典「都官郎中員品」條原注改。

〔一一九〕男子入於罪隸　「子」字原本訛作「女」，嘉靖、廣雅二本亦然，據周禮卷九秋官司寇第五「司厲」條改。

〔一二〇〕龍朔二年改曰司僕大夫　「二」字原本訛作「三」，嘉靖、廣雅二本亦然，據通典職官五尚書下「都官郎中」條原注改。

〔一二一〕隋文帝置員外郎　「員外郎」原本作「員外郎侍郎」，嘉靖、廣雅二本亦然。案：據隋書百官志，隋初，六部尚書所屬凡三十六侍郎，分司二十四曹務。開皇六年，「尚書省二十四司各置員外郎一人，以司其曹之籍帳；侍郎闕，則釐其曹事」。由此可見，員外郎實爲諸曹侍郎之副貳。然隋志固無「員外郎侍郎」之稱；又統觀六典原注之述尚書諸曹員外郎沿革，其於隋制，除本處外，唯「比部員外郎」條稱「員外侍郎」，餘均不然，今據職官分紀卷十一「都官郎中」條引六典刪「侍郎」二字。

〔一二二〕配嶺南爲城奴　近衛校曰：「一本『城』作『成』，是。」案：近衛所謂「一本」者，乃指嘉靖本而言。今考唐會要卷八十六奴婢引舊制亦作「城」。又唐律疏議卷一名例一「笞刑五」條疏議曰：「漢文帝十三年，太倉令淳于意女緹縈上書，願没入爲官奴婢，以贖父刑。帝悲其意，遂改肉刑：當黥者髡鉗，爲城奴，令舂。」由此可見，作「城」者是也。

〔一二三〕送太樂　「太」字原本作「大」，嘉靖、廣雅二本亦然，今改。

〔一二四〕其父兄先有伎藝堪傳習者　「兄」字原本訛作「凡」，嘉靖本亦然，近衛校曰：「『凡』當作『兄』。」廣雅本作「兄」，是。今據以改。

〔一二五〕牛皮鞾一量並氈　「牛」字原本訛作「件」，嘉靖、廣雅二本亦然，準下文官婢冬給物改。

〔一二六〕中男給三升　嘉靖、廣雅二本「三」並作「二」。

〔一二七〕其分番及供公廨户不在給限　「廨」字原本作「解」，嘉靖、廣雅二本亦然，形近而訛，今改。

〔一二八〕隋置員外郎　原本「員外郎」作「員外侍郎」，今據職官分紀卷十一「比部郎中」條引六典文删「侍」字。詳參本卷校記〔一二〕。

〔一二九〕比部郎中員外郎掌句諸司百寮俸料公廨贓贖調斂至以鎮戍上中下爲差　原本於「贓贖」之下、「戍上」之上共脱一百十三字。今據太平御覽卷二一八「比部郎中員外郎職掌」條引六典文增「調斂」至於「以州縣府之上中下爲差」，凡四十六字。又據舊唐書職官志增「凡税天下户錢」至於「以鎮」，凡六十七字，以與下文「戍」字銜接，而與原注互相呼應焉。

〔一三〇〕上鎮將給仗身四人　「仗」字原本訛作「伏」，嘉靖本訛作「伐」，廣雅本訛作「代」，今據通典職官十七禄秩改。

〔一三一〕鴻臚寺　「臚」字原本訛作「攄」，據嘉靖本改。

〔一三二〕丁匠功程　「匠」字原本訛作「匹」，嘉靖、廣雅二本亦然，據舊唐書職官志改。

〔一三三〕和糴屯收　舊唐書職官志「收」作「牧」，新唐書百官志同六典。

〔一三四〕從五品上　「上」字原本無，嘉靖、廣雅二本亦然，據舊唐書職官志增。

〔一三五〕咸亨元年復故　「故」字原本作「改」，嘉靖、廣雅二本亦然，今據職官分紀卷十一引六典「司門郎中員品」條原注改。

〔一三六〕龍朔咸亨隨曹改復　以上八字原本無，嘉靖、廣雅二本亦然，今循六典原注文例增。

〔一三七〕京兆府子午駱谷庫谷　「駱」字原本作「路」，嘉靖、廣雅二本亦然，蓋形近而訛，今改。

〔一三八〕興州興城華州渭津也　原本作「興州興城謂津也」，嘉靖本同；廣雅本易「謂」作「渭」，其餘並同。案：興州不沿渭水。又考新唐書地理志，興城無渭津關，而華州華陰縣有潼關及渭津關，今據以增改。

〔一三九〕梁州甘亭百牢　「梁」字原本作「涼」，嘉靖、廣雅二本亦然。案：據新唐書地理志，涼州無此二關，唯興元府褒城縣有甘寧關，西縣有百牢關。考元和郡縣志卷二十二「興元府褒城縣」條曰：「甘亭關，在縣北九里，今爲戍。」又「西縣」條曰：「百牢關，在縣西南三十步。」知新志之「寧」乃「亭」之形訛。又興元府本係梁州，德宗興元元年改爲興元府，是「涼」乃以與「梁」聲近而致訛也。今併正之。

〔一四〇〕延州永和　案：元和郡縣志卷十二「隰州永和縣」條云：「（開皇）十八年，改臨河爲永和縣，以縣西永和關爲名也。」又新唐書地理志，隰州永和縣西北有永和關。據此，則永和關宜在隰州。然永和關瀕臨黃河，與延州之延水縣唯隔一水，或者開元時曾一度隸轄於延州，亦未可知。故仍其舊文，而誌以備考。

〔一四一〕閑邪正暴者也　太平御覽卷二二八「司門郎中員外郎職掌」條引六典、舊唐書職官志「暴」並作「禁」。職官分紀卷十一「司門郎中」條引六典，「正暴」作「止暴」。

〔一四二〕二物通爲之傳　近衛校曰：「『爲』當作『謂』。」案：「爲」與「謂」通。

〔一四三〕若領人兵度關而別人妄隨之　原本無「兵」字，「而」作「及」，嘉靖、廣雅二本亦然，今據唐律疏議卷八衛禁下「人兵度關妄度」條增、改。

唐六典尚書工部卷第七

工部尚書一人　侍郎一人〔一〕

郎中一人〔二〕　員外郎一人〔三〕　主事三人〔四〕　令史十二人〔五〕　書令史二十一人〔六〕　計史一人〔七〕　亭長六人〔八〕　掌固八人〔九〕

屯田郎中一人

員外郎一人　主事二人　令史七人　書令史十二人

計史一人　掌固四人

虞部郎中一人

員外郎一人　主事二人　令史四人　書令史九人　掌固四人〔一〇〕

水部郎中一人〔一一〕

員外郎一人〔一二〕　主事二人〔一三〕　令史四人　書令史九人　掌固四人

工部尚書一人，正三品；周之冬官卿也。漢五曹尚書，其三曰民曹。後漢以民曹兼主繕修、功作、鹽池、園苑之事。〔一四〕自晉、宋、齊、梁、陳，營宗廟則權置起部尚書，〔一五〕事畢省之。後周依周官，置大司空卿一人。隋開皇二年始置工部尚書，皇朝因之。龍朔二年改爲司平太常伯，咸亨元年復爲工部尚書。光宅元年改爲冬官尚書，神龍元年復故。侍郎一人，正四品下。蓋周之冬官小司空中大夫也。漢已來尚書侍郎，今郎中之任也。後周依周官。隋煬帝置工部侍郎，皇朝因之。〔一六〕龍朔二年改爲司平少常伯，咸亨、光宅、神龍並隨曹改復。

工部尚書、侍郎之職，掌天下百工、屯田、山澤之政令。其屬有四：一曰工部，二曰屯田，三曰虞部，四曰水部；尚書、侍郎總其職務而奉行其制命。凡中外百司之事，由於所屬，咸質正焉。

郎中一人，從五品上；蓋周禮大司空屬官下大夫，郎中之任也。晉、宋、齊、後魏、北齊皆有起部郎中，梁、陳改置起部侍郎，後周置冬官小司空下大夫。隋初爲工部侍郎，煬帝除「侍」字，又改工部爲起部，皇朝因之。武德三年改爲工部郎中。龍朔二年改爲司平大夫，咸亨元年復爲工部郎中。光宅、神龍並隨曹改復。員外郎一人，從六品上；後周依周禮，置小司空上士，蓋員外郎任也。隋開皇六年置工部員外郎，〔一七〕煬帝改爲起部承務郎，〔一八〕皇朝改爲工部員外郎。龍朔二年改爲司平員外郎，〔一九〕咸亨、光宅、神龍並隨曹改復。主事三人，從九品上。郎中、員外郎掌經營興造之衆務，凡城池之修濬，土木之繕葺，〔二〇〕工匠之程式，咸經度之。

京城左河、華，右隴坻，前終南，後九嵕。南面三門：中曰明德，左曰啓夏，右曰安化。東面三門：中曰春明，北曰通化，南曰延興。西面三門：中曰金光，北曰開遠，南曰延平。今京城，隋文帝開皇二年六月詔左僕射高熲所置，〔二一〕南直終南山子午谷，北據渭水，東臨滻川，西次灃水。太子左庶子宇文愷創制規謀，〔二二〕將作大匠劉龍、工部尚書賀婁子幹、太府少卿高龍乂並充檢校。〔二三〕至三年三月，移入新都焉，名曰大興城。〔二四〕東西十八里一百一十五步，〔二五〕南北十五里一百七十五步，牆高一丈八尺。皇城之南，東西十坊，南北九坊；皇城之東、西各一十二坊，兩市居四坊之地；凡一百一十坊。開元十四年，又取東面兩坊爲興慶宮。

皇城在京城之中。東西五里一百一十五步，南北三里一百四十步，今謂之子城。南面三門：中曰朱雀，左曰安上，右曰含光。朱雀門正南當明德門，正北當承天門；門外橫街正東直春明門，正西直金光門。東面二門：〔二六〕北曰延喜，南曰景風。延喜門則承天門外橫街，東直通化門。西面二門：北曰安福，南曰順義。安福門西直開遠門。其中左宗廟，在安上門內之東。右社稷，在含光門內之西。百僚廨署列乎其間，凡省六、寺九、臺一、監四、衞十有八，六省謂尚書，中書，門下，祕書，殿中，内侍省；九寺謂太常，宗正，司農，太府，鴻臚，衞尉，光禄，太僕，大理寺；一臺謂御史臺；四監謂少府，將作，國子，都水監；十八衞謂左、右衞，左、右金吾衞，左、右驍衞，左、右武衞，左、右威衞，左、右領軍衞，左、右監門衞，左、右千牛衞，左、右羽林軍衞。今按：中書門下凡有三所，並在宫城之内；國子監在皇城之南；左、右金吾衞在皇城之東、西；左、右羽林軍在玄武門之北。東宫官屬凡府一、坊三、寺三、率府十。一府謂詹事府；三坊謂左、右春坊，内坊；三寺謂家令，率更，僕寺；十率謂左、右衞率府，左、右清道率府，〔三七〕左、右司禦率府，左、右内率府，左、右監門率府。

宫城在皇城之北。〔三八〕南面三門：中曰承天，東曰長樂，西曰永安。承天門，隋開皇二年作。初曰廣陽門，仁壽元年改曰昭陽門，武德元年改曰順天門，神龍元年改曰承天門。若元正、冬至大陳設，燕會，赦過宥罪，除舊布新，受萬國之朝貢，四夷之賓客，則御承天門以聽政。蓋古之外朝也。其北曰太極門，其内曰太極殿，朔、望則坐而視朝焉。蓋古之中朝也。隋曰大興門、大興殿。煬帝改曰虔福門，貞觀八年改曰太極門。武德元年改曰太極殿。有東上、西上二閤門，東、西廊，左延明、右延明二門。次北曰朱明門，左曰虔化門，右曰肅章門，肅章之西曰暉政門，虔化之東曰武德西門。其内有武德殿，有延恩殿。又北曰兩儀門，其内曰兩儀殿，常日聽朝而視事焉。〔三九〕蓋古之内朝也。隋曰中華殿，貞觀五年改爲兩儀殿。承天門之東曰長樂門，北入恭礼門，又北入虔化門，則宫内也。承天門之西曰廣運門、永安門，北入安仁門，又北入肅章門，則宫内也。兩儀殿之東曰萬春殿，西曰千秋殿。兩儀之左曰獻春門，右曰宜秋門。宜秋之右曰百福門，其內曰百福殿。百福之西曰承慶門，內曰承慶殿。〔三〇〕獻春之左曰立政門，其內曰立政殿。立政之東曰大吉門，其內曰大吉殿。兩儀之北曰甘露門，其內曰甘露殿。左曰神龍門，其內曰神龍殿；右曰安仁門，其內曰安仁殿。又有興仁、宣猷、崇道、惠訓、昭德、安禮、正禮、宣光、通福、光昭、嘉猷、華光、暉儀、壽安、綏福等門，薰風、就日、翔鳳、咸池、臨照、望僊、鶴翔、乘龍等殿，凌煙、翔鳳等閣。〔三一〕

大明宮在禁苑之東南，西接宮城之東北隅。龍朔二年，高宗以大內卑濕，乃於此置宮。南面五門：正南曰丹鳳門，東曰望僊門，次曰延政門，西曰建福門，次曰興安門。南當皇城之啟夏門，舊京城入苑之北門，開皇三年開。餘四門並與宮同置。丹鳳門內正殿曰含元殿，殿卽龍首山之東趾也。階上高於平地四十餘尺，南去丹鳳門四百餘步，東西廣五百步。〔三二〕今元正、冬至於此聽朝也。夾殿兩閣，左曰翔鸞閣，右曰棲鳳閣。與殿飛廊相接夾殿，東有通乾門，西有觀象門。閣下卽朝堂，肺石、登聞鼓，如承天之制。其北曰宣政門；門外東廊曰齊德門，西廊曰興禮門；內曰宣政殿。殿前東廊曰日華門，門東門下省，省東南北街，南直含耀門，出昭訓門。宣政殿前西廊曰月華門，門西中書省，省西南北街，南直昭慶門，出光範門。宣政之左曰東上閤，右曰西上閤。次西曰延英門，其內之左曰延英殿，右曰含象殿。宣政北曰紫宸門，其內曰紫宸殿，卽內朝正殿也。殿之南面紫宸門，左曰崇明門，右曰光順門；殿之東曰左銀臺門，西曰右銀臺門，次北曰九僊門；殿之北面曰玄武門，左曰銀漢門，右曰青霄門。其内又有麟德、凝霜、承歡、長安、僊居、拾翠、碧羽、金鑾、蓬萊、含涼、珠鏡、三清、含冰、水香、紫蘭等殿，〔三三〕玄武、明義、大角等觀，鬱儀、結鄰、承雲、修文等閣也。

興慶宮在皇城之東南，東距外郭城東垣。即今上龍潛舊宅也。開元初，以爲離宮。至十四年，又取永嘉、勝業坊之半以置朝堂，〔三四〕自大明宮東夾羅城複道，經通化門磴道潛通焉。宮之西曰興慶門，其内曰興慶殿；即正衙殿。有龍池殿。次南曰金明門，門内之北曰大同門，其内曰大同殿。宮之南曰通陽門，北入曰明光門，其内曰龍堂。通陽之西曰花蕚樓，樓西即寧王第，故取詩人棠棣之義以名樓焉。東曰明義門，其内曰長慶殿。〔三五〕宮之北曰躍龍門，〔三六〕其内左曰芳苑門，右曰麗苑門。南走龍池，曰瀛洲門，門内曰南薰殿。瀛洲之左曰僊雲門，北曰新射殿。又有同光、承雲、初陽、飛軒、玉華等門，〔三七〕飛僊、交泰、同光、榮光等殿。初，上居此第，其里名協聖諱，所居宅之東有舊井，忽涌爲小池，周袤纔數尺，〔三八〕常有雲氣，或見黃龍出其中。至景龍中，〔三九〕潛復出水，其沼浸廣，時即連合爲一，未半歲而里中人悉移居，〔四〇〕遂鴻洞爲龍池焉。蓋符命之先也。

禁苑在大内宮城之北，北臨渭水，東拒滻川，西盡故都城，其周一百二十里。禽獸、蔬果，莫不毓焉。若祠禴烝嘗四時之薦，蠻夷戎狄九賓之享，則蒐狩以爲儲供焉。

東都城左成皐，右函谷，前伊闕，後邙山。南面三門：中曰定鼎，左曰長夏，右曰厚載。東面三門：中曰建春，南曰永通，北曰上東。北面二門：東曰安喜，〔四一〕西曰徽安。都城，隋煬帝大業元年詔左僕射楊素、右庶子宇文愷移故都創造也。〔四二〕南直伊闕之口，〔四三〕北倚邙山之塞，東出瀍水之東，西出澗水之西，洛水貫都，有河、漢之象焉。東去故都十八里。煬帝既好奢靡，愷又多奇巧，遂作重樓曲閣，連闥洞房，綺繡瑰奇，〔四四〕窮巧極麗。大業末喪亂，爲王充所據。〔四五〕武德四年平充，乃詔焚乾陽殿及建國門，〔四六〕廢東都，以爲洛州總管府。尋以宫城、倉庫猶在，〔四七〕乃置陝東道大行臺。武德九年復爲洛州都督府。貞觀六年改爲洛陽宫。〔四八〕十一年，車駕始幸洛陽。〔四九〕明慶二年，復置爲東都。〔五〇〕龍朔中，詔司農少卿田仁汪隨事修葺，〔五一〕後又命司農少卿韋機更加營造。光宅中，遂改爲神都，〔五二〕漸加營構，宫室、百司，市里、郛郭，於是備矣。東面十五里二百一十步；南面十五里七十步；西面連苑，距上陽宫七里；北面距徽安門七里。郛郭南廣北狹，凡一百三坊，三市居其中焉。開元十二年廢西市，取厚載門之西一坊地及西市入苑。西連禁苑，苑西四門：南曰迎秋，次曰遊義，次曰籠煙，北曰靈溪。

皇城在都城之西北隅，南面三門，中曰端門，左曰左掖門，右曰右掖門；東面一門，曰賓耀；西面二門，南曰麗景，北曰宣耀。東城在皇城之東，東曰宣仁門，南曰承福門。皇城在東城之内，〔五三〕百僚廨署，如京城之制。

皇宫在皇城之北。東西四里一百八十步，南北二里八十五步，周回十三里二百四十一步。〔五四〕南面三門：中曰應天，左曰興教，右曰光政。應天門，端門，若西京承天之門。其内曰乾元門。若西京之太極門，東廊有左延福門，西廊有右延福門。興教之内曰會昌，其北曰章善。光政之内曰廣運、其北曰明福。乾元之左曰萬春，右曰千秋，其内曰乾元殿。則明堂也。證聖元年營造，〔五五〕上圜下方，八窗四達，高三百尺。〔五六〕元正、冬至，有時而御焉。殿之左曰春暉門，右曰秋澄門，〔五七〕北曰燭龍門。明福之東曰武成門，其内曰武成殿；明福之西曰崇賢門，其内曰集賢殿。武成之北曰仁壽殿。〔五八〕集賢之北曰僊居殿，其東曰億歲殿，又東曰同明殿。〔五九〕其内又有觀禮、歸義、收成、光慶等門，延祥、延壽、觀文、六合等殿，宜春、僊居、迎祥、六合等院也。其西北出曰洛城西門，其内曰德昌殿，北曰儀鸞殿。德昌南出曰延慶門，又南曰韶暉門。西南曰洛城南門，其内曰洛城殿，又北曰飲羽殿。洛城南門之西有麗景夾城，自此潛通於上陽焉。

上陽宮在皇城之西南。苑之東垂也。南臨洛水，西拒穀水，東面卽皇城右掖門之南。上元中營造，高宗晚年常居此宮以聽政焉。東面二門：南曰提象門，卽正衙門。北曰星躔門。提象門内曰觀風門，南曰浴日樓，北曰七寶閣，其内曰觀風殿。殿東面。其内又有麗春臺、耀掌亭、九洲亭。〔六〇〕其西則有西上陽宮，兩宮夾穀水，〔六一〕虹橋以通往來。北曰化成院，西南曰甘露殿，殿東曰雙曜亭。又西曰麟趾殿，東曰神和亭，西曰洞玄堂。觀風之西曰本枝院，又西曰麗春殿，殿東曰含蓮亭，西曰芙蓉亭，又西曰宜男亭，北曰芬芳門，其内曰芬芳殿。又有露菊亭、互春、妃嬪、僊杼、冰井等院散布其内。宮之南面曰僊洛門。又西曰通僊門，並在苑中。其内曰甘湯院。次北東上曰玉京門，門内北曰金闕門，南曰泰初門。玉京之西曰客省院、蔭殿、翰林院，又西曰上陽宮，宮西曰含露門。玉京西北出曰僊桃門，又西曰壽昌門，門北出曰玄武門，門内之東曰飛龍廄。

禁苑在皇都之西，北拒北邙，西至孝水，南帶洛水支渠，穀、洛二水會于其間。東面十七里，南面三十九里，西面五十里，北面二十里，周迴一百二十六里。中有合璧、冷泉、高山、龍鱗、〔六二〕翠微、宿羽、明德、望春、青城、黄女、陵波十有一宮，芳樹、金谷二亭，凝碧之池。開元二十四年，上以爲穀、洛二水或泛溢，疲費人功，遂勅河南尹李適之出内庫和雇，修三陂以禦之，一曰積翠，二曰月陂，三曰上陽。爾後，二水無力役之患。京、都之制備焉。凡興建修築，材木、工匠，則下少府、將作，以供其事。少府監匠一萬九千八百五十人，將作監匠一萬五千人，散出諸州，皆取材力強壯、伎能工巧者，不得隱巧補拙，避重就輕。其驅役不盡及別有和雇者，徵資市輕貨，納于少府、將作監。其巧手供内者，不得納資，有闕則先補工巧業作之子弟。一人工匠後，不得別入諸色。其和雇鑄匠有名解鑄者，則補正功。凡計功程者，夏三月與秋七月爲長功，冬三月與春正月爲短功，春之二月・三月、秋之八月・九月爲中功。其役功則依户部式。

屯田郎中一人，從五品上；漢尚書郎四人，其一人主户口墾田，蓋兼屯田之任也。故氾勝之爲侍郎，〔六三〕教田三輔是也。魏有農部郎曹，晉始置屯田郎中，東晉及宋、齊並左民郎中兼知屯田事，後魏、北齊並置屯田郎中。梁、陳、隋並爲侍郎，亦郎中之任也。煬帝曰屯田郎。後魏、北齊祠部尚書領屯田，陳左户部尚書領屯田，隋則工部尚書領之，皇朝因稱郎中。龍朔二年改爲司田大夫，咸亨元年復故。員外郎一人，從六品上；隋開皇六年置，煬帝改曰承務郎，武德三年改曰員外郎，龍朔、咸亨隨曹改復。主事二人，從九品上。屯田郎中、員外郎掌天下屯田之政令。凡軍、州邊防鎮守轉運不給，則設屯田以益軍儲。其水陸腴瘠，播植地宜，功庸煩省，收率等級，咸取決焉。諸屯分田役力，〔六四〕各有程數。凡營稻一頃，料單功九百四十八日；

禾，二百八十三日；大豆，一百九十二日；小豆，一百九十六日；烏麻，一百九十一日；麻，四百八十九日；床黍，二百八十日；〔六五〕麥，一百七十七日；喬麥，一百六十日；藍，五百七十日；蒜，七百二十日；葱，一千一百五十六日；瓜，八百一十八日；蔓青，七百一十八日；苜蓿，二百二十八日。

凡天下諸軍、州管屯，總九百九十有二，〔六六〕河東道大同軍四十屯，橫野軍四十二屯，雲州三十七屯，朔州三屯，蔚州三屯，嵐州一屯，蒲州五屯。關內道北使二屯，鹽州監牧四屯，太原一屯，長春一十屯，單于三十一屯，定遠四十屯，東城四十五屯，〔六七〕西城二十五屯，勝州一十四屯，會州五屯，鹽池七屯，原州四屯，夏州二屯，豐安二十七屯，中城四十一屯。河南道陳州二十三屯，許州二十二屯，豫州三十五屯，壽州二十七屯。河西道赤水三十六屯，甘州一十九屯，大斗一十六屯，建康一十五屯，肅州七屯，玉門五屯，安西二十屯，疏勒七屯，焉耆七屯，北庭二十屯，伊吾一屯，天山一屯。隴右道渭州四屯，秦州四屯，成州三屯，武州一屯，岷州二屯，軍器四屯，莫門軍六屯，臨洮軍三十屯，河源二十八屯，安人一十一屯，白水十屯，積石一十二屯，富平九屯，平夷八屯，綏和三屯，平戎一屯，河州六屯，鄯州六屯，廓州四屯，蘭州四屯，南使六屯，西使一十屯。河北道幽州五十五屯，清夷一十五屯，北郡六屯，威武一十五屯，靜塞二十屯，平川三十四屯，平盧三十五屯，安東一十二屯，長陽使六屯，渝關一十屯。劍南道巂州八屯，松州一屯。開元二十二年，河南道陳、許、豫、壽又置百餘屯；二十五年，敕以爲不便，并長春宮田三百四十餘頃，並令分給貧人。大者五十頃，小者二十頃。凡當屯之中，地有良薄，歲有豐儉，各定爲三等。凡屯皆有屯官、屯副。屯官取前資官、嘗選人、文武散官等強幹善農事，有書判，堪理務者充；屯副取品子及勳官充。六考滿，加一階，聽選；得三上考者，又加一等。

凡在京文武職事官有職分田，一品一十二頃，二品一十頃，三品九頃，四品七頃，五品六頃，六品四頃，七品三頃五十畝，八品二頃五十畝，九品二頃。京兆、河南府及京縣官亦準此。其地子應入前人、後人，〔六八〕皆同外官，具在户部。凡在京諸司有公廨田，司農寺二十六頃，殿中省二十五頃，少府監二十二頃，太常寺二十頃，京兆、河南府各一十七頃，太府寺一十六頃，吏部、户部各一十五頃，兵部及内侍省各一十四頃，中書省及將作監各一十三頃，刑部、大理寺各一十二頃，〔六九〕尚書都省、門下省、太子左春坊各一十頃，〔七〇〕工部、光禄寺、太僕寺、秘書省各九頃，〔七一〕禮部、鴻臚寺、都水監、太子詹事府各八頃，御史臺、國子監、京縣各七頃，左・右衛、太子家令寺各六頃，衛尉寺、左・右驍衛、左・右武衛、左・右威衛、左・右領軍衛、左・右金吾衛、左・右監門衛、太子右春坊各五頃，太子左・右衛率府、太史局各四頃，宗正寺、左・右千牛衛、太子僕寺、左・右司禦率府、左・右清道率府、左・右監門率府各三頃，内坊、左・右内率府、率更寺各二頃。其有管署、局、子府，各準官品、人數均配。皆視其品命，而審其分給。

虞部郎中一人，從五品上；周禮地官有山虞、澤虞，蓋虞部之職也。魏始有虞曹郎中一人，晉因之，宋、齊省，梁、陳爲侍郎。後魏、北齊並有虞曹郎中，後周冬官有虞部下大夫一人，隋虞部侍郎，〔七二〕煬帝但曰虞部郎。梁、陳、後魏、北齊並祠部尚書領之，隋工部尚書領之，皇朝因焉。武德三年加「中」字。龍朔二年改爲司虞大夫，咸亨元年復故。員外郎一人，從六品上；後周依周官，有山虞、澤虞中士，蓋今虞部員外郎之任也。隋開皇六年置，煬帝改曰承務郎，皇朝復改爲虞部員外郎。〔七三〕龍朔、咸亨隨曹改復。主事二人，從九品上。虞部郎中、員外郎掌天下虞衡、山澤之事，而辨其時禁。凡採捕、畋獵，必以其時。冬、春之交，水蟲孕育，捕魚之器，不施川澤；春、夏之交，陸禽孕育，餧獸之藥，〔七四〕不入原野；夏苗之盛，不得蹂藉；秋實之登，不得焚燎。若虎豹豺狼之害，則不拘其時，聽爲檻穽，獲則賞之，大小有差。諸有猛獸處，聽作檻穽、射窠等，得即於官，每一賞絹四匹；殺豹及狼，每一賞絹一匹。若在牧監內獲犲，亦每一賞絹一匹。子各半匹。凡京兆、河南二都，其近爲四郊，三百里皆不得弋獵、採捕。每年五月、正月、九月皆禁屠殺、採捕。凡五嶽及名山能蘊靈產異，興雲致雨，有利於人者，皆禁其樵採，時禱祭焉。

凡殿中、太僕所管閑廄馬，兩都皆五百里供其芻藁。〔七五〕其關內、隴右、西使、北使、南使諸牧監馬、牛、駝、羊皆貯藁及茭草。高原藁支七年，茭草支四年；平地藁支五年，茭草支三年；下土藁支四年，〔七六〕茭草支二年。〔七七〕其柴炭、木橦進內及供百官、蕃客，並於農隙納之。供內及宮人，起十月，畢二月；供百官、蕃客，起十一月，畢正月。

水部郎中一人，從五品上；魏置水部郎中。歷晉、宋、齊、後魏、北齊並有水部郎中，梁、陳爲侍郎。後周冬官府有司水中大夫，隋文帝爲水部侍郎，煬帝但曰水部郎。宋、齊、梁、陳、後魏、北齊並都官尚書領之，隋工部尚書領之，皇朝因焉。武德三年加「中」字。龍朔二年改爲司川大夫，咸亨元年復故。員外郎一人，從六品上；後周冬官府有小司水上士，則水部員外郎之任也。隋開皇六年置，煬帝改爲承務郎，皇朝復爲水部員外郎。龍朔、咸亨隨曹改復。主事二人，從九品上。水部郎中、員外郎掌天下川瀆、陂池之政令，以導達溝洫，堰決河渠。凡舟檝、溉灌之利，咸總而舉之。凡天下水泉三億三萬三千五百五十有九，〔七八〕其在遐荒絕域，殆不可得而知矣。其江、河自西極達于東溟，中國之大川者也；其餘百三十有五水，是爲中川者也；桑欽水經所引天下之水百三十七，江、河在焉。其千二百五十有二水，斯爲小川者也。酈善長注水經，引其枝流一千二百五十二。若渭、洛、汾、濟、漳、淇、淮、漢，皆亘達方域，通濟舳艫，從有之無，利於生人者矣。其餘陂澤，魚鼈、莞蒲、秔稻之利，蓋不可得而備云。

凡水有溉灌者，碾磑不得與爭其利；自季夏及于仲春，皆閉斗門，有餘乃得聽用之。溉灌者又不得浸人廬舍，壞人墳隧。仲春乃命通溝瀆，立隄防，孟冬而畢。若秋、夏霖潦，泛溢衝壞者，則不待其時而修葺。凡用水自下始。

凡天下造舟之梁四，河三，洛一。河則蒲津，大陽，盟津，一名河陽。洛則孝義也。石柱之梁四，洛三，灞一。洛則天津、永濟、中橋，灞則灞橋也。木柱之梁三，〔七九〕皆渭川也。便橋、中渭橋、東渭橋，此舉京都之衢要也。巨梁十有一，皆國工修之。其餘皆所管州縣隨時營葺。河陽橋所須竹索，〔八〇〕令宣、常、洪三州役工匠預支造，宣、洪二州各大索二十條，常州小索一千二百條。大陽、蒲津竹索，每年令司竹監給竹，〔八一〕令津家、水手自造。其供橋雜匠，料須多少，預申所司，其匠先配近橋人充。浮橋脚船，皆預備半副；自餘調度，預備一副。河陽橋船於潭、洪二州造送；大陽、蒲津橋於嵐、石、隰、勝、慈等州採木，〔八二〕送橋所造。河陽橋置水手二百五十人，大陽橋水手二百人，仍各置木匠十人，〔八三〕蒲津橋一十五人。孝義橋所須竹索，取河陽橋退者以充。〔八四〕其大津無梁，皆給船人，量其大小難易，〔八五〕以定其差等。白馬津船四艘，龍門、會寧、合河等關船並三艘，渡子皆以當處鎮防人充；渭津關船二艘，渡子取永豐倉防人充；渭水馮渡船四艘，〔八六〕涇水合涇渡、韓渡、劉椌坂渡、眭城坂渡、覆籬渡船各一艘，〔八七〕濟州津、平陰津、風陵津、興德津船各兩艘，〔八八〕洛水渡口船三艘，渡子皆取側近殘疾、中男解水者充。會寧船別五人，與德船別四人，自餘船別三人。蘄州江津渡、〔八九〕荊州洪亭松滋渡、江州馬頰檀頭渡船各一艘，船別六人；越州·杭州浙江渡、洪州城下渡、九江渡船各三艘，船別四人，渡子並須近江白丁便水者充，分爲五番，年別一替。

校勘記

〔一〕侍郎一人　「一人」二字原本殘缺，據正德本補。

〔二〕郎中一人　「郎中一」三字原本殘缺，據正德本補。

〔三〕員外郎一人　「員外郎」三字原本殘缺，據正德本補。

〔四〕主事三人　以上四字原本殘缺，據正德本補。舊唐書職官志作「二人」，新唐書百官志作「三人」，正文同此。

〔五〕令史十二人　「令史十二」四字原本殘缺，據正德本補。

〔六〕書令史二十一人　原本「十」上殘缺四字，「十」下殘缺一字，據正德本補。

〔七〕計史一人　四字原本殘缺，據正德本補。舊唐書職官志缺載，新唐書百官志同六典。

〔八〕亭長六人　原本「人」上殘缺三字，據正德本補。

〔九〕掌固八人　「固八」二字原本殘缺，據正德本補。

〔一〇〕掌固四人　「固四」二字原本殘缺，據正德本補。

〔一一〕水部郎中一人　原本「一」上殘缺四字，據正德本補。

〔一二〕員外郎一人　「員外郎」三字原本殘缺，據正德本補。

〔一三〕主事二人　原本「人」上殘缺三字，據正德本補。

〔一四〕後漢以民曹兼主繕修功作鹽池園苑之事　「鹽池」二字原本訛作「城地」，據資治通鑑卷一七八「開皇十四年夏四月乙丑」下所繫「蘇孝慈請禁出舉公廨錢，給地以營農」條胡三省注引唐六典改。

〔一五〕營宗廟則權置起部尚書　宋書百官志及隋書百官志「宗廟」下並有「宮室」二字，南齊書百官志「宗廟」作「宮廟」。

〔一六〕皇朝因之　「因」字原本作「曰」，後人墨改作「因」，與正德以下諸本合，今仍之。

〔一七〕隋開皇六年置工部員外郎　「開」字原本殘缺，後人墨書作「開」，與正德以下諸本及隋書百官志合，今仍之。

〔一八〕煬帝改爲起部承務郎　「部」字原本殘缺，據正德本補。

〔一九〕龍朔二年改爲司平員外郎　「二」原本爲殘字，類「三」而上畫不全，正德以下諸本並作「二」，是，今據以改。

〔二〇〕土木之繕葺　「木」字原本殘缺，據正德本補。

〔二一〕隋文帝開皇二年六月詔左僕射高熲所置　「二」字原本殘缺，據正德本補。

〔二二〕太子左庶子宇文愷創制規謀　「太」字原本殘缺，據正德本補。

〔二三〕太府少卿高龍乂　「乂」字原本訛作「义」，正德以下皆然，據隋書高祖本紀改。

〔二四〕名曰大興城　「大」字原本訛作「太」，據正德本改。

〔二五〕東西十八里一百一十五步　近衛校明本曰：「隋志作『一十五步』，舊唐志作『五十步』。」案：隋書地理志及六典皆爲原始材料，所記相同。又如宋敏求長安志七亦同隋志、六典，則六典原文不誤可知。舊唐志之「五十」，蓋「十五」之誤乙也。

〔二六〕東面二門　「面」字原本訛作「西」，後人墨改作「面」。正德、嘉靖二本亦訛作「西」，近衛校曰：「『西』當作『面』。」廣雅本作「面」。考資治通鑑卷二二八「建中四年十月庚戌」條胡三省注引唐六典，墨書作「面」者是，今仍之。

〔二七〕左右清道率府　「清」字原本殘缺，據正德本補。

〔二八〕宮城在皇城之北　近衛校明本曰：「據皇城之例，疑缺里步之數。按新唐志曰：『宮城在北，長千四百四十步，廣九百六十步，周四千八百六十步。』」案：太平御覽卷一五六州郡部二敍京都下引兩京記曰：「（隋）宮城東西四里，南北二里四十步，周迴十三里一百八十步，高三丈五尺。」宋敏求長安志六曰：「宮城東西四里，南北二里二百七十步，周一十三里一百八十步，崇三丈五尺。」徐松唐兩京城坊考敍宮城里步之數同長安志，而於「南北二里二百七十步」下注曰：「按：『七十』呂大臨長安圖作『四十』。」新唐書地理志所記長千四百四十步，與東西四里合；廣九百六十步，與長安圖南北二里二百四十步合;周四千八百六十步,與十三里一百八十步合。

〔二九〕常日聽朝而視事焉　資治通鑑卷一九七貞觀十七年四月乙酉下所繫「承乾既廢,上御兩儀殿」條胡三省注引唐六典作「常日視朝而聽事焉」。

〔三〇〕內曰承慶殿　近衞校明本曰:「『內』上脫『其』字。」

〔三一〕凌煙翔鳳等閣　「凌」字原本作「陵」,正德本殘缺,據嘉靖本改。

〔三二〕東西廣五百步　近衞校明本曰:「通鑑(卷二〇一總章元年十二月丁巳條)注引六典,『廣五百步』下有『殿前玉階三級,每級引出一螭頭,其下爲龍尾道,委蛇屈曲,凡七轉』二十六字。」其説似是。然猶有可疑者,以其事過於繁細,與六典本卷通篇記唐宮殿規制之體例不合;且程大昌雍録卷三「龍尾道」條及「含元螭頭」條之言唐代舊制,乃據張洎賈氏談録、康駢劇談録與王仁裕過長安所見之記以立説,似未見唐六典有此數語。豈胡氏採而自爲之注,以綴於六典引文之後者歟?誌此以備考。

〔三三〕其內又有麟德至珠鏡三清含冰水香紫蘭等殿　「鏡」字原本訛作「境」,正德以下諸本皆然,據資治通鑑卷二四三「寶曆二年十二月甲辰」條胡三省注引閣本大明宮圖、雍録卷三「六典大明宮圖」條及宋敏求長安志「東內大明宮」條改。「水」字,長安志同上條及唐兩京城坊考卷一「大明宮」條引六典閣本圖並作「承」,雍録「大明宮圖」條同六典原注。

〔三四〕又取永嘉勝業坊之半以置朝堂　「堂」字原本無,正德以下諸本皆然。案:長安志卷九「興慶坊」

條注文曰：「開元二年置宮，因本坊爲名。四十（當是「十四」之誤乙）年，又取永嘉、勝業坊之半增廣之，謂之南内，置朝堂。」今據以增。

〔三五〕東曰明義門其内曰長慶殿　「東曰」二字原本作「樓西」，正德以下諸本皆然。案：花蕚樓在興慶宮之極西，據長安志「興慶坊」條曰：「置宮後，寧王憲、申王撝、岐王範、薛王業邸第相望，環於宮側。」是不當在宮内復有「樓西明義門，其内曰長慶殿」之理。長安志又曰：「通陽門東曰明義門，門内曰長慶殿。」原注云：「六典所載如此。」知「樓西」二字殆涉六典上文「通陽之西曰花蕚樓」下原注「樓西卽寧王第」而致誤，今正之。

〔三六〕宮之北曰躍龍門　「躍」字原本作「濯」，正德以下諸本皆然。案：舊唐書玄宗本紀曰：「天寶十三載三月丙午，御躍龍殿門，張樂宴羣臣。」長安志九「興慶坊」條、雍録「閣本興慶宮圖」條等亦俱作「躍」，「濯」蓋「躍」之形訛，今改。

〔三七〕又有同光承雲初陽飛軒玉華等門　「玉」字原本訛作「王」，據正德本改。

〔三八〕周衺纔數尺　近衛校明本曰：「雍録引六典，『纔數尺』作『十數尺』。」案：古今逸史本雍録卷四「興慶池」條及資治通鑑卷二〇九「景雲元年四月丙戌」條胡三省注引「程大昌曰」，並作「十數丈」。又長安志卷九「興慶坊」條曰：「龍池在躍龍門南，本是平地，自垂拱、載初後，因雨水流潦成小池。後又引龍首渠支分溉之，日以滋廣。至神龍、景龍中，彌亘數頃。」上引雍録「興慶池」條程氏論曰：「則是興慶之能平地以爲龍池者，實引滻之力也。人力深而舊池改，故始時數尺，久乃數頃不難也。」然則六典原作「數尺」，程氏引用時以變易舊文致誤，遂前後自相牴觸也。

〔三九〕至景龍中　近衛校明本曰：「（景龍）雍錄作『景雲』。」案：唐會要卷三十「興慶宮」條曰：「至景龍末，宅內有龍池湧出，日以浸廣，望氣者云『有天子氣』。中宗數行其地，命泛舟，以駞、象踏氣以厭之。」舊唐書玄宗本紀亦書其事，大意略同。作「景龍」者是。程氏引六典誤耳。

〔四〇〕未半歲而里中人悉移居　「歲」字原本殘缺，據正德本補。

〔四一〕東曰安喜　資治通鑑卷二七四後唐明宗天成元年正月戊辰下所繫「殺朱友謙」條胡三省注引唐六典，「安喜」作「延喜」。又册府元龜卷十四帝王部都邑門云：「哀帝天祐二年五月，詔改雒都諸門與西京同者，延喜門改宣仁門。」是東都實有延喜門。然元河南志卷一引韋述記曰：「長夏、厚載、永通、徽安、安喜門及當左掖門等街各廣六十二步。」是則開元時固當爲安喜門也。

〔四二〕隋煬帝大業元年詔左僕射楊素右庶子宇文愷移故都創造也　案：隋書煬帝紀曰：「大業元年二月己卯，以尚書左僕射楊素爲尚書令。三月丁未，詔尚書令楊素、納言楊達、將作大匠宇文愷營建東京。」

〔四三〕南直伊闕之口　「闕」字原本殘缺，正德以下諸本「伊闕」並訛作「洛水」，據資治通鑑卷一九五「貞觀十一年秋七月癸未」條胡三省注引唐六典補。

〔四四〕綺繡瑰奇　「瑰」字原本訛作「塊」，據正德本改。

〔四五〕爲王充所據　王充卽王世充，六典避唐太宗李世民諱去「世」字。

〔四六〕武德四年平充乃詔焚乾陽殿及建國門　「四」原本訛作「五」，正德以下諸本皆然。案：舊唐書高祖本紀曰：「武德四年五月丙寅，王世充舉東都降，河南平。」又曰：「（武德四年）十一月甲申，於洛州置大行臺，廢洛州都督府。庚寅，焚都督紫微宮乾陽殿。」今據以改。又，「焚」原本訛作「淡」，據正德本改。

〔四七〕尋以宮城倉庫猶在　「庫」字原本殘缺；正德、嘉靖二本亦然，近衛校曰：「疑當填以『庫』。」廣雅本不缺字，文作「庫」，是。今據以改。

〔四八〕貞觀六年改爲洛陽宮　案：改洛州爲洛陽宮之年，通典州郡典、元和郡縣志及舊唐書地理志等俱不載，唯新唐書地理志曰：「貞觀六年，號洛陽宮。」與六典同。考舊唐書太宗本紀曰：「貞觀十一年二月甲子，幸洛陽宮，命祭漢文帝。三月（中略）丁亥，車駕至洛陽。丙申，改洛州爲洛陽宮。」則與六典異。但舊紀於貞觀十一年二月甲子既先以洛陽宮爲稱矣，而復於同年三月丙申謂「改洛州爲洛陽宮」，前後實相矛盾，誌此以備考。

〔四九〕十一年車駕始幸洛陽　「一」字原本作「二」，正德以下諸本皆然。考舊、新唐書太宗本紀、册府元龜卷一一三帝王部巡幸門及資治通鑑所記，太宗始幸洛陽，實在貞觀十一年，「二」字當爲訛文，今改。

〔五〇〕明慶二年復置爲東都　「二」字原本作「元」，正德以下諸本皆然。考舊唐書高宗本紀曰：「顯慶二年十二月丁卯，手詔改洛陽宮爲東都。洛州官員階品並准雍州。」新唐書高宗本紀及資治通鑑卷二百所記略同。舊、新唐書地理志及册府元龜卷十四帝王部都邑門亦俱作「二年」。是「元」實爲「二」字之訛文，今改。

〔五一〕詔司農少卿田仁汪隨事修葺　「汪」字原本訛作「住」，正德以下諸本皆然，據唐會要卷三十「洛陽宮」條及册府元龜卷十四帝王部都邑門改。

〔五二〕光宅中遂改爲神都　「光宅」二字原本作「永昌」，正德以下諸本皆然。案：新唐書則天皇后本紀曰：「光宅元年九月甲寅，改東都爲神都。」舊唐書則天皇后本紀及地理志、新唐書地理志、資治通鑑卷二〇三並同。今據以改。

〔五三〕皇城在東城之内　資治通鑑卷一八八「武德三年七月壬午」條胡三省注引唐六典同。案：上文謂「東城在皇城之東」，而此復謂「皇城在東城之内」者，蓋以宮城所在爲準言之，非謂皇城在東城之中也。

〔五四〕周回十三里二百四十一步　近衛校明本曰：「一本『一步』作『二步』。」案：資治通鑑卷二百「顯慶二年十二月丁卯」條胡三省注引唐六典、元河南志均作「一步」；又新唐書地理志云宮城「周四千九百二十一步」，亦正合十三里二百四十一步之數。是作「二步」者，誤也。

〔五五〕證聖元年營造　「營」字原本殘缺，據正德本補。案：據唐會要卷十一明堂制度記載，明堂創建於垂拱三年，四年正月五日畢功；證聖元年正月被火焚盡，三月又令依舊制重造。六典原注蓋指重建而言。

〔五六〕高三百尺　「百」字原本殘缺，據正德本補。

〔五七〕右曰秋澄門　「澄」字原本殘缺；正德、嘉靖二本亦然，近衞校曰：「當填以『景』。」與元河南志四唐城闕古蹟篇合。徐松唐兩京城坊考卷五正文作「秋景門」，注曰：「六典作『秋澄』，今從河南志。」廣雅本作「秋澄」，與徐松所見之六典同，今據以補。

〔五八〕武成之北曰仁壽殿　「仁」字原本殘缺；正德、嘉靖二字亦然，近衞校曰：「當填以『長』字。」案：徐松唐兩京城坊考卷五正文作「仁壽殿」，注曰：「河南志作『長壽』，今從六典。」廣雅本作「仁」，與徐松所見之六典同，今據以補。

〔五九〕又東曰同明殿　近衞校明本曰：「玉海引六典作『周明殿』。」案：元河南志四作「同明殿」。舊唐書薛訥傳曰：「則天以訥將門，使攝左武威將軍、安東道經略。臨行，於同明殿召見。」新唐書薛訥傳云：「武后以訥世將，詔攝左威衞將軍、安東道經略使，對同明殿。」由此可見，作「周」者誤。

〔六〇〕其內又有麗春臺耀掌亭九洲亭　「洲」字原本訛作「州」，正德以下諸本皆然，據元河南志四改。

〔六一〕兩宮夾轂水　「轂」字原本訛作「殿」，正德以下諸本皆然，據資治通鑑卷二百一「乾封二年夏四月乙卯」條胡三省注改。

〔六二〕中有合璧冷泉高山龍鱗　「鱗」字原本訛作「麟」，正德以下諸本皆然。案：唐兩京城坊考卷五注文曰：「通鑑（卷一八〇大業元年）：海『北有龍鱗渠，縈紆注海內，緣渠作十六院，門皆臨渠。』則唐之龍鱗宮，仍以龍鱗渠名之也。」今據以改。

〔六三〕故汜勝之爲侍郎　案：漢書藝文志有汜勝之十八篇，班固自注曰：「成帝時爲議郎。」顔師古注曰：「劉向別録云：使教田三輔，有好田者師之。徙爲御史。』」據此，「侍」疑當作「議」也。

〔六四〕諸屯分田役力　太平御覽卷二一八「屯田郎中員外郎」條引六典文無「分」字。

〔六五〕床黍二百八十日　「二」字正德以下諸本並作「一」。

〔六六〕凡天下諸軍州管屯總九百九十有二　舊唐書職官志同六典。案：據其下原注所列，諸道屯田總數實有一千零三十九屯。

〔六七〕東城四十五屯　案：東城，指東受降城。下西城、中城並倣此。

〔六八〕其地子應入前人後人　原本「前」下「人」字殘缺，據本書卷三「户部郎中員外郎職掌」條校補。

〔六九〕刑部大理寺各一十二頃　「二」字原本殘缺類「一」，據通典職官十七職田公廨田補。

〔七〇〕尚書都省門下省太子左春坊各一十頃　「十」字原本雖殘，猶隱約可辨。通典職官十七職田公廨田作「各十一頃」。

〔七一〕工部光禄寺太僕寺祕書省各九頃　通典職官十七職田公廨田「工部一十頃」，「祕書省」作「祕書監」。

〔七二〕隋虞部侍郎　近衛校明本曰：「『隋』下恐脱『爲』字。」

〔七三〕皇朝復改爲虞部員外郎　「郎」字原本無，據正德本增。

〔七四〕餜獸之藥　近衛校明本曰：「『餜』當作『餧』。」

〔七五〕兩都皆五百里供其芻藁　舊唐書職官志「里」下有「内」字。

〔七六〕下土藁支四年　「土」字原本訛作「士」，正德、嘉靖二本亦然，近衛校曰：「當作『土』。」廣雅本作「土」，是。今據以改。

〔七七〕茭草支二年　「支」字原本無，正德以下諸本皆然。近衛校明本曰：「恐脫『支』字。」是，今據以補。

〔七八〕凡天下水泉三億三萬三千五百五十有九　舊唐書職官志「三萬」作「二萬」。

〔七九〕木柱之梁三　「柱」字原本訛作「柾」，據正德本改。

〔八〇〕河陽橋所須竹索　「河陽」原本訛作「河梁」，正德以下均然，據敦煌發現唐水部式殘卷改。又，殘卷「橋」下有「每年」二字。

〔八一〕每年令司竹監給竹　唐水部式殘卷「每年」作「每三年一度」。

〔八二〕大陽蒲津橋於嵐石隰勝慈等州採木　「採」字原本訛作「休」，正德以下諸本皆作「材」。案：唐水部式殘卷云：「大陽、蒲津橋船於嵐、石、隰、勝、慈等州折丁採木，浮送橋所，役匠造供。」據此，「休」當作「採」，今改。

〔八三〕仍各置木匠十人　唐水部式殘卷其下有「在水手數内」一語。

〔八四〕孝義橋所須竹索取河陽橋退者以充　唐水部式殘卷作「孝義橋所須竹䇥，配宣、饒等州造送。……其洛水(中橋竹)䇥，取河陽橋故退者充。」

〔八五〕量其大小難易　「量」字原本訛作「重」，據正德本改。

〔八六〕渭水馮渡船四艘　「馮」字正德以下諸本並作「鴻」。

〔八七〕涇水合涇渡韓渡劉控坂渡眭城坂渡覆籬渡船各一艘　「合涇」正德以下諸本並作「涇合」。

〔八八〕濟州津平陰津風陵津興德津船各兩艘　「州」字正德以下諸本並作「川」。「興」字原本訛作「典」，據正德本改。

〔八九〕蘄州江津渡　「蘄」字原本訛作「鄿」，據正德本改。

唐六典門下省卷第八

門下省

侍中二人　黄門侍郎二人　給事中四人　録事主事各四人　令史十一人　書令史二十二人　甲庫令史七人　傳制八人　亭長六人　掌固十人　修補制敕匠五人

左散騎常侍二人

諫議大夫四人　左補闕二人　左拾遺二人　起居郎二人　令史三人　典儀二人　贊者十二人

城門郎四人

令史一人　書令史二人　門僕八百人

符寶郎四人

令史二人　書令史三人　主寶六人　主符三十人　主節十八人

弘文館學士無常員

校書郎二人　學生三十人　令史二人　楷書手二十五人〔一〕　典書二人　搨書手三人　筆匠三人　熟紙裝潢匠九人〔二〕　亭長二人　掌固四人

侍中二人，正三品。漢書百官表云：「侍中皆加官，所加或列侯、將軍、卿大夫，無員，多至數十人，得入禁中，諸曹受尚書事，皆秦制。」漢官云：「秩比二千石。〔三〕」董巴輿服志：「侍中冠武弁大冠，亦曰惠文冠，加金璫附蟬爲文，貂尾爲飾。侍中服之則左貂，常侍則右貂。金取堅剛，百鍊不耗；蟬取居高飲清；〔四〕貂取內勁悍，外溫潤。本趙武靈王胡服之制，秦滅趙，得其冠，賜侍中焉。」漢制分掌乘輿服物，功高者一人爲僕射。後漢初亦加官，出宣帝命，入備顧問。法駕出，多識者一人參乘，兼負傳國璽，操斬白蛇劍；餘皆騎，在乘輿車後。從駕入廟祠，天子上堂盥，以巾奉酒。〔五〕光武改僕射爲祭酒。蔡質漢官典職曰：「侍中在尚書僕射下，〔六〕尚書上。舊與中官俱止禁中宿直，廬在石渠門外；武帝時，侍中僕射馬何羅挾刃謀逆，由是侍中出禁外。王莽秉政，復止禁中。章帝元和中，侍中郭舉與後宮通，伏誅，由是復出外。」靈帝時，侍中舍有八區，〔七〕論者因言員有八人，未詳也。獻帝起居注云：「初置侍中六人，出入禁中，近侍帷幄，省尚書事。」魏氏侍中置四人，省祭酒，而加官不在數，服秩依漢氏，掌儐贊威儀。大駕出，則次直侍中護駕；正直侍中負璽陪乘，不帶劍；餘皆騎從。御登殿，與散騎常侍對扶，侍中居左，常侍居右，備切問近對，拾遺補闕。晉令：「侍中品第三，武冠，絳朝服，佩水蒼玉。」東晉桓溫奏省二人，後又復舊。宋氏掌奏事，直侍左右，殿內、門下衆事皆掌之；餘同晉氏。齊氏又以高功者一人爲祭酒，掌詔令機密，朝會多以美姿容者兼其官，餘同宋氏。梁氏秩二千石，品第三，後班第十二，與給事黃門侍郎一人對掌禁令。〔八〕陳氏依梁。後魏侍中六人，加官在數，初從第一品中，〔九〕太和末革令，正第三品，北齊因之，掌獻納諫正及進御之職。後周天官府置御伯中大夫二人，天子出入則侍于左右，〔一〇〕大祭祀盥洗則授巾。武帝改御伯爲納言，蓋侍中之職也。宣帝末，又別置侍中，爲加官。隋氏諱「忠」，改爲納言，置二人，正第三品，掌陪從；煬帝十二年，改納言爲侍內。皇朝初爲納言，武德四年改爲侍中。初，秦、漢置侍中曹，無臺省之名，自晉始有門下省。歷宋、齊、梁、陳、後魏、北齊、隋，國初皆曰門下省。龍朔二年改爲東臺左相，咸亨元年復舊。光宅元年改爲鸞臺納言，神龍元年復舊。開元元年改爲黃門監；五年復舊，曰門下省侍中。

侍中之職，掌出納帝命，緝熙皇極，總典吏職，贊相禮儀，以和萬邦，以弼庶務，所謂佐天子而統大政者也。凡軍國之務，與中書令參而總焉，坐而論之，舉而行之，此其大較也。凡下之通于上，其制有六：一曰奏抄，謂祭祀，支度國用，授六品已下官，〔一一〕斷流已上罪及除、免、官當者，〔一二〕並爲奏抄。二曰奏彈，謂御史糺劾百司不法之事。三曰露布，謂諸軍破賊，申尚書兵部而聞奏焉。四曰議，謂朝之疑事，下公卿議，理有異同，奏而裁之。五曰表，六曰狀，蔡邕獨斷：「凡羣臣上書通於天子者四品：〔一三〕一曰章，二曰奏，三曰表，四曰駮議。章者，稱『稽首上以聞』，〔一四〕謝恩、陳事，詣闕通者也。奏者，上言『稽首言』，下言『稽首以聞』，其中有所請；若罪法劾案公府送御史臺，卿、校送謁者臺通者也。〔一五〕表者，上言『臣某言』，下言『臣某誠惶誠恐，頓首頓首，死罪死罪』，左方下附曰『某官某甲上』，以詣尚書通者也。公卿、校尉、諸將不言姓，大夫以下皆言姓。報章曰『聞』，報奏曰『可』，其表文尚書報所由云『已奏如書』。凡章、表以啓封，〔一六〕其言密事得皁囊。〔一七〕其有疑事，公卿百官會議而執異意者曰駮議，曰『某主甲議以爲如是』，〔一八〕下言『愚戇議異』；〔一九〕其合於上意者，文報曰『某官某甲議可』。漢承秦法，羣臣上書皆言『昧死言』，王莽慕古，改『昧死』曰『稽首』，光武因而不改。」章表制度，自漢已後，多相因循。隋令有奏抄、奏彈、露布等，皇朝因之。其駮議、表、狀等至今常行。其奏抄、露布侍中審，自餘不審。皆審署申覆而施行焉。覆奏畫可訖，〔二〇〕留門下省爲案。更寫一通，侍中注『制可』，印縫，署送尚書省施行。

凡法駕行幸，則負寶以從。秦、漢初置侍中，主諸御物，品秩亦卑。晉、魏已來，其任漸重。至隋，乃爲宰相之任。負寶之儀，因而不改，抑非尊崇宰輔之意。大朝會、大祭祀，則版奏中嚴外辦，以爲出入之節；輿駕還宮，則請解嚴，所以告禮成也。凡大祭祀，皇帝致齋，既朝，則請就齋室；將奠，則奉玉及幣以進；盥手，則取匜以沃；洗爵，則酌罍水以奉；乃賛酌汎齊，進福酒以成其禮焉。〔二一〕若饗宗廟，則進瓚而賛酌鬱酒以祼；既祼，則賛酌醴齊；其餘如饗神祇之禮。藉田，則奉末以贊事。唐禮：「廩犧令供末，司農卿受之，以授侍中。」

凡諸侯王及四夷之君長朝見，則承詔而勞問之；臨軒命使册后及太子，則承詔以命之。唐禮：「侍中前，承詔，降，宣詔曰：『册某氏女爲后，命公等持節展禮。』」册太子亦如之。

凡制勑慰問外方之臣及徵召者，則監其封題。若發驛遣使，則給其傳符，以通天下之信。凡官爵廢置，刑政損益，皆授之于記事之官；既書於策，則監其記注焉。凡文武職事六品已下，所司進擬，則量其階資，校其才用，以審定之；若擬職不當，隨其便屈，〔二二〕退而量焉。

黄門侍郎二人，正四品上。晉職官志云：「黄門侍郎，秦官也，無常員，掌侍從左右。漢因之，秩六百石。」劉向誡子歆書曰：「今若年少，得黄門侍郎，要處也。〔二三〕」應劭曰：「黄門侍郎每日暮向青瑣門拜，謂之『夕郎』。」初，秦又有給事黄門之職，漢因之。至後漢，并二官曰給事黄門侍郎，掌侍從左右，關通中外，諸王朝見則引王就坐。至獻帝時，與侍中各置六員，出入禁中，近侍帷幄，〔二四〕省尚書事；後又改爲侍中侍郎，尋復舊，爲給事黄門侍郎。魏氏置四人。東晉桓温奏省二人，後又復舊，所掌與侍中俱，置四人，管門下衆事，與散騎常侍並清華，而代謂之黄散焉。晉令云：「品第五，秩六百石，武冠，絳朝服。」宋氏因晉，而郊廟則一人執蓋，〔二五〕臨軒朝會則一人執麾。齊因晉、宋，又與侍中參典詔命，侍中呼爲「門下」，給事黄門侍郎呼爲「小門下」。梁氏增秩二千石，品第五，後班第十，與侍中同掌侍從左右，儐相威儀，盡規獻納，糾正違闕，監合嘗御藥，封璽書；高功者一人，與侍中祭酒對掌禁令。陳氏因梁。後魏給事黄門侍郎史闕其員，初，正第三品；〔二六〕太和末，正第四品上。北齊置六人，品依魏氏，所掌與侍中同。後周天官府置御伯下大夫二人，武帝爲納言下大夫，掌貳納言上大夫之職。隋置四人，正第四品上；煬帝減二人，去「給事」之名，直曰黄門侍郎。隋氏用人益重，皇朝因之。龍朔二年改爲東臺侍郎，咸亨元年復舊。光宅元年改爲鸞臺侍郎，神龍元年復舊。黄門侍郎掌貳侍中之職，凡政之弛張，事之與奪，皆參議焉。若大祭祀，則從升壇以陪禮；皇帝盥手，則奉巾以進；〔三七〕既帨，則奠巾于篚，奉匏爵以贊獻。凡元正、冬至天子視朝，則以天下祥瑞奏聞。

給事中四人，正五品上。漢書百官表云：「給事中亦加官，所加或大夫、博士、議郎，皆秦制。」漢儀注：「諸給事中日上朝謁，平尚書奏事，分爲左、右，以有事殿中，故曰給事中。多名儒、國親爲之，掌左右顧問，位次中常侍。」後漢省其官。魏氏復置，或爲加官，或爲正員。晉氏無加官，亦無常員，隸散騎省，位次散騎常侍。晉令云：「品第五，武冠，絳朝服。」宋、齊隸集書省，位次諸散騎下、奉朝請上。梁、陳秩六百石，品第七，與諸散騎常侍侍從左右，獻納得失，省諸奏聞。後魏史闕其員，初，從第三品上；太和末，從第六品上。北齊集書省置六十員，〔三八〕從第六品上。後周天官府置給事中士六十人，掌理六經及諸文誌，給事於帝左右；其後，六官之外又別置給事中，曰四命。隋初於門下省置給事二十人，掌陪從朝直。煬帝名曰給事郎，減置四人，位次黄門侍郎下，從第五品，掌省讀奏案。〔三九〕皇朝又曰給事中。龍朔二年改爲東臺舍人，咸亨元年復舊。給事中掌侍奉左右，分判省事。凡百司奏抄，侍中審定，則先讀而署之，以駮正違失。凡制勑宣行，大事則稱揚德澤，褒美功業，覆奏而請施行；小事則署而頒之。凡國之大獄，三司詳決，若刑名不當，輕重或失，則援法例退而裁之。凡發驛遣使，則審其事宜，與黄門侍郎給之；其緩者給傳；即不應給，罷之。凡文武六品已下授職，所司奏擬，則校其仕歷深淺，功狀殿最，訪其德行，量其才藝；若官非其人，理失其事，則白侍中而退量焉。若文武進級至于三品、五品，則覆其人仕之階、考，會所由之狀而奏裁之。凡制勑文簿、授官甲曆，皆貯之於庫，監其檢覆，以出入焉。其弘文館圖書繕寫、讎校，亦課而察之。凡天下冤滯未申及官吏刻害者，必聽其訟，與御史及中書舍人同計其事宜而申理之。〔三〇〕每日令御史一人共給事中、中書舍人受辭訟。若告言官人事害政者及抑屈者，奏聞；自外依常法。

録事四人，從七品上；後魏門下省録事從第八品。〔三一〕北齊門下録事置四人，從第八品上。隋氏置六人，煬帝三年，加門下録事爲正第八品。皇朝置五人。〔三二〕龍朔二年改爲東臺主書，〔三三〕咸亨元年復舊。開元初，減置一人。

主事四人，從八品下；晉置門下主事，歷宋、齊，品第八。梁、陳名爲門下主事令史。北齊門下主事令史八人，從第八品上。隋初，諸臺省並置主事令史；煬帝三年，直曰主事。舊令從九品上，開元二十四年，勑加入從八品下。〔三四〕甲庫令史七人；晉置門下令史，品第九。宋及梁、陳並同晉氏。後魏、北齊門下並有令史、書令史。自漢已來，令史皆有品秩，至隋開皇初，始降爲流外行署。傳制八人。晉書：「劉裕舉義兵襲徐州刺史桓脩，〔三五〕令何無忌僞著傳詔服稱勑使，〔三六〕城中無敢動者。〔三七〕」又，齊受禪時，侍中謝朏在直，傳詔呼云：「須侍中解印。」朏曰：「齊當自有侍中。」乃朝服步出。梁、陳二代並有傳詔之職，用人猶重。天后改爲傳制，掌送制勑。流外之中，最小吏也，分番上下，亦呼爲番官。

左散騎常侍二人，從三品。秦置散騎，又置中常侍。其散騎傍乘輿，專獻可替否；中常侍得出入禁中，常侍左右。漢因之，並用士人，無常員，皆加官，所加或列侯、將軍、卿大夫等。冠武冠，皆銀璫附蟬爲文，貂尾爲飾，謂之貂蟬。後漢省散騎，而中常侍改用宦者。魏黄初復置散騎，與中常侍合爲一，直曰散騎常侍，復用士人。〔三八〕晉置四人，典章表、詔命、優文、策文等，雖隸門下，别爲一省，潘岳云「寓直散騎之省」是也。又，領六散騎則有員外散騎常侍，無常員，魏末，散騎常侍有在員外者，因名焉。又有通直散騎常侍四人，晉太始十年，〔三九〕使二人與散騎常侍通員直，因名焉。又有散騎侍郎四人，魏與散騎常侍同置。自魏至晉，散騎常侍、侍郎與侍中、黄門侍郎共平章尚書奏事，〔四〇〕江左乃罷之。又有員外散騎侍郎，〔四一〕無常員，晉武所置。又有通直散騎侍郎四人。東晉并中書入散騎省，〔四二〕故庾亮讓中書牋曰：「方今并省，不宜多官。往以中書事并附散騎，此事宜也。方今喉舌之要則任在門下，〔四三〕章表詔命則取之散騎，殊無事復立中書也。」晉代此官選望甚重，〔四四〕時與黄門侍郎謂之黄散。晉令云：「散騎常侍品第三，冠右貂、金蟬，絳朝服，佩水蒼玉。〔四五〕」宋置散騎常侍四人，亦以加官，久次者爲祭酒，領六散騎焉；又置集書省領之。齊因省祭酒之號。梁因之，而加秩中二千石，〔四六〕後班第十二；高功一人爲祭酒，與散騎侍郎一人對掌禁令。〔四七〕自宋以來用人雜，故其官漸替。宋大明雖革選比侍中，〔四八〕而人終不見重。天監六年，詔曰：「散騎常侍、員外散騎常侍、通直散騎常侍爲清望，〔四九〕宜革選，參舊例。」自是，散騎視侍中，〔五〇〕通直視中丞，員外視黄門侍郎。〔五一〕陳氏因之。後魏集書省置散騎常侍，第二品；〔五二〕太和末，從三品，亦領六散騎。北齊置六人，餘同魏氏。後周散騎常侍爲加官。〔五三〕隋文帝門下省置散騎常侍四人，從第三品，〔五四〕掌陪從朝直；亦置六散騎。〔五五〕開皇六年，省員外散騎常侍，〔五六〕煬帝三年，又省散騎常侍、散騎侍郎。〔五七〕武德初，散騎常侍加官。貞觀初，置散騎常侍二員，〔五八〕隸門下省；明慶二年，〔五九〕又置二員，〔六〇〕隸中書省，始有左、右之號。〔六一〕並金蟬、珥貂，左散騎與侍中左貂；〔六二〕右散騎與中書令右貂，謂之八貂。龍朔二年改爲左侍極，〔六三〕咸亨元年復舊。

左散騎常侍掌侍奉規諷，備顧問應對。

諫議大夫四人，正五品上。漢書百官表云：「秦諫大夫屬郎中令，〔六四〕無常員，多至數十人，掌論議。〔六五〕至武帝元狩五年，〔六六〕始因秦置之，秩比六百石。〔六七〕光武中興，諫議大夫置十三員。〔六八〕魏氏因之，史闕員、品。晉、宋、齊、梁、陳並省。〔六九〕至後魏始置之，正第四品。〔七〇〕北齊集書省置諫議大夫七人，〔七一〕從第四品下。後周地官府置保氏下大夫一人，掌規諫於天子，〔七二〕蓋其任也。隋氏門下省置諫議大夫七人，從第四品下。皇朝置四人。龍朔二年改爲正諫大夫，〔七三〕神龍元年復舊。

諫議大夫掌侍從贊相，規諫諷諭。凡諫有五：一曰諷諫，〔七四〕風之以言，謂之諷諫。孔子曰：「諫有五，吾從風。」白虎通曰：「人懷五常之性，故有五諫也。」二曰順諫，謂其所不可，不敢逆而諫之，則順其君之所欲，以微動之，若優旃之比。三曰規諫，謂陳其規而正其事。四曰致諫，謂致物以明其意。五曰直諫。謂直言君之過失，必不得已然後爲之者。

左補闕二人，從七品上；皇朝所置。言國家有過闕而補正之，故以名官焉。詩云：「袞職有闕，仲山甫補之。」蓋取此義。後漢伏湛出入禁闈，拾遺補闕。魏志：「文帝勑侍臣曰：『公卿等宜拾朕之遺，補朕之缺。』」晉武帝詔曰：「公卿等宜補闕拾遺，獻可替否。」晉職官志：「御登殿，侍中居左，散騎常侍居右，備切問近對，拾遺補闕。」後魏孝文帝命李沖補闕左右。垂拱中，因其義而創立四員，左、右各二焉。天授初，左、右各加三員，通前爲十員。神龍初，依舊各置二人。其才可則登，不拘階叙。又置内供奉，無員數，才職相當，不待闕而授，其資望亦與正官同，禄俸等並全給。右補闕亦同。左拾遺二人，從八品上。皇朝所置。言國家有遺事，拾而論之，故以名官焉。史記：「汲黯曰：『臣願爲中郎署長，〔七五〕出入禁闥，補過拾遺。』」漢書：「元帝初立，給事中劉向、侍中金敞拾遺於左右。」後漢張衡爲侍中，〔七六〕恒居帷幄，從容諷議，拾遺左右。後魏初，置内侍長，主拾遺應對，若今之侍中、散騎。又，孝文帝命侍中丘惟拾遺左右。〔七七〕垂拱中，因其義而創立四員，左、右各二焉。天授初，左、右各加三員，〔七八〕通前爲十員。神龍初，依舊各置二員。才可則登，不拘階叙。亦置内供奉，無員數，資望、俸禄並如正官。右拾遺亦同也。

左補闕、拾遺掌供奉諷諫，扈從乘輿。凡發令舉事有不便於時，不合於道，大則廷議，小則上封。若賢良之遺滯於下，忠孝之不聞於上，則條其事狀而薦言之。

起居郎二人，從六品上；起居郎因起居注以爲名。起居注者，記録人君動止之事。春秋傳曰：「君舉必書。」禮云：「動則左史書之，言則右史書之。」又曰：「左史記事，右史記言，言爲尚書，事爲春秋。」皆其事也。宋衷世本云：「沮誦、倉頡爲黄帝左、右史。」周書：「穆王時有左史戎夫，書前代存亡之誡。」諸侯之國亦立之。晉武帝時得汲冢書，有穆天子傳，體制與當時起居注正同，蓋周左、右史之所録也。漢武有禁中起居注，後漢明德皇后撰明帝起居注，然則漢時起居注似在宫中，爲女史之職。魏、晉已來，皆中書著作兼修國史。元康二年，著作隸入祕書，別名著作省，歷宋、齊、梁、陳皆掌國史。後魏及北齊集書省領起居注，令史之職從第七品上。〔七九〕後周春官府置外史，掌書王言及動作，〔八〇〕以爲國誌，即其任也；又有著作二人，掌綴國録，蓋起居、著作自此分也。隋省内史舍人四員，始置起居舍人二員。皇朝因之。貞觀二年省起居舍人，移其職於門下，置起居郎二員。明慶中，又置起居舍人，始與起居郎分在左、右。龍朔二年改爲左史，咸亨元年復故。天授元年又改爲左史，神龍元年復故。令史三人。先置楷書手，今改爲令史。起居郎掌録天子之動作法度，以修記事之史。凡記事之制，以事繫日，以日繫月，以月繫時，〔八一〕以時繫年。必時書其朔日甲乙以紀曆數，〔八二〕典禮文物以考制度，遷拜旌賞以勸善，誅伐黜免以懲惡。季終則授之于國史焉。漢獻帝及西晉已後諸帝皆有起居注，皆史官所録。自隋置爲職員，列爲侍臣，專掌其事，每季爲卷，送付史官。〔八三〕

典儀二人，從九品下；周禮秋官有司儀上士八人、中士十有六人，蓋皆典儀之任也。齊職儀云：「東宫殿中將軍屬官有導客局，置典儀録事一人，掌朝會之事。」史闕其品秩。梁有典儀之職，未詳何曹之官，掌唱警、唱奏之事，朱服、武冠。陳亦有之。後魏置典儀監，從第五品，〔八四〕史闕其員及所掌。皇朝置典儀二人，隸門下省。初，用人皆輕。至貞觀初，李義府爲之，〔八五〕是後常用士人。領贊者，以知贊唱之節。贊者十二人。隋太常寺有贊者十六人，鴻臚寺有贊者十二人，皇朝因置之，隸門下省。掌贊唱，爲行事之節。分番上下，亦謂之番官。典儀掌殿上贊唱之節及設殿庭版位之次。若元正、冬至大朝會，王公升殿，既坐，酒至而起，皆傳贊唱而爲之節也。凡國有大禮，侍中行事，及進中嚴外辦之版，皆贊相焉。

城門郎四人，從六品上；周禮地官有司門下大夫二人、上士四人，蓋城門郎之任也。初，漢置城門校尉員一人，秩二千石，掌城門屯兵；〔八六〕有司馬及丞各一人，十二城門候各一人，出從緹騎百二十人，蓋兼監門將軍之職。魏因之。晉氏品第四，秩二千石，銀章、青綬，絳朝服，武冠，佩水蒼玉。元帝省之。宋、齊俱以衞尉掌宮城屯兵及管鑰之事。梁、陳二代依秦、漢，以光禄卿掌宮殿門户，亦無城門之職。後魏置城門校尉，第三品下；太和末，〔八七〕第四品上。北齊衞尉寺統城門寺，置城門校尉二人，第四品上，掌宮殿、城門並諸倉庫管鑰之事。〔八八〕後周地官府置宮門中士一人、下士一人，〔八九〕掌皇城五門之禁令；〔九〇〕又置城門中士一人、下士一人，掌皇城十二門之禁令，蓋並其任也。隋氏門下省統城門局校尉二人，從第四品下。〔九一〕煬帝三年，又隸殿内省；十二年，又減一人，降爲正第五品。後又改校尉爲城門郎，置四人，從第六品，又隸門下省。皇朝因之。門僕八百人。按：晉光禄勳左中郎將有崇禮等門僕各二人，隋有太廟、郊社門僕。皇朝城門郎置門僕，分番上下，掌送管鑰。城門郎掌京城、皇城、宮殿諸門開闔之節，奉其管鑰而出納之。明德等門爲京城門，朱雀等門爲皇城門，承天等門爲宮城門，嘉德等門爲宮門，太極等門爲殿門，通内等門並同上閤門。東都諸門准此。開則先外而後内，闔則先内而後外，所以重中禁，尊皇居也。

候其晨昏擊鼓之節而啓閉之。承天門擊曉鼓，聽擊鐘後一刻，鼓聲絶，皇城門開；第一鼕鼕聲絶，宮城門及左·右延明、乾化門開；〔九二〕第二鼕鼕聲絶，宮殿門開。夜第一鼕鼕聲絶，宮殿門閉；第二鼕鼕聲絶，宮城門閉及左·右延明門、皇城門閉。其京城門開閉與皇城門同刻。〔九三〕承天門擊鼓，皆聽漏刻契至乃擊；待漏刻所牌到，鼓聲乃絶。凡皇城、宮城闔門之鑰，先酉而出，後戌而入；開門之鑰，後丑而出，夜盡而入。宮城、皇城鑰匙，每日入前五刻出閉門，一更二點進入；五更一點出開門，〔九四〕夜漏盡，第二鼕鼕後二刻而進入。京城闔門之鑰，後申而出，先子而入；開門之鑰，後子而出，先卯而入。京城門鑰匙於東廊下貯納，每去日入前十四刻出閉門，二更一點入；〔九五〕四更一點出開門，夜漏盡，第二鼕鼕後十刻入。若非其時而有命啓閉，則詣閤覆奏，奉旨、合符而開闔之。殿門及城門若有勑夜開，〔九六〕受勑人具録須開之門，宣送中書門下。其牙内諸門，城門郎與見直監門將軍、郎將各一人俱詣閤門覆奏，御注「聽」，即請合符門鑰，對勘符，然後開之。凡車駕巡幸，所詣之所，計其應啓閉者，先發而請其管鑰，及至，即開闔如京城之制。

符寶郎四人，從六品上；周禮地官有掌節，春官又有典瑞，並其任也。自漢以來，唯旌節稱節，餘皆號符焉。寶郎璽也。秦爲符璽令，史記云「始皇出遊會稽，丞相李斯、中車府令趙高從，高兼行符璽令事」是也。漢因秦，置符節令、丞，屬少府。漢官云：「秩四百石。〔九七〕」漢書云：「昭帝幼冲，〔九八〕霍光秉政。殿中夜驚，光召符璽郎取璽，郎不與，光奪之，郎按劍曰：『臣頭可得，璽不可得。』光壯之，增秩二等。」後漢則別爲一臺，亦屬少府，置符節令一人爲臺率，主符節事，凡遣使掌授節，領尚符璽郎中四人。〔九九〕兩漢皆傳秦六璽及傳國璽。魏符節令位次御史中丞。晉武帝太始元年，省併蘭臺，置符節御史。宋因之。齊置主璽令史於蘭臺，以持書侍御史領之。〔一〇〇〕梁、陳御史臺並置符節令史。後魏御史臺置符節令，領符璽郎中。初，從第四品中；太和末，從第六品上。北齊御史臺領符節署令一人，領符璽郎中四人。〔一〇一〕後周天官府置主璽下士四人，分掌神璽、傳國璽與六璽之藏。隋初，門下省統六局，符璽局置監二人，正第六品上；〔一〇二〕直長四人，從第七品上。煬帝三年改爲郎，從第六品。皇朝因隋，置符璽郎四人。天后更名符寶郎，受命及神璽等八璽文並琢爲「寶」字。神龍初復爲符璽郎。開元初又爲符寶郎，從璽文也。主寶六人；寶卽璽也。周書曰：「湯放桀，大會諸侯，取天子之璽置天子之座。〔一〇三〕古者，印、璽二名尊卑共之，諸侯、大夫印亦稱璽，春秋左傳曰：「季武子使季冶問，〔一〇四〕璽書追而與之。」是也。主寶掌之，分番上下，亦謂之番官。主符三十人；漢文帝初，與郡守爲竹使符第一至第五，以代周之鎮圭；徵兵爲銅獸符第一至第五，〔一〇五〕以代周之牙璋。各分半，右留京師，左以與之，皆符合爲信。六國時，魏公子無忌竊兵符，矯命殺晉鄙，則六國亦有之。後漢太守、都尉初除，與璽書；及發兵，亦與璽書，或與詔書，姦僞刻造，無由檢知。至順帝，以此制煩擾，但召符節令發銅獸、竹使符耳。〔一〇六〕歷魏、晉、宋、梁、陳皆用之。後魏有傳符，歷北齊、隋皆用之。武德初爲銀菟符，後改爲魚符，又有傳符，主符掌之。分番上下，亦謂之番官。主節十八人。主節掌守幡節。並分番上下，亦謂之番官。

符寶郎掌天子之八寶及國之符節，辨其所用，有事則請於內，既事則奉而藏之。八寶：一曰神寶，所以承百王，鎮萬國；二曰受命寶，所以修封禪，禮神祇；徐令言玉璽記曰：〔一〇七〕「玉璽者，傳國璽也，秦始皇取藍田玉刻而爲之。其書李斯所製，面文曰：『受命于天，既壽永昌。』璽上隱起爲盤龍文，文曰：『受天之命，皇帝壽昌。』方四寸，紐五龍盤。秦滅傳漢，歷王莽，爲元后投之于地，遂一角缺。莽滅，校尉公賓就收璽綬，詣更始於宛。更始敗，以璽上劉盆子。盆子降，面縛上璽綬光武。光武祠于高廟，受傳國璽。至靈帝崩，少帝失位，掌璽者投於井中，爲孫堅所得，袁術拘其妻而奪之。〔一〇八〕術死，荆州刺史徐璆得璽，〔一〇九〕還許上之。漢滅傳魏。至晉懷帝，璽没于劉聰。聰死，劉曜得之，又傳於石勒、石季龍、冉閔。石季龍磨其隱起之文，又刻其傍爲文，曰：『天命石氏。』後冉閔敗，其將蔣幹求救於晉，〔一一〇〕遂以璽送建業，永和八年也。歷東晉、宋、齊、梁，侯景竊位，爲景所得。景敗，爲將侯子監盜璽走江東，〔一一一〕懼追兵至，投諸佛寺，爲棲霞寺僧永得之。陳永定三年，僧永死，弟子普智奉獻。陳亡，璽傳於隋。」又晉陽秋云：「晉孝武十九年，〔一一二〕雍州刺史郗恢於慕容永處得璽，乃送建業。其璽方六寸，厚一寸七分，〔一一三〕高四寸六分，蟠龍隱起，文字巧妙，」與傳國璽同，但形製高大，〔一一四〕玉色不逮耳。〔一一五〕自晉至梁，相傳謂之鎮璽。及侯景敗，侍中趙思齊接以渡江，兖州刺史郭元建得之，以送于齊文宣。齊亡入周，周傳于隋。隋文帝初亦謂之爲傳國璽，開皇二年改爲受命璽。至開皇九年平江南，得真傳國璽，乃改前所得大者名神璽，至大業初，著之于令。隋末，又没于宇文化及、竇建德。武德四年，克平東夏，建德右僕射裴矩奉傳國璽及神璽、六璽以獻。三曰皇帝行寶，答疏於王公則用之；四曰皇帝之寶，勞來勳賢則用之；五曰皇帝信寶，徵召臣下則用之；六曰天子行寶，答四夷書則用之；七曰天子之寶，慰撫蠻夷則用之；八曰天子信寶，發蕃國兵則用之。衛宏漢舊儀曰：「天子有六璽，皆白玉螭獸紐，文曰：皇帝行璽、皇帝之璽、皇帝信璽、天子行璽、天子之璽、天子信璽。」虞喜志林曰：「所封事異，故文字不同。」漢儀又云：「以皇帝行璽爲凡雜，以皇帝之璽賜諸侯王書，以皇帝信璽發兵，其徵大臣以天子行璽，外國事以天子之璽，鬼神事以天子信璽。皆以武都紫泥封，青布囊白素裏，兩端縫，〔一一六〕尺一版，中約署。有事及發外國兵用天子信璽，封拜外國及徵召用天子行璽，賜匈奴單于、外國王書用天子之璽，諸下竹使符徵召大事行州、郡、國者用皇帝信璽，〔一一七〕諸下銅獸符發郡、國兵用皇帝之璽，封拜王公以下遣使就授皆用皇帝行璽。若車駕行幸，次直侍中佩信璽、行璽以從。〔一一八〕天子之信，古曰璽，今曰寶，其用以玉，其封以泥；皇后及太子之信曰寶，其用以金也。凡大朝會，則捧寶以進于御座；車駕行幸，則奉寶以從于黃鉞之內。今元正朝會則進神寶及受命寶；若行幸，則合八寶爲五轝，函盝封盛以從。

凡國有大事則出納符節，辨其左右之異，藏其左而班其右，以合中外之契焉。一曰銅魚符，所以起軍旅，易守長；兩京留守，若諸州、諸軍、折衝府、諸處捉兵鎮守之所及宮總監，〔一一九〕皆給銅魚符。二曰傳符，所以給郵驛，通制命；兩京留守及諸州、若行軍所，並給傳符。諸應給魚符及傳符者，皆長官執。其長官若被告謀反大逆，〔一二〇〕其魚符付以次官；無次官，付受告之司。三曰隨身魚符，所以明貴賤，應徵召；親王及二品已上散官、京官文武職事五品已上、都督、刺史、大都督府長史·司馬、諸都護·副都護並給隨身魚符。四曰木契，所以重鎮守，慎出納；車駕巡幸，皇太子監國，有兵馬受處分者爲木契。若王公以下、兩京留守及諸州有兵馬受處分，并行軍所及領兵五百人以上、馬五百疋以上征討，亦各給木契。〔一二一〕其在內在外及行用法式並准魚符。五曰旌節，周禮掌節職曰：「凡邦國之使節，山國用獸節，〔一二二〕土國用人節，澤國用龍節，皆金也。」又云：「道路用旌節。」注云：「今漢使所擁是也。」漢書曰：「戾太子遣巫蠱事，〔一二三〕懼不自明，取使節發兵，與丞相劉屈氂戰。初漢節純赤，以太子持赤節，故更爲黃旄，加以相別。」「蘇武在匈奴，執漢節毛落。」並其事也。所以委良能，假賞罰。魚符之制，王畿之內，左三右一；王畿之外，左五右一。左者在內，右者在外，行用之日，從第一爲首，後事須用，以次發之，周而復始。大事兼敕書，替代留守軍將及軍發後更添兵馬，新授都督、刺史及改替、追喚別使，若禁推、請假敕許及別敕解任者，皆須得敕書。小事但降符函封，遣使合而行之。應用魚符行下者，尚書省錄敕牒，門下省奏請，仍預遣官典就門下對封，封內連寫敕符，與左魚同函封，上用門下省印。若追右符，函盛封印亦准此。傳符之制，太子監國曰雙龍之符，左、右各十；京都留守曰麟符，左二十，其右一十有九；〔一二四〕東方曰青龍之符，西方曰騶虞之符，南方曰朱雀之符，北方曰玄武之符，左四、右三。左者進內，右者付外應執符人。其兩京留守符並進內；若車駕巡幸，留右符付留守人。隨身魚符之制，左二右一，〔一二五〕太子以玉，親王以金，庶官以銅，隨身魚符皆題云「某位姓名」。其官只有一員者，不須著姓名；即官名共曹司同者，雖一員，亦著姓名。隨身者，仍著姓名，並以袋盛。其袋三品已上飾以金，五品已上飾以銀。六品已下守五品已上者不佩魚。若在家非時及出使，別勑召檢校，並領兵在外，不別給符契。若須迴改處分者，勘符同，然後承用。佩以爲飾。刻姓名者，去官而納焉；不刻者，傳而佩之。若傳佩魚，皆須遞相付，十日之內申報禮部。木契之制，太子監國，則王畿之內左、右各三，王畿之外左、右各五；庶官鎮守，則左、右各十。旌節之制，命大將帥及遣使於四方，則請而假之，〔一二六〕旌以專賞，節以專殺。

弘文館學士，無員數；後漢有東觀，魏有崇文館，宋元嘉有玄、史兩館，宋太始至齊永明有總明館，梁有士林館，北齊有文林館，後周有崇文館，〔一二七〕或典校理，或司撰著，或兼訓生徒，若今弘文館之任也。武德初，置修文館；武德末，改爲弘文館。神龍元年，避孝敬皇帝諱，改爲昭文。神龍二年又改爲修文，景雲二年改爲昭文。開元七年又改爲弘文，隸門下省。自武德、貞觀已來，皆妙簡賢良爲學士。〔一二八〕故事：五品已上，稱爲學士；六品已下，爲直學士。又有文學直館，并所置學士，並無員數，皆以他官兼之。儀鳳中，以館中多圖籍，置詳正學士校理。〔一二九〕自垂拱已來，多大臣兼領。館中有四部書。〔一三〇〕貞觀初，褚亮檢校館務，〔一三一〕學士號爲館主，因爲故事。其後有張太素、劉褘之、范履冰，並特勑相次爲館主焉。常令給事中一人判館事。學生三十人；補弘文、崇文學生例：皇宗緦麻已上親，皇太后、皇后大功已上親，散官一品、中書門下三品、同中書門下平章事、六尚書、功臣身食實封者，京官職事正三品、供奉官三品子・孫，京官職事從三品、中書・黄門侍郎子，並聽預簡，選性識聰敏者充。貞觀元年，勑見任京官文武職事五品已上子有性愛學書及有書性者，聽於館內學書，其法書內出。其年有二十四人入館，勑虞世南、歐陽詢教示楷法。黄門侍郎王珪奏：「學生學書之暇，請置博士，兼肄業焉。」勑太學助教侯孝遵授其經典，著作郎許敬宗授以史、漢。二年，珪又奏請爲學生置講經博士，考試經業，准式貢舉，兼學法書。校書郎二人，從九品上；本置名讎校，掌校典籍。開元七年罷讎校，置校書四人；二十三年，減二人。〔一三二〕典書二人；館中有經、史、子、集四部之書，使典之也。其職同流外，八考入流。搨書手三人；〔一三三〕貞觀二十三年置。龍朔三年，館內法書九百四十九卷並裝進，其搨書停。神龍元年又置。筆匠三人；貞觀二十三年置。熟紙裝潢匠九人。貞觀二十三年置。

弘文館學士掌詳正圖籍，授教生徒。凡朝廷有制度沿革，禮儀輕重，得參議焉。校書郎掌校理典籍，刊正錯謬。其學生教授考試，如國子之制。禮部試崇文、弘文生舉例：〔一三四〕習經一大經、一小經；〔一三五〕史習史記，漢書，後漢書，三國志，各自爲業，及試時務策五條。經、史皆讀文精熟，言音典正；策試十道，取粗解注義，經通六，史通三；其時務策須識文體，不失問目意，試五得三。皆兼帖孝經、論語共十條，通六者爲第。〔一三六〕

校勘記

〔一〕楷書手二十五人　「楷」字原本作「揩」，據正德本改；正文同此。舊唐書職官志作「三十人」。

〔二〕熟紙裝潢匠九人　「九」字原本訛作「八」，據正文改。

〔三〕秩比三千石　案：漢官秩無逾中二千石者，此云「比三千石」者，誤也。續漢書百官志云：「侍中，比二千石。」注曰：「漢官秩云千石。」

〔四〕蟬取居高飲清　續漢書百官志注引應劭漢官，「清」作「潔」。

〔五〕以巾奉酒　近衛校明本曰：「『以』當作『授』。」又曰：「『酒』當作『酒』。」案：續漢書祭祀志下注引漢舊儀曰：「皇帝上堂盥，侍中以巾奉觶酒從。」「以」、「酒」二字並不訛。

〔六〕侍中在尚書僕射下　「下」字原本殘缺，據正德本補。近衛校明本曰：「後漢志『書』下有『令』字。」案：近衛所據當是續漢書百官志注引蔡質漢儀。查太平御覽卷二一九「侍中」條引漢書典職無「令」字。漢書典職當爲漢官典職之譌，與蔡質漢儀應是一書，然後世引文有差別者，或由引者删節，或由傳抄歧異所致，未可必也。

〔七〕侍中舍有八區　「八」字原本殘缺，正德本亦然，嘉靖、廣雅二本均不缺字，文作「循」，非。今據通典職官三宰相「侍中」條原注引漢官補。

〔八〕與給事黄門侍郎一人對掌禁令　隋書百官志云：「侍郎（「郎」字疑衍，當删）中高功者在職一年，詔加侍中祭酒，與侍郎高功者一人對掌禁令。」

〔九〕初從第一品中　魏書官氏志載太和前制，中侍中第二品上。

〔一〇〕天子出入則侍于左右　「于」字原本作「千」，形近而訛，今改正之。正德以下諸本並作「中」，非。

〔二一〕授六品已下官　近衛校明本曰：「一本『下』作『上』。」案：近衛所指者當係嘉靖本。考唐會要卷五十四省號上「中書省」條亦作「下」，又六典卷九「中書令職掌」條下「四日發日敕」之原注可與此互相參證，知作「上」者，實誤。

〔二二〕斷流已上罪及除免官當者　「上」字原本作「下」，正德以下諸本皆然。案：唐會要卷五十四省號上「中書省」條亦作「下」。然考諸唐律疏議卷三十斷獄下「諸斷罪應言上而不言上」條疏議引獄官令曰：「杖罪以下，縣決之；徒以上，縣斷定，送州覆審訖，徒罪及流應決杖、笞若應贖者，即決配、徵贖。其大理寺及京兆、河南府斷徒及官人罪，并後有雪減，並申省。省司覆審無失，速即下知；如有不當者，隨事駁正。若大理寺及諸州斷流以上，若除、免、官當者，皆連寫案狀申省。大理寺及京兆、河南府即封案送。」是諸州斷流以上罪始申尚書省。此言斷流已下罪爲奏抄，於理於事，均甚不合。考日本令集解卷三十一公式令曰：「右大祭祀，支度國用，增減官員，斷流罪以上及除名，廢置國、郡，差發兵馬一百匹以上，用藏物五百端以上、錢二百貫以上、食粮五百石以上、奴婢廿人以上、馬五十匹以上、牛五十頭以上，（中略）並爲論奏。」日本令之論奏，相當於唐令之奏抄。取此與六典本條注文及卷九「中書令職掌」條下「四日發日勑」之原注「增減官員，廢置州縣，徵發兵馬，除免官爵，授六品已下官，處流已上罪，用庫物五百段（中略）羊五百口已上則用之」諸語相互參證，知此處之「斷流已下罪」實爲「斷流已上罪」之誤，今改。

〔二三〕凡羣臣上書通於天子者四品　獨斷無「通」字，「品」作「名」。

〔一四〕稱稽首上以聞　獨斷「以聞」作「書」。

〔一五〕卿校送謁者臺通者也　「卿校」獨斷作「公卿、校尉」。

〔一六〕凡章表以啓封　「啓」字原本訛作「棨」，據正德本改。

〔一七〕其言密事得皂囊　今百川學海及程榮漢魏叢書本獨斷並作「其言密事，得皂囊盛」。後漢書蔡邕傳注引漢官儀曰：「凡章表皆啓封，其言密事，得皂囊也。」

〔一八〕曰某主甲議以爲如是　獨斷作「某官某甲議以爲如是」。

〔一九〕下言愚戇議異　獨斷「愚」上有「臣」字。

〔二〇〕覆奏畫可訖　「覆」字原本殘缺，正德以下諸本並作「復」，今據唐會要卷五十四省號上「中書省」條校補。

〔二一〕則奉玉及幣以進至以成其禮焉　自「及幣」起，至「成其禮焉」止，共三十二字，原本均作注文；正德、嘉靖二本亦然，近衞校曰：「『及幣』以下注文三十二字，據舊唐志，當爲本文。」廣雅本移作正文，今據以改。

〔二二〕隨其便屈　舊唐書職官志「便」作「優」。

〔二三〕要處也　太平御覽卷二二一「黃門侍郎」條引原書「要」作「顯」，六典原注蓋以避唐中宗李顯諱而改作「要」。

〔二四〕近侍帷幄　「近」字原本訛作「所」，據正德本改。

〔二五〕而郊廟則一人執蓋　「蓋」字原本訛作「監」，據正德本改。

〔二六〕正第三品　魏書官氏志載太和前制，給事黄門侍郎第三品中。

〔二七〕皇帝盥手則奉巾以進　「巾」原本訛作「申」，據正德本改。

〔二八〕北齊集書省置六十員　隋書百官志：北齊集書省給事中六人。通典職官三宰相侍中「給事中」條及册府元龜卷四五七臺省部總序並同六典作「六十人」。

〔二九〕掌省讀奏案　「案」字原本無，正德以下諸本皆然，據隋書百官志增。

〔三〇〕與御史及中書舍人同計其事宜而申理之　「申」字原本訛作「甲」，據正德本改。

〔三一〕後魏門下省録事從第八品　魏書官氏志：門下録事從第八品上。

〔三二〕皇朝置五人　「五」字原本作「三」，正德以下諸本皆然。案：目録及正文均作「四人」，揆諸下文，則開元初減置一人前固當有五人也，「三」蓋「五」之訛字，今改。

〔三三〕龍朔二年改爲東臺主書　原本「年」訛作「人」，「主」訛作「王」，據正德本改。

〔三四〕開元二十四年勑加入從八品下　「開」字原本訛作「闕」，據正德本改；「下」字原本訛作「上」，正德以下諸本皆然，據本條正文改。

〔三五〕劉裕舉義兵襲徐州刺史桓脩　「桓脩」原本訛作「相循」，正德、嘉靖二本並訛作「栢循」，廣雅本訛作「伯循」，今據晉書桓脩傳及何無忌傳改。

〔三六〕令何無忌僞著傳詔服稱勑使　「使」字原本訛作「宋」，正德以下諸本皆然，據晉書何無忌傳改。

〔三七〕城中無敢動者　「敢」字原本訛作「取」，據正德本改。

〔三八〕復用士人　近衛校明本曰：「據通典，『復』當作『後』。」案：宋書百官志曰：「魏文帝黄初初，置散騎，合於中常侍，謂之散騎常侍，始以孟達補之。」三國志魏志明帝紀裴松之注引魏略曰：「達以延康元年率部曲四千餘家歸魏文帝。時，初即王位，既宿知有達，聞其來，甚悦。（中略）達既至譙，進見。（中略）遂與同載，又加拜散騎常侍，領新城太守。」由此可見，「復」字不當作「後」。六典原注蓋謂復如西漢之制而用士人也。

〔三九〕晉太始十年　「太」字原本訛作「大」，正德、嘉靖二本亦然，據廣雅本改。

〔四〇〕散騎常侍侍郎與侍中黄門侍郎共平章尚書奏事　原本「與」下無「侍」字，正德以下諸本皆然，據宋書百官志增。又，宋書百官志「平」下無「章」字。

〔四一〕又有員外散騎侍郎　原本無「騎」字，正德以下諸本皆然，據宋書百官志增。

〔四二〕東晉并中書入散騎省　「中」字原本無，據正德本增。

〔四三〕方今喉舌之要則任在門下　「下」字原本無，據正德本增。

〔四四〕晉代此官選望甚重　原本「選」下無「望」字，正德以下諸本並作「晉代此官選任愈重」，今據太平御覽卷二二四「散騎常侍」條引六典文增。

〔四五〕佩水蒼玉　「玉」原本訛作「王」，據正德本改。

〔四六〕而加秩中二千石　「二」字原本訛作「一」，正德以下諸本皆然，據職官分紀卷六「散騎常侍員品」

條引六典文改。又「千」字原本訛作「干」，後人墨書改作「千」，與正德本合，今仍之。

〔四七〕與散騎侍郎一人對掌禁令　隋書百官志「侍郎」下有「高功者」三字。

〔四八〕宋大明雖革選比侍中　「宋大明」三字原本訛作「梁天同」，正德以下諸本皆然。近衞校明本曰：「據南齊志、通典，『梁天同』當作『宋大明』。」是，今據改。

〔四九〕散騎常侍員外散騎常侍通直散騎常侍爲清望　散騎常侍之「散」字原本訛作「帶」，正德以下諸本皆然，近衞校明本曰：「『帶』當作『散』。」與隋書百官志合，今據以改。

〔五〇〕散騎視侍中　「中」字原本訛作「通」，據正德本改。

〔五一〕員外視黄門侍郎　原本「員」下脱「外」字，據正德本增。

〔五二〕第二品　魏書官氏志作「第二品下」。

〔五三〕後周散騎常侍爲加官　「侍」字原本訛作「倚」，據正德本改。

〔五四〕從第三品　「三」字原本脱落，據正德本增。

〔五五〕亦置六散騎　原本「散騎」下有「常侍」二字，正德以下諸本皆然。案：此所謂六散騎者，指散騎常侍、通直散騎常侍、員外散騎常侍、散騎侍郎、通直散騎侍郎、員外散騎侍郎而言也，「常侍」二字衍，今删。

〔五六〕省員外散騎常侍　「常」字原本誤脱，據正德本增。

〔五七〕又省散騎常侍散騎侍郎　隋書百官志「散騎常侍」下有「通直散騎常侍」六字。

〔五八〕置散騎常侍二員　「侍」字原本訛作「待」，據正德本改。

〔五九〕明慶二年　「二」字原本訛作「三」，正德以下諸本皆然，據太平御覽卷二二四「散騎常侍」條引六典改。

〔六〇〕又置二員　「二」字原本誤脱，據太平御覽卷二二四「散騎常侍」條引六典增。正德以下諸本並作「又置員外」，非。

〔六一〕始有左右之號　通典職官三宰相「散騎常侍」條曰：「大唐貞觀二年，制諸散騎常侍皆爲散官，從三品。後悉省之。貞觀十七年復置爲職事官，始以劉洎爲之。其後定制置四員，屬門下，掌侍從規諫。顯慶二年，遷二員隸中書，遂分爲左、右。」唐會要卷五十四省號上「左右散騎常侍」條曰：「武德令以爲從三品散官。貞觀十七年六月四日，改爲職事官，置兩員，以黄門侍郎劉洎爲之，隸門下省。顯慶二年十二月二十八日，分左、右，各兩員，其左隸門下省，右隸中書省。」舊唐書高宗本紀曰：「顯慶二年十二月壬午，分散騎常侍爲左、右，各兩員，其右散騎常侍隸中書省。」是顯慶之舉乃分遷改隸，非新增置也。

〔六二〕左散騎與侍中左貂　原本「貂」上脱「左」字，據正德本增。

〔六三〕龍朔二年改爲左侍極　原本脱「極」字，據通典職官三宰相「散騎常侍」條增。正德以下諸本「左侍極」並作「左常侍」，非。

〔六四〕秦諫大夫屬郎中令　原本脱「郎」字，正德以下諸本皆然，據漢書百官公卿表增。

〔六五〕掌論議　「論」字原本誤脱，據漢書百官公卿表增。

〔六六〕至武帝元狩五年　「五」字原本訛作「六」，正德以下諸本皆然，據漢書百官公卿表改。

〔六七〕秩比六百石　漢書百官公卿表「六」作「八」。

〔六八〕諫議大夫置十三員　續漢書百官志：「本注曰：『無員。』」注引漢官曰：「三十人。」

〔六九〕晉宋齊梁陳並省　「省」字原本訛作「置」，正德以下諸本皆然。近衛校明本曰：「『置』當作『省』。」是，今據以改。

〔七〇〕正第四品　魏書官氏志：諫議大夫，太和前制，第四品下；二十三年，從第四品下。

〔七一〕北齊集書省置諫議大夫七人　原本脱「人」字，據正德本增。

〔七二〕掌規諫於天子　「天子」二字原本無，正德以下諸本均作「掌規諫」，殆以「於」字與下文「皆其任也」連書無義不通，故並刊去之。今據通典職官三宰相「諫議大夫」條校增。

〔七三〕龍朔二年改爲正諫大夫　「諫」字原本訛作「議」，正德以下諸本皆然，據通典職官三宰相「諫議大夫」條改。

〔七四〕一曰諷諫　「諷」字原本訛作「一」，據正德本改。

〔七五〕臣願爲中郎署長　今本史記汲黯傳無「署長」二字。

〔七六〕後漢張衡爲侍中　原本「後」上衍「蹟」字，據正德本删。

〔七七〕孝文帝命侍中丘惟拾遺左右　近衛校明本曰：「據通志，『惟』當作『堆』。」案：丘惟其人，史所未見，近衞所校，頗有理據。唯查魏書丘堆傳，堆於太宗卽位時，拾遺左右；世祖時，以從征赫連昌喪師被誅，「孝文」其「明元」之訛歟？以其未敢必也，不便妄更，謹誌於此，以備參考。

〔七八〕左右各加三員　「各」字原本訛作「名」，據正德本改。

〔七九〕後魏及北齊集書省領起居注令史之職從第七品上　魏書官氏志載太和前制有起居注令史，從第七品上。劉知幾史通史官建置篇曰：「元魏置起居令史，每行幸讌會則在御左右，記錄帝言及賓客酬對。後別置修起居注二人，多以餘官兼掌。」通典職官三宰相「起居」條略同史通。又，隋書百官志云：「（北齊）集書省又領起居省。」

〔八〇〕掌書王言及動作　「王」字原本兑，正德以諸本皆然。近衞校明本曰：「據通典，『書』下有『王』字。」是，今據以增。

〔八一〕以月繫時　「繫」字原本訛作「擊」，據正德本改。

〔八二〕必時書其朔日甲乙以紀曆書　太平御覽卷二二〇「起居郎」條引六典，「必」下無「時」字。

〔八三〕送付史官　近衞校明本曰：「據舊唐志，『官』當作『館』。」案：資治通鑑卷一八五武德元年六月「元文都喜於和解」條胡三省注引六典亦作「官」。

〔八四〕從第五品　魏書官氏志：太和前制，典儀監從第五品上。

〔八五〕至貞觀初李義府爲之　「初」字原本作「秘」，顯訛；正德以下諸本並作「初」。近衞校明本曰：「舊唐志『初』作『末』。」案：舊唐書李義府傳曰：「貞觀八年，劍南道巡察大使李大亮以義府善屬文，表薦之，對策擢第，補門下省典儀。」則作「初」者蓋是也，今據以改。

〔八六〕掌城門屯兵　漢書百官公卿表「掌」下有「京師」二字。

〔八七〕太和末　「太」字原本訛作「大」，據正德本改。

〔八八〕掌宮殿城門並諸倉庫管鑰之事　「宮」字原本訛作「官」，今據隋書百官志改。正德以下諸本並作「宮殿門」，兑「城」字。

〔八九〕後周地官府置宮門中士一人下士一人　通典職官三宰相「城門郎」條：「後周地官府置宮門上士一人、下士一人。」同書職官二十一後周官品無宮門上士，有宮門中士，正二命。

〔九〇〕掌皇城五門之禁令　近衛校明本曰：「『皇』恐當作『宮』。」疑是也，誌以備考。

〔九一〕從第四品下　隋書百官志及通典職官二十一隋官品令並作「從四品上」。

〔九二〕宮城門及左右延明乾化門開　資治通鑑卷二一五天寶五載秋七月丙辰下所繫「楊貴妃方有寵」條胡三省注引六典與此同。長安志卷六西内章亦作「乾化門」。六典卷七「工部郎中員外郎職掌」條載唐宮苑之制，「乾化門」作「虔化門」。考資治通鑑卷一八四「義寧元年十一月甲子」條載李淵「日於虔化門視事」，是虔化門爲隋之舊名無疑。又同書卷二一〇「開元元年七月甲子」條記玄宗誅太平公主，「自武德殿入虔化門」，則玄宗初年此門猶名虔化也。

〔九三〕其京城門開閉與皇城門同刻　「刻」字原本訛作「初」，正德、嘉靖二本亦然，廣雅本作「刻」，與資治通鑑卷二一五天寶五載秋七月丙辰下所繫「楊貴妃方有寵」條胡三省注引六典合，今據以改。

〔九四〕宮城皇城鑰匙至五更一點出開門　唐律疏議卷七衛禁上「即宮殿門閉訖而進鑰違遲者」條疏議曰：「依監門式，駕在大內，宮城門及皇城門鑰匙，每去夜八刻出閉門，二更二點進入。」又曰：「四更二點出鑰開門。」

〔九五〕每去日入前十四刻出閉門二更一點入　唐律疏議卷七衛禁上「即宮殿門閉訖而進鑰違遲」條疏議引監門式曰：「每去夜十三刻出閉門，二更二點進入。」

〔九六〕殿門及城門若有敕夜開　「城門」原本訛作「城閉」，正德以下諸本皆然，據資治通鑑卷二一五天寶五載秋七月丙辰下所繫「楊貴妃方有寵」條胡三省注引六典改。

〔九七〕秩四百石　「秩」字原本訛作「秩」，據正德本改。

〔九八〕昭帝幼冲　「昭」字原本訛作「招」，據正德本改。

〔九九〕領尚符璽郎中四人　「領」字原本殘缺，據職官分紀卷六「符寶郎」條引唐六典補。正德以下諸本並作「令」，非。

〔一〇〇〕以持書侍御史領之　「侍」字原本無，據通典職官三宰相「符寶郎」條增。正德以下諸本並作「侍書御史」，非。

〔一〇一〕領符璽郎中四人　隋書百官志無「領」字。

〔一〇二〕正第六品上　隋書百官志作「正六品下」。

〔一〇三〕取天子之璽置天子之座　上「天子」之「天」原本訛作「入」，據正德本改。

〔一〇四〕季武子使季冶問　「冶」字原本訛作「治」，據正德本改。左傳襄公二十九年「季冶」作「公冶」，杜注云：「公冶，季氏屬大夫。」

〔一〇五〕徵兵爲銅獸符第一至第五　漢書文帝紀「獸」作「虎」，六典避唐諱，改作「獸」字。下「銅獸」同。

〔一〇六〕但召符節令發銅獸竹使符耳　案：後漢書杜詩傳曰：「初，禁錮尚簡，但以璽書發兵，未有虎符之信。詩上疏曰：『（上略）間者發兵但用璽書，或以詔令，如有姦人詐僞，無由知覺。愚以爲軍旅尚興，賊虜未殄，徵兵郡國，宜有重慎，可立虎符，以絶姦端。（下略）』書奏，從之。」杜詩卒于光武建武十四年，六典原注謂「至順帝，以此制煩擾，但召符節令發銅獸、竹使符」者，誤矣。

〔一〇七〕徐令言玉璽記曰　「玉」字原本訛作「王」，據正德本改。

〔一〇八〕袁術拘其妻而奪之　「而」字原本訛作「面」，據正德本改。

〔一〇九〕荆州刺史徐璆得璽　「璆」字原本訛作「繆」，正德以下諸本皆然，今據三國志魏志武帝紀「建安十三年夏六月，以公爲丞相」條裴松之注引獻帝起居注改。

〔一一〇〕其將蔣幹求救於晉　「幹」字原本訛作「韓」，正德以下諸本皆然，據職官分紀卷六「符寶郎」條引唐六典改。

〔一一一〕爲將侯子監盜璽走江東　職官分紀同上條引唐六典，「爲」作「僞」。

〔一一二〕晉孝武十九年　案：晉孝武前後凡兩元，寧康三年，太元二十一年，共二十四年。此太元十九年事也。

〔一一三〕厚一寸七分　太平御覽卷六八二「璽」條引玉璽譜作「厚七分」。

〔一一四〕但形製高大　「大」字原本訛作「入」，正德、嘉靖二本亦然，近衞校曰：「『入』當作『大』。」廣雅本作「大」，是。今據以改。

〔一一五〕玉色不逮耳　「玉」字原本訛作「王」，據正德本改。

〔一一六〕兩端縫　續漢書輿服志注引漢舊儀作「兩端無縫」。

〔一一七〕諸下竹使符徵召大事行州郡國者用皇帝信璽　「諸」字原本無，正德以下諸本皆然，近衞校明本曰：「『下』上疑當有『諸』字。」與下文「諸下銅獸符發郡國兵」句例合，今據以增。

〔一一八〕次直侍中佩信璽行璽以從　案：自「有事及發外國兵用天子信璽」起，至本句末止，續漢書百官志注及太平御覽卷八六二「璽」條引漢舊儀俱無之，聚珍版叢書本漢官舊儀亦不載。揆其文字雖與其上之文有異，而義則相同，疑六典別自引用他書，而「有」上有脫文。

〔一一九〕若諸州諸軍折衝府諸處捉兵鎮守之所及宮總監　「及」字原本訛作「反」，據正德本改。

〔一二〇〕其長官若被告謀反大逆　「謀」字原本訛作「諌」，據正德本改。

〔一二一〕亦各給木契　「木」字原本訛作「大」，據正德本改。

〔一二二〕山國用獸符　周禮「獸」作「虎」，六典避唐諱改。

〔一二三〕戾太子遣巫蠱事　「太」字原本訛作「大」，正德、嘉靖二本亦然，今據廣雅本改。

〔一二四〕其右一十有九　近衞校明本曰：「唐志無『其』字。」案：舊唐書職官志及資治通鑑卷一九八「貞觀二十年十一月乙丑」條胡三省注並有之。

〔一二五〕左二右一　近衛校明本曰：「依上例，『右一』下似缺注文。今按唐志（指新唐書車服志）及文獻通考（指王禮考「圭璧符節璽印」條）有『左者進内，右者隨身』之文，當以此八字爲注文。」

〔一二六〕命大將帥及遣使於四方則請而假之　近衛校明本曰：「舊唐志『假』作『佩』。」案：資治通鑑卷一九八「貞觀二十年十一月乙丑」條胡三省注同六典原注作「假」。

〔一二七〕後周有崇文館　「館」字原本訛作「觀」，據正德本改。

〔一二八〕皆妙簡賢良爲學士　「士」字原本訛作「書」，據正德本改。

〔一二九〕置詳正學士校理　近衛校明本曰：「據通典，『置』當作『未』。」又曰：「通典『正』下有『委』字。」案：據唐會要卷六十四史館下「弘文館」條，六典原注蓋不誤。

〔一三〇〕館中有四部書　「四」字原本訛作「曰」，據正德本改。

〔一三一〕褚亮檢校館務　「褚亮」原本訛作「褚無量」。案：通典職官三宰相「弘文館」條作「褚亮」。考舊唐書褚亮傳曰：「貞觀元年，爲弘文館學士。」同書褚無量傳曰：「景龍三年，遷國子司業，兼修文館學士。」自當以通典爲正，今據改。

〔一三二〕二十三年減二人　唐會要卷六十四史館下「宏文館」條曰：「開元二十二年二月二十五日，省宏文館校書兩員。」

〔一三三〕搨書手三人　「搨」字原本作「榻」，據正德本改，注文同此。

〔一三四〕禮部試崇文弘文生舉例　「試」字原本訛作「式」，據正德本改。

〔一三五〕習經一大經一小經　近衞校明本曰：「（習經）當作『經習』。」

〔一三六〕皆兼帖孝經論語共十條通六者爲第　「通六」二字原本無，正德以下諸本皆然，近衞校曰：「據唐志，『條』下脱『通六』二字。」與新唐書選舉志合，今據以增。

唐六典中書省集賢院史館匭使卷第九

中書省

中書令二人　中書侍郎二人　中書舍人六人　主書四人　主事四人　令史二十五人　書令史五十人　傳制十人　亭長十八人　掌固二十四人　修補制敕匠五十人　掌函掌案各二十人

右散騎常侍二人

右補闕二人　右拾遺二人　起居舍人二人　通事舍人十六人

集賢殿書院

學士　直學士　侍講學士　修撰官　校理官　中使一人　孔目官一人　知書官八人　書直及寫御書一百人　搨書手六人　畫直八人　裝書直十四人〔一〕　造筆直四人〔二〕　典四人

史館〔三〕

史官　亭長二人　掌固六人　熟紙匠六人

匭使院

知匭使一人　判官一人　典二人

中書令二人，正三品。周官：「內史掌王之八柄，掌書王命。」蓋中書之任也。漢中書謁者令、丞屬少府。自武帝遊宴後庭，故用宦者。〔四〕司馬遷被腐刑之後爲中書令，卽其任也。不言「謁者」，省文也。宣帝時任中尚書宦官弘恭、石顯，皆宦者，恭爲令，顯爲僕射。元帝卽位，恭死，顯代爲中書令。元帝以中人無外黨，遂委以政事，事無大小，皆因決白，〔五〕貴幸傾朝，公卿已下畏之，重足一跡。成帝改中書謁者令曰中謁者令，〔六〕罷中書宦官，〔七〕更以士人爲之。漢舊儀云：「領贊尚書出入奏事，〔八〕秩千石。」後漢省。獻帝時，魏武爲魏王，置祕書令，典尚書奏事，此又中書之任也。魏黃初，〔九〕改祕書令典尚書奏事爲中書令，〔一〇〕又置監與令各一人，秩並千石，以祕書左丞劉放爲中書監，右丞孫資爲中書令，二人用事，權自此重矣。魏制監右於令，故孟康自中書令遷中書監，時以爲美也。魏中書與尚書奏事，若密詔下州郡及邊將，則不由尚書。晉氏監、令並第三品，秩千石，銅印、墨綬，進賢兩梁冠，絳朝服，佩水蒼玉，〔一一〕軺車。監、令掌贊詔命，記會時事，典作文書。舊尚書并掌詔奏，既有中書官，而詔悉由中書也。〔一二〕故荀勗從中書監爲尚書令，〔一三〕人賀之，乃發恚曰：「奪我鳳皇池，何賀之有？」東晉朝更重其職，多以諸公領之。中興之後，以中書之任并入散騎省，〔一四〕後復置之。宋、齊置監、令，品秩並同晉氏。梁監增秩至中二千石，令秩增二千石，監、令並增至二品；後定十八班，監班第十五，令班第十三。〔一五〕陳氏監、令品秩依梁；〔一六〕中書分爲二十一局，各掌尚書諸曹，總國機要，而尚書唯聽受而已。後魏置監、令各一人。孝文初，定命中書監正第一品，〔一七〕中書令正第二品中；太和末，〔一八〕監從第二品，令正第三品。北齊依魏。後周依周官，春官府置內史中大夫二人，掌王言，蓋比中書監、令之任；後又增爲上大夫。隋氏改中書省爲內史省，置內史省監、令各一人；尋廢監，置令二人，正第三品。文帝廢三公府寮，令中書令與侍中知政事，遂爲宰相之職。煬帝十二年，改爲內書省。武德初，爲內史省；三年，改爲中書省。龍朔二年，改省爲西臺，令爲右相；咸亨元年復舊。光宅二年，改中書爲鳳閣，令爲內史；神龍元年復舊。開元元年改爲紫微令，五年復舊。

中書令之職，掌軍國之政令，緝熙帝載，統和天人。入則告之，出則奉之，以釐萬邦，以度百揆，蓋以佐天子而執大政者也。凡王言之制有七：一曰册書，立后建嫡，封樹藩屏，寵命尊賢，臨軒備禮則用之。二曰制書，行大賞罰，授大官爵，〔一九〕釐年舊政，赦宥降慮則用之。〔二〇〕二曰慰勞制書，褒贊賢能，勸勉勤勞則用之。四曰發日敕，〔二一〕謂御畫發日敕也。〔二二〕增減官員，廢置州縣，徵發兵馬，除免官爵，授六品已下官，〔二三〕處流已上罪，用庫物五百段、錢二百千、倉糧五百石、奴婢二十人、馬五十疋、牛五十頭、羊五百口已上則用之。五曰勅旨，謂百司承旨而爲程式，奏事請施行者。六曰論事敕書，慰諭公卿，誡約臣下則用之。七曰敕牒。隨事承旨，不易舊典則用之。皆宣署申覆而施行焉。尚書有典、謨、訓、誥、誓、命之書，皆帝王詔制記于簡策者也。〔二四〕蔡邕獨斷稱：「漢制，天子之書，一曰策書，二曰制書，三曰詔書，四曰戒敕。〔二五〕策者，以簡爲之，其制長二尺，〔二六〕短者半之，其次一長一短兩編，下附篆書，題年、月、日，〔二七〕稱『皇帝曰』，以命諸侯王、三公。制書，帝者制度之命也，其文曰『制詔』，三公赦令、贖令之屬是；〔二八〕近道印付使，遠道皆璽封，尚書令卽准赦、贖令召三公詣朝堂受，制書司徒露布州郡。〔二九〕詔書有三品：其文曰『告某官某官如故事』，〔三〇〕是爲詔書；羣臣有所奏請，尚書令奏下之，有『制詔』，天子答之曰『可』，以爲詔書；〔三一〕羣臣有所表請，〔三二〕無尚書令奏『制曰』之字，則答曰『已奏如書』，本官下所當至，亦曰詔書。戒書、戒敕，〔三三〕刺史、太守及三邊營官被敕，〔三四〕文曰『有詔敕某官』，是爲戒敕。」自魏、晉已後因循，有册書、詔、敕，總名曰詔。皇朝因隋不改。天后天授元年，以避諱，改詔爲制。今册書用簡，制書、慰勞制書、發日敕用黃麻紙，敕旨、論事敕及敕牒用黃籐紙，其赦書頒下諸州用絹。凡大祭祀羣神，則從升壇以相禮；享宗廟，則從升阼階；親征纂嚴，則使戒敕百寮。册命親賢，臨軒則使讀册；若命之于朝，則宣而授之。凡册太子，則授璽、綬。〔三五〕凡制詔宣傳，文章獻納，皆授之於記事之官。〔三六〕【武德、貞觀故事，以尚書省左、右僕射各一人及侍中、中書令各二人爲知政事官。其時，以他官預議國政者，云「與宰相參議朝政」，或云「平章國計」，或云「專典機密」，或「參議政事」。貞觀十七年，李勣爲太子詹事，特詔同知政事，始謂「同中書門下三品」。自是，僕射常帶此稱；自餘非兩省長官預知政事者，皆以此爲名。永淳中，始詔郭正一、郭待舉、魏玄同等與中書門下同承受進止平章事。自天后已後，兩省長官及同中書門下三品并平章事爲宰相；其僕射不帶「同中書門下三品」者，但釐尚書省而已。總章二年，東臺侍郎張文瓘、西臺侍郎戴至德等始以「同中書門下三品」著之入銜，自是相承至今。永淳二年，黄門侍郎劉齊賢知政事，稱「同中書門下平章事」；自後，兩省長官及他官執政未至侍中、中書令者，皆稱「同中書門下平章事」也。〔三七〕

中書侍郎二人，正四品上。按環濟要略：漢置中書，掌密詔，有令、僕、丞、郎。漢舊儀云：「置中書領尚書事，掌匈奴營部一郎，民曹一郎，謁者一郎。」魏黄初，〔三八〕中書置監、令，又置通事郎，次黄門郎，即中書侍郎之任也。魏志：「明帝詔舉中書郎，謂盧毓曰：『得人與否，在盧生耳。』」又：「司馬宣王辟王伯輿，擢爲中書侍郎。」則其名起於魏氏。晉令：「中書侍郎四人，品第四，〔三九〕給五時朝服，進賢一梁冠。」晉氏每一郎入直西省，專掌詔草，更直省五日；從駕，則正直從，次直守。東晉又改爲通事郎，尋復舊。宋、齊並同晉氏。梁功高者一人主直内事，〔四〇〕秩千石，班第九。陳依梁。後魏置四人，初，正第四品上；太和末，從第四品上。北齊因之。後周依周官，春官府置小内史下大夫二人，〔四一〕蓋比中書侍郎之任也。隋初改爲内史省侍郎，置四人，正第四品下；煬帝三年減二員，十二年改爲内書侍郎。皇朝改爲内史侍郎。武德三年改爲中書侍郎，龍朔、咸亨、光宅、神龍、開元並隨省改復。

中書侍郎掌貳令之職，凡邦國之庶務，朝廷之大政，皆參議焉。凡臨軒册命大臣，令爲之使，則持册書以授之。若自内册，則以册書授使者。〔四二〕册后則奉琮、璽及綬，册太子則奉璽、綬，〔四三〕皆以授使者。凡四夷來朝，臨軒則受其表疏，〔四四〕升于西階而奏之；若獻贄幣則受之，以授於所司。

中書舍人六人，正五品上。魏氏中書置通事一人，掌呈奏案章，魏志云「明帝時有通事劉泰」是也。高貴鄉公正始中改爲通事舍人，尋又改爲通事侍郎，則猶兼侍郎之任也。晉書百官志云：「晉初，中書舍人、通事各一人，〔四五〕

至東晉合爲一職，謂之通事舍人，專掌呈奏。後復省之，而以侍郎兼其職。」晉令：「中書通事舍人品第七，〔四六〕絳朝服，武冠。」宋初又置通事舍人四人，品秩同晉氏，〔四七〕入直閤內，〔四八〕出宣詔命，而侍郎之任輕矣。齊武永明初，中書通事舍人四人，〔四九〕各住一省，時謂之「四户」，既總重權，勢傾天下。〔五〇〕會熒惑入太微，太史奏宜修祈禳之禮，太尉王儉謂帝曰：〔五一〕「天文乖忤，此由四户。」帝納之，不能改也。梁氏秩四百石，品第八。梁用人殊重，簡以才能，不限資地，多以他官兼領，並入閤內，專掌中書詔誥，猶兼呈奏之事。故裴子野以中書侍郎、鴻臚卿常兼中書通事舍人，别敕知詔誥。自魏、晉，詔誥皆中書令及中書侍郎掌之，至梁始舍人爲之；〔五二〕其後，除「通事」，直曰中書舍人。陳氏置五人，餘同梁氏。後魏第六品上，〔五三〕史闕其員。北齊置十人，品同魏氏，〔五四〕並掌詔誥。後周春官府置小史上士二人，比其任也。〔五五〕隋初改曰内史舍人，置八人，專掌詔誥，正第六品上；開皇三年，加從第五品上。煬帝三年減置四人，十二年改曰内書舍人。皇朝改曰内史舍人。武德三年改曰中書舍人，龍朔、咸亨、光宅、神龍、開元並隨省改復。　中書舍人掌侍奉進奏，參議表章。凡詔旨、制敕及璽書、册命，皆按典故起草進畫；既下，則署而行之。其禁有四：一曰漏洩，二曰稽緩，三曰違失，四曰忘誤，〔五六〕所以重王命也。制敕既行，有誤則奏而改正之。凡大朝會，諸方起居，則受其表狀而奏之；國有大事，若大克捷及大祥瑞，百寮表賀亦如之。凡册命大臣于朝，則使持節讀册命命之。凡將帥有功及有大賓客，皆使以勞問之。凡察天下寃滯，與給事中及御史三司鞫其事。凡有司奏議，〔五七〕文武考課，皆預裁焉。按：今中書舍人、給事中每年各一人監考內外官使。其中書舍人在省，以年深者爲閤老，兼判本省雜事；一人專掌畫，謂之知制誥，得食政事之食；餘但分署制敕。六人分押尚書六司，〔五八〕凡有章表皆商量，可否則與侍郎及令連署而進奏。其掌畫事繁，〔五九〕或以諸司官兼者，謂之兼制誥。〔六〇〕

主書四人，從七品上；周官天官有司書中士四人，鄭注云：「主計會之簿書。」掌邦國六典、八法、九職，〔六一〕蓋比主書之任也。王道秀百官春秋：〔六二〕「初，晉中書置主書，用武官，宋文帝改用文吏。」齊氏中書置主書令史。〔六三〕梁氏不置。陳氏中書置主書十人，去令史之名。後魏中書有主書令史八人，從第七品上。北齊十人，從八品上。〔六四〕天保中，文宣躬親政事，主書令史頗亦受委，并得奏事。文宣曾立看主書令史題署，嫌其遲，語云：「但主書，何須復著『令史』二字也。」即以去之。至武成河清初，左丞劾其輒改吏稱，皆云文宣口敕，尋屬新令初頒，遂去「令史」之字。文宣之代，雖曰委任，用人猶輕。至孝昭、武成，召引才學之士荀士遜、李德林、樊孝廉爲之，頗曰清舉，猶未有灼然子弟屈爲此職。〔六五〕隋氏中書主書亦有「令史」字，置十人，正第九品上，〔六六〕用人益輕。煬帝三年改減爲四人。〔六七〕皇朝因之，流外入流累轉爲之。

主事四人，從八品下；魏氏所置。歷宋、齊，中書並置主事，品並第八。梁中書令史二人，品第八。陳氏及後魏、北齊並不置。隋初，諸臺省並置主事令史，皆正第九品上；煬帝三年，並去令史之名。前代用人皆輕，而隋氏雜用士人爲之，故顏慜楚文學名家爲內史主事；尋罷士人。皇朝並用流外入流累轉爲之。舊令從九品上，開元二十四年敕進入八品。令史二十五人，書令史五十人。魏置中書令史，品第八。晉氏品第九，宋氏品第八。齊中書令史品第六。梁中書令史八人，書令史十二人，品皆第九。陳氏中書吏不置令史。〔六八〕後魏、北齊中書並有令史。自前代已來，令史皆有品秩，至隋開皇初始降爲流外行署。

右散騎常侍二人，從三品。故事已詳於左省。顯慶二年置，龍朔二年改爲右侍極，咸亨元年復故。〔六九〕

右散騎常侍掌如左散騎常侍之職。

右補闕二人，從七品上；廢置已詳門下省左補闕注。右拾遺二人，從八品上。已詳左拾遺注。

右補闕、拾遺掌如左補闕、拾遺之職。

起居舍人二人，從六品上。起居舍人因起居注而名官焉。古者，人君言則右史書之，即其任也。其設官沿革，起居郎注詳焉。隋煬帝三年，減内史舍人四員；置起居舍人二人，從第六品上，〔七〇〕次内史舍人下，始以虞世南、蔡允恭爲之。皇朝因之。貞觀二年省，顯慶二年又置。龍朔二年改爲右史，咸亨元年復故。天授元年又改爲右史，神龍元年復故。

起居舍人掌修記言之史，録天子之制誥德音，如記事之制，以紀時政之損益。自永徽已後，起居唯得對仗承旨，仗下之後，謀議皆不得預聞。長壽元年，文昌左丞姚璹知政事，以爲帝王謨訓，不可遂無紀述，若不宣自宰相，史官無從得書，遂表請仗下所言軍國政要，即宰相一人專知撰録，號爲「時政記」，每月送史館。自後因循，録付兩省起居，使編録焉。季終，則授之於國史。

通事舍人十六人，從六品上。通事舍人卽秦之謁者。漢書百官表云：「謁者掌賓贊受事，員七十人，秩比六百石；有僕射，秩比千石。」舊儀云：「謁者有缺，選郎中美鬚眉大音者補。」後漢百官志：「和帝時，陳郡何熙爲謁者僕射，贊拜殿中，音動左右。」後漢有常侍謁者五人、謁者三十五人。二漢謁者臺並隸光禄勳。魏置謁者十人。晉武帝省僕射，以謁者并蘭臺。晉初，置舍人、通事各一人，隸中書。東晉令舍人、通事兼謁者之任，〔七一〕通事舍人之名，自此始也。宋武帝置謁者僕射，領謁者十八人。〔七二〕齊因之。梁置謁者十人，亦隸謁者臺。陳亦有之。後魏謁者從第五品中。北齊謁者三十人，正第九品下。隋初罷謁者官，置通事舍人十六人，從六品上；開皇三年，增舊爲二十四員。又置謁者臺，〔七三〕改通事舍人爲通事謁者；創置四方館於建國門外，隸鴻臚寺，以待四方使者。皇朝廢謁者臺，改謁者爲通事舍人，隸四方館，屬中書省。

通事舍人掌朝見引納及辭謝者於殿庭通奏。京官文武職事五品已上假、使，去皆奏辭，來皆奏見；其六品已下奉敕差使亦如之。外官五品已上假、使至京及經京過，若新授及駕行在三百里內過，並聽辭、見。凡近臣入侍，文武就列，則引以進退，而告其拜起出入之節。凡四方通表，華夷納貢，皆受而進之。若有大詔令，則承旨以宣示百僚。凡軍旅之出，則受命慰勞而遣之；既行，則每月存問將士之家，以視其疾苦；凱還，則郊迓之，皆復命。凡致仕之臣與邦之耋老，時巡問亦如之。

集賢殿書院：開元十三年所置。〔七四〕漢、魏已來，其職具祕書省。梁武帝於文德殿內列藏衆書。北齊有文林館學士，後周有麟趾殿學士，皆掌著述。隋平陳之後，寫書正、副二本，〔七五〕藏于宮中，其餘以實祕書外閣。煬帝於東都置觀文殿，東西廂貯書。自漢延熹至今，皆祕書掌圖籍，而禁中之書時或有焉。及太宗在藩邸，有秦府學士十八人；其後，弘文館、崇文館皆有學士，則天時亦有珠英學士，皆其任也。今上即位，大收羣書，以廣儒術。洎開元五年，於乾元殿東廊下寫四部書，以充內庫，仍令右散騎常侍褚無量、祕書監馬懷素總其事，〔七六〕置刊定官四人，以一人判事，其後因之。六年，駕幸東京；七年，於麗正殿安置，爲修書使。〔七七〕褚、馬既卒，元行沖爲使，尋以張說代之。八年，〔七八〕置校理二十人。十二年，駕幸東都，於命婦院安置。十三年，召學士張說等宴於集僊殿，於是改名集賢殿修書所爲集賢殿書院，五品已上爲學士，六品已下爲直學士，以說爲大學士，知院事。說累讓「大」字，詔許之。其後，更置修撰、校理官。又有待制官名，其來尚矣。漢朱買臣待詔公車。公車，衛尉之屬官，掌天下之上書。東方朔、劉向、王褒、賈捐之等待詔金馬門，宦署門也。〔七九〕今之待制，即其事焉。**學士**，五品已上爲學士，每以宰相爲學士者知院事。初，張說爲中書令知院，制以右常侍徐堅副之，〔八〇〕自爾常以近密官爲副，兼判院。**直學士**，六品已下爲直學士。並開元十三年置。**侍講學士**，開元初，褚無量、馬懷素侍講禁中，爲侍讀。其後，康子元等爲侍講學士。**修撰官，校理官**，同直學士，無常員，以佗官兼之。又有留院官、檢討官，皆以學術，〔八一〕別敕留之。中使一人，自乾元殿寫書，則直知出入，宣傳進奏，〔八二〕掌同宮禁。孔目官一人，開元五年置。知書官八人，開元五年置。漢劉歆總羣書而爲七略，凡三萬三千九十卷。遭王莽、董卓之亂，掃地皆盡。魏氏採掇遺亡，至晉，總括羣書，凡二萬九千九百四十五卷。惠、懷之後，靡有孑遺。東晉所存三千一十四卷。至宋，謝靈運造四部目録，凡六萬四千五百八十二卷。〔八三〕其後，王儉復造目録，凡萬五千七十四卷。〔八四〕齊王亮、謝朏四部書目，凡萬八千一十卷。齊末，兵火延燒，祕閣經籍煨燼。梁帝克平侯景，〔八五〕收公私經籍歸于江陵，凡七萬餘卷；周師入郢，咸自焚之。周武保定中，書盈萬卷，平齊所得，纔至五千。隋祕書監牛弘請分遣使者搜訪異書，平陳之後，經籍漸備，凡三萬餘卷。煬帝寫五十副本，分爲三品。大唐平王充，〔八六〕收其圖書，泝河西上，多有漂没，存者猶八萬餘卷，自是圖籍在祕書。今祕書、弘文、史館、司經、崇文皆有之；集賢所寫，皆御本也。書有四部：一曰甲，爲經；二曰乙，爲史；三曰景，〔八七〕爲子；四曰丁，爲集。故分爲四庫，每庫二人，知寫書、出納、名目、次序，以備檢討焉。四庫之書，兩京各二本，〔八八〕共二萬五千九百六十卷，〔八九〕皆以益州麻紙寫。其經庫書鈿白牙軸、黄帶、紅牙籤，史庫書鈿青牙軸、縹帶、緑牙籤，子庫書彫紫檀軸、紫帶、碧牙籤，集庫書緑牙軸、朱帶、白牙籤，以爲分別。書直及寫御書一百人，開元五年十二月，敕於祕書省、昭文館兼廣召諸色能書者充，皆親經御簡。後又取前資、常選、三衛、散官五品已上子・孫，各有年限，依資甄敍。至十九年，敕有官爲直院也。搨書手六人，乾元殿初置二人，開元十四年奏加至六人。取人及有官同直院。畫直八人，開元七年敕，緣修雜圖，訪取二人。八年，又加六人。十九年，院奏定爲直院。裝書直十四人，開元六年置八人，七年更加十人，十九年八月減四人。造筆直四人，開元六年置。典四人。開元五年置二人，九年加二人。

集賢院學士掌刊緝古今之經籍，以辯明邦國之大典，而備顧問應對。凡天下圖書之遺逸，賢才之隱滯，則承旨而徵求焉。其有籌策之可施於時，著述之可行於代者，較其才藝，考其學術，而申表之。凡承旨撰集文章，校理經籍，月終則進課于內，歲終則考最于外。開元八年十月敕：「學士等入經三年已上爲年深，若校理精勤、紕繆多正，及不能詳覈、無所發明，委修書使録奏，別加褒貶。」

史館史官。周有太史、小史、內史、外史，而諸侯之國亦置史官。又春秋、國語引周志及鄭書之說。推尋事迹，似當時記事各有職司。其後陵夷，史官放絶。秦滅先王之典，其制莫存。至漢武始置太史，命司馬談爲之。時，天下計書先上太史，副上丞相。談乃據左氏、國語、代本、戰國策、楚漢春秋，〔九〇〕接其後事，成一家之言。談卒，其子遷又爲太史，嗣成其事，名曰史記。遷卒後，好事者若馮商、劉歆、楊雄等亦頗著述。漢末，扶風班彪綴後傳數十篇。彪卒，其子固續成其志，名曰漢書。後漢明帝又召固入東觀，與陳宗、尹敏、孟冀共成光武本紀。〔九一〕其後，劉珍、劉毅、劉陶、伏無忌、黃景等相次著述東觀，〔九二〕所撰書謂之東觀漢記。然皆他官兼領史職。至魏明帝太和中，始置著作郎及佐郎，隸中書省，專掌國史。至晉惠帝元康二年，改隸祕書省。歷宋、齊、梁、陳、後魏並置著作，隸祕書省，北齊因之，代亦謂之史閣，亦謂之史館。史閣、史館之名，自此有也。故北齊邢子才作詩詶魏收「冬夜直史館」是也。後周有著作上士、中士，掌國史，隸春官府。隋氏曰著作曹，掌國史，隸祕書省。皇朝曰著作局。貞觀初，別置史館於禁中，專掌國史，以他官兼領；或卑品有才，亦以直館焉。

史官掌修國史，不虛美，不隱惡，直書其事。凡天地日月之祥，山川封域之分，昭穆繼代之序，禮樂師旅之事，誅賞廢興之政，皆本於起居注以爲實録，〔九三〕然後立編年之體，爲褒貶焉。既終藏之于府。〔九四〕

匭使院，知匭使一人。垂拱元年置，常以諫議大夫及補闕、拾遺一人爲使，專知受狀，以達其事。事或要者，當時處分；餘出付中書及理匭使據狀申奏。理匭使常以御史中丞及侍御史一人爲之。知匭使掌申天下之寃滯，以達萬人之情狀。立匭之制，一房四面，各以方色。東曰「延恩」，懷材抱器，希於聞達者投之；南曰「招諫」，匡正補過，裨於政理者投之；西曰「申寃」，懷寃負屈，無辜受刑者投之；北曰「通玄」，獻賦作頌，諭以大道及涉于玄象者投之。初置有四門，其制稍大，難於往來。後遂小其制度，同爲一匭，依方色辨之。其匭出以辰前，入以未後。

校勘記

〔一〕裝書直十四人　「人」字原本殘缺，據正德本補。

〔二〕造筆直四人　「人」字原本殘缺，據正德本補。

〔三〕史館　原本「史館」前有「集賢殿學士」五字，單成一行，與「中書省」齊頭，「史館」則差低一格。正德以下諸本皆然。近衞校明本曰：「（集賢殿學士）五字剩出，可削。」又曰：「『史館』當擡頭。」所言極是，今據以删、改。

〔四〕故用宦者　「宦」字原本訛作「官」，據正德本改。下「皆宦者」之「宦」同。

〔五〕皆因決白　「白」字原本訛作「曰」，據正德本改。漢書石顯傳「決白」作「白決」。

〔六〕成帝改中書謁者令曰中謁者令　下「令」字原本訛作「今」，據正德本改。

〔七〕罷中書宦官　「宦」字原本訛作「官」，據正德本改。

〔八〕領贊尚書出入奏事　「領」字原本訛作「頒」，正德以下諸本皆然，據職官分紀卷七引六典「中書令員品」條原注改。

〔九〕魏黃初　職官分紀同上卷上條作「魏黃初初」，與宋書百官志合。

〔一〇〕改祕書令典尚書奏事爲中書令　近衞校明本曰：「據宋志及通典，『祕書令典尚書奏事』八字衍。」案：宋書百官志「中書令」條曰：「魏武帝爲王，置祕書令，典尚書奏事，又其任也。文帝黃初初，改爲中書令。」通典職官三宰相「中書令」條，唯於「王」上增「魏」字，餘悉同之，此近衞之所本，而三國志魏志劉放傳復有「改祕書爲中書」之語，則近衞之言，似屬可信矣。然據宋書百官志「祕書監」條云：「魏武帝爲魏王，置祕書令、祕書丞，祕書典尚書奏事。文帝黃初初，置中書令，典尚書奏事，而祕書改令爲監，（中略）掌藝文圖籍。」通典職官八諸卿中「祕書監」條亦云：「魏武帝又置祕書令，典尚書奏事（即中書令之任）。文帝黃初初，乃置中書令，典尚書奏事。而祕書改令爲監，掌藝文圖籍之事，初屬少府，後乃不屬（自王肅爲監乃不屬）。」是魏文帝黃初之制，唯分祕書令典尚書奏事之職歸諸中書令而已，其祕書監、令固猶自存，掌圖書祕籍，如後漢東觀之任。六典本條原注，正謂此也。若以八字爲衍而刪去之，是直謂改祕書令爲中書令也，非惟與史實不符，亦且與本書卷十「祕書省監員品」條原注「文帝黄初中，分祕書立中書」之語相悖，是以當從原注。

〔一一〕佩水蒼玉　「玉」字原本訛作「王」，據正德本改。

〔一二〕而詔悉由中書也　正德以下諸本「書」下並有「官」字。案：職官分紀卷七引六典「中書令員品」條原注無之。

〔一三〕故荀勗從中書監爲尚書令　「荀」字原本訛作「前」，據正德本改。

〔一四〕以中書之任并入散騎省　「之」字原本訛作「九」，正德以下諸本皆然，據職官分紀卷七引六典「中書令員品」條原注改。

〔一五〕令班第十三　「三」字原本作「四」，正德以下諸本皆然，據隋書百官志及通典職官十九梁官品改。

〔一六〕陳氏監令品秩依梁　隋書百官志：陳中書監、令並中二千石；監品第二，令品第三。

〔一七〕孝文初定命中書監正第一品　魏書官氏志：太和前制，中書監從第一品中。

〔一八〕太和末　「末」字原本訛作「未」，據正德本改。

〔一九〕授大官爵　「授」字原本訛作「棱」，據正德本改。

〔二〇〕赦宥降慮則用之　「慮」字正德以下諸本並作「虜」，唐會要卷五十四省號上「中書省」條作「恩」，新唐書百官志「降慮」作「慮囚」；職官分紀卷七引六典「中書令職掌」條「虜」作「旨」。案：呂氏春秋卷二十長利有「無慮吾農事」之語，高誘注：「慮猶亂也。」由是觀之，諸書之説並可通，未知當以孰者爲正，誌以備考。

〔二一〕發日敕　近衛校明本曰：「舊、新唐志作『發敕』。」案：唐會要卷五十四省號上「中書省」條亦作「發敕」。考資治通鑑卷二一七「天寶十四載二月辛亥」條胡三省注曰：「進畫者，命中書爲發日敕，進請御畫而行之。唐六典：『中書掌王言，其制有七，其四曰發日敕。』正謂御畫發日敕也。」又，李肇翰林志引六典作「發白敕」。肇久居翰林，所引六典之文，必合乎當時之制，「白」應是「日」之形訛。六典本條原注亦作「發日敕」。綜合上述，知「日」字當存。

〔二二〕謂御畫發日敕也　「畫」字原本訛作「晝」，正德以下諸本並訛「御」爲「後」，「畫」字則不訛，今據以改。

〔二三〕授六品已下官　近衛校明本曰：「『六品以下』唐志作『六品以上』。」案：唐會要卷五十四省號上「中書省」條、李肇翰林志及資治通鑑卷二一七「天寶十四載二月辛亥」條胡三省注引六典並作「六品已下」。考本書卷二「吏部尚書、侍郎職掌」條曰：「五品已上以名聞，送中書門下，聽制授焉。六品已下常參之官，量資注定；其才識頗高，可擢爲拾遺、補闕、監察御史者，亦以名送中書門下，聽敕授焉。」通典選舉三歷代制下曰：「五品以上皆制授，六品以下、守五品以上及視五品以上皆敕授。」又，本書卷八「侍中之職」條下「一曰奏抄」之原注亦可與此互相參證。綜上所述，新唐書百官志「下」作「上」者，實誤。

〔二四〕皆帝王詔制記于簡策者也　「于」字原本誤作「干」，據正德本改。

〔二五〕四曰戒敕　獨斷「戒敕」作「戒書」。

〔二六〕其制長三尺　獨斷「三」作「二」。

〔二七〕題年月日　獨斷「題」作「起」。

〔二八〕三公赦令贖令之屬是　「赦」字原本訛作「救」，據正德本改。

〔二九〕近道印付使至制書司徒露布州郡　獨斷作「凡制書有印使符下遠近皆璽封，尚書令印重封，唯赦令、贖令召三公詣朝堂受，制書司徒印封，露布下州郡」。又，原本「贖」訛作「賤」，據正德本改。

〔三〇〕其文曰告某官某官如故事　「告」字原本訛作「吉」，據正德本改。「某官某官」四字，獨斷作「某官官」，太平御覽卷五九三「詔」條引漢制度作「某官云」。

〔三一〕尚書令奏下之至以爲詔書　獨斷作「尚書令奏之下，有『制曰，天子答之曰可』，若『下某官云云』，亦曰詔書」。

〔三二〕羣臣有所表請　「表」字正德以下諸本並作「奏」，獨斷同。職官分紀卷七引六典「中書令職掌」條原注，「表請」作「表奏」。

〔三三〕戒書戒敕　四字原本無，據正德本及獨斷增。

〔三四〕刺史太守及三邊營官被敕[illegible]「官」字原本無，正德以下諸本有之，與獨斷及太平御覽卷五九三

「詔」條引漢書合，今據以增。

〔三五〕凡册太子則授璽綬　近衛校明本曰：「舊唐志無『綬』字。」案：據開元禮卷一〇六及通典禮八十五「臨軒册命皇太子」條，「璽」下固當有「綬」字，舊唐書職官志蓋偶脱之。

〔三六〕皆授之於記事之官　近衛校明本曰：「此下疑脱注文，以舊唐志補之。」

〔三七〕武德貞觀故事至皆稱同中書門下平章事也　原本無此注，正德以下諸本皆然，此乃近衛據舊唐志以補明本者，因舊唐書職官志多本於六典，且文中所載唐前期宰相沿革較詳，故照録於此，以備參考。其中「進止」之「止」，舊志原訛作「旨」，據舊唐書高宗本紀、新唐書宰相表上「永淳元年」條及資治通鑑卷二〇三「永淳元年四月丁亥」條改。

〔三八〕魏黄初　宋書百官志「黄初」下有「初」字。

〔三九〕品第四　通典職官十九晉官品：中書侍郎第五品。

〔四〇〕梁功高者一人主直内事　隋書百官志及通典職官三「中書侍郎」條「直」並作「省」。

〔四一〕後周依周官春官府置小内史下大夫二人　「周官」二字原本無，正德以下諸本皆然，近衛校明本曰：「『依』下當有『周官』二字。」是，今據以增。

〔四二〕則以册書授使者　「册」字原本殘缺，據正德本補。

〔四三〕册太子則奉璽綬　「綬」字原本無，正德以下諸本皆然，今據上文「中書令職掌」條「凡册太子則授璽綬」增。參見校記〔三五〕。

〔四四〕臨軒則受其表疏　「受」字原本訛作「授」，正德以下諸本皆然，據開元禮卷七十九及通典禮九十一「受蕃國使表及幣」條改。

〔四五〕中書舍人通事各一人　近衞校明本曰：「據晉志，『一』當作『十』。」案：宋書百官志云：「晉初，置舍人一人，通事一人。」蓋今本晉書職官志訛「一」爲「十」也。

〔四六〕中書通事舍人品第七　「通」字原本殘缺，後人墨書作「通」，與正德本合，今仍之。

〔四七〕品秩同晉氏　「秩同」二字原本殘缺，乃後人墨書所補，與職官分紀卷七引六典「中書舍人員品」條原注合，今仍之。正德以下諸本並作「亦同」。

〔四八〕入直閤內　「閤」字正德以下諸本並作「閣」，宋書百官志、通典職官三宰相「中書舍人」條及册府元龜卷四五七臺省部總序記宋制亦然。

〔四九〕齊武永明初中書通事舍人四人　「初」字原本殘缺，後人墨書，與通典職官三宰相「中書舍人」條及職官分紀卷七引六典「中書舍人員品」條原注合，今仍之；正德以下諸本並作「立」，非。「中」字原本殘缺，據正德本補。

〔五〇〕勢傾天下　「傾」字原本殘缺，乃後人墨書，與正德本合，今仍之。

〔五一〕太尉王儉謂帝曰　「帝」字原本殘缺，乃後人墨書，與職官分紀卷七引六典「中書舍人員品」條原注及太平御覽卷二二二「中書舍人」條引齊書合，今仍之。正德以下諸本並作「之」，恐非是。

〔五二〕至梁始舍人爲之　近衞校明本曰：「通典『爲』作『專』。」案：初學記卷十一「中書舍人」條、職官分紀卷七引六典「中書舍人員品」條原注並作「爲」。

〔五三〕後魏第六品上　魏書官氏志：中書舍人，太和前制，從第六品上；太和後制，第六品下。

〔五四〕品同魏氏　隋書百官志：北齊中書舍人第六品上。通典職官二十北齊職品同隋志。

〔五五〕比其任也　正德以下諸本「比」並作「此」，職官分紀卷七引六典「中書舍人員品」條原注同。

〔五六〕四曰忘誤　「忘」字原本訛作「妄」；正德、嘉靖二本亦然，近衛校曰：「據新、舊唐志，『妄』當作『忘』。」廣雅本作「忘」，與太平御覽卷二二二「中書舍人」條引六典合，今據以改。

〔五七〕凡有司奏議　職官分紀卷七引六典「中書舍人職掌」條、舊唐書職官志「有」並作「百」。

〔五八〕六人分押尚書六司　原本下「六」字殘缺，據正德本補。

〔五九〕其掌畫事繁　「掌」字原本殘缺；正德、嘉靖二本亦然，近衛校曰：「當填以『進』字。」廣雅本作「掌」，今據上文「一人專掌畫」，從廣雅本補。

〔六〇〕謂之兼制誥　新唐書百官志「兼」下有「知」字。

〔六一〕掌邦國六典八法九職　「八」字原本訛作「以」，正德以下諸本皆然，今據周禮卷二天官冢宰下「司書職掌」條改。

〔六二〕王道秀百官春秋　「百官」二字原本殘缺，據正德本補。案：隋書經籍志有王秀道百官春秋五十卷，舊唐書經籍志及新唐書藝文志均有王道秀百官春秋十三卷，未知孰者爲正。

〔六三〕齊氏中書置主書令史　「中書」二字原本殘缺，後人墨書，與職官分紀卷七引六典「主書員品」條原注、通典職官三宰相「主書」條合，今仍之。正德以下諸本並訛「中」爲「尚」。

〔六四〕從八品上　隋書百官志：北齊主書正八品下。

〔六五〕猶未有灼然子弟屈爲此職　原本「灼」訛作「酌」，「弟」訛作「第」，據正德本改。

〔六六〕正第九品上　隋書百官志「總叙官品」條及通典職官二十一隋官品令：主書從八品上。

〔六七〕煬帝三年改減爲四人　隋書百官志云：「（煬帝）減主書員，置四人，加爲正八品。」

〔六八〕陳氏中書吏不置令史　近衞校明本曰：「『中』疑當作『有』。」案：原注「中書吏」者，蓋謂中書屬吏也，「中」字不誤。職官分紀卷七引六典「令史書令史員數」條原注亦作「中」。

〔六九〕咸亨元年復故　「故」字原本訛作「敵」，據正德本改。

〔七〇〕從第六品上　隋書百官志：起居舍人從六品。志又云：「煬帝即位，多所改革。三年定令：品自第一至于第九，唯置正從，而除上、下階。」據此，「上」字疑衍。

〔七一〕東晉令舍人通事兼謁者之任　「東」字原本殘缺，據職官分紀卷七引六典「通事舍人員品」條原注及資治通鑑卷二〇六「聖曆元年八月庚子通事舍人元行沖」條胡注引唐六典補。正德以下諸本並以「晉」與上文「書」字相接，恐非是。

〔七二〕領謁者十八人　宋書百官志、通典職官三宰相「通事舍人」條「十八人」均作「十人」。

〔七三〕又置謁者臺　據隋書百官志，「又」上疑當有「煬帝」二字。

〔七四〕開元十三年所置　通典職官三宰相「集賢殿書院」條曰：「至（開元）十二年，學士張說等宴於集仙殿，於是改殿名集賢，改修書使爲集賢殿書院學士。」如是，則「三」似宜作「二」。考新唐書百官志曰：「（開元）十一年，置麗正院修書學士；光順門外，亦置書院。十二年，東都明福門外亦置麗正書院。十三年，改麗正修書院爲集賢殿書院。」舊唐書玄宗本紀曰：「開元十三年夏四月丁巳，改集仙殿爲集賢殿，麗正殿書院改集賢殿書院。」職官分紀卷十五「集賢院」題注：「唐開元十三年始置（增入）。」又引韋述集賢記注曰：「十三年，詔改集仙殿爲集賢殿，改麗正書院爲集賢書院。以中書令張說、右散騎常侍徐堅並爲集賢學士，說知院事。自餘並以舊官爲學士及侍講學士等。集賢院學士之名，始於此矣。」六典本注，蓋指其最後定名之日而言也。

〔七五〕寫書正副二本　舊唐書職官志「寫」下有「羣」字。

〔七六〕仍令右散騎常侍褚無量祕書監馬懷素總其事　「仍」字原本殘缺；正德、嘉靖二本亦然，近衞校曰：「據通典，當填以『仍』字。」與原本殘字形似，是，今據以補。

〔七七〕六年駕幸東京七年於麗正殿安置爲修書使　舊唐書職官志曰：「七年，駕在東都，於麗正殿置修書使。」新唐書百官志曰：「六年，乾元院更號麗正修書院，置使及檢校官，改修書官爲麗正殿直學士。」資治通鑑卷二一二「開元十一年五月上置麗正書院」條胡三省注曰：「開元五年，乾元殿寫四部書，置乾元院使，有刊正官四人、知書官八人，分掌四庫書。六年，更號麗正修書院，置使及檢校官，改修書官爲麗正殿學士。」

〔七八〕八年　「八」字原本殘缺，據正德本補。

〔七九〕宦署門也　「宦」字原本訛作「宫」，正德以下諸本皆然，據史記滑稽列傳褚先生補東方朔傳改。

〔八〇〕制以右常侍徐堅副之　近衛校明本曰：「據舊唐志，『右』當作『左』。」案：舊、新唐書徐堅傳亦作「左」，然舊唐書張説傳、通典職官三宰相「集賢殿書院」條、韋述集賢記注則均作「右」。尤爲重要者，堅奉敕所撰初學記一書題名亦作「唐光禄大夫行右散騎常侍集賢院學士副知院事東海郡開國公徐堅等撰」。由此可見，「右」字本不誤也。

〔八一〕皆以學術　舊唐書職官志「術」作「士」。

〔八二〕自乾元殿寫書則直知出入宣傳進奏　舊唐書職官志作「自乾元殿寫書則置掌出入，宣進奏」。

〔八三〕凡六萬四千五百八十二卷　「六萬」二字原本無，正德以下諸本皆然，據隋書經籍志增。

〔八四〕凡萬五千七十四卷　隋書經籍志「七十」作「七百」。

〔八五〕梁帝克平侯景　梁帝，指梁元帝也。隋書經籍志作「元帝」。

〔八六〕大唐平王充　正德以下諸本「王充」並作「王世充」。原本蓋沿唐舊作，避太宗諱，去「世」字。

〔八七〕三曰景　正德、嘉靖二本「景」並作「丙」。原本蓋沿唐舊作，避李淵之父李昞嫌名，諱作「景」。廣雅本同宋本。

〔八八〕兩京各二本　「二」字原本訛作「一」，正德以下諸本並作「二」。案：新唐書藝文志曰：「兩都各聚書四部，以甲、乙、丙、丁爲次，列經、史、子、集四庫，其本有正、副。」是「一」固當作「二」也，今據正德本改。

〔八九〕共二萬五千九百六十卷　正德以下諸本「十」下並有「一」字。

〔九〇〕談乃據左氏國語代本戰國策楚漢春秋　案：代本卽世本，此承唐人之舊，諱「世」爲「代」。

〔九一〕與陳宗尹敏孟冀共成光武本紀　近衛校明本曰：「後漢書『冀』作『異』。」案：王先謙後漢書集解云：「惠棟曰：『異當作冀，扶風茂陵人，見馬援、杜林等傳。』沈欽韓曰：『史通正史篇作孟冀。』」考後漢書馬援、杜林傳所載孟冀事跡，與修史、校書了無干係，未可必其與史通所云之孟冀同屬一人。查通典職官八諸卿中「秘書監著作郎」條作「司隸校尉孟冀」，張之象刻本及四部叢刊影印明本史通之古今正史篇亦作「孟冀」（影明本訛「孟」爲「孤」），唯浦起龍史通通釋據後漢書班固傳改作「孟異」。疑作「冀」乃唐人書中所共者，後漢書作「異」，其范曄原著或傳抄之訛歟？誌以備考。

〔九二〕劉珍劉毅劉陶伏無忌黃景等相次著述東觀　後漢書劉珍傳「劉陶」作「劉騊駼」。

〔九三〕皆本於起居注以爲實録　舊唐書百官志「起居注」下有「時政記」三字。

〔九四〕既終藏之于府　正德以下諸本「終」下並有「則」字。

唐六典祕書省卷第十

祕書省

監一人　少監二人　丞一人　祕書郎四人〔一〕　校書郎八人〔二〕　正字四人　主事一人　令史四人　書令史九人　典書八人〔三〕　楷書手八十人〔四〕　亭長六人　掌固八人　熟紙匠十人　裝潢匠十人　筆匠六人

著作局

著作郎二人　著作佐郎四人〔五〕　書令史一人　書史二人〔六〕　校書郎二人〔七〕　正字二人　楷書手五人　掌

固四人

太史局

令二人　丞二人　令史二人　書令史四人　楷書手二人　亭長四人　掌固四人　司曆二人　保章正一人　曆生三十六人　裝書曆生五人　監候五人　天文觀生九十人　靈臺郎二人　天文生六十人　挈壺正二人　司辰十九人　漏刻典事十六人　漏刻博士九人　漏刻生三百六十人　典鐘二百八十人〔八〕　典鼓一百六十人〔九〕

祕書省：監一人，從三品；周禮春官：「太史掌建邦之六典。」又：「小史掌邦國之志，定繫代。〔一〇〕」又：「外史掌四方之志，三皇、五帝之書。」並祕書之任也。秦則博士官所職，禁人藏書。漢氏除挾書之律，開獻書之路，置寫書之官，又令謁者陳農求遺書於天下，故文籍往往而出，並藏之書府。在外則有太常、太史、博士掌之，內則有延閣、廣內、石渠之藏。〔一一〕又，御史中丞在殿中掌蘭臺祕書圖籍。又，未央宮中有麒麟閣、天祿閣，亦藏書。劉向、楊雄典校，皆在禁中，謂之中書，猶今言內庫書也。後漢則藏之東觀，亦禁中也。至桓帝延熹二年，始置祕書監，屬太常，掌禁中圖書祕記，故曰祕書。漢官云：「祕書監一人，秩六百石。」魏武爲魏王，置祕書令，典尚書奏事，即中書之任也，兼掌圖書祕記。文帝黃初中，分祕書立中書，因置監、令，乃以散騎常侍王象領祕書監，撰皇覽。魏氏蘭臺亦藏書，御史掌焉。魏略：「薛夏云：『蘭臺爲外臺，祕書爲內閣。』」是也。魏初，祕書屬少府。及王肅爲監，以爲祕書之職即漢東觀之任，安可復屬少府！自此之後，不復屬焉。至晉武，又以祕書并入中書。惠帝永平元年詔：「祕書典綜經籍，考校古今，中書自有職務，遠相統攝，於事不專。宜令復別置祕書寺，掌中外三閣圖書。」自是，祕書寺始外置焉。晉令云：「品第五，〔一二〕絳朝服，銅印，墨綬，進賢兩梁冠，佩水蒼玉。」宋、齊同晉氏。梁改爲省，與尚書、中書、門下、集書爲五省，祕書監增秩中二千石，品第三；後制十八班，祕書監班第十一。陳依梁。後魏亦以祕書爲五省之數。監，初從第二品中；太和末，正第三品。北齊依魏。後周春官府置外史下大夫，掌書籍，此祕書監之任也。隋祕書與尚書、門下、內史、殿內爲五省，〔一三〕祕書監正第三品，煬帝三年降爲從第三品，其後又改祕書監爲祕書令。武德初改爲監。龍朔二年改爲蘭臺，其監曰蘭臺太史；咸亨元年復舊。天授初改爲麟臺監，〔一四〕神龍元年復舊。初，漢御史中丞掌蘭臺祕書圖籍，故歷代制都邑，建臺省，以祕書與御史爲鄰。**少監二人，從四品上**；隋煬帝三年，置祕書少監一人，從四品，掌貳祕書監之職，其後又改爲少令。皇朝因隋，爲少監。龍朔二年改爲蘭臺侍郎，咸亨元年復舊。天授初改爲麟臺少監，〔一五〕神龍初復舊。至太極初，又增一員。**丞一人，從五品上**。漢獻帝建安中，魏武爲魏王，置祕書令及二丞，典尚書奏事，並中書之任也。魏志「劉劭，建安末自祕書郎轉祕書丞」是也。魏文黃初中，分祕書立中書，以祕書左丞劉放爲中書監，祕書右丞孫資爲中書令，而祕書置丞一人，秩四百石。魏志云：「何楨，〔一六〕文帝時上許都賦，帝異之，公車徵到爲祕書郎。後月餘，楨閱事，〔一七〕帝問外：『吾本用楨爲丞，何故爲郎？』案主者罪，遂改爲丞。時祕書丞尚未轉，遂以楨爲右丞。」晉武并祕書入中書，謂之中書祕書丞。惠帝又置祕書丞二人。晉令：「祕書丞品第六，銅印、墨綬，進賢一梁冠，絳朝服。」晉書稱：「桓石綏爲祕書丞，啓校四部圖書。」宋、齊並一人，品、服同晉氏。〔一八〕梁增品第五，秩六百石，銅印、黄綬。陳依梁。後魏祕書丞一人，正第五品上。北齊因之。後周春官府有小外史上士之職，蓋比祕書丞之任也。隋祕書丞一人，正五品。【皇朝因隋。龍朔二年改爲蘭臺大夫，咸亨元年復舊。天授、神龍並隨省改復。】〔一九〕

祕書監之職，掌邦國經籍圖書之事。有二局：一曰著作，二曰太史，皆率其屬而修其職；凡四部之書，必立三本，曰正本、副本、貯本，以供進内及賜人。凡敕賜人書，祕書無本，皆別寫給之。少監爲之貳焉。丞掌判省事。

祕書郎四人，從六品上；魏武置祕書郎，秩四百石。魏起居注：「青龍中，議祕書丞、郎職近日月，宜居三臺上，亞尚書丞、郎。」魏志云王伯輿、鍾會、何楨、鄭默並起家拜祕書郎中，〔二〇〕而默在祕書掌中外三閣，刪省繁文，除其浮穢，始制中經。時，虞松爲中書令，謂默曰：「而今而後，朱紫別矣。」晉令：「祕書郎中品第六，進賢一梁冠，絳朝服。」晉起居注云：「武帝遣祕書圖書分爲甲、乙、景、丁四部，〔二一〕使祕書郎中四人各掌一焉。」晉書云：「左太沖爲三都賦，自以所見不博，求爲祕書郎中。」宋氏除「中」字。宋書稱：「王敬弘子恢之，召爲祕書郎。敬弘求爲奉朝請，與恢之書曰：『且祕書有限故有競，朝請無限故無競，吾欲使汝處無競之地。』文帝喜而許之。〔二二〕齊書稱王僧虔、王慈並早有令譽，皆起家拜祕書郎。梁秩六百石。江左多任貴遊年少，而梁代尤甚，當時諺言：「上車不落則著作，體中何如則祕書。」陳著令：令、僕子起家爲之。後魏亦置四人，正第七品上。〔二三〕後魏書云：「高謐，天安中以功臣子召入禁中，專掌祕閣，拜祕書郎。奏請廣訪羣書，大加繕寫，北京圖籍，〔二四〕稍以審正。」北齊又增「中」字，正第七品下。隋又除「中」字，正七品上。〔二五〕煬帝三年，加爲從五品。皇朝爲從第六品上。龍朔、天授、神龍並隨省改復。〔二六〕校書郎八人，正九品上；漢成帝命光祿大夫劉向於天祿閣校經傳、諸子、詩賦，步兵校尉任宏校兵書，太史令尹咸校數術，太醫監李柱國校方術。〔二七〕其後，楊雄以大夫亦典校於天祿閣。斯皆有其任而未置其官。至後漢，始於東觀置校書郎中。續後漢書云：「馬融，安帝時爲大將軍鄧騭所召，拜校書郎中。〔二八〕在東觀十年，窮覽典籍，上廣成頌。」又：「竇章居貧蔬食，講讀不輟，太僕鄧康重章學行。是時，學者稱東觀爲老氏藏室，道家蓬萊山，康薦章入東觀，爲校書郎中。〔二九〕漢御史中丞掌殿中蘭臺祕書圖籍，因置蘭臺令史典校其書，班固、傅毅初並爲蘭臺令史。王充云：「通人官蘭臺令史。」比校書郎中。東觀有校書部，置校書郎中典其事。時，通儒達學亦多以佗官領之。〔三〇〕自漢、魏歷宋、齊、梁、陳，博學之士往往以佗官典校祕書。至後魏，祕書省始置校書郎，正第九品上。〔三一〕北齊置十二人。〔三二〕隋初亦置十二人，煬帝三年減爲十人，其後又增爲四十人，皇朝減焉。正字四人，正九品下；掌詳定典籍，正其文字，前代才學之士多以佗官兼其任者。齊祕書省有正書，蓋是正字之任。北齊祕書省始置正字四人，從第九品上。隋因之。皇朝爲正第九品下。主事一人，從九品上；皇朝置。掌印，并句檢稽失。令史四人，書令史九人，魏甲辰儀：「祕書令史品第八。」晉品第九，宋品第八。齊祕書令史品勳位第六，梁、陳品第九。〔三三〕後魏祕書令史從第九品下，〔三四〕北齊正第九品上，〔三五〕隋開皇初始降爲流外行署。〔三六〕隋祕書令史四人，流外二品；書令史九人，流外三品。皇朝因之。典書八人，齊職儀云：「宋孝武大明年，〔三七〕開府儀同及三公府、皇子府皆有典書吏。」皇朝祕書省始置典書，其職同流外，八考入流焉。楷書手八十人，隋煬帝祕書省置楷書郎，員二十人，〔三八〕從第九品，掌抄寫御書。皇朝所置，職同流外也。亭長六人，掌固八人，熟紙匠、裝潢匠各十人，筆匠六人。皇朝所定。祕書郎掌四部之圖籍，分庫以藏之，以甲、乙、景、丁爲之部曰。甲部爲經，其類有十：一曰易，以紀陰陽變化；經籍志：〔三九〕歸藏等六十九部，五百五十一卷。二曰書，以紀帝王遺範；古文尚書等三十二部，二百三十七卷。〔四〇〕三曰詩，以紀興衰誦嘆；韓詩等三十九部，四百三十二卷。〔四一〕四曰禮，以紀文物體制；周官等一百三十六部，一千六百二十二卷。五曰樂，以紀聲容律度；樂社大義等三十二部，〔四二〕一百四十三卷。〔四三〕六曰春秋，以紀行事褒貶；春秋經等三傳九十七部，九百八十三卷。七曰孝經，以紀天經地義；古文孝經等十八部，〔四四〕六十三卷。八曰論語，以紀先聖微言；論語等并五經異義七十二部，〔四五〕七百八十一卷。九曰圖緯，以紀六經讖候；河圖等十三部，九十二卷。十曰小學，以紀字體聲韻。說文等三部，四十六卷。〔四六〕乙部爲史，其類一十有三：一曰正史，以紀紀傳表志；史記等六十七部，三千八十三卷。二曰古史，以紀編年繫事；紀年等四十四部，〔四七〕六百六十六卷。三曰雜史，以紀異體雜記；周書等七十部，〔四八〕九百一十七卷。四曰霸史，以紀僞朝國史；趙書等二十七部，三百三十五卷。五曰起居注，以紀人君動止；穆天子傳等四十一部，〔四九〕一千一百八十九卷。六曰舊事，以紀朝廷政令；漢武故事等二十部，〔五〇〕四百四卷。七曰職官，以紀班敍品秩；漢官解詁等二十部，〔五一〕三百三十六卷。八曰儀注，以紀吉凶行事；漢舊儀等五十九部，二千二十九卷。九曰刑法，以紀律令格式；律本等三十五部，〔五二〕七百一十二卷。十曰雜傳，以紀先賢人物；三輔決録等二百一十七部，一千二百八十六卷。十一曰地理，以紀山川郡國；山海經等一百三十九部，一千四百三十三卷。〔五三〕十二曰譜系，以紀氏族繼序；世本等四十一部，三百六十卷。十三曰略録，以紀史策條目。七略等三十部，二百一十四卷。景部爲子，其類一十有四：一曰儒家，以紀仁義教化；晏子等三十五部，三百三十六卷。〔五四〕二曰道家，以紀清靜無爲；鬻子等四十二部，三百三十一卷。〔五五〕三曰法家，以紀刑法典制；申子等四部，凡六十卷。〔五六〕四曰名家，以紀循名責實；管子等六部，七十二卷。〔五七〕五曰墨家，以紀強本節用；墨子等三部，七十卷。〔五八〕六曰縱横家，以紀辯説譎詐；鬼谷子等二部，六卷。七曰雜家，以紀兼敍衆説；尉繚子等九十七部，二千七百二十卷。八曰農家，以紀播植種蓺；氾勝之書等五部，一十九卷。九曰小説家，以紀芻辭輿誦；燕丹子等二十五部，一百二十二卷。〔五九〕十曰兵法，以紀權謀制變；司馬兵法等一百四部，四百四十六卷。〔六〇〕十一曰天文，以紀星辰象緯；周髀等九十七部，六百七十卷。〔六一〕十二曰歷數，以紀推步氣朔；四分歷等一百部，二百六十三卷。十三曰五行，以紀卜筮占候；風角占等二百七十二部，一千二十二卷。十四曰醫方，以紀藥餌鍼灸。黄帝素問等五十六部，四百一十卷。〔六二〕丁部爲集，其類有三：一曰楚詞，以紀騷人怨刺；楚詞等十部，二十九卷。二曰別集，以紀詞賦雜論；荀況集等四百三十七部，四千三百八十一卷。三曰總集，以紀類分文章。文章流別集等一百七部，〔六三〕二千二百一十三卷。校書郎、正字掌讎校典籍，刊正文字，字體有五：一曰古文，廢而不用；二曰大篆，惟於石經載之；三曰小篆，謂印璽、旛旐、碑碣所用；四曰八分，謂石經、碑碣所用；五曰隸書，謂典籍、表奏及公私文疏所用。〔六四〕皆辨其紕繆，以正四庫之圖史焉。〔六五〕

著作局：著作郎二人，從五品上；續漢書稱班固、傅毅以蘭臺令史，陳宗以洛陽令，尹敏以長陵令，孟冀以司隸校尉，〔六六〕並著作東觀。然皆佗官兼著作之名，而未正其官。〔六七〕至魏明帝太和中，置著作郎，隸中書省。晉惠帝元康二年，詔曰：「著作舊屬中書，而祕書既別典文籍，今改中書著作爲祕書著作。」後又別自名省，曰著作省，而猶隸祕書。魏、晉著作郎一人，俗謂之大著作，專掌史任，〔六八〕亦或爲兼官。晉令：「著作郎品第六，進賢一梁冠，絳朝服。」晉書稱陳壽作益部耆舊傳，武帝善之，以爲著作郎；〔六九〕張載作劍閣銘，世祖以爲能，〔七〇〕除著作郎；孫楚自佐著作郎轉著作郎，〔七一〕此皆謂大著作也。又：荀勗以中書監，干寶、虞預、徐廣以散騎常侍，孫綽以給事中，伏滔以游擊將軍，孫盛以祕書監，並兼領著作。又：陳郡王隱待詔著作，單衣介幘，朝朔望於著作省，亦其任也。宋、齊並同晉氏。宋書云：「何承天除著作郎，撰國史。〔七二〕承天已老，諸佐郎並名家年少，荀伯子嘲之，常呼爲妳母焉。」梁著作秩六百石，〔七三〕品第六。陳依梁。後魏正第五品上。〔七四〕後魏書：崔浩學究精微，宗欽好學不倦，〔七五〕並爲著作郎。北齊二人，從五品上。〔七六〕後周春官府置著作上士二人，卽其職也。隋祕書省領著作郎曹，置著作郎二人，從第五品上；煬帝三年增爲正五品，其後又降爲從第五品。皇朝祕書省領著作局，置著作郎二人。龍朔二年改爲司文郎中，咸亨元年復故。著作佐郎四人，從六品上；著作佐郎修國史。宋百官春秋云：「常道鄉公咸熙百官名有著作佐郎三人。〔七七〕」晉定員八人，哀帝興寧二年，大司馬桓溫表省四人；孝武帝寧康元年復置八人。晉令：「著作佐郎品第六，進賢一梁冠，絳朝服。」孝武太元四年詔：「祕書監自選著作佐郎，今並無監，使吏部選，有監復舊焉。」宋、齊並同。晉制：著作佐郎始到職，必撰名臣傳一人。宋氏之初，國朝始建，未有合撰者，此制遂替矣。梁秩四百石，品第七。陳令、僕子起家爲之，品制同梁。後魏正第七品上，〔七八〕北齊正第七品下。後周春官府置著作中士四人，卽著作佐郎之任也。隋置八人，正第七品下；〔七九〕煬帝三年，置十二人，增品從第六。皇朝置四人。龍朔二年改爲司文郎，咸亨元年復故。開元二十六年減置二人。書令史一人；自晉以來，祕書著作皆有令史，史闕其員、品。〔八〇〕**校書郎二人，正九品上；**後魏著作省置校書郎，史闕其員、品。北齊著作省置校書郎二人，正第九品上；隋及皇朝因之。開元二十六年減置一人。**正字二人，正九品下。**隋著作曹置正字二人，從九品上。皇朝因之。**著作郎掌修撰碑誌、祝文、祭文，與佐郎分判局事。**

太史局：令二人，從五品下；左傳云：「昔少昊氏以鳥紀官。鳳鳥氏，歷正也。」顓頊命南正重司天，北正黎司地；唐、虞之際，羲氏、和氏紹重、黎之後，掌天地四時之官，並太史之任也。周官：「太史掌建邦之六典，正歲年以序事，頒告朔于邦國。」左傳曰：「天子有日官。」即太史也。漢書百官表太史屬太常。茂陵書稱：〔八一〕「司馬談爲太史令。」後漢太史令一人，秩六百石，掌天時、星曆、祥瑞、妖災，凡歲將終，奏新年曆而已。魏因之。晉太史令品第七，秩六百石，銅印、墨綬，進賢一梁冠，絳朝服。江左，高瑩以侍中、陳卓以義熙守、吳道欣以殿中侍御史兼領太史。〔八二〕宋、齊、梁、陳並同晉氏，後魏、北齊亦然。後周春官府置太史中大夫一人，掌曆家之法。隋祕書省太史曹置太史令二人，從第七品下；〔八三〕煬帝三年，改太史曹爲太史監，進令階爲從五品。皇朝因之，改監爲局。龍朔二年，改爲祕書閣局，〔八四〕令改爲祕閣郎中；咸亨元年復舊。久視元年爲渾天監，不隸麟臺，其令監置一人，〔八五〕加至正第五品上，因加副監及丞、主簿、府、史等員；其年又改爲渾儀監。長安二年復爲太史局，還隸麟臺，緣監置官及府、史等並廢，其監依舊爲令，置二人。景龍二年，又改太史局爲太史監，令名不改，不隸祕書。開元二年，又改令爲監；〔八六〕三年，加從第四品下，其一員改爲少監。十四年，又改爲局，復爲太史令二員，隸祕書。〔八七〕**丞二人，從七品下；**司馬彪續漢志云：「太史丞一人，秩二百石。」魏、晉、宋、齊皆同漢氏。梁、陳太史丞三品蘊位。〔八八〕後魏、北齊，史失其品第。隋太史丞置二人，正第九品下。〔八九〕煬帝三年減一人。皇朝不置丞。久視元年改爲渾儀監，始置丞二人，從七品上。長安二年又省，景龍二年復置。令史二人，書令史四人。太史不隸祕書卽爲府、史，〔九〇〕開元十四年復爲令史也。〔九一〕太史令掌觀察天文，稽定曆數。凡日月星辰之變，風雲氣色之異，率其屬而占候焉。其屬有司曆、靈臺郎、挈壺正。凡玄象器物，天文圖書，苟非其任，不得與焉。觀生不得讀占書，所見徵祥災異，密封聞奏，漏泄有刑。每季録所見災祥送門下、中書省入起居注，歲終總録，封送史館。每年預造來歲曆，頒于天下。

司曆二人，從九品上；漢官儀太史吏員有理曆六人。〔九二〕至晉，太史令吏員有典曆四人。宋、齊、梁、陳、後魏、北齊皆有典曆，並史闕其員、品。至隋，改典曆爲司曆，置二人，從九品下，取左傳司曆爲名。皇朝爲從九品上。保章正一人，從八品上；周禮春官太史屬有保章氏，「掌天星，以志星、辰、日、月之變動，辯其吉凶」。自秦、漢已來無其職。至後周，春官府置太史，其屬有保章上士、中士之職，卽其任也。至隋，置曆博士一人，正九品上。〔九三〕皇朝因之。長安四年省曆博士，置保章正以當之，掌教曆生。曆生三十六人，隋氏置，掌習曆。皇朝因之，同流外，八考入流。裝書曆生五人。皇朝置，同曆生。司曆掌國之曆法，造曆以頒于四方。有戊寅曆，武德初，東郡道士傅仁均所造，拜太史令。麟德曆，麟德中，太史令李淳風所造。〔九四〕神龍曆，〔九五〕神龍中，太史令南宮説所造。〔九六〕大衍曆。開元十四年，嵩山僧一行承制旨考定，〔九七〕最爲詳密，今見行焉。凡天下測景之處，分、至表準，其詳可載，故參考星度，稽驗晷影，各有典常。南至之影，京兆長一丈二尺九寸二分，蔚州長一丈五尺八寸九分。春分中影，洛城長五尺二寸五分，京兆長五尺三寸四分，太原長六尺，蔚州長六尺四寸四分半。北至之影，京兆表北長一尺四寸二分，安南則表南三寸。開元十二年於京麗正院定表樣，并審尺寸，差太史官馳驛分往測候。

監候五人，從九品下；魏、晉太史令吏員有望候郞二十人，〔九八〕候部吏十五人，掌候天文，並監候之任也。隋初，置監候四人，從九品下；煬帝三年，增監候爲十人。皇朝因隋，置監候五人。天文觀生九十人。隋氏置，掌晝夜在靈臺伺候天文氣色。皇朝所置從天文生轉補，八考入流也。

靈臺郞二人，正八品下；掌習知天文。周文王受命而作邑于豐，立靈臺，所以觀祲象，察氣之妖祥也。詩云：「經始靈臺。」鄭玄曰：「觀臺而曰『靈』者，言文王化行，似神之精明，故以名也。」春秋傳曰：「公既視朔，遂登觀臺以望，而書雲物。」亦其制也。其在周官，則馮相氏世登高臺，以掌其事；漢則雜候上林淸臺。後漢又作靈臺，掌候日月星氣，〔九九〕而屬太史；太史有二丞，其一在靈臺。漢官云：「靈臺員吏十三人，靈臺待詔四十二人。〔一〇〇〕」魏太史有靈臺丞，主候望、頒曆。晉、宋、齊、梁、陳太史皆有靈臺丞。隋太史置天文博士，掌教習天文氣色。皇朝因隋，置天文博士二人，正八品下。長安四年省天文博士之職，置靈臺郞以當之。天文生六十人。隋氏置，皇朝因之。年深者，轉補天文觀生。

靈臺郞掌觀天文之變而占候之。凡二十八宿，分爲十二次：寅爲析木，燕之分；自尾十度至斗十一度。卯爲大火，宋之分；自氐五度至尾九度。辰爲壽星，鄭之分；自軫十二度至氐四度。巳爲鶉尾，楚之分；自張十七度至軫十一度。〔一〇一〕午爲鶉火，周之分；自柳九度至張十六度。未爲鶉首，秦之分；自井十六度至柳八度。申爲實沈，魏之分；自畢十二度至井十五度。酉爲大梁，晉之分；〔一〇二〕自胃七度至畢十一度。戌爲降婁，魯之分；自奎五度至胃六度。亥爲娵訾，衛之分；自危十六度至奎四度。子爲玄枵，齊之分；自女八度至危十五度。丑爲星紀，吳、越之分；自斗十二度至女七度。所以辨日月之纏次，正星辰之分野。凡占天文變異，日月薄蝕，五星陵犯，有石氏、甘氏、巫咸三家中外官占。凡瑞星、祆星、瑞氣、祆氣，有諸家雜占。凡測候晷度，則以游儀爲其準。

挈壺正二人，從八品下；掌知漏刻。周礼有夏官挈壺氏、秋官司寤氏、春官雞人氏，凡三職，咸掌其事。自漢已後，太史掌之。皇朝長安四年始置。司辰十九人，正九品下；掌漏刻事。隋置司辰二人，從第九品下；煬帝改爲司辰師，本屬武候府，大業三年隸於太史局。〔一〇三〕皇朝因之。久視元年除「師」字。漏刻典事十六人，皇朝置，掌伺漏刻之節。漏刻博士九人，〔一〇四〕隋置，有品、秩，掌教漏刻生。皇朝降爲流外也。漏刻生三百六十人，隋置，掌習漏刻之節，以時唱漏。皇朝因之，皆以中、小男爲之，轉補爲典鐘、典鼓。典鐘二百八十人，皇朝置，掌擊漏鐘。典鼓一百六十人。皇朝置，掌擊漏鼓。挈壺正、司辰掌知漏刻。孔壺爲漏，浮箭爲刻，以考中星昏明之候焉。箭有四十八，晝夜共百刻。冬、夏之間有長短：冬至，日南爲發，去極一百一十五度，晝漏四十刻，夜漏六十刻；夏至，日北爲斂，去極六十七度，晝漏六十刻，夜漏四十刻；春、秋二分，發斂中，去極九十一度，晝、夜各五十刻。秋分已後，減晝益夜，九日加一刻；春分已後，減夜益晝，九日減一刻。二至前後則加減遲，用日多；二分之間則加減速，用日少。凡候夜漏以爲更點之節，每夜分爲五更，每更分五點，更以擊鼓爲節，點以擊鐘爲節。

校勘記

〔一〕祕書郎四人　舊唐書職官志同六典，新唐書百官志作「三人」。案：通典職官八諸卿中「祕書省祕書郎」條云：「大唐亦四員，（中略）開元二十八年減一員。」是新志所載祕書郎員數，乃六典成書以後之制也。

〔二〕校書郎八人　通典職官八諸卿中「祕書省校書郎」條、舊唐書職官志、唐會要卷六十五祕書省並同六典，新唐書百官志作「十人」。

〔三〕典書八人　舊唐書職官志同六典，新唐書百官志作「四人」。

〔四〕楷書手八十人　舊唐書職官志同。新唐書百官志作「十人」，疑有脱誤。

〔五〕著作佐郎四人　舊唐書職官志同，新唐書百官志作「二人」。案：六典「著作佐郎員品」條正文同目録，原注云：「皇朝置四人，（中略）開元二十六年減置二人。」通典職官八諸卿中「祕書監著作郎」條正文及原注與六典略同。

〔六〕書史二人　舊唐書職官志不載，新唐書百官志「史」作「吏」。

〔七〕校書郎二人　舊唐書職官志、新唐書百官志並同。六典「著作局校書郎員品」條正文亦作「二人」，原注云：「開元二十六年減置一人。」

〔八〕典鐘二百八十人　近衛校明本曰：「舊唐志作『一百一十二人』。」詳參校記〔九〕。

〔九〕典鼓一百六十人　近衛校明本曰：「舊唐志作『八十八人』。」案：舊唐書職官志云：「自乾元元年别置司天臺，改置官吏，不同太史局舊數，今據司天職掌書之也。」是其所載典鐘、典鼓員數本非開元之制，未可徵引以校六典也。

〔一〇〕定繫代　周禮卷六春官宗伯下「小史職掌」條作「奠繫世」，唐避太宗李世民諱，改「世」作「代」。

〔一一〕在外則有太常太史博士掌之內則有延閣廣內石渠之藏　漢書藝文志顔師古注引如淳曰：「劉歆七略曰：『外則有太常、太史、博士之藏，內則有延閣、廣內、秘室之府。』」

〔一二〕品第五　宋書百官志及通典職官十九秩品二晉官品，晉、宋祕書監並第三品。

〔一三〕隋祕書與尚書門下內史殿內爲五省　「殿內」原本作「殿中」，正德以下諸本皆然，據隋書百官志改。

〔一四〕天授初改爲麟臺監　案：武則天改祕書省爲麟臺之年，諸書所言多不同。蓋以武則天當國在位之時，屢更年號，甚者一年之內數易其元，加之以改唐爲周，更定歲首，頭緒益爲紛繁，極易致誤，故互生歧異也。考陳伯玉文集九諫刑書首稱「承務郎守右衛曹參軍」，中有「乃去月十五日，陛下特察詔囚李珍等無罪，明魏真宰（卽魏元忠）有功，召見高正臣，又重推元萬頃」及「又其月二十一日，恩敕免（張）楚金等死」之語，知是永昌元年（公元六八九年）所上。而據同書卷十附録盧藏用陳氏别傳，子昂之補右衛曹，在麟臺正字秩滿之後。則祕書省之改爲麟臺，事在天授（公元六九〇至六九二年）以前明甚。又同書九有諫用刑書，首稱「將仕郎守麟臺正字」，資治通鑑繫其事於垂拱二年，更足證祕書省之改麟臺，當在垂拱二年以前。綜觀諸書，唯舊唐書職官志之總敍官名稱謂沿革云：「光宅元年九月，改尚書省爲文昌臺，左、右僕射爲文昌左、右相。（中略）垂拱元年二月，改黃門侍郎爲鸞臺侍郎，文昌都省爲都臺，主爵爲司封，祕書省爲麟臺，（中略)司膳寺餚藏署改爲珍羞署。」其敍述則天之改易官制最爲詳明，後來新唐書百官志所記多與之相合。由此可得結論如下：武則天於光宅元年九月始改省、臺、寺、監名號，至次年即垂拱元年二月方改易完畢，祕書省之改麟臺，實在垂拱元年二月。諸書之云天授初者，蓋因是年則天改國號爲周，遂以改易官稱亦在同時而致誤。諸書之云光宅者，乃就始改省號官稱之年而概括言之，實非確鑿之時日。然綜觀六典全書，于其他省、臺、寺、監之改稱既都采籠統之說，祕書省自亦無緣例外，疑還當作「光宅」爲是。

〔一五〕天授初改爲麟臺少監　「天授」疑當作「光宅」，參看校記〔一四〕。

〔一六〕何楨　「楨」字正德以下諸本並作「禎」，宋書百官志、初學記一二「祕書丞」條同；通典職官八「祕書丞」條正文及原注則並同宋本六典作「楨」。案：晉書職官志云：「後以何禎爲秘書丞，而秘書先自有丞，乃以楨爲秘書右丞。」前作「禎」，後作「楨」。三國志魏志管寧傳有「弘農太守何楨」，裴松之注引文士傳曰：「楨字元幹，廬江人。有文學器幹，容貌甚偉，歷幽州刺史、廷尉。入晉，爲尚書、光禄大夫。」太平御覽卷二三三「秘書丞」條引虞預晉書曰：「何禎，字元幹，廬江人也。爲尚書郎，特詔參祕書丞。祕書本有一丞，時尚未轉，遂以楨爲右丞。右丞之置，自楨始也。」前一作「禎」，後二作「楨」。諸說紛紜，莫衷一是，以其字「元幹」，疑作「楨」者爲正，今仍之。下「楨」字均同。

〔一七〕楨閱事　「閱」字初學記一二「祕書丞」條作「闕」。

〔一八〕品服同晉氏　宋書禮五曰：「祕書丞銅印、黃綬，朝服，進賢一梁冠。」南齊書輿服志曰：「綬，（中略）尚書令・僕、中書監・令、祕書監皆黑，丞皆黃。」均與晉令所言晉制有異。

〔一九〕正五品皇朝因隋至並隨省改復　自「皇朝」起，至「改復」止，原本無，正德以下諸本皆然。近衞校明本，於「正五品」下出校曰：「按：通典有『龍朔二年改爲蘭臺大夫，咸亨復舊』十五字，疑脱文。」案：近衞所校，頗有理據。然所脱似不僅此十五字，今依六典原注文例，參照本卷「祕書少監員品」、「祕書郎員品」等條原注，以及通典職官八「祕書省」條、唐會要卷六十五「祕書省」條有關記載增補之，以便省覽。其中「天授」係沿襲祕書監、少監、祕書郎各員品條原注之誤，疑應作「光宅」。詳見校記〔一四〕、〔一五〕。

〔二〇〕魏志云王伯輿鍾會何楨鄭默並起家拜祕書郎中　三國志魏志王基傳：「王基，字伯輿。（中略）黃初中，察孝廉，除郎中。是時，青州初定，刺史王淩特表請基爲別駕。後召爲祕書郎。」同書鍾會傳：「鍾會，（中略）及壯，有才數、技藝而博學，精練名理，以夜續晝，由是獲聲譽。正始中，以爲祕書郎，遷尚書、中書侍郎。」何楨，見前「祕書丞員品」條原注。晉書鄭默傳：「起家祕書郎。」通典職官八諸卿中「祕書郎」條曰：「及魏武建國，又置祕書郎。（中略）晉祕書郎掌中外三閣經書，校閱脱誤，（中略）亦謂之郎中。」

〔二一〕武帝遣祕書圖書分爲甲乙景丁四部　近衞校明本曰：「『遣』下疑有脱文。」案：太平御覽卷二三三「祕書郎」條引六典文亦「遣」「祕」連書。

〔二二〕文帝喜而許之　宋書王敬弘傳「喜」作「嘉」。

〔二三〕正第七品上　魏書官氏志：太和前制，秘書郎從第五品上；太和後制，秘書郎中正第七品下。

〔二四〕北京圖籍　魏書高謐傳「北京」作「代京」。

〔二五〕正七品上　隋書百官志：秘書郎正七品下。

〔二六〕龍朔天授神龍並隨省改復　「天授」疑當作「光宅」，參看校記〔一四〕。

〔二七〕太醫監李柱國校方術　漢書藝文志作「侍醫李柱國校方技」。

〔二八〕安帝時爲大將軍鄧騭所召拜校書郎中　後漢書馬融傳云：「故往應騭召，（永初）四年，拜爲校書郎中。」李賢注：「謝承及續漢書並云爲校書郎，又拜郎中也。」

〔二九〕爲校書郎中　後漢書竇章傳「郎」下無「中」字。

〔三〇〕東觀有校書部置校書郎中典其事時通儒達學亦多以佗官領之　案：通典職官八諸卿中「祕書校書郎」條云：「漢之蘭臺及後漢東觀皆藏書之室，亦著述之所，多當時文學之士，使讎校於其中，故有校書之職。後於蘭臺置令史十八人，又選他官入東觀，皆令典校秘書，或撰述傳記。蓋有校書之任，而未爲官也。故以郎居其任則謂之校書郎，以郎中居其任則謂之校書郎中。（中略）至魏，始置祕書校書郎。」其說與六典本注稍異，誌此以備參考。

〔三一〕正第九品上　魏書官氏志：祕書校書郎，太和前制，從第六品上；太和後制，正第九品上。

〔三二〕北齊置十二人　「北」字原本訛作「比」，據正德本改。

〔三三〕梁陳品第九　通典職官十九梁官品云：「天監初年，尚書刪定郎濟陽蔡法度定令爲九品。至七年，革選，徐勉爲吏部尚書，又定爲十八班，班多者爲貴，同班則以居下者爲劣；又置諸將軍之號爲二十四班，亦以班多者爲貴，而九品之制不廢。」今隋書百官志及通典職官十九所載梁官品並爲十八班之制，其九品之制已不可知。通典職官四尚書上「歷代都事主書令史」條曰：「晉、宋蘭臺寺正書令史雖行文書，皆有品秩，朱衣執板，給書僮。孔顗爲御史中丞，坐鞭令史，爲有司所糾。梁、陳與晉、宋同。」義同六典本注，可資參證。

〔三四〕後魏祕書令史從第九品下　魏書官氏志：祕書令史，太和前制從第七品上。太和後制不載。

〔三五〕北齊正第九品上　隋書百官志及通典職官二十北齊職品並不載北齊祕書令史品位。案：北齊校書郎正九品上，祕書省正字從九品上，以理揆之，祕書令史似不應與校書郎並列而居正字之上。

〔三六〕隋開皇初始降爲流外行署　「署」字原本訛作「置」，正德、廣雅二本亦然，嘉靖本殘缺。近衛校明本曰：「『置』當作『署』。」案：六典卷二吏部「郎中一人掌小選」條曰：「凡未入仕而吏京師者，復分爲九品，通謂之行署。」近衛之説甚允，今據以改。

〔三七〕宋孝武大明年　近衛校明本曰：「『年』疑『中』字。」

〔三八〕員二十人　隋書百官志作「三十人」。

〔三九〕經籍志　案：六典修撰時，雖已有元行沖奏上之羣書四部録二百卷，然揆諸以下正文及原注，知其所列四部圖籍類目及部數、卷數，實本諸隋書經籍志，故此下均以隋志諸類小計部、卷數校之。至於隋志各類小計亦往往與其所載實際部、卷總數有不相符合處，則以未悉其部帙分併之狀，及原志文是否有所脫漏、增衍、訛誤，故一般闕而不論。謹誌於此，後不復贅。

〔四〇〕二百三十七卷　隋書經籍志作「二百四十七卷」。

〔四一〕四百三十二卷　正德以下諸本並作「四百三十三卷」，隋書經籍志作「四百四十二卷」。

〔四二〕樂社大義等三十二部　「社」字原本無，正德以下諸本皆然。近衞校明本曰：「『樂』下有『社』字。」與隋書經籍志、舊唐書經籍志及新唐書藝文志合，今據以增。隋志「三十二」作「四十二」。

〔四三〕一百四十三卷　隋志作「一百四十二卷」。

〔四四〕古文孝經等十八部　「文」字原本作「今」，正德以下諸本皆然，據隋志改。

〔四五〕論語等并五經異義七十二部　隋志作「七十三部」。

〔四六〕說文等三部四十六卷　隋志作「（三蒼等）一百八部，四百四十七卷」，說文在內。

〔四七〕紀年等四十四部　隋志「四十」作「三十」。

〔四八〕周書等七十部　隋志作「七十二部」。

〔四九〕穆天子傳等四十一部　隋志作「四十四部」。

〔五〇〕漢武故事等二十部　隋志作「二十五部」。

〔五一〕漢官解詁等二十部　隋志作「二十七部」。

〔五二〕律本等三十五部　「本」字原本訛作「令」，正德以下諸本皆然，正德以下諸本皆然。近衛校明本曰：「『令』作『本』。」與隋志合，今據以改。

〔五三〕一千四百三十三卷　隋志「三十三」作「三十二」。

〔五四〕晏子等三十五部三百三十六卷　隋志作「六十二部，五百三十卷」，姚振宗隋書經籍志考證二四曰：「案：此所記部數甚謬，實爲四十四部。」

〔五五〕鬻子等四十二部三百三十一卷　隋志作「七十八部，合五百二十五卷」，姚振宗考證二五曰：「實在著録五十六部。」

〔五六〕申子等四部凡六十卷　隋志作「（管子等）六部，合七十二卷」，申子不在内。原注曰：「梁有申子三卷，韓相申不害撰，亡。」

〔五七〕管子等六部七十二卷　隋志作「（鄧析子等）四部，合七卷」，管子則在法家類内。案：六典所載儒家、道家二類部數、卷數，與隋志差異甚鉅；其法家、名家二類，且并書目亦與隋志不盡相同，而隋世已佚之申子，則除六典加以著録外，後之舊唐書經籍志及新唐書藝文志亦併載及，殆開元時又復收入祕省者。由是觀之，似六典所載四部圖籍，雖一般本諸隋志，然於其過分謬失及與當日藏書實況甚不相合之處，固間亦加以改易也。

〔五八〕七十卷　隋志作「一十七卷」。

〔五九〕一百二十二卷　正德、廣雅二本同，嘉靖本作「一百三十二卷」，隋志作「一百五十五卷」。

〔六〇〕司馬兵法等一百四部四百四十六卷　隋志作「一百三十三部，五百一十二卷」。

〔六一〕六百七十卷　隋志作「六百七十五卷」。

〔六二〕黃帝素問等五十六部四百一十卷　隋志作「二百五十六部，合四千五百一十卷」。

〔六三〕文章流別集等一百七部　隋志同。姚振宗隋志考證四〇曰：「實在著錄一百四十七部。」

〔六四〕謂典籍表奏及公私文疏所用　「謂」字原本無，正德以下諸本皆然。近衛校明本曰：「『書』下恐脫『謂』字。」今從其說增。

〔六五〕以正四庫之圖史焉　「正」字原本壞作「工」，據正德本改。

〔六六〕孟冀以司隸校尉　「冀」字正德以下諸本並訛作「輂」。近衛校明本曰：「『輂』當作『異』。通典作『冀』，漢書班固傳作『孟異』，『異』爲是。」此仍原本作「冀」，參看本書卷九校記〔九一〕。「司隸校尉」，通典職官八諸卿中「著作郎」條原注同，後漢書班固傳、史通卷十二古今正史並作「司隸從事」。案：司隸校尉官秩甚高，疑作「從事」爲是。

〔六七〕而未正其官　「正」字原本殘缺，據正德本補。

〔六八〕專掌史任　「任」字原本作「注」，正德以下諸本並作「註」，今據宋書百官志、晉書職官志、史通卷十一史官建置及通典職官八諸卿中「著作郎」條改。

〔六九〕陳壽作益部耆舊傳武帝善之以爲著作郎　今本晉書陳壽傳曰：「舉爲孝廉，除佐著作郎。出補陽平令，撰蜀相諸葛亮集奏之，除著作郎，領本郡（巴西郡）中正。」華陽國志一一後賢志：陳壽「大同後察孝廉，爲本郡中正。益部自建武後，蜀郡鄭伯邑、太尉趙彥信及漢中陳申伯・祝元靈、廣漢王文表皆以博學洽聞，作巴蜀耆舊傳。壽以爲不足經遠，乃并巴、漢撰爲益部耆舊傳十篇。散騎常侍文立表呈其傳，武帝喜之，再爲著作郎。」

〔七〇〕世祖以爲能　「祖」字原本無，正德以下諸本俱有之。案：晉書張載傳曰：「太康初至蜀省父，道經劍閣。載以蜀人恃險好亂，因著銘以作誡。（中略）益州刺史張敏見而奇之，乃表上其文，武帝遣使鐫之於劍閣山焉。」據此，則作「世祖」者爲是，今增之。

〔七一〕孫楚自佐箸作郎轉箸作郎　「佐箸作郎」原本作「箸作佐郎」，正德以下諸本皆然，據晉書孫楚傳改。參見校記〔七七〕。

〔七二〕何承天除著作郎撰國史　宋書何承天傳「作」下有「佐」字。

〔七三〕常呼爲妳母焉梁著作秩六百石　「梁」字原本無，正德以下諸本皆然。近衛校明本曰：「『焉』下恐脫『梁』字。」是。今據以增。

〔七四〕後魏正第五品上　魏書官氏志：太和前制，秘書著作郎正第五品上；太和後制，著作郎從第五品上。

〔七五〕宗欽好學不倦　「宗」字原本訛作「宋」，正德以下諸本皆然，據魏書宗欽傳改。

〔七六〕從五品上　「上」字原本無，正德以下諸本皆然，據隋書百官志增。

〔七七〕常道鄉公咸熙百官名有著作佐郎三人　通典職官八諸卿中「著作郎」條曰：「魏氏又置佐著作

郎，亦屬中書。晉佐著作郎八人，（中略）宋、齊以來，遂遷『佐』於下，謂之著作佐郎。」史通卷十一史官建置：「（晉）又置佐著作郎八人。宋、齊已來，以『佐』名施於『作』下。」原注：「改佐著作郎爲著作佐郎。」考晉書有關諸人列傳悉作「佐著作郎」，六典注文中於魏、晉之制云「著作佐郎」者，皆非是。校記於此，後不復贅。

〔七八〕後魏正第七品上　魏書官氏志：太和前制，祕書著作佐郎從第五品上；太和後制，著作佐郎正第七品下。

〔七九〕正第七品下　「下」字原本訛作「上」，正德以下諸本皆然，據隋書百官志、通典職官二十一隋官品令改。

〔八〇〕史闕其員品　「史」字原本無，據正德本增。

〔八一〕茂陵書稱　史記太史公自序集解引瓚曰、太平御覽卷二三五「太史令」條引漢書附注臣瓚案，茂陵書並稱茂陵中書。

〔八二〕高瑩以侍中陳卓以義熙守吳道欣以殿中侍御史兼領太史　案：晉無義熙郡，「義熙」疑「義興」之訛。

〔八三〕從第七品下　「下」字原本訛作「上」，正德以下諸本皆然，據隋書百官志改。

〔八四〕龍朔二年改爲祕書閣局　新唐書百官志同六典作「祕書閣局」，舊唐書職官志、資治通鑑卷二〇一「麟德二年夏四月」條胡三省注作「祕閣局」，通典職官八諸卿中「太史局令」條、通志職官略第四「太史局令」條、資治通鑑卷二六二「光化三年十一月劉季述欲殺崔胤」條胡三省注並作「祕書閣」。蓋「祕書閣局」，全稱也；「祕閣局」，省稱也；「秘書閣」者，承太史局而略「局」字也。

〔八五〕其令監置一人　册府元龜卷六二〇卿監部總序同六典，其意晦澀難明。通典職官八諸卿中「太史局令」條作「改令爲監，置一人」，義頗明悉。

〔八六〕景龍二年至又改令爲監　案：自景龍二年改局爲監以後，迄於開元二年之間，太史局名及太史令職稱，改易頻仍，六典本注多加省略，蓋避煩冗也。唐會要卷四十四「太史局」條曰：「景雲元年七月二十八日，又改爲太史局，隸祕書省。八月十日，又改爲太史監。十一月二十一日，又改爲太史局。二年閏九月十日，又改爲渾儀監。開元二年二月二十一日，又改爲太史監。」其言頗爲詳審，所云景雲二年遞變之狀，又與新唐書百官志約略相符，故迻録於此，以備參考。另據舊唐書睿宗本紀曰：「景雲二年八月庚午，改渾儀監爲太史監。」雖與唐會要及新唐書百官志不合，以其爲本紀之言，且年、月、日悉具，遽難斷定是非，今亦附誌焉。

〔八七〕十四年至隸祕書　舊唐書玄宗本紀曰：「開元十五年春正月庚子，太史監復爲太史局，依舊隸祕書省。」唐會要卷四十四「太史局」條略同。此其由進書與行下、宣制與實施等有時日之差而致異歟？未可遽斷其孰非也。

〔八八〕梁陳太史丞三品蘊位　「蘊」字原本訛作「勳」，正德以下諸本皆然。近衛校明本曰：「隋志爲蘊位。」案：通典職官十九梁官品亦作「蘊位」，今改。

〔八九〕正第九品下　「下」字原本訛作「上」，正德以下諸本皆然，今據隋書百官志、通典職官二十一隋官品令改。

〔九〇〕太史不隸祕書即爲府史　謂太史不隸祕書時，令史稱府，書令史稱史也。

〔九一〕開元十四年復爲令史也　「開元十四年」，參看校記〔八七〕。「令史」，於此兼言令史與書令史也。

〔九二〕漢官儀太史吏員有理曆六人　續漢書百官志注引漢官儀曰：「太史待詔三十七人，其六人治曆。」六典原注避唐高宗李治諱，改「治」爲「理」。

〔九三〕正九品上　隋書百官志祕書省太史曹有曆博士，未載其品位。同書所載開皇官品制及通典職官二十一隋官品令中亦均無曆博士品位。考太史丞在開皇官品中位正九品下，若曆博士爲正九品上，則反居丞上，似有不合。誌此以存疑。

〔九四〕麟德中太史令李淳風所造　唐會要卷四十二曆云：「至（麟德）二年正月二十日，以祕閣郎中李淳風所撰麟德曆頒于天下。」舊唐書高宗本紀曰：「（麟德）二年五月辛卯，以祕閣郎中李淳風造曆成，名麟德曆，頒之。」同書李淳風傳曰：「龍朔二年，改授祕閣郎中。時戊寅曆法漸差，淳風又增損劉焯皇極曆，改撰麟德曆，奏之。術者稱其精密。咸亨初，官名復舊，還爲太史令。」

〔九五〕神龍曆　舊唐書職官志同，律曆志作「景龍曆」。參見校記〔九六〕。

〔九六〕神龍中太史令南宮說所造　舊唐書律曆志曰：「中宗反正，太史丞南宮說奏：『麟德曆加時浸疎。（中略）』乃詔說與司曆徐保及南宮季友更治乙巳元曆，至景龍中曆成，詔令施用。俄而睿宗即位，景龍曆寢廢不行。」

〔九七〕開元十四年嵩山僧一行承制旨考定　唐會要卷四十二律云：「開元十六年八月十六日（舊唐書玄宗本紀作『八月己巳』。是月甲子朔，己巳爲六日，疑會要衍『十』字），特進張説進開元大衍曆，命有司行用之。」原注曰：「先是九年，太史頻奏日蝕不驗，詔沙門一行刊定律曆，上本顓頊，下至麟德。洎十五年，一行定草，詔説成之。」新唐書歷志云：「（開元）十五年草成，而一行卒。詔特進張説與歷官陳玄景等次爲歷術七篇，略例一篇，歷議十篇。玄宗顧訪者，則稱制旨。明年，説表上之。」

〔九八〕魏晉太史令吏員有望候郎二十人　「吏」字原本訛作「史」，據正德本改。

〔九九〕掌候日月星氣　「星」字原本無，正德以下諸本皆然，據續漢書百官志增。

〔一〇〇〕靈臺待詔四十二人　「二」字原本訛作「六」，正德以下諸本皆然，據職官分紀卷一七引六典「靈臺郎員品職掌」條原注改。

〔一〇一〕自張十七度至軫十一度　「七」字原本訛作「五」，正德以下諸本皆然，據晉書天文志改。

〔一〇二〕晉之分　晉書天文志「晉」作「趙」。

〔一〇三〕隋置司辰二人至大業三年隸於太史局　隋書百官志載隋初之制云：右武候「加置司辰師四人」；又開皇官品之制，正九品下階内有司辰師；又記煬帝大業三年改制云：「改太史局爲監，（中略）置司辰師八人。」

〔一〇四〕漏刻博士九人　「九」字原本訛作「六」，正德以下諸本皆然，今據本卷目録及舊唐書職官志改。

唐六典殿中省卷第十一

殿中省

監一人　少監二人　丞二人　主事二人　令史四人

書令史十二人　亭長八人　掌固八人

尚食局

奉御二人　直長五人　書令史二人　書吏四人〔一〕

食醫八人　主食十六人　主膳七百人〔二〕　掌固八人

尚藥局

奉御二人　直長四人　書令史二人　書吏四人　侍

御醫四人　主藥十二人　藥童三十人　司醫四人　醫佐八人　按摩師四人〔三〕　呪禁師四人　合口脂匠二人〔四〕　掌固四人

尚衣局

奉御二人　直長四人　書令史三人　書吏四人　主衣十六人　掌固四人

尚舍局

奉御二人　直長六人　書令史三人　書吏七人　掌固十人　幕士八千人〔五〕

尚乘局

奉御二人[六]　直長十人[七]　書令史六人[八]　書吏十四人　奉乘十八人　習馭五百人[九]　掌閑五千人[一〇]　進馬六人　司庫一人　司廩二人[一一]　典事五人　獸醫七十人　掌固四人

尚輦局

奉御二人　直長四人　書令史二人　書吏四人　掌扇六十人[一二]　掌翰三十人[一三]　掌輦二人　主輦四十二人　奉轝十五人[一四]　掌固六人[一五]

殿中省：監一人，從三品；魏氏初置殿中監，品第七，晉、宋因之。齊有內殿中監八人，外殿中監八人。梁初，位不登七班者別署蘊位、勳位，[一六]殿中外監爲三品蘊位，內監爲三品勳位。陳因之，然其官甚微。後魏殿中監從五品下。北齊門下省屬官有殿中監四人，掌駕前奉引行事，〔一七〕東耕則進耒耜。隋改爲殿内局，監二人，品正第六下。大業三年，分門下省尚食、尚藥、御府、殿内等局，分太僕寺車府、驊騮等署，置殿内省，〔一八〕監正四品，少監從四品，丞從五品，各一人，掌諸供奉；又有奉車都尉十二人，掌進御輿馬；統尚食、尚藥、尚舍、尚衣、尚乘、尚輦等六局。皇朝因改曰殿中省。龍朔二年改爲中御府，〔一九〕監爲中御大監；咸亨元年復舊。少監二人，從四品上；隋煬帝置一人，從四品。皇朝加至二人，龍朔、咸亨隨省改復。丞二人，從五品上；隋煬帝置一人，從五品。皇朝加至二人。龍朔二年改爲中御大夫，咸亨元年復故。主事二人，從九品上。隋煬帝置，皇朝因之。殿中監掌乘輿服御之政令，總尚食、尚藥、尚衣、尚乘、尚舍、尚輦六局之官屬，舊屬官又有天藏府，開元二十三年省。備其禮物，而供其職事；少監爲之貳。凡聽朝，則率其屬執繖扇以列於左右。凡大祭祀，則進大珪、鎮珪於壝門之外；〔二〇〕既事，受而藏之。凡行幸，則侍奉於仗内；若遊燕、田閱，則驂乘以從焉。今内別置閑廄使，其務多分殿中及太僕之事。至於輿輦、車馬，則使掌其内，監知其外，遊燕侍奉，皆不與焉。若元正、冬至大朝會，則跪而進爵。若和合御藥，則監視而嘗之。丞掌判監事，兼勾檢稽失，省署抄目。主事掌印及知受事發辰。

尚食局：奉御二人，正五品下；周禮有膳夫、内饔。秦置六尚，有尚食之名，如淳以爲主天子物曰「尚」。漢因之，後遂省并其職於太官、湯官。至北齊，門下省統六局，尚食局有典御二人，丞、監各四人；又有集書省，統三局，有中尚食局典御二人、監四人，品與尚食同。〔二一〕後周有内膳上士二人、中士四人，凡進食必先嘗之。至隋開皇初，門下省統尚食局，有典御二人、直長四人、食醫四人；大業三年分屬殿內，改典御爲奉御，員二人，正五品。〔三二〕皇朝因之。龍朔二年改爲奉膳大夫，咸亨元年復故。直長五人，正七品上；隋開皇初，置直長四人，從七品下，大業三年，加置六人，增品爲正第七。〔三三〕皇朝因之，減置五人。食醫八人，正九品下；周禮有食醫中士二人，「掌和王之六食、六飲、六膳、百羞、百醬、八珍之齊」。隋尚食局有食醫四人，〔三四〕皇朝加至八人。後周置主食、主膳等，皇朝因之。主食十六人。後周內膳有主食十二人。尚食奉御掌供天子之常膳，隨四時之禁，適五味之宜，春肝、夏心、秋肺、冬腎、四季之月脾，皆時王不可食。五味：酸、鹹、甘、苦、辛。當進食，必先嘗。凡天下諸州進甘滋珍異，皆辨其名數，而謹其儲供。直長爲之貳。凡元正、冬至大朝會饗百官，與光祿視其品秩，分其等差而供焉。其賜王公已下及外方賓客亦如之。若諸陵月享，則於陵所視膳而獻之。諸陵須上食，陵別殿中省主膳三十人分番上下，每季差官相監，於陵所造食供進。食醫掌和齊所宜。主食掌率主膳以供其職。

尚藥局：奉御二人，正五品下；自梁、陳、後魏已往，〔三五〕皆太醫兼其職。北齊門下省統尚藥局，有典御二人、侍御師四人、尚藥監四人，〔三六〕惣御藥之事；又集書省統三局，有中尚藥局典御二人、丞二人、中謁者僕射二人，惣知中宮醫藥之事。〔三七〕隋門下省統尚藥局典御二人，正五品下；侍御醫四人，正七品上；直長四人，正七品下；醫師四十人。大業三年分屬殿內，改爲奉御，皇朝因之。龍朔二年改爲奉醫大夫，咸亨元年復舊。直長四人，正七品上；隋置四人，正七品下，煬帝加品爲正七品，〔三八〕皇朝因之。侍御醫四人，從六品上；北齊尚藥局有侍御師四人，隋有侍御醫四人，〔二九〕皇朝因之。主藥十二人；藥童三十人；漢有藥丞，主藥。後周有主藥六人，隋有主藥四人、藥童二十四人。司醫四人，正八品下；隋大業中置，皇朝因之。醫佐八人，正九品下；隋大業中置，皇朝因之。按摩師四人；〔三〇〕隋有按摩師一百二十人，皇朝減置。呪禁師四人；皇朝初置。合口脂匠二人。皇朝初置。

尚藥奉御掌合和御藥及診候之事；直長爲之貳。凡藥有上、中、下之三品。上藥爲君，養命以應天；中藥爲臣，養性以應人；下藥爲佐，療病以應地，遞相宣攝而爲用。凡合藥宜用一君、三臣、九佐，方家之大經也，必辯其五味、三性、七情，然後爲和劑之節。五味謂酸、鹹、甘、苦、辛，酸屬肝，鹹屬腎，甘屬脾，苦屬心，辛屬肺。三性謂寒、温、平。七情謂有單行者，有相須者，有相使者，有相畏者，有相惡者，有相反者，有相殺者。其用又有四焉，曰湯、丸、酒、散。〔三一〕視其病之深淺所在而服之。診脉辨寸、關、尺之三部，以調四時沉、浮、滑、澀之節，而知病之所在。在胷膈者，先食而後服藥；在心腹者，先服藥而後食。凡合和御藥，與殿中監視其分、劑，藥成，先嘗而進焉。合藥供御，門下、中書司別長官一人，并當上大將軍衛別一人，與殿中監、尚藥奉御等監視；〔三二〕藥成，醫佐以上先嘗，然後封印；寫本方，方後具注年、月、日，監藥者偏署名，俱奏。餌藥之日，尚藥奉御先嘗，次殿中監嘗，次皇太子嘗，然後進御。侍御醫掌診候調和。司醫、醫佐掌分療衆疾。主藥、藥童掌刮、削、擣、篩。按摩師、呪禁師所掌如太醫之職。

尚衣局：奉御二人，從五品上；周禮有司服中士二人，「掌王吉凶衣服，辨其名物與其用事」。戰國有尚衣、尚冠之職。秦、漢少府屬官有御府令、丞，掌供御服。後漢又掌宦者，〔三三〕典官婢作中衣服及補浣之事。魏因之。晉屬光禄勳，東晉省。宋大明中，〔三四〕改尚方曰左、右御府，各置令、丞一人。後廢帝初，省御府，置中署，隸右尚方；其後又置。至齊高祖省，文帝又置。〔三五〕初，宋氏用三品勳位，明帝改用二品，准南臺御史，掌金銀、綵帛，凡諸造作，〔三六〕以供奉，及妃、主、六宮。〔三七〕梁、陳無御府，其職隸在尚方。後魏有掌服郎，從六品上。北齊門下省統主衣局都統、子統各二人。後周有司服上士二人、中士二人。隋門下省有御府局監二人，大業三年分屬殿內省，其後又改爲尚衣局。〔三八〕皇朝因之。龍朔二年改爲奉冕大夫，咸亨元年復舊。直長四人，正七品下；隋改御府爲尚衣局，始置直長，〔三九〕領主衣。皇朝因之。〔四〇〕主衣十六人。隋置，皇朝因之。

尚衣奉御掌供天子衣服，詳其制度，辨其名數，而供其進御；直長爲之貳。

凡天子之冕服十有三：一曰大裘冕，二曰袞冕，三曰鷩冕，四曰毳冕，五曰絺冕，六曰玄冕，七曰通天冠，八曰武弁，九曰弁服，十曰黑介幘，十一曰白紗帽，十二曰平巾幘，十三曰翼善冠。

大裘冕，無旒，冕廣八寸，長一尺六寸，玄表纁裏。以下廣狹准此。金飾，玉簪導，以組爲纓，色如其綬；裘以黑羔皮爲之，玄領、褾、襟緣；〔四一〕朱裳，白紗中單，皁領，青褾、襈、裾；革帶，玉鉤艓，大帶，素帶朱裏，紕其外，上以朱，下以緑，紐約用組。〔四二〕韍；韍，蔽膝也。凡韍皆隨裳色。鹿盧玉具劍，火珠鏢首；白玉雙佩；玄組雙大綬，六綵：玄、黃、赤、白、縹、緑，純玄質，長二丈四尺，五百首，〔四三〕廣一尺；小雙綬，長二尺六寸，色同大綬，而首半之，間施三玉環。朱韈，赤舄。祀天神地祇則服之。

袞冕，垂白珠十有二旒，以組爲纓，色如其綬，黈纊充耳，玉簪導；玄衣、纁裳，十二章，八章在衣，日、月、星辰、龍、山、華蟲、火、宗彝；〔四四〕其四章在裳，藻、粉米、黼、黻；衣褾、領爲升龍，皆織成爲之。龍、山以下，每章一行，重以爲等，每行十二；白紗中單，黼領，青褾、襈、裾；韍；革帶、大帶、劍、玉珮、綬、韈與上同，舄加金飾。享廟、謁廟及廟遣上將、征還、飲至、踐阼、〔四五〕加元服、納后、若元日受朝及臨軒册拜王公則服之。

鷩冕，服七章，三章在衣：華蟲、火、宗彝；四章在裳：藻、粉米、黼、黻。餘同袞冕。有事遠主則服之。

毳冕，服五章，三章在衣：宗彝、藻、粉米；二章在裳：黼、黻。餘同鷩冕。祭海、嶽則服之。

絺冕，服三章，一章在衣：粉米；二章在裳：黼、黻。餘同毳冕。祭社稷、帝社則服之。

玄冕服，衣無章，裳刺黻一章。〔四六〕餘同絺冕。蜡祭百神、朝日、夕月則服之。

通天冠，加金博山，附蟬十二首，施珠翠，黑介幘，髮纓翠緌，〔四七〕玉若犀簪導；絳紗袍，白紗中單，朱領、襈，〔四八〕白裙襦，亦裙衫。絳紗蔽膝；白假帶；方心曲領；其革帶、劍、珮、綬與上同；白襪，黑舄。若未加元服，則雙童髻，空頂黑介幘，雙玉導，加寶飾。諸祭還及冬至受

朝、元會、冬會則服之。〔四九〕

武弁，金附蟬，平巾幘。餘同前服。〔五〇〕講武、出征、四時蒐狩、大射、禡、類、宜社、〔五一〕賞祖、罰社、纂嚴則服之。

弁服，弁以鹿皮爲之。十有二琪，琪以白玉珠爲之。玉簪導，絳紗衣，素裳，革帶，白玉雙珮，鞶囊，小綬，白韈，烏皮履。朔日受朝則服之。〔五二〕

黑介幘，白紗單衣，白裙襦，革帶，素韈，烏皮履。拜陵則服之。

白紗帽，亦烏紗。白裙襦，白韈，烏皮履。視朝聽訟及燕見賓客則服之。

平巾幘，金寶飾。導簪、冠支皆以玉，〔五三〕紫褶，亦白褶。白袴，玉具裝，真珠寶鈿帶，著鞾。乘馬則服之。

翼善冠，其常服及白練裙襦通著之；若服袴褶，則與平巾幘通著。已上並古服，有事及見賓客則服之。自隋文帝制柘黄袍及巾、帶以聽朝，至今遂以爲常。

凡天子之大圭曰珽，長三尺；鎮圭長尺有二寸。有事于郊廟、社稷，則出之于內；將享，至于中壝門，則奉鎮圭于監而進。既事，復受而藏之。凡大朝會則設御案，朝畢而徹焉。

尚舍局：奉御二人，從五品上；周禮有掌舍，掌行所解止之處帷、幕、幄、帟之事。〔五四〕漢少府屬官有守宮令、丞，〔五五〕掌宮殿陳設。魏殿中監掌帳設監護之事。晉、宋已下，其職並在殿中監。隋煬帝置殿內省，〔五六〕改殿內局爲尚舍局，置奉御二人，正五品。皇朝因之。龍朔二年改爲奉扆大夫，〔五七〕咸亨元年復舊。直長六人，正七品下；隋煬帝置八人，皇朝減二人。幕士八千人。皇朝置，掌供御及殿中雜張設之事。尚舍奉御掌殿庭張設，供其湯沐，而潔其灑掃；直長爲之貳。凡大駕行幸，預設三部帳幕，有古帳、大帳、次帳、小次帳、小帳，凡五等。古帳八十連，高二丈，縱廣二丈五尺，前有五梁，後有七梁。大帳六十連，高一丈五尺，縱廣二丈，前有四梁。次帳四十連，高一丈三尺，縱廣一丈五尺，前有三梁。三帳皆朱蠟骨，緋紬綾，浮游覆之。小次帳三十連，高一丈一尺，縱廣一丈二尺。小帳二十連。高八尺，縱廣九尺。凡五等之帳各三，是爲三部。帳皆烏氈爲表，朱綾爲覆，下有紫幃方座，金銅行牀，垂以簾。其諸帳內外又設六柱、四柱、三柱，爲垣牆之制，皆青絁爲表，朱帛爲裏。其外置排城以爲蔽捍焉。排城連版爲之，每版皆畫辟邪猛獸，表裏漆之。

凡供湯沐，先視其潔清芳香，適其寒溫而進焉。凡大祭祀，有事於郊壇，則先設行宮於壇之東南向，隨地之宜。將祀三日，則設大次於外壝東門之外道北，〔五八〕南向而設御座。若有事於明堂及太廟，則設大次於東門，如郊壇之制。凡致齋，則設幄於正殿西序及室內，俱東向，張於楹下。凡元正、冬至大朝會，則設斧扆於正殿。施榻席及薰鑪。若朔望受朝，則施幄帳於正殿，帳裙頂帶方闊一丈四尺。

尚乘局：奉御二人，〔五九〕從五品上；自秦、漢已來，其職皆在太僕。北齊太僕驊騮署有奉乘十人，〔六〇〕管十二閑馬。隋煬帝取之，置尚乘局。皇朝因之，增置奉御四人：一人掌左六閑馬；一人掌右六閑馬；一人掌粟草、飼丁請受配給，及勾勘出入破用之事；一人掌鞍轡鑾勒，供馬調度，及療馬醫藥料度之事。龍朔二年改爲奉駕大夫，咸亨元年復故。開元二十三年減置二人。〔六一〕先是別置閑廄使，因隸焉，猶屬殿中。直長十人，正七品下；隋煬帝置十四人，皇朝因之，開元二十三年減四人。奉乘十八人，正九品下；後魏有奉乘郎，從五品下。〔六二〕後周左、右廄各有奉乘二十人。隋煬帝置尚乘局，有奉乘十人。皇朝加置二十四人，每閑二人。開元二十三年減六人。習馭五百人；後周左、右廄各有馭夫一百二十人，皇朝加置習馭五百人，掌調習六閑之馬。掌閑五千人；皇朝置，掌分飼養六閑之馬。〔六三〕司庫一人，正九品下；皇朝初置二人，掌六閑庫物。開元二十三年減。司廩二人，正九品下；皇朝置之。典事五人；皇朝置，掌六閑粟草。〔六四〕獸醫七十人。周禮有獸醫下士，掌療畜獸之疾病；又有巫馬下士二人，醫四人，掌知馬祖、先牧、馬社、馬步之神，〔六五〕養疾馬，以藥攻馬疾也。北齊內廄局有馬醫二人。皇朝置獸醫，掌療左、右六閑之馬。

尚乘奉御掌內外閑廄之馬，辨其麤良，而率其習馭；直長爲之貳。六閑：一曰飛黃，二曰吉良，三曰龍媒，四曰騊駼，五曰駃騠，六曰天苑。左、右凡十有二閑，分爲二廄：一曰祥麟，二曰鳳苑，以繫飼馬。今仗內有飛龍、祥麟、鳳苑、鵷鸞、吉良、六羣等六廄，奔星、內駒等兩閑；仗外有左飛、右飛、左萬、右萬等四閑，東南內、西南內等兩廄。凡御馬必敬而式之，非因調習，不得捶擊；諸閑廄上細馬，若欲調習，唯得廄內乘騎，不得輒出。習其進御之制，而爲出入之禁。隴右諸牧監使每年簡細馬五十四進。其祥麟、鳳苑廄所須雜給馬，年別簡麤壯敦馬一百匹，與細馬同進。仍令牧監使預簡敦馬一十四別牧放，殿中須馬，任取充。凡秣馬給料，以時爲差。春、冬日給蒿一圍，粟一㪷，鹽二合；秋、夏日給青芻一圍，粟減半。凡外牧進良馬，印以「三花」、「飛」、「風」之字，而爲誌焉。細馬、次馬送尚乘局者，於尾側依左、右閑印以「三花」；其餘雜馬送尚乘者，以「風」字印印左髆，以「飛」字印印左髀。〔六六〕奉乘掌率習馭、掌閑、駕士及秣飼之法。凡馭馬必視其齒歷、勞逸而調習之。馬四年而兩齒，五年而四齒，六年而六齒成焉。七年而右一齒缺，〔六七〕八年而上下兩邊各一齒缺，九年而上下盡缺。十年而下兩齒鮐，十一年而下四齒鮐，十二年盡鮐。〔六八〕十三年下兩齒平，十四年下四齒平，十五年下盡平。十六年上兩齒鮐，十七年上四齒鮐，十八年上盡鮐。〔六九〕十九年上兩齒平，二十年上四齒平。司庫掌鞍轡乘具。司廩掌藁秸出納。獸醫掌療馬病。凡馬病，〔七〇〕灌而行之，觀其病之所發。〔七一〕療馬病有五勞：〔七二〕一曰筋勞，二曰骨勞，三曰皮勞，四曰氣勞，五曰血勞。久步則生筋勞，久立則生骨勞，久汗不乾則生皮勞，汗未差燥而飼飲之則生氣勞，驅馳無節則生血勞。有傷寒者，有傷熱者，有瘍者，咸據經方以療焉。

尚輦局：奉御二人，從五品上；周禮：「小司徒中大夫二人，掌六畜、車輦。」又：「巾車下大夫二人，掌王后之五輅，輦車組輓，有翣羽蓋。」古謂人牽爲輦，春秋宋萬以乘車輦其母。秦始皇乃去其輪而輿之，漢代遂爲人君之乘。後漢有乘輿六輦。魏、晉小出則乘之，及過江而亡。太元中，謝安率意而作，及破符堅得之，形制無差，大小如一，時人嗟其默識。宋武執慕容超，獲金鉦輦。古之輦輿，大率以六尺爲度，齊武帝造大、小二輦，彫飾甚工，下棡轅軛，悉金花銀獸。

梁大輦中方八尺，左、右開四望，金鸞棲軛。隋有六輦，大禮皆乘之。秦、漢、魏、晉並太僕屬官車府令掌之，東晉省太僕，遂隸尚書駕部。宋、齊、梁、陳車府、乘黃令·丞掌之，後魏、北齊則乘黃、車府令兼掌之，後周則司車輅主之，隋又乘黃、車府令兼掌之。煬帝置殿內省尚輦局奉御二人，正五品。皇朝因之，爲從五品上。龍朔二年改爲奉輦大夫，咸亨元年復舊。直長四人，正七品下；隋煬帝置，皇朝因之，又置掌扇、掌翰等員，掌執扇及執紙、筆、硯雜供奉之事。掌輦二人，正九品下；皇朝初置四人，〔七三〕開元二十三年減二人，又置主輦、奉轝等員。掌率主輦以供其事。主輦四十二人，皇朝置，凡七輦，輦六人。奉轝十五人。皇朝置之。

尚輦奉御掌輿輦、繖扇之事，分其次敍，而辨其名數；直長爲之貳。凡大朝會則陳於庭，大祭祀則陳於廟。輦有七：一曰大鳳輦，二曰大芳輦，三曰仙遊輦，四曰小輕輦，五曰芳亭輦，六曰大玉輦，七曰小玉輦。轝有三：一曰五色轝，二曰常平轝，其用如七輦之儀；三曰腰轝，則常御焉。凡大朝會及祭祀，則出之於內；既事，復進而藏之。凡繖扇，大朝會則繖二、翰一，〔七四〕陳之于庭；〔七五〕孔雀扇一百五十有六，分居左、右。舊，翟尾扇；開元初，改爲繡孔雀以省。若常聽朝，皆去扇，左、右各留其三，以備常儀。崔豹古今注云：「華蓋，黃帝所作也。〔七六〕與蚩尤戰於涿鹿之野，常有五色雲氣、金枝玉葉止於帝上，有花蘤之象，故因作華蓋也。」通俗文曰：「張帛避雨謂之繖蓋。」古今注曰：「翟尾扇起於殷代，高宗有雊雉之祥，服章多用翟羽。周制以爲王后、夫人之車服，輿輦有翣，即緝翟羽爲扇翣，以障翳風塵也。〔七七〕」

校勘記

〔一〕書吏四人　新唐書百官志作「五人」，舊唐書職官志不載。

〔二〕主膳七百人　舊唐書職官志不載，新唐書百官志作「八百四十人」。唐會要卷六十五殿中省：「開成三年八月，殿中省奏：『尚食局舊額，主膳八百四十人，充三番，每月役使二百八十人。今請條流，量閑劇，分爲四番，每月勅二百一十人當上。』」所載人數，與新唐志合。

〔三〕按摩師四人　「按」字原本作「桉」，據正德本改。

〔四〕合口脂匠二人　舊唐書職官志作「四人」，新唐書百官志作「二人」。正文同此。

〔五〕幕士八千人　舊唐書職官志及新唐書百官志均作「八十人」。正文同此。

〔六〕奉御二人　「二」字原本作「四」，正文同，正德以下諸本皆然。案：舊唐書職官志及新唐書百官志均作「二人」。考本卷「尚乘局員品」條原注，唐初本置奉御四人，「開元二十二（當作『三』）年減二人」。而六典目録及正文所載諸司百官員品，一般均以原注所述增減、升降後之定制爲準，此尚乘奉御員數殆偶仍舊制，疏漏未改，今正之。

〔七〕直長十人　「十」字原本殘缺，據正文補。舊唐書職官志作「一人」，新唐書百官志同六典。

〔八〕書令史六人　新唐書百官志同，舊唐書職官志作「一人」。

〔九〕習馭五百人　新唐書百官志同，舊唐書職官志作「五十人」。正文同此。

〔一〇〕掌閑五千人　新唐書百官志同，舊唐書職官志作「五十人」。正文同此。

〔一一〕司廩二人　舊唐書職官志同，新唐書百官志作「一人」。正文同此。

〔一二〕掌扇六十人　新唐書百官志同，舊唐書職官志作「六人」。

〔一三〕掌翰三十人　新唐書百官志同，舊唐書職官志作「二十四人」。

〔一四〕奉輦十五人　新唐書百官志同，舊唐書職官志作「十二人」。正文同此。

〔一五〕掌固六人　新唐書百官志同，舊唐書職官志作「四人」。

〔一六〕位不登七班者別署蘊位勳位　近衛校明本曰：「『署』恐當作『置』。」

〔一七〕掌駕前奉引行事　隋書百官志「事」下有「制請修補」四字。

〔一八〕大業三年至置殿内省　隋書百官志曰：「煬帝即位，多所改革。三年定令：（中略）分門下、太僕二司，取殿内監名，以爲殿内省，并尚書、門下、内史、祕書，以爲五省。」又曰：「以城門、殿内、尚食、尚藥、御府等五局隸殿内省。」又曰：「城門置校尉一人，降爲正五品。後又改校尉爲城門郎，置員四人（從六品），自殿内省隸爲門下省官。」

〔一九〕龍朔二年改爲中御府　自「爲」字起，宋本缺一頁，據正德本補。

〔二〇〕則進大珪鎮珪於壝門之外　「壝」字原本及嘉靖本並訛作「壇」，近衛校曰：「『壇』當作『壝』。」廣雅本作「壝」，與舊唐書職官志合，今據以改。

〔二一〕又有集書省統三局有中尚食局典御二人監四人品與尚食同　隋書百官志：北齊中尚食局隸中侍中省，有典御、丞各二人，監四人。册府元龜卷六二〇卿監部總序云：北齊集書省統中尚食、尚藥二局。

〔二二〕正五品　「品」下原本有「上」字，嘉靖、廣雅二本皆然，據隋書百官志删。

〔二三〕增品爲正第七　「七」下原本有「上」字，嘉靖、廣雅二本亦然，據隋書百官志删。　已上均以正德本爲底本校補，此下還據宋本。

〔二四〕隋尚食局有食醫四人　「四人」二字原本無，正德以下諸本皆然，據上文「尚食局奉御員品」條原注增。

〔二五〕自梁陳後魏已往　「梁」、「陳」二字原本互倒；正德本亦然，嘉靖本缺頁，近衛校明本曰：「當作『梁、陳』。」廣雅本作「梁、陳」，今據以改。

〔二六〕有典御二人侍御師四人尚藥監四人　隋書百官志「典御」下有「及丞各」三字。

〔二七〕又集書省統三局至惣知中宮醫藥之事　隋書百官志：北齊中尚藥局隸中侍中省。　册府元龜卷六二〇卿監部總序云：北齊集書省統中尚食、尚藥二局。

〔二八〕煬帝加品爲正七品　「正七品」下原本有「上」字，正德、廣雅二本亦然，嘉靖本缺頁，據隋書百官志删。

〔二九〕隋有侍御醫四人　以上七字原本無，正德以下諸本皆然，今據職官分紀卷二十四引六典「侍醫員品」條原注增。

〔三〇〕按摩師四人　「按」字原本訛作「桉」，據正德本改。　下注文「按」字同。

〔三一〕曰湯丸酒散　舊唐書職官志「酒」作「膏」。

〔三二〕合藥供御至尚藥奉御等監視　唐律疏議卷九職制上「諸合和御藥」條疏議曰：「依令：合和御藥，在内諸省，省別長官一人，并當上大將軍、將軍衛別一人，與尚藥奉御等監視。」

〔三三〕後漢又掌宦者　「又掌宦者」四字，原本作「有掌冠者」；正德以下諸本皆然。案：通典職官八「殿中監尚衣局奉御」條曰：「後漢又掌宦者，典官婢作中衣服。」考續漢書百官志曰：「御府令一人，六百石。本注曰：『宦者，典官婢作中衣服及補浣之屬。』」又，宋書百官志曰：「御府，二漢世典官婢作褻衣服、補浣之事。」通典文意與二書合，今據以改。

〔三四〕宋大明中　「大」字原本訛作「太」，據正德本改。

〔三五〕至齊高祖省文帝又置　近衛校明本曰：「『至』以下九字有疑。通典、通志皆無此九字。」案：南齊書百官志少府屬官有御府令一人、丞一人，然其廢置則不可得而詳焉。

〔三六〕凡諸造作　職官分紀卷二十四引六典「尚衣奉御員品」條，「凡」作「足」。

〔三七〕以供奉及妃主六宮　「宮」字原本訛作「官」，據正德本改。

〔三八〕其後又改爲尚衣局　通典職官八諸卿中「殿中監尚衣局」條，「局」下有「置奉御二人」五字；職官分紀卷二十四引六典『尚衣局奉御員品』條原注無之。

〔三九〕隋改御府爲尚衣局始置直長　隋書百官志：隋初，門下省所屬御府局有直長四人，從七品上；煬帝改御府局爲尚衣局，隸殿内省，有直長四人，正七品。

〔四〇〕皇朝因之　「皇」字原本訛作「皐」，據正德本改。

〔四一〕玄領褾襟緣　「襟」字原本殘缺。正德本「領」下缺一字，「褾」、「緣」連書；嘉靖、廣雅二本「褾襟」作「青褾」，均非是。今據通典禮六十八君臣冕服冠衣制度「大裘冕」條原注引「令云」補。

〔四二〕紐約用組　舊唐書輿服志無「約」字，通典禮六十八君臣冕服冠衣制度「大裘冕」條原注引「令云」、新唐書車服志有之。

〔四三〕五百首　「百」字原本訛作「寸」，正德以下諸本皆然，據通典同上卷上篇上條原注引「令云」改。

〔四四〕日月星辰龍山華蟲火宗彝　正德以下諸本「龍」、「山」並互倒，通典同上卷上篇「袞冕」條原注引「令云」、新唐書車服志與之同，舊唐書輿服志同宋本。下「龍、山」同。

〔四五〕踐阼　「阼」字原本作「祚」，正德以下諸本皆然，據通典同上卷上篇上條正文改。

〔四六〕裳刺黻一章　通典同上卷上篇「元冕服」條原注引「令云」及新唐書車服志，「黻」並作「黼」。

〔四七〕髮纓翠緌　通典同上卷上篇「通天冠」條、新唐書車服志「髮」作「組」，舊唐書輿服志同六典。

〔四八〕朱領襈　通典同上卷上篇上條原注引「令云」作「朱領、襈、裾」，舊唐書輿服志作「領，褾，朱襈、裾」，新唐書車服志作「朱領、褾、襈、裾」。

〔四九〕諸祭還及冬至受朝元會冬會則服之　舊唐書輿服志「冬至」下有「朔日」二字，「受朝」下有「臨軒拜王公」五字。新唐書車服志云：「通天冠者，冬至受朝賀、祭還、燕羣臣、養老之服也。」通典同上卷上篇上條悉同六典。

〔五〇〕餘同前服　「前」字原本訛作「其」，正德以下諸本皆然，據通典同上卷上篇「武弁」條改。

〔五一〕講武至宜社　「社」字原本無，正德以下諸本皆然，據通典同上卷上篇上條增。

〔五二〕朔日受朝則服之　「受朝」二字原本無，正德以下諸本皆然，據通典同上卷上篇「弁服」條增。

〔五三〕導簪冠支皆以玉　近衛校明本曰：「（導簪）唐志作『簪導』。」案：通典同上卷上篇「平巾幘」條、舊唐書輿服志並作「導簪」，而新唐書車服志原文實作「玉簪導，冠支以玉」，蓋用語不同，故生歧異，非有他別也。

〔五四〕周禮有掌舍掌行所解止之處帷幕幄帟之事　案：周禮卷二天官冢宰下有掌舍，「掌王之會同之舍，（中略）凡舍事則掌之」；有幕人，「掌帷、幕、幄、帟、綬之事」；六典蓋統言之。

〔五五〕漢少府屬官有守宮令丞　「屬」字原本漫漶不可辨認，據正德本補。

〔五六〕隋煬帝置殿内省　「省」字原本作「監」，正德以下諸本皆然，據本卷「殿中省監員品」條原注及隋書百官志改。

〔五七〕龍朔二年改爲奉扆大夫　「扆」字原本訛作「宸」；正德、嘉靖二本亦然；近衛校曰：「『宸』當作『扆』。」廣雅本作「扆」，與通典職官八諸卿中「殿中監尚舍局奉御」條合，今據以改。

〔五八〕將祀三日則設大次於外壝東門之外道北　開元禮四、通典禮六十九皇帝冬至祀圜丘「陳設」條：「前祀三日，尚舍直長施大次於外壝東門之内道北。」舊唐書職官志同六典。

〔五九〕尚乘局奉御二人　「二」字原本作「四」，正德以下諸本皆然，據舊唐書職官志改。參見校記〔六〕。

〔六〇〕北齊太僕驊騮署有奉乘十人　通典職官八諸卿中「殿中監尚乘局奉御」條「乘」作「御」。隋書百官志：北齊驊騮署有奉承（殆「乘」之訛）直長二人。

〔六一〕開元二十三年減置二人　「三」字原本訛作「二」，正德以下諸本皆然，據下文「直長」、「奉乘」、「司庫」條原注改。

〔六二〕從五品下　魏書官氏志：奉乘郎，太和前制，從第五品中。太和後制未載。

〔六三〕掌分飼養六閑之馬　案：本卷目錄，於「掌閑」之次有「進馬六人」。又卷五「兵部郎中職掌」條云：「凡殿中省進馬取左、右衞三衞高蔭，簡儀容可觀者補充。」而自宋本以下諸本正文俱不載進馬員品、職掌，通典職官二十二大唐官品（開元二十五年制定）亦無進馬，未悉其故。考舊唐書職官志尚乘局有進馬六人，七品下。新唐書百官志殿中省監屬官有進馬五人，正七品上，「掌大陳設戎服執鞭，居立仗馬之左，視馬進退」。附誌於此，以備參考。

〔六四〕掌六閑粟草　「草」字原本訛作「華」，據正德本改。

〔六五〕掌知馬祖先牧馬社馬步之神　「馬社」二字原本無，正德以下諸本皆然，據周禮卷七夏官司馬第四「巫馬下士二人」條鄭注增。

〔六六〕以風字印印左髆以飛字印印左髀　「左髆」原本作「右髆」，「左髀」原本作「左髆」；正德以下諸本皆然。今據本書卷十七「太僕寺諸牧監職掌」條原注及唐會要卷七十二諸監馬印改。

〔六七〕七年而右一齒缺　「缺」原本字殘作「[齒口]」，正德以下諸本並作「齨」。案：說文解字第二下：「齨，老人齒如臼也。一曰馬八歲齒臼也。」齊民要術卷六曰：「（馬）四歲上下生成齒二，五歲上下著成齒四，六歲上下著成齒六（兩廂黃生區，受麻子也）。七歲上下齒兩邊黃，各缺區平，受米；八歲上下盡區如一，受麥。（下略）」今據其下八年、九年文例，補以「缺」字。

〔六八〕十二年盡齨　「齨」字原本訛作「曰」，據正德本改。

〔六九〕十八年上盡齨　「齨」字原本訛作「曰」，據正德本改。

〔七〇〕凡馬病　「馬病」二字原本殘缺，據正德本補。

〔七一〕觀其病之所發　「觀其病」三字原本殘缺，據正德本補。

〔七二〕療馬病有五勞　「馬病」二字原本殘缺，據正德本補。

〔七三〕皇朝初置四人　據隋書百官志，隋尚輦局已設有掌輦六人。

〔七四〕大朝會則繖二翰一　「會則繖」及「一」字原本殘缺，據正德本補。

〔七五〕陳之于庭　「陳之于」三字原本殘缺，據正德本補。又，自「庭」字起，迄于卷末，原本缺頁，改從正德本。

〔七六〕黃帝所作也　「黃」字原本訛作「皇」，嘉靖本亦然，近衞校曰：「『皇』當作『黃』。」廣雅本作「黃」，與太平御覽卷七七五車部四「指南車」條引崔豹古今注合，今據以改。

〔七七〕以障蔽翳風塵也　太平御覽卷七〇二服用部四「扇」條引崔豹古今注無「蔽」字。

唐六典内官宫官内侍省卷第十二

内官

惠妃一人　麗妃一人　華妃一人　淑儀一人　德儀一人　賢儀一人　順儀一人　婉儀一人　芳儀一人

美人四人　才人七人

宫官

尚宫二人

司記二人　典記二人　掌記二人　女史六人

司言二人　典言二人　掌言二人　女史四人

司簿二人　典簿二人　掌簿二人　女史六人

司闈六人　典闈六人　掌闈六人　女史四人

尚儀二人

司籍二人　典籍二人　掌籍二人　女史十人

司樂四人　典樂四人　掌樂四人　女史二人

司賓二人　典賓二人　掌賓二人　女史二人

司贊二人　典贊二人　掌贊二人　女史二人

彤史二人〔一〕

尚服二人

司寶二人　典寶二人　掌寶二人　女史四人

司衣二人　典衣二人〔二〕　掌衣二人　女史四人

司飾二人　典飾二人　掌飾二人　女史二人〔三〕

司仗二人　典仗二人　掌仗二人〔四〕　女史二人

尚食二人

司膳四人　典膳四人　掌膳四人　女史四人

司醞二人　典醞二人　掌醞二人　女史二人

司藥二人　典藥二人　掌藥二人　女史四人

司饎二人　典饎二人　掌饎二人　女史四人

尚寢二人

司設二人　典設二人　掌設二人　女史四人

司輿二人　典輿二人　掌輿二人　女史二人

司苑二人　典苑二人　掌苑二人　女史二人

司燈二人　典燈二人　掌燈二人　女史二人

尚功二人

司製二人　典製二人　掌製二人　女史四人〔五〕

司珍二人　典珍二人　掌珍二人　女史六人

司綵二人　典綵二人　掌綵二人　女史六人〔六〕

司計二人　典計二人　掌計二人　女史四人〔七〕

宮正一人　司正二人　典正四人〔八〕　女史四人〔九〕

内侍省〔一〇〕

內侍四人〔一〕　內常侍六人　內給事八人　主事二人
令史八人　書令史十六人
內謁者
監六人　內謁者十二人　內典引十八人　內寺伯二人
寺人六人　亭長六人　掌固八人
掖庭局
令二人　丞三人　書令史四人〔二〕　書吏八人　計史
二人　宮教博士二人　監作四人　典事十人　掌固
四人
宮闈局

令二人　丞二人　書令史三人　書吏六人　内閹人二十人　内掌扇十六人　内給使無常員　掌固四人

奚官局

令二人　丞二人　書令史三人　書吏六人　典事四人　掌固四人

内僕局

令二人　丞二人　書令史二人　書吏四人　駕士一百四十人〔一三〕　典事八人　掌固八人

内府局

令二人　丞二人　書令史二人　書吏四人　典事六

人　掌固四人

内官：春秋左氏傳曰：「不腆先君之嫡，以備内官。」又曰：「内官不及同姓。」杜預曰：「謂嬪御也。」周官有夫人、嬪、世婦、女御之位，聽天下之内治。漢、晉已來，雖有位号，多不盡備。隋氏法周官而悉置焉，則列夫人、嬪、婕妤、美人、才人、寶林、御女、采女等，充百二十位。宮中復有六尚，以備衆職，謂之宮官。皇朝因之。〔一四〕今上天德溥施，猶防女寵，故省内官，將以垂範，而六尚仍舊焉。妃三人，正一品。周官三夫人之位也。古者，帝嚳立四妃，蓋象后妃四星，其一明者，后也。至舜，不立正妃，蓋但三妃而已，謂之三夫人。自夏、殷已降，復有立者，視三公位，雖云古制，數頗繁焉。其餘沿革，事不經見。隋氏依周官，立三夫人。〔一五〕皇朝上法古制，而立四妃，其位：貴妃也，淑妃也，德妃也，〔一六〕賢妃也。今上以爲后妃四星，其一后也，既有后位，復立四妃，則失其所法象之意焉。因省嬪婦、女御之數，改定三妃、六儀、美人、才人四等，共二十人，以備内官。其位：惠妃也，麗妃也，華妃也。婦德、婦容、婦言、婦功，可以坐而論禮者則進，無則闕焉。

夫人佐后，坐而論婦禮者也。其於内則無所不統，故不以一務名焉。

六儀六人，正二品。周官九嬪之位也。夏后氏因三夫人增以三三而九，列九嬪之位。漢初無聞。至武帝，始制婕妤、娙娥、容華、充衣，〔一七〕數不至九，其位在嬪。後魏孝文改定内官。隋氏依周官，盡立其名秩。皇朝初因之。今上改制六儀之位，以備其職焉。　六儀掌教九御四德，率其屬以贊導后之禮儀。一、淑儀，二、德儀，三、賢儀，四、順儀，五、婉儀，六、芳儀。

美人四人，正三品。周官二十七世婦之位也。殷人因九嬪增以三九二十七，列二十七世婦之位。其制增損，累代不恒。前漢十四等。後漢貴人、才人雖列位号，不依世婦之職。隋氏依周官，制婕妤等二十七人。皇朝初因之。今上改制美人之位，以備其職焉。

美人掌率女官脩祭祀、賓客之事。

才人七人，正四品。周官八十一女御之位也。周人因二十七世婦增以三二十七，列八十一女御之位。舊制沿革，略同於上注。隋氏依周官，制寶林、御女、采女等。皇朝初因之。今上改制才人之位，以備其職焉。

才人掌序燕寢，理絲枲，以獻歲功焉。

宮官：周禮宗伯：「世婦，每宮卿二人、下大夫四人、中士八人、女府二人、女史二人。」鄭玄云：「世婦，后宮官也。王后六宮女府、女史、女奴之有才智者。」魏略：「魏明帝遊宴在內，選女子知書可付信者爲女尚書，省奏事。」晉令有崇德殿大監、尚衣·尚食大監，並銀章、艾綬，二千石；崇華殿大監、元華食監、都監、上監，〔一八〕銅印、墨綬，千石；女史、賢人、恭人、中使、大使，碧綸綬。宋明帝留心後房，擬外百官，備置其職。兩齊、梁、陳不見。後魏、後周亦擬外官置內職。隋文帝置六尚、六司、六典以掌宮官之職，六尚視從九品，六司視勳品，六典視流外二品。煬帝改置六尚局，職掌略同，皆加其品秩。一、尚宮局，管司言，掌宣傳啓奏；〔一九〕司簿，主名録計度；司正，主格式推罰；司閨，主門閤管鑰。二、尚儀局，管司籍，主經史教學；〔二〇〕司樂，掌音律；司賓，主賓客；司贊，主贊相導引。〔二一〕三、尚服局，管司璽，主琮璽、符節；司衣，掌衣服；司飾，主湯沐、巾櫛、玩弄等物；司仗，主仗衛戎器。四、尚食局，管司膳，主膳羞；司醖，主酒醴、醯醢；司藥，主醫巫、藥劑；司饎，主廩餼、柴炭。五、尚寢局，管司設，主牀席、帷帳、鋪設、灑掃；司輿，主輿、輦、扇、傘，執持羽儀；司苑，主園囿種植，蔬菜、瓜果；司燈，主燈火。〔二二〕六、尚工局，〔二三〕管司製，主營造、裁縫；司寶，主金玉、錢貨；〔二四〕司綵，掌繒帛；司織，掌織染。六尚十二人，從五品；司，二十八人，從六品；典，二十八人，從七品；掌，二十八人，從九品；女史，〔二五〕流外，量事而置，多者十人。皇朝內職多依隋制。

尚宮局：尚宮二人，正五品。司記二人，正六品；典記二人，正七品；掌記二人，正八品。司言二人，正六品；典言二人，正七品；掌言二人，正八品。司簿二人，正六品；典簿二人，正七品；掌簿二人，正八品。司闈六人，正六品；典闈六人，正七品；掌闈六人，正八品。

尚宮掌導引中宮，總司記、司言、司簿、司闈四司之官屬。凡六尚事物出納文籍，皆印署之。〔二六〕六尚須物，外物之司受勑連署牒，〔二七〕仍取尚宮押印，司記錄目，爲抄出，付內侍省受牒，便移外司。其五尚之印唯於當司宮內行用，〔二八〕不得印出外文牒。

司記掌印。凡宮內諸司簿書出入錄目，審而付行焉。典記、掌記佐之。餘司二佐並准此。

女史掌執文書。餘女史准此。

司言掌宣傳啓奏之事。凡有勑處分，承勑人宣付司言連署、案記，〔二九〕別鈔一本，付門司傳出。若外司附奏，受事人奏聞，承勑處分，傳付外司；仍錄事目、旨意，亦連署爲案。〔三〇〕

司簿掌宮人名簿、廩賜之事。

司闈掌宮闈管鑰之事。

尚儀局：尚儀二人，正五品。司籍二人，正六品；典籍二人，正七品；掌籍二人，正八品。司樂四人，正六品；典樂四人，正七品；〔三一〕掌樂四人，〔三二〕正八品。司賓二人，正六品；典賓二人，正七品；〔三三〕掌賓二人，〔三四〕正八品。司贊二人，正六品；典贊二人，正七品；掌贊二人，正八品。彤史二人，正六品。石氏星經：「女史一星，婦人之微者。」周禮：「女史掌王后之禮職，以詔后理內政，〔三五〕統內官，〔三六〕書內令。后之事，〔三七〕以禮從。」詩云：「靜女其孌，貽我彤管。」毛傳曰：「古者，后、夫人必有女史彤管之法。后、妃、羣妾以禮御于君所，女史書其日月，授之環，以進退之。生子月辰，以金環退之。當御之者，以銀環進之，著于左手；〔三八〕既御，著于右手。事無大小，記以成法。彤管，以赤心正人也。」

尚儀掌禮儀起居，惣司籍、司樂、司賓、司贊四司之官屬。

司籍掌四部經籍教授、筆札、几案之事。

司樂掌率樂人習樂、陳縣、拊擊、進退之事。

司賓掌賓客朝見、宴會賞賜之事。

司贊掌朝見、宴會贊相之事。凡朝會，司贊引客立於殿庭，司言宣勑賜坐，司贊引升就席。酒至，起，再拜；食至亦起。

尚服局：尚服二人，正五品。周禮：「內司服掌王后六服：〔三九〕褘衣、褕翟、闕翟、鞠衣、展衣、褖衣、素紗。〔四〇〕」司馬彪續漢志：「皇后謁廟，服紺上、皁下；蠶，青上、縹下；皆深衣制，隱領、袖緣以絛。假結，首飾步搖，簪珥。〔四一〕步搖以黃金爲山題，〔四二〕貫白珠爲桂枝相繆。八爵、九華，熊、虎、赤羆、天鹿、辟邪、南山豐大特六獸。諸爵、獸皆以翡翠爲毛羽。金題，白珠璫繞，以翡翠爲華。綬、佩同乘輿。」魏、晉、宋、齊、梁、陳略同。後魏、北齊皇后璽、綬、佩同乘輿，假髻，步搖，十二鏌，〔四三〕八爵、九華。助祭、朝會以褘衣，郊、禖以褕翟，〔四四〕小宴以闕翟，親蠶以鞠衣，見皇帝以展衣，〔四五〕宴居以褖衣，〔四六〕俱有蔽膝、織成緄帶。後周皇后衣十二等。翟衣六：從祀、郊、禖，享先皇，〔四七〕服翬衣；祭陰社，朝命婦，服褕衣；獻繭，〔四八〕服鷩衣；採桑，服鳪衣；〔四九〕聽女教，〔五〇〕服鵫衣；歸寧，〔五一〕服翊衣；〔五二〕以翬雉爲領、褾。臨婦學，〔五三〕燕命婦，〔五四〕蒼衣；春齋、祭還，青衣；夏齋、祭還，朱衣；〔五五〕采桑齋、采桑還，〔五六〕黃衣；秋齋、祭還，〔五七〕素衣；冬齋、祭還，〔五八〕玄衣；其褾、領以相生色，華皆十二樹。隋初，皇后首飾花十二樹。褘衣，青紗內單，黼領，羅縠褾、襈，蔽膝，大帶，以青衣，革帶，青韈，舄，金飾，〔五九〕白玉佩，玄組綬，祭及朝會則服。〔六〇〕鞠衣，黃羅爲之，蔽膝，大帶，舄，革帶隨衣色，〔六一〕餘同褘衣，〔六二〕親蠶則服。〔六三〕青衣，青羅爲之，〔六四〕制同鞠衣，去華、大帶、佩、綬，見帝則服。〔六五〕朱衣，緋羅爲之，制如青衣，〔六六〕宴賓則服。煬帝令牛弘等制皇后服四等：褘衣，以翬翟，〔六七〕五綵重行，〔六八〕十二等；首飾花十二鈿，小花毦十二樹，〔六九〕兩博鬢；素紗內單，黼領，羅縠褾、襈，皆以朱；蔽膝隨裳色，以緅爲緣，用翟三章；〔七〇〕大帶隨衣色，〔七一〕飾以朱、綠之錦，青緣；革帶，青韈，舄，以金飾；〔七二〕白玉佩，〔七三〕玄組綬，章采、尺寸同乘輿，祭及朝會則服。〔七四〕鞠衣，小花十二樹。青衣、朱服，皆參准宋太始及梁、陳故事增損用之。〔七五〕皇朝因之。**司寶二人，正六品；**凡太皇太后、皇太后、皇后之寶皆以金爲之，〔七六〕並不行用。其應封令書，太皇太后、皇太后用宮官印，〔七七〕皇后用內侍省印焉。**典寶二人，正七品；掌寶二人，正八品。司衣二人，正六品；典衣二人，正七品；掌衣二人，正八品。司飾二人，正六品；典飾二人，正七品；掌飾二人，正八品。**

司仗二人，正六品；典仗二人，正七品；掌仗二人，〔七八〕**正八品。**

尚服掌供內服用采章之數。凡皇后之衣服，一曰褘衣，二曰鞠衣，三曰禮衣；首飾花十二樹，小花如大花之數，並兩博鬢。褘衣，深青織成爲之，文爲翬雉之形，素質，五色，十二等；素紗中單，黼領；羅縠褾、襈，皆用朱色；蔽膝隨裳色，以緅爲領緣，用翟爲章，三等；大帶隨衣色，朱裏，紕其外，上以朱錦，下以緑錦，紐約用青組；以青衣，革帶，青韈、舄，舄加青飾；白玉雙佩，玄組雙大綬，章采、尺寸與乘輿同。受册、助祭、朝會則服之。〔七九〕鞠衣，黄羅爲之，其蔽膝、大帶及衣革帶、韈、舄隨衣色；餘與褘衣同，唯無翟。親蠶則服之。鈿釵禮衣，十二鈿，服通用雜色，制與上同；雙佩，小綬；〔八〇〕去舄，加履。宴見賓客則服之。內命之服：花釵，施兩博鬢，寶鈿飾。翟衣，青質，羅爲之，繡爲翟，編次於衣及裳，重爲九等而下。第一品花釵九樹；寶鈿准花數，下准次；翟九等。第二品花釵八樹，翟八等。第三品花釵七樹，翟七等。第四品花釵六樹，翟六等。第五品花釵五樹，翟五等。並素紗中單，黼領；朱褾、襈，亦通用羅縠；蔽膝隨裳色，以緅爲領緣，加以文繡，重翟爲章二等，一品已下皆同；大帶，紕其外，上以朱錦，下以緑錦，紐約用青組；以青衣，革帶，青韈、舄，佩，綬。內命服受册、從蠶、朝會則服之。鈿釵禮衣，通用雜色，制與上同，加雙佩、小綬，絇履；〔八一〕第一品九鈿，第二品八鈿，第三品七鈿，第四品六鈿，第五品五鈿。內命婦常參見則服之。〔八二〕凡六尚、寶林、御女、采女及女官之服，禮衣通用雜色，〔八三〕制與上同，唯無首飾、佩、綬。〔八四〕七品已上有大事則服之。尋常供奉則公服，去中單、蔽膝、大帶。九品已上，大事及尋常供奉並公服。東宮准此。女史則半袖裙襦。惣司寶、司衣、司飾、司仗四司之官屬。

司寶掌琮寶、符契、圖籍。凡神寶、受命寶、銅魚符及契、四方傳符，皆識其行用之別安置，具立文簿。外司請用，執狀奏聞，同檢出付，仍録案記；符還，朱書記之。

司衣掌衣服、首飾。

司飾掌膏沐、巾櫛、玩弄器物之事。

司仗掌羽儀仗衞之事。

尚食局：尚食二人，正五品。司膳四人，正六品；典膳四人，正七品；掌膳四人，正八品。司醞二人，正六品；典醞二人，正七品；掌醞二人，正八品。司藥二人，正六品；典藥二人，正七品；掌藥二人，正八品。司饎二人，正六品；典饎二人，正七品；掌饎二人，正八品。

尚食掌供膳羞品齊之數，惣司膳、司醞、司藥、司饎四司之官屬。凡進食，先嘗之。

司膳掌割烹煎和之事。

司醞掌酒醴酏飲之事。〔八五〕

司藥掌醫方藥物之事。〔八六〕

司饎掌給宮人廩餼、飲食、薪炭之事。〔八七〕

尚寢局：尚寢二人，正五品。周禮：「女御，掌御敍于王之燕寢。〔八八〕」司設二人，正六品；典設二人，正七品；掌設二人，正八品。司輿二人，正六品；典輿二人，正七品；掌輿二人，正八品。司苑二人，正六品；典苑二人，正七品；掌苑二人，正八品。司燈二人，正六品；典燈二人，正七品；掌燈二人，正八品。

尚寢掌燕寢進御之次叙，惣司設、司輿、司苑、司燈四司之官屬。

司設掌帷帳、茵席、〔八九〕灑掃、張設之事。

司輿掌輿輦、繖扇、羽儀之事。

司苑掌園苑種殖蔬果之事。

司燈掌燈燭膏火之事。

尚功局：尚功二人，正五品。司製二人，正六品；典製二人，正七品；掌制二人，正八品。司珍二人，正六品；典珍二人，正七品；掌珍二人，正八品。司綵二人，正六品；典綵二人，正七品；掌綵二人，正八品。司計二人，正六品；典計二人，正七品；掌計二人，正八品。

尚功掌女工之程課，總司製、司珍、司綵、司計四司之官屬。

司製掌衣服裁製縫線之事。

司珍掌金玉寶貨之事。

司綵掌綵物、繒錦、絲枲之事。

司計掌支度衣服、飲食、薪炭之事。〔九〇〕

宮正一人，正五品；司正二人，〔九一〕正六品；典正四人，正七品。

宮正掌戒令、糺禁、謫罰之事。凡宮人已上有不供職事，違犯法式，司正已下起牒，取宮正裁。事小，局司決罰；事大，錄狀奏聞。司正、典正佐之。

內侍四人，從四品上；石氏星經：「宦者四星，在帝座西。」周禮有內小臣、閽人、寺人。鄭玄云：「今謂之宦人。」詩有巷伯，寺人孟子之作。春秋時皆謂之寺人。戰國時，趙有宦者令繆賢。漢書百官表云：「少府，秦官。屬官有中書謁者等令、丞，諸僕射署官皆屬焉。〔九二〕」又云：「詹事，掌皇后、太子家，屬官有中長秋、私府，諸宦官皆屬焉。成帝省，併屬大長秋。」又云：「將行，秦官。景帝更名大長秋，或用中人，或用士人，秩二千石。」後漢常用宦者，掌奉宣中宮命，凡給賜宗親及謁見關通之，出則從。屬官有丞、中宮僕、謁者・私府署令。又少府屬官有中常侍、畫室・玉堂等署長、〔九三〕冗從僕射，掖庭・永巷・御府・祠祀・鈎盾等令、暴室・永安丞，皆宦者。又太后所居宮卿少府，職如長秋，位在同名卿上。魏改在九卿下。晉大長秋卿有后則置，無后則省。宋、齊因之。梁大長秋主諸宦者，以司宮闈之職，統中署、奚官、暴室、華林等署。〔九四〕陳氏亦同。後魏有大長秋，又置內侍長四人，掌顧問、拾遺、應對。北齊中侍中省有中侍中二人、中常侍四人，掌出入門閤；長秋寺，掌諸宮閤，卿、中尹各一人，領掖庭、晉陽・中山宮、中宮僕、奚官等令。〔九五〕後周六官有司內上士、小司內中士、巷伯中士等官。隋內侍省署內侍二人、內常侍二人，〔九六〕內侍則舊長秋，內常侍則舊中常侍也。煬帝大業三年，改內侍省爲長秋監，置令一人，正四品；少令一人，從五品；丞二人，正七品；並用士人。罷內謁者員，〔九七〕又省內僕、內謁者局，所領惟掖庭、宮闈、奚官三署而已，〔九八〕亦參用士人。大業五年，又置內謁者員。〔九九〕皇朝依開皇，復爲内侍省，置内侍二人，今加至四人。龍朔二年改爲内侍監，咸亨元年復舊。〔一〇〇〕光宅元年改爲司宮臺，神龍元年復爲内侍。中官之貴，極于此矣。若有殊勳懋績，則有拜大將軍者，〔一〇一〕仍兼内侍焉。

内常侍六人，正五品下。秦有中常侍，〔一〇二〕漢因之，銀璫左貂，給事殿省，〔一〇三〕秩千石，並用士人。後漢悉用宦官，掌侍左右，入内宮，贊導内外事。〔一〇四〕永平中，始置員數，中常侍四人。和帝幼沖，竇憲執政，鈎盾令鄭衆等專謀禁中，遂收憲印綬，超遷大長秋，封鄛鄉侯。由是宦官用事，其員稍增，中常侍至十人，改以金璫左貂。鄧后臨朝，委用漸大，兼領卿署，非復掖庭、永巷之職。順帝已下，迭居端要。獻帝末，有董卓之難，自是諸宦署悉用士人焉。後魏有中謁者僕射等官員。至太武帝時，有宦人宗愛。文明馮后時，宦官用事，大者令、僕，小者卿、守；趙默爲選曹尚書，〔一〇五〕張祐封異姓王。北齊中侍中省有中常侍四人，〔一〇六〕掌出入門禁。〔一〇七〕隋内侍省内常侍二人，煬帝改爲内承奉，〔一〇八〕正五品。皇朝復爲内常侍。

内侍之職，掌在内侍奉，出入宮掖，宣傳制令。惣掖庭、宮闈、奚官、内僕、内府五局之官屬。内常侍爲之貳。凡季春吉日，皇后親蠶於功桑，享先蠶於北郊，則升壇執儀。周禮内宰云：「仲春，詔王后帥内外命婦始蠶于北郊，〔一〇九〕以爲祭服。」續漢志：「三月，皇后帥公、卿、列侯夫人親蠶，祀先蠶于東郊。」魏遵周禮，蠶于北郊。晉武楊皇后蠶于西郊，依漢故事。東晉闕。宋孝武大明四年，〔一一〇〕於臺城西白石里爲西蠶，設兆域，置殿七間及蠶觀。〔一一一〕歷齊、梁、陳，並有其禮。後魏無聞。北齊置蠶坊於城北。後周皇后乘翠輅，帥三妃等至蠶所，以少牢親祭，〔一一二〕進奠先蠶西陵氏。隋於宮北三里爲壇，〔一一三〕高四尺，季春上巳，皇后服鞠衣，乘重翟，帥三夫人、九嬪、内外命婦，以太牢制幣祭先蠶於壇上，〔一一四〕用一獻。〔一一五〕祭訖，親桑，位於壇，東面。〔一一六〕尚功進金鈎，典製奉筐。皇后採三條，反鈎；命婦各依班採五條、九條而止；世婦於蠶母受切桑，〔一一七〕灑訖，皇后乃還。皇朝因用其禮。凡中宮大駕出入，則爲之夾引焉。大駕内謁者四人、内給事二人、内常侍二人、内侍二人，〔一一八〕並騎，分左、右。内寺伯二人，〔一一九〕領寺人六人，分夾重翟車。

內給事八人，從五品下；周禮有內小臣之職，掌王后之命。后出入則前驅，后有好事於四方則使往，有好令於公卿大夫亦如之。〔一三〇〕後漢少府有給事黃門，六百石，常侍左右，止在內宮門，通中外及中宮已下衆事。〔一三一〕自魏、晉至於梁、陳無其職。〔一三二〕後魏有中給事中，太和二十二年改爲中給事。〔一三三〕北齊中侍中省有中給事中四人。煬帝改爲內承直，從五品。皇朝復爲內給事。主事二人，從九品下。隋內侍省主事二人；開皇十六年，加置內侍主事二十員，〔一三四〕以承門閤。皇朝置二人，掌付事勾稽省抄也。內給事掌判省事。凡元正、冬至羣官朝賀中宮，則出入宣傳。凡宮人之衣服、費用，則具其品秩，計其多少，春、秋二時，宣送中書。若用府藏物所造者，每月終，門司以其出入曆爲二簿聞奏。一簿留內，一簿出付尚書比部勾之。

內謁者，監六人，正六品下；內謁者十二人，從八品下；後漢大長秋屬官有中宮謁者三人，四百石，主報中章。後魏、北齊有中謁者僕射。隋內侍省有內謁者監六人，內謁者十二人。煬帝三年，罷內謁者；五年，又置。皇朝因之。內典引十八人。皇朝置，流外。內寺伯二人，正七品下；周禮「寺人掌王之內人及女宮之戒令、禁令。〔一三五〕隋內侍省有內寺伯二人，皇朝因之。寺人六人。隋置，皇朝因之，流外。掌中宮駕出入則執御刀。

內謁者監掌內宣傳。凡諸親命婦朝會，所司籍其人數，送內侍省。命婦下車，則引入朝堂，然後奏聞。內謁者掌諸親命婦朝集班位。內典引掌命婦朝參出入監引之事。

內寺伯掌糺察諸不法之事。歲大儺，則監其出入。

掖庭局：令二人，從七品下；詩之巷伯也，至秦爲永巷，漢武帝更名掖庭，有令、丞。後漢掖庭令一人，六百石，〔一二六〕左・右丞、從丞各一人，〔一二七〕掌後宮貴人衆采女事。魏、晉並有掖庭令、黄門令，而非宦者。〔一二八〕後魏有掖庭監。北齊長秋寺統掖庭署令、丞。隋内侍省統掖庭令、丞各二人，皇朝因之。丞三人，從八品下。漢掖庭有左、右丞。〔一二九〕北齊有掖庭丞。隋掖庭丞三人，〔一三〇〕皇朝因之。計史二人。掌料功程事。宫教博士二人，從九品下。北齊掖庭、中山、晉陽署各有宫教博士二人，隋掖庭有宫教博士十三人，〔一三一〕皇朝置二人。監作四人，從九品下。皇朝置，監宫中雜作之事。典事十人。皇朝置，流外。掖庭局令掌宫禁女工之事。凡宫人名籍，司其除附；功桑養蠶，會其課業。丞掌判局事。計史掌料功程。博士掌教習宫人書、筭、衆藝。監作掌監當雜作。典事典諸工役。

宫闈局：令二人，從七品下；周禮有閽人，王宫每門四人，掌王宫中門之禁，凡内外命婦出入則爲之辟。隋置，皇朝因之。丞二人，從八品下。隋置，皇朝因之。〔一三二〕内閽人二十人。周禮有閽人之職，皇朝因而置之。内掌扇十六人。皇朝置。〔一三三〕内給使，無常員。北齊内職有散給使五十人，〔一三四〕皇朝因之。宫闈令掌侍奉宫闈，出入管鑰。凡大享太廟，帥其屬詣于室，出皇后神主，置於輿而登座焉；既事，納之。凡宦人無官品者，稱内給使；〔一三五〕親王府名散使。若有官及經解免應敍選者，得令長上。其小給使學生五十人。其博士取八品已上散官有藝業者充。皆惣其名籍，以給其糧廩。丞掌判局事。內閽人掌承傳諸門管籥。內掌扇掌中宮繖扇。內給使掌諸門進物、出物之曆。

奚官局：令二人，正八品下；周禮酒人、漿人、籩人、醢人、醯人、鹽人、冪人、女祝、內司服、縫人、守祧，並奄官所職也，皆有女奴、奚、隸焉。鄭玄云：「古者，男、女沒入縣官，皆曰奴；少有才知，以爲奚。今之侍史、官婢或曰奚，官女也。〔一三六〕漢暴室丞主中婦人疾病者就此室，〔一三七〕其皇后、貴人有罪亦如之。梁、陳大長秋寺統奚官署，北齊大長秋寺統奚官署令、丞，隋內侍省統奚官局令、丞，皇朝因之。丞二人，正九品下；隋置，皇朝因之。典事四人。皇朝置之。

奚官局令掌奚隸工役，宮官品命；丞爲之貳。凡宮人有疾病，則供其醫藥；死亡，則給其衣服，各視其品、命，仍於隨近寺、觀爲之修福。雖無品，亦如之。凡內命婦五品已上亡，無親戚，於墓側三年內取同姓中男一人以時主祭；〔一三八〕無同姓，則所司春、秋以一少牢祭焉。

內僕局：令二人，正八品下；後漢大長秋屬官有中宮僕一人，千石，主馭。北齊長秋寺統中宮僕署令、丞。隋內侍省統內僕局令、丞，煬帝大業三年廢內僕局，皇朝復置。丞二人，正九品下；隋置三人，皇朝置二人。駕士一百四十人；皇朝置之。典事八人。皇朝置之。內僕令掌中宮車乘出入導引；丞爲之貳。凡中宮有出入，則令居左，丞居右，而夾引之。

凡皇后之車有六：

一曰重翟，受册、從祀、享廟則供之。青質，金飾諸末；朱輪，金根、朱牙；其箱飾以重翟羽；青油通幰，青油纁朱裏；朱絲絡網，繡紫絡帶，繡紫帷；八鸞在衡；鏤錫鞶纓十有二就；金鑁方釳，插翟尾；朱總；駕蒼龍。皆隋所制，皇朝因之。

二曰厭翟，公桑則供之。赤質，金飾諸末；輪畫朱牙；其箱飾以次翟羽；紫油通幰，紫油纁朱裏，朱絲絡網，紅錦絡帶，紅錦帷；餘如重翟；駕赤騮。內命婦一品已下以次乘之。

三曰翟車，歸寧則供之。黃質，金飾諸末；輪畫朱牙；其車側飾以翟羽；黃油通幰，黃油纁黃裏，白紅錦絡帶，白紅錦帷，朱絲絡網；餘如重翟；駕黃騮。諸鞶纓之色，皆從車質也。

四曰安車，臨幸則供之。赤質，金飾；紫油通幰，紫油纁朱裏，錦帷，錦絡帶，朱絲絡網；駕四馬。

五曰四望車，拜陵、臨弔則供之。朱質；青油通幰，青油纁朱裏，〔一三九〕織成帷，錦絡帶，〔一四〇〕朱絲絡網；駕赤騮。

六曰金根車，常行則供之。朱質；紫油通幰，〔一四一〕紫油纁朱裏，織成帷，錦絡帶，〔一四二〕朱絲絡網。周禮：「王后五輅：一、重翟，二、厭翟，三、安車，四、翟車，五、輦車。」司馬彪續漢志：「皇后法駕，御重翟金根車，交絡帷裳；〔一四三〕非法駕，乘紫罽軿車，〔一四四〕雲𣟴畫輈，〔一四五〕黃金塗，〔一四六〕駕三馬。貴人油畫軿車。」魏因之。晉輿服志：「皇后法駕，乘重翟羽蓋金根車，駕青駱，青帷裳，雲虡畫輈；常乘，畫輪車；先蠶，乘油蓋畫雲母車，〔一四七〕駕六騩馬，油畫兩轅安車爲副，金薄石山軿車、紫絳罽軿車爲副。〔一四八〕晉令：「三貴人曲蓋，九嬪直蓋，皆信幡。」宋、齊、梁、陳略同。後魏皇后從祭御金根車，親桑御雲母車，駕四馬；歸寧御紫罽車，〔一四九〕遊行御安車，弔問御紺罽軿車，駕三馬。內命婦一品乘油色朱絡網車，車、牛飾用金塗及純銀；〔一五〇〕二品、三品乘卷通幰車；〔一五一〕四品乘偏幰車。〔一五二〕北齊因之。後周皇后車十二等：重翟以從祀、享，厭翟以祭陰社，翟輅以採桑，翠輅以從見賓客，雕輅以歸寧，篆輅以臨道法門，皆錫面、朱總、金鉤；蒼輅、青輅、朱輅、黃輅、白・玄等輅，五時出入則供之，制同皇帝。三妃之輅九：篆輅、朱輅、黃・玄・白等輅，皆勒面、繢總；夏篆、夏縵、墨車、棧車、輲車，〔一五三〕皆彫面、鷖總。三妐自朱輅而下，〔一五四〕六嬪自黃輅而下，上媛自玄輅而下，下媛自夏篆而下也。

典事掌檢校車乘。駕士掌調習馬，兼知內御車輿雜畜。

內府局：令二人，正八品下；漢少府屬官有內者令、丞。後漢長秋屬官有中宮私府令，主中藏幣帛諸物，〔一五五〕裁衣被、補浣皆主之。〔一五六〕後魏有內者令。〔一五七〕北齊中侍中省有內者丞一人。〔一五八〕隋內侍省統內者局令、丞各二人。〔一五九〕皇朝改置內府令、丞。丞二人，正九品下。〔一六〇〕內府令掌中宮藏寶貨給納名數；〔一六一〕丞爲之貳。凡朝會五品已上賜絹及雜綵、金銀器於殿庭者，並供之。諸將有功，並蕃酋辭還，賜亦如之。

校勘記

〔一〕彤史二人　新唐書百官志：彤史屬下「有女史二人」。

〔二〕典衣二人　「典」字原本殘缺，據正德本補。

〔三〕女史二人　舊唐書職官志作「四人」，新唐書百官志同六典。

〔四〕掌仗二人　「二」字原本訛作「三」，正德以下諸本並作「二」，與舊唐書職官志、新唐書百官志合，今據改。

〔五〕女史四人　舊唐書職官志、新唐書百官志並作「二人」。

〔六〕女史六人　舊唐書職官志、新唐書百官志並作「二人」。

〔七〕女史四人　「史」、「人」二字原本殘缺，據正德本補。舊唐書職官志、新唐書百官志並作「二人」。

〔八〕典正四人　舊唐書職官志、新唐書百官志並作「二人」。正文同此。

〔九〕女史四人　原本四字全缺，據正德本補。

〔一〇〕內侍省　原本三字全缺，據正德本補。

〔一一〕內侍四人　「人」字原本殘缺，據正德本補。近衛校明本曰：「舊唐志作『二人』。」案：通典職官九諸卿下「內侍省」條亦作「四人」，原注曰：「舊二人，開元中加二人。」正文同此不另。

〔一二〕書令史四人　舊唐書職官志作「八人」，新唐書百官志同六典。

〔一三〕駕士一百四十人　舊唐書職官志作「二百人」，新唐書百官志同六典。正文同此。

〔一四〕皇朝因之　「皇」字原本殘缺，據正德本補。

〔一五〕立三夫人　「立三」二字原本殘缺，據正德本補。

〔一六〕德妃也　「妃」字原本殘缺，據正德本補。

〔一七〕始制婕妤娙娥容華充衣　漢書外戚傳「容」作「傛」，「衣」作「依」。

〔一八〕崇華殿大監元華食監都監上監　近衛校明本曰：「『(元)華』下疑有『殿』字。」

〔一九〕掌宣傳啓奏　「奏」字原本殘缺，據正德本補。

〔二〇〕主經史教學　隋書后妃傳云：「司籍掌經史教學，紙、筆、几、案。」

〔二一〕主贊相導引　隋書后妃傳云：「司贊掌禮儀，贊相導引。」

〔二二〕主燈火　隋書后妃傳「燈火」作「火燭」。

〔二三〕尚工局　近衛校明本曰：「『工』當作『功』。」案：隋書后妃傳作「工」。「工」與「功」通。

〔二四〕主金玉錢貨　隋書后妃傳「玉」下有「珠璣」二字。

〔二五〕女史　隋書后妃傳「史」作「使」。

〔二六〕凡六尚事物出納文籍皆印署之　「皆」字原本殘缺，據正德本補。

〔二七〕外物之司受勅連署牒　「之」字原本殘缺，據正德本補。

〔二八〕其五尚之印唯於當司宮內行用　「內」字原本殘缺，據正德本補。

〔二九〕承勅人宣付司言連署案記　「案」字原本殘缺，據正德本補。

〔三〇〕亦連署爲案　「署」字原本無，正德以下諸本皆然。近衛校明本曰：「『連』下當有『署』字。」今據以增。

〔三一〕典樂四人正七品　「樂四人正七」五字原本殘缺，後人墨書，與正德本合，今仍之。

〔三二〕掌樂四人　「樂」字原本殘缺，後人墨書，與正德本合，今仍之。

〔三三〕典賓二人正七品　「賓二人正七」五字原本殘缺，後人墨書，與正德本合，今仍之。

〔三四〕掌賓二人　「賓二」二字原本殘缺，後人墨書，與正德本合，今仍之。

〔三五〕以詔后理內政　「理」字正德以下諸本並訛作「禮」。近衞據周禮校明本曰：「『禮』作『治』。」案：唐高宗名治，六典原注以此諱「治」作「理」也。

〔三六〕統內官　周禮卷二天官冢宰下「女史職掌」條「統」作「逆」，「官」作「宮」。

〔三七〕后之事　周禮卷二天官冢宰下「女史職掌」條「后」上有「凡」字。

〔三八〕箸於左手　正德以下諸本「箸」並作「著」，二字通。下「箸」字同。

〔三九〕內司服掌王后六服　「掌」字原本無，據正德本增。

〔四〇〕禕衣褕翟闕翟鞠衣展衣褖衣素紗　原本「禕」、「褕」、「褖」統作「示」傍，古人通書。下同。

〔四一〕假結首飾步揺簪珥　「假」字原本無，正德以下諸本皆然。考續漢書輿服志作「假結、步揺、簪珥」，中無「首飾」二字；而宋書禮志五記漢制則云：皇后謁廟，「首飾假髻、步揺、八雀、九華，加以翡翠」。又，通典禮二十二后妃命婦首飾制度云：「晉依前代，皇后首飾假結、步揺、簪珥。」晉書輿服志曰：「皇后謁廟，（中略）首飾則假髻，步揺，俗謂之珠松是也，簪珥。」參稽諸書，知六典原注「結」上實脱「假」字，今增之。

〔四二〕步搖以黃金爲山題　「步搖」二字原本無，正德以下諸本皆然，今據續漢書輿服志增。

〔四三〕十二鏌　「鏌」字原本訛作「鏄」，正德以下諸本並訛作「鐏」，據隋書禮儀志六改。

〔四四〕郊禖以褕翟　隋書禮儀志六「郊」上有「祠」字。

〔四五〕見皇帝以展衣　隋書禮儀志六「見」上有「禮」字。

〔四六〕宴居以褖衣　「居」字原本訛作「客」，正德以下諸本皆然，據隋書禮儀志六改。

〔四七〕享先皇　隋書禮儀志六「皇」下有「朝皇太后」四字一句。

〔四八〕獻繭　隋書禮儀志六作「祭羣小祀，受獻璽（當爲「繭」之訛）」。

〔四九〕服鳪衣　「鳪」原本訛作「鴇」，正德本訛作「鵂」，嘉靖本訛作「鴉」，廣雅本訛作「鵶」，據隋書禮儀志六改。

〔五〇〕聽女教　隋書禮儀志六「聽」上有「從皇帝見賓客」六字一句。

〔五一〕歸寧　隋書禮儀志六「歸」上有「食命婦」三字一句。

〔五二〕服翊衣　「翊」字原本訛作「翊」，正德本訛作「知」，嘉靖、廣雅二本並訛作「雉」，今據隋書禮儀志六改。

〔五三〕臨婦學　隋書禮儀志六「學」下有「及法、道門」四字。

〔五四〕燕命婦　隋書禮儀志六「婦」下有「有時見命婦」五字一句。

〔五五〕夏齋祭還朱衣　原本無此六字，正德以下諸本皆然，據隋書禮儀志六增。

〔五六〕采桑齋采桑還　「采桑齋采」四字原本無，正德以下諸本皆然，據隋書禮儀志六增。

〔五七〕秋齋祭還　「齋」字原本無，正德以下諸本皆然，據隋書禮儀志六增。

〔五八〕冬齋祭還　「齋祭還」三字原本無，正德以下諸本皆然，據隋書禮儀志六增。

〔五九〕金飾　隋書禮儀志七云：「舄加金飾。」

〔六〇〕祭及朝會則服　隋書禮儀志七作「祭及朝會，凡大事則服之」。

〔六一〕蔽膝大帶舄革帶隨衣色　隋書禮儀志七「革帶」上有「衣」字，「舄」在「革帶」下。

〔六二〕餘同褘衣　隋書禮儀志七「衣」下有「唯無雉」三字一句。

〔六三〕親蠶則服　「服」字原本無，正德以下諸本皆然，據隋書禮儀志七增。

〔六四〕青羅爲之　「之」字原本無，後人墨書，與正德本合，今仍之。

〔六五〕見帝則服　隋書禮儀志七「見」上有「以禮」二字。

〔六六〕制如青衣　「青」字原本殘缺，後人墨書，與隋書禮儀志七合，今仍之。正德、嘉靖二本作「綠」，廣雅本作「緑」，均非是。

〔六七〕褘衣以翬翟　隋書禮儀志七云：「褘衣，深青質，織成領、袖，文以翬翟。」

〔六八〕五綵重行　「五」字原本殘缺，後人墨書作「王」，非，據正德本補。

〔六九〕小花毦十二樹　「毦」字原本訛作「眊」，正德以下諸本皆然，據隋書禮儀志七改。

〔七〇〕用翟三章　「三」字原本殘缺，後人墨書，與隋書禮儀志七合，今仍之。正德以下諸本並作「綬」，非。

〔七一〕大帶隨衣色　「色」字原本無，正德以下諸本皆然，據舊唐書輿服志增。

〔七二〕以金飾　隋書禮儀志七「以」上有「舃」字。

〔七三〕白玉佩　「玉」字原本殘缺，後人墨書，與正德本合，今仍之。

〔七四〕祭及朝會則服　隋書禮儀志七作「祭及朝會，凡大事皆服之」。

〔七五〕青衣朱服皆參准宋太始及梁陳故事增損用之　隋書禮儀志「衣」作「服」。

〔七六〕凡太皇太后皇太后皇后之寶皆以金爲之　「皇太后皇后」五字原本無，正德以下諸本皆然，據新唐書車服志增。

〔七七〕太皇太后皇太后用宮官印　「太皇太后」四字原本無，正德以下諸本皆然，據新唐書車服志增。

〔七八〕掌仗二人　「二」字原本訛作「三」，據正德本改。

〔七九〕受册助祭朝會則服之　通典禮六十八皇后王妃內外命婦服及首飾制度、舊唐書輿服志「會」下並有「諸大事」三字。新唐書車服志亦謂：「褘衣者，受册、助祭、朝會，大事之服也。」

〔八〇〕服通用雜色制與上同雙佩小綬　通典禮六十八皇后王妃內外命婦服及首飾制度「雙」上有「加」字；舊唐書輿服志作「服通用雜色，制與上同，唯無雉及佩、綬」；新唐書車服志作「服用雜色而不畫，加雙佩、小綬」。下文「命婦鈿釵禮衣」同此。

〔八一〕鈎屨　通典禮六十八皇后王妃內外命婦服及首飾制度原注引「令云」、舊唐書輿服志及新唐書車服志並作「去舄、加履」。

〔八二〕內命婦常參見則服之　「常參見」，通典禮六十八皇后王妃內外命婦服及首飾制度作「尋常見」，舊唐書輿服志作「尋常參見」，新唐書車服志作「常參」。

〔八三〕禮衣通用雜色　「用雜」二字原本互倒，據正德本改。

〔八四〕唯無首飾佩綬　「佩」字原本無，正德以下諸本皆然，據通典禮六十八皇后王妃內外命婦服及首飾制度、新唐書車服志增。

〔八五〕司醞掌酒醴醯飲之事　「事」字原本殘缺，後人墨書，與正德本合，今仍之。

〔八六〕司藥掌醫方藥物之事　「事」字原本殘缺，據正德本補。

〔八七〕司饎掌給宮人廩餼飲食薪炭之事　「飲食」二字原本殘缺，正德、嘉靖二本亦然，據職官分紀卷二十五引六典「尚食職掌」條補。舊唐書職官志作「飯食」；廣雅本「餼薪」連書，中間不缺字，與新唐書百官志同，疑俱非。

〔八八〕掌御敍于王之燕寢　「于」字原本無，正德以下諸本皆然，據周禮卷二天官冢宰下「女御職掌」條增。

〔八九〕司設掌帷帳筃席　「筃」字正德以下諸本並作「茵」，二字通。

〔九〇〕司計掌支度衣服飲食薪炭之事　「食」字原本殘缺，後人墨書，與正德本合，今仍之。

〔九一〕司正二人　「二」字原本殘缺，後人墨書，與卷首目錄、職官分紀卷二十五引六典「宮正員品」條及舊唐書職官志合，今仍之。正德以下諸本並作「四」，非。

〔九二〕諸僕射署官皆屬焉　漢書百官公卿表「官」作「長」。

〔九三〕又少府屬官有中常侍畫室玉堂等署長　「畫」字原本訛作「書」，正德以下諸本皆然，據續漢書百官志改。

〔九四〕統中署奚官暴室華林等署　隋書百官志「中署」上有「黃門」。

〔九五〕領掖庭晉陽中山宮中宮僕奚官等令　隋書百官志「令」下有「丞」字。

〔九六〕隋內侍省署內侍二人內常侍二人　「署」正德以下諸本並作「置」。

〔九七〕罷內謁者員　「謁」字原本殘缺，正德以下諸本並訛作「親」，據隋書百官志補。

〔九八〕所領惟掖庭宮闈奚官三署而已　「已」字原本殘缺成「コ」，正德、嘉靖二本亦缺，近衛校曰：「恐當填以『已』字或『並』字。」今據文義及殘留字形，補以「已」字。廣雅本以「而」與下文「亦」連書，非。

〔九九〕又置內謁者員　「內」字原本無，正德以下諸本皆然，據隋書百官志增。

〔一〇〇〕咸亨元年復舊　「元」字原本殘缺，正德、嘉靖二本亦然，近衛校曰：「據通典，當填以『元』字。」廣雅本作「元」，今據以補。

〔一〇一〕則有拜大將軍者　「軍」字原本殘缺，據正德本補。

〔一〇二〕秦有中常侍　「秦」字原本殘缺，據正德本補。

〔一〇三〕給事殿省　「事」字原本殘缺，據正德本補。

〔一〇四〕贊導內外事　續漢書百官志「外」作「衆」。

〔一〇五〕趙默爲選曹尚書　「默」，魏書閹官傳、通典職官九諸卿下「內侍省內常侍」條並作「黑」，北史恩幸傳作「默」。考閹官傳及恩幸傳均云其初名海，本涼州隸户，生而涼州平，没入爲閹人，因改名焉。又云其字文靜，「有容貌，恭謹小心」。由此觀之，疑以作「默」者爲是，今仍之。近衛校明本曰：「據後魏志，『默』當作『黑』。」遍查今本魏書諸志，實無此事，其所據者，疑即魏書閹官傳也。附誌於此，以備參考。

〔一〇六〕北齊中侍中省有中常侍四人　「四」字原本訛作「二」，據上文「內侍員品」條原注改。

〔一〇七〕掌出入門禁　隋書百官志「禁」作「閤」。

〔一〇八〕煬帝改爲內承奉　「承」字原本訛作「丞」，據正德本改。

〔一〇九〕詔王后帥內外命婦始蠶于北郊　周禮卷二天官冢宰下「內宰職掌」條無「王」字，「內外」作「外內」。

〔一一〇〕宋孝武大明四年　「大」字原本訛作「太」，據正德本改。

〔一一一〕置殿七間及蠶觀　「間」字原本訛作「門」，正德以下諸本皆然，據隋書禮儀志二改。

〔一一二〕以少牢親祭　隋書禮儀志二「少牢」作「一太牢」，通典禮六先蠶「少」上有「一」字。

〔一一三〕隋於宮北三里爲壇　「宮」字原本訛作「官」，正德、嘉靖本並訛作「言」，據廣雅本改。

〔一一四〕以太牢制幣祭先蠶於壇上　隋書禮儀志二「太」上有「一」字。

〔一一五〕用一獻　隋書禮儀志二「獻」下有「禮」字。

〔一一六〕祭訖親桑位於壇東面　隋書禮儀志二作「祭訖，就（采）桑位於壇南，東面」。

〔一一七〕世婦於蠶母受切桑　「切」字原本作「功」，隋書禮儀志二作「公」，通典禮六作「切」。考開元禮四十八皇后季春季巳享先蠶親桑云：「至蠶室，尚功以桑授蠶母。蠶母受桑，切之以授婕妤。婕妤食蠶，灑一簿訖，司賓引婕妤還本位。」唐親桑禮因隋，而隋書禮儀志二云：「自後齊、後周及隋，其典大抵多依晉儀。」其蠶母，即晉書禮志上所謂「取列侯妻六人爲蠶母」，亦即開元禮同卷同篇「齋戒」條「散齋之日，內侍帥內命婦之吉者使蠶於蠶室」者也。婕妤，隋爲世婦，唐初因之，開元時始改爲「美人」。由此可見六典之「功」與隋書禮儀志之「公」皆訛，唯通典得之，今據以改。

〔一一八〕大駕內謁者四人內給事二人內常侍二人內侍二人　通典禮六十七皇太后皇后鹵簿、新唐書儀衞志「者」下均有「監」字。

〔一一九〕內寺伯二人　「二」字原本訛作「一」，正德以下諸本皆然，據通典禮六十七皇太后皇后鹵簿及新唐書儀衞志改。

〔一二〇〕有好令於公卿大夫亦如之　周禮卷二天官冢宰下「內小臣職掌」條無「公」字。

〔一二一〕止在內宮門通中外及中宮已下衆事　近衞校明本曰：「據後漢志，『止』當作『主』。」又曰：「據後漢志，『門』當作『闕』。」案：通典職官九諸卿下「內侍省內給事」條與六典原注同。考今本續漢書百官志「小黃門」條，「止」實作「上」，全文作「上在内宮，關通中外及中宮已下衆事」。又同書「黃門侍郎」條注引獻帝起居注云：「舊侍中、黃門侍郎，以在中宮者，不與近密交政。誅黃門後，侍中、侍郎出入禁闈，機事頗露。由是，王允乃奏比尚書，不得出入，不通賓客，自此始也。」宋書百官志云：「董巴漢書曰：『禁門曰黃闥，中人主之，故號曰黃門令。』然則黃門郎給事黃闥之内，故曰黃門侍郎也。」綜上所述，疑「止在内宮門」句蓋不誤，今仍之。

〔一二二〕自魏晉至於梁陳無其職　「於」字原本作「宋」，正德以下諸本皆然，據通典職官九諸卿下「内侍省内給事」條改。

〔一二三〕太和二十二年改爲中給事　近衛校明本曰：「(十二之)『二』當作『三』。」案：孝文帝復次職令一事，魏書高祖本紀不載，官氏志云在太和二十三年，而通典職官二十後魏官品則云在二十二年，六典原注則或作二十二年，或作二十三年，或統稱末年，其事既無從詳究，時間又相去未遠，故均捨而不校焉。著此以爲例，後不復贅。

〔一二四〕加置内侍主事二十員　隋書百官志「内」下無「侍」字。

〔一二五〕寺人掌王之内人及女宮之戒令禁令　「宮」字原本訛作「官」，正德以下諸本皆然，據周禮卷二天官冢宰下「寺人職掌」條改。

〔一二六〕六百石　「百」字原本訛作「伯」，據正德本改。

〔一二七〕左右丞從丞各一人　續漢書百官志「從丞」作「暴室丞」。

〔一二八〕而非宦者　「宦」字原本訛作「官」，後人墨書作「宦」，與正德本合，今仍之。

〔一二九〕漢掖庭有左右丞　漢書百官公卿表云：「武帝太初元年，更名爲掖庭，有八丞。」六典原注蓋指後漢而言，「漢」上疑脱「後」字。

〔一三〇〕隋掖庭丞三人　隋書百官志：掖庭置丞二人。

〔一三一〕隋掖庭有宮教博士十三人　隋書百官志作「二人」。

〔一三二〕隋置皇朝因之　隋書百官志：宮闈局有丞三人。

〔一三三〕皇朝置　正德以下諸本「置」下並有「之」字。

〔一三四〕北齊内職有散給使五十人　「北齊内職」原本作「齊職」，正德、嘉靖二本亦然，廣雅本作「齊置」，今據資治通鑑卷二〇五「天册萬歲元年正月丙申」後附武則天「敕給使掩捕河内老尼並弟子」條胡三省注引唐六典增、改。

〔一三五〕凡宦人無官品者稱内給使　近衛校明本曰：「舊唐志『宦』作『宮』。」案：資治通鑑同上卷上條胡三省注引唐六典亦作「宦」。考唐會要卷六十五内侍省云：「貞觀十四年，司門員外郎韋元方不（給）過所給使，見左、右僕射而去。給使奏之，上大怒，出元方爲華陰令。特進魏徵言曰：『帝王震怒，動若雷霆，何可妄發？爲前給使一言，夜出勅書，事似軍機，外人誰不驚駭！但宦省之徒，古來難近，輕爲言語，易生患害，獨行遠使，深非事宜，漸不可長，所宜深慎。』上納之，遂停貶黜。」通鑑卷一百九十五「貞觀十四年十一月丙子」條胡三省注曰：「給使，禁中給使令者，宦官也。唐內給使無常員，凡無官品者，號內給使，屬宮闈署令。」由此可見，六典作「宦」者是；舊唐書職官志之作「宮」者，殆形近而訛也。

〔一三六〕官女也　正德以下諸本「官女」並訛作「女官」。周禮卷一天官冢宰上「官」作「宦」。

〔一三七〕漢暴室丞主中婦人疾病者就此室　續漢書百官志「室」下有「治」字。

〔一三八〕於墓側三年內取同姓中男一人以時主祭　近衞校明本曰：「唐志云：『以近冢同姓中男一人主祭于墓。』據此，『三年內』疑當作『三里內』。」舊唐書職官志同六典作「年」。

〔一三九〕青油通幰青油纁朱裏　通典禮二十五皇太后皇后車輅及舊唐書輿服志兩「青」字並作「紫」，新唐書車服志作「青油纁朱裏通幰」。

〔一四〇〕錦絡帶　通典同上卷上篇作「通畫絡帶」，舊唐書輿服志作「油畫絡帶」。

〔一四一〕紫油通幰　「紫」字原本訛作「青」，正德以下諸本皆然，今參照下文「紫油纁朱裏」之語，據通典同上卷上篇、舊唐書輿服志及新唐書車服志改。

〔一四二〕錦絡帶　通典同上卷上篇、舊唐書輿服志並作「油畫絡帶」。

〔一四三〕交絡帷裳　近衞校明本曰：「據後漢志，『絡』當作『路』。」案：今本續漢書輿服志「太皇太后皇太后法駕皆御金根」條作「路」者，實誤。王先謙後漢書集解：「陳景雲說：『路當作絡，劉盆子傳引此文正作絡。注路字亦誤。』先謙曰：『陳說是也。後大行載車仍作絡，不誤。』」

〔一四四〕乘紫罽軿車　「軿」字原本訛作「軺」，正德以下諸本皆然，據續漢書輿服志改。

〔一四五〕雲槇畫輈　續漢書輿服志「槇」下有「文」字。

〔一四六〕黃金塗　續漢書輿服志「塗」下有「五末」二字。

〔一四七〕乘油蓋畫雲母車　晉書輿服志作「乘油畫雲母安車」。

〔一四八〕金薄石山軿車紫絳罽軿車爲副　晉書輿服志「金」上有「又」字。

〔一四九〕歸寧御紫罽車　魏書禮志「罽」下有「軿」字。隋書禮儀志五同六典。

〔一五〇〕車牛飾用金塗及純銀　原本無「車」字，「牛」訛作「朱」，正德以下諸本皆然，據隋書禮儀志五增、改。

〔一五一〕二品三品乘卷通幰車　隋書禮儀志五云：「車、牛飾用金塗。」

〔一五二〕四品乘偏幰車　「偏」字原本訛作「備」，正德以下諸本皆然，據隋書禮儀志五改。隋志又云「車、牛飾用銅」。

〔一五三〕夏篆夏縵墨車棧車輅車　隋書禮儀志五及通典禮二十五主妃命婦等車均無「輅車」二字，疑衍。

〔一五四〕三⿰女弋自朱輅而下　「⿰女弋」字原本訛作「妃」，正德以下諸本皆然，據隋書禮儀志五及通典禮二十五主妃命婦等車改。

〔一五五〕主中藏幣帛諸物　「物」字原本訛作「總」，正德以下諸本皆然，據續漢書百官志改。

〔一五六〕裁衣被補浣皆主之　續漢書百官志「浣」下有「者」字。

〔一五七〕後魏有內者令　魏書官氏志載太和前制有內署令，第四品中。「者」疑當作「署」。

〔一五八〕北齊中侍中省有內者丞一人　隋書百官志所載北齊官制，中侍中屬官無內者丞，而有內謁者局統、丞各一人。

〔一五九〕隋內侍省統內者局令丞各二人　隋書百官志「內者」作「內府」，通典職官九諸卿下「內侍省」條同六典。「令」字原本無，正德以下諸本皆然，今據文義並參酌隋書百官志增。

〔一六〇〕正九品下　「下」字原本無，正德以下諸本皆然，據通典職官二十二大唐官品增。

〔一六一〕內府令掌中宮藏寶貨給納名數　舊唐書職官志及新唐書百官志「中宮藏」並作「中藏」，資治通鑑卷一百八十八「武德三年四月丙戌」條胡三省注引唐六典作「中宮府藏」。

唐六典御史臺卷第十三〔一〕

御史臺

大夫一人　中丞二人　侍御史四人　主簿一人　録事二人〔二〕　令史十五人〔三〕　書令史二十五人〔四〕　亭長六人　掌固十二人　殿中侍御史六人　令史八人　書令史十人〔五〕　監察御史十人　令史三十四人〔六〕

御史大夫一人，從三品；漢書云：「御史大夫，秦官，位上卿，銀印、青綬，掌副丞相。成帝綏和元年更名大司空，哀帝建平二年復爲御史大夫，元壽二年復爲大司空。」歷後漢，遂爲三公之官。獻帝建安十三年，又置御史大夫。魏黄初二年，又省。〔七〕歷晉、宋、齊、梁、陳、後魏、北齊、後周，並不置大夫，而以中丞爲臺主。〔八〕隋諱「忠」，依秦、漢置御史大夫，從三品；大業八年，〔九〕降爲正四品。皇朝又爲從三品。龍朔二年改爲大司憲，咸亨元年復故。御史臺，漢名御史府；後漢曰憲臺，時以尚書爲中臺，謁者爲外臺，謂之三臺。〔一〇〕魏、晉、宋、齊曰蘭臺，梁、陳、後魏、北齊、隋皆曰御史臺，皇朝因之。龍朔二年更名憲臺，咸亨元年復故。光宅元年改曰左肅政臺，專知在京百司；更置右肅政臺，專知按察諸州，加右臺大夫一人。神龍元年，改爲左、右御史臺，猶置二大夫。延和元年廢右臺，先天二年九月復置，〔一一〕十月又廢，而大夫隨臺廢置。中丞二人，正五品上；漢百官表：「御史大夫有兩丞，秩一千石。〔一二〕一曰中丞。」謂之「中」者，以其列在殿中，掌蘭臺祕書。〔一三〕外督部刺史，內領侍御史，受公卿奏事，舉劾按章。及置司隸校尉，以御史中丞督司隸，司直，司隸，司直督刺史，刺史督二千石，下至墨綬。〔一四〕成帝綏和元年，改爲大司空。〔一五〕哀帝建平二年，改大司空復爲御史大夫；元壽二年，復爲大司空，而中丞出外爲臺主，更名御史長史。後漢復曰中丞。時，宣秉拜御史中丞，光武詔與司隸校尉、尚書令三官各專席而坐，京師號爲「三獨坐」。魏黃初，改中丞爲宮正。魏鮑勛以宮正忤旨，左遷持書執法。後又爲中丞。歷晉、宋、齊、梁、陳，並以中丞爲臺主，品第四。梁制十八班，中丞班第十一。後魏改中丞曰中尉，正三品；〔一六〕太和二十三年，爲從三品。北齊復曰中丞，從三品。後周秋官置司憲中大夫二人，掌丞司寇之法，〔一七〕以左右刑罰，蓋比御史中丞之職也。隋省中丞官，置御史大夫爲臺主；以持書侍御史二人代中丞之任。〔一八〕持書侍御史者，本漢宣帝元鳳中因路温舒上書宜尚德緩刑，帝深采覽之，季秋請讞時，帝幸宣室，齋居而決事，令侍御史二人持書，故曰侍書侍御史。歷代品秩並同御史，〔一九〕惟北齊爲從五品，〔二〇〕隋室因之。大業六年加正五品，〔二一〕八年又改爲從五品。〔二二〕皇朝因之。貞觀中，避高宗諱，省持書侍御史，依前代置御史中丞。〔二三〕龍朔二年改曰司憲大夫，咸亨元年復故。自漢以來，御史中丞皆一人，隋持書侍御史二人，皇朝因之。

御史大夫之職，掌邦國刑憲、典章之政令，以肅正朝列；中丞爲之貳。其百僚有姦非隱伏，得專推劾。若中書門下五品已上、尚書省四品已上、諸司三品已上，則書而進之，並送中書門下。凡天下之人有稱寃而無告者，與三司詰之。三司：御史大夫、中書、門下。大事奏裁，小事專達。凡中外百僚之事應彈劾者，御史言於大夫，大事則方幅奏彈，小事則署名而已。舊：彈奏，皇帝視事日，御史奏之。自景龍三年已來，皆先進狀，聽進止。許則奏之，不許則止。若有制使覆囚徒，則與刑部尚書參擇之。〔二四〕凡國有大禮，則乘輅車以爲之導。駕幸京都，大夫從行，則令中丞一人留在臺，并殿中侍御史一人。若别勑留守，不在此限。

侍御史四人，從六品下。周官宗伯屬官御史，「掌邦國都鄙及萬民之治令，以贊冢宰。凡治之者，〔二五〕受法令焉」。以其在殿柱之間，亦謂之柱下史。秦改爲侍御史。史記：「張蒼自秦時爲御史，主柱下方書。」即其任也。冠法冠，一名「柱後惠文」，以鐵爲柱，言其審固不撓也。法冠者，秦事云：〔二六〕「始皇滅楚，以其君冠賜御史。」亦名獬豸冠，以獬豸獸主觸不直，故執憲者以爲冠。漢因秦，置侍御史，秩六百石，員十五人。惠帝三年，相國奏遣御史監三輔不法事，有：辭訟者，盜賊者，鑄僞錢者，獄不直者，繇賦不平者，吏不廉者，吏苛刻者，踰侈及弩力十石以上者，非所當服者，凡九條。監者每二歲一更，常十一月奏事，三月還監焉。侍御史有繡衣直指，出討姦猾，治大獄；武帝制，不常置。後漢皆公府掾屬高第者爲之，所掌有五曹：曰令曹，掌律令；印曹，掌刻印；供曹，掌齋祠之事；尉馬曹，掌廄馬之事；乘曹，掌護駕。魏置八人，品第六，所掌凡八部，有持書曹，課第曹，〔二七〕其餘則史闕云。晉置九人，所掌有十三曹，曰：吏曹，課第曹，直事曹，印曹，中都督曹，外都督曹，媒曹，符節曹，水曹，中壘曹，營軍曹，法曹，筭曹。東晉初，省課第曹，置庫曹；後又分庫曹爲外左庫曹、内左庫曹焉。〔二八〕宋置十人。元嘉中，省二庫曹，直云左庫。〔二九〕大明中，復置二庫；景和初，復省之。昇明初，省營軍曹，併入水曹；省筭曹，併入法曹；而吏曹罷御史掌之。齊置十人，梁、陳皆九人。後魏八人，初，從五品；〔三〇〕太和末，爲正八品下。北齊置八人，從七品下。後魏、北齊尤重御史，選御史必答策高第始補之，並分掌諸曹内外督令史以下。後周秋官有司憲中士。隋置八人，從七品下；煬帝三年，〔三一〕改爲正七品。皇朝置四人，加品從六品下。又置内供奉員，不過本數，其遷改與正官資望亦齊。舊制庶僕五分減一，及崔隱甫爲大夫，奏供奉、裏行並同正給。案令：隔品致敬。比者因循，侍御史已下皆與大夫抗禮。開元十八年，勑重申明，猶未之改。李適之爲大夫，皆受拜，時議是之。〔三二〕

侍御史掌糺舉百僚，推鞫獄訟。其職有六：一曰奏彈，二曰三司，三曰西推，四曰東推，五曰贓贖，六曰理匭。侍御史年深者一人判臺事，知公廨雜事等；次知西推、贓贖、三司，受事監奏；次知東推、理匭之事。臺中有黄卷，不糺舉所職則罰之。其新除者未曉制度，罰有日逾萬錢者。舊例，新人罰止於四萬；及崔隱甫爲大夫，以其數太廣減之，以萬二千爲限。三院各有院長，議罰則詢於雜端也。凡有制勑付臺推者，則按其實狀以奏；若尋常之獄，推訖，斷于大理。舊，臺中無獄，未嘗禁人；有須留問，寄禁大理。李乾祐爲大夫，奏請於臺置獄，雖則按問爲便，而增鞫獄之弊。至開元十四年，御史大夫崔隱甫奏罷之，須留問者，依前寄禁大理。凡事非大夫、中丞所劾而合彈奏者，則具其事爲狀，大夫、中丞押奏。〔三三〕大事則冠法冠，衣朱衣、纁裳、白紗中單以彈之；小事，常服而已。法冠一名豸冠，一角，爲獬豸之形，取觸邪之義也。凡三司理事，則與給事中、中書舍人更直於朝堂受表。三司更直，每日一司正受，兩司副押，更遞如此。其鞫聽亦同。若三司所按而非其長官，則與刑部郎中·員外郎、大理司直·評事往訊之。除三司受事及推按外，每日，侍御史一人承制，諸奏事者並監而進退之。若所論繁細，不宜奏陳，則隨事奏而罷之。

主簿一人，從七品下；漢書：「張忠爲御史大夫，署孫寶爲主簿。」魏、晉已下無聞。隋煬帝大業三年始置御史臺主簿二員，皇朝省一員。録事二人，從九品下。

主簿掌印及受事發辰、句檢稽失。〔三四〕兼知官厨及黄卷。

殿中侍御史六人，從七品上。魏氏御史二人居殿中察非法，故曰殿中侍御史。晉置四人，東晉省二人。梁、陳史不載其品秩。〔三五〕後魏初，從五品；〔三六〕太和末，爲從八品上。北齊置十二人，正八品。〔三七〕隋開皇初，改爲殿內侍御史，置十二人，正八品下；煬帝三年省。武德五年，置四人，正八品上；貞觀二十二年，加員、品。

監察御史十人，正八品上。監察御史，蓋取秦監郡御史以名官。晉書云：「孝武太元中，創置檢校御史，而吴混之爲之。〔三八〕沈約宋書云：〔三九〕「古司隸校尉知行馬外事。晉江左罷司隸，置檢校御史，專掌行馬外事。」是也。歷宋、齊、梁、陳，無聞其職。後魏太和末，復置檢校御史，正九品上。北齊置檢校御史十二人，從八品上。後周秋官府有司憲旅下士八人。隋初，改爲監察御史，置十二人，從八品上。煬帝大業三年，加正八品，增置十六人；大業八年，加從七品。〔四〇〕後又置御史一百員，從九品，尋省之，蓋更卑於監察矣。武德初，監察御史置八人。貞觀二十二年，加監察二人。其外，又置監察御史裏行。其始自馬周以布衣太宗令於監察御史裏行，自此便置「裏行」之名。

殿中侍御史掌殿庭供奉之儀式。每朝，與侍御史隨仗入，位在中丞下，給事中、中書舍人後。凡冬至、元正大朝會，則具服升殿。若皇帝郊祀、巡省，謂大駕與鹵簿。〔四一〕則具服從，於旌門往來檢察，〔四二〕視其文物之有虧闕則糾之。非大備，則常服。凡兩京城內則分知左、右巡，各察其所巡之內有不法之事。謂左降、流移停匿不去，及妖訛、宿宵、蒲博、盜竊、獄訟寃濫、諸州綱典貿易隱盜、賦斂不如法式，諸此之類，咸舉按而奏之。若不能糾察及故縱、蔽匿者，則量其輕重而坐所由御史。

監察御史掌分察百僚，巡按郡縣，糾視刑獄，肅整朝儀。朝庭有不肅敬，〔四三〕御史則糾而劾之。每二人五日分知東、西朝堂。舊例監察正門無籍，非因奏事，不得入至殿庭。開元七年三月，勑並令隨仗而入，不得供奉，位在尚書員外郎後。十道巡按，則選判官二人以爲之佐；如本道務繁，得量差官人歷官清幹者，號爲支使。凡將帥戰伐，大克殺獲，數其俘馘，審其功賞，辨其真僞。若諸道屯田及鑄錢，其審功糺過亦如之。凡嶺南及黔府選補，亦令一人監其得失。凡決囚徒，則與中書舍人、金吾將軍監之。若京師忌齋，則與殿中侍御史分察寺、觀。七品已上清官皆預行香，不到，則牒送法司。若在京都，則分察尚書六司，糺其過失，及知太府、司農出納。凡冬至祀圜丘，夏至祭方丘，孟春祈穀，季秋祀明堂，〔四〕孟冬祭神州，五郊迎氣及享太廟，則二人共監之。若朝日、夕月及祭社稷、孔宣父、齊太公，蜡百神，則一人率其官屬，閱其牲牢，省其器服，辨其輕重，有不修不敬則劾之。凡尚書省有會議，亦監其過謬。尚書省諸司七品已上官會議，皆先牒報臺，亦一人往監，若據狀有違及不委議意而署名者，糺彈之。凡有勑令一御史往監，即監察受命而行。自監察御史已上，每日一人於本司當門直，以檢察臺中出入及令史領辭訟過大夫之事。若緣辭訟事須推勘者，大夫便委門直御史以推之。凡百官燕會、習射亦如之。

校勘記

〔一〕唐六典御史臺卷第十三　存世之宋本十五卷「唐」上均有「大」字，其中唯本卷之「大」殘缺不成字。

〔二〕録事二人　舊唐書職官志及新唐書百官志於「録事」之次均有「主事二人」。册府元龜卷五一二憲官部總序所述開元御史臺之制，亦無主事；其餘員額，並同六典。校記於此，後不復贅。

〔三〕令史十五人　舊唐書職官志作「十七人」。新唐書百官志云：「臺院有令史七十八人。」恐非是。

〔四〕書令史二十五人　舊唐書職官志作「二十三人」，新唐書百官志同六典。

〔五〕書令史十人　舊唐書職官志及新唐書百官志並作「十八人」。

〔六〕令史三十四人　新唐書百官志云：「察院有計史三十四人，令史十人，掌固十二人。」舊唐書職官志祇及監察御史，餘並不載。

〔七〕魏黃初二年又省　宋書百官志云：「獻帝建安十三年，又罷司空，置御史大夫。御史大夫郗慮免，不復補。魏初，又置司空。」通典職官六「御史大夫」條云：「後漢初，廢御史大夫。至建安十三年，罷三公官，始復置之，以郗慮居焉（華歆亦爲之），不領中丞，置長史一人。魏黃初二年，又改御史大夫爲司空。末年，復有大夫。而吳有左、右焉。晉初省之。」

〔八〕歷晉宋齊梁陳後魏北齊後周並不置大夫而以中丞爲臺主　隋書百官志云：「御史臺，梁國初建，置大夫；天監元年，復曰中丞。」

〔九〕大業八年　隋書百官志「八」作「五」。

〔一〇〕漢名御史府後漢曰憲臺時以尚書爲中臺謁者爲外臺謂之三臺　通典職官六御史臺曰：「漢謂之御史府，亦謂之御史大夫寺，亦謂之憲臺。（中略）後漢以來，謂之御史臺，亦謂之蘭臺寺。」原注引謝靈運晉書曰：「漢尚書爲中臺，御史爲憲臺，謁者爲外臺，是謂三臺。後漢蔡邕以侍御史轉持書侍御史，遷尚書，三日之間，周遷三臺。」

〔一一〕先天二年九月復置　「九」字原本作「二」，正德以下諸本皆然。考舊唐書玄宗本紀曰：「先天二年九月丙戌，又置右御史臺。」資治通鑑卷二一〇亦作「九月丙戌」。唐會要卷六十御史臺上「御史臺」條曰：「先天二年九月一日，又置右臺。」案是月辛酉朔，丙戌爲二十六日，唐會要書日疑有誤，其作「九月」則是。六典此處蓋涉上文「二年」之「二」而訛，今改。

〔一二〕秩一千石　「一」字原本作「二」，正德以下諸本皆然。考漢書百官公卿表曰：「秩千石。」此「二」字蓋「一」之訛，今改。

〔一三〕以其列在殿中掌蘭臺祕書　漢書百官公卿表作「在殿中蘭臺，掌圖籍祕書」。

〔一四〕及置司隸校尉至下至墨綬　通典職官六御史臺「中丞」條曰：「武帝時，以中丞督司隸；司隸督丞相；丞相督司直；司直督刺史；刺史督二千石，下至墨綬。」太平御覽卷二二五御史中丞上引漢舊儀曰：「御史中丞督司隸，司隸督司直，司直督刺史，刺史督二千石以下。」考漢書百官公卿表曰：「司隸校尉，周官。武帝征和四年初置，持節，從中都官徒千二百人，捕巫蠱，督大姦猾。後罷其兵，察三輔、三河、弘農。元帝初元四年，去節。成帝元延四年省。綏和二年，哀帝復置，但爲司隸，冠進賢冠，屬大司空，比司直。」又曰：「武帝元狩五年，初置（丞相）司直，秩比二千石，掌佐丞相舉不法。」

〔一五〕成帝綏和元年改爲大司空　考漢書百官公卿表云：「成帝綏和元年，更名大司空，金印、紫綬，禄比丞相，置長史，如中丞官職如故。哀帝建平二年，復爲御史大夫；元壽二年，復爲大司空，御史中丞更名御史長史。」續漢書百官志云：「御史中丞一人，千石。本注曰：御史大夫之丞也。舊別監御史在殿中密舉非法，及御史大夫轉爲司空，因別留中爲御史臺率。」通典職官六御史臺「中丞」條云：「初御史大夫更名大司空，置長史，而中丞官職如故。（中略）哀帝元壽二年，御史中丞更名御史長史。」由此可知，綏和元年所改者御史大夫也，而中丞官職如故。百官公卿表「如中丞」之「如」，猶「而」也。

〔一六〕正三品　魏書官氏志：太和前制，御史中尉第三品上。

〔一七〕掌丞司寇之法　通典職官六御史臺「中丞」條無「丞」字。

〔一八〕以持書侍御史二人代中丞之任　「持書」本作「治書」，六典以避唐高宗李治諱，改「治」作「持」。下「持書」及「持書侍御史」之「持」同。

〔一九〕歷代品秩並同御史　魏書官氏志：太和前制，治書持御史第五品上，侍御史、殿中御史並從第五品中；太和後制，治書侍御史第六品上，侍御史第八品下，殿中侍御史從第八品上。治書侍御史與侍御史、殿中侍御史官品各不相同。

〔二〇〕惟北齊爲從五品　隋書百官志：北齊治書侍御史從第五品下。

〔二一〕大業六年加正五品　隋書百官志「六」作「三」。

〔二二〕八年又改爲從五品　隋書百官志「八」作「五」。

〔二三〕貞觀中避高宗諱省持書侍御史依前代置御史中丞　唐會要卷六十御史臺上「御史中丞」條曰：「貞觀二十三年七月三日，避高宗諱，改爲御史中丞。」

〔二四〕則與刑部尚書參擇之　「與」字原本無，正德以下諸本皆然，據舊唐書職官志增。

〔二五〕凡治之者　周禮卷六春官宗伯下「御史職掌」條無「之」字。

〔二六〕秦事云　近衞校明本曰：「按舊唐志云：秦漢以來舊事八卷。」案：太平御覽卷二二七「侍御史」條引應劭漢官儀，有「余覽秦事，云始皇滅楚，以其君冠賜御史」之語，其書名亦稱秦事。

〔二七〕有持書曹課第曹　「持」字宋書百官志作「治」，此避唐高宗李治諱，改作「持」。

〔二八〕後又分庫曹爲外左庫曹內左庫曹焉　「外左」原本訛作「外右」，正德以下諸本皆然。考本書卷二十「左藏署令員品」條原注作「外左」，與宋書百官志合，今據以改。

〔二九〕省二庫曹直云左庫　本書卷二十「左藏署令員品」條原注作「省外左庫，而內左庫直云左庫」，與宋書百官志合。

〔三〇〕初從五品　魏書官氏志：太和前制，侍御史從第五品中。

〔三一〕煬帝三年　隋書百官志「三」作「五」。

〔三二〕比者因循至時議是之　通典職官六御史臺「中丞」條原注曰：「故事，侍御史以下與大夫抗禮。光宅元年九月，韋思謙除左肅政大夫，遂坐受拜。或以言，謙曰：『國家班列，自有差等，難以姑息。』其後，大夫又與之抗禮。至開元十八年，有勑申明：『隔品致敬。』其禮由之不改。二十四年六月，李適之爲大夫，又坐受拜。其後有與之抗禮，至今不改。」

〔三三〕大夫中丞押奏　舊唐書職官志、太平御覽卷二二七御史臺「侍御史」條引六典，「押」下俱無「奏」字；唐會要卷六十一御史臺中「彈劾」條引舊制，「押」下有「奏」字。

〔三四〕主簿掌印及受事發辰句檢稽失　舊唐書職官志、資治通鑑卷二一五天寶四載六月辛亥下所繫「羅希奭自御史臺主簿再遷殿中侍御史」條胡三省注並同六典；通典職官六御史臺「主簿」條所列職掌，則有「省署鈔目」，而不及「受事發辰」。案册府元龜卷五一二憲官部總序曰：「煬帝大業三年，置主簿書二人，掌印及受事發辰、勾檢稽失。」而六典所載唐制，諸寺、監之並置主簿及録事者，主簿所掌均有「省署鈔目」，其「受事發辰」則録事所職也。誌以備考。

〔三五〕梁陳史不載其品秩　隋書百官志：梁制，位不登二品者又爲七班，殿中御史班第七。

〔三六〕從五品　魏書官氏志：太和前制，侍御史、殿中侍御史並從第五品中。

〔三七〕正八品　隋書百官志：北齊殿中侍御史第八品下。

〔三八〕而吴混之爲之　晉書職官志「吴混之」作「吴琨」。

〔三九〕沈約宋書云　通典職官六御史臺「監察侍御史」條原注作「晉志云」。案：今本沈約宋書及房玄齡晉書諸志均無六典下述引文，誌以備考。

〔四〇〕煬帝大業三年加正八品增置十六人大業八年加從七品　隋書百官志以增置十六人與加從七品二事連書，中間無「加正八品」及「大業八年」之語。

〔四一〕謂大駕與鹵簿　通典職官六御史臺「殿中侍御史」條作「大備鹵簿」。

〔四二〕於旌門往來檢察　「於」字原本無，正德以下諸本皆然，據太平御覽卷二二七「殿中侍御史」條引六典文增。

〔四三〕朝庭有不肅敬　同上書上卷「監察御史」條，其下有「及闕失者」四字。

〔四四〕季秋祀明堂　「秋」字原本訛作「夏」，正德以下諸本並訛作「春」。案，本書卷四「祠部郎中員外郎職掌」條云：「季秋之月，大享於明堂。」與通典禮三郊天下合，今改。

中國史學基本典籍叢刊

唐六典

下

〔唐〕李林甫等 撰
陳仲夫 點校

中華書局

唐六典太常寺卷第十四

太常寺

卿一人　少卿二人　丞二人　主簿二人　録事二人
府十二人　史二十三人　博士四人　謁者十人　贊
引二十人　太祝三人　祝史六人　奉禮郎二人　贊
者十六人　協律郎二人　亭長八人　掌固十二人
太廟齋郎京都各一百三十人　太廟門僕京都各三十二人〔一〕

兩京郊社署

令各一人　丞一人〔二〕　府二人　史四人　典事三

人〔三〕　掌固五人　門僕八人　齋郎一百一十人

諸陵署〔四〕

令各一人　丞一人〔五〕　録事一人　府二人　史四人

主衣四人　主輦四人　主藥四人　典事三人　掌固

二人　陵户〔六〕

永康興寧二陵署〔七〕

令各一人　丞一人〔八〕　録事一人　府一人　史二人

典事二人　掌固二人　陵户各一百人〔九〕

諸太子陵署〔一〇〕

令各一人　丞一人〔一一〕　録事一人　府一人　史二人

典事二人　掌固一人　陵户各三十人

諸太子廟署〔一二〕

令各一人　丞一人〔一三〕　録事一人　府一人　史二人

典事二人　掌固一人

太樂署

令一人　丞一人　府三人　史六人　樂正八人

典事八人　掌固六人　文武二舞郎一百四十人

鼓吹署

令一人、　丞一人　府三人　史六人　樂正四人

典事四人　掌固四人

太醫署

令二人　丞二人　府二人　史四人　主藥八人

藥童二十四人　醫監四人　醫正八人　藥園師二人

藥園生八人　掌固四人　醫博士一人　醫助教一人

醫師二十人　醫工一百人　醫生四十人　典學二人

鍼博士一人　鍼助教一人　鍼師十人　鍼工二十人

鍼生二十人　按摩博士一人　按摩師四人　按摩工十六人　按摩生十五人　呪禁博士一人　呪禁師二人

呪禁工八人　呪禁生十人

太卜署

令一人　丞二人　府一人　史二人　卜正二人
卜師二十人　巫師十五人　卜博士二人　助教二人
卜筮生四十五人　掌固二人

廩犧署

令一人　丞一人　府一人　史二人　典事二人
掌固二人

汾祠署

令一人　丞一人　府二人　史四人〔一四〕

兩京齊太公廟署

令各一人　丞一人〔一五〕　録事一人　府二人　史四人

廟幹二人　掌固四人　門僕八人

太常寺：卿一人，正三品；唐、虞之時，伯夷作秩宗，典三禮；又夔典樂，〔一六〕以教胄子。周官：「大宗伯卿一人，掌建邦天神、人鬼、地祇之禮。」秦曰奉常，典宗廟禮儀。至漢高祖，名曰太常。惠帝復曰奉常，景帝又曰太常。漢制以列侯忠孝敬慎者居之，秩中二千石。王莽改曰秩宗。後漢太常掌禮儀、祭祀；及行事，掌贊天子；〔一七〕大射、養老、大喪，皆奏其禮儀；每月前晦，察行陵廟；并選試博士，奏其能否。魏因之。晉太常置功曹、主簿、五官等員，〔一八〕品第三，銀章、青綬，進賢兩梁冠，五時朝服，佩水蒼玉。宋太常用尚書，亦轉爲尚書，如遷選曹尚書、領、護等。〔一九〕齊因之。梁天監七年，象四時，置十二卿，太常、宗正、司農爲春卿。太常位視金紫光祿大夫，班第十四。陳因梁。後魏太常與光祿勳、衛尉爲三上卿，位從一品下。〔二〇〕北齊太常寺掌陵廟、羣祀、儀制、天文、術數、衣冠之屬；〔二一〕太常卿第三品。後周爲大宗伯。〔二二〕隋太常寺卿一人，正三品。皇朝因之。龍朔二年改爲奉常，咸亨元年復舊。光宅元年改爲司禮，神龍元年復故。少卿二人，正四品上。周禮有小宗伯中大夫二人。秦、漢無聞。後魏太和十五年，初置少卿官，太常少卿一人，第三品上；至二十二年，降爲正四品上。北齊因之。後周爲小宗伯。隋太常寺置少卿一人，正四品上；煬帝卽位，加置二人，降爲從四品。皇朝武德中，置一人；貞觀中，加置二人。〔二三〕龍朔、咸亨、光宅、神龍並隨寺改復。

太常卿之職，掌邦國禮樂、郊廟、社稷之事，以八署分而理焉：一曰郊社，二曰太廟，開元二十四年，勑廢太廟署，令少卿一人知太廟事。三曰諸陵，〔二四〕四曰太樂，五曰鼓吹，六曰太醫，七曰太卜，八曰廩犧，惣其官屬，行其政令；少卿爲之貳。凡國有大禮，則贊相禮儀；有司攝事，爲之亞獻，率太樂之官屬，設樂縣以供其事。燕會亦如之。若三公行園陵，則爲之副，公服乘輅，備鹵簿，而奉其禮。若大祭祀，則先省其牲器。凡大卜占國之大事及祭祀卜日，〔二五〕皆往莅之於太廟南門之外。中祀以上，則太常卿莅卜；若小祀及非大事，則太卜令莅卜也。凡大駕巡幸，出師克獲，皆擇日告于太廟。〔二六〕太廟有修造，亦如之。凡仲春薦冰，及四時品物甘滋新成者，皆薦焉。凡有事於宗廟，少卿帥太祝、齋郎入薦香燭，整拂神幄，出入神主；將享，則與良醞令實尊罍。凡備大享之器物有四院，各以其物而分貯焉。一曰天府院，藏瑞應及伐國所獲之寶，禘祫則陳之于廟庭。二曰御衣院，藏乘輿之祭服。三曰樂縣院，主藏六樂之器物。四曰神廚院，主藏御廩及諸器物。

丞二人，從五品上；秦有奉常丞，漢因之，比千石。魏、晉、宋置一人。宋百官春秋：「太常丞視尚書郎，銅印、黃綬，〔二七〕一梁冠，品第七，掌舉陵廟非法。」齊因之。〔二八〕梁班第五。梁選簿：〔二九〕「太常丞舊用員外郎，遷尚書郎。天監七年，改視尚書郎。」陳因之。後魏太常丞五品下，太和二十二年，降爲七品上。〔三〇〕北齊從六品下。隋太常丞二人，從六品下；大業三年，增爲五品。〔三一〕皇朝因之。主簿二人，從七品上；漢官儀鹵簿篇：「太常駕四馬，主簿前車八乘，有鈴下、侍閤、辟車、騎吏、伍伯等員。〔三二〕梁天監七年，十二卿各置主簿一人，遷爲五官、功曹；又位不登十八班者別爲七班，太常主簿班第四。梁選簿：〔三三〕「太常主簿視二衞主簿。」陳因之。後魏不見。北齊太常寺有功曹、五官、主簿等。隋太常寺主簿二人。〔三四〕武德中，正八品上；貞觀中，從七品上。〔三五〕録事二人，從九品上。晉令：「太常置主簿、録事。」北齊亦置之。隋增置二人，皇朝因之。

丞掌判寺事。凡大享太廟，則修七祀於太廟西門之內；若祫享，則兼修配享功臣之禮。主簿掌印，勾檢稽失，省署抄目。錄事掌受事發辰。

太常博士四人，從七品上；漢書百官表云：「博士，秦官，掌通古今，秩比六百石，〔三六〕員多至數十人。」高祖時，叔孫通始爲博士，定禮制。後漢置十四人，魏因之。〔三七〕晉中興書：「博士之職，端委佩玉，〔三八〕朝之大典，〔三九〕必詢度焉。〔四〇〕當道正詞，克猒人望，然後爲可。〔四一〕宋、齊太常府有博士，〔四二〕亦謂之太學博士。梁、陳亦兼統國學博士。後魏太常博士從七品下。北齊置四人，〔四三〕品同魏。〔四四〕隋因之，置謁者三十人，贊引六十人。皇朝武德中，置博士二員，正八品上；貞觀中，加其員品，減謁者置十人，〔四五〕贊引二十人。謁者十人；秦、漢有謁者，卽今通事舍人。隋太常寺有謁者三十人，皇朝減置十人。贊引二十人。隋太常寺有贊引六十人，貞觀中省置二十人。太常博士掌辨五禮之儀式，奉先王之法制；〔四六〕適變隨時而損益焉。凡大祭祀及有大禮，則與太常卿以導贊其儀。凡王公已上擬謚，〔四七〕皆跡其功德而爲之褒貶。議謚：職事官三品已上，散官二品已上，佐史錄行狀，申考功勘校，下太常擬謚訖，申省議定奏聞。無爵稱子。沈約謚法云：「晉大興三年，始詔無爵謚皆稱子也。」養德丘園，聲實名著，則謚曰先生。大行則大名，小行則小名之。舊有周書謚法、〔四八〕大戴禮謚法。又漢劉熙注謚法一卷，晉張靖撰謚法二卷。又有廣謚一卷。至梁，沈約總集謚法，凡有一百六十五稱。若大祭祀，卿省其牲器，謁者爲之導。若小祀及公卿大夫有嘉禮，亦命謁者以贊相焉。

太祝三人，正九品上；禮記曰：「天子建天官，先六太。」則有太祝之置。〔四九〕此夏、殷之制也。周禮：「太祝下大夫二人、上士四人，掌六祝之詞：順祝、年祝、令祝、化祝、瑞祝、策祝，〔五〇〕以事鬼神，祈福祥也。」秦、漢奉常屬官有太祝令、丞。〔五一〕後漢太祝令一人，六百石；丞一人。〔五二〕晉、宋皆有太祝令、丞。齊職儀：「太祝令，品第七，四百石，銅印、墨綬，進賢一梁冠，絳朝服，〔五三〕用三品勳位。」梁選簿：〔五四〕「太祝令與二廟令品秩同。〔五五〕」陳氏因之。後魏太祝令從五品中；〔五六〕太和二十二年，改爲正九品上。北齊太常寺置太祝令、丞。後周太祝下大夫一人。〔五七〕隋太祝署令一人、丞一人、太祝八人、祝史十六人。〔五八〕煬帝廢太祝署，以太祝屬寺，後又增爲十人。皇朝減置七人，後又增置九人；開元二十三年減六人，祝史減六人。〔五九〕祝史六人；晉太祝令史三十人。後魏祝史從七品中。〔六〇〕隋置十六人。皇朝武德中置十二人，今減六人。奉禮郎二人，從九品上。漢大鴻臚有治禮郎三十七人。〔六一〕晉太常諸博士有治禮史二十四人，〔六二〕大行令有治禮郎四人。後魏治禮郎從六品下；太和二十二年，改爲從九品下。北齊司儀置奉禮郎三十人。〔六三〕後周治禮中士一人、下士一人。隋太常寺有治禮郎十六人，其後改爲奉禮郎，又置贊者十二人。煬帝減奉禮郎置六人。皇朝武德中爲治禮郎，置四人；永徽之後，改爲奉禮郎。開元二十三年減二人。掌帥贊者，以供其事。

太祝掌出納神主于太廟之九室，而奉享薦禘祫之儀。凡國有大祭祀，盥則奉匜，既盥則奉巾帨。凡郊廟之祝板，先進取署，乃送祠所；將事，則跪讀祝文，以信于神；禮成而焚之。凡大祭祀，卿省牲，則循牲而告充。禮告訖，牽牲以授太官。既享，則以牲之毛、血置之於豆而奠焉；〔六四〕饌入而徹之。既享，則酌上樽之福酒，且減胙肉，〔六五〕加之於俎，以贊祭酒歸胙之禮。又奉玉帛之篚及牲首之俎，俟禮成而行焚瘞之儀也。凡祭天及日月、星辰之玉帛，則焚之；祭地及社稷、山嶽，則瘞之；海瀆，則沉之。

奉禮郎掌設君臣之版位，以奉朝會、祭祀之禮。版位黑質赤文。天子方尺有二寸，厚三寸；太子方九寸，厚二寸；公卿已下方七寸，〔六六〕厚一寸有半。天子版位題曰「皇帝位」，太子曰「皇太子位」，百官題曰「某品位」。凡祭祀、朝會，〔六七〕以贊導焉。〔六八〕凡祭祀、朝會，設庶官之位。文左武右，東西相向，北方爲上。東方、南方之使，次於文官之下；西方、北方之使，〔六九〕次於武官之下；二王之後，列於武官之上；〔七〇〕褒聖侯，敍於文官之列。凡有事於神祇，則設御位於壇之東南；從祀公卿、獻官及掌事者，位於壝之內外。〔七一〕若有事於宗廟，則設位於廟庭之中，宗廟之子孫列焉，昭穆異位，去爵從齒也。凡尊彝之制十有四，祭祀則陳之。一曰太尊，二曰著尊，三曰犧尊，四曰象尊，五曰壺尊，六曰山罍，七曰概尊，八曰散尊，九曰山尊，〔七二〕十曰蜃尊，十一曰雞彝，十二曰鳥彝，十三曰斝彝，十四曰黃彝。又陳勺、冪、篚、坫之位，以奉其事。有事於神祇，則用太尊至于山罍；有事於宗廟，則春、夏用雞、鳥之彝，秋、冬用黃斝之彝。星之外官用概尊，嶽鎮海瀆用山尊，山林川澤用蜃尊，衆星及丘陵已下用散尊也。凡祭器之位，簠、簋爲前，登、鉶次之，籩、豆爲後。簠、鉶、籩、豆之位在廟堂上，俱東側階之北，〔七三〕每坐四簋，〔七四〕次之以六鉶，次之以六登，〔七五〕籩、豆爲後，每坐異之。〔七六〕皆以南爲上，屈陳而下也。凡大祭祀及朝會，在位者拜跪之節皆贊導之，贊者承傳焉。又設牲牓之位，〔七七〕以成省牲之儀。凡春、秋二仲，公卿巡行諸陵，則主其威儀、鼓吹之節，而相其禮焉。

協律郎二人，正八品上。漢書：「武帝時，李延年善新聲，以爲協律都尉。」後漢亦有之。至魏武帝平荆州，得杜夔，能識舊樂章，以爲協律都尉。〔七八〕晉改爲協律校尉。宋、齊亦有其官。梁太常屬官有協律校尉。後魏有協律郎。太和初，〔七九〕協律中郎從四品下，協律郎從五品上；至二十三年，〔八〇〕協律郎正八品下。北齊太常屬官有協律郎二人。隋太常寺協律郎二人，皇朝因之。

協律郎掌和六律、六呂，以辨四時之氣，八風五音之節。陽爲六律，所以統氣類物：仲冬爲黃鍾，孟春爲太簇，季春爲姑洗，〔八一〕仲夏爲蕤賓，〔八二〕孟秋爲夷則，季秋爲無射。陰爲六呂，所以旅陽宣氣：季冬爲大呂，仲春爲夾鍾，〔八三〕孟夏爲仲呂，季夏爲林鍾，仲秋爲南呂，孟冬爲應鍾。凡律管之數起於九，以九相乘，〔八四〕八十一以爲宮；三分去一，五十四以爲徵；三分益一，七十二以爲商；三分去一，四十八以爲羽；三分益一，六十四以爲角。黄鍾爲宮，大簇爲商，〔八五〕姑洗爲角，林鍾爲徵，南呂爲羽，還相爲宮，以生其聲焉。凡大樂、鼓吹教樂則監試，〔八六〕爲之課限。太樂署教樂：〔八七〕雅樂大曲，三十日成；小曲，二十日。清樂大曲，六十日；文曲，〔八八〕三十日；小曲，十日。燕樂、西涼、龜茲、疎勒、安國、天竺、高昌大曲，各三十日；次曲，各二十日；小曲，各十日。高麗、康國一曲。〔八九〕鼓吹署：棡鼓一曲十二變三十日；〔九〇〕大鼓一曲十日；長鳴三聲十日；鐃鼓一曲五十日，歌、簫、笳一曲各三十日；大横吹一曲六十日，節鼓一曲二十日，笛、簫、觱篥、笳、桃皮觱篥一曲各二十日；小鼓一曲十日；中鳴三聲十日；羽葆鼓一曲三十日，〔九一〕錞于一曲五日，〔九二〕歌、簫、笳一曲各三十日；小横吹一曲六十日，簫、笛、觱篥、笳、桃皮觱篥一曲各三十日成。〔九三〕凡教樂，淫聲、過聲、凶聲、慢聲皆禁之。淫聲，〔九四〕若鄭、衛者；過聲，失哀樂之節者；〔九五〕凶聲，亡國之聲，音若桑間濮上者；〔九六〕慢聲，不恭者也。使陽而不敢散，陰而不敢集，剛氣不怒，柔氣不懾，暢於中，發於外，以應天地之和。若大祭祀、饗燕，奏樂于庭，則升堂執麾以爲之節制：舉麾，鼓柷，而後樂作；偃麾，戛敔，而後止。

兩京郊社署：令各一人，從七品下；周人建國，左宗廟，右社稷；祭天於南郊之圜丘，〔九七〕就陽位也；祭地於北郊之方壇，就陰位也。故有典祀中士二人、下士四人，以時而祭則徵役于司隸，帥其屬而修除之。秦、漢奉常屬官有大祝令、丞，〔九八〕景帝改爲祠祀，武帝更曰廟祀。後漢祠祀屬少府。魏、晉有太祝令、丞。〔九九〕宋有明堂令、丞，掌宗祀五帝之事。〔一〇〇〕齊有大祝及明堂令、丞。〔一〇一〕梁太常卿統明堂、太祝等令、丞。〔一〇二〕北齊太廟令、丞兼領郊祠、崇虛二局丞，〔一〇三〕郊祠掌五郊羣神，崇虛掌五嶽、四瀆神祠。後周有司郊上士一人、中士一人，〔一〇四〕又有司社中士一人、下士一人。隋大常統郊社署令，〔一〇五〕又置門僕、齋郎，皇朝因之。丞一人，從八品上；隋置，皇朝因之。門僕八人；隋有二人。齋郎一百一十人。後魏祀官齋郎九品中，〔一〇六〕隋郊社署有齋郎一百人。〔一〇七〕郊社令掌五郊、社稷、明堂之位，祠祀、祈禱之禮；丞爲之貳。凡大祭祀，則設神坐於壇上而別其位。上帝之神，席以藁秸；衆神，席以莞；升中于太山，〔一〇八〕則籍以三脊之茅。與奉禮設尊、罍、篚、冪之具，太官令實之。凡有事於百神，則立燎壇而先積柴焉。大祀燎壇方一丈，高丈有二尺；中祀方八尺，其高一丈；下祀方五尺，高如其方。凡有合朔之變，則置五兵於太社，矛居東，戟居南，鉞在西，矟在北，巡察四門，立纛於壇四隅，以朱絲縈之，以俟變過時而罷之。

獻陵、昭陵、乾陵、定陵、橋陵、恭陵署：令各一人，從五品上；〔一〇九〕周禮有冢人下大夫二人、中士四人，掌公墓之地，辨其兆域，先王之葬居中，以昭穆爲左右。至漢，奉常管諸陵縣，諸陵亦各有令、丞。〔一一〇〕至元帝永光元年，〔一一一〕分諸陵邑屬三輔。〔一一二〕後漢先帝陵令每陵各一人，〔一一三〕秩六百石，每陵所皆置萬户。晉太常統陵令、丞、主簿、録事、户曹史、禁備吏各一人，〔一一四〕侍一人；凡吏四人，卒一人。宋太常統陵令。齊職儀：「每陵令一人，品第七，秩四百石，銅印，墨綬，進賢一梁冠，絳朝服。舊用三品勳位，孝建三年改爲二品。」梁太常統陵監，其後改爲令，班第二，品正第九。陳承梁制，秩六百石。北齊太常寺亦統諸陵令、丞。後周守陵，每陵上士一人。隋令：「諸署，〔一一五〕每陵令一人。」皇朝因之。開元二十五年，諸陵、廟隸宗正寺。丞一人，從七品下；漢、魏、晉諸陵並有丞；宋、齊、梁、陳並有陵令，無丞；北齊有丞。隋諸陵丞各一人，有主衣、主輦、主藥等員；皇朝因之。録事一人；皇朝置。陵户。乾陵、橋陵、昭陵各四百人，獻陵、定陵、恭陵各三百人。陵令掌先帝山陵，率户守衛之事；丞爲之貳。凡朔望、元正、冬至、寒食，皆修享於諸陵。若橋陵，則日獻羞焉。凡功臣、密戚請陪陵葬者聽之，〔一一六〕以文武分爲左右而列。墳高四丈已下，三丈已上。若父、祖陪陵，子、孫從葬者，亦如之。若宫人陪葬，則陵户爲之成墳。凡諸陵皆置留守，領甲士，〔一一七〕與陵令相左右。〔一一八〕兆域内禁人無得葬埋，古墳則不毁。

永康、興寧二陵署：令各一人，從七品下；丞一人，從八品下。陵令掌山陵塋兆之事，率其户而守陵焉；兵仗並皆給之。丞爲之貳。

隱、章懷、懿德、節愍、惠莊、惠文、惠宣七太子陵署：各令一人，從八品下；按：漢武帝戾太子園有官吏，〔一一九〕自後不見，並皇朝置之。丞一人，從九品下。太子陵令、丞皆掌陵園守衛。

諸太子廟，令各一人，從八品上；丞一人，正九品下。有後，則官爲置廟，子孫自主其祭；無後者，以近族人爲主。緣祭樂、饌，並官供之。 太子廟令、丞皆掌灑掃開闔之節，四時享祭之禮。

太樂署：令一人，從七品下；周禮：「大司樂中大夫二人，〔一三〇〕樂師下大夫四人。大司樂掌成均之法，〔一三一〕以樂舞教國子雲門大卷、大咸、大韶、大夏、大濩、大武之舞。〔一三二〕樂師掌國學之政，教國子帗舞、羽舞、皇舞、旄舞、干舞、人舞之節。〔一三三〕又有「太師下大夫二人，掌六律、六同，以合陰陽之聲。」至秦、漢，奉常屬官有太樂令、丞，又少府屬官有樂府令、丞。後漢太予樂令一人，〔一三四〕六百石。魏復爲大樂令、丞。〔一三五〕黄初中，以杜夔爲之，使正雅樂。時，散騎侍郎鄧靜善詠雅樂，歌師尹胡能習宗祀之曲，〔一三六〕舞師馮肅曉知前代諸舞，夔與創定，遷協律都尉。至晉元帝，并太樂於鼓吹。〔一三七〕宋太常有大樂令、丞。〔一三八〕齊因之，品第七，四百石，銅印，墨綬，進賢一梁冠，絳朝服。梁太常屬官有太樂令，班第一，品從九；又別領清商丞。大樂有庫丞，〔一三九〕與清商丞並三品蘊位。〔一四〇〕陳因之。後魏太和十五年，置太樂官，有太樂博士，六品下。北齊太常寺有太樂令、丞。後周有司樂上士、中士。隋太常寺統太樂令、丞二人。〔一四一〕皇朝因之。開元二十三年，各減一人。 丞一人，從八品下；歷代皆有一人，隋置二人，皇朝因之，開元二十三年減一人。〔一四二〕樂正八人，從九品下；後周依周官，置樂師上士一人、中士二人。隋太樂署有樂師八人，清商有樂師二人。〔一四三〕至煬帝，改曰「正」，加置十人，蓋採古樂正子春而名官。皇朝因之。 典事八人；流外番官。 文、武二舞郎一百四十人。周禮：「韎師，主舞者十有六人；旄人，主舞者衆寡無數。」漢太予樂令有八佾舞三伯八十一。〔一四四〕隋太常樂署有舞郎三百。

太樂令掌教樂人調合鍾律，以供邦國之祭祀、饗燕；丞爲之貳。

凡天子宮縣，太子軒縣。

宮縣之樂：鎛鍾十二，編鍾十二，編磬十二，凡三十有六簴。宗廟與殿庭同。郊丘、社稷，則二十簴，〔一三五〕面別去編鍾、磬各二簴也。東方、西方，磬簴起北，鍾簴次之；南方、北方，磬簴起西，鍾簴次之。鎛鍾在編縣之間，各依辰位。四隅建鼓，左柷、右敔。又設笙、竽、笛、簫、篪、塤，繫于編鍾之下；偶歌琴、瑟、筝、筑，〔一三六〕繫于編磬之下。其在殿庭前，則加鼓吹十二按於建鼓之外，羽葆之鼓、大鼓、金錞、歌簫、笳置於其上焉；又設登歌鍾、磬、節鼓、琴、瑟、筝、筑於堂上，〔一三七〕笙、和、簫、塤、篪於堂下。〔一三八〕宮縣、登歌工人皆介幘、朱連裳、革帶、烏皮履，鼓人及階下工人皆武弁、朱褠衣、革帶、烏皮履。〔一三九〕若在殿庭，加白練褴襠、白布襪。鼓吹按工人亦如之也。

軒縣之樂：去其南面鎛鍾、編鍾、編磬各三，凡九簴，設於辰、丑、申之位。三建鼓亦如之。餘如宮縣之制。

凡宮縣、軒縣之作，則奏二舞以爲衆樂之容，一曰文舞，二曰武舞。宮縣之舞八佾，軒縣之舞六佾。文舞之制：左執籥，右執翟，二人執纛以引之。文舞六十四人，供郊廟，服委貌冠、玄絲布大袖、白練領褾，〔一四〇〕白紗中單、絳領褾，絳布大口袴，革帶，烏皮履，白布襪。其執纛人衣冠各同也。武舞之制：左執干，右執鍼，二人執旌居前；二人執鼗鼓，二人執鐸，四人持金錞，二人奏之；二人執鐃以次之，二人執相在左，二人執雅在右。武舞六十四人，供郊廟，服平冕，餘同文舞。若供殿庭，服武弁，平巾幘，金支，緋絲布大袖，緋絲布襉襠，甲金飾白練褡襠，錦騰蛇起梁帶，豹文大口布袴，烏布鞾。其執旌人衣冠各同當色舞人，餘同工人也。

凡簨、簴飾以崇牙、旒蘇、樹羽，宮縣則金五博山，〔一四一〕軒縣則金三博山。〔一四二〕凡樂器之飾，天地之神尚赤，宗廟及殿庭尚彩，東宮亦赤。凡中宮之樂則以大磬代鍾、鼓，餘如宮縣之制。凡磬，天地之神用石，宗廟及殿庭用玉。凡有事於天神用雷鼓、雷鼗，地神用靈鼓、靈鼗，宗廟及帝社用路鼓、路鼗，〔一四三〕皆建於宮縣之內。

凡大燕會，則設十部之伎於庭，以備華夷：一曰燕樂伎，有景雲樂之舞、慶善樂之舞、破陣樂之舞、承天樂之舞；〔一四四〕玉磬、方響、搊箏、筑、臥箜篌、小箜篌、大琵琶、小琵琶、大五弦、小五弦、吹葉、大笙、小笙、長笛、尺八、大觱篥、小觱篥、大簫、小簫、正銅鈸、和銅鈸各一，〔一四五〕歌二人，揩鼓、連鼓、鼗鼓、桴鼓、貝各二。〔一四六〕二曰清樂伎；編鍾、編磬各一架，瑟、彈琴、擊琴、琵琶、箜篌、箏、筑、節鼓各一，〔一四七〕歌二人，笙、長笛、簫、篪各二，〔一四八〕吹葉一人，〔一四九〕舞四人。三曰西涼伎；編鍾、編磬各一架，歌二人，彈箏、搊箏、臥箜篌、豎箜篌、琵琶、五弦、笙、長笛、短笛、大觱篥、小觱篥、簫、腰鼓、齊鼓、擔鼓各一，〔一五〇〕銅鈸二，〔一五一〕貝一，白舞一人，方舞四人。四曰天竺伎；鳳首箜篌、琵琶、五弦、橫笛、銅鼓、都曇鼓、毛員鼓各一，〔一五二〕銅鈸二，貝一，舞二人。五曰高麗伎；彈箏、臥箜篌、豎箜篌、琵琶、五弦、笙、橫笛、小觱篥、簫、桃皮觱篥、腰鼓、齊鼓、擔鼓、貝各一，〔一五三〕舞四人。六曰龜茲伎；豎箜篌、琵琶、五弦、笙、簫、橫笛、觱篥各一，〔一五四〕銅鈸二，〔一五五〕荅臘鼓、毛員鼓、都曇鼓、羯鼓、侯提鼓、腰鼓、雞婁鼓、貝各一，〔一五六〕舞四人。七曰安國伎；豎箜篌、琵琶、五弦、橫笛、大觱篥、雙觱篥、正鼓、和鼓各一，〔一五七〕銅鈸二，〔一五八〕舞二人。八曰踈勒伎；竪箜篌、琵琶、五弦、横笛、簫、觱篥、荅臘鼓、羯鼓、侯提鼓、雞婁鼓各一，〔一五九〕舞二人。九曰高昌伎；竪箜篌、琵琶、五弦、笙、横笛、簫、觱篥、腰鼓、雞婁鼓各一，〔一六〇〕銅角一，舞二人。十曰康國伎。笛二，〔一六一〕正鼓、和鼓各一，〔一六二〕銅鈸二，〔一六三〕舞二人。

凡大祭祀、朝會用樂，則辨其曲度、章句，〔一六四〕而分終始之次。郊祀，降神奏豫和之樂，文舞作焉；迎皇帝則奏太和之樂，奠玉則奏肅和之樂，〔一六五〕迎俎則奏雍和之樂，酌獻則奏壽和之樂，送神則奏舒和之樂，武舞作焉。若有事於地祇，則迎神以順和之樂；有事於宗廟，則迎神以永和之樂；餘如郊祀之儀。饗先農用豐和，〔一六六〕孔宣父廟、齊太公廟用宣和之樂。〔一六七〕元正、冬至大朝會，迎送皇帝用太和，迎送王、公用舒和，羣臣上壽用休和，皇帝舉酒登歌用昭和。文舞用九功之舞，武舞用七德之舞。若祠祀，武舞用凱安之舞。

凡有事於太廟，每室酌獻，各用舞焉。獻祖之室，用光大之舞；黄鍾宫調。懿祖之室，用長發之舞；黄鍾宫調。太祖之室，用大政之舞；大簇宫調。〔一六八〕代祖之室，用大成之舞；沽洗宫調。高祖之室，用大明之舞；蕤賓宫調。太宗之室，用崇德之舞；夷則宫調。高宗之室，用鈞天之舞；〔一六九〕黄鍾宫調。中宗之室，用文和之舞；〔一七〇〕大簇宫調。睿宗之室，用景雲之舞；黄鍾宫調。孝敬廟，用承光之舞。〔一七一〕諸太子廟，用凱安之舞。

凡祭昊天上帝及五方帝、大明、夜明之樂皆六成，夾鍾宫調三成，黄鍾角調一成，大簇徵調一成，沽洗羽調一成。若五郊迎氣，黄帝用黄鍾宫調，青帝用沽洗角調，白帝用大簇商調，赤帝用林鍾徵調，黑帝用南吕羽調。祭皇地祇、神州、社稷之樂皆八成，林鍾宫調二成，大簇角二成，沽洗徵二成，南吕羽二成。享宗廟之樂九成。黄鍾宮三成，大呂角二成，大簇徵二成，應鍾羽二成。其餘祭祀，三成而已。皆用沽洗之均。

凡習樂立師以教，每歲考其師之課業，爲上、中、下三等，申禮部；十年大校之，若未成，則又五年而校之，量其優劣而黜陟焉。諸無品博士隨番少者，爲中第；經十五年，有五上考者，授散官，直本司。〔一七二〕若職事之爲師者，則進退其考。習業者亦爲之限，既成，得進爲師。凡樂人及音聲人應教習，皆著簿籍，覈其名數而分番上下，短番散樂一千人，諸州有定額。長上散樂一百人，太常自訪召。關外諸州者分爲六番，關内五番，京兆府四番，並一月上；一千五百里外，兩番併上。六番者，上日教至申時；四番者，上日教至午時。皆教習檢察，以供其事。若有故及不任供奉，則輸資錢以充伎衣、樂器之用。

鼓吹署：令一人，從七品下；周禮：「鼓人中士六人，掌六鼓、四金之音。」所謂雷鼓、靈鼓、路鼓、鼖鼓、鼛鼓、晉鼓，金錞和鼓、金鐲節鼓、金鐃止鼓、金鐸通鼓。〔一七三〕崔豹古今注云：「漢代鼓角横吹者，始張騫使西域，得摩訶兜勒一曲。〔一七四〕其後，李延年因之音爲二十八解，〔一七五〕若隴頭水、赤之楊、黄覃子、望行人、出關、入關、出塞、入塞之曲是也。〔一七六〕其短簫鐃歌者，雜出漢代，多戰陣之聲，若思悲翁、艾如張、上之回、戰城南、芳樹上邪、玄雲、朱鷺之曲是也。〔一七七〕後漢少府屬官有承華令，典黄門鼓吹百三十五人、百戲師二十七人。晉遂置鼓吹令、丞，屬太常。元帝省太樂，并于鼓吹；哀帝又省鼓吹，〔一七八〕而存太樂。宋、齊並無其官。至梁，太常卿統鼓吹令、丞及清商署，陳因之。後魏闕文。北齊太常領鼓吹令、丞，掌百戲、鼓吹樂人等事，又兼黄户局，〔一七九〕掌供樂人衣服等；太樂又領清商部。隋太常寺統鼓吹、清商二令、丞，各二人。〔一八〇〕皇朝因省清商，并于鼓吹。〔一八一〕開元二十三年，減一人。丞一人，從八品下；

隋置二人，皇朝因之；開元二十三年，減一人。樂正四人，從九品下。其說已具太樂樂正下。〔一八二〕隋清商署樂師二人，煬帝改爲樂正也。

鼓吹令掌鼓吹施用調習之節，以備鹵簿之儀；丞爲之貳。凡大駕行幸，鹵簿則分前、後二部以統之。前部：掆鼓十二，夾金鉦十二；次大鼓一百二十；次長鳴一百二十；次鐃鼓十二，夾歌、簫、笳各二十四；次大橫吹一百二十，節鼓二，夾笛、簫、觱篥、笳、桃皮觱篥各二十四；〔一八三〕次掆鼓十二，〔一八四〕夾金鉦十二；次小鼓一百二十；次中鳴一百二十；次羽葆鼓十二，夾歌、簫、笳各二十四。後部：羽葆鼓十二，夾歌、簫、笳各二十四；次鐃鼓十二，夾歌、簫、笳各二十四；次小橫吹一百二十，夾笛、簫、觱篥、笳、桃皮觱篥各二十四。大駕鼓吹並朱漆畫，大鼓、小鼓加金鐲，〔一八五〕羽葆鼓、鐃鼓、節鼓皆五綵重蓋，〔一八六〕其羽葆鼓仍飾以羽葆。長鳴、中鳴、大·小橫吹五綵衣幡，緋掌，畫交龍五采脚；大角幡亦如之。大鼓、長鳴、大橫吹、節鼓及橫吹後笛、簫、觱篥等工人服皆緋地苣文袍、袴及帽，〔一八七〕金鉦、掆鼓、小鼓、中鳴、小橫吹及橫吹後笛、簫、觱篥、笳、桃皮觱篥等工人服並青地苣文袍、袴及帽，羽葆鼓、鐃鼓及歌、簫、笳工人服並武弁、朱褠衣、革帶，大角工人平巾幘、緋衫、白布大口袴。〔一八八〕其鼓吹主帥服與大角同，以下主帥服亦准此也。法駕則三分減一，小駕則減大駕之半。皇太后、皇后出，則如小駕之制。凡皇太子鼓吹亦有前、後二部。前部則掆鼓、金鉦各二；次大鼓三十六；次長鳴三十六，鐃鼓二，簫、笳各六；次掆鼓、金鉦各二；次小鼓三十六；次中鳴三十六。後部則鐃吹一部：鐃鼓二，夾簫、笳各六；橫吹一部：橫吹十，節鼓一，夾笛、觱篥、簫、笳各五。大鼓、小鼓無金鐲，羽葆，〔一八九〕長鳴、中鳴、大橫吹五綵衣幡，緋掌，畫蹲豹五綵脚；餘並同上。〔一九〇〕親王已下，亦各有差。親王鼓吹：掆鼓、金鉦各一，次大鼓十八，次長鳴十八，次掆鼓、金鉦各一，〔一九一〕次小鼓十、中鳴十。〔一九二〕後部，鐃吹一部：鐃鼓一，夾簫、笳各四；次橫吹一部：橫吹六，節鼓一，夾笛、簫、觱篥、笳各四。第一品鼓吹：掆鼓、金鉦各一，大鼓十六，長鳴十六；鐃吹一部：鐃一，簫、笳各四；橫吹一部：橫吹六，節鼓一，笛、簫、觱篥、笳各四。〔一九三〕二品鼓吹：掆鼓、金鉦各一，大鼓十四；鐃吹一部：鐃一，簫、笳各二，〔一九四〕橫吹一部：橫吹四，笛、簫、觱篥、笳各一。〔一九五〕三品鼓吹減二品大鼓之四，橫吹之二。〔一九六〕四品鼓吹又減大鼓之二，而去其橫吹。〔一九七〕一品已下、三品已上鼓吹並朱漆；鐃及節鼓、長鳴、大橫吹五綵衣幡，緋掌，畫蹲豹五綵脚；大角幡亦如之。其大鼓、長鳴、大笛，橫吹、節鼓及橫吹後笛、簫、觱篥、笳等工人服緋絁帽，赤布袴褶；金鉦、掆鼓工人服青絁帽，青布袴褶；鐃鼓、簫、笳工人服武弁，朱褠衣，革帶；大角工人服平巾幘，緋衫，白布大口袴。四品鐃鼓及簫、笳工人衣服同三品，餘鼓皆綠沈；金鉦、掆鼓、大鼓工人服青絁帽，青布袴褶。凡鉦、鼓並列于道，左鼓、右鉦。大駕之鉦、鼓皆加八角紫繖，皇太子之鉦、鼓加六角紫繖，王公已降加四角青繖。

凡大駕行幸有夜警晨嚴之制。大駕夜警十二曲，中警七曲，〔一九八〕晨嚴三通。皇太子夜警九曲，公卿已下夜警七曲，晨嚴並三通。夜警衆一曲，轉次而振。〔一九九〕晨嚴之曲，第一曰元驎合邏，第二曰元驎他固夜，第三曰元驎跋至慮。凡大駕鹵簿一千八百三十八人，分爲二十四隊，列爲二百一十四行；小駕鹵簿一千五百人，分爲二十四隊，列爲一百二十行；東宮鹵簿六百二十四人，分爲九隊，列爲三十一行。

凡合朔之變，則帥工人設五鼓於太社，執麾旐，於四門之塾置龍牀焉。有變則舉麾，擊鼓齊發，變復而止。馬射，則設掆鼓、金鉦，施龍牀，而偶作焉。二人聲作，著苣文袍、袴褶。大儺則帥鼓角以助侲子之唱。唐禮：「鼓角十人爲一隊。」

太醫署：令二人，從七品下；周禮有醫師上士、下士。秦少府屬官有大醫令、丞，〔二〇〇〕無員，多至數十人。後漢又有藥丞一人，〔二〇一〕魏因之。晉氏宗正屬官有大醫令、丞，〔二〇二〕銅印、墨綬，進賢一梁冠，絳朝服，品第七；過江，省宗正，而太醫以給門下省。宋、齊太醫令，丞隸侍中。梁門下省領太醫令、丞，令班第一，〔二〇三〕丞爲三品蘊位。〔二〇四〕陳因之。後魏有太醫博士、助教。〔二〇五〕北齊太常寺統太醫令、丞。後周有大醫下大夫、小醫上士。隋太常寺統太醫署令、丞，〔二〇六〕有主藥、醫師、藥園師、按摩・呪禁博士。〔二〇七〕煬帝又置醫監五人、醫正十人。皇朝因之。丞二人，從八品下；秦、漢已來皆有丞一人。〔二〇八〕至隋，又置二人，〔二〇九〕皇朝因而不改。醫監四人，從八品下；醫正八人，從九品下；後周有醫正上士、中士、下士。〔二一〇〕隋煬帝置醫監五員，醫正十員，皇朝減之。隋又有藥園師、藥生等，皇朝因之。〔二一一〕醫師二十人，醫工一百人，周禮有醫師上士、下士。後漢有醫工長，〔二一二〕第五倫補爲淮陽王醫工長是也。隋太醫有師二百人，皇朝置二十人，醫工二百人。醫生四十人，典學二人。後周醫正有醫生三百人，隋太醫有生一百二十人，皇朝置四十人。貞觀後，置典學二人。

太醫令掌諸醫療之法；丞爲之貳。其屬有四，曰醫師、鍼師、按摩師、呪禁師，皆有博士以教之，其考試、登用如國子監之法。諸醫、鍼生讀本草者，即令識藥形，知藥性；讀明堂者，即令驗圖識其孔穴；讀脉訣者，即令遞相診候，使知四時浮、沈、澁、滑之狀；讀素問、黄帝鍼經、甲乙脉經皆使精熟。博士月一試，太醫令、丞季一試，太常丞年終總試。若業術過於見任官者，即聽補替。其在學九年無成者，退從本色。

凡醫師、醫正、醫工療人疾病，以其全多少而書之，以爲考課。每歲常合傷寒、時氣、瘧、痢、傷中、金瘡之藥，以備人之疾病者。藥園師以時種蒔、收採諸藥。京師置藥園一所，擇良田三頃，取庶人十六已上、二十已下充藥園生，業成，補藥園師。〔二一三〕凡藥有陰陽配合，子母兄弟，根葉花實，草石骨肉之異，及有毒無毒，陰乾曝乾，採造時月，皆分別焉。凡藥八百五十種，〔二一四〕三百六十種，神農本經；〔二一五〕一百八十二，名醫别録；一百一十四，新修本草新附；一百九十四，有名無用。皆辨其所出州士，每歲貯納，擇其良者而進焉。

醫博士一人，正八品上；助教一人，從九品上。晉代以上手醫子弟代習者，令助教部教之。宋元嘉二十年，太醫令秦承祖奏置醫學，以廣教授；至三十年省。後魏有太醫博士、助教。〔二六〕隋太醫有博士二人，〔二七〕掌醫。皇朝武德中，博士一人，助教二人；貞觀中，減置一人，又置醫師、醫工佐之，掌教醫生。醫博士掌以醫術教授諸生習本草、甲乙脉經，分而爲業：一曰體療，二曰瘡腫，三曰少小，四曰耳目口齒，五曰角法。諸醫生既讀諸經，乃分業教習，率二十人以十一人學體療，三人學瘡腫，三人學少小，二人學耳目口齒，一人學角法。體療者，七年成；少小及瘡腫，五年；耳目口齒之疾並角法，二年成。

鍼博士一人，從八品上；鍼助教一人，從九品下。〔二八〕皇朝置，又置鍼師、鍼工佐之，以教鍼生也。鍼博士掌教鍼生以經脉孔穴，使識浮、沈、澁、滑之候，又以九鍼爲補寫之法。一曰鑱鍼，取法於巾鍼，〔二九〕長一寸六分，大其頭，銳其末，〔三〇〕令不得深入，主熱在皮膚者。〔三一〕二曰員鍼，取法於絮鍼，長一寸六分，主療分間氣。三曰鍉鍼，取法於黍粟之銳，長二寸半，〔三二〕主邪氣出入。四曰鋒鍼，取法於絮鍼，長一寸六分，刃三隅，主決癰出血。五曰鈹鍼，〔三三〕取法於劒，令其末如劒鋒，廣二分半，長四寸，主決大癰腫。〔三四〕六曰員利鍼，取法於氂，直員銳，〔三五〕長一寸六分，主取四支癰、暴痺。七曰毫鍼，取法於毫毛，長一寸六分，主寒熱痺在絡者。〔三六〕八曰長鍼，取法於綦鍼，長七寸，主取深邪遠痺。九曰大鍼，〔三七〕取法於鋒鍼，〔三八〕長四寸，主取大氣不出關節。凡此九鍼，〔三九〕以法九州九野之分。九鍼之形及所主疾病，畢矣。凡鍼疾先察五藏有餘不足而補寫之。人心藏神，肺藏氣，肝藏血，脾藏肉，腎藏志，內連骨髓，外通津液，以成四支、九竅、十六節、三百六十五部，必先知其病之所在。凡鍼生習業者，教之如醫生之法。鍼生習素問、黃帝鍼經、明堂、脉訣，兼習流注、偃側等圖，赤烏神鍼等經。業成者，試素問四條，黃帝鍼經、明堂、脉訣各二條。〔三〇〕

按摩博士一人，從九品下；崔寔政論云：「熊經鳥伸，延年之術。」故華佗有五禽之戲，〔三一〕魏文有五搥之鍛。〔三二〕僊經云：「户樞不朽，流水不腐。」謂欲使骨節調利，血脉宣通，卽其事也。隋太醫有按摩博士二人，〔三三〕皇朝因之。貞觀中，減置一人，又置按摩師、按摩工佐之，教按摩生也。按摩師四人，按摩工十六人，隋太醫有按摩師一百二十人，無按摩工，皇朝置之。按摩生十五人。隋太醫有按摩生一百人。皇朝武德中置三十人，貞觀中減置十五人也。〔三四〕

按摩博士掌教按摩生以消息導引之法，以除人八疾：一曰風，二曰寒，三曰暑，四曰濕，五曰飢，六曰飽，七曰勞，八曰逸。凡人支、節、府、藏積而疾生，導而宣之，使內疾不留，外邪不入。若損傷折跌者，以法正之。

呪禁博士一人，從九品下。隋太醫有呪禁博士一人，〔三五〕皇朝因之，又置呪禁師、呪禁工以佐之，教呪禁生也。

呪禁博士掌教呪禁生以呪禁祓除邪魅之爲厲者。有道禁，出於山居方術之士；有禁呪，出於釋氏。以五法神之：一曰存思，二曰禹步，三曰營目，四曰掌決，五曰手印；皆先禁食葷血，齋戒於壇場以受焉。

太卜署：令一人，正八品下；〔三六〕周禮有太卜下大夫、卜師上士，掌方兆、功兆、義兆、弓兆之法；〔三七〕有龜人中士，掌六龜之屬，主天子卜筮之事。秦、漢奉常屬官有太卜令、丞。武帝置太卜博士。後漢并于太史；又靈臺待詔員有龜卜三人，易筮三人。〔三八〕魏、晉、宋、齊、梁、陳無其職。後魏有太卜博士，從七品下。北齊太常有太卜丞。〔三九〕後周有太卜下大夫、小卜上士，及又有龜占中士。〔二〇〕隋太常寺有太卜令、丞，皇朝因之。丞二人，正九品下；隋有一人，皇朝加置一人。卜正二人，從九品下；隋煬帝省太卜博士，置太卜卜正二十人，〔二一〕皇朝減置二人。卜師二十人；隋置，皇朝因之。巫師十五人；周禮有男巫、女巫，無數，其師中士。巫能制神之處，位次主者。隋太卜署有男巫十六人、女巫八人。卜博士二人，從九品下；助教二人；隋有太卜博士、助教，皇朝因之。卜筮生四十五人。隋有卜生四十人、筮生三十人。太卜令掌卜筮之法，以占邦家動用之事；丞爲之貳。一曰龜，二曰兆，〔二二〕三曰易，四曰式。凡龜占辨龜之九類、五色，依四時而用之。一曰石龜，二曰泉龜，三曰蔡龜，四曰江龜，五曰洛龜，六曰海龜，七曰河龜，八曰淮龜，九曰旱龜。春用青靈，夏用赤靈，秋用白靈，冬用黑靈，四季之月用黄靈。龜，上員，象天；下方，法地。甲有十三文，以象十二月，一文象閏。邊翼甲有二十八匡，法二十八宿。骨有六間，法六府。匡有八間，法八卦。文有十二柱，法十二時。故象天地，辨萬物者矣。欲知龜神，看骨白如銀；〔二三〕欲知龜聖，看龜千里徑正；欲知龜志，看龜十字。分四時所灼之體而用之，春灼後左足，夏灼前左足，秋灼前右足，冬灼後右足。凡兆以千里徑爲母，兩翼爲外；正立爲木，正横爲土，内高爲金，外高爲火，細長芒動爲水兆，有俯仰、伏倚、着落、起發、摧折、斷動之狀，〔二四〕而知其吉凶。又視五行十二氣。一曰受氣，二曰胎，三曰養，四曰生，五曰沐浴，六曰冠帶，七曰臨官，八曰王，九曰老，十曰病，十一曰死，十二曰葬，以占之。凡五兆之策三十有六。用三十六筭，六變而成卦：一變爲兆，再變成卦，二爲甲乙，三爲丙丁，四爲戊己，五爲庚辛，六爲壬癸。其用五行相生、相剋，相扶、相抑，大抵與易同占。〔二五〕凡易之策四十有九。用四十九筭分而揲之，其變有四：一曰單爻，二曰拆爻，三曰交爻，四曰重爻，凡十八變而成卦。又視卦之八氣、王相、囚死、胎没、休廢及飛伏、世應而使焉。凡八純之卦十六變而復：初爲一變，次曰二變，三曰三變，四曰四變，五曰五變，六爲遊魂，七爲外戒，八爲內戒，九爲歸魂，十爲絶命，十一爲血脉，十二爲飢肉，十三爲體骨，十四爲棺槨，十五爲塚墓。凡內卦爲貞，朝占用之；外卦爲悔，暮占用之。凡式占辨三式之同異。一曰雷公式，二曰太一式，並禁私家畜；三曰六壬式，〔二四六〕士庶通用之。凡用式之法。周禮：「太史抱天時，與太師同車。」鄭司農云：「抱式以知天時也。」今其局以楓木爲天，棗心爲地，刻十二神，下布十二辰，以加占爲常，〔二四七〕以月將加卜時，視日辰陰陽以立四課：〔二四八〕一曰日之陽，二曰日之陰，三曰辰之陽，四曰辰之陰。四課之中，察其五行，取相剋者，三傳爲用。又辨十二將、十二月神。十二將以天一爲首，前一曰螣蛇，二朱雀，三六合，四句陳，五青龍；後一曰天后，二太陰，三玄武，四太常，五白獸，六天空。前盡於五，後盡於六，天一立中，爲十二將。又有十二月之神：正月登明，二月天魁，三月從魁，四月傳送，五月小吉，六月勝先，七月太卜，〔二四九〕八月天罡，九月太衝，十月功曹，十一月大吉，十二月神后。凡陰陽雜占，吉凶悔吝，〔二五〇〕其類有九，決萬民之猶豫：一曰嫁娶，二曰生産，三曰曆注，四曰屋宅，五曰祿命，六曰拜官，七曰祠祭，八曰發病，九曰殯葬。凡曆注之用六，一曰大會，二曰小會，三曰雜會，四曰歲會，五曰除建，六曰人神。凡祿命之義六，一曰祿，二曰命，三曰驛馬，四曰納音，五曰湴河，六曰月之宿也。皆辨其象數，通其消息，所以定吉凶焉。

凡國有祭祀，則率卜正、占者卜日於太廟南門之外，命龜既灼而占之。命龜曰：「假爾太龜有常。」乃授卜正作龜，〔二五一〕與衆占之。乃告太常卿曰：「某日從。」乃徹龜也。先卜上旬，不吉，次卜中旬、下旬。若卜國之大事，亦如卜日之儀。

凡歲季冬之晦，帥侲子入于宮中，堂贈、大儺，天子六隊，太子二隊，周禮：「男巫冬，堂贈，無方無筭。」鄭玄云：「贈，送也。歲終，以禮送不祥，其行必由堂始。巫與神通，言東則東，言西則西，可近則近，可遠則遠，無常數。」大儺禮選人年十二已上、十六已下爲侲子，著假面，衣赤布袴褶，二十四人一隊，六人作一行也。方相氏右執戈、左執楯而導之，一人爲方相氏，著假面，黄金四目，蒙熊皮，玄衣、朱裳。〔三二〕唱十二神以逐惡鬼。甲作食殉，胇胃食虎，〔三三〕雄伯食魅，騰簡食不祥，攬諸食咎，伯奇食夢，彊梁、祖明共食磔死、寄生，委隨食觀，錯斷食巨，窮奇、騰根共食蠱。儺者既出，乃磔雄雞於宮門及城之四門以祭焉。

廪犧署：令一人，從八品下；周禮牧人下士掌牧六牲，以供祭祀。秦、漢内史·左馮翊屬官有廪犧令、丞、尉，後屬大司農。後漢河南尹屬官有廪犧令、丞，魏、晉因之。宋、齊亦有令、丞。齊職儀：「令，品第七，秩四百石，銅印、墨綬，進賢一梁冠，絳朝服。今用三品勳位。」梁太常卿統廪犧令、丞，爲三品勳位。〔三四〕陳因之。後魏，令從五品下。〔三五〕北齊太常寺屬官有廪犧令、丞，隋及皇朝因之。丞一人，正九品上。隋置二人，〔三六〕皇朝因之，開元二十三年減一人。廪犧令掌薦犧牲及粢盛之事；丞爲之貳。凡三祀之牲牢各有名數。昊天上帝之牲以蒼犢，皇地祇之牲以黄犢，神州之牲以黝犢，五帝之牲各以方色犢，大明青牲，夜明白牲，宗廟、社稷、嶽、鎮、海、瀆、先農、先蠶、前代帝王、孔宣父·齊太公廟等皆以太牢，風師、雨師、靈星、司中、司命、司人、司禄及五龍祠、司冰、諸太子廟皆以少牢，其餘則以特牲。凡冬至圜丘，加羊、豕各九；夏至方丘，羊、豕各五；五郊迎氣，羊、豕各二。蜡祭神農、伊耆已下，方別各用少牢。凡大祀養牲在滌九旬，中祀三旬，小祀一旬。其牲方色難備者，以純色代之。凡告祈之牲不養。凡祭祀之犧牲不得捶扑傷損，死則埋之，病則易之。凡籍田所收九穀納于神倉，以供粢盛及五齊、三酒之用；若有餘及穰藁，供飼犧牲焉。凡供別祀用太牢者，則三牲加酒、脯及醢。犢、羊、豬各一，酒二斗，脯四段，醢四合。凡大祭祀，則與太祝以牲就牓位；太常卿省牲，則北面告腯，乃牽牲以授太官而用之。

汾祠署：令一人，從七品下；丞一人，從八品上。並開元二十一年置。汾祠令、丞掌神祀、享祭、灑掃之制。

兩京齊太公廟署：令各一人，從七品下；丞各一人，從八品上。並開元十八年置。〔二五七〕太公廟令、丞掌開闔、灑掃及春、秋二仲釋奠之禮。

校勘記

〔一〕太廟門僕京都各三十二人　舊唐書職官志作「各三十人」，新唐書百官志作「各三十三人」，册府元龜卷五六三掌禮部總序同六典。

〔二〕丞一人　案：自丞以下，均云兩京各若干人也，「各」字省略。正文同此。

〔三〕典事三人　新唐書百官志作「五人」，舊唐書職官志同六典。

〔四〕諸陵署　案：「獻、昭、乾、定、橋、恭諸陵署令員品」條原注云：「開元二十五年，諸陵、廟隸宗正寺。」考舊唐書玄宗本紀曰：「開元二十五年七月己卯，敕諸陵、廟並隸宗正寺。」新唐書百官志亦云：「（開元）二十五年，濮陽王徹爲宗正卿，恩遇甚厚，建議以宗正司屬籍，乃請以陵寢、宗廟隸宗正。」而六典目録及正文猶以諸陵、廟署隸太常者，豈本卷先已撰成，前條原注特後來所追加者歟？誌以備考。

〔五〕丞一人　案：自丞以下，均云每陵署各若干人也，「各」字省略，正文同此。

〔六〕陵户　正文「陵户」下原注云：乾、橋、昭陵各四百人，獻、定、恭陵各三百人。舊唐書職官志、新唐書百官志均同。

〔七〕永康興寧二陵署　案：二陵署亦並於開元二十五年改隸宗正。

〔八〕丞一人　案：自丞以下，均云每陵署各若干人也，「各」自省略。正文同此。

〔九〕陵户各一百人　原本作「各二千一百人」，正德以下諸本均然。據新唐書百官志，「二千」兩字衍，今删。

〔一〇〕諸太子陵署　案：諸太子陵署亦於開元二十五年改隸宗正。

〔一一〕丞一人　案：自丞以下，均云每陵署各若干人也，「各」字省略。正文同此。

〔一二〕諸太子廟署　案：諸太子廟署亦於開元二十五年並改隸宗正。

〔一三〕丞一人　案：自丞以下，均云每廟署各若干人也，「各」字省略。正文同此。

〔一四〕史四人　新唐書百官志其下有「廟幹二人」。

〔一五〕丞一人　自丞以下，均云兩京各若干人也，「各」字省略。

〔一六〕又夔典樂　「又」字原本殘缺，正德以下諸本並作「皐」，廣池校近衛本曰：「『皐夔』疑當作『后夔』。」玉井是博南宋本大唐六典校勘記云：「案：通典職官七作『兼』。宋本似作『又』。」案：據殘存字形及文義，玉井所云「似作『又』」者，是也。今據以補。

〔一七〕掌贊天子　續漢書百官志「掌」作「常」。

〔一八〕晉太常置功曹主簿五官等員　晉書職官志：太常等皆爲列卿，各置丞、功曹、主簿、五官等員。

〔一九〕如遷選曹尚書領護等　通典職官七諸卿上「太常卿」條「如」作「好」。

〔二〇〕位從一品下　魏書官氏志：三卿，太和前制，從第一品下；太和後制，第三品。

〔二一〕北齊太常寺掌陵廟羣祀儀制天文術數衣冠之屬　「北」字原本訛作「比」，據正德本改。「寺」字原本作「卿」，正德以下諸本皆然，近衛校明本曰：「『卿』當作『寺』。」案：下文逕云「太常卿，第三品」，則「卿」字於此爲複出；且隋書百官志載北齊九寺職掌，唯太常寺直云太常掌某事，餘均云某寺掌某事，則於義自以作「寺」爲長，今據改。又，隋書百官志「儀制」上有「禮樂」二字。

〔二二〕後周爲大宗伯　「大」字原本無，正德以下諸本皆然，據通典職官七諸卿上「太常卿」條增。

〔二三〕貞觀中加置二人　舊唐書職官志云：「武德置一人，貞觀加置一員。」六典原注「加置二人」者，此之謂也。自貞觀至神龍，其間員數復有改易，通典職官七諸卿上「太常卿」條原注曰：「太常少卿本一員，神龍中加一員。」唐會要卷六十五太常寺：「少卿，神龍元年七月三十日加一員，徐彥伯爲之。」

〔二四〕三曰諸陵　案：諸陵署於開元二十五年改隸宗正。參看校記〔四〕。

〔二五〕凡大卜占國之大事及祭祀卜日　「大卜」正德以下諸本並作「太卜」，「大」通「太」。

〔二六〕皆擇日告于太廟　「告」字原本訛作「吉」，據正德本改。

〔二七〕銅印黃綬　「綬」字原本訛作「綏」，據正德本改。宋書禮志五：諸卿尹丞並「銅印、墨綬」。太平御覽卷二二九「太常丞」條引宋百官春秋，全同六典本注引文；通典職官七諸卿上「太常丞」條原注引職官要録：「晉、宋九卿丞皆進賢一梁冠，介幘，皁衣，銅印，黃綬。」

〔二八〕齊因之　通典職官七諸卿上「太常丞」條原注引職官要録：「齊、梁墨綬。」

〔二九〕梁選簿　「簿」字原本作「部」，正德以下諸本皆然，近衛校明本曰：「據梁書，『部』當作『簿』。下倣之。」案：隋書經籍志有「梁選簿三卷，徐勉撰。」疑卽是書。

〔三〇〕太和二十二年降爲七品上　魏書官氏志：太和後制，太常、光禄、衛尉三卿丞位從六品下。

〔三一〕大業三年增爲五品　隋書百官志：「（大業）五年，寺丞並增爲從五品。」

〔三二〕有鈴下侍閤辟車騎吏伍伯等員　近衛校明本曰：「後漢志『鈴』作『軨』。」案：後漢書明帝紀：「（永平五年十月）勞賜縣掾史及門闌走卒。」注引續漢志曰：「五伯、鈴下、侍閤、門闌、部署、街里、走卒皆有程品，多少隨所典領。」是「軨」雖爲正字，然古亦通用「鈴」。「辟」字原本訛作「年」，正德以下諸本皆然，據續漢書百官志改。

〔三三〕梁選簿　「簿」字原本無，正德以下諸本皆然，近衞校明本曰：「『選』下疑脱『簿』字。」是，今據以增。　參看校記〔二九〕。

〔三四〕隋太常寺主簿二人　「太常寺」三字原本訛作「太當中」，嘉靖本作「太業中」，正德、廣雅二本並作「大業中」。　案：據隋書百官志，高祖時太常已有主簿二員，非自大業中始然也。揆諸上下文義，「當中」二字蓋「常寺」之訛，今改。

〔三五〕從七品上　「品上」二字原本誤倒，據正德本改。

〔三六〕秩比六百石　「比」字原本訛作「此」，據正德本改。

〔三七〕魏因之　案：宋書百官志曰：「博士，班固云：『秦官。』史臣案：六國時往往有博士，掌通古今。漢武建元五年，初置五經博士。宣、成之世，五經家法稍增，經置博士一人。至東京，凡十四人。」晉書職官志曰：「太常博士，魏官也，魏文帝初置，晉因之。掌引導乘輿，王公已下應追謚者，則博士議定之。」通典職官七諸卿上「太常博士」條悉采晉書職官志之言，注曰：「秦有博士數十人。兩漢太常屬官皆有博士，掌以五經教子弟，則今國子博士是也。」六典原注蓋混而言之也。

〔三八〕端委佩玉　「玉」字原本訛作「五」，據正德本改。

〔三九〕朝之大典　「典」字原本訛作「與」，據正德本改。

〔四〇〕必詢度焉　「詢」字原本訛作「詾」，據正德本改。

〔四一〕然後爲可　「然」字原本訛作「後」，據正德本改。

〔四二〕宋齊太常府有博士　「宋齊」二字原本誤倒，正德以下諸本皆然，近衞校明本曰：「當作『宋、齊』。」今據正。

〔四三〕北齊置四人　「北」字原本訛作出，據正德本改。

〔四四〕品同魏　職官分紀卷十八引六典「太常博士員品」條原注作「品同魏氏」。案：曹魏之時，九品猶未分正從，據隋書百官志，北齊太常博士從七品下，與魏書官氏志所載太和後制同，此所謂「品同魏」者，蓋指後魏而言也，「魏」上疑脱「後」字。

〔四五〕減謁者置十人　「減」字原本訛作「咸」，據正德本改。

〔四六〕奉先王之法制　太平御覽卷二二九「太常博士」條引六典，「奉」作「本」。

〔四七〕凡王公已上擬謚　太平御覽卷二二九「太常博士」條引六典、通典職官七諸卿上「太常博士」條及禮六十四單複謚議「大唐之制」條，「上」並作「下」；舊唐書職官志無「王」字，「上」作「下」；新唐書百官志「公」下有「三品」二字。

〔四八〕舊有周書謚法　「書」字原本訛作「官」，正德以下諸本皆然，據通典禮六十四單複謚議「大唐之制」條改。

〔四九〕則有太祝之置　「置」字原本訛作「直」；正德、嘉靖二本亦然，近衞校曰：「『直』當作『名』。」今據廣雅本改。

〔五〇〕順祝年祝令祝化祝瑞祝策祝　案：令者，善也，吉也。周禮卷六春官宗伯下「太祝職掌」條作「吉」，鄭司農云：「吉祝，祈福祥也。」

〔五一〕秦漢奉常屬官有太祝令丞　「奉」字原本訛作「韋」，據正德本改。

〔五二〕丞二人　續漢書百官志「二」作「一」。

〔五三〕絳朝服　「絳」字原本訛作「絡」，據正德本改。

〔五四〕梁選簿　「簿」字原本訛作「部」，正德以下諸本皆然，今正之。參看校記〔二九〕。

〔五五〕太祝令與二廟令品秩同　隋書百官志：梁二廟令二班，太祝令一班。

〔五六〕後魏太祝令從五品中　魏書官氏志：太和前制，太祝令從第五品上。

〔五七〕後周太祝下大夫一人　通典職官七諸卿上「太祝」條云：「後周依周官。」案：周禮有太祝下大夫二人、上士四人。

〔五八〕隋太祝署令一人丞一人太祝八人祝史十六人　「太祝八人」，隋書百官志作「太祝二人」。

〔五九〕祝史減六人　「六」字原本訛作「七」，正德以下諸本皆然，據下文「祝史六人」條原注改。

〔六〇〕後魏祝史從七品中　「從」字原本訛作「後」，據正德本改。

〔六一〕漢大鴻臚有治禮郎三十七人　續漢書百官志作「四十七人」。

〔六二〕晉太常諸博士有治禮史二十四人　「博」字原本訛作「傅」，據正德本改。

〔六三〕北齊司儀置奉禮郎三十人　通典職官七諸卿上「奉禮郎」條：「奉禮本名理禮（案：「理」本當作「治」，唐人避高宗諱，改爲「理」。下同），國家撰五代史志，至永徽七年乃成，於時此官已改，故隋書百官志謂北齊及隋理禮皆爲奉禮。奉禮之名雖見於前史，其改始自永徽。」

〔六四〕則以牲之毛血置之於豆而奠焉　「奠」字原本訛作「尊」，正德以下諸本皆然，據通典禮六十九皇帝冬至祀圜丘「奠玉帛」條改。

〔六五〕且減胙肉　「胙」字原本訛作「昨」，據正德本改。下「歸胙」之「胙」同。

〔六六〕公卿已下方七寸　通典禮六十八雜制「公卿已下」作「百官一品已下」。

〔六七〕凡祭祀朝會　「會」字原本訛作「廷」，正德以下諸本皆然，據本條正文「以奉朝會祭祀之禮」改。

〔六八〕以贊導焉　「贊」字原本訛作「替」，據正德本改。

〔六九〕西方北方之使　「北」字原本訛作「比」，據正德本改。

〔七〇〕二王之後列於武官之上　「上」字原本訛作「下」，正德以下諸本皆然，近衛校明本曰：「據唐公式令及唐志，『下』當作『上』。」與開元禮有關諸卷所列方位合，今改。

〔七一〕位於壝之內外　「壝」字原本訛作「壇」，據正德本改。

〔七二〕九曰山尊　「九」字原本訛作「几」，據正德本改。

〔七三〕俱東側階之北　「東側」二字原本訛作「陳側」，正德以下諸本並訛「東」爲「陳」，今據通典禮七十四皇帝時享於太廟「陳設」條改。

〔七四〕每坐四籩　通典同上卷上篇上條云：「每座四籩居前，四簋次之。」

〔七五〕次之以六鉶次之以六登　通典同上卷上篇上條「六登」在「六鉶」前。

〔七六〕每坐異之　「每」字原本作「母」，據正德本改。

〔七七〕又設牲膀之位　「膀」字原本作「版」。案：舊唐書職官志及開元禮有關諸卷並作「膀」，今改。

〔七八〕至魏武帝平荆州得杜夔能識舊樂章以爲協律都尉　通典職官七諸卿上「協律郎」條原注略同六典本注。魏志杜夔傳云：「黄初中，爲大樂令、協律都尉。」六典本卷「太樂署令員品」條原注云：「魏復爲太樂令、丞，黄初中，以杜夔爲之，使正雅樂。」黄初，魏文帝年號。

〔七九〕太和初　「太」字原本作「大」，據正德本改。

〔八〇〕至二十三年　「三」字原本無，正德以下諸本皆然，近衛校明本曰：「『十』下疑脱『三』字。」是，今據以增。

〔八一〕季春爲姑洗　「姑」字原本作「沽」，據正德本改。下「姑洗」均同。

〔八二〕仲夏爲蕤賓　「賓」字原本訛作「宴」，據正德本改。

〔八三〕仲春爲夾鍾　「仲」字原本訛作「什」，後人墨書作「仲」，與正德本合，今仍之。

〔八四〕以九相乘　「以」字原本訛作「江」，據正德本改。

〔八五〕大簇爲商　「大」字正德本作「太」。「大」、「太」通。

〔八六〕凡大樂鼓吹教樂則監試　「大」字正德本作「太」，「大」、「太」通。

〔八七〕太樂署教樂　「樂」字原本作「教」，正德以下諸本皆然，近衛校明本曰：「『教』恐當作『樂』。」是，今改。

〔八八〕文曲　正德以下諸本「文」上並有「大」字。今據上下文義，疑「文曲」當作「次曲」。

〔八九〕高麗康國一曲　近衛校明本曰：「『一曲』二字可疑，恐有脱誤。」是，誌以待考。

〔九〇〕棡鼓一曲十二變三十日　「變」字原本作「日」，正德以下諸本皆然，近衛校明本曰：「據隋志，『日』當作『變』。」案：「日」字顯訛。隋書音樂志云：「棡鼓一曲十二變（與金鉦同），夜警用一曲俱盡。」六典本卷「鼓吹令職掌」條「凡大駕行幸有夜警晨嚴之制」下原注又有「大駕夜警十二曲」之語。是近衛所校，宜可信據，今改。

〔九一〕羽葆鼓一曲三十日　正德以下諸本「三」並作「二」。

〔九二〕錞于一曲五日　「于」字原本訛作「十」，正德以下諸本皆然，近衛校明本曰：「『十』恐當作『于』。」是，今改。

〔九三〕簫笛觱篥笳桃皮觱篥一曲各三十日成　「笳」字原本無，正德以下諸本皆然，今據下文「鼓吹令職掌」條原注後部小横吹增。

〔九四〕淫聲　「淫」字原本訛作「滛」，據正德本改。

〔九五〕失哀樂之節者　「者」字原本無，正德以下諸本皆然，近衛校明本曰：「『節』下恐脱『者』字。」准上下文例，其説甚是，今據以增。

〔九六〕音若桑間濮上者　「閒」字原本訛作「聞」，據正德本改。

〔九七〕祭天於南郊之圜丘　「天」字原本訛作「大」，據正德本改。

〔九八〕秦漢奉常屬官有大祝令丞　廣雅本「大」作「太」，「大」、「太」通。

〔九九〕魏晉有太祝令丞　「祝」字原本訛作「祖」，正德、嘉靖二本亦然，近衛校曰：「據通典，『祖』當作『祝』。」廣雅本作「祝」，是，今據以改。

〔一〇〇〕宋有明堂令丞掌宗祀五帝之事　案：宋書百官志有明堂令一人、丞一人，又有太祝令一人、丞一人。太祝令、丞掌祭祀讀祝、迎送神。

〔一〇一〕齊有大祝及明堂令丞　「大」廣雅本作「太」，「大」、「太」通。「丞」字原本無，正德以下諸本皆然，據南齊書百官志增。

〔一〇二〕梁太常卿統明堂太祝等令丞　「祝」字原本訛作「社」，正德以下諸本皆然，據隋書百官志改。

〔一〇三〕北齊太廟令丞兼領郊祠崇虛二局丞　「局」字原本作「屬」，正德以下諸本皆然，據隋書百官志改。

〔一〇四〕後周有司郊上士一人中士一人　「郊」字原本訛作「郎」，正德以下諸本皆然，據通典職官七諸卿上「兩京郊社署」條改。

〔一〇五〕隋大常統郊社署令　「大」字正德以下諸本並作「太」，「大」、「太」通。

〔一〇六〕後魏祀官齋郎九品中　魏書官氏志：太和前制，祀官齋郎第九品中。

〔一〇七〕隋郊社署有齋郎一百人　「齋」字原本作「齊」，據正德本改。

〔一〇八〕升中于太山　「于」字原本訛作「干」，據正德本改。

〔一〇九〕從五品上　「上」字原本無，正德以下諸本皆然，據通典職官二十二大唐官品增。

〔一一〇〕諸陵亦各有令丞　「令丞」二字原本互倒，正德以下諸本皆然，近衛校明本曰：「『丞、令』當作『令、丞』。」是，今據以正。

〔一一一〕至元帝永光元年　「永」字原本訛作「元」，正德以下諸本皆然，據漢書百官公卿表改。

〔一一二〕分諸陵邑屬三輔　「諸」字原本訛作「穆」，正德以下諸本皆然，據漢書百官公卿表改。

〔一一三〕後漢先帝陵令每陵各一人　續漢書百官志云：「先帝陵，每陵園令各一人。」

〔一一四〕晉太常統陵令丞主簿録事户曹史禁備吏各一人　正德以下諸本「吏」並作「史」。

〔一一五〕諸署　隋書百官志：太常所屬有諸陵署。「諸」下疑脱「陵」字。

〔一一六〕凡功臣密戚請陪陵葬者聽之　「請」字原本訛作「諸」，正德以下諸本皆然，據太平御覽卷二二九「陵令」條引六典改。

〔一一七〕領甲士　「甲」字原本訛作「申」，據正德本改。

〔一一八〕與陵令相左右　唐會要卷二十一陪陵名位引舊制作「與陵令相知，巡警左右」。

〔一一九〕漢武帝戾太子園有官吏　「太」字原本訛作「不」，據正德本改。

〔一二〇〕大司樂中大夫二人　周禮卷五春官宗伯第三「二」作「四」。

〔一三一〕大司樂掌成均之法　「大司樂」三字原無，正德以下諸本皆然，今據周禮卷六春官宗伯下「大司樂職掌」條增，以與下文「樂師掌國學之政」相對應。

〔一三二〕以樂舞教國子雲門大卷大咸大韶大夏大濩大武之舞　「濩」字原本訛作「護」；正德、嘉靖二本亦然，近衛校曰：「據本經，（護）當作『濩』。」廣雅本作「濩」，是。今據以改。

〔一三三〕教國子帗舞羽舞皇舞旄舞干舞人舞之節　「羽」字原本訛作「皇」；正德、嘉靖二本亦然，近衛校曰：「據本經，（皇）當作『羽』。」廣雅本作「羽」，是。今據以改。「干」字原本訛「千」，據正德本改。

〔一三四〕後漢太予樂令一人　「予」字原本訛作「常」，正德以下諸本皆然，近衛校明本補考曰：「後漢志作『太子樂令一人』，宋志作『太予樂令』。」案：宋書樂志曰：「太樂，漢舊名。後漢依讖，改太予樂官。」考後漢書明帝紀曰：「永平三年秋八月戊辰，改太樂爲太予樂。」李賢注云：「尚書琁璣鈐曰：『有帝漢出，德洽作樂，名予。』故據琁璣鈐改之。漢官儀曰：『太予樂令一人，秩六百石。』」今據以改。下「文武二舞郎」條原注「太予樂令」同此。

〔一三五〕魏復爲大樂令丞　「大」字正德以下諸本並作「太」，「大」、「太」二字通。

〔一三六〕歌師尹胡能習宗祀之曲　「尹」字原本訛作「丑」，正德以下諸本皆然，據魏志杜夔傳改。

〔一三七〕至晉元帝并太樂於鼓吹　案：下文「鼓吹署令員品」條原注云：「哀帝又省鼓吹，而存太樂。」

〔一三八〕宋太常有大樂令丞　「大」字正德以下諸本並作「太」，二字通。

〔一二九〕大樂有庫丞　「大」字正德以下諸本並作「太」，二字通。

〔一三〇〕與清商丞並三品蘊位　「蘊」字原本訛作「勳」，正德以下諸本皆然，據隋書百官志改。

〔一三一〕隋太常寺統太樂令丞二人　隋書百官志：太樂署有令二人、丞二人。六典本注蓋此之謂也。「各」字省略。

〔一三二〕開元二十三年減一人　「十」字原本訛作「年」，據正德本改。

〔一三三〕清商有樂師二人　據下文「鼓吹署樂正員品」條原注，「商」下疑當有「署」字。

〔一三四〕漢太予樂令有八佾舞三伯八十一　續漢書百官志注引漢官作「三百八十人」。

〔一三五〕郊丘社稷則二十簴　「稷」字原本兑，正德以下諸本皆然，據通典樂四樂懸增。

〔一三六〕偶歌琴瑟箏筑　「偶」字原本作「隅」，正德以下諸本皆然，據通典樂四樂懸改。

〔一三七〕又設登歌鍾磬節鼓琴瑟箏筑於堂上　通典樂四樂懸無「磬」；舊唐書職官志無「磬」、「筑」，有「笳」；新唐書禮樂志十一有「磬」。

〔一三八〕笙和簫塤箎於堂下　原本「笙」下別有「簫」字，正德以下諸本皆然。案：通典樂四樂懸作「笙、笳、簫、箎、塤」，舊唐書職官志作「笙、和、簫、箎」，新唐書禮樂志十一作「笙、和、簫、箎、塤」，「笙」下「簫」字蓋重出，今删。

〔一三九〕鼓人及階下工人皆武弁朱褠衣革帶烏皮履　「弁」字原本訛作「并」，據正德本改。

〔一四〇〕玄絲布大袖白練領褾　「袖」字原本訛作「神」，據正德本改。

〔一四一〕宮縣則金五博山　通典樂四樂懸、舊唐書音樂志「縣」下並有「每架」二字。

〔一四二〕軒縣則金三博山　通典樂四樂懸、舊唐書音樂志其下並有「鼓承以花趺，覆以華蓋」九字。

〔一四三〕宗廟及帝社用路鼓路鼗　通典樂四樂懸「帝」作「禘」。

〔一四四〕有景雲樂之舞慶善樂之舞破陣樂之舞承天樂之舞　「陣」字原本作「硨」；正德、嘉靖二本亦然，近衛校曰：「『硨』當作『陣』。」廣雅本作「陣」，與通典樂四樂懸、資治通鑑卷一九五「貞觀十四年十二月丁酉」下所繫「增九部樂爲十部」條胡三省注引唐六典合，今據以改。

〔一四五〕玉磬至和銅鈸各一　「玉」字原本訛作「三」，正德以下諸本皆然；「方」字原本訛作「万」，正德以下諸本並訛作「萬」，今均據通典樂六坐立部伎「讌樂」條及舊唐書音樂志改。又：通典及舊唐志「方」上並有「大」字。「尺」字原本訛作「天」，正德以下諸本皆然，據通典改。又：通典於「臥箜篌」下有「大箜篌」，「尺八」下有「短笛」；舊唐志無「筑」、「小琵琶」、「吹葉」、「尺八」，而有「短笛」，其餘並同六典本注。

〔一四六〕揩鼓連鼓鼗鼓桴鼓貝各二　通典樂六坐立部伎「讌樂」條揩鼓、連鼓各一，舊唐書音樂志揩鼓、連鼓、鼗鼓、桴鼓各一，二書並無貝。

〔一四七〕瑟彈琴擊琴琵琶箜篌筝筑節鼓各一　「擊」字原本訛作「繫」，正德本亦然，據嘉靖本改。自「瑟」至「箜篌」，通典樂六清樂作「琴、一弦琴、瑟、秦琵琶、臥箜篌」，舊唐書音樂志作「琴、三弦琴、擊琴、瑟、秦琵琶、臥箜篌」，新唐書禮樂志十一作「獨弦琴、擊琴、瑟、秦琵琶、臥箜篌」。

〔一四八〕笙長笛簫篪各二　通典及新、舊唐志均無「長」字。新唐志「篪」下有「方響、跋膝」。

〔一四九〕吹葉一人　舊唐志「一」作「二」。

〔一五〇〕彈箏至擔鼓各一　新、舊唐志「長笛」作「笛」，「短笛」作「横笛」；通典樂六前代雜樂「西涼樂」條「短笛」亦作「横笛」。

〔一五一〕銅鈸二　舊唐志「二」作「一」，通典及新唐志並同六典。

〔一五二〕鳳首箜篌至毛員鼓各一　通典樂六四方樂「天竺樂」條及新、舊唐志均有「觱篥」；新、舊唐志「銅鼓」下並有「羯鼓」，通典有「羯鼓」而無「銅鼓」；舊唐志無「五弦」。

〔一五三〕彈箏至貝各一　通典樂六四方樂「高麗樂」條「彈箏」下有「搊箏」，「五弦」下有「義觜笛」，「小觱篥」下有「大觱篥」；舊唐志「彈箏」下有「搊箏」，「琵琶」下有「義觜笛」而無「五弦」，「笙」下無「横笛」，「小觱篥」下有「大觱篥」；新唐志「彈箏」下有「搊箏、鳳首箜篌」，「五弦」下有「義觜笛」，「笙」下有「葫蘆笙」，「小觱篥」下有「大觱篥」，「擔鼓」下有「龜頭鼓、鐵板」。

〔一五四〕竪箜篌琵琶五弦笙簫横笛觱篥各一　新唐志「竪箜篌」上有「彈箏」，通典樂六四方樂「龜兹樂」條、舊唐志同六典。

〔一五五〕銅跋二　舊唐志「二」作「一」，通典、新唐志同六典。

〔一五六〕荅臘鼓毛員鼓都曇鼓羯鼓侯提鼓腰鼓雞婁鼓貝各一　通典無「都曇鼓」，「侯提鼓」；舊唐志無「侯提鼓」；新唐志無「羯鼓」，而於「貝」上有「齊鼓、擔鼓」。

〔一五七〕豎箜篌琵琶五弦橫笛大觱篥雙觱篥正鼓和鼓各一　通典樂六四方樂「安國樂」條「橫笛」上有「簫」，「正鼓」下無「和鼓」；舊唐志「豎箜篌」作「箜篌」，「橫笛」上有「簫」，「大觱篥、雙觱篥」作「觱篥」；新唐志「橫笛」下有「簫」，「大觱篥、雙觱篥」作「觱篥」。

〔一五八〕銅跋二　新唐志「二」作「一」，通典「銅跋二」下有「觱篥一」，舊唐志同六典。

〔一五九〕豎箜篌琵琶五弦橫笛簫觱篥荅臘鼓羯鼓侯提鼓雞婁鼓各一　通典樂六四方樂「疏勒樂」條、舊唐志及新唐志「荅臘鼓」下並有「腰鼓」，通典及舊唐志均無「侯提鼓」。

〔一六〇〕豎箜篌琵琶五弦笙橫笛簫觱篥腰鼓雞婁鼓各一　通典樂六四方樂「高昌樂」條、舊、新唐志琵琶、五弦、觱篥各二，「雞婁鼓」下並有「荅臘鼓、羯鼓」，新唐志云：「諸鼓皆二人。」舊、新唐志並無笙，而簫有二。

〔一六一〕笛二　通典同上卷上篇「康國樂」條「笛」下有「鼓」字。舊、新唐志同六典。

〔一六二〕正鼓和鼓各一　通典「正鼓」下有「小鼓」，新、舊唐志同六典。

〔一六三〕銅跋二　舊唐志「二」作「一」，通典、新唐志同六典。

〔一六四〕則辨其曲度章句　「句」字原本訛作「服」，正德以下諸本皆然，據通典樂二歷代沿革下「大唐」條改。

〔一六五〕奠玉則奏肅和之樂　近衞校明本曰：「舊唐志『玉』下有『帛』字。」案：「奠玉」爲奠玉帛或奠玉幣之省稱，通典樂二歷代沿革下「大唐」條「肅和」下原注即作「奠玉」。

〔一六六〕饗先農用豐和　「豐」字原本訛作「農」，正德以下諸本皆然，據通典樂二歷代沿革下「大唐」條改。

〔一六七〕孔宣父廟齊太公廟用宣和之樂　孔宣父之「宣」字原本訛作「豈」，據正德本改。

〔一六八〕大簇宫調　正德以下諸本「大」並作「太」，二字通。下「大簇」同。

〔一六九〕高宗之室用鈞天之舞　「鈞」字原本作「均」，正德以下諸本皆然，據通典樂二歷代沿革下「大唐」條改。

〔一七〇〕中宗之室用文和之舞　近衛校明本曰：「『文』當作『大』。」案：開元禮三七皇帝時享於太廟及通典樂二歷代沿革下「大唐」條均作「文」，六典實不誤。唐會要卷三十三太常樂章及新、舊唐志作「太」者，均非是。

〔一七一〕孝敬廟用承光之舞　「光」字原本訛作「先」，正德以下諸本皆然，據通典樂二歷代沿革下「大唐」條改。

〔一七二〕諸無品博士隨番少者至直本司　案：新唐書百官志曰：「博士教之，功多者爲上第，功少者爲中第，不勤者爲下第，禮部覆之。十五年有五上考、七中考者，授散官，直本司。」據此，疑六典本注有脱漏。

〔一七三〕所謂雷鼓靈鼓路鼓鼖鼓鼛鼓至金鐸通鼓　「鼛」字原本訛作「鼜」，據正德本改。

〔一七四〕得摩訶兜勒一曲　近衛校明本曰：「古今注『一』作『二』。」案：資治通鑑卷一八九「武德四年秋七月甲子」條胡三省注引古今注、晉書樂志及通典樂一歷代沿革上均同六典原注作「一」。

〔一七五〕李延年因之音爲二十八解　正德以下諸本「音」皆作「立」。

〔一七六〕若隴頭水赤之楊黃覃子望行人出關入關出塞入塞之曲是也　「若隴頭水、赤之陽、黃覃子」，正德以下諸本均作「若隴頭、折楊柳、赤子陽、黃鵠、覃子」。玉井是博南宋大唐六典校勘記曰：「案：『隴頭水』，古今注音樂第三、晉書樂志並作『隴頭』；『赤之楊』，古今注作『赤之陽』；古今注、晉志並別有『折楊柳』。樂府古題要解上云：『隴頭吟一曰龍頭水。』樂府詩集卷二十一云：『隴頭一曰隴頭水。』『赤之楊』，樂府古題要解、樂府詩集並作『赤之陽』。」又曰：「近衛本註云：『據古今注，覃子當作黃華子。』案：晉書樂志、樂府古題要解、樂府詩集並作『黃覃子』，又別有『黃鶴』。」其說甚爲詳覈，誌以備考。

〔一七七〕若思悲翁艾如張上之回戰城南芳樹上邪玄雲朱鷺之曲是也　「芳」字原本無，「邪」字原本訛作「郎」，正德以下諸本皆然，據晉書樂志增、改。

〔一七八〕哀帝又省鼓吹　「吹」字原本訛作「文」，據正德本改。

〔一七九〕又兼黃户局　「兼」字原本作「⿱竹兼」，據正德本改。

〔一八〇〕隋太常寺統鼓吹清商二令丞各二人　隋書百官志：「鼓吹、清商署令各一人，鼓吹丞二人，清商丞一人。」煬帝時，罷鼓吹署。

〔一八一〕并于鼓吹　「于」字原本訛作「干」，據正德本改。

〔一八二〕其說已具太樂樂正下　「具」字原本訛作「其」，據正德本改。

〔一八三〕夾笛簫觱篥笳桃皮觱篥各二十四　「各」字原本無，正德以下諸本皆然，據通典禮六十七開元禮纂類二序例中大駕鹵簿增。

〔一八四〕次掆鼓十二　「掆」字原本訛作「惘」，據正德本改。

〔一八五〕大鼓小鼓加金鐲　「鐲」字原本訛作「鍻」，正德、嘉靖二本亦然，廣雅本訛作「錯」，據隋書音樂志改。

〔一八六〕羽葆鼓鐃鼓節鼓皆五綵重蓋　原本「鐃」下無「鼓」字，正德以下諸本皆然，據隋書音樂志增。

〔一八七〕大鼓長鳴大橫吹節鼓及橫吹後笛簫觱篥等工人服皆緋地苣文袍袴及帽　據上文所列大駕前部鹵簿，「觱篥」下疑當有「笳、桃皮觱篥」五字。

〔一八八〕大角工人平巾幘緋衫白布大口袴　「工」字原本訛作「二」，正德以下諸本皆然，據隋書音樂志改。

〔一八九〕大鼓小鼓無金鐲羽葆　「鐲」字原本訛作「鍻」，正德、嘉靖二本亦然，廣雅本訛作「銀」，據隋書音樂志改。

〔一九〇〕餘並同上　案：關於皇太子鼓吹，諸書記載頗多歧異，詳本書卷二十七「太子率更令職掌」條下原注校記。

〔一九一〕次掆鼓金鉦各一　案：開元禮二序例中親王鹵簿及通典禮六十七開元禮纂類二序例中親王鹵

簿俱無此七字，疑衍，當刪。

〔一九二〕次小鼓十中鳴十　案自此以上，均當爲其前部。

〔一九三〕笛簫觱篥笳各四　「笳」字原本無，正德以下諸本皆然，據開元禮二序例中第一品鹵簿及通典禮六十七序例中羣官鹵簿增。

〔一九四〕簫笳各二　開元禮二序例中「二」作「三」。

〔一九五〕笛簫觱篥笳各一　近衞校明本曰：「『一』恐當作『二』。」案：開元禮亦作「一」，與六典原注同。

〔一九六〕三品鼓吹減二品大鼓之四橫吹之二　開元禮云：「三品橫吹四，與二品同。」通典禮六十七亦云：橫吹，二品、三品四。

〔一九七〕四品鼓吹又減大鼓之二而去其橫吹　開元禮云：「四品橫吹二，笛、簫、篳篥、笳各一。」

〔一九八〕中警七曲　新唐書儀衞志「七」作「三」。

〔一九九〕夜警衆一曲轉次而振　隋書音樂志云「棡鼓一曲十二變（與金鉦同），夜警用一曲俱盡。」

〔二〇〇〕秦少府屬官有大醫令丞　「大」字正德以下諸本並作「太」，二字通。下「大醫」並同此。

〔二〇一〕後漢又有藥丞一人　續漢書百官志曰：「太醫令一人，六百石。本注曰：『掌諸醫。』藥丞、方丞各一人。本注曰：『藥丞主藥，方丞主藥方。』」

〔二〇二〕晉氏宗正屬官有大醫令丞　晉書職官志「令、丞」作「令史」。

〔二〇三〕令班第一　原本「一」上衍「十」字，正德以下諸本皆然，據隋書百官志刪。

〔二〇四〕丞爲三品蘊位　「蘊」字原本訛作「勳」，正德以下諸本皆然，據隋書百官志改。

〔二〇五〕後魏有太醫博士助教　「後」字原本無，正德以下諸本皆然，近衞校明本曰：「『魏』上恐脱『後』字。」查職官分紀卷十八引六典「太醫令員品」條原注實有「後」字，今據以增。

〔二〇六〕隋太常寺統太醫署令丞　「令丞」二字原本互倒，正德以下諸本皆然，據隋書百官志改。

〔二〇七〕有主藥醫師藥園師按摩呪禁博士　隋書百官志「藥園師」下有「醫博士、助教」。

〔二〇八〕秦漢已來皆有丞一人　案：上文「太醫署令員品」條原注云：「秦少府屬官有太醫令、丞，無員，多至數十人。」太平御覽卷二二九「太醫令」條引漢書百官表與之同（今本漢書百官公卿表無之）。又，後漢太醫令有藥丞、方丞各一人，參見校記〔二〇二〕。

〔二〇九〕至隋又置二人　隋書百官志云：隋太醫令二人，丞一人。

〔二一〇〕後周有醫正上士中士下士　「上士」原本訛作「上土」，據正德本改。

〔二一一〕隋又有藥園師藥生等皇朝因之　案：下文「藥園師以時種蒔收採諸藥」條原注云：「取庶人十六已上、二十已下充藥園生。」據此，疑「生」上當有「園」字。

〔二一二〕後漢有醫工長　「後」字原本無，正德以下諸本皆然，據下文「第五倫補爲淮陽王醫工長」及通典職官七諸卿上「太醫署」條原注「後漢又有醫丞、醫工長」增。

〔二一三〕補藥園師　「園」字原本無，正德以下諸本皆然，近衞校明本曰：「『藥』下恐脱『園』字。」是，今據以增。

〔二一四〕凡藥八百五十種　據本注下正文「皆辨其所出州工」云云，句末疑當用逗，作爲正文，輟於「皆分別焉」之下。

〔二一五〕三百六十種神農本經　「種」字原本殘缺；正德以下諸本皆「十神」連書，中間不作缺字，今據文義補。

〔二一六〕後魏有太醫博士助教　「博」字原本訛作「傅」，據正德本改。

〔二一七〕隋太醫有博士二人　隋書百官志其下有「助教二人」四字。

〔二一八〕從九品下　「從」字原本無，正德以下諸本皆然，據通典職官二十二大唐官品增。

〔二一九〕取法於巾鍼　「巾」字原本訛作「布」，正德以下諸本皆然，據靈樞經卷十九鍼論改。

〔二二〇〕鋭其末　「末」字原本訛作「未」，據正德本改。

〔二二一〕主熱在皮膚者　靈樞經卷十九鍼論「皮膚」作「頭身」。

〔二二二〕長二寸半　靈樞經卷十九鍼論「二」作「三」。

〔二二三〕五曰鈹鍼　「鈹」字原本訛作「鍼」，正德本訛作「鋒」，嘉靖本殘缺，廣雅本訛作「劍」，據靈樞經卷一九鍼十二原改。

〔二二四〕主決大癰腫　「大」字原本訛作「太」，據正德本改。靈樞經卷十二九鍼論「腫」作「膿」。

〔二二五〕直圓鋭　靈樞經卷一九鍼十二原作「且圓且鋭」。

〔二二六〕主寒熱痺在絡者　「絡」字原本作「胳」，正德以下諸本皆然；靈樞經卷十二九鍼論作「終」，蓋

「絡」之形訛，今改。

〔二二七〕九曰大鍼　「大」字原本訛作「火」，正德以下諸本皆然，據靈樞經卷十二九鍼論改。

〔二二八〕取法於鍼鍼　「鋒」字原本無，正德以下諸本皆然，據靈樞經卷十二九鍼論增。

〔二二九〕凡此九鍼　「此」字原本訛作「比」，據正德本改。

〔二三〇〕黃帝鍼經明堂脉訣各二條　「堂」字原本訛作「掌」，據正德本改。

〔二三一〕故華佗有五禽之戲　「五」字原本作「六」，正德以下諸本皆然，據後漢書華佗傳改。

〔二三二〕魏文有五搥之鍛　「搥」字正德以下諸本並作「槌」。

〔二三三〕隋太醫有按摩博士二人　「二人」原本訛作「二十」，正德以下諸本並作「二十人」，據隋書百官志改。

〔二三四〕貞觀中減置十五人也　「中」字原本殘缺，據正德本補。

〔二三五〕隋太醫有呪禁博士一人　隋書百官志「一」作「二」。

〔二三六〕正八品下　「正」字原本作「從」，正德以下諸本皆然，據通典職官二十二大唐官品及舊唐書職官志「總序官品」條改。

〔二三七〕周禮有太卜下大夫卜師上士掌方兆功兆義兆弓兆之法　周禮卷六春官宗伯下云：「太卜掌三兆之法：一曰玉兆，二曰瓦兆，三曰原兆。」又云：「卜師掌開龜之四兆：一曰方兆，二曰功兆，三曰義兆，四曰弓兆。」

〔二三八〕後漢并于太史又靈臺待詔員有龜卜三人易筮三人　案：續漢書百官志「太史令」條注引漢官儀，太史有待詔三〔當作「四」〕十七人，其中有龜卜三人、易筮二人；又引漢官，靈臺有待詔四十二人，龜卜、易筮不預焉。

〔二三九〕北齊太常有太卜丞　隋書百官志「卜」下有「局」字。

〔二四〇〕及又有龜占中士　「及」字疑衍。

〔二四一〕置太卜卜正二十人　原本「太卜」下有「十人」二字，正德以下諸本皆然，據隋書百官志刪。

〔二四二〕二曰兆　舊唐書職官志、新唐書百官志「兆」上並有「五」字。

〔二四三〕看骨白如銀　「看」字原本無，正德以下諸本皆然，近衛校明本曰：「『骨』上脫『看』字。天中記引龜經作『視骨』。」案：下文「看龜千里徑正」、「看龜十字」均有「看」字，今據以增。

〔二四四〕有俯仰伏倚着落起發摧折斷動之狀　「俯」字原本無，正德以下諸本皆然，近衛校明本曰：「『仰』上疑脫『俯』字。」是，今據以增。

〔二四五〕大抵與易同占　「易」字原本作「龜」，正德本亦然，嘉靖本殘缺，廣雅本作「卦」，近衛校明本曰：「『龜』當作『易』。」是，今據以改。

〔二四六〕三曰六壬式　「壬」字原本訛作「王」，正德以下諸本皆然，近衛校明本曰：「據夢溪筆談，『王』當作『壬』。」是，今據以改。

〔二四七〕以加占爲常　「占」字原本訛作「古」，據正德本改。

〔二四八〕視日辰陰陽以立四課　「日」字原本訛作「曰」，據正德本改。

〔二四九〕七月太卜　「卜」字原本訛作「十」，據正德本改。

〔二五〇〕吉凶悔吝　「吝」字原本訛作「各」，據正德本改。

〔二五一〕乃授卜正作龜　「卜」字原本訛作「十」，據正德本改。

〔二五二〕蒙熊皮玄衣朱裳　「衣」字原本訛作「皮」；正德、嘉靖二本亦然，近衛校曰：「『皮』當作『衣』。」廣雅本作「衣」，與通典禮九十三大儺合，今據以改。

〔二五三〕胇胃食虎　開元禮九十及通典禮九十三大儺「虎」並作「疫」。

〔二五四〕爲三品勳位　據隋書百官志，「爲」上疑當有「令」字。

〔二五五〕令從五品下　魏書官氏志：太和前制，廩犧令從五品下；太和後制，諸署令不滿六百石者，位從九品上。

〔二五六〕隋置二人　隋書百官志：廩犧丞一人。

〔二五七〕並開元十八年置　新唐書百官志曰：「神龍二年，兩京置齊太公廟署，其後廢；開元十九年復置。」舊唐書玄宗本紀曰：「（開元）十九年四月丙申，令兩京及天下諸州各置太公尚父廟，以張良配饗。」

唐六典光禄寺卷第十五

光禄寺

卿一人　少卿二人　丞二人　主簿二人　録事二人

府十一人〔一〕　史二十一人　亭長六人　掌固六人

太官署

令二人　丞四人　府四人　史八人　監膳十人

監膳史十五人〔二〕　供膳二千四百人　掌固四人

珍羞署

令一人　丞二人　府三人　史六人　典事八人

錫匠五人　掌固四人

良醞署

令二人　丞二人　府三人　史六人　監事二人〔三〕

掌醖二十人〔四〕　酒匠十三人〔五〕　奉觶一百二十人　掌

固四人

掌醢署

令一人　丞二人　府二人　史四人　主醢十人

醬匠二十三人　酢匠十二人　豉匠十二人　葅醢匠

八人　掌固四人

光禄寺：卿一人，從三品；漢書百官表云：「郎中令，秦官，武帝太初元年，更名光禄勳，掌宫殿門户，秩中二千石。」今雖取其名，職務則别。後漢兼掌郊祀三獻。獻帝末，又改爲郎中令。魏文帝黄初元年，復爲光禄勳。晉光禄勳有署丞、功曹、主簿、五官等員。〔六〕東晉哀帝興寧二年，省并司徒；孝武帝寧康元年，復置。魏、晉已來無三署郎，光禄勳不復居禁中，宫殿門户猶屬焉。宋、齊因之。梁置十二卿，除「勳」字，光禄卿爲冬卿，班第十一。陳因梁。後魏光禄卿從第一品下；太和二十二年重次職令，九卿並第三品。北齊光禄寺置卿，掌諸膳食、帳幕、器物、肴藏。〔七〕隋光禄寺置卿、少卿、丞、主簿、録事等員，統太官、肴藏、良醖等署令、丞。〔八〕開皇三年廢光禄入司農，十二年復置。煬帝即位，降卿爲從三品，皇朝因之。龍朔二年改爲司宰寺正卿，咸亨中復舊。光宅元年改爲司膳寺卿，神龍元年復舊。少卿二人，從四品上。後魏太和十五年，初置少卿官，第三品上；至二十二年，降爲正四品上。北齊因之。隋初依北齊，煬帝即位，加置一人，降爲從四品。皇朝置一人，貞觀中，加置二人。〔九〕龍朔、咸亨、光宅、神龍並隨寺改復。

光禄卿之職，掌邦國酒醴膳羞之事，總太官、珍羞、良醖、掌醢四署之官屬，修其儲備，謹其出納；少卿爲之貳。凡國有大祭祀，則省牲、鑊，視濯、溉。若三公攝祭，則爲之終獻。朝會、燕饗，則節其等差，量其豐約以供焉。

丞二人，〔一〇〕從六品上；漢光禄勳丞一人，秩比千石。〔一一〕魏、晉因之，銅印、黄綬。宋、齊列卿丞並視朝請；梁天監七年，改視員外郎，陳因之。後魏列卿丞從五品中；太和二十二年，第七品上。〔一二〕北齊光禄寺丞一人，從六品；〔一三〕隋因之，加置三人，大業五年加爲從五品。皇朝改爲六品。主簿二人，從七品上；漢官儀光禄有主簿，晉令亦置主簿，宋、齊因之。梁天監七年，位不登十八班者别置七班，主簿位三班；陳因之。後魏闕文。北齊光禄寺有功曹、五官、主簿。隋光禄寺主簿二人，皇朝因之。武德中，正八品上，貞觀之後遂改焉。録事二人，從九品上。晉令光祿勳置録事史。北齊光祿寺置録事等員。隋光祿寺録事三人，並流外爲之。皇朝置二員。丞掌判寺事。〔一四〕主簿掌印，勾檢稽失。録事掌受事發辰。

太官署：令二人，從七品下；周禮有庖人外饔中士，蓋其任也。秦、漢少府屬官有太官、湯官令．丞，〔一五〕太官主膳食，湯官主餅餌。漢官儀：「太官令秩一千石。」桓帝延熹元年，〔一六〕使太官令得補二千石，置四丞。魏氏因之。晉光祿勳屬官有太官令。宋侍中屬官有太官令一人，齊因之。〔一七〕梁門下省領太官，陳因之。後魏、北齊分太官令爲尚食、中尚食。尚食，門下省領之；中尚食，集書省領之。〔一八〕太官，光祿卿領之。尚食、中尚食掌知御膳，太官掌知百官之饌。後周有典庖中士一人。隋光祿寺統太官署令、丞。皇朝置令二人。丞四人，從八品下；周禮庖人外饔有下士，秦有太官丞，漢太官二丞。〔一九〕後漢太官丞一人，三百石；又有左丞、甘丞、湯官丞、果丞。〔二〇〕桓帝時，太官置四丞，又有左、右丞。〔二一〕魏、晉、宋、齊並有太官丞。梁有四人，又有市買丞、正廚丞。後魏、北齊有太官丞一人。後周内膳有中士四人。〔二二〕隋太官署有丞八人，皇朝置四人。監膳十人，從九品下；晉太官令有廚史二十四人，後周内膳有主食十二人，隋太官有監膳十一人。〔二三〕武德中，太官有監膳八人；貞觀中，加至十二人。開元二十三年減二人。監膳史十五人，皇朝貞觀中置。供膳二千四百人。隋太官供膳二千人，皇朝武德中置一千五百人，永徽中加至二千四百人。

太官令掌供膳之事；丞爲之貳。凡祭之日，則白卿詣諸廚省牲、鑊，取明水於陰鑑，取明火於陽燧，火以供爨，水以實尊。帥宰人以鑾刀割牲，取其毛、血，實之於豆，遂烹牲焉。〔二四〕又帥進饌者實簠、簋，設於饌幕之内。凡冬至圜丘之祀昊天上帝，籩、豆各十二，簠、簋、㽅、俎各一；配帝亦如之；五方帝，籩、豆各去其二；大明、夜明，又去其二；〔二五〕內官、中官，〔二六〕籩、豆各二，簠、簋、俎各一；〔二七〕外官衆星，籩、豆各一，簠、簋、俎各一。孟春祈穀之祀昊天上帝、配帝、五方帝，如冬至之儀。孟夏雩祀昊天上帝、配帝、五方帝，如祈穀之儀；〔二八〕五帝，籩、豆各八，簠、簋、㽅、俎各一；〔二九〕五官，籩、豆各二，簠、簋、俎各一。季秋享明堂如雩祀。五郊迎氣：正坐、配坐，籩、豆各十二，簠、簋、㽅、俎各一；五星、十二辰、二十八宿、五官，籩、豆各二，簠、簋、俎各一。蜡祭大明、夜明，籩、豆各十，〔三〇〕簠、簋、俎各一；〔三一〕神農、伊耆，籩、豆各四，簠、簋、俎各一；〔三二〕五星已下凡九十八坐，籩、豆各二，簠、簋、俎各一；丘陵已下凡八十五坐，籩、豆各一，簠、簋、俎各一。朝日、夕月，籩、豆各十，簠、簋、㽅、俎各一。風師、雨師、靈星、司中、司命、司人、司祿，籩、豆各八，簠、簋、俎各一。夏至方丘祭皇地祇，籩、豆各十二，簠、簋、㽅、俎各一；配帝亦如之。神州，籩、豆各四，簠、簋、㽅、俎各一；嶽、鎮已下，籩、豆各二，簠、簋、俎各一；丘陵已下，籩、豆各一，簠、簋、俎各一。孟冬祭神州，籩、豆各十二，簠、簋、㽅、俎各一；配帝亦如之。太社、太稷，籩、豆各十，簠、簋、鈃、俎各二；〔三三〕配帝亦如之。馬祖、馬社、先牧、馬步，籩、豆各八，簠、簋、俎各一。時享太廟，每室籩、豆各十八，簠二，簋二，㽅三，鈃三，俎三；七祀及配享功臣，〔三四〕每坐籩、豆各二，簠、簋、俎各一。〔三五〕舊制籩、豆十二，開元二十四年加籩、豆各六。帝社、先蠶，籩、豆各十，〔三六〕簠二，簠二，甑三，鉶三，俎三；配坐亦如之。司寒，籩、豆各八，〔三七〕簠、簋、俎各一。五龍祠，每坐籩、豆各八，簠、簋、甑、鉶、俎各一。〔三八〕釋奠于孔宣父，籩、豆各十，簠、簋各二，甑、鉶、俎各三；配坐亦如之；從祀八十六坐，〔三九〕籩、豆各二，〔四〇〕簠、簋、俎各一。釋奠于齊太公，籩、豆、各十，簠、簋各二，甑、鉶、俎各三；配坐亦如之。凡籩之實有石鹽、魚脯、棗、栗、菱、芡、白餅、黑餅、糗餌、粉餈；豆之實有葅、醢、酏食、糝食、豚拍；〔四一〕簠、簋之實有黍、稷、稻、粱；甑實大羹，鉶實肉羹。凡祭有牲者，皆豚右胖體十一：前節三，肩，臂，臑；後節二，肫，胳；正脊一；脡脊一；横脊一；長脅一；短脅一；代脅一；皆二骨以並。脊，從前爲正；脅，傍中爲正。

凡朝會、燕饗，九品已上並供其膳食。凡供奉祭祀、致齋之官，〔四二〕則依其品秩，爲之差降。若國子監春、秋二分釋奠，百官之觀禮，亦如之。左、右廂南牙文武職事五品已上及員外郎供饌百盤，餘供中書、門下供奉官及監察御史，〔四三〕每日常供具三羊，六參之日加一羊焉。行幸從官供六羊，釋奠觀禮具五羊。冬月則加造湯餅及黍臛，夏月加冷淘粉粥，寒食加餳粥，正月七日、三月三日加煎餅，正月十五日、晦日加餻糜，五月五日加粽糧，七月七日加斫餅，九月九日加餻，十月一日加黍臛，並於常食之外而加焉。凡行幸從官應供膳食，亦有名數。其南、北牙從官，弘文、崇文館、史館、集賢殿書院學士及修撰、校理官吏，並供五品。凡宿衛當上及命婦朝參、燕會者，亦如之。

珍羞署：令一人，正八品下；周禮有籩人奄一人、女籩十人、奚二十人，〔四四〕掌四籩之實，則朝事之籩、饋食之籩、加籩、羞籩之實也。後漢少府屬官有甘丞，〔四五〕主膳具；果丞，主果。晉太官令有餳官史二人，〔四六〕又有果官二人。〔四七〕北齊光祿寺有肴藏令。後周有肴藏中士一人、下士一人。隋光祿有肴藏令，皇朝因之。長安中改爲珍羞署，神龍初復爲肴藏署，開元初又改焉。領餳匠五人。丞二人，正九品下；後周有肴藏下士一人，北齊有肴藏署丞，隋肴藏署丞二人。武德中置一人，貞觀中加至二人。長安、神龍、開元並隨署改復。典事八人；隋肴藏署有掌事十人。武德中有典事十四人，貞觀中減之。餳匠五人。皇朝置。

珍羞令掌供庶羞之事，丞爲之貳，以實籩、豆。陸產之品曰榛、栗、脯、脩，水物之類曰魚、鹽、菱、芡，辨其名數，會其出入，以供祭祀、朝會、賓客之禮。

良醞署：令二人，正八品下；周禮有酒正中士、下士，掌酒之政令，以式法授酒材，辨五齊、三酒之物；又有酒人奄十人、女酒三十人、奚百人，〔四八〕掌爲五齊、三酒，以供祭祀、賓客。後漢少府有湯官丞，主酒。晉太官有監釀吏四人；酒丞一人，四百石。齊職儀：「食官局有酒吏一人。」梁有酒庫丞。北齊光祿寺有清漳令、丞，主造酒，冬、春萬石，夏、秋半之。後周有酒正中士二人、下士四人。隋有良醞署令二人。皇朝武德中置一人，貞觀中加至二人，領掌醞、酒匠、奉觶等。丞二人，正九品下；隋有良醞丞四人，皇朝二人。監事二人，從九品下；皇朝置。掌醞二十人；隋有五十人。酒匠十三人；〔四九〕皇朝置。奉觶一百二十人。隋置一百人。

良醞令之職，掌供邦國祭祀五齊、三酒之事；丞爲之貳。〔五〇〕五齊：一曰汎齊，二曰醴齊，三曰盎齊，四曰醍齊，五曰沈齊。〔五一〕三酒：一曰事酒，二曰昔酒，三曰清酒。〔五二〕凡郊祀之日，〔五三〕帥其屬以實尊、罍：太尊爲上，實以汎齊；箸尊次之，實以醴齊；犧尊次之，實以盎齊；象尊次之，實以醍齊；壺尊次之，實以沈齊；山罍爲下，實以三酒。配帝，箸尊爲上，實以汎齊；〔五四〕犧尊次之，實以醍齊；〔五五〕象尊次之，實以盎齊；山罍爲下，實以清酒。五帝、日、月，俱以太尊，實以沈齊。〔五六〕其內官之象尊，〔五七〕實以醴齊；〔五八〕中官之壺尊，〔五九〕實以沈齊；〔六〇〕外官之概尊，〔六一〕實以清酒；〔六二〕衆星之散尊，〔六三〕實以昔酒。〔六四〕齊加明水，酒加玄酒，各實於上尊。若享太廟，供其鬱鬯之酒，以實六彝。若應進者，則供春暴、秋清、酴醾、桑落等酒。今內有郢州春酒，本因其州出美酒。初，張去奢爲刺史，進其法。今則取郢州人爲酒匠，以供御及特燕賜。

掌醢署：令一人，正八品下；〔六五〕周禮有醢人奄二人、女醢二十人、奚四十人，掌四豆之實，則朝事之豆、饋食之豆、加豆、羞豆之實也；又有醯人奄二人、女醯二十人、奚四十人，〔六六〕掌五齏、七菹，以供祭祀、賓客之事。齊職儀：「諸公府有釀倉典軍二人。」後周有掌醢中士一人、下士十二人。隋掌醢署令一人，皇朝因之，領主醢、醬匠、酢匠、豉匠、菹醢等匠。丞二人，正九品下；〔六七〕隋置，皇朝因之。主醢十人。隋有掌醢十人。武德中爲主醢，加至十四人，貞觀中減焉。

掌醢令掌供醯醢之屬，而辨其名物；〔六八〕丞爲之貳。〔六九〕一曰鹿醢，〔七〇〕二曰兔醢，三曰羊醢，四曰魚醢，和其麴蘖，視其多少，而爲之品齊。〔七一〕凡祭神祇，享宗廟，用菹醢以實豆；〔七三〕燕賓客，會百官，用醯醬以和羹。

校勘記

〔一〕府十一人　廣雅本作「十二人」，舊唐書職官志與之同；新唐書百官志作「十一人」。

〔二〕監膳史十五人　舊唐書職官志「監膳史」作「主膳」，新唐書百官志同六典。正文同此。

〔三〕監事二人　「二人」二字原本無，正德以下諸本皆然，據正文增。

〔四〕掌醖二十人　原本不提行別書，而綴於前條「監事」之「事」下，正德以下諸本皆然，近衞校明本曰：「『掌醖二十人』當別出。」舊唐志作『三十人』。」案：近衞所言「當別出」者，與正文合，今據以改。又，新唐書百官志同六典作「二十人」，誌以備考。

〔五〕酒匠十三人　「酒」字原本訛作「掌」，正德以下諸本皆然，據舊唐書職官志改。

〔六〕晉光禄勳有署丞功曹主簿五官等員　晉書職官志「署丞」作「丞」。

〔七〕北齊光禄寺置卿掌諸膳食帳幕器物宫殿門户等事　隋書百官志：北齊光禄寺「掌諸膳食、帳幕、器物、宫殿門户等事」；其所統諸署中有肴藏署，「掌器物、鮭味等事」。

〔八〕統太官肴藏良醖等署令丞　隋書百官志「良醖」下有「掌醢」二字。

〔九〕貞觀中加置二人　唐會要卷六十五光禄寺云：「少卿，本一員，景龍（當作「景雲」）二年十一月四日加一員，以劉正爲之。」舊唐書睿宗本紀曰：「景雲三年（太極元年）二月丁酉（是月庚子朔，無丁酉日，疑有誤），光禄、大理、鴻臚、太府、衛尉、宗正各增置少卿一員。」

〔一〇〕丞二人　「二」字原本訛作「一」，正德以下諸本皆然，據卷首目録改。

〔一一〕漢光禄勳丞一人秩比千石　「秩比」原本訛作「秩此」，據正德本改。又，通典職官七諸卿上「光禄卿」條曰：「丞，漢二人，多以博士、議郎爲之；後漢一人。」續漢書百官志曰：「丞一人，比千石。」

〔一二〕太和二十二年第七品上　魏書官氏志：太和後制，太常、光禄勳、衛尉三卿丞從六品下，列卿丞第七品下。

〔一三〕從六品　隋書百官志：北齊光禄寺丞從六品下。

〔一四〕丞掌判寺事　原本兑作「掌寺事」，小字連書於其前「録事員品」條原注「皇朝置二員」下，正德以下諸本皆然。近衛校明本曰：「『掌寺事』三字，據舊唐志，宜作『丞掌判寺事』五字，揭爲本文。」案：職官分紀卷十八「光禄寺丞員品」條引六典，「掌」字作正文大書，其下倣「少卿」條例，注云：「同唐職官志。」近衛所校正與之合，今據以改。

〔一五〕秦漢少府屬官有太官湯官令丞　「有」字原本無，正德以下皆然，據職官分紀卷十八引六典「太官署令員品」條原注增。

〔一六〕桓帝延熹元年　「熹」字原本訛作「憙」，據正德本改。

〔一七〕宋侍中屬官有太官令一人齊因之　南齊書百官志：太官令一人、丞一人，「屬（尚書）起部，亦屬領軍。」通典職官七諸卿上「太官署令丞」條曰：「宋、齊屬侍中。」

〔一八〕後魏北齊分太官令爲尚食中尚食尚食門下省領之中尚食集書省領之　隋書百官志：北齊尚食局屬門下省，中尚食局隸中侍中省。　通典職官七諸卿上「太官署令、丞」條曰：「後魏分太官爲尚食、中尚食，知御膳，隸門下省；而太官掌百官之饌，屬光祿卿。北齊因之。」冊府元龜卷六二〇卿監部總序同六典。

〔一九〕漢太官二丞　「二」字原本訛作「七」，據正德本改。

〔二〇〕又有左丞甘丞湯官丞果丞　「有」字原本殘缺，據正德本補。

〔二一〕桓帝時太官置四丞又有左右丞　案：續漢書百官志曰：「太官令一人，六百石。（中略）左丞、甘丞、湯官丞、果丞各一人。」未云於四丞之外別有丞也。又同書同卷劉昭注引荀綽晉百官表注曰：「漢制：太官令秩千石；丞四人，秩四百石。」

〔二二〕後周內膳有中士四人　近衞校明本曰：「『內膳有中士』疑當作『有典庖下士』。」案：通典職官七諸卿上「太官署令丞」條云：「後周有典庖中士、內膳中士。」

〔二三〕隋太官有監膳十一人　隋書百官志「一」作「二」。

〔二四〕遂烹牲焉　「牲」字原本殘缺，據正德本補。

〔二五〕五方帝籩豆各去其二大明夜明又去其二　「方」字原本無，正德以下諸本均同，據舊唐書禮儀志增。開元禮一序例上俎豆：「五方上帝、大明、夜明，每座籩八、豆八、簋一、簠一、㽅一、俎一。」通典禮六十六神位、新唐書禮樂志與之同。舊唐書禮儀志同六典。

〔二六〕內官中官　「內」下「官」字原本殘缺，據正德本補。

〔二七〕簠簋俎各一　開元禮一序例上：「五星、十二辰、河、漢及內官凡五十五座，中官一百五十九座，每座籩二、豆二、簋一、簠一、㽅一、俎一。」通典禮六十六：冬至祀昊天上帝於圓丘，內官在壇之第二等祀，「每座籩、豆各二，餘如上也（指第一等祀）」；中官在壇之第三等祀，「每座籩、豆等如二等也」，其意亦謂有「㽅一」。舊唐書禮儀志「內官每座籩、豆二，簋、俎各一」，無簠。新唐書禮樂志同六典。

〔二八〕孟夏雩祀昊天上帝配帝五方帝如祈穀之儀　開元禮一序例上、通典禮六十六、新唐書禮樂志並謂其籩、豆等如冬至。舊唐書禮儀志曰：「籩、豆各八，簠、簋、㽅、俎各一。」

〔二九〕五帝籩豆各八簠簋㽅俎各一　開元禮一序例上：「五人帝，各籩四、豆四、簠一、簋一、俎一。」通典禮六十六、新唐書禮樂志同。

〔三〇〕籩豆各十　舊唐書禮樂志云「籩、豆各四」。開元禮一序例上、通典禮六十六、新唐書禮樂志並同六典。

〔三一〕簠簋俎各一　「俎」字原本殘缺，據正德本補。開元禮一序例上、通典禮六十六、舊唐書禮儀志及新唐書禮樂志「俎」上均有「㽅」字。

〔三二〕簠簋俎各一　開元禮一序例上、通典禮六十六、舊唐書禮儀志及新唐書禮樂志「簋」下均有

「甑」字。

〔三三〕簠簋鉶俎各二　開元禮一序例上云：「簋二、簠二、鉶三、俎三。」通典禮六十六、舊唐書禮儀志及新唐書禮樂志略同。

〔三四〕七祀及配享功臣　「享」字原本訛作「帝」，正德以下諸本皆然，近衞校明本曰：「『帝』當作『享』。」是，今據以改。

〔三五〕簠簋俎各一　近衞校明本曰：「唐志『一』作『二』。」案：開元禮一序例上同六典作「一」。

〔三六〕籩豆各十　「豆」字原本殘缺，據正德本補。

〔三七〕籩豆各八　「各」字原本無，正德以下諸本皆然，據通典禮六十六增。

〔三八〕五龍祠每坐籩豆各八簠簋甑鉶俎各一　開元禮一序例上、通典禮六十六、新唐書禮樂志均無「鉶、俎」，通典「一」作「二」。

〔三九〕從祀八十六座　通典禮六十六：仲春、仲秋上丁釋奠於太學，凡九十五座，除孔宣父爲先聖，顔子爲先師外，餘七十二弟子及左邱明等爲從祀，計九十三座。

〔四〇〕籩豆各二　通典禮六十六「二」作「三」，開元禮一序例上與六典同。

〔四一〕豆之實有葅醢䬾食糝食豚胉　近衞校明本曰：「『䬾』當作『⿰飠也』。」案：開元禮一序例上亦作「䬾」。「䬾」與「⿰飠也」通，卽飴也，六典不誤。

〔四二〕凡供奉祭祀致齋之官　「奉」字原本無，正德以下諸本皆然，據舊唐書職官志增。

〔四三〕餘供中書門下供奉官及監察御史　唐會要卷六十五光禄寺引景雲二年正月敕，「監察御史」下有「太常博士」。

〔四四〕周禮有籩人奄一人女籩十人奚二十人　「女籩」二字原本殘缺，據正德本補。

〔四五〕後漢少府屬官有甘丞　原本「屬」下四字殘缺，據正德本補。

〔四六〕晉太官令有餳官史二人　通典職官七諸卿上「太官署令、丞」條「史」作「吏」。

〔四七〕又有果官二人　原本「人」上五字殘缺，據正德本補。通典職官七諸卿上「太官署令、丞」條「官」下有「吏」字。

〔四八〕又有酒人奄十人女酒三十人奚百人　周禮卷一天官冢宰上「百人」作「三百人」。

〔四九〕酒匠十三人　原本「十三」二字訛倒，正德以下諸本皆然，據本卷卷首目録改。

〔五〇〕掌供邦國五齊三酒之事丞爲之貳　原本「之事丞爲之」五字殘缺，據正德本補。

〔五一〕三曰盎齊四曰醍齊五曰沈齊　原本「齊四曰醍齊五」六字殘缺，據正德本補。

〔五二〕三曰清酒　「清酒」二字原本殘缺，據正德本補。

〔五三〕凡郊祀之日　「祀」字原本殘缺，據正德本補。

〔五四〕實以沈齊　開元禮四皇帝冬至祀圜丘「奠玉帛」條、同書五冬至祀圜丘「有司攝事奠玉帛」條、新唐書禮樂志「沈齊」並作「汎齊」。通典禮六十九皇帝冬至祀圜丘「奠玉帛」條同六典。

〔五五〕實以醍齊　開元禮卷四・卷五、通典、新唐書禮樂志「醍齊」並作「醴齊」。

〔五六〕實以沈齊　同上諸書「沈齊」並作「汎齊」。

〔五七〕其内官之象尊　開元禮五、新唐書禮樂志「象尊」作「箸尊」，開元禮四、通典禮六十九同六典。

〔五八〕實以醴齊　開元禮四、通典禮六十九「醴齊」作「醍齊」，開元禮五、新唐書禮樂志同六典。

〔五九〕中官之壺尊　開元禮五、新唐書禮樂志「壺尊」作「犧尊」，開元禮四、通典禮六十九同六典。

〔六〇〕實以沈齊　開元禮五、新唐書禮樂志「沈齊」作「盎齊」，開元禮四、通典禮六十九同六典。

〔六一〕外官之概尊　開元禮五、新唐書禮樂志「概尊」作「象尊」，開元禮四、通典禮六十九同六典。

〔六二〕實以清酒　開元禮五、新唐書禮樂志「清酒」作「醍齊」，開元禮四、通典禮六十九同六典。

〔六三〕衆星之散尊　開元禮五、新唐書禮樂志「散尊」作「壺尊」，開元禮四、通典禮六十九同六典。

〔六四〕實以昔酒　開元禮五「昔酒」作「沈齊」，通典禮六十九訛「昔」作「旨」，開元禮四、新唐書禮樂志同六典。

〔六五〕正八品下　原本作「從八品」，正德以下諸本皆然，據通典職官二十二大唐官品改。

〔六六〕又有醯人奄二人女醯二十人奚四十人　「醯人奄」原本訛作「醢人奄」，正德、嘉靖二本亦然；「女醯」原本訛作「女醢」，正德以下諸本皆然，據周禮卷一天官冢宰第一改。

〔六七〕正九品下　原本「正」作「從」，正德以下諸本皆然，據通典職官二十二大唐官品改。

〔六八〕而辨其名物　「物」字原本殘缺，據正德本補。

〔六九〕丞爲之貳　「丞爲」二字原本殘缺，據正德本補。

〔七〇〕一曰鹿醢　「一」字原本殘缺，據正德本補。

〔七一〕四曰魚醢和其麴糵視其多少而爲之品齊　原本「魚醢和其麴糵視」七字殘缺，據正德本補

〔七二〕凡祭神祇享宗廟用葅醢以實豆　原本「享宗廟用葅醢以實」八字殘缺，據正德本補。

唐六典衛尉宗正寺卷第十六

衛尉寺

卿一人　少卿二人　丞二人　主簿二人　録事一人〔一〕　府六人　史十一人　亭長四人　掌固六人

兩京武庫

令各一人　丞二人〔二〕　府一人〔三〕　史六人　監事一人　典事二人　掌固四人〔四〕

武器署

令一人　丞二人　府二人　史六人　監事一人〔五〕

典事二人　掌固四人

守宮署

令一人　丞二人　府二人　史四人　監事二人

掌設六人　幕士一千六百人　掌固四人

宗正寺

卿一人　少卿二人　丞二人〔六〕　主簿二人〔七〕　録事一人〔八〕　府五人　史九人〔九〕　亭長四人　掌固四人

崇玄署

令一人　丞一人　府二人　史三人　典事六人　掌固二人

衞尉寺：卿一人，從三品；漢書百官表云：「衞尉，秦官也，掌宮門衞屯兵。漢因之。景帝中六年，更名中大夫令；後元年，復爲衞尉。屬官有公車司馬、衞士、旅賁三令、丞；〔一〇〕又諸屯衞候司馬二十二官皆屬焉。又有長樂、建章、甘泉衞尉，各掌其宮之職，不常置。」後漢衞尉又有南宮、北宮衞士令、丞，餘同前漢。荀綽百官表：〔一一〕「衞尉，品第三，銀章、青綬，五時朝服，武冠，佩水蒼玉。」過江省，宋孝建元年復置，齊因之。梁天監七年置十二卿，衞尉與廷尉、大匠爲秋卿，班第十二，位視侍中，兼統武庫令。〔一二〕陳因之。後魏衞尉卿從第一品下，太和二十二年降爲第三品，北齊因之。隋衞尉掌軍器、儀仗、帳幕，以監門衞掌宮門屯兵。〔一三〕煬帝降卿爲從三品，皇朝因之。龍朔二年改爲司衞寺正卿，咸亨中復舊。光宅元年又改爲司衞寺卿，神龍元年復故。〔一四〕少卿二人，從四品上。後魏太和十五年初置少卿官，第三品上；二十二年，降爲正四品上，北齊因之。隋煬帝降爲從四品，皇朝因之。貞觀中置二人。〔一五〕龍朔、咸亨、光宅、神龍並隨寺改復。

衞尉卿之職，掌邦國器械、文物之政令，〔一六〕總武庫、武器、守宮三署之官屬；少卿爲之貳。凡天下兵器入京師者，皆籍其名數而藏之。凡大祭祀、大朝會，則供其羽儀、節鉞、金鼓、帷帟、茵席之屬。其應供宿衞者，每歲二時閱之，其有損弊者，則移于少府監及金吾修之。

丞二人，從六品上；秦、漢衞尉丞一人，比千石。〔一七〕魏、晉並同。宋孝建元年增置一人。梁、陳各一人。〔一八〕梁選簿：「列卿丞班第三。〔一九〕後魏列卿丞從五品中；太和二十二年，第七品上。〔二〇〕北齊衞尉丞一人，從六品下。隋衞尉丞二人，品同北齊；大業五年，復爲從五品。皇朝改爲從六品上。主簿二人，從七品上；漢官儀鹵簿篇：「衞尉駕四馬，主簿前車八乘，〔二一〕有鈴下、侍閤、辟車、騎吏等員。」〔二二〕晉令：「衞尉主簿二人。」宋、齊衞尉並有主簿員。梁天監七年，十二卿各置主簿，位三班。〔二三〕陳因之。北齊衛尉寺有主簿。隋主簿二人。皇朝武德中置二人，正八品；貞觀中減置一人，從七品上。後又置二人。録事一人，從九品上。丞掌判寺事。凡器械出納之數，大事則承制敕，小事則由省司。主簿掌印，勾檢稽失。録事掌受事發辰。

武庫令：兩京各一人，從六品下；周禮有司甲下大夫、司弓矢下大夫、司兵中士、司戈盾下士，並武庫之任也。漢屬執金吾。後漢太僕屬官有考工令、丞，主作兵器，弓、弩、刀、鎧之屬，成則付執金吾入武庫。又云：「武庫令，六百石。」〔二四〕魏、晉因之。宋尚書庫部屬官有武庫令，掌軍器；齊因之。梁衛尉卿統武庫令。北齊衛尉寺統武庫署令、丞，〔二五〕掌甲兵及吉凶儀仗。後周依周官。隋衛尉寺統武庫署令二人，皇朝因之，後減一人。丞一人，從八品下；漢、魏、晉時並有武庫丞，北齊亦同。隋有武庫丞二人，皇朝因之，後減一人。監事一人，正九品上。武庫令掌藏天下之兵仗器械，〔二六〕辨其名數，以備國用；丞爲之貳。凡軍鼓之制有三：一曰銅鼓，二曰戰鼓，三曰鐃鼓。世本曰：「巫咸作鼓。」周官云：「鼓人掌教六鼓、四金之音聲，〔二七〕以節聲樂，以和軍旅，以正田役。以鼖鼓鼓軍事。」然鼓名實繁，享祀所用，並具太樂、鼓吹署令。銅鼓蓋南中所置。軍旅之間，卽有戰鼓，復有鐃鼓焉。金之制有四：一曰錞，二曰鐲，三曰鐃，四曰鐸。周禮云：「以金錞和鼓，以金鐲節鼓，以金鐃止鼓，以金鐸通鼓。」鄭玄云：「鐲，鉦也，軍行鳴之以節鼓。鐃，如鈴無舌，鳴之以止鼓。鐸，大鈴，振以通鼓。」司馬職曰：「卒長執鐃，兩司馬執鐸，公司馬執鐲，司馬振鐸。行軍，鳴鐲鼓；退，鳴鐃且却。兵戰，擊鼓以進之，擊金以止之。」弓之制有四：一曰長弓，二曰角弓，三曰稍弓，四曰格弓。釋名曰：「弓，穹也，張之穹然。〔二八〕其末曰『簫』，言簫邪也。」〔二九〕以骨爲之曰『弭』。中央曰『柎』，所撫持也。」今長弓以桑柘，步兵用之；角弓以筋角，騎兵用之；稍弓，短弓也，利於近射；格弓，綵飾之弓，羽儀所執。

弩之制有七：一曰擘張弩，二曰角弓弩，三曰木單弩，四曰大木單弩，五曰竹竿弩，六曰大竹竿弩，七曰伏遠弩。釋名曰：「弩，怒也，有怒勢也。其柄曰『臂』，似人臂也。鉤弦者曰『牙』，似牙齒也。牙外曰『郭』，爲牙之規郭也。合名之曰『機』，言如機之巧也；亦言如門户樞機，開闔有節也。」蔡邕曰：「冀州強弩，幽州突騎，天下之精也。」漢書有遠望連弩射法十五篇。〔三〇〕華嶠後漢書云：「陳敬王寵善弩射，其秘法以天覆地載參連爲奇；又有三微、三小，三微爲經，三小爲緯，萬勝之方。然要在機牙，其射至十發十中，皆全孔。」魏氏春秋曰：「諸葛亮損益連弩，謂之『元戎』。以鐵爲矢，矢長八寸，一弩十矢俱發。」周禮：「司弓掌六弓、四弩。」今擘張弩、小弩，步兵所用；角弓弩，騎兵所用；木單、竹竿、伏遠等弩，其力益大，所及漸遠。

箭之制有四：一曰竹箭，二曰木箭，三曰兵箭，四曰弩箭。周禮：「司弓矢掌八矢之法：枉矢、絜矢利火射，用諸守城、車戰；殺矢、鍭矢用諸近射、田獵；矰矢、茀矢用諸弋射；恒矢、痺矢用諸散射。」方言曰：「自關而東謂之矢，江、淮之間謂之鏃，〔三一〕關西謂之箭。」其本曰「鏑」，〔三二〕體曰「幹」，其旁曰「羽」，其矢末曰「栝」，〔三三〕其栝旁曰「义」。又通俗文曰骨鏃，曰骲鐵鏃，曰鏑鳴箭，曰骹靃葉，曰鈚，皆古之制也。竹箭以竹爲笴，〔三四〕諸箭亦通用；木箭以木爲笴，唯利射獵；兵箭剛鏃而長，用之射甲；弩箭皮羽而短，用之陷堅也。

刀之制有四：一曰儀刀，二曰鄣刀，三曰横刀，四曰陌刀。釋名曰：「刀末曰『鋒』，其本曰『環』。」今儀刀蓋古班劍之類，晉、宋已來謂之御刀，〔三五〕後魏曰長刀，皆施龍鳳環；至隋，謂之儀刀，裝以金銀，〔三六〕羽儀所執。鄣刀蓋用鄣身以御敵。〔三七〕横刀，佩刀也，兵士所佩，名亦起於隋。陌刀，長刀也，步兵所持，蓋古之斷馬劍。〔三八〕

槍之制有四：一曰漆槍，二曰木槍，三曰白幹槍，四曰樸頭槍。釋名曰：「矛，冒也，刃下冒矜也。長八尺曰『矟』，〔三九〕馬上所執。〔四〇〕」蓋今之漆槍短，〔四一〕騎兵用之；木槍長，步兵用之；白幹槍，羽林所執；樸頭槍，金吾所執也。甲之制十有三：一曰明光甲，二曰光要甲，三曰細鱗甲，四曰山文甲，五曰烏鎚甲，六曰白布甲，七曰皁絹甲，八曰布背甲，九曰步兵甲，十曰皮甲，十有一曰木甲，十有二曰鎖子甲，十有三曰馬甲。甲，似物之浮甲以自衛也。〔四二〕史記曰：「楚人鮫革以爲甲。」漢書曰：「魏氏武卒衣三屬之甲。」謂上身一，髀褌一，兜鍪一，凡三屬也。今明光、光要、細鱗、山文、烏鎚、鎖子皆鐵甲也，皮甲以犀兕爲之，其餘皆因所用物名焉。彭排之制有六：一曰膝排，二曰團排，三曰漆排，四曰木排，五曰聯木排，六曰皮排。釋名曰：「彭，旁也，在旁排敵禦寇也。〔四三〕」纂文曰：「鹵，大楯也，今謂之彭排。故諸葛亮曰：『帳下持彭排百枚。』」其膝、團、漆、木、皮，皆古制也，蓋亦因其所用物爲名焉。旗之制三十有二：一曰青龍旗，二曰白獸旗，三曰朱雀旗，〔四四〕四曰玄武旗，五曰黃龍負圖旗，六曰應龍旗，七曰龍馬旗，八曰玉馬旗，九曰鳳凰旗，十曰鸞旗，十一曰鵕鸃旗，十二曰太平旗，十三曰麒麟旗，十四曰飛麟旗，十五曰飛黃旗，十六曰駃騠旗，十七曰白澤旗，十八曰五牛旗，十九曰犀牛旗，二十曰金牛旗，二十一曰兕旗，二十二曰三角獸旗，二十三曰角端旗，二十四曰吉利旗，二十五曰騼䮷旗，二十六曰騶牙旗，二十七曰黃鹿旗，二十八曰白狼旗，二十九曰赤熊旗，三十曰辟邪旗，三十一曰苣文旗，〔四五〕三十二曰刃旗。〔四六〕周禮：「司常掌九旗之名物：日月爲常，交龍爲旂，通帛爲旜，雜帛爲物，熊虎爲旗，鳥隼爲旟，龜蛇爲旐，全羽爲旞，析羽爲旌。」列子曰：「黃帝與炎帝戰于阪泉之野，〔四七〕以鵰、鶡、鷹、鳶爲旗。」今白澤旗、朱雀、辟邪、玄武等旗，〔四八〕金吾隊所執；青龍、白獸、麒麟、角端、赤熊等旗，左、右衛隊所執；鳳凰、飛黄、吉利、兕旗、太平等旗，驍衛隊所執；五牛、飛麟、駃騠、鸞旗、犀牛、鵕鸃、騼騳等旗，武衛隊所執；應龍、三角獸、玉馬、白狼、龍馬、金牛等旗，〔四九〕領軍隊所執；黄龍負圖、黄鹿、騶牙、蒼烏等旗，〔五〇〕威衛隊所執。苣文旗，脚爲苣文；刃旗，火爛燔也。〔五一〕袍之制有五：一曰青袍，二曰緋袍，三曰黄袍，四曰白袍，五曰皁袍。說文曰：「袍，襺也。以絮曰襺，以緼曰袍。」今之袍皆繡畫以武豹、鷹鸇之類，以助兵威也。器用之制有八：一曰大角，樂録曰：「角者，說云：『蚩尤氏率魍魎與黄帝戰于涿鹿，帝乃始命吹角爲龍鳴以禦之。』至魏武北征烏丸，度沙漠，而軍士思歸，於是減爲中鳴，而尤更悲矣。胡角者，本以應胡笳之聲，後漸用之。故有長鳴、中鳴、胡角，〔五二〕凡三部。今唯有大角，金吾主之也。〔五三〕二曰纛，後漢有纛頭，每天子行幸及大軍征伐，則建于旗上。隋煬帝親征遼左，每百人置一纛，皇朝因而用之。三曰鉞斧，石氏星經曰：「天鉞一星，在井旁。」輿服志曰：「鉞，黄帝所造，塗以黄金，行則載以車，可以斬戮。」傳云：「湯伐昆吾，躬把大鉞。武王入商國，〔五四〕周公把大鉞，畢公把小鉞，以夾王。」以鐵爲之。六韜云：「武王軍中有大柯斧，刃廣八寸，重八斤，名爲天鉞。」即今之大鉞也。魏、晉已來，上公親征，猶假其器。四曰鐵蒺莉，漢書：晁錯上疏云「礧石、渠荅」，注云「渠荅，鐵蒺莉也」。至隋煬帝征遼，布鐵菱於地，亦其類也。五曰棒，太公六韜曰：「方扇及鐵棓，〔五五〕重十二斤，柄長五尺，千二百枚。一名天棓。」星占云：「天棓五星，天之杖也。」六曰鉤，越絶書云：「船軍之備，必備長斧、長鉤。」長鉤者，所以鉤引敵船也。七曰鐵盂，古謂之盂，蓋今之鐵鍋也，爲軍中食器也。八曰水斗。漢書云：「斗，所以量多少。」今軍中用斗以汲水。

凡諸道行軍皆給鼓、角：三萬人已上，給大角十四具、大鼓二十面；二萬人已上，大角八具、大鼓十四面；萬人已上，大角六具、大鼓十面；萬人已下，臨事量給。其鎮軍則給三分之二。凡大駕親征及大田、巡狩，以羝羊、猳猪、雄雞釁鼓；若皇太子親征及大將軍出師，則用猳豘。凡有赦則先建金雞，兼置鼓於宮城門之右，視大理及府、縣囚徒至，則撾其鼓。關東風俗傳云：「宋孝王嘗問先達司馬膺之云後魏、北齊赦日建金雞事。膺之曰：『按海中星占：「天雞星動，必當有赦。」』蓋王者以雞爲赦候。」按其所設，其制始於後魏，不知起自何帝也。隋書刑法志曰：「北齊赦日，皆武庫令設金雞及鼓於閶門右，〔五六〕撾鼓千聲，宣赦，釋囚徒。」隋因之。牛弘大興記曰：「赦日建金雞，自後魏以來常然，或云起於呂后，〔五七〕未之詳也。」

武器署：令一人，正八品下；隋行臺尚書省有武器監令、録事。〔五八〕皇朝永徽中始置其署，以主器仗。丞二人，正九品下；〔五九〕隋置，皇朝因之。監事一人，從九品下。武器署令掌在外戎器，辨其名物，會其出入；丞爲之貳。凡大祭祀、大朝會、大駕巡幸，則納於武庫，供其鹵簿。若王公、百官拜命及婚、葬之禮應給鹵簿，及三品已上官合列棨戟者，並給焉。

守宮署：令一人，正八品下；漢少府屬官有守宮令、丞，主御紙、筆、墨，及財物諸用，〔六〇〕并封泥之事。晉光禄勳屬官有守宮令，梁、陳光禄卿屬官有守宮令員。〔六一〕北齊光禄寺統守宮令、丞，掌凡張設之事。隋衞尉寺統守宮署令二人，皇朝減一人。丞二人，正九品下；隋守宮丞四人，皇朝減置二人。監事二人，從九品下。守宮署令掌邦國供帳之屬，辨其名物，會其出入；丞爲之貳。凡大祭祀、大朝會、大駕巡幸，則設王公、百官位於正殿南門外。若吏部、禮部、兵部、考功試人，則供帳幕之屬。若王公婚禮，亦供其帳具。

宗正寺：卿一人，從三品；石氏星經云：「宗正二星，在帝座東南。」周禮：「小宗伯掌三族之別，以辨親疏。」漢百官表云：「宗正，秦官，掌親屬。平帝元始四年，更名宗伯。王莽并其官於秩宗。」光武復置。續漢書百官志：「宗正掌序録王國嫡庶之次，宗室親屬遠近。」漢宗正之官不以佗族，楚元王子郢客、劉辟彊、劉德等遞爲之。魏亦以宗室居之。晉桓温奏省屬太常，宋、齊並不置，梁天監七年乃置焉。宗正，春卿，位視列曹尚書，皆以宗室爲之，班第十三。陳因之。後魏亦曰宗正卿，第二品上。〔六二〕北齊第三品。隋開皇初，宗正卿正三品，煬帝爲從三品，皇朝因之。光宅元年改爲司屬，神龍初復爲宗正。少卿二人，從四品上；後魏太和中初置少卿，第三品；二十三年，爲第四品。〔六三〕隋初，正四品，〔六四〕煬帝降爲從四品，皇朝因之。丞二人，〔六五〕從六品上；漢宗正有丞，秩千石，歷魏、晉亦如之。東晉省，宋、齊因之。梁宗正丞爲四班。陳六百石，第八品。後魏第七品，〔六六〕北齊因之。隋初丞二人，並七品下；〔六七〕煬帝大業五年，增爲從五品。皇朝置二人，〔六八〕從六品上。〔六九〕主簿二人，從七品上；梁天監七年置，〔七〇〕爲七班，〔七一〕陳因之，北齊同。〔七二〕隋置二人，皇朝置一人，開元二十五年加一人。自卿以下，並於宗室中擇才行者補授也。録事一人，從九品上。

宗正卿之職，掌皇九族、六親之屬籍，以別昭穆之序，紀親疎之列，並領崇玄署；少卿爲之貳。九廟之子孫，其族五十有九：光皇帝一族，定州刺史乞豆；景皇帝之族六，譙、蔡、畢、雍、郇、鄭；〔七三〕譙王、蔡王二族無後。元皇帝之族三，梁、蜀、漢；梁王、漢王二族無後。高祖之族二十有一，隱太子、衛、巢、楚、荆、漢、酆、周、徐、韓、彭、鄭、霍、虢、道、鄧、舒、魯、江、密、滕；隱太子、衛王、巢王、楚王、荆王、漢王、酆王、周王八族無後。太宗之族十有三，恒山、楚、吳、濮、齊、蜀、蔣、越、紀、代、江、趙、曹；楚王、齊王、蜀王、越王、江王、代王、趙王七族無後。恒山王，貞觀中降爲庶人；開元二十四年，孫適之爲御史大夫，朝政肅清，多所綱紀，上嘉其才能，因追雪而復舊焉。高宗之族六，梁、許、澤、郇、孝敬、章懷；梁王、許王、孝敬三族無後，郇王追封許王。中宗之族四，懿德、庶人、節閔、殤帝；懿德太子、庶人重福、殤帝並無後。睿宗之族五：寧王、惠莊、惠文、惠宣、隋王。隋王無後。

凡太皇太后、皇太后、皇后之親分五等，皆先定於司封，宗正受而統焉。凡皇周親、皇后父母爲第一等，準三品；皇大功親、皇小功尊屬、太皇太后·皇太后·皇后周親爲第二等，準四品；皇小功親、皇緦麻尊屬、太皇太后·皇太后·皇后大功親爲第三等，〔七四〕準五品；皇緦麻親爲第四等，皇祖免親、太皇太后小功卑屬、皇太后·皇后緦麻親及舅母、姨夫爲第五等，並準六品。其籍如州縣之法。

凡大祭祀及册命、朝會之禮，皇親、諸親應陪位豫會者，則爲之簿書，以申司封。若皇親爲王公，子孫應襲封者，亦如之。

丞掌判寺事。主簿掌印及勾檢稽失。〔七五〕

崇玄署：令一人，正八品下；北齊有昭玄寺，掌釋、道二教，〔七六〕置大統一人、都維那三人，〔七七〕亦有主簿、功曹員，以管諸州、縣沙門，〔七八〕又鴻臚寺統典寺署，有丞一人。〔七九〕後周有司寂上士、中士，掌法門之政；又有司玄中士、下士，掌道門之政。隋置崇玄署令、丞。煬帝改佛寺爲道場，改道觀爲玄壇，各置監、丞。皇朝又爲崇玄署令。又置諸寺、觀監，隸鴻臚寺，每寺、觀各監一人。貞觀中省。開元二十五年，勑以爲「道本玄元皇帝之教，〔八〇〕不宜屬鴻臚。自今已後，道士、女道士並宜屬宗正，以光我本根」，故署亦隨而隸焉。其僧、尼别隸尚書祠部也。**丞一人，正九品下。**北齊典寺署有僧祇部丞。〔八一〕隋崇玄署丞一人，皇朝因之。

崇玄署令掌京、都諸觀之名數，道士之帳籍，與其齋醮之事；丞爲之貳。

校勘記

〔一〕録事一人　原本「一」訛作「二」，嘉靖、廣雅二本亦然，據本卷衛尉寺「録事員品」條正文改。

〔二〕丞一人　案：自「丞」以下亦均言兩京各若干人也，「各」字省略。正文同此。

〔三〕府一人　舊唐書職官志作「二人」，新唐書百官志作「六人」。

〔四〕掌固四人　舊唐書職官志、新唐書百官志「四」並作「五」。

〔五〕監事一人　新唐書百官志「一」作「二」，舊唐書職官志同六典。正文同此。

〔六〕丞二人　「二」字原本訛作「一」，嘉靖、廣雅二本亦然，今改。詳見校記〔六四〕。

〔七〕主簿二人　近衛校曰：「舊唐志作『一人』。」案：通典職官七諸卿上「宗正主簿」條與舊唐書職官志同，新唐書百官志則同六典。考本卷衛尉寺「録事員品」條正文亦作「二人」，原注且明言「皇朝置一人，開元二十五年加一人」。作「二人」者，是。

〔八〕録事一人　新唐書百官志作「二人」，舊唐書職官志同六典。正文同此。

〔九〕史九人　新唐書百官志作「五人」，舊唐書職官志同六典。

〔一〇〕屬官有公車司馬衛士旅賁三令丞　漢書百官公卿表其下有「衛士三丞」四字。

〔一一〕荀綽百官表　近衛補考曰：「『百官表』上當有『晉』字。」案：隋書經籍志有荀綽百官表注十六卷，蓋即是書，「晉」字不必存。

〔一二〕兼統武庫令　隋書百官志其下有「公車司馬令」五字。

〔一三〕以監門衛掌宮門屯兵　案：隋書百官志有左、右衛等十二衛，與左·右備身府、左·右監門府合爲十六府，後二者均不帶「衛」字。據此，「衛」疑當作「府」。

〔一四〕神龍元年復故　「神龍」原本作「龍朔」，嘉靖、廣雅二本亦然。案：下文「少卿員品」條原注云：「龍朔、咸亨、光宅、神龍並隨寺改復。」則此處「龍朔」二字顯爲「神龍」之譌，今改。

〔一五〕貞觀中置二人　唐會要卷六十五衛尉寺：「少卿，本一員，景雲二年十一月四日加一員，以傅忠孝爲之。」通典職官七諸卿上「衛尉卿」條曰：「初，少卿一人，太極元年加一人。」舊唐書睿宗本紀曰：「景雲三年（太極元年）二月丁酉（案：是月庚子朔，無丁酉日，疑有誤），光禄、大理、鴻臚、太府、衞尉、宗正各增置少卿一員。」

〔一六〕掌邦國器械文物之政令　太平御覽卷二三〇衞尉卿引六典、舊唐書職官志「政令」並作「事」。

〔一七〕秦漢衞尉丞一人比千石　漢書百官公卿表：衞尉丞千石。續漢書百官志：衞尉丞比千石。

〔一八〕梁陳各一人　據南齊書百官志，齊衞尉府亦置丞一人，「梁」上疑當有「齊」字。

〔一九〕列卿丞班第三　隋書百官志：梁衞尉丞班第四。

〔二〇〕太和二十二年第七品上　魏書官氏志：太和後制，太常、光禄勳、衞尉三卿丞並從第六品下。

〔二一〕主簿前車八乘　近衞校曰：「按：通典並文獻通考『八』作『以』。」案：本書卷十四「太常主簿員品」條原注引漢官儀鹵簿篇云：「太常駕四馬，主簿前車八乘。」

〔二二〕有鈴下侍閤辟車騎吏等員　近衞校曰：「後漢志『鈴』作『軨』。」案：「軨下」古亦通作「鈴下」，詳見卷十四校記〔三三〕。

〔二三〕梁天監七年十二卿各置主簿位三班　隋書百官志：梁位不登二品者又爲七班，太常主簿居其中之第四班，餘十一卿主簿居其中之第三班。

〔二四〕又云武庫令六百石　案：「武庫令，六百石」一語見續漢書百官志。

〔二五〕梁衞尉卿統武庫令北齊衞尉寺統武庫署令丞　原本全文作「梁衞尉寺統武庫署令、丞」，嘉靖、廣雅二本亦然，近衞校明本曰：「『梁』下恐脱『衞尉卿統武庫令北齊』九字。」揆諸隋書百官志，其言良是，今據以補。

〔二六〕武庫令掌藏天下之兵仗器械　太平御覽卷二三〇武庫令引六典、舊唐書職官志「天下」均作「邦國」；資治通鑑卷二一五天寶六載「（高）仙芝以郎將高陵李嗣業爲陌刀將」條胡三省注引唐六典作「武庫令掌兵器」。

〔二七〕鼓人掌教六鼓四金之音聲　「教」字原本訛作「數」，嘉靖、廣雅二本亦然，據周禮卷三地官司徒第二「鼓人職掌」條改。

〔二八〕張之穹然　釋名卷七釋兵「穹」下有「隆」字。

〔二九〕其末曰肅言肅邪也　同上書上卷上篇「肅」作「簫」，「肅邪」作「簫梢」。太平御覽卷三四七弓引釋名，「肅」作「簫」，「肅邪」作「簫邪」。曲禮鄭氏注曰：「簫，弭頭也。謂之簫，簫邪也。」

〔三〇〕漢書有遠望連弩射法十五篇　漢書藝文志「法」下有「具」字。

〔三一〕江淮之間謂之鏃　方言第九「鏃」作「鍭」，注云：「音『侯』。」

〔三二〕其本曰鏑　案：自「其本」起，至下文「曰乂」止，均節取自釋名卷七釋兵，「其本」上疑當有「釋名曰」三字。

〔三三〕其矢末曰栝　正德、嘉靖二本「栝」作「括」。案：「栝」通「括」，「栝」爲正字，「括」爲亦字。

〔三四〕竹箭以竹爲笴　「笴」字原本訛作「簥」，嘉靖本亦然，近衛校曰：「字典：『簥，海篇音敢，箭簥也。』按：卽『笴』字之譌改，音敢，非。」廣雅本作「笴」，今據以改。下「以木爲笴」之「笴」同。

〔三五〕晉宋已來謂之御刀　「晉宋」二字原本互倒，嘉靖、廣雅二本亦然。近衛校曰：「恐當作『晉、宋』。」是，今據以改。

〔三六〕裝以金銀　資治通鑑卷二一五天寶六載「（高）仙芝以郎將高陵李嗣業爲陌刀將」條胡三省注引唐六典，「裝」下有「飾」字。

〔三七〕鄣刀蓋用鄣身以御敵　同上，「用」下有「以」字。

〔三八〕蓋古之斷馬劍　同上，「斷」作「斬」。

〔三九〕長八尺曰矟　釋名卷七釋兵「長」下有「丈」字。矟，原本訛作「稍」，嘉靖本亦然，近衞校曰：「據本書，當作『矟』。」廣雅本作「矟」，今據以改。

〔四〇〕馬上所執　釋名卷七釋兵「執」作「持」。

〔四一〕蓋今之漆槍短　近衞校曰：「『今之』下疑當有『槍也』二字。」疑當如所校，而於「也」字下句斷。

〔四二〕甲似物之浮甲以自衞也　近衞校曰：「注文上疑脱『釋名曰』三字，『衞』本書作『禦』。」蓋是也。

〔四三〕在旁排敵禦寇也　釋名卷七釋兵「寇」作「攻」。

〔四四〕三曰朱雀旗　「雀」字原本訛作「省」，據嘉靖本改。

〔四五〕三十一曰苣文旗　「苣」字原本訛作「茝」，嘉靖本亦然，廣雅本訛作「茞」，今據本條原注改。

〔四六〕三十二曰刃旗　案：本條原注於此三十二旗外，別有「蒼烏」旗，共三十三旗。待考。

〔四七〕黄帝與炎帝戰于阪泉之野　「黄」字原本訛作「皇」，嘉靖本亦然，近衞校曰：「『皇』當作『黄』。」廣雅本作「黄」，今據以改。

〔四八〕今白澤旗朱雀辟邪玄武等旗　近衛於「白澤旗」下出校曰：「玉海引六典無『旗』字。」廣雅本「澤」下無「旗」字。

〔四九〕應龍三角獸玉馬白狼龍馬金牛等旗　「獸」字原本無，嘉靖、廣雅二本亦然，今據正文增。

〔五〇〕黃龍負圖黃鹿騶牙蒼烏等旗　近衛校曰：「本文無『蒼烏』，可疑。通典二十四隊、玉海二十四旗中並有『蒼烏』。」案：本書卷二十四「左、右威衛大將軍職掌」條亦有「蒼烏」。

〔五一〕刃旗火爛旛也　近衛校曰：「據南齊志，『爛旛』當作『焰幡』。」案：南齊書輿服志所謂「火焰幡」者，既未直指刃旗而言，據通典禮六十七大駕鹵簿，刃旗又爲唐新製諸旗之一，近衛所言，似難遽信，姑誌於此，以備參考。

〔五二〕故有長鳴中鳴胡角　「胡」字原本訛作「故」，嘉靖、廣雅二本亦然，據文獻通考樂十一引陳氏樂書改。

〔五三〕今唯有大角金吾主之也　案：唐鼓吹中有長鳴、中鳴。又，日人林謙三東亞樂器考頁三五五引唐管弦記：「胡角卽今畫角，后用之橫吹，有大橫吹部、小橫吹部。」是則長鳴、中鳴、胡角，唐世均有之。六典此語，蓋謂今唯有大角由金吾主之，其餘則屬諸太常也。

〔五四〕武王入商國　「商」字原本訛作「商」，據嘉靖本改。

〔五五〕方扇及鐵棓　六韜「扇」作「首」。

〔五六〕皆武庫令設金雞及鼓於闕門右　隋書刑法志「皆」作「則」，「闕門右」作「閶闔門外之右」。

〔五七〕或云起於呂后　近衛校曰：「談苑（后）作『光』。」

〔五八〕隋行臺尚書省有武器監令錄事　隋書百官志：每行臺置武器監、副監各一人，丞二人，錄事一人。

〔五九〕正九品下　「正」字原本作「從」，嘉靖、廣雅二本亦然，據通典職官二十二大唐官品改。

〔六〇〕及財物諸用　續漢書百官志作「尚書財用諸物」。

〔六一〕梁陳光祿卿屬官有守宮令員　「光祿」原本訛作「大匠」，嘉靖、廣雅二本亦然，據隋書百官志改。

〔六二〕第二品上　魏書官氏志：宗正卿，太和前制，第二品上；太和後制，第三品。

〔六三〕後魏太和中初置少卿第三品二十三年爲第四品　魏書官氏志：少卿，太和前制，第三品上；太和後制，第四品上。

〔六四〕正四品　隋書百官志：正四品上。

〔六五〕丞二人　「二」字原本作「一」，嘉靖、廣雅二本亦然。案：通典職官七諸卿上「宗正丞」條云：「至隋，有二人，大唐因之。」舊唐書職官志及新唐書百官志並作「二人」。考舊唐書玄宗本紀曰：「開元二十五年二月壬子，加宗正丞一員。」唐會要卷六十五宗正寺：「開元二十五年二月二日，宗正卿魯王道堅奏：『今年正月七日，敕道士、女冠並隸宗正寺。其崇元署今既鴻臚不管，其署請屬宗正寺。』敕旨：依。」二事相去首尾纔六日。今六典下文「宗正卿職掌」條既云「並領崇元署」矣，其屬官又有崇玄署令、丞，則宗正丞員數自應以開元二十五年定額爲準，覈諸職官分紀卷十八引六典「宗正丞員品」條，其正文雖亦作「一人」，而原注則正云「皇朝置二人」，今據改。

〔六六〕後魏第七品　魏書官氏志：列卿丞，太和前制，從第五品中；太和後制，第七品下。

〔六七〕並七品下　隋書百官志：宗正等六寺丞初並正七品下。

〔六八〕皇朝置二人　原本「二」作「一」，嘉靖、廣雅二本亦然，今改。詳見校記〔六五〕。

〔六九〕從六品上　原本訛作「從七品下」，嘉靖、廣雅二本亦然，今據本條正文改。

〔七〇〕梁天監七年置　「七」字原本訛作「十」，嘉靖、廣雅二本亦然，據隋書百官志改。

〔七一〕爲七班　隋書百官志：梁位不登二品者又爲七班，宗正等十一卿主簿居其中之三班。

〔七二〕北齊同　案：隋書百官志祇云北齊九寺各有主簿，未及其員、品；又北齊庶官不入九品者別有視品，與梁、陳「位不登二品者又爲七班」殊制，本句上下疑有脱文。

〔七三〕譙蔡畢雍郇鄭　「郇」字原本訛作「郇」，嘉靖本亦然，近衞校曰：「據唐書宗室世系表，『郇』當作『郇』。」廣雅本作「郇」，今據以改。

〔七四〕皇小功親皇緦麻尊屬太皇太后皇太后皇后大功親爲第三等　原本「皇后」下衍「周」字，嘉靖、廣雅二本亦然，據唐會要卷六十五宗正寺引「舊例」删。

〔七五〕主簿掌印及勾檢稽失　舊唐書職官志其下有「録事掌受事發辰」七字一句。案：六典諸寺監（除缺頁者外）並具録事職掌，宗正不應獨異，疑此七字者，六典脱文。

〔七六〕掌釋道二教　隋書百官志作「掌諸佛教」。

〔七七〕置大統一人都維那三人　隋書百官志「大統一人」下有「統一人」。

〔七八〕以管諸州縣沙門　隋書百官志「州、縣」作「州、郡、縣」。

〔七九〕有丞一人　隋書百官志「丞」上有「僧祇部」三字。

〔八〇〕敕以爲道本玄元皇帝之教　「玄」字原本訛作「去」，據嘉靖本改。

〔八一〕北齊典寺署有僧祇部丞　「典寺署」原本訛作「昭玄寺」，嘉靖本亦然，廣雅本訛作「昭元寺」，據隋書百官志改。

唐六典太僕寺卷第十七

太僕寺

卿一人　少卿二人　丞四人　主簿二人　録事二人

府十七人　史三十四人　獸醫六百人　獸醫博士一人〔一〕　學生一百人　亭長四人　掌固六人

乘黄署

令一人　丞一人　府一人　史二人　典事八人

駕士一百四十人〔二〕　羊車小史八人〔三〕　掌固六人

典廄署

令二人　丞二人　府四人〔四〕　史八人〔五〕　主乘六人

典事八人　執馭一百人　駕士八百人　掌固六人

典牧署

令三人　丞四人　府四人　史八人　監事八人

典事十六人　主輅七十四人〔六〕　駕士一百六十人　掌

固四人

車府署

令一人　丞一人　府一人　史二人　典事四人

馭士一百七十五人　掌固六人

諸上牧監

監各一人　副監二人〔七〕　丞二人　主簿一人　録事一人　府三人　史六人　典事八人　掌固四人

中牧監副監丞府各減一人史典事減二人〔八〕

下牧監典事掌固減二人〔九〕

沙苑監

監一人　副監一人　丞一人　主簿一人〔一〇〕　録事一人　府三人　史六人　典事四人　掌固二人

太僕寺：卿一人，從三品；周禮有太僕下大夫二人。穆王命伯冏爲太僕正。漢書百官表云：「太僕，秦官，掌輿馬，秩中二千石，有兩丞。屬官有大廄、未央廄、家馬三令，各五丞、一尉；又車府、路軨、騎馬、駿馬四令、丞；又龍馬、閑駒、橐泉、騊駼、承華五監長、丞；又邊郡六牧師苑令，各三丞。又有中太僕，掌皇太后輿馬，不常置。」漢官儀云：「天子駕出，太僕御屬車八十一乘。」後漢有車府、未央廄、長樂廄令・丞，〔一一〕魏因之。晉太僕銀章、青綬，五時朝服，進賢兩梁冠，佩水蒼玉，品第四；丞一人，部丞五人；置功曹、主簿、五官等員；統典農・典虞都尉、典虞丞、牧官都尉、左・右・中典牧都尉、典牧令、諸羊牧丞、乘黃・驊騮・龍馬三廏令。〔一二〕過江省，其後又置。成帝永和七年，省併宗正。蓋有事則權置，無事則省。宋因晉不置，若如祀，則權置太僕執轡，〔一三〕事畢省。齊亦如之。梁天監七年置十二卿，太僕與太府、少府爲夏卿，統南牧、左・右牧、龍廏、内・外廏，〔一四〕班第十。陳因之。後魏太僕卿第二品上，又置少卿；太和二十二，九卿並第三品。北齊太僕寺統驊騮、左・右龍、左・右牝、駝牛、司羊、乘黃、車府等署。後周依周官。隋太僕寺統驊騮、乘黃、龍廏、車府、典牧、牛羊等署。煬帝降卿爲從三品，減驊騮署入殿内省尚乘局，改龍廏曰典廏署，又有左、右駁阜二廏，加置主乘、司庫、司廩官，罷牛羊署。皇朝因之，而省駁阜等諸官。龍朔二年改爲司馭寺正卿，咸亨中復舊。光宅元年改爲司僕寺，神龍元年復故。少卿二人，從四品上。後魏太和十五年，九卿各置少卿一人，品第三上；二十二年，降爲正四品上。北齊因之。隋加至三員，煬帝降爲從四品上，〔一五〕皇朝因之。龍朔、咸亨、光宅、神龍隨寺改復。

太僕卿之職，掌邦國廏牧、車輿之政令，總乘黃、典廏、典牧、車府四署及諸監、牧之官屬；少卿爲之貳。凡國有大禮、大駕行幸，則供其五輅屬車之屬。〔一六〕凡監、牧所通羊、馬籍帳，則受而會之，以上於尚書駕部，以議其官吏之考課。凡四仲之月，祭馬祖、馬步、先牧、馬社。

丞四人，從六品上；秦、漢太僕有兩丞，秩千石。後漢一人，〔一七〕魏、晉並因之，東晉或省或置，〔一八〕宋、齊省。梁天監七年置十二卿，各有丞；列卿丞通視朝請，班第三。〔一九〕陳因之。後魏列卿丞從五品中，太和末，降爲七品下。〔二〇〕北齊丞一人，正七品下。〔二一〕隋太僕丞三人，品同北齊；大業五年，加爲從五品。皇朝復爲從六品上。〔二二〕武德中減置二人，永徽中加一人，開元初又加一人。領獸醫博士、學生等。〔二三〕主簿二人，從七品上；梁天監七年，十二卿各置主簿一人；〔二四〕位不登十八班者別置七班，主簿班第三。陳因之。北齊置一人，隋置二人，皇朝因之。武德中，品正第八，貞觀中，加至從七品上。録事二人，從九品上。丞掌判寺事。凡補獸醫生皆以庶人之子，考試其業，成者補爲獸醫，業優長者，進爲博士。主簿掌印，勾檢稽失，省署抄目。録事掌受事發辰。

乘黃署：令一人，從七品下；乘黃，古神馬名，亦曰飛黃，背有角，日行萬里。六韜云：「乘黃震死。」〔二五〕淮南子云：「天下有道，飛黃伏皁。」然車馬職仝。後漢有未央廐令、長樂廐丞。〔二六〕至魏，遂改爲乘黃廐，晉因之。宋太常屬官有乘黃令一人，掌乘輿金根車及安車、追鋒諸馬車。〔二七〕齊職儀云：「乘黃，獸名也，龍翼馬身，黃帝乘之而僊，因以名廐。〔二八〕乘黃令品第七，秩四百石，銅印、墨綬，進賢一梁冠，〔二九〕絳朝服。」梁太常屬官有乘黃令、丞，三品勳位。〔三〇〕陳因之。後魏有乘黃令、丞。北齊掌諸輦輅。隋太僕寺統乘黃署令、丞，皇朝因之，領駕士、羊車小史等。丞一人，從八品下。魏有乘黃丞，晉因之。宋、齊並有乘黃令，無丞。梁、陳、後魏、北齊、隋並有乘黃丞，皇朝因之。乘黃令掌天子車輅，〔三一〕辨其名數與馴馭之法；丞爲之貳。凡乘輿五輅：周禮：「巾車氏掌王五輅。〔三二〕有玉、金、象、革、木之制。〔三三〕至秦，唯乘金根車。漢承秦制，以爲乘輿。〔三四〕晉武帝始備五輅，爲天子法車。宋、齊、梁、陳相因不絶。後魏五輅各依方色，〔三五〕並駕五馬。後周設六官，置司輅之職。皇帝之輅十有二等：一曰蒼輅，二曰青輅，三曰朱輅，四曰黃輅，五曰白輅，六曰玄輅，七曰玉輅，八曰碧輅，九曰金輅，十曰象輅，十一曰革輅，十二曰木輅。後閱視武庫，得魏舊物，有乾象輦，駕二十四馬；又有大樓輦車，駕二十牛；又有象輦，初駕二象，後以六駞代之，〔三六〕皆魏天興中之所制也。宣帝以來，皆服御之，兼以賜皇后。隋開皇元年，以魏、周輿輦非古之制，皆廢毁，改造五輅也。一曰玉輅，祭祀、納后則乘之；二曰金輅，饗射、郊征還、〔三七〕飲至則乘之；三曰象輅，行道則乘之；四曰革輅，巡狩、臨兵事則乘之；五曰木輅，田獵則乘之。凡玉輅青質，以玉飾諸末，駕六蒼龍；金輅赤質，以金飾諸末，駕六赤駵；〔三八〕象輅黃質，以黃飾諸末，駕六黃騮；革輅白質，鞔之以革，駕六白駱；〔三九〕木輅黑質，漆之，駕六黑騮也。五輅皆重輿，左青龍，右白獸，金鳳翅，畫苣文鳥獸；黃屋，左纛，金鳳一，在軾前；十二鑾，在衡；二鈴，在軾；龍輈前設鄣塵；〔四〇〕青蓋三層，裏黃，〔四一〕繡飾，上設博山方鏡，〔四二〕下圓鏡。樹羽輪，金根、朱班、重牙；左建旂十有二旒，皆畫升龍，其長曳地，青繡綢杠；右載闟戟，〔四三〕長四尺，廣三尺，黻文，〔四四〕旂首金龍，頭銜錦結綬及綏帶，垂鈴；金鍐、方釳，插翟尾五焦；鏤錫，鞶纓十二就。旌旗、蓋、鞶、纓皆從輅質。〔四五〕耕根車青質，三重蓋，餘如玉輅。安車金飾，重輿曲壁；八鑾在衡；紫油通幰，〔四六〕紫油纁朱裏，朱絲絡網，朱鞶纓，朱覆髮具絡。四望車制同安車，〔四七〕金飾；八鑾在衡；青油通幰，青油纁朱裏，朱絲絡網。大駕，則太僕卿馭；五輅駕士各三十二人，並平巾幘、青衫、大口袴；千牛將軍一人陪乘。

五輅皆有副車。按：蔡邕獨斷云：「五輅之外，復設五色安車、立車各一乘，皆駕四馬，是爲五時副車。」故張良擊始皇，中副車。魏志云：〔四八〕「天子命太祖駕金根，〔四九〕六馬，設五時副車。」江左乃闕，至梁始備。隋開皇十四年始造五輅及副，皇朝因之。〔五〇〕又有指南車、崔豹古今注云：「指南車，舊説云周公所作也。周公理致太平，越裳氏重譯來獻，使者迷其歸路，周公錫以輧車五乘，〔五一〕皆爲司南之制，使越裳氏載之，周年而至其國。〔五二〕故常爲先導，示服遠人，而正四方也。」秦、漢其制無聞。後漢張衡始復創造，漢末喪亂，其法不存。沈約宋書云：「魏明帝始令博士馬鈞造之，晉亂又亡。石虎使解飛、姚興使令狐生又造，宋武平關中，得之。其制如鼓車，設木人於車上，舉手指南。車雖回轉，所指微差。」至齊，祖沖之又造之。歷梁、陳、隋，無所變改，皇朝因之。駕四馬，正道，先啓而行。匠一人，駕士十四人。記里鼓車、崔豹古今注云：「車上爲二層，皆有木人執槌。〔五三〕行一里，下一層擊鼓；行十里，上一層擊鐲。亦名大章車，所以識道里也。」白鷺車、隋志名鼓吹車。上施層樓，樓上有翔鷺棲焉。〔五四〕鸞旗車、晉志云：「鸞旗車，先輅所載也。鸞旗者，謂析羽旄而編之，十二旒，〔五五〕列繫幢傍也。」辟惡車、崔豹古今注云：「秦制也，桃弓、葦矢，所以禳祓不祥。」太卜令一人在車，執弓箭，平巾幘、緋裲襠、大口袴。〔五六〕皮軒車、晉志：「以獸皮爲軒。」左金吾衛隊正一人在車，執弩，服同太卜令。自指南車皆駕四馬，正道，匠一人，駕士十四人。耕根車、晉志云：「建赤旗十有二旒，天子親耕所乘也。一名芝車，一名三蓋車。置耒耜於軾上。」駕六馬，駕士三十二人。安車、晉輿服志云：「座乘謂之安車，〔五七〕倚乘謂之立車，各一乘，名五時車，俗謂之五帝車。」駕四馬，駕士二十四人。四望車、晉志云：「陽遂四望、緫窓，皁輪、小形車，〔五八〕駕牛。」晉中朝大駕鹵簿曰：「御四望車，駕牛，中道。」皇朝駕四馬也。羊車、周遷輿服雜事曰：「羊車，一名輦車，其上如軺，伏兔箱，〔五九〕漆畫輪軛。小兒衣青布袴褶，紫碧襻青耳屩，五辮髻，〔六〇〕數人引之，今代名爲羊車小史。而漢代或以人牽，或以駕果下馬。」晉志曰：「武帝乘羊車於後宮，恣意所之，宮女掛竹葉、楊條，候帝之來。」黃鉞車、崔豹古今注云：「黃鉞，三代通用以斷斬，今以黃鉞爲乘輿之飾。武王以黃鉞斬紂，故王者以爲戒。」駕二馬，左武衛隊正一人在車執之，武弁、朱衣、革帶。駕士十二人。豹尾車、崔豹古今注云：「豹尾車，周制也，所以象君子豹變。尾，言謙也。古軍正建之，〔六一〕今唯乘輿得建焉。」漢書曰：「成帝以幸姬趙飛燕置屬車間豹尾中。」駕二馬，右武衛隊正一人在車執之，武弁、朱衣、革帶。駕士十二人也。屬車一十有二，屬車一曰副車，一曰貳車，一曰佐車。漢因秦制：大駕屬車八十一乘，行則中央、左、右分之；法駕屬車三十六乘，最後車懸豹尾，皆皁蓋、朱裏。蔡邕獨斷曰：「古者，諸侯貳車九乘。秦滅九國，兼其車服，故爲八十一乘。漢武祠太乙、甘泉皆盡用之，明帝上原陵又用之。法駕三十六乘，小駕一十二乘。」大業初，備八十一乘；三年，帝嫌其多，問閻毗，毗曰：「此起於秦，遂爲後式。宋孝建時，議準旂旒之數，設十二乘。今憲章往古，〔六二〕大駕依秦，法駕依漢，小駕依宋。」帝曰：「大駕宜三十六，法駕宜用十二，小駕除之可也。」皇朝因之，置十二乘，駕牛，駕士各八人。自指南車駕士皆平巾幘、緋衫、大口袴，唯耕根車青衫，羊車服則殊也。大駕則用之。若法駕，則減五副車、白鷺、辟惡、安車、四望車，〔六三〕四分屬車之一，餘同大駕。若小駕，又減象輅、革輅、木輅、指南車、記里鼓車、鸞旗、皮軒、耕根、羊車、屬車、黃鉞、豹尾等車，餘同法駕。若有大禮，則以所御之輅進內；既事，則受而藏之。

凡將有事，先期四十日，尚乘供馬，馬如輅色，率駕士預調習。指南等車亦如之。

典廄署：令二人，從七品下；周禮有校人、圉師、趣馬，掌天子十有二閑之馬。漢太僕屬官有大廄、未央廄令。〔六四〕後漢太僕屬官有未央廄令，〔六五〕主乘輿及宮中諸馬；〔六六〕其後，置左駿廄令，別主乘輿御馬。魏有驊騮廄令。晉太僕統乘黃、驊騮、龍馬等廄令，〔六七〕過江之後，或省或置；哀帝時，省驊騮爲門下之職。宋、齊因之。梁太僕統龍廄、內外廄，陳因之。後周有左、右廄，各上士一人。北齊太僕寺統驊騮、左·右龍等署。隋太僕寺統龍廄署，皇朝改爲典廄署令。〔六八〕領執馭、駕士等。丞二人，從八品下；隋有龍廄丞，皇朝改爲典廄丞，武德中四人，今減二人。主乘六人，正九品下。隋置，皇朝因之。

典廄令掌繫飼馬牛，給養雜畜之事；丞爲之貳。凡象一給二丁，〔六九〕細馬一、中馬二、駑馬三、駞·牛·騾各四、驢及純犢各六、羊二十各給一丁，純謂色不雜者。若飼黃禾及青草，各準運處遠近，臨時加給也。乳駒、乳犢十給一丁。凡象日給藁六圍，馬、駞、牛各一圍，羊十一共一圍，每圍以三尺爲限也。蜀馬與騾各八分其圍，驢四分其圍，〔七〇〕乳駒、乳犢五共一圍；青芻倍之。凡象日給稻、菽各三斗，鹽一升；馬，粟一斗、鹽六勺，乳者倍之；駞及牛之乳者、運者各以斗菽，田牛半之；駞鹽三合，牛鹽二合；羊，粟、菽各升有四合，鹽六勺。象、馬、騾、牛、駞飼青草日，粟、豆各減半，鹽則恒給；飼禾及青荳者，〔七一〕粟、豆全斷。若無青可飼，粟、豆依舊給。其象至冬給羊皮及故氈作衣也。

典牧署：令三人，正八品上；〔七二〕周禮：「牧師下士四人，掌牧馬而頒之。」秦、漢太僕屬官有牧師苑令，皆在邊郡。歷魏、晉已下，皆牧監之職。隋太僕寺統典牧署、牛羊署等令、丞，皇朝因之。武德中二人，今加置三人，領主輅、駕士等。〔七三〕丞四人，正九品上；〔七四〕隋置，皇朝因之。武德中三人，今加至四人。監事八人，從九品下。

典牧令掌諸牧雜畜給納之事；丞爲之貳。凡羣牧所送羊、犢皆受之，而供於廩犧、尚食之用；諸司合供者，亦如之。

車府署：令一人，正八品下；秦置車府令，以趙高爲之。漢太僕屬官有車府令、丞，後漢主乘輿諸車，魏、晉因之。宋、齊、梁、陳並尚書駕部領。後魏闕文。北齊太僕寺領車府令、丞，遂與乘黄令分職；隋因之。皇朝因隋。丞一人，正九品下。秦、漢已來，車府署並有丞一人，隋車府丞二人，皇朝省置一人。車府令掌王公已下車輅，辨其名數及馴馭之法；丞爲之貳。凡王公已下車輅：一曰象輅，二曰革輅，三曰木輅，四曰軺車。象輅以象飾諸末；朱班輪；八鑾在衡；左建旂，畫龍，一升一降；右載闟戟。革輅以革飾諸末，左建通帛爲旜，餘同象輅。木輅以漆飾之，餘同革輅。三輅皆朱質，朱蓋，朱旂旜。〔七五〕一品九旒，二品八旒，三品七旒，四品六旒，其鞶纓就數亦如之。軺車，曲壁、青通幰、碧裏也。凡春秋二時謁陵、册命王公及内外職事四品已上拜官、正・冬朝會、婚葬、奉使，皆視其品秩而給之：親王以象輅，三品已上以革輅，五品已上以木輅。京縣令以軺車，道大駕及初上給之。其婚葬則從京官三品已上給其馭。〔七六〕給駕士：親王十有八，一品十有六，二品十有四，各駕以馬、駱四，軺車一；三品十有二，四品、五品十，〔七七〕京縣令六也。〔七八〕凡輅車之馬率馭士預調習之，然後入輅及車；以牛駕者亦如之。

上牧，監一人，從五品下；漢舊儀：「太僕牧師諸苑三十六所，分布北邊、西邊，以郎爲苑監，官奴婢三萬人分養馬三十萬頭，擇取教習，給六廐；牛、羊無數，以給犧牲。中興省。漢陽有牧馬苑令，羽林郎監領。」魏置牧官都尉，晉因之。宋、齊闕文。梁太僕統南牧、左・右牧等丞，陳因之。後魏闕文。北齊太僕寺統左・右牝、駝牛、司羊等署令、丞。〔七九〕後周有典牲、典牝上士一人・中士二人；又有典駞、典羊、典牛，各有中士一人。隋太僕寺統典牧署、牛羊署等令、丞。〔八〇〕皇朝因分爲牧監。副監二人，正六品下；丞二人，正八品上；主簿一人，正九品下。並皇朝置。

中牧，監一人，正六品下；副監一人，從六品下；丞一人，從八品上；主簿一人，從九品上。

下牧，監一人，從六品下；副監一人，正七品下；丞一人，正九品上；主簿一人，從九品下。

諸牧監掌羣牧孳課之事。凡馬五千匹爲上監，三千匹已上爲中監，已下爲下監。〔八一〕凡馬、牛之羣以百二十，駞、騾、驢之羣以七十，羊之羣以六百二十，羣有牧長、牧尉。補長，以六品已下子、白丁、雜色人等爲之；補尉，以散官八品已下子爲之。品子八考，白丁十考，隨文、武簡試與資也。

凡馬有左、右監以別其麤良，以數紀爲名，而著其簿籍；細馬之監稱左，麤馬之監稱右。其雜畜牧皆同下監，仍以土地爲其監名。凡馬各以年、名籍之，每歲季夏造。至孟秋，羣牧使以諸監之籍合爲一，諸羣牧別立南使、北使、西使、東使，以分統之。常以仲秋上於寺。

凡馬以季春游牝。〔八二〕月令：「季春乃合累牛騰馬，游牝于牧。」其駒、犢在牧，三歲別羣。若與本羣同牧，不別給牧人。馬牧牝馬四游五課，駞四游六課，牛、驢三游四課，羊三游四課。〔八三〕四、三者，〔八四〕皆言其歲而游牝也，羊則當年而課之。其課各有率，謂：牛、馬、驢之牝百，〔八五〕而歲課駒、犢各以六十；馬二十歲則不課；三歲游牝而生駒者，仍別簿申；騾駒半之。若馬從外蕃而至者，初年課以四十，二年五十，〔八六〕三年全課。牝駞百而三年之課七十。羔羊之白者七十，羖者八十。凡監牧孳生過分則賞；謂馬贕駒一，則賞絹一匹；駝、騾之贕倍於馬，驢、牛之贕三，白羊之贕七，羖羊之贕十，皆與馬同。其賞物二分入長，一分入牧子。牧子謂長上專當者。其監官及牧尉各通計所管長、尉賞之。通計謂尉官管十五長者，〔八七〕贕駒十五匹，賞絹一匹；監官管尉五者，贕駒七十五匹，賞絹一匹之類。計加亦準此。應賞者，準印後定數，先填死耗足外，然後計酬之。其有死耗者，每歲亦以率除之。謂駝、馬百頭以七頭爲耗，騾以六，牛、驢、羖羊以十，白羊以十五。〔八八〕從外蕃而新至者，馬、牛、驢、羖羊皆除二十，二年除十五；駝除十四，二年除十；騾除十二，〔八九〕二年除九；白羊除二十五，二年除二十；三年，皆同耗也。若歲疫，以私畜準同者以疫除。準牧側近私畜疫死數，同則聽以疫除。馬不在疫除之例。卽馬、牛一十一歲以上，不入耗除限。若緣非時霜雪死多者，録奏。凡官畜在牧而亡失者，給程以訪，過日不獲，估而徵之。謂給訪限百日，不獲，準失處當時估價徵納，牧子及長各知其半。若户奴無財者，準銅，依加杖例。如有闕及身死，唯徵見在人分。其在廐失者，主帥準牧長，飼丁準牧子。其非理死損，準本畜徵納也。

凡在牧之馬皆印。印右膊以小「官」字，〔九〇〕右髀以年辰，尾側以監名，皆依左、右廂。若形容端正，擬送尚乘，不用監名。二歲始春，〔九一〕則量其力，又以「飛」字印印其左髀、膊。〔九二〕細馬、次馬，以龍形印印其項左；送尚乘者，尾側依左、右閑印以「三花」。其餘雜馬送尚乘者，以「風」字印印左膊，以「飛」字印印左髀。〔九三〕騾、牛、驢則官名誌其左膊，監名誌其右髀。駝、羊則官名誌其頰，羊仍割耳。若經印之後簡入別所者，各以新入處監名印其左頰。官馬賜人者，以「賜」字印；配諸軍及充傳送驛者，以「出」字印，並印左、右頰也。〔九四〕

凡每歲進馬麤良有差。使司每歲簡細馬五十匹、敦馬一百匹進之。若諸監之細馬生駒，以其數申所由司次入寺。其四歲以下麤馬，每年簡充諸衞官馬。凡馬、牛皮・脯及筋・角之屬，皆納于有司。

每年終，監牧使巡按孳課之數，以功過相除，爲之考課焉。

沙苑監：監一人，從六品下；沙苑在同州。副監一人，正七品下；丞一人，正九品上；主簿一人，從九品下。

沙苑監掌牧養隴右諸牧牛、羊，以供其宴會、祭祀及尚食所用，每歲與典牧分月以供之；丞爲之貳。凡屠宰，國忌廢務日、立春前後一日、每月一日・八日・十四日・十五日・十八日・二十三日・二十四日・二十八日・二十九日・三十日、每歲正月・五月・九月皆罷之。諸雜畜及牸羊有孕者，雖非其日月，亦免之。若百司應供者，則以時皆供之。凡羊毛及雜畜皮、角皆具數申送所由焉。〔九五〕□本云：〔九六〕「太僕屬官有沙苑監，開元二十三年省。」

校勘記

〔一〕獸醫博士一人　舊唐書職官志、新唐書百官志並作「四人」。

〔二〕駕士一百四十人　原本「士」訛作「事」，嘉靖本亦然，近衞校曰：「『事』當作『士』。」廣雅本作「士」，與舊唐書職官志、新唐書百官志合，今據以改。

〔三〕羊車小史八人　舊唐書職官志作「羊車小吏十四人」，新唐書百官志作「羊車小史十四人」。通典禮二十四天子車輅「羊車」條云：「隋大業始(重)置焉，金寶飾，紫幰，朱絲網。馭童二十人，皆兩環髻，服青衣，年十四五者乘之，謂之羊車小吏。駕果下馬，其大如羊。大唐因之，小吏十四人。」案：本卷「乘黃署令員品」條原注云：「隋太僕寺統乘黃署令、丞，皇朝因之，領駕士、羊車小史等。」職官分紀卷十九引六典「史」作「吏」。又本卷「羊車」條原注云：「周遷輿服雜事曰：『羊車，一名輦車，其上如軺，伏兔箱，漆畫輪軛。小兒衣青布袴褶，紫碧襻青耳屩，五辮髻，數人引之，今代名爲羊車小史。』」職官分紀卷十九亦引之，其文悉同；近衞本逕改「史」作「吏」。併誌於此，後不復贅。

〔四〕府四人　舊唐書職官志作「二人」，新唐書百官志同六典。

〔五〕史八人　舊唐書職官志作「六人」，新唐書百官志同六典。

〔六〕主輅七十四人　舊唐書職官志、新唐書百官志「輅」並作「酪」；舊志作五十人，新志同六典。

〔七〕副監二人　案：自「副監」以下均言每監各若干人也，「各」字省略。正文同此。

〔八〕中牧監副監丞府各減一人史典事減二人　原本「史」在「典事」下，嘉靖、廣雅二本亦然，今據「上牧監」目錄次第正之。舊唐書職官志中牧監「典事四人」，較上牧監減四人；新唐書百官志同六典。

〔九〕下牧監典事掌固減二人　此云較中牧監典事、掌固各減二人也。

〔一〇〕主簿一人　舊唐書職官志作「二人」。

〔一一〕後漢有車府未央廐長樂廐令丞　續漢書百官志：太僕屬官中有車府令一人、丞一人，未央廐令一人，長樂廐丞一人。

〔一二〕統典農典虞都尉至乘黄驊騮龍馬三廐令　晉書職官志無「牧官都尉」，「典牧令」上有「車府（令）」。

〔一三〕若如祀則權置太僕執轡　近衛校曰：「據宋志，『如』當作『郊』。」廣雅本作「郊」。

〔一四〕統南牧左右牧龍廐内外廐　隋書百官志「南」下有「馬」字，「内外廐」下有「丞」字。

〔一五〕煬帝降爲從四品上　案：隋書百官志云：「煬帝即位，多所改革。三年定令，品自第一至于第九，唯置正從，而除上下階。」據此，「上」字疑衍。

〔一六〕凡國有大禮大駕行幸則供其五輅屬車之屬　太平御覽卷二三〇「太僕卿」條引六典，「大禮」下有「及」字。

〔一七〕後漢一人　「漢」字原本殘缺，據嘉靖本補。

〔一八〕東晉或省或置　上「或」字原本訛作「宋」，嘉靖、廣雅二本亦然，據晉書職官志改。

〔一九〕列卿丞通視朝請班第三　隋書百官志：梁宗正、太府、衛尉、司農、少府、廷尉丞班第四，光禄、太僕、大匠丞班第三，鴻臚丞班第二。

〔二〇〕降爲七品下　「下」字原本作「上」，嘉靖、廣雅二本亦然。案：魏書官氏志，太和後制，六卿丞第七品下，今據改。

〔二一〕正七品下　原本作「從六品下」，嘉靖、廣雅二本亦然，據隋書百官志改。

〔二二〕皇朝復爲從六品上　「六」原本作「七」，嘉靖、廣雅二本亦然，據本條正文改。

〔二三〕領獸醫博士學生等　「生」原本訛作「主」，嘉靖本亦然，近衛校曰：「『主』當作『生』。」廣雅本作「生」，與本卷目録合，今據以改。

〔二四〕梁天監七年十二卿各置主簿一人　據晉書職官志，晉時，列卿已置主簿。

〔二五〕六韜云乘黃震死　近衛校曰：「按：六韜云『駁身，朱鬣，眼若黃金，項若雞尾，名曰雞斯之乘』，無『乘黃震死』四字；而符瑞圖有『此馬無死時，一名乘黃』之文。據此，『震』疑當作『無』。六典恐或有脱文。」案：現存六韜之最早者爲四部叢刊影宋精鈔本，然其類次與唐陸德明經典釋文所載者已自有異；而諸家兵書、類書及其他載籍所稱引者，亦每多異文，中間且往往有其所不載者。如近衛所稱引者，見於藝文類聚、事類賦馬賦及太平御覽卷八九三獸部五馬一等處，即爲今本六韜所無。而「乘黃震死」四字雖爲今本六韜所無，卻見於太平御覽卷三二九兵部六〇「徵應」條引文，曰：「紂爲無道，武王於是東伐紂，至於河上，雨甚雷疾，王之乘黃振而死。」六典原注蓋無誤脱。

〔二六〕後漢有未央廄令長樂廄丞　「令」字原本訛作「今」，嘉靖本亦然，近衛校曰：「『今』當作『令』。」廣雅本作「令」，與職官分紀卷十九引六典「乘黃署令員品」條原注合，今據以改。

〔二七〕掌乘輿金根車及安車追鋒諸馬車　宋書百官志作「掌乘輿車及安車諸馬」，太平御覽卷二三〇

「乘黃令」條引宋書曰：「主乘輿金根車及安車、追鋒諸衆車馬。」

〔二八〕黃帝乘之而僊因以名廄　「僊」字原本訛作「遷」，嘉靖本亦然，近衞校曰：「太平御覽（卷二三〇『乘黃令』條）引齊職儀，『遷』作『僊』，『因』字作『後人』二字。」廣雅本作「僊」，今據以改。

〔二九〕進賢一梁冠　「一」字原本殘缺，嘉靖本亦然；廣雅本不缺字，文作「一」，與職官分紀卷十九引六典「乘黃令員品」條原注合，今據以補。

〔三〇〕梁太常屬官有乘黃令丞三品勳位　據隋書百官志，梁乘黃令爲三品勳位，「三」上疑當有「令」字。

〔三一〕乘黃令掌天子車輅　「子」字原本訛作「下」，嘉靖、廣雅二本亦然，據太平御覽卷二三〇「乘黃令」條引六典改。

〔三二〕巾車氏掌王五輅　「氏」字原本訛作「式」，嘉靖、廣雅二本亦然，據職官分紀卷十九引六典「乘黃令職掌」條「凡乘輿五輅」下原注改。

〔三三〕有玉金象革木之制　「革」字原本訛作「華」，據嘉靖本改。

〔三四〕以爲乘輿　「乘」字原本訛作「承」，嘉靖本亦然，近衞校曰：「『承』當作『乘』。」廣雅本作「乘」，與職官分紀卷十九引六典「乘黃令職掌」條「凡乘輿五輅」下原注合，今據以改。

〔三五〕後魏五輅各依方色　「依」字原本訛作「衣」，嘉靖、廣雅二本亦然，據通典禮二十四五輅改。

〔三六〕後以六駹代之　「駹」字原本訛作「駞」，嘉靖本亦然，近衞校曰：「『駞』當作『駹』。」廣雅本作

「騩」，與隋書禮儀志合，今據以改。

〔三七〕饗射郊征還　舊唐書輿服志、新唐書車服志「郊征還」並作「祀還」。

〔三八〕駕六赤駵　「駵」字原本訛作「駮」，嘉靖、廣雅二本亦然，據隋書禮儀志、舊唐書輿服志改。

〔三九〕駕六白駱　通典禮二十四五輅「駱」作「騮」，隋書禮儀志同六典。

〔四〇〕龍輈前設鄣塵　「塵」字原本殘缺，嘉靖本亦然，據通典禮二十四五輅補。廣雅本作「蔽之」二字，非是。

〔四一〕青蓋三層裏黃　「青」字原本殘缺，嘉靖本亦然，據通典禮二十四五輅「青蓋黃裏三層」句校補。廣雅本逕作「蓋三層，裏黃」，其上不缺字，非。

〔四二〕上設博山方鏡　「設博」二字原本殘缺；嘉靖本缺「博」字，訛「山」爲「上」；廣雅本訛「博山」爲「鄣上」，今據通典禮二十四五輅校補。

〔四三〕右載闟戟　「闟」字原本訛作「闒」，嘉靖本亦然，廣雅本訛作「畫」，據通典禮二十四五輅改。

〔四四〕黻文　「黻」字原本訛作「黼」，嘉靖、廣雅二本亦然，據通典禮二十四五輅改。

〔四五〕旌旗蓋鞶纓皆從輅質　「旌旗」二字原本殘缺，嘉靖本亦然，據通典禮二十四五輅補。廣雅本「旌旗蓋」作「凡鏤錫」，非。

〔四六〕紫油通幰　「幰」字原本殘缺，據嘉靖本補。

〔四七〕四望車制同安車　舊唐書輿服志「安車」作「犢車」。通典禮二十四四望車曰：「隋制同犢車，駕一牛；唐制駕四馬。」。

〔四八〕魏志云　「魏」字原本殘缺，嘉靖本亦然；廣雅本不缺字，文作「魏」，與職官分紀卷十九引六典「乘黃令職掌」條「五輅皆有副車」下原注合，今據以補。

〔四九〕天子命太祖駕金根　「命太祖」三字原本殘缺，嘉靖本亦然，今據職官分紀同上卷上條引六典原注補。廣雅本作「命大蒐」，非。

〔五〇〕隋開皇十四年始造五輅及副皇朝因之　原本「始」下殘缺六字，據嘉靖本補。

〔五一〕周公錫以䡝車五乘　「公」字原本殘缺，據嘉靖本補。

〔五二〕周年而至其國　「年」字原本殘缺，據嘉靖本補。

〔五三〕皆有木人執槌　「槌」字原本訛作「搥」，嘉靖本亦然，據廣雅本改。

〔五四〕樓上有翔鷺棲焉　隋書禮儀志「焉」作「鳥」，通典禮二十四白鷺車同六典。

〔五五〕謂析羽旄而編之十二旒　晉書輿服志無「十二旒」三字。

〔五六〕平巾幘緋裲襠大口袴　「裲」字原本訛作「栖」，嘉靖本亦然，近衛校曰：「『栖』當作『裲』。」廣雅本作「裲」，與太平御覽卷七七五乘輿雜車引鹵簿令合，今據以改。

〔五七〕座乘謂之安車　晉書輿服志「座」作「坐」。

〔五八〕陽遂四望繐窓皁輪小形車　近衛校曰：「據南齊志，『遂』當作『燧』。」案：「遂」與「燧」通，晉書輿服志「御衣車」條即作「陽遂四望」。

〔五九〕伏兔箱　「兔」字原本訛作「免」，嘉靖本亦然，近衞校曰：「『免』當作『兔』。」廣雅本作「兔」，與晉書輿服志合，今據以改。

〔六〇〕五辨鬈　隋書禮儀志、職官分紀卷十九引六典「乘黃令職掌」條「安車」下原注，「辨鬈」並作「辮髻」。

〔六一〕古軍正建之　「軍」原本訛作「車」，嘉靖、廣雅二本亦然，據通典禮二十四豹尾車引古今注改。

〔六二〕今憲章往古　「今」字原本訛作「令」，嘉靖、廣雅二本亦然，據隋書閻毗傳改。

〔六三〕若法駕則減五副車白鷺辟惡安車四望車　「副車」原本作「副輅」，嘉靖、廣雅二本皆然，據前此正文「五輅皆有副車」改。

〔六四〕漢太僕屬官有大廄未央廄令　「令」字原本無，嘉靖、廣雅二本亦然，據漢書百官公卿表增。

〔六五〕後漢太僕屬官有未央廄令　「令」字原本無，據續漢書百官志增。

〔六六〕主乘輿及宮中諸馬　續漢書百官志「宮」作「廄」。

〔六七〕晉太僕統乘黃驊騮龍馬等廄令　「太」字原本作「大」，據嘉靖本改。

〔六八〕隋太僕寺統龍廄署皇朝改爲典廄署令　據隋書百官志云，隋煬帝時已「改龍廄曰典廄署」。六典本卷下文「典牧署令員品」條原注亦謂「隋太僕寺統典牧署、牛羊署等令、丞，皇朝因之」。下文「皇朝改爲典廄丞」同此。

〔六九〕凡象一給二丁　「丁」字原本訛作「十」，嘉靖本亦然，近衞校曰：「『十』當作『丁』。」廣雅本作

「丁」，今據以改。

〔七〇〕蜀馬與騾各八分其圍驢四分其圍　「驢」字原本作「騾」。案：苟如是，則本注將獨遺驢之日給藁量不載；且上既言「蜀馬與騾各八分其圍」矣，下絕無又言「騾四分其圍」之理，兩「騾」字必有一爲「驢」之音訛。近衛於「蜀馬與騾」下出校曰：「(騾)疑當作『驢』。」竊以爲近衛所校，似欠深思。證諸下文，乳駒、乳犢猶五共一圍，則此所謂「八分其圍」、「四分其圍」者，自當作十分之八圍及十分之四圍解。而騾之食量固較驢爲大，「四分其圍」者，應爲驢之日給，今正之。

〔七一〕飼禾及青莒者　近衛校曰：「『莒』恐當作『草』。」案：草固有青草、乾草之分，莒亦有青豆、乾豆之別，近衛之說，恐未必是，姑誌於此，以備參考。

〔七二〕典牧署令三人正八品上　據通典職官二十二大唐官品，典牧屬上署，令從七品下。舊唐書職官志云：「典牧本中署，開元初改上署。」

〔七三〕領主輅駕士等　「主」字原本訛作「上」，嘉靖、廣雅二本皆然，據本卷目録改。舊唐書職官志、新唐書百官志「輅」並作「酪」。

〔七四〕正九品上　通典職官二十二大唐官品：上署丞並從八品下。

〔七五〕朱旂旜　「旂」字原本作「旒」，嘉靖、廣雅二本亦然，據通典禮二十五公侯大夫等車輅改。

〔七六〕其婚葬則從京官三品已上給其馭　近衛校曰：「『三』疑應作『五』。」案：唐京縣令雖爲正五品上階官，然揆諸六典本條原注給駕士數，一品十有六，二品十有四，三品十有二，四品、五品十，京縣令則才有六人，縱因婚葬而從優給馭，似亦無越過四、五品，而從京官三品已上給之理。近衛之言，似可據信也。

〔七七〕四品五品十　原本「十」下有「有」字，嘉靖、廣雅二本亦然，近衛校明本曰：「『有』疑衍。」是，今刪。

〔七八〕京縣令六也　「京」字原本殘缺，嘉靖本亦然，近衛校曰：「當填以『京』字。」是，今據以補。廣雅本缺字作「一」，與上文「十有」連讀，非。

〔七九〕北齊太僕寺統左右牝駞牛司羊等署令丞　隋書百官志「左・右牝」上有「左・右龍」。

〔八〇〕隋太僕寺統典牧署牛羊署等令丞　「太」字原本作「大」，據嘉靖本改。

〔八一〕三千匹已上爲中監已下爲下監　「已下」舊唐書職官志作「一千疋已上」。

〔八二〕凡馬以季春游牝　近衛校曰：「『馬』下疑脱『牛』字。」唐律疏議卷十五廐庫「牧畜産課不充」條疏議曰：「準令：牧馬、牛、驢、羊，牝牡常同羣。其牝馬、驢每年三月遊牝。」

〔八三〕羊三游四課　近衛校曰：「『四』疑當作『三』。」

〔八四〕四三者　「三」字原本作五，嘉靖、廣雅二本亦然。近衛校明本曰：「『五』疑是『三』字。」是，今據以改。

〔八五〕牛馬驢之牝百　「驢」字原本訛作「騾」，嘉靖、廣雅二本亦然，據唐律疏議卷十五廐庫「牧畜産課不充」條疏議引廐牧令改。

〔八六〕二年五十　原本「年」下衍一「年」字，嘉靖、廣雅二本亦然，據唐律疏議卷十五廄庫「牧畜產課不充」條疏議引廄牧令刪。

〔八七〕通計謂尉官管十五長者　「管」字原本無，嘉靖、廣雅二本亦然，據上文「其監官及牧尉各通計所管長、尉賞之」及下文「監官管尉五者」句義增。

〔八八〕謂駞馬百頭以七頭爲耗至白羊以十五　唐律疏議卷十五廄庫「牧畜產課不充」條疏議引廄牧令曰：「諸牧雜畜死耗者，每年率一百頭論，駞除七頭，騾除六頭，馬、牛、驢、羖羊除十，白羊除十五。」

〔八九〕騾除十二　「二」字原本無，嘉靖、廣雅二本亦然，據唐律疏議卷十五廄庫「牧畜產課不充」條疏議引廄牧令增。

〔九〇〕印右膊以小官字　資治通鑑卷二百三十三「貞元三年九月丁巳」條胡三省注引唐六典「右」作「左」。唐會要卷七十二諸監馬印同六典。

〔九一〕二歲始春　資治通鑑同上卷上條胡三省注引唐六典作「至三歲起脊」，唐會要同上卷上篇作「至二歲起脊」。

〔九二〕又以飛字印印其左髀膊　資治通鑑同上卷上條胡三省注引唐六典、唐會要同上卷上篇「又」並作「漸」，「左髀膊」並作「右膊」。

〔九三〕以飛字印印左髀　同上「左」並作「右」。

〔九四〕並印左右頰也　同上，「右」上均無「左」字。

〔九五〕凡羊毛及雜畜皮角皆具數申送所由焉　舊唐書職官志「雜畜」下別有「毛」字。

〔九六〕□本云　原本「本」上殘缺一字，嘉靖本亦然，近衛校曰：「（缺字）未詳。」廣雅本缺字作「舊」，職官分紀卷十九引六典「沙苑監監員品」條原注缺字作「一」，恐均未必是，姑誌於此，以備參考。

唐六典大理寺鴻臚寺卷第十八

大理寺

卿一人　少卿二人　正二人　丞六人　主簿二人

録事二人　府二十八人　史五十六人　獄丞四人　獄

史六人　亭長四人　掌固十八人〔一〕　問事一百人〔二〕

司直六人　史十二人〔三〕　評事十二人　史二十四人〔四〕

鴻臚寺

卿一人　少卿二人　丞二人　主簿一人　録事二人

府五人　史十人〔五〕　亭長四人　掌固六人

典客署

令一人　丞二人〔六〕　掌客十五人　典客十三人　府四人　史八人　賓僕十八人　掌固二人

司儀署

令一人　丞一人　司儀六人　府二人　史四人　掌設十八人　齋郎三十三人〔七〕　掌固四人　幕士六十人

大理寺：卿一人，從三品；尚書云：「帝曰：『咎繇，汝作士，五刑有服。』」孔安國注曰：「士，理官也。」周官爲司寇。韓詩外傳云：「晉文公使李離爲理。〔八〕」理，謂察理刑獄也。史記天官書：「斗魁四星，貴人之牢，曰大理。〔九〕」漢書百官表云：「廷尉，秦官，掌刑辟，有正、左·右監。景帝更名大理，秩中二千石。武帝復爲廷尉。宣帝置左、右廷尉平，哀帝復爲大理。王莽改曰『作士』。」後漢復爲廷尉。魏初爲大理，後復爲廷尉，〔一〇〕置律博士。〔一一〕晉置丞、主簿、明法、掾。歷宋、齊，皆爲廷尉。梁爲秋卿，班第十一。〔一二〕陳因之。後魏置少卿、司直。北齊及隋爲大理寺，隋置評事，皇朝因之。龍朔二年改爲詳刑寺正卿，咸亨元年復爲大理。光宅元年改爲司刑寺，神龍元年復故。兩漢卿秩中二千石，魏、晉、宋、齊、梁、陳俱第三品。後魏第二品上，太和以後降爲第三品。隋正第三品，皇朝降爲從三品。〔一三〕少卿二人，從四品上。後魏置，爲第三品上；太和以後，降爲第四品上。北齊第四品，隋因之。〔一四〕皇朝置二人，降爲從四品上。〔一五〕大理卿之職，掌邦國折獄詳刑之事。以五聽察其情：一曰氣聽，二曰色聽，三曰視聽，四曰聲聽，五曰詞聽。以三慮盡其理：一曰明慎以讞疑獄，二曰哀矜以雪寃獄，三曰公平以鞫庶獄。少卿爲之貳。凡諸司百官所送犯徒刑已上，九品已上犯除、免、官當，庶人犯流、死已上者，詳而質之，以上刑部，仍於中書門下詳覆。其杖刑已下則決之。若禁囚有推決未盡、留繫未結者，五日一慮。若淹延久繫，不被推詰；或其狀可知，而推證未盡；或訟一人數事及被訟人有數事，重事實而輕事未決者，咸慮而決之。凡中外官吏有犯，經斷奏訖而猶稱寃者，則審詳其狀。開元八年敕：「內外官犯贓賄及私坐成殿、公坐官當已上有合許雪及減罪者，並令大理審詳犯狀，申刑部詳覆；知實寃濫，乃録送中書門下。〔一六〕其有遠年斷雪，近請除痕，亦準此。其餘具刑部格。」凡吏曹補署法官，則與刑部尚書、侍郎議其人可否，然後注擬。

大理正二人，從五品下；秦置廷尉正一人，漢因之，與「監」及「平」謂之廷尉三官，秩千石。魏氏第六品。晉置二人，宋、齊、梁、陳並一人，品同魏氏。後魏第六品上，〔一七〕北齊及隋並正第六品。〔一八〕煬帝增置六人。皇朝置二人。龍朔二年改爲詳刑大夫，咸亨元年改爲大理正。光宅元年改爲司刑正，神龍初復舊。丞六人，從六品上；晉武帝咸寧中，曹志上書請廷尉置丞，自此始也。宋、齊、梁各置一人，第七品。陳第八品，後魏第七品。〔一九〕大業三年，改丞爲勾檢。皇朝置六人，增品從六品上。主簿二人，從七品上；魏、晉、宋、齊、梁、陳大理皆有主簿，晉至陳俱二人，正七品上，皇朝因而降之。録事二人，從九品上；獄丞四人，從九品下；晉令有獄左、右丞各一人，宋、齊因之，史闕其品秩。梁、陳置獄丞二人，第七品；後魏、北齊亦二人，正九品下。隋置獄掾八人。歷代並以卑微士爲之。皇朝置四人，以流外入仕者爲之。司直六人，從六品上；後魏永安三年，御史中尉高穆奏置司直十人，〔三〇〕視五品，隸廷尉，位在正、監上，不署曹事，唯覆理御史檢劾事。〔三一〕北齊及隋因之，並置十人，從第五品下。〔三二〕皇朝置六人，降爲從第六品上。評事十二人，從八品下。漢書云：「宣帝地節三年，置廷尉平，秩六百石，員四人。〔三三〕其務在平刑獄，故曰廷平。至後漢光武省右平，〔三四〕唯置左平。魏、晉以來，不復云「左」，但云廷尉平。宋、齊各一人，第六品。陳第七品。後魏、北齊及隋各置一人，正第六品下，官爲評事，皇朝因之，置十二人，〔三五〕從八品下。

大理正掌參議刑獄、詳正科條之事。凡六丞斷罪有不當者，則以法正之。凡內外官及爵五品已上犯罪至棄市者，並監決。若車駕巡幸在京，則都一人留守，以總卿貳之職；在都，則京亦如之。

丞掌分判寺事。凡有犯，皆據其本狀以正刑名。六丞判尚書六曹所統百司及諸州之務，其刑部丞掌押獄。每一丞斷事，五丞同押；若有異見，則各言不同之狀也。徒已上，各呼囚與其家屬，告以罪名，問其狀款；不伏，則聽其自理。無理者，便以元狀斷定，上刑部。刑部覆有異同者，下於寺，更詳其情理以申，或改斷焉。

主簿掌印，省署抄目，勾檢稽失。凡官吏之負犯並雪寃者，則據所由文牒而立簿焉。凡私坐而贖銅者，〔三六〕一斤爲一負；公坐而贖銅者，二斤爲一負。各十負爲一殿。其有犯人未附而會恩免者，本犯至免官已上及犯贓賄【入己恩前獄成者，仍以景迹論。〔二七〕錄事掌受事發辰。〔二八〕獄丞掌率獄吏，知囚徒。貴賤、男女異獄。五品以上月一沐，暑則置漿。禁紙筆、金刃、錢物、杵梃入者。因病給醫藥，重者脫械、鎖，家人入侍。〔二九〕司直掌承制出使推覆，若寺有疑獄，則參議之。〔三〇〕評事掌出使推按。凡承制而出推長吏，據狀合停務及禁錮者，先請魚書以往，據所受之狀鞫而盡之。若詞有反覆，不能首實者，則依法栲之。凡大理斷獄，皆連署焉。〔三一〕

鴻臚寺：卿一人，從三品；〔三二〕周官：「大行人掌大賓客之禮。」秦官有典客，掌諸侯及歸義蠻夷。漢改爲鴻臚。景帝中二年令：〔三三〕諸侯王薨、列侯初封及之國，大鴻臚奏謚、誄、策；列侯薨及諸侯太傅初除之官，大行奏謚、誄、策。〔三四〕中六年，改大鴻臚爲大行令。武帝太初元年，更名大鴻臚，又更名其屬官行人爲大行令。秦時又有典屬國官，掌蠻夷降者，漢因之。成帝河平元年省之，〔三五〕并大鴻臚。後漢大鴻臚卿一人，諸王入朝，當郊迎，典其禮儀，及郡國上計；餘職與漢同。凡皇子拜王，贊授印綬；及拜諸侯、諸侯嗣子及四方夷狄封者，臺下鴻臚召拜之。王薨，則使弔之及拜王嗣。魏及晉初皆有之。自東晉至於宋、齊，有事則權置兼官，畢則省。〔三六〕梁初猶依宋、齊，無卿名。天監以光祿勳爲光祿卿，大鴻臚爲鴻臚卿，都水使者爲太舟卿，三卿是爲冬卿。鴻臚卿位視尚書左丞，掌導護贊拜，班第九。陳品第三。〔三七〕後魏大鴻臚卿第二品上；太和二十三年，降爲第三品。〔三八〕北齊鴻臚寺卿一人，掌蕃客朝會，吉凶弔祭；統典客、典寺、司儀等署令，丞。〔三九〕後周司寇有蕃部中大夫，掌諸侯朝覲之叙；有賓部中大夫，掌大賓客之儀。〔四〇〕隋初鴻臚寺】卿一人，〔四一〕正第三品，統典客、司儀、崇玄等三署。開皇三年省并太常，十二年復舊。煬帝降卿爲從三品，皇朝依焉。龍朔二年改爲同文正卿，咸亨元年復曰鴻臚。光宅元年改爲司賓寺卿，神龍元年復舊。舊屬官有崇元署，開元二十五年，敕改隸宗正寺。

少卿二人，從四品上。〔四二〕後魏太和十五年，九卿各置少卿一人，第三品上；二十三年，〔四三〕降爲正四品上。北齊因之。後周有小賓部下大夫一人。隋依北齊。煬帝加置少卿二人，降爲從四品。皇朝武德中置一人，貞觀中加置二人。〔四四〕龍朔、咸亨、光宅、神龍並隨寺改復。

鴻臚卿之職，掌賓客及凶儀之事，領典客、司儀二署，以率其官屬，而供其職務；少卿爲之貳。凡四方夷狄君長朝見者，辨其等位，以賓待之。凡二王之後及夷狄君長之子襲官爵者，皆辨其嫡庶，詳其可否，以上尚書。若諸蕃大酋渠有封建禮命，則受册而往其國。凡天下寺觀三綱及京都大德，皆取其道德高妙爲衆所推者補充，上尚書祠部。凡皇帝、皇太子爲五服之親及大臣發哀臨弔，則賛相焉。凡詔葬大臣，一品則卿護其喪事；二品則少卿；三品，丞一人往，皆命司儀，以示禮制也。

丞二人，從六品上；秦有典客丞，漢因之。武帝改曰大鴻臚丞，比千石；〔四五〕魏、晉皆因之。東晉省。梁鴻臚丞班第二，〔四六〕陳因之。後魏列卿丞從五品中，太和二十二年，降爲第七品。〔四七〕北齊爲第七品下。後周賓部有上士一人。隋鴻臚丞二人，正七品下；〔四八〕大業五年，加爲從五品。〔四九〕皇朝爲從第六品上。

主簿一人，從七品上；漢官儀鹵簿篇：「鴻臚駕四馬，主簿。〔五〇〕」晉令：「大鴻臚置主簿、録事、史。」梁天監七年，十二卿各置主簿；位不登十八班者，別爲七班，主簿班第三。陳因之。後魏闕文。北齊有功曹、五官、主簿。隋鴻臚寺主簿二人，〔三一〕皇朝因之。武德中，正八品；貞觀中減置一人，從七品上。録事二人，從九品上。丞掌判寺事。主簿掌印，勾檢稽失。録事掌受事發辰。

典客署：令一人，從七品下；〔三二〕周禮有掌客上士二人。漢鴻臚屬官有行人，武帝改爲大行令；魏改曰客館令，晉改曰典客。宋永初中，分置南、北客館令·丞。齊有客館令。梁有典客館令、丞，在七班之下，爲三品勳位。陳因之。後魏典客監從五品；〔三三〕太和十五年，置主客令。北齊鴻臚寺統典客署。後周有東、南、西、北四掌客，各上士一人。隋鴻臚卿統典客署令、丞。煬帝改曰典蕃署，又於建國門外置四方館，〔三四〕以待四方使客，各掌其方國及互市事。〔三五〕皇朝以四方館隸中書，改典蕃曰典客署。丞二人，從八品下；周禮掌客有下士四人，漢大行令有丞，北齊有典客丞，隋有典客丞二人，皇朝因之。掌客十五人，正九品上。隋置，皇朝因之，有典客、賓僕等員。典客令掌二王後介公、酅公之版籍，及東夷、西戎、南蠻、北狄歸化在蕃者之名數；丞爲之貳。凡朝貢、宴享、送迎預焉，皆辨其等位而供其職事。凡酋渠首領朝見者，則館而以禮供之。三品已上準第三等，四品、五品準第四等，六品已下準第五等。其無官品者，大酋渠首領準第四等，小酋渠首領準第五等。所乘私畜抽換客舍放牧，仍量給芻粟。若諸蕃獻藥物、滋味之屬，入境州縣與蕃使苞匭封印，付客及使，具其名數牒寺。寺司勘訖，牒少府監及市，各一官領識物人定價，量事奏送；仍牒中書，具客所將獻物。應須引見、宴勞，別聽進止。若疾病，所司遣醫人給以湯藥。若身亡，使主、副及第三等已上官奏聞。其喪事所須，所司量給；欲還蕃者，則給轝遞至境。首領第四等已下不奏聞，但差車、牛送至墓所。諸蕃使主、副五品已上給帳、氈、席，六品已下給幕及食料。丞一人判廚事，季終則會之。若還蕃，其賜各有差，給於朝堂，典客佐其受領，教其拜謝之節焉。

司儀署：令一人，正八品下；〔五六〕周禮有司儀上士、中士，漢大鴻臚有治禮郎，後魏太和十五年置司儀官。北齊鴻臚寺統司儀令、丞。後周司儀上士一人、中士二人。隋鴻臚卿統司儀署令、丞，皇朝因之，領司儀、齋郎、掌設、幕士等。丞一人，正九品下。北齊有司儀丞一人，隋有二人，皇朝減一人。〔五七〕司儀令掌凶禮之儀式及供喪葬之具；丞爲之貳。若皇帝、皇太后、皇后、皇太子爲五服之親舉哀，本服周年者，三朝哭而止；大功者，其日朝晡哭而止；小功已下，及皇帝爲內命婦二品已上者、百官執事及散官一品喪，〔五八〕皇太后、皇后爲內命婦三品已上喪，皇太子爲三師、三少及宮臣三品已上，並一舉哀而止。皇帝臨臣之喪，一品服錫縗，三品已上緦縗，四品已下疑縗。〔五九〕皇太子臨弔三師、三少則錫縗，宮臣四品已上緦縗，五品已下疑縗。凡京官職事三品已上、散官二品已上遭祖父母、父母喪，京官四品及都督、刺史並內外職事若散官以理去官五品已上在京薨、卒，及五品之官死王事者，將葬，皆祭以少牢，司儀率齋郎執俎豆以往；三品已上又贈以束帛，一品加乘馬。既引，又遣使贈於郭門之外，皆以束帛，一品加璧。凡百官以理去職而薨、卒者，聽斂以本官之服；無官者，介幘、單衣。婦人有官品者，亦以其服斂。應佩者，皆以蠟代玉。凡設鬲及銘旌、轜車之屬有差。一品縣鬲六，五品已上四，六品已下二。凡銘旌，三品已上長九尺；五品已上八尺，六品已下七尺，〔六〇〕皆書云「某官、封、姓名之柩」。其轜車三品已上油幰，朱絲絡網，〔六一〕施襈，兩廂畫龍，幰竿諸末垂六旒蘇；七品已上油幰，施襈，兩廂畫雲氣，四旒蘇；八品已下無旒蘇。男子幰、襈、旒蘇皆用素，婦女皆用綵。〔六二〕庶人鼈甲車，無幰、襈、畫飾。凡引、披、鐸、翣、挽歌、方相、魌頭、纛、帳之屬亦如之。三品已上四引，四披，六鐸，六翣；〔六三〕挽歌六行三十六人；有挽歌者，鐸依歌人數，〔六四〕已下准此。五品已上二引，二披；四鐸，四翣，〔六五〕挽歌四行十有六人。九品已上二鐸，二翣。〔六六〕其執引、披者皆布幘、布深衣；挽歌者白練幘、白褠衣，皆執鐸、披。〔六七〕其方相四目，五品已上用之；魌頭兩目，七品已上用之；〔六八〕並玄衣、朱裳，執戈、楯，載於車。其纛五品已上竿長九尺，六品已下五尺。〔六九〕其下帳五品已上用素繒，六品已下用練，婦人用綵。凡五品已上薨、卒及葬合弔祭者，應須布深衣・幘、素三梁六柱轝皆官借之；〔七〇〕其內外命婦應得鹵簿者亦如之。凡葬禁以石爲棺槨者。其棺槨禁雕鏤、綵畫、施戶牖欄檻者，棺內禁金寶珠玉而斂者。凡職事五品已上葬者，皆給營墓夫。一品百人，每品以二十人爲差，五品二十人，皆役功十日。凡以理去官及散官三品已上與見任職事同，其五品已上減見任職事之半，致仕者同見任。其百官薨、卒喪事及葬應以官供者，皆所司及本屬上于尚書省，尚書省乃下寺，寺下司儀，司儀準品而料上於寺。凡五品已上薨、卒及三品已上有周已上親喪者，皆示其禮制焉。

校勘記

〔一〕掌固十八人　舊唐書職官志作「八人」，新唐書百官志同六典。

〔二〕問事一百人　舊唐書職官志作「一百四十八人」，新唐書百官志同六典作「百人」。

〔三〕史十二人　新唐書百官志同六典。近衞校曰：「舊唐志作『十四人』。」案：舊唐書職官志「司直」下實未著「史十四人」，近衞蓋誤以其所著「評事史十四人」作校也。

〔四〕史二十四人　舊唐書職官志作「十四人」，新唐書百官志同六典。

〔五〕史十人　舊唐書職官志作「十一人」，新唐書百官志同六典。

〔六〕丞二人　通典職官八諸卿中「典客署」條作「一人」，新唐書百官志作「三人」，舊唐書職官志同六典作「二人」。正文同此。

〔七〕齋郎三十三人　新唐書百官志作「三十人」，舊唐書職官志同六典。

〔八〕晉文公使李離爲理　今本韓詩外傳「公」作「侯」，「理」上有「大」字。

〔九〕曰大理　史記天官書集解引孟康語「大」作「天」。

〔一〇〕魏初爲大理後復爲廷尉　通典職官七諸卿上「大理卿」條曰：「建安中，復爲大理；魏黄初元年，改爲廷尉。」

〔一一〕置律博士　案：宋書百官志云：「律博士一人，魏武初建魏國置。」蓋其初本王國官也。

〔一二〕班第十一　「一」字原本訛作「三」，嘉靖、廣雅二本亦然，據隋書百官志改。

〔一三〕隋正第三品皇朝降爲從三品　隋書百官志曰：「（大業三年）光禄已下八寺，卿皆降爲從三品。」

〔一四〕北齊第四品隋因之　隋書百官志：北齊及隋初，大理少卿並正四品上。

〔一五〕皇朝置二人降爲從四品上　隋書百官志：煬帝大業三年，「少卿各加置二人，爲從四品」。

〔一六〕知實寃濫乃録送中書門下　唐會要卷六十六大理寺引開元八年敕，「知」作「如」，「乃」作「仍」。

〔一七〕後魏第六品上　魏書官氏志：廷尉正、監、平，太和前制，並第五品中；太和後制，並第六品下。

〔一八〕北齊及隋並正第六品　隋書百官志：北齊及隋大理正、監、評並第六品下。

〔一九〕後魏第七品　魏書官氏志：太和前制，列卿丞從第五品中；太和後制，太常、光禄、衛尉三卿丞從第六品下，太僕、廷尉等六卿丞第七品下。

〔二〇〕後魏永安三年御史中尉高穆奏置司直十人　資治通鑑卷一八三「大業十二年治書侍御史韋雲起左遷大理司直」條胡三省注引唐六典，文與此同。案：魏書官氏志「三年」作「二年」，「奏置」作「復置」。又據同書高道穆傳，太和之初已嘗置廷尉司直，道穆特奏請復置耳。高穆卽高道穆（六朝、隋、唐人於人名之帶「之」字、「道」字者，常加省略）。

〔二一〕不署曹事唯覆理御史檢劾事　原本「署」訛作「置」，「事」訛作「士」，「檢」字無；嘉靖、廣雅二本亦然，今據通典職官七「大理司直」條、職官分紀卷十九引六典「司直員品」條原注、資治通鑑卷一八三「大業十二年治書侍御史韋雲起左遷大理司直」條胡三省注引唐六典改、增。

〔二二〕北齊及隋因之並置十人從第五品下　隋書百官志云：大業初，置司直十六人，降爲從六品，後加至二十人。

〔二三〕宣帝地節三年置廷尉平秩六百石員四人　近衛校曰：「據百官表，『尉』、『平』間脱『左、右』二字。」案：漢書宣帝紀云：「地節三年十二月，初置廷尉平四人，秩六百石。」六典原注蓋本於此，而非漢書百官公卿表，未可謂其有脱字也。

〔二四〕至後漢光武省右平　「省」字原本訛作「有」，嘉靖本亦然，近衛校曰：「據後漢志，『有』當作『省』。」廣雅本作「省」，與續漢書百官志及宋書百官志合，今據以改。

〔二五〕後魏北齊及隋各置一人正第六品下官爲評事皇朝因之置十二人　通典職官七諸卿上「大理評事」條云：「開皇三年罷，至煬帝乃置評事四十八人，　掌與司直同。其後官廢。大唐貞觀二十二年，褚遂良議重法官，復奏置評事十員，掌出使推覆。後加二人，爲十二員。」

〔二六〕凡私坐而贖銅者　「私坐而」三字原本無，嘉靖、廣雅二本亦然，近衛校明本曰：「『凡』下疑脱『私坐而』三字。」案：本書卷六「刑部郎中員外郎職掌」條正文有「凡贖罪以銅，其私坐也，一斤爲一負；其公坐也，則二之」之語，近衛所校，頗有理據，今據以增。

〔二七〕本犯至免官已上及犯贓賄入己恩前獄成者仍以景迹論　原本截止「贓賄」二字，其下闕文，共二十三行；嘉靖本亦然；近衛校明本、廣雅本各據有關載籍校補之，今酌情採取，以備參考，並於起訖處加【】號，而資識別焉。自「入己」至「景迹論」止，近衛校明本曰：「已上十二字，本朝考課令之文，當補綴于『贓賄』。」案：唐律疏議卷九職制一「貢舉非其人」條疏議曰：「若犯免官以上及贓賄入己，恩前獄成，仍附景迹。」近衛所校與之義合，今據以補。

〔二八〕録事掌受事發辰　近衛校明本據舊唐書職官志補，廣雅本亦然，今據以補。

〔二九〕獄丞掌率獄吏至家人入侍　近衛校明本據新唐書百官志補，廣雅本同，今據以補。舊唐書職官志作「掌率獄吏，檢校囚徒，及枷杖之事」。

〔三〇〕司直掌承制出使推覆若寺有疑獄則參議之　轉採近衛校明本據秘笈新書引六典文補。廣雅本據通典職官七「大理司直」條補，「承」作「丞」，其餘悉同。太平御覽卷二三一及職官分紀卷十九引六典，均以司直與評事職掌合而爲一，詳見校記〔三一〕。舊、新唐志亦以司直、評事職掌合而爲一，其文簡略，各具本志，兹不復贅。

〔三一〕評事掌出使推按至皆連署焉　近衛校明本據太平御覽卷二三一「廷尉評」條引六典補，廣雅本同，今據以補。案：職官分紀卷十九「司直」條引六典文與太平御覽引文悉同，二者於「評事」上並有「司直」二字，分紀於「評事員品」條下別出「掌同司直」四字。

〔三二〕鴻臚寺卿一人從三品　自「鴻臚寺卿」起，至於本條注文「隋初鴻臚寺」止，均在闕文之中，近衛校明本、廣雅本各據有關載籍校補之，二者大異。今取近衛所採者補之，並於必要時酌加校記。廣雅本所補過於簡略，且顯曾參考近衛補文而爲之（參見校記〔三四〕），故不復舉。

〔三三〕景帝中二年令　近衛補文及其所據之通典職官八「鴻臚卿」條俱無「中」字，據漢書景帝紀增。

〔三四〕大行奏謚誄策　近衛補文「策」下有「建」字，爲通典、漢書景帝紀所俱無，近衛蓋偶衍，而廣雅本亦同衍一「建」字，此即廣雅本曾參考近衛校明本痕跡之一顯例也，今删。

〔三五〕成帝河平元年省之　近衛補文「河」訛作「和」，據通典職官八改。

〔三六〕畢則省　自此以上，近衛據通典職官八「鴻臚卿」條補。

〔三七〕梁初猶依宋齊至陳品第三　近衛據隋書百官志補。

〔三八〕後魏大鴻臚卿第二品上至降爲第三品　近衛據魏書官氏志補。

〔三九〕北齊鴻臚寺卿一人至統典客典寺司儀等署令丞　近衛據隋書百官志補。

〔四〇〕後周司寇有蕃部中大夫至掌大賓客之儀　近衛據通典職官八諸卿中「鴻臚卿」條補。

〔四一〕隋初鴻臚寺卿一人　近衛於「隋初鴻臚寺」下曰：「右參考史志及諸書，以補充連下。」正德以下諸本缺文止此。自「卿一人」起，還據正德本。

〔四二〕從四品上　「上」字原本訛作「下」，嘉靖、廣雅二本亦然，據通典職官二十二大唐官品改。

〔四三〕二十三年　原本訛作「三十二年」，嘉靖、廣雅二本亦然，據魏書官氏志改。職官分紀卷二十引六典「（鴻臚寺）少卿員品」條原注作「二十二年」。

〔四四〕貞觀中加置二人　「貞」字原本訛作「真」，嘉靖本亦然，據廣雅本改。通典職官八諸卿中「鴻臚卿」條曰：「少卿本一員，景雲二年加一員。」唐會要卷六十六鴻臚寺：「少卿，本一員，景雲二年十一月四日加一員，以劉興爲之。」舊唐書睿宗本紀曰：「景雲三年（太極元年）二月丁酉（案：是月庚子朔，無丁酉日，疑有誤），光禄、大理、鴻臚、太府、衛尉、宗正各增置少卿一員。」六典本注蓋謂併所增者，共置二員也。

〔四五〕比千石　漢書百官公卿表作「千石」。

〔四六〕梁鴻臚丞班第二　「二」字原本訛作「三」，嘉靖、廣雅二本亦然，據隋書百官志改。

〔四七〕降爲第七品　魏書官氏志：太和後制，太常、光禄、衛尉三卿丞從六品下，其餘太僕等列卿丞第七品下。

〔四八〕正七品下　「下」字原本訛作「上」，嘉靖、廣雅二本亦然，據隋書百官志改。

〔四九〕加爲從五品　「五」字原本訛作「三」，嘉靖、廣雅二本亦然，據隋書百官志改。

〔五〇〕鴻臚駕四馬主簿　近衛校曰：「（『簿』下）疑有脱文。」案：參稽卷十四「太常寺主簿員品」及卷十六「衛尉寺主簿員品」兩條下原注，「簿」下疑脱「前車八乘」四字。職官分紀卷二十引六典「（鴻臚寺）主簿員品」條原注作「鴻臚主簿駕四馬」。

〔五一〕隋鴻臚寺主簿二人　「二」字原本訛作「一」，嘉靖、廣雅二本亦然，據隋書百官志改。

〔五二〕從七品下　「下」字原本無，嘉靖、廣雅二本亦然，據通典職官二十二大唐官品增。

〔五三〕後魏典客監從五品　魏書官氏志：太和前制，典客監從五品上。

〔五四〕煬帝改曰典蕃署又於建國門外置四方館　原本「蕃」「國」之間殘缺三字，嘉靖本作「署又於達」四字，近衛校曰：「據隋志，『達』當作『建』。」是，今據以補。廣雅本同嘉靖本原文。

〔五五〕各掌其方國及互市事　原本「事」下殘缺一字，嘉靖本亦然，近衛校明本逕以「事」字與下句「皇朝以四方館隸中書」相接，中間不缺字，今從之。廣雅本「互市事」作「互市等事」，與下文「皇朝」相接。

〔五六〕正八品下　「正」字原本無，嘉靖、廣雅二本亦然，據通典職官二十二大唐官品增。

〔五七〕皇朝減一人　「減」字原本殘缺，據嘉靖本補。

〔五八〕及皇帝爲内命婦二品已上者百官執事及散官一品喪　案：六典本注「百官執事」一語，其義含混不明，今考開元禮一百三十三訃奏曰：「爲貴臣舉哀，與爲諸王禮同。其異者，一舉哀而止。」原注：「貴臣謂職事三品以上、散官一品。其餘官則隨恩賜之淺深。」通典禮九十五訃奏與開元禮略同，唯「職事三品以上」作「職事二品以上」。復考隋書禮儀志曰：「隋制，（中略）皇帝本服五服内親及嬪、百官正二品已上喪，並一舉哀。」唐代喪葬之制多沿於隋，則所謂貴官者，似以通典所云之「職事二品以上」官爲是。

〔五九〕四品已下疑縗　「下」字原本作「上」，嘉靖、廣雅二本亦然，據新唐書禮樂志改。

〔六〇〕六品已下七尺　通典禮四十四設銘叙歷代沿革中之唐制，同六典本條原注。開元禮一百四十六六品已下喪「銘」條、通典禮九十八開元禮纂類「銘」條原注及新唐書禮樂志「七尺」俱作「六尺」。

〔六一〕朱絲絡網　「網」字原本訛作「綱」，據嘉靖本改。

〔六二〕婦人皆用綵　「綵」字原本訛作「蘇」，嘉靖、廣雅二本亦然。案：六典本條原注云：「下帳「婦人用綵」。又，五代會要八喪葬上、慶元條法事類服制門喪葬引服制令敘轜車之制，亦並云：「婦人使(用)綵。」今改。

〔六三〕三品已上四引四披六鐸六翣　通典禮四十六器行序敘歷代沿革中之唐制，同於六典本條原注。開元禮一百三十九三品以上喪「陳器用」條曰：「一品引四，披六，鐸左、右各八，黼翣二，畫翣二；二品、三品引二，披四，鐸左、右各六，黻翣二，畫翣二。」通典禮九十九開元禮纂類「陳器用」條原注、新唐書禮樂志並同開元禮，唯二品、三品之「黻翣二」作「黼翣二」爲稍異耳。

〔六四〕鐸依歌人數　「依」字原本訛作「休」，嘉靖、廣雅二本亦然。案：據六典本注下文「挽歌者白練幘、白褠衣，皆執鐸、披」，又慶元條法事類七十七服制門喪葬引服制令「諸葬有挽歌者，鐸如歌人之數」，「休」當作「依」，今改。

〔六五〕五品已上二引二披四鐸四翣　通典禮四十六器行序敘歷代沿革中之唐制曰：「六品以上二引，二披，四鐸，四翣。」除「六品以上」與六典本條原注「五品已上」歧異外，其餘悉同。開元禮一百四十三四品五品喪「陳器用」條曰：「引二，披二，鐸左、右各四，黻翣二，畫翣二。」通典禮九十九開元禮纂類「陳器用」條、新唐書禮樂志並同開元禮，唯「黻翣」作「黼翣」爲稍異耳。

〔六六〕九品已上二鐸二翣　通典禮四十六器行序敘歷代沿革中之唐制，悉同六典本條原注。開元禮一百四十七六品以下喪「陳器用」條作「引二，披二，鐸二，畫翣二」，通典禮九十九開元禮纂類「陳器用」條同開元禮，新唐書禮樂志則唯少「引二」二字，疑是其偶脫也。

〔六七〕皆執鏵披　「披」字原本作「帔」，嘉靖本亦然，近衛校曰：「『帔』當作『披』。」案：前所列陳器行中有披無帔，近衛所校良是，今據以改。

〔六八〕其方相四目五品已上用之魌頭兩目七品已上用之　開元禮三及通典禮六十八開元禮纂類序例下「雜制」條並云「凡四品以上用方相，七品以上用魌頭」。開元禮一百三十九三品以上喪及一百四十三四品五品喪「陳器用」條：「儀仗：方相。」同書一百四十七六品以下喪「陳器用」條：「儀仗：魌頭。」原注云：「六品已下設魌頭之車。」通典禮九十九開元禮纂類「陳器用」條同開元禮上述諸條「陳器用」所載之制。

〔六九〕其纛五品已上竿長九尺六品已下五尺　開元禮三序例下「雜制」條曰：「五品以上纛竿九尺，六品以上長五尺。」通典禮六十八開元禮纂類序例下「雜制」條唯「五尺」作「六尺」，其餘悉同開元禮，疑「六」爲「五」之訛字。又，開元禮一百三十九三品以上喪及一百四十三四品五品喪之「進引」條並有執纛者，同書一百四十七六品以下喪則無之。通典禮九十九開元禮纂類「進引」條同上述開元禮諸「進引」條，仍云：「六品以下無纛。」以上諸條校記，凡屬六典原注與開元禮歧異處，蓋以六典所本者爲開元禮頒佈前之鴻臚寺司儀署令也。至於方相、魌頭、纛竿之制，開元禮本身之「雜制」條與凶禮有關諸條亦或不同，此殆由纂修者審訂不周，致前後互相牴牾也。謹記所疑，以備參考。

〔七〇〕應須布深衣幘素三粱六柱轝皆官借之　近衛校曰：「（幘素）恐當作『素幘』。」案：通典禮四十六葬儀敍歷代沿革中之唐制作「布深衣・幘、素幕轝」，由此可見，「素」字蓋當與下文「三梁六柱轝」連讀，六典原注不誤。

唐六典司農寺卷第十九

司農寺

卿一人　少卿二人　丞六人　主簿二人　録事二人

府三十八人〔一〕　史七十六人　計史三人　亭長九人

掌固七人

上林署

令二人　丞四人　府七人　史十四人　監事十人〔二〕

典事二十四人　掌固五人

太倉署〔三〕

令三人　丞六人〔四〕　府十人　史二十人　監事十人

典事二十四人　掌固八人

鉤盾署

令二人　丞四人　府七人　史十四人　監事十人

典事十九人　掌固五人

導官署

令二人　丞四人　府八人　史十六人　監事十人

典事二十四人　掌固五人

太原永豐倉

監一人〔五〕　丞二人　録事一人　府三人　史六人

典事八人　掌固六人

龍門等諸倉

每倉監一人　丞二人　録事一人　府二人　史四人

典事六人　掌固四人

司竹監

監一人　副監一人　丞二人　録事一人　府二人

史四人　典事三十人　掌固四人

温泉湯監

監一人　丞一人〔六〕　録事一人　府一人〔七〕　史二人

掌固四人

京都苑總監

監各一人　副監各一人　丞各二人　主簿各一人〔八〕

録事各二人〔九〕　府各八人　史各十六人　典事各六人〔一〇〕　亭長各四人　掌固各六人〔一一〕

京都苑四面監

監各一人　副監各一人　丞各二人　録事各一人

府各三人　史各六人〔一二〕　典事各六人　掌固各六人〔一三〕

諸屯監

監一人〔一四〕　丞一人〔一五〕　録事一人　府一人　史二人

典事二人　掌固四人　毎屯主一人　屯副一人

九成宮總監

監一人　副監一人　丞一人　主簿一人　録事一人

府三人　史五人

司農寺：卿一人，從三品；左傳：「少昊氏九扈爲九農正。」尚書：「舜命棄爲后稷，播時百穀。」周官冢宰有太府下大夫，鄭氏注云：「若今司農。」漢書百官表云：「治粟内史，秦官，掌穀貨，有兩丞。景帝更名大農令，武帝更名大司農，秩中二千石。屬官有太倉、均輸、平準、都内、籍田五令・丞，斡官、鐵市兩長・丞；又郡國諸倉・農監、都水六十五官長・丞皆屬焉。又有搜粟都尉，武帝軍官，不常置。王莽改大司農曰羲和，後更爲納言。」後漢改爲大司農，魏因之，品第三。晉置功曹、主簿、録事等員，〔一六〕哀帝省併都水，孝武帝復置。宋、齊因之，未有卿名。梁天監七年，象四時置十二卿，司農爲春卿，班第十一；又置勸農謁者，亦隷司農。陳因之。後魏大司農第二品上，〔一七〕太和二十二年改第三品，北齊因之。後周依周官，有司農上士一人，掌三農、九穀、稼穡之政令。隋司農卿一人，正三品；煬帝降爲從三品，司農但統上林、太倉、鉤盾、導官四署，罷典農、華林二署，以平準、京市隷太府寺，掌苑囿、薪芻、蘊炭、市易、度量。皇朝因之。龍朔二年改司稼寺正卿，咸亨中復舊。少卿二人，從四品上。後魏初置少卿，第三品；〔一八〕太和二十二年，爲正第四品上。北齊因之。後周司農有中士一人。隋品仝北齊，煬帝加置二人，降爲從四品。龍朔、咸亨隨寺改復。

司農卿之職，掌邦國倉儲委積之政令，〔一九〕總上林、太倉、鉤盾、導官四署與諸監之官屬，舊屬官又有太和、玉山、九成宮農圃等三監，開元二十三年省。謹其出納而修其職務；少卿爲之貳。凡京、都百司官吏祿稟，皆仰給焉。每年支諸司雜物，各有定額。開元二十三年，敕以爲費用過多，遂停減光祿寺、左・右羽林、左・右萬騎、左・右三衛、閑廄使、五坊使、洛城西門、東宮、南衙諸廚及總監、司農、鴻臚等司年支雜物，并括少府監庫内舊物四百餘萬。凡朝會、祭祀、供御所須，及百官常料，則率署、監所貯之物以供其事。凡孟春吉亥，皇帝親籍田之禮，有事於先農，則奉進耒耜。兩漢及魏、晉並有其禮，過江草創未暇，至宋始有，齊因之，猶不齋、不祭。至梁天監中，依國語、禮記，散齋七日，致齋三日，於耕所設先農神座，薦羞之禮如社稷。陳因之。後魏闕。北齊籍於城東南千畝，〔三〇〕設御壇於阡陌東。〔三一〕正月吉亥，使公卿祀先農於壇上；祀訖，帝降至耕位，執耒三推，升壇卽坐。一品五推，二品七推，三品九推。籍田令帥屬以牛耕終千畝，以青箱奉穜稑之種，〔三二〕司農詣耕所灑之，〔三三〕耰訖，省功，奏事畢。帝降之便殿更衣，宴饗、班賚而還。後周無聞。隋於啓夏門外置地千畝，爲壇。孟春吉亥祭先農，以后稷配，牲用太牢。皇帝服袞冕，備法駕，乘耕根車，祀三獻訖，〔三四〕因耕。司農授耒，皇帝三推，〔三五〕執事以授應耕者，各以班五推、九推，司農率其屬終畝。〔三六〕皇朝因之。開元二十三年正月，上親耕於洛陽東門外，諸儒奏議，以爲古者耦耕，以一墢爲一推，〔三七〕其禮久廢；今用牛耕，宜以一步爲一推。及親籍田，太常卿告三推禮畢，上曰：「朕憂農人之勤勞，欲俯同九推。」遂九推而止。於是，公卿以下皆過於古云。季冬藏冰，〔三八〕祭司寒以黑牡秬黍。仲春啓冰亦如之。

丞六人，從六品上；秦治粟内史有兩丞，漢因之。武帝改爲大司農，亦兩丞。及桑弘羊爲大司農，〔三九〕置部丞數十人，分部主郡國，將以興利。後漢司農丞一人，比千石；部丞一人，六百石；部丞主帑藏。魏因之，品第七。晉亦品第七，進賢一梁冠，介幘，皁衣，銅印、黃綬。宋、齊、梁、陳司農丞墨綬。後魏從五品中，太和二十二年爲七品下，〔四〇〕

北齊因之。隋司農丞五人，品從第六；〔三一〕大業五年，加至從五品。皇朝武德中置四人，貞觀中加置六人。主簿二人，從七品上；晉太康中置主簿二人。宋、齊無聞。梁置一人，七班之中第三；陳因之。後魏不見。北齊司農寺有功曹、五官、主簿。隋司農寺主簿二人，皇朝因之。録事二人，從九品上。丞掌判寺事。凡天下租稅及折造轉運于京、都，〔三二〕皆閱而納之。每歲自都轉米一百萬石以祿百官及供諸司；若駕幸東都，則減或罷之。凡受租皆於輸場對倉官、租綱吏人執籌數函，其函大五斛，次三斛，小一斛。其諸州稾秸應輸京、都者，閱而納之，以供祥麟、鳳苑之馬。凡朝會、祭祀米物薪芻，皆應時而給。若應供御進內，則據本司移牒而供之。其中書・門下・尚書省、御史臺、史館、集賢院別敕定名使，并吏部、兵部入宿令史，中書、門下令史，諸楷書手寫書課，皆有炭料。凡官户、奴婢男女成人，先以本色媲偶；若給賜，許其妻、子相隨。若犯籍没，以其所能各配諸司，婦人巧者入掖庭。主簿掌印，省署抄目，勾檢稽失。凡置木契二十隻，〔三三〕應須出給，〔三四〕與署合之。十隻與太倉署合，十隻與導官署合，皆九雄、一雌。雄，主簿掌；雌，留署，勘然後出給。録事掌受事發辰。

上林署：令二人，從七品下；漢書百官表：「水衡都尉，武帝置，掌上林苑。」屬官有上林令、丞、尉，又有甘泉上林長、丞。又，步兵校尉掌上林苑。又，少府屬官有上林中十池監。〔三五〕上林者，漢之苑囿也，司馬相如有上林賦。後漢上林苑令一人，六百石，主苑中禽獸；頗有人居，皆主之；捕得其獸，送太官。丞一人，三百石。魏、晉因之。江左闕其官。宋武帝復置，隸尚書殿中曹及少府；齊因之。梁、陳屬司農。後魏闕文。北齊及隋並屬司農，皇朝因之。丞四人，從八品下；漢水衡都尉上林有八丞。後漢、魏、晉並一人，江左省，宋武帝置，齊、梁、陳並一人。後魏闕文。北齊上林丞八人，隋置二人，皇朝置四人。監事十人，從九品下。上林署令掌苑囿、園池之事；丞爲之貳。凡植果樹蔬菜，以供朝會、祭祀；其尚食進御及諸司常料亦有差。諸司吏執抄旁詣圃，然後給之。凡季冬藏冰，每歲藏一千段，方三尺，厚一尺五寸，所管州於山谷鑿而取之。先立春三日納之冰井。周禮：「凌人掌冰政。歲十有二月，令斬冰，三其凌。春始治鑑，夏頒冰，秋刷。」鄭玄云：「凌，冰室也；刷，清也；刷除凌室，更納新冰。西陸朝覿而出之，〔三六〕以進御焉。」

太倉署：令三人，從七品下；石氏星經：「天倉六星，在婁南，倉谷所藏；南四星天庾，積厨粟之所；天囷十三星，囷，倉廩之屬，主御糧也。」史記云：「武王伐殷，散鉅橋之粟。」周禮有廩人下大夫、上士。秦、漢大司農屬官太倉令、丞各一人。文帝時，淳于意爲之。後漢太倉令一人，六百石。魏品第七，晉、宋、齊、梁、陳亦然。後魏闕文。北齊司農統太倉令、丞。後周有司倉下大夫。隋太倉署令二人，〔三七〕米廩督二人，谷倉督四人，鹽倉督二人。皇朝置太倉令三人，〔三八〕東都則曰含嘉倉。丞六人，從八品下；秦、漢、魏、晉、宋、齊、梁、陳、北齊皆有丞一人，隋太倉丞六人，皇朝因之。〔三九〕監事十人，從九品下。太倉署令掌九穀廩藏之事；丞爲之貳。凡鑿窖、置屋，皆銘甎爲庾斛之數，與其年月日，受領粟官吏姓名。又立牌如其銘焉。輸米、粟二㪷，課稾一圍；三斛，橛一枚；米二十斛，籧篨一領；粟四十斛，苫一蕃；〔四〇〕麥及雜種亦如之；以充倉窖所用。仍令輸人營備之。凡粟支九年，米及雜種三年。貯經三年，斛聽耗一升；五年已上，二升。凡京官之禄，發京倉以給。中書、門下、御史臺、尚書省、殿中省、内侍省、九寺、三監、左・右春坊、詹事府、京兆・河南府並第一般，上旬給；十八衛、諸王府、率更・家令・僕寺、京・都總監、内坊並第二般，中旬給；諸公主府邑司、東宮十率府、九成宮總監、兩京畿府官並第三般，〔四一〕下旬給。餘司無額，準下旬。給公糧者，皆承尚書省符。丁男日給米二升、鹽二勺五撮，妻、妾、老男、小則減之。若老、中、小男無官及見驅使，兼國子監學生、鍼・醫生，雖未成丁，亦依丁例。

鉤盾署：令二人，正八品上；漢少府屬官有鉤盾令、丞。茂陵中書云：「鉤盾，宦者近署，兵器所造。」昭紀云：帝初立，年九歲，耕於鉤盾弄田。〔四二〕應劭云：「帝時幼，未能親耕帝籍，鉤盾宦者近署，故往試爲弄田。」後漢令六百石。魏氏闕文。晉大鴻臚屬官有鉤盾令，宋、齊、梁、陳省其官。後魏闕文。北齊司農統鉤盾令、丞。〔四三〕隋司農統鉤盾署令三人，掌薪芻及炭，鵝、鴨、蒲藺、陂池、藪澤之物。〔四四〕皇朝令二人，丞四人。丞四人，正九品上；漢有五丞。後漢置一人，四百石；〔四五〕又有苑丞、永安・鴻池丞，〔四六〕並隸鉤盾。魏氏因之。〔四七〕隋鉤盾十二丞，皇朝減置四人。監事十人，從九品下。後漢鉤盾令從官四十人。晉鉤盾令置主簿、録事各一人。鉤盾署令掌供邦國薪芻之事；丞爲之貳。凡祭祀、朝會、賓客享宴，隨其差降而供給焉。凡京官應給炭，五品已上日二斤。蕃客在館，第一等人日三斤，已下各有差。其和市木橦一十六萬根，每歲納寺；如用不足，以苑内蒿根柴兼之。其京兆、岐、隴州募丁七千人，〔四八〕每年各輸作木橦八十根，春、秋二時送納。若駕在都，則於河南府諸縣市之，少尹一人與卿相知檢察。凡孳生鵝、鴨、雞、彘之屬，皆令官奴婢爲課養之。

導官署：令二人，正八品下；〔四九〕秦、漢少府屬官有導官令、丞，主擇米以供祭祀及御饌。導，擇也。後漢屬大司農，令六百石，丞三百石。魏、晉、宋、齊皆有令、丞。〔五〇〕梁在七班之下，爲三品藴位；〔五一〕陳因之。後魏闕文。北齊及隋皆有令、丞，並屬司農，皇朝因之，置令二人。丞四人，正九品下；〔五二〕秦、漢、魏皆有丞，晉氏不置，宋、齊又置，梁、陳復省。隋有五丞，皇朝置四人。監事十人，從九品下。晉導官令置主簿、録事、酒吏、豉吏等。北齊導官有御細部、麴麪部、典庫部等倉督。〔五三〕隋導官署有御細倉督、麴麪等倉督。導官署令掌供御導擇米麥之事；丞爲之貳。凡九穀之用，有爲糗糒，有爲麴糵，有爲粉脂，皆隨其精麤，差其耗損，而供給之。

太原、永豐、龍門等諸倉，〔五四〕每倉監一人，正七品下；漢書：「酈生云：『據敖倉之粟。』」又，吴有海陵倉；大司農屬官有諸倉長、丞。後漢河南尹屬官有滎陽敖倉長、丞。〔五五〕魏書有邸閣倉，亦其事也。東晉有東倉、石頭倉，宋、齊因之。梁司農統左、中、右三部倉丞，陳氏亦同。後魏闕文。北齊司農有梁州及石濟之水次倉。隋初，漕關東之粟以實京邑，衞州黎陽倉、滎陽洛口倉、洛州河陽倉、陝州常平倉，潼關、渭南亦皆有倉，以轉運之，各有監官。皇朝因之。丞二人，從八品上。諸倉監各掌其倉窖儲積之事；丞爲之貳。凡粟出給者，每一屋、一窖盡，賸者附計，欠者隨事科徵；非理欠損者，坐其所由，令徵陪之。凡出納帳，歲終上于寺焉。

司竹監：監一人，正七品下；漢官有司竹長、丞，魏、晉河內・淇園竹各置司守之官，江左省，後魏有司竹都尉，北齊、後周並闕，隋有司竹監及丞，皇朝因之。今在京兆鄠、盩厔，懷州河內縣。副監一人，正八品下；丞二人，從八品上。司竹監掌植養園竹之事；副監爲之貳。凡宮掖及百司所需簾、籠、筐、篋之屬，命工人擇其材幹以供之；其笋，則以時供尚食。歲終，以竹功之多少爲之考課。丞掌判監事。

温泉湯：監一人，正七品下；辛氏三秦記云：「驪山西有温湯，〔五六〕先以三牲祭，乃得洗，不祭則爛人肉。俗説云：『秦始皇與神女戲，不以禮，神女唾之生瘡。始皇怖謝，乃爲出温泉洗之，立愈。』」抱朴子曰：「水有温泉之湯池，火有蕭丘之寒燗。」漢、魏已來，相承云能蕩邪蠲疫。今在新豐縣西，後周庾信有温泉碑，皇朝置温泉宮，常所臨幸。又京兆府藍田縣有石門湯，岐州郿縣有鳳泉湯，〔五七〕同州有北山湯，河南府有陸渾湯，汝州有廣成湯，天下諸州往往有之。然地氣温潤，殖物尤早，卉木凌冬不凋，蔬果入春先熟，比之驪山，多所不逮。丞一人，從八品上。温泉湯監掌湯池宮禁之事；丞爲之貳。凡駕幸温湯，其用物不支，所司者皆供之。若有防堰損壞，隨時修築之。凡王公已下，至於庶人，湯泉館室有差，別其貴賤，而禁其踰越。凡近湯之地，潤澤所及，〔五八〕瓜果之屬先時而育者，必爲之園畦，而課其樹藝；成熟，則苞匭而進之，以薦陵【廟。〔五九〕

京、都苑總監：監各一人，從五品下；副監一人，從六品下；丞二人，從七品下；主簿一人，從九品上。　苑總監掌宮苑內館園池之事；副監爲之貳。凡禽魚果木皆總而司之。凡給總監及苑內官屬，人畜出入，皆爲差降之數。〔六〇〕

京、都苑四面監：監各一人，從六品下；副監一人，從七品下；丞二人，正八品下。　四面監掌所管面苑內宮館園池與其種植修葺之事；副監爲之貳。〔六一〕顯慶二年，改青城宮監曰東都苑北面監，明德宮監曰東都苑南面監，洛陽宮農圃監曰東都苑東面監，倉貨監曰東都苑西面監。〔六二〕丞掌判監事。〔六三〕

諸屯監：監一人，從七品下；〔六四〕隋置屯監，畿內者隸司農，自外者隸諸州。皇朝因之。〔六五〕丞二人，從八品下。　諸屯監各掌其屯稼穡；丞爲之貳。凡每年定課有差。〔六六〕

九成宮總監：監一人，從五品下；副監一人，從六品下；丞一人，從七品下；〔六七〕主簿一人，從九品下。〔六八〕　九成宮監掌檢校宮苑，供進合練藥餌之事；副監爲之貳。丞掌判監事。主簿掌印，勾檢監事。

校勘記

〔一〕府三十八人　舊唐書職官志作「二十八人」，新唐書百官志同六典。

〔二〕監事十人　舊唐書職官志作「十九人」，新唐書百官志同六典。　正文同此。

〔三〕太倉署　「太」字原本作「大」，嘉靖、廣雅二本皆然，據正文改。

〔四〕丞六人　近衞校曰：「舊唐志作『二人』。」案：六典本卷正文亦作「六人」，原注曰：「隋太倉丞六人，皇朝因之。」册府元龜卷四八三邦計部總序曰：「（貞元）十九年，太倉奏請依六典置太倉令二員、丞六員、監事十人。」疑作「六」者實是。

〔五〕監一人　案：自「監」以下均云每倉各若干人也，「各」字省略。

〔六〕丞一人　舊唐書職官志作「二人」，新唐書百官志同六典。　正文同此。

〔七〕府一人　舊唐書職官志作「二人」，新唐書百官志同六典。

〔八〕主簿各一人　新唐書百官志作「二人」，舊唐書職官志同六典。

〔九〕録事各二人　舊唐書職官志作「各三人」，新唐書百官志同六典。

〔一〇〕典事各六人　舊唐書職官志及新唐書百官志均不見。

〔一一〕掌固各六人　新書唐百官志此下有「獸醫各五人」句。

〔一二〕史各六人　舊唐書職官志作「三人」，新唐書百官志同六典。

〔一三〕掌固各六人　舊唐書職官志作「四人」，新唐書百官志同六典。

〔一四〕監一人　案：自「監」以下均云每監各若干人也，「各」字省略。

〔一五〕丞一人　舊唐書職官志作「二人」，新唐書百官志同六典。

〔一六〕晉置功曹主簿録事等員　晉書職官志「録事」作「五官」。

〔一七〕後魏大司農第二品上　原本「後」上有「梁」字，嘉靖、廣雅二本亦然，近衛校明本曰：「『梁』恐衍。」案：據文義，「梁」字實衍；職官分紀卷二十引六典「司農寺卿員品」條注文中亦無「梁」字，今刪。

〔一八〕後魏初置少卿第三品　魏書官氏志：太和前制，少卿第三品上。

〔一九〕掌邦國倉儲委積之政令　太平御覽卷二三二「司農卿」條引六典、舊唐書職官志、新唐書百官志「政令」均作「事」。

〔二〇〕北齊籍於城東南千畝　隋書禮儀志二「城」上有「帝」字。

〔二一〕設御壇於阡陌東　隋書禮儀志二「御」下有「耕」字，「阡陌東」作「阡東陌北」。

〔二二〕以青箱奉穜稑之種　隋書禮儀志二「種」下有「跪呈」二字。

〔二三〕司農詣耕所灑之　「詣」字原本訛作「諸」，嘉靖本亦然，廣雅本作「至」，今據隋書禮儀志二改。

〔二四〕祀三獻訖　隋書禮儀志二「祀」作「禮」。

〔二五〕皇帝三推　隋書禮儀志二「推」下有「訖」字。

〔二六〕司農率其屬終畝　隋書禮儀志二「司農」作「司徒」，「畝」上有「千」字。

〔二七〕以一蹳爲一推　「蹳」字原本訛作「撥」，嘉靖、廣雅二本亦然。近衛校明本曰：「『撥』當作『蹳』。」是，今據以改。

〔二八〕季冬藏冰　「冰」字原本訛作「水」，據嘉靖本改。

〔二九〕及桑弘羊爲大司農　「大」字原本作「太」，據嘉靖本改。

〔三〇〕太和二十二年爲七品下　魏書官氏志：太和後制，太常、光禄、衛尉三卿丞從第六品下；太僕、大司農等列卿丞第七品下。

〔三一〕品從第六　隋書百官志：太常、光禄、衛尉三寺丞從六品下，宗正、司農等六寺丞正七品下。

〔三二〕凡天下租税及折造轉運于京都　舊唐書職官志「租」下無「税」字。

〔三三〕凡置木契二十隻　「置」字原本訛作「署」，嘉靖、廣雅二本亦然，據舊唐書職官志改。

〔三四〕應須出給　「給」字原本訛作「納」，嘉靖、廣雅二本亦然，據本條原注「勘然後出給」改。

〔三五〕少府屬官有上林中十池監　「十」字原本訛作「士」，嘉靖、廣雅二本亦然，據漢書百官公卿表改。

〔三六〕西陸朝覿而出之　「覿」字原本訛作「覲」，嘉靖本亦然，近衛校曰：「『覲』當作『覿』。」廣雅本作「覿」，與周禮卷二天官冢宰下「凌人職掌」條鄭注合，今據以改。

〔三七〕隋太倉署令二人　「倉」字原本訛作「令」，嘉靖本亦然，近衛校曰：「『令』當作『倉』。」廣雅本作「倉」，今據以改。

〔三八〕皇朝置太倉令三人　「置」字原本訛作「署」，嘉靖、廣雅二本亦然，據職官分紀卷二十引六典「太倉令員品」條原注改。

〔三九〕隋太倉丞六人皇朝因之　近衛校明本曰：「按：通典云大唐有丞二人。」案：六典本條正文及原注疑均不誤，參見本卷校記〔四〕。

〔四〇〕苫一蕃　「苫」字原本訛作「苦」，嘉靖、廣雅二本亦然。近衛校明本曰：「『苦』當作『苫』。」是，今據以改。

〔四一〕諸公主府邑司東宮十率府九成宮總監兩京畿府官並第三般　「主」字原本作「王」，嘉靖、廣雅二本亦然。案：「諸公王府邑司」不成語法，且唐唯公主府有邑司，而諸王府又已在第二般中，此「王」字顯爲「主」之形訛，今改正之。又：下「宮」字原本訛作「官」，據嘉靖本改。

〔四二〕帝初立年九歲耕於鉤盾弄田　「九」字原本作「八」，嘉靖、廣雅二本亦然。案：漢書昭帝紀云：「始元元年春二月己亥，上耕于鉤盾弄田。」顏師古注引應劭曰：「時帝年九歲。」考昭帝於武帝後元二年二月戊辰即位，時年八歲，逾年始改稱始元元年，顏注是，今改。

〔四三〕北齊司農統鉤盾令丞　「司」上原本有「大」字，嘉靖、廣雅二本亦然，據隋書百官志删。

〔四四〕掌薪芻及炭鵝鴨蒲藺陂池藪澤之物　「藺」字原本訛作「藺」，嘉靖、廣雅二本亦然。近衛校明本曰：「『藺』當作『藺』。」案：新唐書百官志載唐鉤盾令職掌正作「藺」，而唐制多沿襲北齊及隋，近衛之説甚是，今改。

〔四五〕四百石　續漢書百官志作「三百石」。

〔四六〕又有苑丞永安鴻池丞　續漢書百官志「苑丞」作「苑中丞」。

〔四七〕魏氏因之　案：上文「鉤盾令員品」條原注云：「魏氏闕文。」考晉書職官志大鴻臚屬官雖有鉤盾令，而宋書百官志、南齊書百官志、通典職官八諸卿中「鴻臚卿」條及「鉤盾署」條敘百官沿革，均未言魏有此官，四字可疑。

〔四八〕其京兆岐隴州募丁七千人　「隴」字原本作「龍」，嘉靖、廣雅二本亦然。案：唐龍州屬劍南道，遠在今之四川省江油縣一帶，似無與京兆、岐州同募丁輸作木橦之理，觀本注下文「若駕在都，則於河南府諸縣市之」一語，其事自明。考新唐書地理志有隴州，其地與京兆及岐州相近，「龍」蓋以與「隴」形、音俱近而訛，今改之。

〔四九〕正八品下　原本無「正」字，「下」作「上」；嘉靖、廣雅二本亦然。今據通典職官二十二大唐官品增、改。

〔五〇〕魏晉宋齊皆有令丞　案：下文「導官丞員品」條原注云：「秦、漢、魏皆有丞，晉氏不置，宋、齊又置，梁、陳復省。」據此，疑「丞」字衍，當删。

〔五一〕爲三品蘊位　「蘊」字原本訛作「勳」，嘉靖、廣雅二本亦然，據隋書百官志改。

〔五二〕正九品下　「下」字原本訛作「上」，嘉靖、廣雅二本亦然，據通典職官二十二大唐官品改。

〔五三〕北齊導官有御細部麴麪部典庫部等倉督　隋書百官志「官」下有「署」字。

〔五四〕太原永豐龍門等諸倉　原本作「太原永豐龍門監」。嘉靖、廣雅二本亦然。近衛校明本曰：「依目錄，『龍門』下當有『等諸倉』三字，『監』字可削。」今據以改。

〔五五〕後漢河南尹屬官有滎陽敖倉長丞　「滎」字原本訛作「榮」，據嘉靖本改。下「滎陽洛口倉」之「滎」同。「敖」字原本訛作「穀」，嘉靖、廣雅二本亦然，據續漢書百官志改。

〔五六〕驪山西有温湯　酈道元水經注卷十九引三秦記作「麗山西北有温水」。

〔五七〕岐州郿縣有鳳泉湯　「郿」原本作「郁」、「泉」原本作「凰」，嘉靖、廣雅二本亦然。案：唐無郁縣。考新唐書地理志，鳳翔府（岐州）郿縣有鳳泉湯，是「郁」爲「郿」之形訛無疑。其所以稱鳳泉湯者，蓋以隋義寧二年置郿城郡時，曾析郿置鳳泉縣（至唐貞觀八年始省），因縣而得名，如陸渾湯然也。此類情形，往往而有，即以本條注中所列諸湯而言，大都以所在處之故縣、今縣及山名得稱。此處所以訛「泉」作「凰」者，因習俗「鳳凰」連稱故也。今據新唐書地理志改。

〔五八〕潤澤所及　「澤」字原本訛作「瀆」，廣雅本亦然，嘉靖本缺頁，據舊唐書職官志改。

〔五九〕以薦陵廟　自「廟」字起，至於「九成宮總監員品」條之「丞一人，從七品下」止，正德、嘉靖二本俱缺頁，近衛校明本取舊唐書職官志補之，廣雅本則雜採通典職官八、舊唐書職官志及新唐書百官志以補之。二者相較，廣雅本差詳，且就殘存之正德本「九成宮監職掌」條原注曾及其沿革云「武德初，改隋仁壽宮監曰九成宮監」窺之，恐亦較接近於六典原貌，今姑據以補殘缺，仍加【】號以區別之，並分別注明其出處。「廟」，廣雅本據舊唐書職官志補。

〔六〇〕京都苑總監監各一人至皆爲差降之數　廣雅本據舊唐書職官志補。

〔六一〕京都苑四面監監各一人至副監爲之貳　廣雅本據舊唐書職官志補。

〔六二〕顯慶二年至倉貨監曰東都苑西面監　廣雅本據新唐書百官志補。

〔六三〕丞掌判監事　廣雅本據舊唐書職官志補。

〔六四〕諸屯監一人從七品下　廣雅本據舊唐書職官志補。

〔六五〕隋置屯監至皇朝因之　廣雅本據通典職官八司農卿「諸屯監」條補。通典原文「屯監」下有「副監」二字，「皇朝」作「大唐」。

〔六六〕丞二人至凡每年定課有差　廣雅本據舊唐書職官志補。

〔六七〕九成宮總監監一人至從七品下　廣雅本據舊唐書職官志補。據廣雅本補者至此止，以下還據正德本。

〔六八〕從九品下　舊唐書職官志「九成宮監員品」條同。新唐書百官志作「從九品上」，舊唐書職官志「總序官品」條、通典職官二十二大唐官品，宮苑總監主簿均在從九品上階之列，疑是也。

唐六典太府寺卷第二十

太府寺

卿一人　少卿二人　丞四人　主簿二人　録事二人

府二十五人〔一〕　史五十人　計史四人　亭長七人

掌固七人

兩京諸市署

令各一人　丞二人〔二〕　録事一人　府三人　史七人

典事二人〔三〕　掌固一人

平準署

令二人〔四〕　丞四人　録事一人　府六人　史十三人

監事六人〔五〕　典事二人　價人十人　掌固二人〔六〕

左藏署

令三人　丞五人　府九人　史十八人　監事八人〔七〕

典事十二人〔八〕　掌固八人

右藏署

令二人　丞三人　府五人　史十三人〔九〕　監事四人

典事七人　掌固十人

常平署

令一人　丞二人　府四人　史八人　監事五人

典事五人　掌固六人

太府寺：卿一人，從三品；周禮天官有太府下大夫、上士、下士，「掌九貢、九賦、九功之貳，〔一〇〕以受其貨賄之入，頒其貨于受藏之府，頒其賄于受用之府。凡官府、都鄙之吏及執事者，受財用焉」。則今太府之任也。秦、漢已下不置其官，其職並於司農、少府。梁天監七年始置太府卿，〔一一〕班第十三，掌金帛、府帑，統左·右藏令、上庫丞、太市·南市·北市令，〔一二〕關津亦皆屬焉。陳因之，品第三。後魏太和中，始改少府爲太府卿，品第三。北齊因之。後周有太府中大夫，又有計部中大夫。隋太府寺卿一人，正三品，〔一三〕統左藏、左·內·右三尚方、司染、右藏、黃藏、掌冶、甄官等署，〔一四〕各置令、丞。至煬帝，分太府寺置少府監，管三尚方及司染、掌冶等署，而太府寺管左·右藏及兩市、平準等署焉。大業四年降爲從三品，皇朝因之。至龍朔二年改爲外府正卿，咸亨元年復故。光宅元年改爲司府寺，神龍初復舊。少卿二人，從四品上。後魏孝文帝改少府爲太府，置少卿一人，第四品上。北齊因之。隋煬帝加至二人，降爲從四品。皇朝減一人，貞觀中復置二人。〔一五〕龍朔、咸亨、光宅、神龍並隨寺改復。

太府卿之職，掌邦國財貨之政令，〔一六〕總京·都四市、平準、左·右藏、常平八署之官屬，舉其綱目，修其職務；少卿爲之貳。以二法平物：一曰度量，度謂分、寸、尺、丈，量謂合、升、斗、斛。二曰權衡。權，重也；衡，平也。金銀之屬謂之寶，錢帛之屬謂之貨。絹曰匹，布曰端，綿曰屯，絲曰絇，麻曰綟，金銀曰鋌，錢曰貫。凡四方之貢賦，百官之俸秩，謹其出納，而爲之節制焉。諸州庸、調及折租等物應送京者，並貯左藏；其雜送物並貯右藏。庸、調初至京日，錄狀奏聞。每旬一奏納數。

凡絹、布出有方土，類有精粗。絹分爲八等，布分爲九等，所以遷有無，和利用也。宋、亳之絹，復州之紵，宣、潤、沔之火麻，黄州之貲，並第一等。鄭、汴、曹、懷之絹，常州之紵，舒、蘄、黄、岳、荆之火麻，〔一七〕廬、和、晉、泗之貲，並第二等。滑、衛、陳、魏、相、冀、德、海、泗、濮、徐、兖、貝、博之絹，〔一八〕楊、湖、沔之紵，徐、楚、廬、壽之火麻，絳、楚、滁之貲，並第三等。滄、瀛、齊、許、豫、仙、棣、鄆、深、莫、洺、邢、恒、定、趙之絹，蘇、越、杭、蘄、廬之紵，澧、朗、潭之火麻，澤、潞、沁之貲，並第四等。潁、淄、青、沂、密、壽、幽、易、申、光、安、唐、隨、黄之絹，〔一九〕衢、饒、洪、婺之紵，京兆、太原、汾之貲，並第五等。益、彭、蜀、梓、漢、劍、遂、簡、綿、襄、褒、鄧之絹，郢、江之紵，褒、洋、同、岐之貲，並第六等。資、眉、邛、雅、嘉、陵、閬、普、壁、集、龍、果、洋、渠之絹，〔二〇〕台、括、撫、睦、歙、虔、吉、温之紵，唐、慈、坊、寧之貲，並第七等。通、巴、蓬、金、均、開、合、興、利、泉、建、閩之絹，泉、建、閩、袁之紵，〔二一〕登、萊、鄧之貲，並第八等。金、均、合之貲，並第九等。

凡供祀昊天上帝幣以蒼，配帝亦如之；皇地祇幣以黄，配帝亦如之。祀大明幣以青，夜明幣以白；神州幣以黄；太社、太稷之幣皆以玄，后稷亦如之；先農幣以青；先蠶幣以玄。蜡祭神農幣以赤，伊祁氏幣以玄。祀五方帝、五帝、五官、内官、中官、外官、五星、二十八宿及衆星、嶽、鎮、海、瀆、山、林、川、澤、丘、陵、墳、衍等之幣皆以其方色。祈告宗廟之幣及孔宣父、齊太公皆以白。凡幣皆長一丈八尺。

丞四人，從六品上；〔二二〕梁選簿：〔二三〕「太府丞一人，品從第七。〔二四〕」陳因之。後魏亦一人，品第七下。後周太府上士一人，亦丞之任也。隋太府丞六人，正七品下；大業五年，〔二五〕增爲從五品。皇朝置四人，從六品上。垂拱中省一人，開元又加焉。主簿二人，從七品上；梁置太府主簿一人，七班之中爲第三；陳因之。後魏主簿一人。隋四人，從七品。皇朝置三人，至太極中省一人。太府寺管木契七十隻：十隻與左藏東庫合，十隻與左藏西庫合，十隻與右藏内庫合，十隻與右藏外庫合，又十隻與東都左藏庫合，十隻與東都右藏庫合，各九雄、一雌。九雄，太府主簿掌；一雌，庫官掌。又，五隻與左藏朝堂庫合，五隻與東都左藏朝堂庫合，各四雄、一雌。其契以次行用。錄事二人，從九品上。

丞掌判寺事。凡左、右藏庫帳禁人之有見者。若請受、輸納，人名、物數皆著於簿書。每月以大摹印紙四張爲之簿，而丞、衆官同署。月終，留一本於署。每季錄奏，兼中所司。凡元正、冬至所貢方物應陳於殿庭者，受而進之。凡會賜及別敕錫賚六品已下，即於朝堂給之。主簿掌印，省署抄目，勾檢稽失。凡置木契九十五隻：二十五隻與少府、將作、苑總監合，七十隻與庫官合。十五隻刻「少府監」字，十四隻雄，付少府監；五隻刻「將作監」字，四隻雄，付將作監；五隻刻「苑總監」字，四隻雄，付苑總監，皆應索物。雌留太府寺。凡官私斗、秤、度尺，每年八月詣寺校印署，〔二六〕無或差繆，然後聽用之。禮記月令云：「仲春、仲秋，日夜分，則同度量，平權衡，正鈞石，角斗甬。」錄事掌受事發辰。

兩京諸市署：各令一人，從六品上；昔神農、祝融氏始作市易，曰：「日中爲市。」致天下之民，聚天下之貨，交易而退，各得其所，蓋取諸噬嗑。石氏星經：「天市垣二十二星。」周禮地官有司市下大夫、上士、中士、下士，其屬有賈人、鄽人、胥師、賈師、司暴、司稽、肆長，蓋諸市官也。漢改秦内史爲京兆尹，〔二七〕其屬官有長安市長、丞。後漢河南尹屬官有雒陽市長、丞，魏、晉因之。東晉隸丹陽尹，宋、齊因之。梁始隸太府。梁選簿：〔二八〕「太市令屬四品市職之任，不容過卑，天監三年革其選。」陳因之。後魏京邑市令從五品中。北齊司州牧領東、西市署令・丞。後周司市下大夫一人。隋司農寺統京市令、丞。煬帝三年，改京市隸太府寺，京師東市曰「都會」，西市曰「利人」；東都東市曰「豐都」，南市曰「大同」，北市曰「通遠」。皇朝因之。京置東、西、南三市。按：東都西市則隋南市也，〔二九〕南市則隋東市也。都南市舊兩坊之地，武德中減爲坊半焉。垂拱中省京南市，開元十年又省都西市。〔三〇〕丞各二人，正八品上。後漢雒陽市丞一人，二百石。〔三一〕魏、晉、宋、齊因之。梁有太、南、北三市丞，位在七班之下；陳因之。後魏闕文。北齊有東、西市丞。後周有小司市上士、下士一人。隋有京市丞，皇朝因之。

京、都諸市令掌百族交易之事；丞爲之貳。凡建標立候，陳肆辨物，按周禮：「肆長各掌其肆之政令，陳其貨賄，名相近者，相遠也；實相近者，相邇也，而平正之。」以二物平市，謂秤以格，斗以概。以三賈均市。〔三二〕精爲上賈，次爲中賈，麄爲下賈。凡與官交易及懸平贓物，並用中賈。其造弓矢、長刀，官爲立樣，仍題工人姓名，然後聽鬻之；諸器物亦如之。以僞濫之物交易者，没官；短狹不中量者，還主。周禮：「司市僞飾之禁，在人者十有二，在商者十有二，在賈者十有二，在工者十有二。」王制亦云：「用器、兵、車不中度，布帛精麄不中數，幅廣狹不中量，姦色亂正色，五谷不時，果實未熟，木不中伐，禽獸魚鱉不中殺，皆不鬻於市。」凡賣買奴婢、牛馬，用本司、本部公驗以立券。凡賣買不和而榷固，〔三三〕榷謂專略其利，固謂鄣固其市。及更出開閉共限一價，謂賣物以賤爲貴，買物以貴爲賤。若參市而規自入者，並禁之。謂在傍高下其價以相惑亂也。凡市以日午，擊鼓三百聲而衆以會；日入前七刻，擊鉦三百聲而衆以散。周禮：「大市，日昃而市，百族爲主；朝市，朝時而市，商賈爲主；夕市，夕時而市，販夫販婦爲主。」丞兼掌監印、勾稽。録事掌受事發辰。

平準署：令二人，從七品下；周禮有賈人中士、下士，〔三四〕主平定物價也。漢大司農屬官有平準令、丞。韋昭辨釋名云：「平準，主平物價，使相依準。」史記云：「桑弘羊領大農令，〔三五〕以諸官各自市相爭，〔三六〕以故物多騰躍，乃請置大農部丞數十人，分部主郡國；置平準於京師，受天下委輸，盡籠天下之貨物，貴則賣之，賤則買之，如此則富商大賈無所牟大利矣。〔三七〕所以置平準焉。」故趙廣漢廉潔下士，州舉茂才，爲平準令。後漢大司農屬官有平準令、丞各一人，令六百石，丞三百石，掌知物價及主練染，作采色。至和帝改平準爲中準，以宦者爲令、丞，列于內署。自是，諸署令悉用宦人。魏氏闕文。晉少府屬官有平準令、丞。宋順帝諱「準」，改曰染署。齊少府有平準令、丞。〔三八〕梁、陳有平水令、丞。〔三九〕後魏闕文。北齊司農寺統平準令、丞。後周有平準中士、下士。〔四〇〕隋司農屬官有平準署令、丞。煬帝三年，改平準署隸太府寺。皇朝因之。丞四人，從八品下；監事六人，從九品下。平準令掌供官市易之事；丞爲之貳。凡百司不任用之物，〔四一〕則以時出貨；其没官物者，亦如之。

左藏署：令三人，從七品下；周禮有外府中士，主泉藏之在外者，掌邦布之出入，以供百物，而待邦用也；又有職幣上士、中士，主貨幣之入也，並今左藏之職也。〔四二〕至秦、漢，則分在司農、少府。後漢少府屬官有中藏府令、丞各一人，掌中藏幣帛、金銀、貨物。魏氏因之。晉少府屬官有左、右藏令。東晉御史九人，各掌一曹，有庫曹御史，後復分庫曹置外左庫、内左庫。宋文帝省外左庫，而内左庫直云左庫，孝武帝復置，〔四三〕前廢帝又省。齊、梁、陳有右藏庫，〔四四〕無左藏。後魏闕文。北齊太府寺統左、右藏令・丞。後周有外府上士、中士二人，掌絹帛、絲麻、錢物、皮角、筋骨之藏。隋有左藏署令、丞，皇朝因之。左藏有東庫、西庫、朝堂庫，又有東都庫、東都朝堂庫，各掌木雌契一，與太府主簿合之。丞五人，從八品下；隋有四人，皇朝加一人。監事八人，從九品下。左藏令掌邦國庫藏之事；丞爲之貳。凡天下賦調，先於輸場簡其合尺度斤兩者，卿及御史監閲，然後納于庫藏，皆題以州縣、年月，所以別麁良，辨新舊也。凡出給，先勘木契，然後録其名數及請人姓名，署印送監門，乃聽出。若外給者，以墨印印之。凡官物應入私，已出庫而未給付；若私物當供官之物，或雖不供官，而皆掌在其官，〔四五〕並同官物之例也。凡藏院之内禁人然火及無故而入者。院内常四面持仗爲之防守，〔四六〕夜則擊柝分更以巡警焉。

右藏署：令二人，正八品上；〔四七〕周禮有内府中士，主良貨賄，藏在内也；又有職内上士、中士，〔四八〕主泉貨所入，並今右藏之職。至秦、漢已來，則分在司農、少府，其職掌、廢置並與左藏同。隋太府寺統右藏令、丞各三人，〔四九〕皇朝因之。右藏有内庫、外庫、東都庫，各木雌契一隻，與太府寺主簿合之。丞三人，正九品上；隋有二人，〔五〇〕皇朝置三人。監事四人，從九品下。右藏署令掌邦國寶貨之事；丞爲之貳。雜物州土：安西于闐之玉，饒、道、宣、永、安南、邕等州之銀，楊、廣等州之蘇木、象牙，永州之零陵香，〔五一〕廣府之沉香、霍香、薰陸・雞舌等香，京兆之艾納香、紫草，宣、簡、潤、郴、鄂、衡等州之空青、石碌，〔五二〕辰、溪州之硃砂，相州之白粉，岩州之雌・雄黄，絳、易等州之墨，金州之梔子、黃檗，西州之高昌礬石，益府之大小黃・白麻紙、弓弩弦麻，杭、婺、衢、越等州之上細黃・白狀紙，均州之大模紙，宣、衢等州之案紙、次紙，蒲州之百日油細薄白紙，河南府、許、衛、懷、汝、澤、潞等州之兔皮，鄜、寧、同、華、虢、晉、蒲、絳、汾等州之狸皮，越州之竹管，涇、寧、邠、隴、蓬等州之蠟，蒲、絳、鄭、貝等州之氈，河南府、同、鄧、許等州之膠，蒲、同、虢等州之席，涇、丹、鄜、坊等州之麻，京兆、岐、華等州之木燭。凡四方所獻金玉、珠貝、玩好之物皆藏之；出納、禁令，如左藏之職。〔五三〕

常平署：令一人，從七品下；漢書食貨志：「管仲相桓公，通輕重之權，曰：『歲有凶穰，故谷有貴賤；令有緩急，故物有輕重。人君不理，則畜賈遊於市，乘人之不給，百倍其本矣。故萬乘之國必有萬金之賈，〔五四〕千乘之國必有千金之賈者，利有所并也。計本量委則足矣，然人有飢餓者，谷有所藏也。人有餘則輕之，故人君斂之以輕；人不足則重之，故人君散之以重。凡輕重斂散以時卽準平。』」「李悝曰：『糴甚貴傷民，甚賤傷農，民傷則離散，農傷則國貧，故甚貴、甚賤，其傷一也。是故善平糴者，必也謹觀。歲有上、中、下熟，故大熟則上糴三而舍一，中熟則糴二，下熟則糴一。小飢則發小熟之所斂，中飢則發中熟之所斂，大飢則發大熟之所斂而糶之。故雖遇飢饉水旱，糴不貴而人不散。』」孟子曰：「狗彘食人食而不知檢，塗有餓莩而不知發。」蓋並常平之義。漢宣帝卽位，歲數豐穰，谷至石五錢，農人少利，大司農中丞耿壽昌遂白令邊郡皆築倉，〔五五〕以谷賤時增其價而糴，谷貴時減其價以糶，名「常平倉」，人便之。後漢明帝永平五年，歲比登稔，作「常滿倉」，立粟市於城東，粟斛直錢三十。晉武帝泰始四年乃立常平倉，豐則糴，儉則糶，以利百姓。東晉、宋、齊無聞。梁有常平倉而不糴，〔五六〕陳亦如之。後魏太和十二年，有司上言：「請京都度支歲用之餘，各立官司，〔五七〕年豐，糴貯於倉；時儉，加私之二，糶之於人。〔五八〕北齊諸州郡皆別置「富人倉」。初立之日，準所領中、下之户數，口數，〔五九〕得支一年糧，逐次當州谷價賤時，〔六〇〕斟量割當年義租充入。谷貴，下價糶之；賤則還用所糶物依時價糴貯。隋開皇三年，於河西勒百姓立堡，營田積谷；京師置常平監。又以倉庫尚虛，衛州置黎陽倉，洛州置河陽倉，陝州置常平倉，華州置廣通倉，轉相委輸，漕關東之粟以給京師。又募人能於洛陽運米四十石，經砥柱達于常平倉者，免其征戍，以此通轉運，亦非糶糴。皇朝垂拱初，兩京置常平署，天下諸州亦置之。〔六一〕丞二人，從八品下；監事五人，從九品下。

常平令掌平糴倉儲之事；丞爲之貳。凡歲豐穰，穀賤，人有餘，則糴之；歲饑饉，穀貴，人不足，則糶之，與正、義倉帳具其本利同申。凡出納、禁令如左藏之職焉。

校勘記

〔一〕府二十五人　舊唐書職官志作「十五人」，新唐書百官志同六典。

〔二〕丞二人　案：自「丞」以下，均言每署各若干人也，「各」字省略。正文同此。

〔三〕典事二人　舊唐書職官志、新唐書百官志並作「三人」。

〔四〕令二人　「二」字原本訛作「一」，嘉靖、廣雅二本亦然，據正文改。

〔五〕監事六人　舊唐書職官志作「二人」。正文同此。

〔六〕掌固二人　舊唐書職官志作「十人」。

〔七〕監事八人　舊唐書職官志作「九人」，新唐書百官志同六典。正文同此。

〔八〕典事十二人　舊唐書職官志作「一人」，新唐書百官志同六典。

〔九〕史十三人　舊唐書職官志作「十人」，新唐書百官志作「十二人」。

〔一〇〕掌九貢九賦九功之貳　「貳」字原本訛作「式」，嘉靖、廣雅二本亦然，據周禮卷二天官冢宰下「太府職掌」條改。

〔一一〕梁天監七年始置太府卿　「卿」字原本無，嘉靖、廣雅二本亦然，據隋書百官志增。

〔一二〕統左右藏令上庫丞太市南市北市令　「左」字原本無，嘉靖、廣雅二本亦然，據隋書百官志增。「太」字原本訛作「大」，嘉靖、廣雅二本亦然，據職官分紀卷二十引六典「太府寺卿員品」條原注改。

〔一三〕正三品　原本「品」下有「上」字，嘉靖、廣雅二本亦然，據隋書百官志刪。

〔一四〕統左藏左內右三尚方司染右藏黃藏掌冶甄官等署　「統」字原本殘缺，據嘉靖本補。「左內右三尚方」原本作「左內右內三尚方」，嘉靖、廣雅二本亦然，今據隋書百官志刪下「內」字。「黃藏」二字原本無，嘉靖、廣雅二本亦然，據隋志增。

〔一五〕貞觀中復置二人　唐會要卷六十六太府寺曰：「少卿，武德初置二人，貞觀元年省兩員。龍朔二年正月十五日加一員，以韋思齊爲之；太極元年十二月十八日又加一員，分爲兩京檢校，以崔諤爲之。」舊唐書高宗本紀曰：「龍朔二年春正月乙巳，太府寺更置少卿一員，分兩京檢校。」同書睿宗本紀曰：「景雲三年（太極元年）二月丁酉（是月庚子朔，不當有丁酉，疑有誤），秘書增少監一員，光祿、大理、鴻臚、太府、衞尉、宗正各增置少卿一員。」

〔一六〕掌邦國財貨之政令　太平御覽卷二三二太府卿引六典作「掌邦國賦貨之事」。

〔一七〕舒蘄黄岳荆之火麻　「岳」字原本作「嶽」，嘉靖本亦然，廣雅本作「岳」。案：唐無「嶽州」，「嶽」當爲「岳」之訛字，今改。

〔一八〕滑衞陳魏相冀德海泗濮徐兗貝博之絹　「濮」字原本訛作「濮」，嘉靖本亦然，近衞校曰：「『濮』當作『濮』。」廣雅本作「濮」，與本書卷三「户部郎中、員外郎職掌」條所列河南道所轄州府名及厥賦、厥貢原注合，今據以改。

〔一九〕潁淄青沂至隨黄之絹　「潁」字原本訛作「穎」，嘉靖本亦然，據廣雅本改。

〔二〇〕資眉邛雅嘉陵閬至洋渠之絹　「閬」字原本作「闐」，嘉靖、廣雅二本亦然。案：唐無「闐州」，以資州以下十四州悉爲山南西道及劍南道所轄之州揆之，並據新唐書地理志閬州土貢有絹，知「闐」以與「閬」形近致訛，今改。

〔二一〕泉建閩袁之紵　「袁」字原本作「表」，嘉靖、廣雅二本亦然。案：唐無「表州」，據本書卷三，袁州所貢有白紵布，知「表」以與「袁」形近致訛，今改。

〔二二〕從六品上　「上」字原本訛作「下」，嘉靖、廣雅二本亦然，據通典職官二十二大唐官品改。

〔二三〕梁選簿　「簿」字原本訛作「部」，嘉靖、廣雅二本亦然。近衞校明本曰：「『部』當作『簿』。」是，今據以改。

〔二四〕品從弟七　「弟」字嘉靖、廣雅二本並作「第」，二字通。

〔二五〕大業五年　「五」字原本作「三」，嘉靖、廣雅二本亦然，據隋書百官志改。

〔二六〕凡官私斗秤度尺每年八月詣寺校印署　「度」字原本殘缺，嘉靖本亦然，近衞校曰：「當塡以『度』字。」與唐律疏議卷二十六雜律上「諸私作斛斗秤度不平」條疏議引令合，今據以改。廣雅本作「量」，非。

〔二七〕漢改秦內史爲京兆尹　「改」字原本訛作「政」，嘉靖本亦然，據廣雅本改。

〔二八〕梁選簿　「簿」字原本訛作「部」，嘉靖、廣雅二本亦然。近衞校明本曰：「『部』當作『簿』。」是，今據以改。

〔二九〕東都西市則隋南市也　原本「西」下無「市」字，嘉靖本亦然，近衞校曰：「『西』『則』之間脫『市』字。」又正德、嘉靖二本並訛「隋」作「隨」，近衞校曰：「『隨』當作『隋』，下效之。」案：近衞所校與職官分紀卷二十引六典「兩京諸市署令員品」條原注悉合，今據以增、改。廣雅本脫「市」字，「隋」字不訛。

〔三〇〕開元十年又省都西市　唐會要卷八十六市：「天授三年四月十六日，神都置西市，尋廢。至長安四年十一月二十二日又置，至開元十三年六月二十三日又廢。」

〔三一〕二百石　「二」字原本訛作「三」，嘉靖、廣雅二本亦然，據續漢書百官志改。

〔三二〕以三賈均市　太平御覽卷二三二市令引六典「均」下有「平」字。

〔三三〕凡賣買不和而榷固　「榷」字原本訛作「推」，嘉靖本亦然，近衞校曰：「據唐志，『推』當作『榷』。注同。」廣雅本作「榷」，與新唐書百官志合，今據以改。唐律疏議卷二十六雜律「諸賣買不和而較固者」條正文及疏議「榷」並作「較」。

〔三四〕周禮有質人中士下士　「質」字原本訛作「貨」，嘉靖、廣雅二本亦然，據周禮卷三地官司徒第二改。

〔三五〕桑弘羊領大農令　史記平準書「大農」下無「令」字。

〔三六〕以諸官各自市相争　「争」字原本訛作「事」，嘉靖、廣雅二本亦然，據史記平準書「以諸官各自市，相與争」校改。

〔三七〕如此則富商大賈無所牟大利矣　原本「商」下衍「賈」字，嘉靖本亦然，近衞校曰：「『賈』當削。」廣雅本去之，與史記平準書合，今據以删。

〔三八〕齊少府有平準令丞　「少」字原本訛作「太」，嘉靖、廣雅二本亦然，據南齊書百官志改。

〔三九〕梁陳有平水令丞　職官分紀卷二十引六典「平準署令員品」條原注，「平水」作「平準水」。隋書百官志同六典。

〔四〇〕後周有平準中士下士　原本「下士」訛作「下土」，據嘉靖本改。

〔四一〕凡百司不任用之物　「任」字原本作「在」，嘉靖、廣雅二本亦然，據舊唐書職官志、太平御覽卷二三二平準令引六典改。

〔四二〕並今左藏之職也　「今」字原本訛作「令」，嘉靖本亦然，近衛校曰：「『令』當作『今』。」廣雅本作「今」，與職官分紀卷二十引六典「左藏署令員品」條原注、資治通鑑卷二一六「天寶八載春二月戊申」條胡三省注引唐六典合，今據改。

〔四三〕孝武帝復置　「孝武帝」原本作「武帝」，嘉靖、廣雅二本亦然。案：本書卷十三「侍御史員品」條原注曰：「大明中復置二庫。」大明爲宋孝武帝劉駿年號之一，據此，「武」上顯脱「孝」字，今增。

〔四四〕齊梁陳有右藏庫　「梁」「陳」二字原本誤倒，嘉靖、廣雅二本亦然，據職官分紀卷二十引六典「左藏署令員品」條原注、資治通鑑卷二一六「天寶八載春二月戊申」條胡三省注引唐六典改。

〔四五〕若私物當供官之物或雖不供官而皆掌在其官　唐律疏議卷十五廐庫「官物應入私」條作「若私物當供官用，已送在官；及應供官人之物，雖不供官用，而守掌在官者」。

〔四六〕院内常四面持仗爲之防守　舊唐書職官志作「晝則外四面常持仗爲之防守」。

〔四七〕正八品上　「八」字原本訛作「六」，嘉靖、廣雅二本亦然。案：舊唐書職官志作正八品上。而通典職官二十二大唐官品則以右藏爲上署令，位從七品下；左藏爲中署令，位正八品上。考右藏位次左藏，不容躋身上署令之列，而越居左藏令之上，疑通典將左、右藏令訛倒也。今依舊唐志改。

〔四八〕又有職内上士中士　「職」字原本訛作「藏」，嘉靖、廣雅二本亦然，據周禮卷一天官冢宰第一改。

〔四九〕隋太府寺統右藏令丞各三人　隋書百官志：右藏署令二人，丞四人。

〔五〇〕隋有二人　隋書百官志作「四人」。

〔五一〕永州之零陵香　「永」字原本訛作「水」，嘉靖本亦然，據廣雅本改。

〔五二〕宜簡潤郴鄂衡等州之空青石碌　「郴」字原本訛作「彬」，嘉靖、廣雅二本亦然。近衛校明本曰：「『彬』當作『郴』。」是，今據以改。

〔五三〕凡四方所獻金玉至如左藏之職　原本誤作小字注文，與其上之原注「木燭」相連接，嘉靖、廣雅二本亦然，今據太平御覽卷二三二左右藏令引六典，改作大字正文。

〔五四〕故萬乘之國必有萬金之賈　「賈」字原本作「價」，嘉靖、廣雅二本亦然，據漢書食貨志改。下「千金之賈」同。

〔五五〕大司農中丞耿壽昌遂白令邊郡皆築倉　「白」字原本訛作「曰」，嘉靖本亦然，近衛校曰：「據漢志，『曰』當作『白』。」廣雅本作「白」，與漢書食貨志合，今據以改。

〔五六〕梁有常平倉而不糶　通典職官八諸卿中「常平署」條「不糶」作「不糴糶」。

〔五七〕各立官司　「各」字原本訛作「吝」，嘉靖本亦然，近衛校曰：「『吝』當作『各』。」廣雅本作「各」，與魏書食貨志合，今據以改。

〔五八〕時儉加私之二糴之於人　近衛校明本曰：「後魏志『二』作『一』。」案：魏書李彪傳、資治通鑑卷一三六齊武帝永明六年「魏主訪羣臣以安民之術，秘書丞李彪上封事」條均作「二」，六典原注疑是。又，通典食貨十二輕重「常平」條「加私之二」作「減私之十二」，易「加」爲「減」，未知何據？

豈意李彪此議，本欲調節豐凶，而歲儉反加私糴之，與漢代常平穀賤時增價而糴、貴時減價而糴之義不合，故改之歟？然李彪此議未言「時價」，所謂「加私」者，不必是指加時價而言，故司馬光作通鑑，仍本魏書食貨志及李彪傳作「加」也。謹誌於此，以備參考。

〔五九〕準所領中下之户數口數　原本「户」下缺一字，嘉靖本亦然，據廣雅本補。隋書食貨志作「準所領中下户口數」。

〔六〇〕逐次當州穀價賤時　「逐」字原本訛作「遂」，嘉靖、廣雅二本亦然，據隋書食貨志改。

〔六一〕天下諸州亦置之　舊唐書職官志「諸州」作「州府」。

唐六典國子監卷第二十一

國子監

祭酒一人　司業二人　丞一人　主簿一人　録事一人　府七人　史十三人　亭長六人　掌固八人

國子博士二人　助教二人　學生三百人　典學四人　廟幹二人　掌固四人

太學博士三人　助教三人　學生五百人　典學四人　掌固六人

四門博士三人

助教三人　學生五百人　俊士八百人　典學四人　掌

固六人

國子直講四人

大成十人

律學博士一人

助教一人　學生五十人　典學二人

書學博士二人〔一〕

學生三十人　典學二人

筭學博士二人

學生三十人　典學二人

國子監：祭酒一人，從三品；周禮：「師氏以三德、三行教國子：一曰至德，二曰敏德，三曰孝德；一曰孝行，二曰友行，三曰順行。凡國之貴遊子弟學焉。」又：「保氏養國子以道，教之六藝，謂禮、樂、射、御、書、數。」漢官儀云：「漢置博士祭酒一人，秩六百石。」後漢以博士聰明有威重者一人爲祭酒。韋昭辨釋名曰：「祭酒者，凡讌饗必尊長老，以酒祭先，故曰祭酒。」〔二〕徐廣曰：〔三〕「古人具饌，則賓中長者舉酒祭地，示有先也。」魏因之。晉武帝立國子學，置祭酒一人。晉令曰：「祭酒博士當爲訓範，〔四〕總統學中衆事。」傅暢諸公讚云：「裴頠爲國子祭酒，奏立國子太學，起講堂，築門闕，刻石寫五經。」百官志：「祭酒，皂朝服，介幘，進賢兩梁冠，佩水蒼玉，官品第三。」東晉及宋、齊並同。〔五〕梁置國子祭酒一人，班第十三，比列曹尚書。陳國子祭酒秩中二千石，品第三。後魏初，第四品上；太和二十二年，增爲從第三品。北齊改爲國子寺，祭酒一人，從三品。後周闕。隋初，國子寺祭酒隸太常，〔六〕從三品。開皇十三年復置國子學。〔七〕仁壽元年罷國子，唯置太學。大業三年，改爲國子監，依舊置祭酒一人。皇朝因之。龍朔二年改爲大司成，咸亨中復舊。光宅元年改爲成均監祭酒，神龍元年復舊。司業二人，從四品下。禮記曰：「樂正司業，父師司成。」秦、漢已來無聞。隋大業三年，置司業一人，從四品；皇朝因之。龍朔二年改爲少司成，咸亨中復舊。垂拱中增置二人。〔八〕

國子監祭酒、司業之職，掌邦國儒學訓導之政令，有六學焉：一曰國子，二曰太學，三曰四門，四曰律學，五曰書學，六曰筭學。凡春、秋二分之月，上丁釋奠于先聖孔宣父，以先師顏回配，七十二弟子及先儒二十二賢從祀焉。舊令唯祀十哲及二十二賢。開元八年，勑列曾參於十哲之次，并七十二子並許從祀。其名歷已具於祠部。祭以太牢，樂用登歌、軒縣、六佾之舞。若與大祭祀相遇，則改用中丁。祭酒爲初獻，司業爲亞獻，博士爲終獻。若皇太子釋奠則贊相禮儀，祭酒爲之亞獻。皇帝視學，皇太子齒胄，則執經講義焉。凡釋奠之日，則集諸生執經論議，奏請京文武七品以上清官並與觀焉。凡教授之經，以周易、尚書、周禮、儀禮、禮記、毛詩、春秋左氏傳、公羊傳、穀梁傳各爲一經；孝經、論語、老子，學者兼習之。諸教授正業：周易，鄭玄、王弼注；尚書，孔安國、鄭玄注；三禮、毛詩，鄭玄注；左傳，服虔、杜預注；公羊，何休注；穀梁，范甯注；論語，鄭玄、何晏注；孝經、老子，並開元御注。舊令：孝經，孔安國、鄭玄注；老子，河上公注。其禮記、左傳爲大經，毛詩、周禮、儀禮爲中經，周易、尚書、公羊、穀梁爲小經。每歲終，考其學官訓導功業之多少，而爲之殿最。

丞一人，從六品下；隋大業三年置國子丞三人，從六品。皇朝省置一人。主簿一人，從七品下；北齊國子寺置主簿員，隋置一人，皇朝因之。録事一人，從九品下。北齊國子寺有録事員，隋置一人，皇朝因之。丞掌判監事。凡六學生每歲有業成上于監者，以其業與司業、祭酒試之：〔九〕明經帖經，口試，策經義；進士帖一中經，試雜文，策時務，徵故事；〔一〇〕其明法、明書·筭亦各試所習業。登第者，白祭酒，上于尚書禮部。其試法皆依考功，又加以口試。明經帖限通八已上，明法、明書皆通九已上。主簿掌印，勾檢監事。凡六學生有不率師教者，則舉而免之。其頻三年下第，九年在學及律生六年無成者，亦如之。假違程限及作樂、雜戲亦同。唯彈琴、習射不禁。録事掌受事發辰。

國子博士二人，正五品上；漢書百官表云：「博士，秦官也，掌通古今，秩比六百石，員多至數十人。武帝置五經博士，宣帝稍增員十二人。」漢儀云：「文帝博士七十餘人，爲待詔。博士，朝服，玄端章甫冠。」司馬彪百官志云：「博士十四人。」魏以太常統太學博士、祭酒。〔一一〕晉初置博士十九人，咸寧四年立國子學，置國子博士一人。晉官品第六，介幘，兩梁冠，服、佩同祭酒。宋、齊無所改作。〔一二〕梁置國子博士二人，爲九班。陳品第四，秩千石。後魏初，國子博士從五品上；太和二十二年，增爲第五品。〔一三〕北齊置國子寺，有博士五人，品第五。〔一四〕隋初，國子隷太常，〔一五〕置博士五人；大業三年，置國子監博士一人，正五品。皇朝增置二人。助教二人，從六品上。晉武帝初立國子學，置助教十五人，官品視南臺御史，服同博士。東晉孝武損爲十人，宋、齊並同。〔一六〕梁班第二。陳品第八，秩六百石。後魏第七品。〔一七〕北齊置十人，品同後魏。隋初置國子助教五人，從七品下；大業三年，減置一人。皇朝增置二人。國子博士掌教文武官三品已上及國公子・孫、從二品已上曾孫之爲生者，五分其經以爲之業，習周禮、儀禮、禮記、毛詩、春秋左氏傳，每經各六十人，餘經亦兼習之。習孝經、論語限一年業成，尚書、春秋公羊・穀梁各一年半，周易、毛詩、周禮、儀禮各二年，禮記、左氏春秋各三年。其生初入，置束帛一篚、酒一壺、脩一案，號爲束脩之禮。其習經有暇者，命習隷書并國語、説文、字林、三蒼、爾雅。每旬前一日，則試其所習業。試讀者，每千言内試一帖；試講者，每二千言内問大義一條，〔一八〕總試三條，通一及全不通，斟量決罰。每歲，其生有能通兩經已上求出仕者，則上于監；堪秀才、進士者亦如之。助教掌佐博士，分經以教授焉。典學掌抄録課業。廟幹掌灑掃學廟。

太學博士三人，正六品上；東晉元帝增置國子博士十六人，謂之太學博士，品、服同國子博士。梁置太學博士八人，班第二。陳品第八，秩六百石。後魏初，第六品中；太和二十二年，從第七品。〔一九〕北齊國子寺有太學博士十人，從第七品。〔二〇〕後周置太學博士下大夫六人，正四命。〔二一〕隋初置太學博士五人。仁壽元年罷國子，唯立太學，置博士五人，從五品；大業三年減置二人，降爲從六品。皇朝增置三人。助教三人，從七品上。後魏置太學助教，第八品中。北齊國子寺有太學助教二十人，從第九品下。後周置太學助教上士六人，正三命。〔二二〕隋初，太學助教五人，正九品上；〔二三〕大業三年，減爲二人。皇朝增置三人。太學博士掌教文武官五品已上及郡·縣公子·孫、從三品曾孫之爲生者，五分其經以爲之業，每經各百人。其束脩之禮，督課、試舉，如國子博士之法。助教已下並掌同國子。

四門博士三人，正七品上；後魏書：「劉芳表云：『太和二十年立四門博士，於四門置學。按：禮記云天子設四學。鄭玄注：周四郊之虞庠也。今以其遼遠，故置於四門。請移與太學同處。』從之。」後魏百官志：「四門博士，第九品。」〔二四〕北齊置二十人，正九品上。後周闕。隋置五人，從八品上。皇朝減置三人，加正七品上。助教三人，從八品上。北齊國子寺有四門助教二十人。隋初置四門助教五人，從九品下。皇朝因置三人。四門博士掌教文武官七品已上及侯、伯、子、男子之爲生者，若庶人子爲俊士生者。禮記王制曰：「命鄉論秀士，升之司徒，曰『選士』；司徒論選士之秀者，升之學，曰『俊士』。」隋書志曰：「舊國子學處士以貴賤，〔二五〕梁武帝欲招來後進，五館生皆取寒門俊才，不拘員數。」〔二六〕即今之俊士也。〔二七〕分經同太學。其束脩之禮，督課、試舉，同國子博士之法。助教已下，掌同國子。

直講四人。皇朝初置，無員數；長安四年，始定爲四員。俸祿、賜會，同直官例。直講掌佐博士、助教之職，專以經術講授而已。

大成十人。皇朝置。取貢舉及第人，考功簡聰明者，試書日誦得一千言，〔二八〕並口試、策試所習業等十條通七，然後補充，仍授散官，俸祿、賜會同直官例給。初置二十人，開元二十年減十人。大成通四經業成，上於尚書吏部試，登第者加一階放選，其不第則習業如初。每三年一試。若九年無成，則免大成，從常調。

律學博士一人，從八品下；晉百官志：「廷尉官屬有律博士員。」晉刑法志曰：「衞覬奏請置律學博士，轉相教授。」東晉、宋、齊並同。梁天監四年，廷尉官屬置胄子律博士，位視員外郎，第三班。陳律博士秩六百石，品第八。後魏初，律博士第六品中；〔二九〕太和二十二年，爲第九品上。北齊大理寺官屬有律博士四人，第九品上。隋大理寺官屬有律博士八人，正九品上。皇朝省置一人，移屬國學。助教一人，從九品上。皇朝置之。律學博士掌教文武官八品已下及庶人子之爲生者，以律、令爲專業，格、式、法例亦兼習之。其束脩之禮，督課、試舉，如三館博士之法。助教掌佐博士之職，如三館助教之法。

書學博士二人，從九品下。代本：〔三〇〕「蒼頡作書。」周禮：「保氏教以六藝，其五曰『六書』。」鄭司農云：「象形、會意、轉注、處事、假借、諧聲也。」古謂之小學。漢書食貨志曰：「八歲入小學，學六甲、五方、書計之事。」晉衞恒字勢曰：〔三一〕「昔黄帝有沮誦、蒼頡，〔三二〕始作書契，蓋覩鳥跡以興思也。秦壞古文。有八體：一曰大篆，二曰小篆，三曰刻符，四曰蟲書，五曰摹印，六曰署書，七曰殳書，八曰隸書。王莽時，甄豐校文字，復有六書：一曰古文，二曰奇字，三曰篆書，四曰佐書，五曰繆篆，六曰鳥書。」自漢已來，不見其職。隋置書學博士一人，〔三三〕從九品下。皇朝加置二人。書學博士掌教文武官八品已下及庶人子之爲生者，以石經、説文、字林爲專業，餘字書亦兼習之。石經三體書限三年業成，説文二年，字林一年。其束脩之禮，督課、試舉，如三館博士之法。

筭學博士二人，從九品下。代本：「隸首造數。」周禮：「保氏教以六藝，其六曰『九數』。」卽九章也：一曰方田，二曰粟米，三曰差分，四曰少廣，五曰商功，六曰均輸，七曰方程，八曰贏不足，〔三四〕九曰旁要。漢書律曆志曰：「數者，一、十、百、千、萬，所以筭數事物也。小學是則，職在太史，羲和掌之。」魏、晉已來，多在史官，不列於國學。隋置筭學博士一人，〔三五〕從九品下。皇朝增置二人。　筭學博士掌教文武官八品已下及庶人子之爲生者，二分其經以爲之業：習九章、海島、孫子、五曹、張丘建、夏侯陽、周髀十有五人，〔三六〕習綴術、緝古十有五人。其記遺三等數亦兼習之。孫子、五曹共限一年業成，九章、海島共三年，張丘建、夏侯陽各一年，周髀、五經筭共一年，綴術四年，緝古三年。〔三七〕其束脩之禮，督課、試舉，如三館博士之法。

校勘記

〔一〕書學博士二　通典職官九諸卿下「國子監書學博士」條作「三人」，舊唐書職官志、新唐書百官志並同六典。

〔二〕祭酒者凡讌饗必尊長老以酒祭先故曰祭酒　藝文類聚卷四十六祭酒引辨釋名作「祭酒者，謂祭六神，以酒醱之也。辨云：『凡會同饗讌，必尊長先用，先用必以酒祭先，故曰祭酒。』」

〔三〕徐廣曰　續漢書百官志注、通典職官九諸卿下「國子監祭酒」條原注「徐廣」並作「胡廣」，太平御覽卷二三六「國子祭酒」條同六典作「徐廣」。

〔四〕祭酒博士當爲訓範　近衞校曰：「『當』恐是『掌』字。」

〔五〕東晉及宋齊並同　南齊書百官志云：「（永明）八年，國子博士何胤單爲祭酒，疑所服，陸澄等皆不能據，遂以玄服臨試。月餘日，博議定，乃服朱衣。」是齊制不盡同也。

〔六〕國子寺祭酒隸太常　「寺」字原本訛作「學」，嘉靖、廣雅二本亦然，據隋書百官志改。

〔七〕開皇十三年復置國子學　「學」字原本作「寺」，嘉靖、廣雅二本亦然。案：隋書百官志云：「（開皇）十三年（中略），國子寺罷隸太常，又改寺爲學。」據此，「寺」當作「學」，今改。

〔八〕垂拱中增置二人　唐會要卷六十六國子監：「咸亨元年，復爲司業。本一員，太極元年二月十八日加一員，以蕭憲爲之。」舊唐書睿宗本紀曰：「景雲三年（太極元年）二月丁酉（案：是月庚子朔，不當有丁酉日，疑有誤），國子監增置司業一員。」

〔九〕以其業與司業祭酒試之　近衞校曰：「據舊唐志，（司業、祭酒）當作『祭酒、司業』。」案：唐會要卷六十六國子監載太和五年十二月國子祭酒裴通奏引六典，亦作「司業、祭酒」，原文蓋不誤。

〔一〇〕徵故事　「故」字原本無，嘉靖、廣雅二本亦然，據唐會要卷六十六國子監載太和五年十二月國子祭酒裴通奏引六典文增。

〔一一〕魏以太常統太學博士祭酒　下「太」字原本作「大」，嘉靖本亦然，據廣雅本改。

〔一二〕宋齊無所改作　南齊書百官志：國子博士二人。

〔一三〕增爲第五品　魏書官氏志：太和後制，國子博士第五品上。

〔一四〕品第五　隋書百官志：北齊國子博士第五品上。

〔一五〕國子隸太常　「太」字原本作「大」，據嘉靖本改。

〔一六〕東晉孝武損爲十人宋齊並同　宋書百官志云：「自宋世，若不置學，則助教唯置一人。」

〔一七〕後魏第七品　魏書官氏志：太和後制，國子助教從第七品下。

〔一八〕每二千言内問大義一條　「大」字原本無，嘉靖、廣雅二本亦然；據唐會要卷六十六國子監載太和五年十二月國子祭酒裴通奏引學令增。

〔一九〕從第七品　魏書官氏志：太和後制，太學博士從第七品下。

〔二〇〕北齊國子寺有太學博士十人從第七品　隋書百官志：北齊太學博士從第七品下。

〔二一〕正四命　原本訛作「班第四」，嘉靖、廣雅二本亦然，據通典職官二十一後周官品改。

〔二二〕正三命　「正」字原本無，嘉靖、廣雅二本亦然，據通典職官二十一後周官品增。

〔二三〕正九品上　「上」字原本訛作「下」，嘉靖、廣雅二本亦然，據隋書百官志改。

〔二四〕四門博士第九品　魏書官氏志：四門小學博士第九品上。

〔二五〕舊國子學處士以貴賤　隋書百官志「處士」作「生限」；職官分紀卷二十一引六典「四門博士職掌」條原注「舊」下有「時」字，「處士」亦作「生限」。

〔二六〕不拘員數　隋書百官志、職官分紀同上卷上條「員」並作「人」。

〔二七〕即今之俊士也　原本「即」上衍「數」字，嘉靖、廣雅二本亦然，據職官分紀同上卷上條删。

〔二八〕試書日誦得一千言　「日」字原本訛作「曰」，嘉靖本亦然，近衛校曰：「『曰』當作『日』。」廣雅本作

「日」，與通典職官九諸卿下「國子監四門博士」條合，今據以改。

〔二九〕律博士第六品中　「中」字原本無，嘉靖、廣雅二本亦然，據魏書官氏志增。

〔三〇〕代本　即世本。唐避太宗李世民諱，改「世」作「代」。下「代本」同。

〔三一〕晉衞恒字勢曰　近衞校曰：「晉書本傳：『恒善草、隸書，爲四體書勢。』」案：揆諸本傳，衞恒自有「古無別名，謂之字勢云」之語，是其書固亦稱字勢也。

〔三二〕昔黄帝有沮誦蒼頡　「黄」字原本訛作「皇」，嘉靖、廣雅二本亦然，據職官分紀卷二十一引六典「書學博士員品」條原注改。

〔三三〕隋置書學博士一人　隋書百官志：隋有書學博士二人。

〔三四〕八曰贏不足　「贏」字原本訛作「羸」，嘉靖本亦然，近衞校曰：「『羸』當作『贏』。」廣雅本作「贏」，與周禮卷四地官司徒下「保氏職掌」條鄭注合，今據以改。

〔三五〕隋置筭學博士一人　隋書百官志：隋有筭學博士二人。

〔三六〕習九章海島孫子五曹張丘建夏侯陽周髀十有五人　案：據下文「周髀、五經筭共一年」一語以揆之，「周髀」下疑當有「五經筭」三字。

〔三七〕緝古三年　「三」字原本訛作「一」，嘉靖、廣雅二本亦然，據職官分紀卷二十一引六典「算學博士員品」條原注、新唐書選舉志改。

唐六典少府軍器監卷第二十二

少府監

監一人　少監二人　丞四人　主簿二人　録事二人

府二十七人　史十七人　計史三人　亭長八人　掌固六人〔一〕

中尚署

令一人　丞四人　府九人　史十八人　監作四人

典事四人　掌固四人

左尚署

令一人　丞五人　府七人　史二十人　監作六人
典事十八人　掌固十四人〔二〕
右尚署
令一人　丞四人　府七人　史二十人　監作六人
典事三人〔三〕　掌固十人
織染署
令一人　丞二人　府六人　史十四人　監作六人
典事十一人　掌固五人
掌冶署
令一人　丞二人　府六人　史十二人　監作二人〔四〕

典事二十三人　掌固四人

諸冶監

每冶監各一人　丞各一人　録事各一人　府各一人

史各二人　監作四人〔五〕　典事二人　掌固四人

北都軍器監

監一人　少監一人　丞二人　主簿一人　録事一人

府十人　史十八人　典事四人　亭長二人　掌固四

人

甲坊署

令一人　丞一人　府二人　史五人　監作二人　典

事二人

弩坊署

令一人　丞一人　府二人　史五人　監作二人　典
事二人

諸鑄錢監

監各一人　副監各一人　丞各一人　監事各一人　録
事各一人　府各三人　史各四人　典事各五人

諸互市監〔六〕

每市監一人　丞各一人　録事各一人　府各二人　史
各四人　價人各四人　掌固八人〔七〕

少府監：監一人，從三品；漢書百官表云：「少府，秦官，掌山海池澤之稅，以給供養；有六丞。其屬官有尚書、符節、太醫、太官、湯官、導官、樂府、若盧、考工室、左弋居室、甘泉居室、左·右司空、東織、西織、東園匠十六官令·丞，〔八〕又胞人、都水、均官三長·丞，又上林中十池監，又中書謁者、黃門、鉤盾、尚方、御府、永巷、內者、宦者八官令·丞，〔九〕諸僕射、署長、中黃門皆屬焉。」少府者，天子之私府，所以供奉之職皆在焉。王莽改曰共工。後漢復爲少府，其尚書、侍中、符節皆屬焉，餘職多所并省。漢官解詁云：「少府主供養，陂池、禁錢，服御、口實，掖庭、中宮。」魏因之。晉置功曹、主簿、五官等員；〔一〇〕少府，銀章、青綬，五時朝服，進賢兩梁冠，絳朝服，〔一一〕佩水蒼玉，品第三，統材官校尉、中·左·右三尚方、中黃·左·右藏、左校、甄官、平準、奚官等令，左校坊、鄴中黃·左·右藏、油官等丞。及過江，唯置一尚方，又省御府。至哀帝時，桓温表省少府，以并于丹陽尹。孝武復置。宋少府領左·右尚方、御府、東冶、南冶、平準等令、丞。齊又加以領左、右尚鍛署。〔一二〕梁以少府爲夏卿，統材官將軍、左·中·右尚方、甄官、平水、南塘、邸稅庫、東·西冶、中黃、細作、炭庫、紙官、柴署等令、丞，〔一三〕班第十一，品從第四。陳因之。後魏少府、宗正、太僕、廷尉、司農、鴻臚爲六次卿，第二品上；太和末，改少府爲太府。北齊不置少府，其左·中·右三尚方、司染、諸冶及細作、甄官等署並隸太府寺。至隋煬帝大業五年，〔一四〕始分太府爲少府監，置監一人，從三品；少監一人，從四品；丞二人；〔一五〕統左尚、右尚、內尚、司織、司染、鎧甲、弓弩、掌冶等署。〔一六〕其後又改監爲令，少監爲少令，併司織、司染爲織染署，廢鎧甲、弓弩二署。皇朝因爲監。龍朔二年改爲內府監，咸亨元年復爲少府監。光宅元年改爲尚方監，神龍元年復舊。開元初，分甲鎧、弓弩別置軍器監；十一年省軍器監，〔一七〕其作並歸少府；尋又於北都置軍器監。少監二人，從四品下。隋煬帝置少卿一人，從第四品，皇朝因置二人。龍朔、咸亨、光宅、神龍並隨監改復。

少府監之職，掌百工伎巧之政令，總中尚、左尚、右尚、織染、掌冶五署之官屬，庀其工徒，〔一八〕謹其繕作；少監爲之貳。

凡天子之服御，百官之儀制，展采備物，率其屬以供焉。

丞四人，從六品下；漢置丞六人，比千石。〔一九〕後漢置一人，以明法補。〔二〇〕魏、晉因之。宋、齊、梁、陳皆一人；梁班第四。後魏少府丞一人，從五品中。隋煬帝分太府寺置少府監，置丞二人。皇朝加至六人。龍朔、咸亨、光宅、神龍並隨監改復。〔二一〕開元二十三年減二人。〔二二〕主簿二人，從七品下；晉令：「少府置主簿二人。」宋、齊因之。〔二三〕梁主簿七班之中第三。隋煬帝置主簿一人，皇朝加置四人。〔二四〕龍朔、咸亨、光宅、神龍並隨監改復，〔二五〕開元二十三年減二人。〔二六〕録事二人，從九品上。　丞掌判監事。凡五署所脩之物須金石、齒革、羽毛、竹木而成者，則上尚書省，尚書省下所由司以供給焉。凡五署之所入於庫物，各以名數并其州土所生以籍之，季終則上於所由，其副留於監；有出給者，則隨注所供而印署之。凡教諸雜作，計其功之衆寡與其難易而均平之，功多而難者限四年、三年成，其次二年，最少四十日，作爲等差，而均其勞逸焉。凡教諸雜作工，業金、銀、銅、鐵鑄、鎢、鑿、鏤、錯、鏃所謂工夫者，限四年成；以外限三年成；平慢者，限二年成。諸雜作有一年半者，有一年者，有九月者，有三月者，有五十日者，有四十日者。主簿掌勾檢稽失。凡財物之出納，工人之繕造，簿帳之除附，各有程期；不如期者，舉而按之。録事掌受事發辰。

中尚署：令一人，從六品上；漢少府屬官有尚方令、丞。後漢尚方令一人，六百石，掌上手工作御刀劍、諸好器物及寶玉作器。和帝時，蔡倫爲尚方令，作秘劍，皆有龍泉、太阿之目；及諸器械，靡不牢固。其後分爲中、左、右三尚方。魏氏因之。晉過江左，唯置一尚方，哀帝以隸丹陽尹，孝武帝復舊。〔二七〕晉代掌造軍器。宋高祖踐阼，以相府部配臺，〔二八〕謂之左尚方，而本署謂之右尚方，令、丞各一人。孝武帝改右尚方曰御府，〔二九〕又置中署，隸右尚方。〔三〇〕齊置左、右尚方令・丞各一人。梁置左、中、右尚方三令、丞，其令並從九品；其後廢中尚方，唯存左、右而已。陳因之。北齊太府寺管左、中、右三尚方。隋開皇中，有內、左、右三尚方署，猶屬太府寺。〔三一〕內尚方令二人，正八品下，掌諸織作。煬帝分屬少府。皇朝因置二人，省「方」字，但曰中尚、左尚、右尚。開元十八年省一人，升爲從六品上。丞四人，從八品下；漢、魏已來皆隨署省置。後漢丞一人，四百石。魏、晉、宋、齊皆隨署改易。梁位在七班之下，爲三品勳位。隋置丞四人，正九品下。皇朝因之。開元中升其品。監作四人，從九品下。

中尚署令掌供郊祀之圭璧，凡冬至祀昊天上帝以蒼璧，孟春祈穀、孟夏雩祀、季秋明堂祀並以四圭有邸，夏至祭皇地祇以黃琮，祀日、月以圭邸，祀東方青帝以青圭，南方赤帝以赤璋，西方白帝以騶虞，北方黑帝以玄璜，中央黃帝以黃琮，祭神州及嶽、鎮、海、瀆、大社、大稷皆以兩圭有邸。及歲時乘輿器玩，中宮服飾，彫文錯綵，珍麗之制，皆供焉；丞爲之貳。每年二月二日，進鏤牙尺及木畫紫檀尺；寒食，進毬，兼雜綵雞子；五月五日，進百索綬帶；夏至，進雷車；七月七日，進七孔金細針；十五日，進盂蘭盆；臘日，進口脂、衣香囊。每月進筆及檮衣杵。琴・瑟・琵琶弦、金・銀紙，須則進之，不恒其數也。其所用金木、齒革、羽毛之屬，〔三二〕任所出州土以時而供送焉。其紫檀、櫚木、檀香、象牙、翡翠毛、黃嬰毛、青蟲真珠、紫鑛、水銀出廣州及安南，赤麖皮、瑟瑟、赤珪、琥珀、白玉、碧玉、金剛鑽、盆灌、鍮石、胡桐律、大鵬砂出波斯及涼州，〔三三〕麝香出蘭州，銅鉢銅出代州，赤生銅出銅源監也。

左尚署：令一人，正七品下；後漢末，分尚方爲三：中、左、右。魏、晉因之。晉過江，唯置尚方而已。〔三四〕宋、齊、梁、陳有左、右尚方。晉、宋已來並四百石，〔三五〕梁班第一，從九品。〔三六〕北齊太府寺左、中、右尚方。隋開皇中，三尚方並屬太府寺，左尚令三人，〔三七〕掌造車輦、繖扇、矟毦、弓箭、〔三八〕弩戟、器仗、刀鋋、膠漆、竹木、骨角、畫素、刻鏤、蠟燭等。皇朝置一人，開元十八年爲正七品下。丞五人，從八品下；前、後漢、魏、晉、宋、齊、梁、陳皆隨署置省。梁選簿：〔三九〕「左尚丞爲三品勳位。」隋左尚方丞八人，正九品下。皇朝置五人，開元十八年爲從八品下。監作六人，從九品下。

左尚署令掌供天子之五輅、五副、七輦、三轝、十有二車，大小方圓華蓋一百五十有六，諸翟尾及大小繖翰，辨其名數而頒其制度；丞爲之貳。凡皇太后、皇后、內命婦之重翟、猒翟、翟車、安車、四望、金根等車，皇太子之金輅、軺車、四望車，王公已下象輅、革輅、木輅、軺車，公主、王妃、外命婦一品猒翟車，二品、三品犢車，其制各有差。其用金帛、膠漆、材竹之屬，所出方土以時支送。漆出金州，竹出司竹監，松出嵐、勝州，文栢出隴州，梓楸出京兆府，紫檀出廣州，黃楊出荊州。

右尚署：令一人，正七品下；後漢分尚方爲三：中、左、右。魏、晉因之。晉過江，唯尚方而已。〔四〇〕宋、齊、梁、陳有左、右尚方。北齊亦有三尚方。隋左、右尚方屬太府寺，令三人，〔四一〕正八品下；煬帝始改隸少府焉。皇朝因置令二人，掌造甲冑、具裝、刀、斧、鉞及皮毛雜作、膠墨、紙筆、薦席等事。〔四二〕開元十八年省一人，升爲正七品下。丞四人，從八品下；漢、魏已來，與左尚方同。隋右尚方丞六人，皇朝置四人，開元十八年爲從八品下。監作六人，從九品下。

右尚署令掌供天子十有二閑馬之鞍轡，〔四三〕每歲，京兆、河南制革、理材、爍金以爲之，送之於署，令工人增飾而進焉。及五品三部之帳，備其材革，而脩其制度；丞爲之貳。凡刀劍、斧鉞、甲冑、紙筆、茵席、履舃之物，靡不畢供。其用綾絹、金鐵、毛革等，所出方土以時支送。

白馬尾、白氂牛尾出隴右諸州，翟尾、孔雀尾、白鷺鮮出安南、江東，貂皮出諸軍州。

織染署：令一人，正八品上；周官九職，「嬪婦化理絲枲」。考工記：「理絲麻而成之，謂之婦功。」漢少府屬官有東織、西織，成帝河平元年省東織，更名西織曰織室。後漢有織室丞一人，此後無聞。北齊中尚方領涇州、雍州絲局丞、〔四四〕定州紬綾局丞。後周有司織下大夫一人，掌凡機材之工。〔四五〕隋煬帝置司織署令、丞，後與司染署併爲織染署。周禮天官有「染人，掌染絲帛。凡染，春暴練，夏纁玄」；冬官有「設色之工五，謂畫、繢、鍾、筐、㡛也」。韋昭辨釋名云：「平準令主染，有常平之法，故準而酌之。〔四六〕」兩漢並隸司農。晉平準令有監染吏六人，初隸司農，後屬少府。宋順帝名準，〔四七〕始改曰染署令。齊復爲平準令，梁、陳爲平水令。北齊太府寺有司染署，長秋寺有染局丞。後周有染工上士一人，又有司色下大夫一人。隋初有司染署，隸太府寺，煬帝分屬少府。大業五年，合司織、司染爲織染署，令二人。皇朝置一人。丞二人，正九品上；漢、魏已來，並具於本署。隋并司織、司染爲一署，丞四人。皇朝因之，置二人。監作六人，從九品下。織染署令掌供天子、皇太子及羣臣之冠冕，辨其制度，而供其職務；丞爲之貳。

天子之冠二，一曰通天冠，二曰翼善冠；冕六，一曰大裘冕，二曰衮冕，三曰鷩冕，四曰毳冕，五曰絺冕，六曰玄冕；弁二，一曰武弁，二曰皮弁；幘二，一曰黑介幘，二曰平巾幘；帽一，曰白紗帽。太子之冠三，一曰三梁冠，二曰遠遊冠，三曰進德冠；冕二，一曰袞冕，二曰玄冕；弁一，曰皮弁；幘一，曰平巾幘。臣下之冠五，一曰遠遊冠，二曰進賢冠，三曰獬豸冠，四曰高山冠，五曰卻非冠；冕五，一曰袞冕，二曰鷩冕，三曰毳冕，四曰絺冕，五曰玄冕；弁二，一曰爵弁，二曰武弁；幘三，一曰介幘，二曰平巾幘，三曰平巾綠幘。

凡織紝之作有十，一曰布，二曰絹，三曰絁，〔四八〕四曰紗，五曰綾，六曰羅，七曰錦，八曰綺，九曰繝，十曰褐。組綬之作有五，一曰組，二曰綬，三曰絛，〔四九〕四曰繩，五曰纓。紬線之作有四，一曰紬，二曰線，三曰絃，四曰綱。練染之作有六。一曰青，二曰絳，三曰黃，四曰白，五曰皂，六曰紫。凡染大抵以草木而成，有以花、葉，有以莖、實，有以根、皮，出有方土，採以時月，皆率其屬而脩其職焉。

掌冶署：令一人，正八品上；周禮冬官：「攻金之工六，謂築、冶、鳧、㮚、段、桃也。」秦及漢，諸郡國出鐵者，置鐵官長、丞。晉衛尉屬官有冶令、丞各一人，掌工徒鼓鑄；過江，省衛尉，而冶令始隸少府。宋有東冶令・丞、南冶令・丞，〔五〇〕齊因之。梁有東冶令，西冶令，從九品下。選簿：〔五一〕「舊，東冶重，西冶輕。」然則梁朝之西冶，〔五二〕蓋宋、齊南冶也。陳因之。後魏無聞。北齊太府寺有司冶令、丞。〔五三〕後周有冶工中士一人，又有鐵工中士一人。隋太府寺統掌冶署，令二人，掌金、銀、銅、鐵器之屬，并管諸冶；煬帝改屬少府，令從八品上。皇朝因之，省一人。丞二人，正九品上；秦、漢已來具上注。隋太府寺統掌冶丞四人，煬帝改屬少府，皇朝因之，省二人。監作二人，從九品下。

掌冶署令掌鎔鑄銅鐵器物之事；丞爲之貳。凡天下諸州出銅鐵之所，聽人私採，官收其稅。若白鑞，〔五四〕則官爲市之。其西邊、北邊諸州禁人無置鐵冶及採鑛，若器用所須，則具名數，〔五五〕移於所由，官供之；私者，私市之。凡諸冶所造器物，皆上於少府監，然後給之。其興農冶監所造者，唯供隴右諸牧監及諸牧使。

諸冶監：監各一人，正七品下；秦、漢内史及諸郡有鐵者，則置鐵官長、丞。〔五六〕晉令：「諸冶官庫各置督監一人。」宋書云：「江南諸郡縣有鐵者，或置冶令，或丞，皆吴時置也。〔五七〕齊、梁有梅根諸冶令。北齊諸冶皆有局丞。隋諸冶皆置監，〔五八〕監有上、中、下三等，皇朝因之，掌鑄兵農之器，以給軍旅、屯田、居人焉。丞一人，從八品上；監作四人，從九品下。 諸冶監掌鎔鑄銅鐵之事，以供少府監；丞爲之貳。

北都軍器監：監一人，正四品上；開元初令少府監置，十六年移向北都。少監一人，正五品上；丞二人，正七品上；〔五九〕主簿一人，正八品上；録事一人，正九品下。〔六〇〕 軍器監掌繕造甲弩之屬，辨其名物，審其制度，以時納于武庫；少監爲之貳焉。丞掌判監事。凡材革出納之數，工徒衆寡之役，皆督課焉。主簿掌印及勾檢稽失。録事掌受事發辰。

甲坊署：令一人，正八品下；周禮考工記曰：〔六一〕「函人爲甲：犀甲七屬，兕甲六屬，合甲五屬。凡爲甲，先必爲容，然後制革，權其上旅與其下旅，而重若一。」隋少府有甲鎧署，皇朝改焉。丞一人，正九品下；監作二人，從九品下。

弩坊署：令一人，正八品下；周禮：「司弓矢掌四弩。凡弩，夾庾利攻守，唐大利車戰、野戰。〔六二〕」考工記：「弓人取六材必以其時。幹也者，以爲遠；角也者，以爲疾；筋也者，以爲深；膠也者，以爲和；絲也者，以爲固；漆也者，以爲受霜露也。凡取幹之道有七：柘爲上，檍次之，檿桑次之，橘次之，木瓜次之，荆次之，竹爲下。」隋有弓弩署，皇朝改焉。丞一人，正九品下；監作二人，從九品下。

甲坊令、弩坊令各掌其所脩之物，督其繕造，辨其粗良；丞爲之貳。凡財物之出納，庫藏之儲備，必謹而守之。

諸鑄錢監：監各一人。周禮：「泉府上士四人，掌市之征布。」又：「司市以商賈阜貨而行布，以泉府同貨而斂賖。國凶荒札喪，〔六三〕則市無征而作布。」鄭玄云：「市不稅，爲民乏困也。〔六四〕金、銅無凶年，因物貴，大鑄泉以饒民。」布及泉，謂錢也。漢書食貨志曰：「太公爲周立九府圜法。錢圜函方，輕重以銖，故貨寶於金，利於刀，流於泉，布於布，束於帛。周景王鑄大錢，文曰『寶貨』，肉好皆有周郭。〔六五〕秦兼天下，銅錢文曰『半兩』，重如其文。漢興，以秦錢重難用，令人鑄榆莢錢。文帝以錢益輕，更鑄四銖錢，文爲『半兩』，除盜鑄錢令，使民放鑄。及武帝初，鑄三銖錢，重如其文，禁人盜鑄。有司言三銖錢輕，更請郡國鑄五銖錢，文曰『五銖』，周郭其質。又以人多奸鑄，令京師鑄官赤仄，一當五。其後赤仄錢又廢。於是，悉禁郡國毋鑄錢，〔六六〕專令上林三官鑄錢。自武帝元狩五年三官初鑄五銖錢，〔六七〕至平帝元始中，成錢二百八十億萬餘。王莽變漢制，始造大錢，徑寸二分，重十二銖，文曰『大錢五十』；後又多所改作。」及公孫述於蜀鑄錢，人不便之，故謡曰：「黄牛白腹，五銖當復。」後漢光武除王莽所造，復五銖錢。靈帝鑄四出錢。魏初專以粟、帛爲貨，明帝復立五銖錢，至西晉不改。吴孫權鑄大錢一當五百文，又鑄一當千錢。蜀劉備鑄一直百錢。東晉沈充鑄小錢，謂之「沈郎錢」。宋文帝又鑄四銖錢，體完厚。孝武帝四銖，形小薄。廢帝鑄二銖，謂之耒子錢；〔六八〕又有綖環錢，貫之以縷，〔六九〕入水不沈。南齊亦用四銖。梁武帝乃鑄二種錢：肉好周郭，〔七〇〕文曰「五銖」，重如其文；又除肉郭，〔七一〕謂之女錢。百姓私用古錢，有直百五銖、女錢、太平百錢、定平一百、五銖稚錢、五銖對文等號，〔七二〕輕重不一。普通中，議罷銅錢，鑄鐵錢。陳初，有梁末兩柱及鵝眼錢，時雜用之；文帝改鑄五銖，宣帝又鑄大貨六銖。後魏太和十九年鑄錢，文曰「太和五銖」；永安二年改鑄，文曰「永安五銖」。東魏齊文襄以錢文「五銖」，名須稱實，一文重五銖，計百錢重一斤四兩二十銖。北齊文宣帝鑄常平五銖，重如文。周武帝鑄布泉錢，以一當五，與五銖並行；建德中，復鑄五行大布，一當十。宣帝又鑄永通萬國，以一當千。隋高祖以天下錢貨不等，更鑄新錢，背面肉好，〔七三〕皆有周郭，文曰「五銖」，重如其文，每一千重四斤二兩。〔七四〕自漢至隋，雖時或輕重，皆用五銖。皇朝武德中，悉除五銖，更鑄開通元寶錢。乾封初，又鑄乾封泉寶錢，尋廢。開元中，以錢濫惡，江、淮間尤甚，有敕禁斷，令御史往江、淮間收斂，納官鎔之。其求稍廣，州縣恐其錢數不充，隨以好錢繼之，自是，百姓財幣耗損，御史坐是左遷。舊法每一千重六斤四兩，近所鑄者多重七斤，錢文本歐陽詢所書。錢官，漢氏初屬少府，後屬水衡；後漢屬司農；魏、晉已下，或屬少府，或屬司農。皇朝少府置十鑪，諸州亦皆屬焉。及少府罷鑄錢，諸州遂別。今絳州三十鑪，楊、宣、鄂、蔚各十鑪，益、鄧、郴各五鑪，洋州三鑪，定州一鑪。

諸鑄錢監以所在州府都督、刺史判之；副監一人，上佐判之；丞一人，判司判之；監事一人，參軍及縣尉知之；録事、府、史，士人爲之。〔七五〕

諸互市監監各一人，從六品下；漢、魏已降，緣邊郡國皆有互市，與夷狄交易，致其物産也。並郡縣主之，而不別置官吏。至隋，諸緣邊州置交市監，視從第八品；副監，視正第九品。皇朝因置之，各隸所管州、府。監加至從六品下；改副監爲丞，品第八下。光宅中改爲通市監，後復舊爲互市監。丞一人，正八品下。隋置交市副監，皇朝改爲互市監丞。

諸互市監各掌諸蕃交易之事；丞爲之貳。凡互市所得馬、駞、驢、牛等，各别其色，具齒歲、膚第，以言于所隸州、府，州、府爲申聞。太僕差官吏相與受領，印記。上馬送京師，餘量其衆寡，并遣使送之，任其在路放牧焉。每馬十匹，牛十頭，駞、騾、驢六頭，羊七十口，各給一牧人。若非理喪失，其部使及遞人，改酬其直。其營州管内蕃馬出貨，選其少壯者，官爲市之。

校勘記

〔一〕掌固六人　舊唐書職官志作「四人」，新唐書百官志同六典。

〔二〕掌固十四人　舊唐書職官志作「四人」，新唐書百官志同六典。

〔三〕典事三人　舊唐書職官志、新唐書百官志並作「十三人」。

〔四〕監作二人　舊唐書職官志作「四人」，新唐書百官志同六典。正文同此。

〔五〕監作四人　自「監作」以下亦均言每冶監各若干人也，「各」字省略。又，新唐書百官志云：「太原冶減監作二人。」

〔六〕諸互市監　「諸」字原本無，嘉靖、廣雅二本亦然，據正文增。

〔七〕掌固八人　亦云每監各八人也，「各」字省略。

〔八〕其屬官有尚書至十六官令丞　「六」字原本訛作「二」，嘉靖、廣雅二本亦然，據漢書百官公卿表改。

〔九〕又中書謁者至宦者八官令丞　原本「宦」訛作「官」、「八」訛作「七」，嘉靖本亦然；廣雅本作「宦」、「八」，與漢書百官公卿表合，今據以改。

〔一〇〕晉置功曹主簿五官等員　晉書職官志「功曹」上有「丞」。

〔一一〕絳朝服　北堂書抄卷五四少府引晉百官表注、宋書禮志記卿尹服制，均無「絳朝服」三字；通典職官九諸卿下「少府監」條同六典本注。

〔一二〕齊又加以領左右尚鍛署　南齊書百官志少府屬官有鍛署丞一人，注曰：「永明三年省，四年復置。」通典同上卷上條曰：「齊又加領左、右銀鍛署。」冊府元龜卷四八三邦計部總序同六典。

〔一三〕統材官將軍左中右尚方至柴署等令丞　原本及嘉靖、廣雅二本「左中右」並作「左右中」，據下文「中尚署令員品」條原注及隋書百官志改；「柴」均訛作「染」，據隋書百官志改。

〔一四〕至隋煬帝大業五年　「大」字原本訛作「太」，嘉靖本亦然，據廣雅本改。

〔一五〕丞二人　「二」字原本訛作「三」，嘉靖、廣雅二本亦然，據下文「少府監丞員品」條原注及隋書百官志改。

〔一六〕統左尚右尚至掌冶等署　原本「左尚」下缺二字，嘉靖本以「左尚」與下文「右尚」連書，中間不缺字，與隋書百官志合，今從之。

〔一七〕十一年省軍器監　原本「十一年」作「十二年」，嘉靖、廣雅二本亦然，據舊唐書玄宗本紀及通典職官九諸卿下「軍器監」條改。

〔一八〕庀其工徒　原本「其」字殘缺，「工」訛作「二」；嘉靖、廣雅二本「其工」作「其二」。今據職官分紀卷二十二引六典「少府監職掌」條正文補、改。

〔一九〕比千石　漢書百官公卿表：少府丞千石。

〔二〇〕以明法補　「法補」二字原本殘缺，據嘉靖本補。

〔二一〕龍朔咸亨光宅神龍並隋監改復　「監」字原本殘缺，據嘉靖本補。

〔二二〕開元二十三年減二人　「減二」二字原本殘缺，嘉靖、廣雅二本並作「減一」，案：此注上文謂隋煬帝「置丞二人，皇朝加至六人」，而本條正文云「丞四人」，則所減者應爲二人，嘉靖、廣雅二本蓋訛「二」作「一」也，今據以校補。

〔二三〕宋齊因之　通典職官九諸卿下「少府監主簿」條曰：「晉置二人，自後歷代一人，大唐有二人。」

〔二四〕皇朝加置四人　「朝加置」三字原本殘缺，嘉靖本僅缺「加」字，據廣雅本補。

〔二五〕龍朔咸亨光宅神龍並隨監改復　「復」字原本殘缺，據嘉靖本補。

〔二六〕開元二十三年減二人　「開」字原本殘缺，據嘉靖本補。

〔二七〕孝武帝復舊　「武」字原本訛作「威」，嘉靖、廣雅二本亦然，據職官分紀卷二十二引六典「中尚署令員品」條原注改。

〔二八〕以相府部配臺　近衞校曰：「通典『部』上有『作』字。」案：宋書百官志亦無「作」字，其文悉同六典。

〔二九〕孝武帝改右尚方曰御府　「孝」字原本無，嘉靖、廣雅二本亦然。考宋書百官志云：「世祖大明中，改曰御府。」由此可見，「武帝」當作「孝武帝」，今增。

〔三〇〕又置中署隸右尚方　案：本書卷十一「殿中省尚衣奉御員品」條原注云：「後廢帝初，省御府，置中署，隸右尚方。」宋書百官志同。

〔三一〕猶屬太府寺　「太」字原本訛作「大」，嘉靖本亦然，據廣雅本改。

〔三二〕其所用金木齒革羽毛之屬　舊唐書職官志「木」作「玉」；「羽毛」作「毛羽」，新唐書百官志同六典。

〔三三〕赤麖皮瑟瑟⿰王至出波斯及涼州　「瑟瑟」原本作「琴瑟」，嘉靖、廣雅二本亦然。考隋書波斯傳云其國土產有瑟瑟，「琴」當爲「瑟」之訛字，今改。

〔三四〕晉過江唯尚方而已　案：上文「中尚署令員品」條原注曰：「晉過江左，唯置一尚方。」宋書百官志曰：「江左以來，唯一尚方。」據此，「唯」下疑當有「一」字。

〔三五〕晉宋已來並四百石　「石」字原本殘缺，嘉靖本亦然，據廣雅本補。

〔三六〕梁班第一從九品　原本作「梁班從九品」，嘉靖、廣雅二本亦然。案：梁於天監七年革選，定爲十八班，而九品之制不廢。然則班歸班，品歸品，無爲作「梁班從九品」之理。今據上文「中尚署令員品」條原注「梁置左、中、右尚方三令·丞，其令並從九品」，及隋書百官志云梁左、右尚方令並爲一班，增、改如上。

〔三七〕左尚令三人　近衞校曰：「據隋志，『三』當作『二』。」案：隋書百官志原文作「太府寺統左藏、左尚方、内尚方、右尚方、司染、右藏、黄藏、掌冶、甄官等署，各置令（二人，左、右尚方則加至二人，黄藏則惟置一人）。」與近衞校語明顯不合，與六典本注亦不相符。然觀上述隋志之語，其文義亦似可疑，或有訛字，未能知也。竊意六典本注雖不必是，然亦未可遽以爲非。謹誌於此，以備參考。

〔三八〕掌造車輦繖扇矟毦弓箭　「矟」字原本作「稍」，嘉靖、廣雅二本亦然。考南史宋竟陵王誕傳云：「誕左右侍直，眠中夢人告之曰：『官須髮爲矟毦。』既覺，已失髻矣。如此者數十人。」據此，「矟」顯當作「矟」，今改。

〔三九〕梁選簿　「簿」字原本訛作「部」，嘉靖、廣雅二本亦然，今正之。參見卷十四校記〔二九〕。

〔四〇〕晉過江唯尚方而已　「唯」下疑當有「一」字。參見校記〔三四〕。

〔四一〕令三人　近衞校曰：「『三』當作『二』。」案：六典本注雖未必是，但亦不可遽以爲非。近衞此校，證據不足，似難憑信。參見校記〔三七〕。

〔四二〕掌造甲冑具裝絰薦席等事　「具」字原本作「貝」，嘉靖本亦然，蓋以形近而致訛。近衞校曰：「『貝』當作『具』。」廣雅本作「具」，今據以改。

〔四三〕右尚署令掌供天子十有二閑馬之鞍轡　「右」字原本訛作「左」，嘉靖、廣雅二本亦然，據舊唐書職官志改。

〔四四〕北齊中尚方領涇州雍州絲局丞　「丞」字原本訛作「成」，據嘉靖本改。

〔四五〕掌凡機材之工　「工」字原本殘缺，據嘉靖本補。

〔四六〕平準令主染有常平之法故準而酌之　通典職官九諸卿下「少府監織染署令」條原注引韋昭（辨）釋名曰：「平準令主染色。染有均平之法，故準而則之。」太平御覽卷二三二平準令引韋昭辨釋名曰：「釋云：『平準令主染色。色有常平之法，准的之也。』」

〔四七〕宋順帝名準　「準」字原本作「准」，嘉靖、廣雅二本亦然，據職官分紀卷二十二引六典「織染署令員品」條原注改。

〔四八〕三曰縰　近衞校曰：「『縰』當作『絁』。」案：據集韵卷一五支：「纚，或作纙、縰、絁。」「縰」與「絁」通，原字不必更。

〔四九〕三曰絛　近衞校曰：「『絛』當作『條』。」案：「絛」乃「條」之俗寫，原字不必更。

〔五〇〕宋有東冶令丞南冶令丞　「南」字原本訛作「西」，嘉靖、廣雅二本亦然，據下文「然則梁朝之西治，蓋宋、齊南冶也」改。

〔五一〕選簿　「簿」字原本作「部」，嘉靖、廣雅二本亦然。近衛校明本曰：「『部』當作『簿』。」案：揆諸上下文義，引文所言梁制也，殆出梁選簿。近衛所校，頗可置信，今照改。「選」上疑當有「梁」字。參看卷十四校記〔三九〕。

〔五二〕然則梁朝之西冶　「則」字原本無，嘉靖、廣雅二本亦然，據職官分紀卷二十二引六典「掌治署令員品」條原注增。

〔五三〕北齊太府寺有司冶令丞　隋書百官志「司」作「諸」。

〔五四〕若白鑞　「鑞」字原本譌作「蠟」，嘉靖、廣雅二本亦然，據舊唐書職官志改。

〔五五〕則具名數　「具」字原本譌作「其」，嘉靖本亦然，廣雅本作「具」，與舊唐書職官志合，今據改。

〔五六〕秦漢内史及諸郡有鐵者則置鐵官長丞　「史」字原本譌作「使」，嘉靖本亦然，近衛校曰：「『使』當作『史』。」廣雅本作「史」，與漢書百官公卿表及職官分紀卷二十二引六典「諸冶監員品」條原注合，今據以改。又，分紀「郡」下有「國」字，「有」作「出」。

〔五七〕皆吴時置也　宋書百官志「皆」作「多是」。

〔五八〕隋諸冶皆置監　「置」字原本作「署」，嘉靖本亦然，近衛校曰：「『署』當作『置』。」廣雅本作「置」，與職官分紀卷二十二引六典「諸冶監員品」條原注合，今據以改。

〔五九〕正七品上　「上」字原本無，嘉靖、廣雅二本亦然，據通典職官二十二大唐官品增。

〔六〇〕正九品下　舊唐書職官志作「從九品上」。

〔六一〕周禮考工記曰　「工」字原本作「功」，嘉靖本亦然，近衞校曰：「『功』當作『工』。」廣雅本作「工」，與職官分紀卷二十三引六典「甲坊署令員品」條原注合，今據以改。

〔六二〕凡弩夾庚利攻守唐大利車戰野戰　原本「夾庚」訛作「狹瘦」，「唐」訛作「廣」，嘉靖、廣雅二本亦然，據周禮卷八夏官司馬下「司弓矢職掌」條改。

〔六三〕國凶荒扎喪　廣雅本「扎」作「札」，與周禮卷四地官司徒下「司市職掌」條合。案：扎，札之俗字。

〔六四〕爲民乏困也　「乏困」原本訛作「之用」，嘉靖、廣雅二本亦然，據周禮卷四地官司徒下「司市職掌」條鄭玄注改。

〔六五〕肉好皆有周郭　「肉好」原本訛作「內外」，嘉靖、廣雅二本亦然，據漢書食貨志改。

〔六六〕悉禁郡國毋鑄錢　「禁」字原本作「除」，嘉靖、廣雅二本亦然，據漢書食貨志改。

〔六七〕自武帝元狩五年三官初鑄五銖錢　原本「狩」訛作「符」，上「五」字脫，嘉靖、廣雅二本亦然，今據漢書食貨志改、增。

〔六八〕廢帝鑄二銖謂之耒子錢　原本「廢帝」作「少帝」，「耒子」作「來子」，嘉靖、廣雅二本亦然。案：宋書前廢帝紀曰：「（永光元年二月）庚寅，鑄二銖錢。」同書顏竣傳曰：「前廢帝卽位，鑄二銖錢，形式轉細。官錢每出，民間卽模效之，而大小厚薄皆不及也。無輪廓，不磨鑢，如今之剪鑿者，謂之耒子。」資治通鑑卷一三〇「永光元年二月庚寅」條略同顏竣傳。今據以改。通典食貨九錢幣下「耒」作「萊」。宋有前、後兩廢帝。前廢帝劉子業，孝武帝長子。大明八年閏五月庚申，孝武帝崩，子業即位。翌年正月乙未朔，改元永光；秋八月癸酉，改元景和，十一月戊午被弒。

〔六九〕貫之以縷　「縷」字原本訛作「鏤」，嘉靖本亦然，近衞校曰：「『鏤』當作『縷』。」廣雅本作「縷」，與職官分紀卷二十二引六典「諸鑄錢監監員品」條原注、太平御覽卷八三五錢上引宋書合，今據以改。

〔七〇〕肉好周郭　原本「肉」訛作「内」，「好」字殘缺；嘉靖、廣雅二本並訛「肉好」爲「内有」。今據隋書食貨志、職官分紀卷二十二引六典「諸鑄錢監監員品」條原注改。

〔七一〕又除肉郭　「肉」字原本訛作「内」，嘉靖、廣雅二本亦然，今改，據同校記〔七〇〕。

〔七二〕有直百五銖女錢至五銖對文等號　隋書食貨志「直百五銖、女錢」作「直百五銖、五銖女錢」。

〔七三〕背面肉好　原本「肉好」訛作「内外」，嘉靖、廣雅二本亦然，今改，據同校記〔七〇〕。

〔七四〕每一千重四斤二兩　原本「二兩」訛作「一兩」，嘉靖、廣雅二本亦然，今改，據同校記〔七〇〕。

〔七五〕録事府史士人爲之　舊唐書職官志「士人」作「士人」。

唐六典將作都水監卷第二十三

將作監

大匠一人　少匠二人　丞四人　主簿二人　録事二人　府十四人　史二十八人　計史三人　亭長四人

掌固六人

左校署

令二人　丞四人　府六人　史十二人　監作十人

右校署

令二人　丞三人　府五人　史十人　監作十人

典事二十四人〔一〕

中校署

令一人　丞三人　府三人　史六人　監事四人

典事八人　掌固一人〔二〕

甄官署

令一人　丞二人　府五人　史十人　監作四人

典事十八人

百工監

監一人　副監一人　丞一人　録事一人　府一人

史三人　監作四人　典事二十人〔三〕

就谷監

監一人　副監一人　丞一人　録事一人　府一人

史三人　監作四人　典事二十人〔四〕

庫谷監

監一人　副監一人　丞一人　録事一人　府一人

史三人　監作四人　典事二十人〔五〕

太陰監〔六〕

監一人　副監一人　丞一人　録事一人

府一人　史三人　監作四人　典事十人

伊陽監

監一人　副監一人　丞一人　録事一人　府一人
史三人　監作四人　典事十人

都水監
使者二人　丞二人　主簿一人〔七〕　録事一人　府五
人　史十人　亭長一人　掌固四人〔八〕

舟檝署
令一人　丞二人　府三人　史四人　監漕四人
漕史二人　典事三人　掌固三人

河渠署
令一人　丞一人　府三人　史六人　河隄謁者六人

典事三人　掌固四人　長上魚師十人〔九〕　短番魚師一百二十人　明資魚師一百二十人

諸津

每津令一人　丞一人〔一〇〕　録事一人　府一人　史二人　典事三人　津吏五人

將作監：大匠一人，從三品；左傳云：「少昊氏五雉爲五工正。」周官冬官掌百工之職。漢書百官表云：「將作少府，秦官，掌治宮室，有兩丞、左・右中候。景帝改曰將作大匠，秩二千石。屬官有石庫、東園主章、左・右・前・後・中校七令、丞，又主章長、丞。武帝改東園主章曰木工。成帝省中候及左、右、前、後、中校五丞。」後漢光武中元二年省，〔一一〕常以謁者兼之；至章帝建初元年又置。魏因之。晉將作大匠置功曹、主簿、五官等員，〔一二〕掌土木之役。過江後及宋、齊並不常置。梁天監七年置十二卿，改將作大匠爲大匠卿，是爲秋卿，班第十，品正第五。陳因之。〔一三〕後魏太和初，將作大匠從第二品下；二十二年，降爲從三品。北齊因之。後周有匠師中大夫一人，掌城郭、宮室之制及諸器物度量；又有司木中大夫一人，掌木工之政令。隋將作寺置大匠一人，從三品；開皇二十年改爲將作監，以大匠爲大監。

煬帝大業五年，正四品；〔一四〕十三年，又改大監爲令。皇朝改置大匠、少匠、丞、主簿等員。龍朔二年改爲繕工監，〔一五〕咸亨元年復舊。光宅元年改爲營繕監，神龍元年復舊。少匠二人，從四品下。後周官有小匠師下大夫一人。〔一六〕隋初，將作無少匠；開皇二十年改寺爲監，大匠爲大監，始置副監一人。煬帝改副監爲少監；大業三年，改少監爲少匠；五年，又改少匠爲少監，正五品；十三年，又改爲少令。皇朝改置少匠二人。龍朔、咸亨、光宅、神龍隨監改復。將作大匠之職，掌供邦國脩建土木工匠之政令，總四署、三監、百工之官屬，以供其職事；少匠貳焉。凡西京之大內、大明·興慶宮，東都之大內、上陽宮，其內外郭、臺、殿、樓、閣并仗舍等，〔一七〕苑內宮、亭，中書、門下、左·右羽林軍、左·右萬騎仗、十二閑廐屋宇等，謂之內作。凡山陵及京·都之太廟、郊社諸壇·廟，京·都諸城門，尚書·殿中·秘書·內侍省、御史臺、九寺、三監、十六衞、諸街使、弩坊、溫湯、東宮諸司、王府官舍屋宇，諸街、橋、道等，並謂之外作。凡有建造營葺，分功度用，皆以委焉。凡修理宮廟，太常先擇日以聞，然後興作。

丞四人，從六品下；漢將作有丞二人，秩六百石。後漢置一人，魏、晉因之。東晉、宋、齊有事則置，無事則罷。梁天監七年置大匠丞一人，班第三。陳因之。後魏從五品中；太和二十二年，第七品下。北齊丞四人，從第七品上。後周匠師上士一人。〔一八〕隋將作丞二人，從六品，〔一九〕大業十三年加至從五品。皇朝加丞至四人，從六品下。主簿二人，從七品下；晉將作置主簿員。江左有事則置，無事則省。梁天監七年復置將作主簿一員，七班中第三。〔二〇〕北齊將作寺有功曹、主簿員；〔二一〕若有營作，又別立長史、司馬、主簿各一員。〔二二〕隋將作主簿二人，皇朝因之。錄事二人，從九品上。丞掌判監事。凡內外繕造，百司供給，大事則聽制、敕，小事則俟省符，以諮大匠，而下於署、監，以供其職。凡諸州匠人長上者，則州率其資納之，隨以酬顧。凡功有長短，役有輕重。凡計功程者，四月、五月、六月、七月爲長功，二月、三月、八月、九月爲中功，十月、十一月、十二月、正月爲短功。〔二三〕凡啓塞之時，火土之禁，必辨其經制，而舉其條目。凡四時之禁：每歲十月以後，盡于二月，〔二四〕不得起冶作；冬至以後，盡九月，〔二五〕不得興土工；春、夏不伐木。若臨事要行，理不可廢者，以從別式。凡營造修理，土木瓦石不出於所司者，總料其數，上于尚書省。凡營軍器，皆鐫題年月及工人姓名，辨其名物，而閱其虛實。主簿掌印，勾檢稽失。凡官吏之申請糧料、俸食，務在、假使，〔二六〕必由之以發其事。若諸司之應供四署、三監之財物器用違闕，隨而舉焉。錄事掌受事發辰。

左校署：令二人，從八品下；周官有攻木之工七，謂輪、輿、弓、廬、匠、車、梓也。秦、漢有左、右、前、後、中校五令・丞。後漢唯置左、右校令・丞各一人，令六百石；又有材官校尉。魏并左校於材官。〔二七〕晉過江，〔二八〕省將作大匠，而左、右校隸少府；又改材官校尉爲將軍，罷左校令。宋、齊、梁、陳又有左校令、丞，別置材官將軍、司馬。北齊太府寺有左校署令、丞。後周有掌材上士。隋將作領左校署令二人，〔二九〕皇朝因之。丞四人，正九品下；漢成帝省左、右、前、後、中五校丞。後漢置左、右校丞各一人，秩三百石。魏因之。〔三〇〕東晉隸少府。宋、齊、梁、陳、北齊皆有丞。〔三一〕後周有掌材中士二人。隋左校丞四人，皇朝因之。監作十人，從九品下。左校令掌供營構梓匠之事，致其雜材，差其曲直，制其器用，程其功巧；丞爲之貳。凡宮室之制，自天子至于士庶，各有等差。天子之宮殿皆施重栱、藻井。〔三二〕王公、諸臣三品已上九架，五品已上七架，並廳厦兩頭；六品已下五架。其門舍三品已上五架三間，五品已上三間兩厦，六品已下及庶人一間兩厦。五品已上得制烏頭門。若官修者，左校爲之。私家自修者，制度准此。凡樂縣簨虡，兵仗器械，及喪葬儀制，諸司什物，皆供焉。簨虡謂鐏鍾、編鍾、編磬之屬。器械謂仗床、戟架、杻械之屬。喪儀謂棺槨、明器之屬。什物謂机案、櫃檻、勳函、行槽、剉碓之屬。〔三三〕

右校署：令二人，從八品下；後漢安帝延光三年，〔三四〕置左校令、右校丞，其後又置右校令。〔三五〕魏因之。〔三六〕晉少府屬官有左校，無右校，其職蓋并于左校矣。宋、齊、梁、陳皆無。〔三七〕北齊太府寺管左校，亦無右校。隋置右校署令、丞，掌營構工作之事。皇朝因之。丞三人，正九品下；漢右校丞一人，〔三八〕三百石。魏因之。〔三九〕宋、齊、梁、陳並置，〔四〇〕北齊省。隋右校置丞三人，皇朝因之。監作十人，從九品下。右校令掌供版築、塗泥、丹雘之事；丞爲之貳。凡料物支供皆有由屬，審其制度而經度之。凡修補之料，每歲京北、河南及諸州支送麥䴬三萬圍、麥麫一百車、麻擣二萬斤；〔四一〕其石灰、赤土之屬，〔四二〕須則市供，不恒其數。

中校署：令一人，從八品下；漢將作左、右、前、後、中五校皆有令、丞，自後不置，皇朝置之。丞三人，正九品下；漢成帝省，皇朝復置。監事四人，從九品下。中校令掌供舟車、兵仗、廄牧、雜作器用之事。凡行幸陳設供三梁竿柱，〔四三〕閑廄繫飼則供剉碓、行槽、鞍架，禱祠祭祀則供棘葛、竹墼，〔四四〕內外營造應供給者，皆主守之；丞爲之貳。舊，將作寺百工署掌營棘葛、槍子、土墼、石作之事。開元十五年，改百工署爲監，其職掌各分入諸署：槍子入左校，石作入甄官，棘葛、土墼等入於此署。凡監、署役使車牛皆有年支草、豆，據其名簿，閱其虛實，受而藏之，以給於車坊。

甄官署：令一人，從八品下；周禮摶埴之工二，謂陶與旗也。後漢將作大匠屬官有前、後、中甄官令·丞。晉少府領甄官署，掌塼瓦之任。宋、齊有東、西陶官瓦署督、令各一人。北齊太府寺統甄官署，甄官又別領石窟丞。後周有陶工中士一人，掌爲罇、彝、簠、簋等器。隋太府寺統甄官署令、丞二人，〔四五〕皇朝改屬將作。丞二人，正九品下；後漢前、後、中三甄官各丞一人，晉有甄官丞，〔四六〕後周有陶工下士一人。隋甄官丞二人，〔四七〕皇朝因之。監作四人，從九品下。

甄官令掌供琢石、陶土之事；丞爲之貳。凡石作之類，有石磬、石人、石獸、石柱、碑碣、碾磑，出有方土，用有物宜。凡磚瓦之作，瓶缶之器，大小高下，各有程準。凡喪葬則供其明器之屬，別敕葬者供，〔四八〕餘並私備。三品以上九十事，五品以上六十事，九品已上四十事。當壙、當野、祖明、地軸、䡊馬、偶人，〔四九〕其高各一尺；其餘音聲隊與僮僕之屬，威儀、服玩，各視生之品秩所有，以瓦、木爲之，其長率七寸。

百工、就谷、庫谷、斜谷、太陰、伊陽監：監各一人，正七品下；〔五〇〕副監一人，從七品下；丞一人，正八品上；周禮：山虞、林衡並掌斬伐林木之事。歷代皆有其官，皇朝取其義而並置之。庫谷監在鄠縣，就谷監在盩厔縣，百工監在陳倉，太陰監在陸渾縣，伊陽監在伊陽縣。錄事各一人；監作各四人，從九品下。太陰監、伊陽監各典事十人。〔五一〕百工等監，掌採伐材木之事，辨其名物而爲之主守。凡修造所須材幹之具，皆取之有時，用之有節。

都水監：使者二人，正五品上。本周官川衡之職。〔五二〕漢太常、大司農、少府、內史、主爵中尉其屬官各有都水長、丞。〔五三〕武帝置水衡都尉，掌上林苑，有五丞，其屬官有上林、均輸、御羞、禁圃、輯濯、鍾官、辯銅令・丞；〔五四〕又衡官、水司空、都水、農倉，〔五五〕又甘泉上林・都水七官長・丞皆屬焉。〔五六〕至成帝，以都水官多，置左、右使者各一人，則劉向護左都水使者是也。至哀帝，罷之。王莽改水衡都尉曰予虞。〔五七〕後漢省都水以屬郡國，而置河隄謁者五人。魏因之，又兼有水衡都尉，主天下水軍舟船器械。〔五八〕晉置都水臺都水使者一人，掌舟檝之事，官品第四；又有左、右、前、後、中五水衡。晉起居注及元康百官名：陳愼、戴熊俱以都水使者領水衡都尉。〔五九〕宋孝武帝省都水臺，置水衡令。齊氏復置都水臺使者一人。梁武帝天監七年改爲太舟卿，爲冬卿，〔六〇〕班第九，吏員依晉，又加當關四人。陳因之。後魏亦二官並置建，都水使者正第四品中，水衡都尉從五品中；太和二十二年，都水使者從五品，〔六一〕而省水衡。北齊都水臺使者二人，後周有司水中大夫一人。隋都水臺使者二人，從第五品，〔六二〕有丞、參軍、河隄謁者、錄事，掌船局都水尉、諸津尉・丞・典作・津長等。〔六三〕開皇三年，省都水入司農，十三年復置。仁壽元年，改爲都水監；煬帝復爲使者，正五品，統舟檝、河渠二署。大業五年，又改使者爲監，加至四品；又置少監，爲五品。復改監爲令，從三品；少監爲少令，從四品。皇朝改爲都水署，隸將作，令從七品下。貞觀中，復改爲都水使者，從五品上。龍朔二年改爲司津監，咸亨元年復爲都水使者。光宅元年改爲水衡都尉，神龍元年復舊。〔六四〕

都水使者掌川澤、津梁之政令，總舟檝、河渠二署之官屬，舟檝署開元二十三年省。〔六五〕辨其遠近，而歸其利害；凡漁捕之禁，〔六六〕衡虞之守，皆由其屬而總制之。凡獻享賓客，則供川澤之奠。凡京畿之內渠堰陂池之壞決，則下於所由，而後修之。每渠及斗門置長各一人，以庶人年五十已上并勳官及停家職資有幹用者爲之。〔六七〕至溉田時，乃令節其水之多少，均其灌溉焉。每歲，府縣差官一人以督察之；歲終，録其功以爲考課。

丞二人，從七品上；漢書都水、水衡皆有丞。後漢省。晉初置都水使者，〔六八〕有參軍二人，〔六九〕蓋丞之職也。宋因之。孝武帝省都水臺，置水衡令，亦無丞。梁天監七年置太舟卿，〔七〇〕始置丞一人，班第一。陳因之。後魏都水有參事六人，北齊有參事十人，〔七一〕並丞之任也。隋初，置都水臺，有丞二人，正第八品上；大業三年，加從七品。皇朝改爲都水署，丞從八品下。貞觀中，改爲使者，以署爲監，加丞秩至從七品上。主簿一人，從八品下。晉令：「水衡都尉置主簿一人。」又：「左、右、前、後、中五水衡皆有主簿。」梁天監七年，太舟主簿七班之中第三，〔七二〕與宗正主簿同。後魏、北齊並不置。大業中置主簿一員，皇朝因之。

丞掌判監事。凡京畿諸水，禁人因灌溉而有費者，及引水不利而穿鑿者；其應入內諸水，有餘則任王公、公主、百官家節而用之。主簿掌印，勾檢稽失。凡運漕及漁捕之有程者，會其日月，而爲之糺舉。

舟檝署：令一人，正八品下；漢中尉屬官有都舩令、丞，水衡都尉有輯濯令。晉水衡令各有舷曹吏。〔七三〕齊職儀有舩官典軍一人。〔七四〕後周有舟工中士一人。隋都水使者領掌舩局都尉二人，〔七五〕煬帝改爲舟檝署令一人，皇朝因之。丞二人，正九品下。漢有都舩丞、輯濯丞。隋煬帝置舟檝署丞二人，皇朝因之。舟檝令掌公私舟舩及運漕之事；丞爲之貳。諸州轉運至京、都者，則經其往來，理其隱失，使監漕監之。

河渠署：令一人，正八品下；秦及兩漢都水、水衡屬官有河隄謁者，〔七六〕則河渠署令也。〔七七〕隋煬帝取史記河渠書之義以名署，〔七八〕置令一人，皇朝因之。領河隄謁者、魚師。〔七九〕丞一人，正九品下。隋煬帝置河渠署丞一人，皇朝因之。河渠令掌供川澤、魚醢之事；丞爲之貳。凡溝渠之開塞，漁捕之時禁，皆量其利害而節其多少。每日供尚食魚及中書門下官應給者。若大祭祀，則供其乾魚、魚醢，以充籩、豆之實。凡諸司應給魚及冬藏者，每歲支錢二十萬送都水，命河渠以時價市供之。〔八〇〕

諸津：令一人，正九品上；列女傳有趙津吏女，自後無聞。晉令「諸津渡二十四所，各置監津吏一人」。北齊三局尉皆分司諸津、橋之事。後周有掌津中士一人，掌津渡、川瀆之制，而爲之橋梁。隋都水領諸津：上津，每尉一人、丞二人；〔八一〕中津，尉、丞各一人；〔八二〕下津，尉一人。每津典作一人、津長四人。〔八三〕皇朝改置令、丞。丞一人，從九品下。皇朝因隋置。諸津在京兆、河南界者隸都水監，在外者隸當州界。諸津令各掌其津濟渡舟梁之事，丞爲之貳。

校勘記

〔一〕典事二十四人　舊唐書職官志作「十四人」，新唐書百官志同六典。

〔二〕掌固一人　舊唐書職官志及新唐書百官志並作「二人」。

〔三〕典事二十人　舊唐書職官志作「二十一人」，新唐書百官志同六典。

〔四〕典事二十人　同〔三〕。

〔五〕典事二十人　同〔三〕。

〔六〕太陰監　正文於太陰監前有斜谷監，李林甫注無之。考新唐書百官志云：武德初，置百工監；又置就谷、庫谷、斜谷、太陰、伊陽五監。疑目録及原注或脱之。校記於此，後不復贅。

〔七〕主簿一人　舊唐書職官志作「二人」，新唐書百官志同六典。正文同此。

〔八〕掌固四人　舊唐書職官志作「三人」，新唐書百官志同六典。

〔九〕長上魚師十人　舊唐書職官志「魚」作「漁」。下「短番魚師」、「明資魚師」之「魚」同此。

〔一〇〕丞一人　自「丞」以下均謂每津各若干人也，「各」字省略，正文同此。

〔一一〕後漢光武中元二年省　「二」字原本無，嘉靖、廣雅二本亦然，據續漢書百官志注引蔡質漢儀增。

中元，光武帝年號之一。

〔一二〕晉將作大匠置功曹主簿五官等員　晉書職官志「功曹」上有「丞」。

〔一三〕陳因之　隋書百官志：陳大匠卿第三品。

〔一四〕煬帝大業五年正四品　隋書百官志：大業三年，改大監爲大匠；五年，又改大匠爲大監，正四品。

〔一五〕龍朔二年改爲繕工監　「二」字原本訛作「元」，嘉靖、廣雅二本亦然，據通典職官九諸卿下「將作監」條改。

〔一六〕後周官有小匠師下大夫一人　「小」字原本訛作「少」，嘉靖、廣雅二本亦然；據通典職官二十一後周官品改。

〔一七〕其內外郭臺殿樓閣并仗舍等　「郭」字原本作「廓」，嘉靖、廣雅二本亦然。近衛校明本曰：「（廓）當作『郭』。」今據以改。

〔一八〕後周匠師上士一人　通典職官九諸卿下「將作監丞」條「匠師上士」作「匠師中士」，同書職官二十一後周官品有小匠師上士，正三命。

〔一九〕從六品　隋書百官志：隋將作丞原在從七品上階之列，煬帝大業三年定令，加爲從六品。

〔二〇〕七班中第三　原本作「七品班第三」，嘉靖、廣雅二本亦然。考隋書百官志，梁「大匠卿位視太僕」，二者同居十八班中之第十班；太僕丞、大匠丞則同在第三班。將作主簿位次於丞，斷無與丞並列之理，此其一也。又，陳官品、禄秩、班次多因梁制，其十二卿丞位不過第八品，主簿則不在九品之列，此其二也。由此可見，所謂「七品班第三」者，顯訛。案：梁於天監七年革選，定爲十八班，而九品之制不廢。其位不登二品者，則又别爲七班，太常主簿位其中之第四班，其餘十一卿主簿並居其中之第三班。六典原注於此多作「七班之中第幾」，如下文「都水監主簿員品」條原注即云：「梁天監七年，太舟主簿七班之中第三。」今斟酌字數而去「之」字，改之如上。

〔二一〕北齊將作寺有功曹主簿員　隋書百官志「主簿」下有「録事」。

〔二二〕又别立長史司馬主簿各一員　隋書百官志「長史」上有「將、副將」，「主簿」下有「録事」。

〔二三〕十月十一月十二月正月爲短功　原本「短功」作「短工」，嘉靖本亦然，近衛校曰：「『工』當作『功』。」廣雅本作「功」，今據以改。

〔二四〕盡于二月　「于」字嘉靖本作「十」，廣雅本作「於」。

〔二五〕盡九月　近衛校曰：「『九』疑當作『正』。」案：近衛校語雖本證不足，然原注所記禁月太長，確有可疑，誌以待考。

〔二六〕凡官吏之申請糧料俸食務在假使　「在」字可疑，近衛校曰：「『在』疑當作『任』。」誌以備考。又，「假」原本作「候」，嘉靖、廣雅二本亦然，近衛校明本曰：「據唐志（指新唐書百官志），『候』當作『假』。」今據以改。

〔二七〕魏并左校於材官　通典職官九諸卿下「將作監左、右校署」條云：「魏併左校、右校於材官。」

〔二八〕晉過江　「晉」字原本訛作「署」，嘉靖、廣雅二本亦然。近衛校明本曰：「（署）恐當作『晉』。」案：魏材官曰校尉，不稱署，近衛校語良是，且與職官分紀卷二十二引六典「左校署令員品」條原注相合，故今據以改。

〔二九〕隋將作領左校署令二人　「隋」字原本訛作「隨」，據嘉靖本改。

〔三〇〕魏因之　通典職官九諸卿下「將作監左、右校署」條云：「魏併左校、右校於材官。」

〔三一〕宋齊梁陳北齊皆有丞　「陳」字原本無，嘉靖、廣雅二本亦然，據上文「左校署令員品」條原注增。

〔三二〕天子之宮殿皆施重栱藻井　「栱」字原本訛作「拱」，嘉靖、廣雅二本亦然，據新唐書車服志改。

〔三三〕什物謂机案櫃檻勅函行槽剉碓之屬　嘉靖、廣雅二本「机案」作「屏案」，「行槽」作「衡權」。

〔三四〕後漢安帝延光三年　「延光」原本作「建元」。考安帝無「建元」年號，二字顯訛；嘉靖本作「延光」，與後漢書安帝紀合，今據以改。參見校記〔三五〕。

〔三五〕置左校令右校丞其後又置右校令　後漢書安帝紀：「延光三年（中略）秋七月丁酉，初復右校令、左校丞官。」注引續漢志曰：「將作大匠屬官有左、右校，皆有令、丞，中興未置，今始復也。」又，續漢書百官志將作大匠屬官有左校令、丞各一人，右校令、丞各一人，二者並注云：「安帝復也。」

〔三六〕魏因之　通典職官九諸卿下「將作監左、右校署」條曰：「魏併左校、右校於材官。」

〔三七〕宋齊梁陳皆無　隋書百官志：梁大匠卿統左、右校諸署。

〔三八〕漢右校丞一人　「右」字原本訛作「左」，嘉靖、廣雅二本亦然。近衛校明本曰：「『左』當作『右』。」案：此注所言者右校丞沿革也，近衛所校甚是，今據以改。

〔三九〕魏因之　參看校記〔三六〕。

〔四〇〕宋齊梁陳並置　「右校署令員品」條原注曰：「宋、齊、梁、陳皆無。」隋書百官志則云梁大匠卿所統有右校署。

〔四一〕每歲京北河南及諸州支送麥䴵三萬圍麥麫一百車麻禱二萬斤　「京北」疑當作「京兆」。又，近衞校明本曰：「『禱』當作『穰』。」案：麻禱，即今建築業用以和石灰及泥土之麻刀也，廣雅本作「麻擣」。

〔四二〕其石灰赤土之屬　「赤」字原本訛作「亦」，嘉靖本亦然，近衞校曰：「『亦』當作『赤』。」廣雅本作「赤」，今據以改。

〔四三〕凡行幸陳設供三梁竿柱　「設」字原本訛作「説」，據嘉靖本改。

〔四四〕禱祠祭祀則供棘葛竹墼　原本「祠」作「祀」，「墼」訛作「整」，嘉靖、廣雅二本亦然，據職官分紀卷二十二引六典「中校署令職掌」條改。舊唐書職官志「墼」作「塹」。

〔四五〕隋太府寺統甄官署令丞二人　隋書百官志：甄官署置令二人，丞四人。

〔四六〕晉有甄官丞　「甄」字原本作「旊」，嘉靖、廣雅二本亦然，近衞校明本曰：「『旊』當作『甄』。」與晉書職官志合，今據以改。

〔四七〕隋甄官丞二人　隋書百官志「二人」作「四人」。

〔四八〕別敕葬者供　「供」字原本訛作「俱」，嘉靖本亦然，近衞校曰：「『俱』當作『供』。」廣雅本作「供」，與通典禮四十六薦車馬明器及飾棺所載唐制合，今據以改。

〔四九〕當壙當野祖明地軸䩞馬偶人　「䩞」字原本訛作「誕」，嘉靖、廣雅二本亦然。案：通典禮四十六薦車馬明器及飾棺作「䩞馬」，原注曰：「䩞，馬黑帶也。凡贈馬帶䩞曰䩞馬也。」今據以改。

〔五〇〕正七品下　「下」字原本無，嘉靖、廣雅二本亦然，據新唐書百官志增。

〔五一〕太陰監伊陽監各典事十人　案：據本卷目録、舊唐書職官志及新唐書百官志，諸監均有典事，何以獨於此點出二監典事人數？疑其上當有典事員數條正文，因二監典事人數與其餘諸監不同，所以別出注也。

〔五二〕本周官川衡之職　「川」字原本訛作「州」，嘉靖、廣雅二本亦然，據周禮卷三地官司徒第二改。

〔五三〕漢太常大司農少府内史主爵中尉其屬官各有都水長丞　「都」字原本訛作「楾」，嘉靖本亦然，近衛校曰：「『楾』當作『都』。」廣雅本作「都」，與職官分紀卷二十三引六典「都水使者員品」條原注合，今據以改。

〔五四〕其屬官有上林至辯銅令丞　「銅」字原本訛作「鍾」，嘉靖、廣雅二本亦然，據漢書百官公卿表改。

〔五五〕又衡官水司空都水農倉　「又」字原本訛作「人」，嘉靖、廣雅二本並訛作「水」，據漢書百官公卿表改。

〔五六〕又甘泉上林都水七官長丞皆屬焉　漢書百官公卿表注附宋劉攽曰：「都水官處處有之。按表：少府、三輔皆有焉。水衡屬官，先敍九官令、丞矣，後列長、丞，又云上林。計令、長不當並置，然則甘泉上林長是一官，甘泉都水是一官，自衡官已下凡六官。言七者，誤也。」

〔五七〕王莽改水衡都尉曰予虞　「予」字原本訛作「子」，嘉靖、廣雅二本亦然，據漢書百官公卿表改。

〔五八〕主天下水軍舟船器械　「舟」字原本訛作「卿」，嘉靖、廣雅二本亦然，據宋書百官志改。

〔五九〕陳慎戴熊俱以都水使者領水衡都尉　「慎」字原本訛作「傎」，據嘉靖本改。

〔六〇〕爲冬卿　「冬」字原本訛作「東」，嘉靖、廣雅二本亦然，據隋書百官志改。

〔六一〕都水使者從五品　魏書官氏志：太和後制，都水使者從五品下。

〔六二〕從第五品　隋書百官志：都水使者從五品下。

〔六三〕有丞參軍河隄謁者録事掌船局都水尉諸津尉丞典作津長等　原本「掌船局都水尉諸津尉」作「船局都津尉」，嘉靖、廣雅二本亦然，據隋書百官志增、改。

〔六四〕神龍元年復舊　「元」字原本訛作「九」，嘉靖、廣雅二本亦然，據通典職官九諸卿下「都水使者」條改。

〔六五〕舟檝署開元二十三年省　「署」字原本訛作「置」，嘉靖、廣雅二本亦然。近衛校明本曰：「『置』當作『署』。」今據以改。近衛又校曰：「唐志：開元二十六年署廢。」案：通典職官九、舊、新唐書玄宗本紀及舊唐書職官志均不載舟檝署廢置年月。考開元二十三下距六典成書之時甚近，不容有誤，且其書一般不敘二十六年及其後之事，疑六典原注或不誤，而其誤反在新唐書百官志也。誌以待考。

〔六六〕凡漁捕之禁 「捕」字原本訛作「浦」，嘉靖本亦然，近衛校曰：「『浦』當作『捕』。」廣雅本作「捕」，與新唐書百官志合，今據以改。

〔六七〕以庶人年五十已上並勳官及停家職資有幹用者爲之 近衛校曰：「『家』當作『官』。」誌以備考。

〔六八〕晉初置都水使者 「置」字原本訛作「省」，嘉靖、廣雅二本亦然，據宋書百官志改。

〔六九〕有參軍二人 「軍」字原本訛作「事」，嘉靖、廣雅二本亦然，據宋書百官志改。

〔七〇〕梁天監七年置太舟卿 「太」字原本訛作「大」，嘉靖、廣雅二本亦然，據上文「都水監使者員品」條原注改。

〔七一〕後魏都水有參事六人北齊有參事十人 通典職官九諸卿下「都水丞」條云：「後魏、北齊復曰參軍。」案：册府元龜卷六二〇卿監部總序亦作「參事」。魏書官氏志：都水使者屬官有參軍事。隋書百官志：北齊都水臺有參事。蓋所謂「參軍」或「參事」者，於此並爲「參軍事」之簡稱也。

〔七二〕太舟主簿七班之中第三 「太」字原本訛作「大」，嘉靖、廣雅二本亦然，據上文「都水監使者員品」條原注改。

〔七三〕晉水衡令各有舷曹吏 通典職官九諸卿下「舟檝署令」條「舷」作「船」。

〔七四〕齊職儀有舩官典軍一人 通典同上卷上條「舩官典軍」作「官船典軍」。

〔七五〕隋都水使者領掌舩局都尉二人 「舩」字原本作「舡」，據嘉靖本改。「都尉」隋書百官志作「都水尉」，册府元龜卷六二〇卿監部總序同六典本注。

〔七六〕秦及兩漢都水水衡屬官有河隄謁者　「秦」字原本訛作「者」，據嘉靖本改。

〔七七〕則河渠署令也　原本「河」下殘缺三字，嘉靖本有「渠」，下殘缺二字，據廣雅本補。職官分紀卷二十三引六典「河渠署令員品」條原注全文作「則河渠之職也。」

〔七八〕隋煬帝取史記河渠書之義以名署　「渠」字原本訛作「梁」，據嘉靖本改。

〔七九〕領河隄謁者魚師　原本「師」下有「者」字，嘉靖、廣雅二本亦然。近衞校明本曰：「『者』恐衍。」案：本卷目録及新唐書百官志皆稱「魚師」，舊唐書職官志稱「漁師」，「者」字蓋涉上文「河隄謁者」而衍，近衞所校甚是，今刪。

〔八〇〕命河渠以時價市供之　案：原本及嘉靖、廣雅二本目録均有河隄謁者，而正文俱缺其員品、職掌，疑有脱漏焉。考舊唐書職官志曰：「河隄謁者六人，掌修補堤堰漁釣之事。」新唐書百官志曰：「河隄謁者六人，正八品下。掌完堤堰、利溝瀆、漁捕之事。涇、渭、白渠，以京兆少尹一人督視。」附記於此，以備參考。

〔八一〕每尉一人丞二人　「二」字原本訛作「一」，嘉靖、廣雅二本亦然，據隋書百官志改。

〔八二〕尉丞各一人　隋書百官志「尉」上有「每」字。

〔八三〕下津尉一人每津典作一人津長四人　隋書百官志作「下津，每典作一人、津長四人」。

唐六典諸衛卷第二十四

左右衛

大將軍各一人　將軍二人〔一〕　長史一人〔二〕　録事參軍事一人　録事一人〔三〕　史二人　倉曹參軍事二人　府二人　史四人　兵曹參軍事二人　府四人　史七人　騎曹參軍事一人　府二人　史四人　冑曹參軍事一人　府三人　史三人　亭長二人〔四〕　掌固四人　司階二人　中候三人　司戈五人　執戟五人　奉車都尉五人

親府勳一府勳二府翊一府翊二府等五府〔五〕

中郎將各一人　左郎將一人〔六〕　右郎將一人　録事一人　兵曹參軍事一人　府一人　史二人　校尉五人

旅帥十人　隊正二十人　副隊正二十人

左右驍衛

大將軍各一人　將軍二人　長史一人　録事參軍事一人　録事一人　史二人　倉曹參軍事二人　府二人

史四人〔七〕　兵曹參軍事二人　府三人　史五人　騎曹參軍事一人　府二人　史四人　胄曹參軍事一人

府三人　史三人　亭長二人　掌固四人　司階二人

中候三人　司戈五人　執戟五人

左右翊中郎將府

中郎將各一人　左郎將一人　右郎將一人　録事一人

兵曹參軍事一人　府一人　史二人　校尉五人　旅

帥十人　隊正二十人　副隊正二十人

左右武衛

大將軍各一人　將軍二人　長史一人　録事參軍事一

人　録事一人　史二人　倉曹參軍事二人　府二人

史四人　兵曹參軍事二人　府三人　史五人　騎曹

參軍事一人　府二人　史四人　胄曹參軍事一人

府三人　史三人　亭長二人　掌固四人　司階二人
中候三人　司戈五人　執戟五人　稱長二人
左右翊中郎將府
中郎將各一人　左郎將一人　右郎將一人　録事一人
兵曹參軍事一人　府一人　史二人　校尉五人　旅
帥十人　隊正二十人　副隊正二十人
左右威衛
大將軍各一人　將軍二人　長史一人　録事參軍事一
人　録事一人　史二人　倉曹參軍事二人　府二人
史四人　兵曹參軍事二人　府三人　史五人　騎曹

參軍事一人　府三人〔八〕　史四人　冑曹參軍事一人
府三人　史三人　亭長二人　掌固四人　司階二人
中候三人　司戈五人　執戟五人

左右翊中郎將府

中郎將各一人　左郎將一人　右郎將一人　録事一人
兵曹參軍事一人　府一人　史二人　校尉五人　旅
帥十人　隊正二十人　副隊正二十人

左右領軍衞

大將軍各一人　將軍二人　長史一人　録事參軍事一
人　録事一人　史二人　倉曹參軍事二人　府二人

史四人　兵曹參軍事二人　府三人　史五人　騎曹參軍事一人　府二人　史四人　胄曹參軍事一人　府三人　史三人　亭長二人　掌固四人　司階二人　中候三人　司戈五人　執戟五人

左右翊中郎將府

中郎將各一人　左郎將一人　右郎將一人　録事一人　兵曹參軍事一人　府一人　史二人　校尉五人　旅帥十人　隊正二十人　副隊正二十人

左、右衛，大將軍各一人，正三品；周禮：「制軍：萬二千五百人爲軍。天子六軍，大國三軍，次國二軍，小國一軍。軍將皆命卿。」六韜曰：「古之王者遣將授鉞，曰：『從此，上至天，下至地，將軍任也。』」戰國亦有其職。秦、漢始置衛將軍，後漢及魏並因之，然增其班秩。晉文帝置臺，又置中衛將軍。武帝受命，分爲左、右二衛，各將軍一人，〔九〕品第四，銀章、青綬，武冠，絳朝服，佩水蒼玉。宋、齊因之。建元二年，詔二衛將軍日暮常一人宿。永明元年，〔一〇〕詔二衛儀從可增爲九十人。又，左衛領營五十，司馬二十五人；右衛領營四十，司馬二十人。梁左、右衛將軍班第十二，陳秩二千石。後魏從二品，〔一一〕太和二十二年，降爲第三品。北齊因之。隋左·右衛、左·右武衛、左·右候、左·右武候、左·右領軍、左·右率府各有大將軍一人，所謂十二衛大將軍也。〔一二〕然自兩漢至北齊，大將軍位視三公；至隋，十二大將軍直爲武職，位左、右省臺之下，與古大將軍但名號同，而統務別。〔一三〕至開皇末年，罷十二衛大將軍員。煬帝大業三年，復置左、右衛爲左、右翊衛，〔一四〕其所領名爲驍騎。〔一五〕皇朝復左、右衛府，官屬與隋令略同。龍朔二年除「府」字。

將軍各二人，從三品。後魏永光元年，始增置左、右衛將軍各二人，從三品上；太和二十二年，降爲第三品。〔一六〕北齊左、右衛府各將軍一人，各武衛將軍二人，〔一七〕皆有司馬、功曹、主簿、録事等員。〔一八〕隋左、右衛將軍各二人，皇朝因之。

左、右衛大將軍·將軍之職，掌統領宮廷警衛之法令，以督其屬之隊仗，而總諸曹之職務；凡親、勳、翊五中郎將府及折衝府所隸者，皆總制焉。凡大朝會，率其屬以黄質鍪·甲·鎧、黄弓箭、黄刀、黄楯、黄穳、黄麾、麒麟旗、角端旗、赤熊旗之類，爲左、右廂之儀仗。每月，親、勳、翊五府之三衛及折衝府之驍騎應番上者，各受其名簿，以配所職。凡宿衛內廊閤門外，〔一九〕分爲五仗，一曰供奉，〔二〇〕二曰親仗，三曰勳仗，四曰翊仗，五曰散手仗。皆坐於東、西廊下。若御坐正殿，則立於兩階之次。在正門之內，則以挾門隊坐於東、西廂。承天、嘉德二門之內，皆大將軍守之。〔二一〕諸門及內廂宿衛之仗，無將軍者，則以中郎將一人權代其職。若大駕行幸，則如鹵簿之法以從。

長史各一人，從六品上；晉職官志云：「武帝置左、右衞，各有長史、司馬員。過江，罷長史。」歷宋、齊、梁、陳、後魏、北齊，唯有司馬，無長史。至隋，左、右衞各置長史一人，皇朝因之。録事參軍事各一人，正八品上；晉元帝初爲鎭東大將軍，置録事參軍一人。梁皇弟、皇子府有中録事參軍及録事參軍各一人。後魏二大、二公府及第一、第二、第三品將軍府，〔三三〕及始蕃王、二蕃王、三蕃王府各有録事參軍員。北齊因之。隋左、右衞府各有録事參軍一人，皇朝因之。倉曹參軍事各二人，正八品下，晉元帝爲鎭東大將軍，有倉曹參軍一人。宋高祖相府亦置。後魏與録事參軍同置，北齊因之。隋左、右衞府各倉曹參軍一人，皇朝因之，置二人。兵曹參軍事各二人，正八品下；晉代與倉曹同置。〔三三〕騎曹參軍事各一人，正八品下；魏司馬景王爲大將軍，有騎兵掾一人。宋高祖有相府騎兵參軍一人。隋左、右衞府有騎兵曹參軍一人，皇朝因之，其後改爲騎曹。胄曹參軍事各一人，正八品下；晉元帝爲鎭東大將軍，有鎧曹參軍。宋高祖爲相亦有之。齊職儀云：「左、右鎧曹一人。〔三四〕」隋左、右衞府有鎧曹行參軍一人，皇朝因之。長安中改爲胄曹，神龍初復爲鎧曹，開元初復爲胄曹。司階各二人，正六品上；中候各三人，正七品下；司戈各五人，正八品下；執戟各五人，正九品下；奉車都尉各五人，從五品下。

長史掌判諸曹、親・勳・翊五府及武安、武成等五十府之事，以閱兵仗、羽儀、車馬。凡文簿典職，廩料請給，卒伍軍團之名數，器械糧儲之主守，大事則從其長，小事則專達。季秋，則以庶官之狀贊大將軍考課而昇降焉。録事參軍掌印，及受諸曹、五府及外府百司所由之事以發付，勾檢稽失。倉曹掌五府、外府之文官職員，凡勳階、考課、假使、祿俸及公廨、財物、田園、食料之事，皆掌制之。兵曹掌五府、外府之武官職員，〔二五〕凡番第上下，簿書名數，皆受而過大將軍以配焉。騎曹掌外府馬及雜畜之簿帳。凡府馬之外直者，以近及遠，分爲七番，月一替。凡左、右廂之使以奉敕出宮城外追事者，皆給馬遣之。胄曹掌其戎仗器械及公廨興造、決罰之事。凡大朝會行從應諸黃質甲鎧、弓箭之屬，則受之於衛尉。〔二六〕事畢，本而歸之；若有不應歸者，留貯於衛庫。

親府、勳一府、勳二府、翊一府、翊二府等五府中郎將各一人，正四品下；秦、漢有五官中郎將、左·右中郎將，並比二千石，〔二七〕掌領三署郎侍衛也；又有虎賁中郎將，漢平帝置，比二千石。後漢因之。建安十六年，魏公子丕爲五官中郎將，〔二八〕置官屬，以副相國，位在諸侯王上。晉代不置。宋、齊、梁、陳並有左、右中郎將；後魏、北齊亦有之，各五人。隋氏左·右親衛、左·右勳衛、左·右翊衛各置開府一人以統之，有長史、司馬、倉·兵·法等參軍員，〔二九〕皇朝因之。武德七年，改開府，各置中郎將一人、左·右郎將各一人，謂之左、右親·勳·翊衛中郎將府。左、右郎將各一人，正五品上；自漢以來並名曰中郎將。〔三〇〕至隋，備身府置左、右郎將以統之，又置左、右雄武府雄武郎將·武勇郎將以統之。皇朝左、右親·勳·翊衛因其名置左、右郎將之職也。兵曹參軍事各一人，正九品上。

中郎將掌領其府校尉、旅帥、親衛、勳衛、翊衛之屬以宿衛，而總其府事；左、右郎將貳焉。若大朝會及巡幸，則如鹵簿之法，以領其儀仗。凡五府之親、勳、翊衛應番上者，則以其名簿上大將軍，配于所職。

左、右驍衛，大將軍各一人，正三品；漢武帝以李廣爲驍騎將軍，後省之。光武改屯騎爲驍騎。晉文帝置臺，〔三一〕以爲宿衛之官。歷宋、齊、梁、陳、後魏、北齊並有驍騎將軍之職。後周有左、右驍騎率上士二人。〔三二〕至隋煬帝，改左、右備身爲左、右驍衛；〔三三〕尋以左、右驍衛所領名豹騎，而又別置備身。皇朝置左、右驍衛府。〔三四〕龍朔二年除「府」字。光宅元年改爲左、右武威衛，神龍元年復爲左、右驍衛。〔三五〕將軍各二人，從三品。隋煬帝置，皇朝因之。左、右驍衛大將軍・將軍之職掌如左、右衛。其異者，大朝會建黃麾、鳳旗、飛黃旗、吉利旗、兕旗、太平旗。親府之翊衛、外府之豹騎番上者，則分配之。在正殿之前，則以胡祿隊坐於東、西廊下。〔三六〕若御坐正殿，則以隊仗次立于左、右衛下。在正門之外，則以挾門隊列於東、西廂。凡分兵以守諸門，則知左廂諸門之內事，右廂諸門之外事。若在皇城四面、宮城之內外，則與左、右衛分知助鋪之職。

長史各一人，從六品上；錄事參軍事各一人，正八品上；倉曹參軍事各二人，正八品下；兵曹參軍事各二人，正八品下；騎曹參軍事各一人，正八品下；冑曹參軍事各一人，正八品下；隋煬帝改置驍衛府，有長史，從五品；有錄事參軍，倉曹、兵曹、騎兵、鎧曹行參軍員。皇朝降長史爲從六品，改騎兵爲騎曹，鎧曹爲冑曹，而衛除「府」字。司階各二人，正六品上；中候各三人，正七品下；司戈各五人，正八品下；執戟各五人，正九品下。長史掌判諸曹、翊府及永固等四十九府之事，以閱兵仗、車馬；餘如左、右衛。錄事參軍、倉曹、兵曹、騎曹、冑曹所掌亦如之。

翊府中郎將各一人，正四品下；本隋翊衛開府，皇朝武德七年改置中郎將。〔三七〕左、右郎將各一人，正五品上；本隋備身府左、右郎將，皇朝因之。兵曹參軍事各一人，正九品上。〔三八〕中郎將掌領其府校尉、旅帥、翊衛之屬以宿衛，而總其府事；餘如左、右衛。

左、右武衛，大將軍各一人，正三品；魏武爲丞相，有武衛營。晉、宋、齊、梁、陳又有建武、奮武等將軍，〔三九〕又有武烈、武毅等將軍。至隋，採諸武之名，置左、右武衛府，有大將軍一人、將軍二人。皇朝因舊。光宅元年改爲左、右鷹揚衛，神龍元年復故。將軍各二人，從三品。左、右武衛大將軍·將軍之職掌如左、右衛。其異者，大朝會率其屬被白質鍪、甲、鎧，執白弓箭、白楯、白矟，建鶖氅、四色氅、五牛旗、飛麟旗、駃騠旗、鸞旗、犀牛旗、鵕鸃旗、騼騳旗。〔四〇〕蹕稱長唱警，持鈒隊應蹕，爲左、右廂儀仗。凡翊府翊衛、外府熊渠番上，則分配之。在正殿前，〔四一〕則以諸隊次立於驍衛下；在嘉德門内，則以挾門隊坐於東、西廊。〔四二〕

長史各一人，從六品上；〔四三〕録事參軍事各一人，正八品上；倉曹參軍事各二人，正八品下；〔四四〕兵曹參軍事各二人，正八品下；騎曹參軍事各一人，正八品下；胄曹參軍事各一人，正八品下；隋左、右武衛有長史一人，煬帝升爲從五品。又有録事參軍；倉曹參軍，煬帝改爲司倉；兵曹參軍，煬帝改爲司兵。皇朝改司倉爲倉曹，司兵爲兵曹，〔四五〕司騎爲騎曹，司冑爲冑曹。〔四六〕司階各二人，正六品上；中候各三人，正七品下；司戈各五人，正八品下；執戟各五人，正九品下。長史掌判諸曹、翊府及鳳亭等四十九府之貳。〔四七〕餘皆如左、右衞。

翊府中郎將各一人，正四品下；左、右郎將各一人，正五品上；左、右郎將故事，已詳於上。兵曹參軍事各一人，正九品上。中郎將掌領其府校尉、旅帥、翊衞之屬以宿衞，而總其府事；餘如左、右衞。

左、右威衞，大將軍各一人，正三品；隋初，置左、右領軍府，煬帝改爲左、右屯衞，皇朝因之。至龍朔二年，改爲左、右威衞，別置左、右屯營，〔四八〕亦有大將軍等官。光宅元年改爲左、右豹韜衞，神龍元年復爲左、右威衞。將軍各二人，從三品。〔四九〕隋煬帝改領軍爲屯衞府，置將軍，皇朝因之。龍朔、光宅、神龍隨衞改復。左、右威衞大將軍・將軍之職掌如左、右衞。其異者，大朝會則率其屬被黑質鍪、甲、鎧，〔五〇〕執黑弓箭、黑刀、黑穳，建青麾、黑麾、黃龍負圖旗、黃鹿旗、騶牙旗、蒼烏旗，爲左、右廂之儀仗，次立武衞之下。翊府翊衞、外府羽林番上者，則分配之。在正殿前，則以諸隊立於階下；在長樂、永安門內，則以挾門隊列於兩廊。凡分兵主守，則知皇城東、西面之助鋪。〔五一〕

長史各一人，從六品上；録事參軍事各一人，正八品上；〔五二〕倉曹參軍事各二人，〔五三〕正八品下；兵曹參軍事各二人，正八品下；騎曹參軍事各一人，正八品下；胄曹參軍事各一人，正八品下；隋煬帝改領軍爲左、右屯衛，有長史已下等員，皇朝改之，已具前説。〔五四〕司階各二人，正六品上；中候各三人，正七品下；司戈各五人，正八品下；執戟各五人，正九品下。長史掌判諸曹之事，以閲兵仗、羽儀、車馬，及宜陽五十府；〔五五〕餘如左、右衛。凡飛騎宿衛者，將軍已下不得使其出外。若番上須兵士，則簡同、華越騎充；不足，兼取諸州越騎。

翊府中郎將各一人，正四品下；左、右郎將各一人，正五品上。中郎將掌領其府校尉、旅帥、翊衛之屬以宿衛，而總其府事；餘如左、右衛。

左、右領軍衛，大將軍各一人，正三品；漢建安十四年，魏武爲丞相，相府始置中領軍；〔五六〕既拔漢中，還長安，以曹休爲之，主五校、中壘、武衛等督。魏文帝爲魏王，又置領軍，而領軍差勝，中領微劣。晉因之，領軍與中領三將軍並置，〔五七〕領軍品第三，金章、紫綬；中領軍將軍第四品，銀章、青綬，武冠，絳朝服，佩水蒼玉。太始元年，武帝省領軍、北軍中候，中軍將軍羊祜統二衛、前、後、左、右、驍騎等七軍營兵。〔五八〕宋、齊領軍、中領軍將軍掌內禁兵，大駕出則御軍在前，住則守。舊制：輿駕出行，〔五九〕則與護軍將軍更日直，領隊於止車門內。梁領軍、護軍與左·右衛、驍騎、游騎爲六軍將軍，班第十五。陳領軍將軍秩二千石。〔六〇〕後魏領軍、護軍第二品上，〔六一〕太和二十三年降爲第三品。〔六二〕北齊領軍府將軍一人，掌禁衞宮掖，朱華閤外，凡禁衞皆主之；中領軍亦同。〔六三〕隋左、右領軍府各掌左、右十二軍籍帳、羽衞之事。〔六四〕不置將軍，唯有長史、司馬；煬帝大業三年，改左、右屯衞。皇朝因隋屯衞名，置大將軍、將軍，後改爲威衞；又採前代領軍名，別置領軍衞，置大將軍、將軍員。龍朔二年改爲左、右戎衞，咸亨元年復舊。光宅元年改爲左、右玉鈐衞，〔六五〕神龍元年復故。 將軍各二人，從三品。魏、晉已來並有領軍之職，然則領軍如今領軍大將軍也，中領軍如今領軍將軍也。宋、齊、梁、陳、後魏、北齊有之。隋領軍府有將軍員，〔六六〕皇朝因置之也。〔六七〕 左、右領軍衞大將軍·將軍之職掌如左、右衞。其異者，大朝會則率其屬被青質鍪、甲、鎧，〔六八〕執青弓箭、青刀、青楯、青穳，建赤麾、應龍旗、玉馬旗、三角獸旗、白狼旗、龍馬旗、金牛旗，爲左、右廂之儀仗，以次立威衞下。凡翊府翊衞、外府射聲應番上者，則分配之。在正殿前，則以諸隊立於階下；在長樂、永安門外，則以挾門隊列於兩廊。凡分兵主守，則知皇城東、西面之助鋪及京城、苑城諸門之職。〔六九〕

長史各一人，從六品上；錄事參軍事各一人，正八品上；倉曹參軍事各二人，正八品下；兵曹參軍事各二人，正八品下；騎曹參軍事各一人，正八品下；胄曹參軍事各一人，正八品下。齊職儀：「領軍將軍有長史，品第六，秩六百石。」梁、陳亦有之。北齊領軍有長史、司馬。隋領軍府無將軍，有長史一人；煬帝改置將軍，〔七〇〕長史判衞事，又有錄事、倉曹、兵·騎·鎧曹等員。皇朝因之。 司階各二人，〔七一〕正六品上；中候各三人，正七品下；司戈各五人，正八品下；執戟各五人，正九品下。 長史掌判諸曹、翊府及萬敵、萬年等六十府之貳；〔十三〕餘同左、右衛翊府中郎將各一人，正四品下；左、右郎將各一人，正五品上。　中郎將掌領其府校尉、旅帥、翊衛之屬以宿衛，而總其府事；餘如左、右衛。

校勘記

〔一〕將軍二人　自「將軍」以下俱云左、右衛各若干人也，「各」字省略。諸衛皆倣此。

〔二〕長史一人　「一」字原本訛作「二」，嘉靖、廣雅二本亦然，據正文改。

〔三〕錄事一人　新唐書百官志於「錄事一人」之次有「府一人」。舊唐書職官志諸衛官屬均不載錄事、府、史、亭長、掌固，校記於此，後不復贅。

〔四〕亭長二人　新唐書百官志作「八人」。

〔五〕親府勳一府勳二府翊一府翊二府等五府　指左、右衛各有若干府也，「各」字省略，正文同。諸衛翊府倣此。

〔六〕左郎將一人　自「左郎將」以下均言每府各若干人也，各字省略。諸衛翊府中郎將均此。

〔七〕史四人　新唐書百官志作「二人」。

〔八〕府三人　新唐書百官志作「二人」。

〔九〕各將軍一人　原本「將軍」上有「大」字，嘉靖、廣雅二本亦然，據宋書百官志刪。

〔一〇〕永明元年　「明」字原本作「初」，嘉靖、廣雅二本亦然。案：通典職官十諸衛上「左右衛」條云：「宋、齊謂之二衛，各領營兵，每暮一人宿直。後增二衛儀從爲九十人。」永初爲宋武帝年號，無爲居齊高帝建元之後，當爲齊武帝年號「永明」之訛，今改之。

〔一一〕後魏從二品　魏書官氏志：太和前制，左衛將軍從第二品上，右衛將軍從第二品下。

〔一二〕隋左右衛左右武衛左右候左右武候左右領軍左右率府各有大將軍一人所謂十二衛大將軍也　近衛校曰：「隋志作『左・右衛、左・右武衛、左・右武候、左・右領左右、左・右監門、左・右領軍等府』。」案：隋十二大將軍職名，更易廢置，前後不一，極易混淆。據隋書百官志云：文帝初置左・右衛、左・右武衛、左・右武候、左・右領左右、左・右監門、左・右領軍等府，各有大將軍一人。後又別設「左、右宗衛，制官如左、右衛（率），各掌以宗人侍衛」；「左、右虞候，各置開府一人，掌斥候伺非」；「左、右內率、副率各一人，掌領備身已上禁侍衛，供奉兵仗」。開皇十八年，「又置備身府」。煬帝大業三年，「改左、右衛爲左、右翊衛，左、右備身爲左、右騎尉，左、右武衛依舊名，改領軍爲左、右屯衛，加置左、右禦，改左、右武候爲左、右候衛，是爲十二衛；又改領左右爲左、右備身府，左、右監門依舊名，凡十六府」。六典本注糅雜諸制而言之，確有可疑之處，左、右武候與左、右候同時並列，即其一例。

〔一三〕與古大將軍但名號同而統務別　「古」字原本訛作「右」，嘉靖、廣雅二本亦然。近衛校明本補考曰：「『右』疑當作『古』。」案：職官分紀卷三十五引六典「左右衛大將軍員品」條原注正作「古」，今據以改。

〔一四〕至開皇末年罷十二衛大將軍員煬帝大業三年復置左右衛爲左右翊衛　「三年」上原本衍「十」字，嘉靖、廣雅二本亦然，據隋書百官志删。案：隋志及通典職官十武官上「左右衛」條均直云煬帝改左、右衛爲左、右翊衛，未言中間有廢興事。考隋文帝開皇二十年，有左衛大將軍元旻、右衛大將軍元冑。仁壽中，十二衛大將軍之名見於隋書高祖本紀者，有左武候大將軍姚辯。煬帝初立，卽以崔彭爲左領軍大將軍，繼又以原右武衛將軍來護兒爲右驍衛大將軍，以李景爲右武衛大將軍，周羅睺爲右武衛大將軍；大業元年，以宇文述爲左衛大將軍，郭衍爲左武衛大將軍，于仲文爲右衛大將軍。綜合前述，六典原注所謂開皇末年廢而煬帝復置者，其事蓋有可疑焉。誌此以備考。

〔一五〕其所領名爲驍騎　「所」字原本無，嘉靖、廣雅二本亦然，據隋書百官志增。

〔一六〕後魏永光元年始增置左右衛將軍各二人從三品上太和二十二年降爲第三品　案：六典此注所叙北魏之制，實多舛誤。考北魏諸帝無以「永光」爲年號者，魏書官氏志云：「正光元年七月，置左、右衛將軍各二人。」疑卽六典是注所本。若爾，則「永光」當爲「正光」之訛。官氏志所列太和前制，有左衛將軍，從第二品上；右衛將軍，從第二品下。其所列太和後制，則有左、右衛將軍，並第三品。二者皆孝明帝正光以前之制，疑注文「始增置」云云，蓋謂於原有左、右衛將軍外，增其員額也。通典職官十武官上「左右衞」條亦以「後魏永光初，又增置左、右衞將軍各二人」爲言，疑亦同例。然僅此猶不足以盡釋六典原注之誤。原注云左、右衞將軍位「從三品上」，此官氏志所不載者，未識所據，其一也。正光既在太和之後，從三品又居第三品之下，而注文於叙正光之制後，乃云「太和二十二年降爲第三品」，其二也。豈六典原注於叙述後魏增置左、右衞將軍後，別有叙述其品秩升降始末之文，而自「各二人」以下，後來傳抄有所脱誤歟？謹誌所疑，以備參考。

〔一七〕各武衞將軍二人　「各」字原本訛作「名」，嘉靖、廣雅二本亦然，據隋書百官志改。

〔一八〕皆有司馬功曹主簿録事等員　原本「主」上別衍一「主」字，嘉靖、廣雅二本亦然，據隋書百官志删。

〔一九〕凡宿衞内廊閤門外　「閤」字原本訛作「閣」，嘉靖本亦然，據廣雅本改。

〔二〇〕一日供奉　舊唐書職官志「奉」下有「仗」字。

〔二一〕承天嘉德二門之内皆大將軍守之　新唐書儀衞志：「承天門内，則左、右衞挾門隊列東、西廊下；（中略）嘉德門内，則左、右武衞挾門隊列東、西廊下。」

〔二二〕後魏二大二公府及第一第二第三品將軍府　「第一」二字原本無，嘉靖、廣雅二本亦然，據魏書官氏志增。

〔二三〕晉代與倉曹同置　通典職官十武官上「左右衞兵曹參軍」條「晉」作「歷」，「代」下有「皆」字。

〔二四〕左右鎧曹一人　同上「左右衛胄曹參軍」條敍齊制，「曹」下有「名」字。

〔二五〕兵曹掌五府外府之武官職員　原本「之」字在「武官」下，嘉靖、廣雅二本亦然，據上文「倉曹」職掌條文例改。

〔二六〕凡大朝會行從應諸黃質甲鎧弓箭之屬則受之於衛尉　近衛校曰：「『諸』疑當作『請』。」

〔二七〕並比二千石　「比」字原本訛作「皆」，嘉靖、廣雅二本皆然，據漢書百官公卿表改。

〔二八〕建安十六年魏公子丕爲五官中郎將　三國志魏志武帝紀曰：「（漢獻帝建安）十八年五月丙申，天子使御史大夫郗慮持節策命公爲魏公。」是則建安十六年曹操猶爲相國，至十八年始封魏公也。

〔二九〕有長史司馬倉兵法等參軍員　隋書百官志：諸開府屬官「有長史、司馬、録事及倉・兵等曹參軍、法曹行參軍各一人」。

〔三〇〕自漢以來並名曰中郎將　原本「並」下殘缺一字，嘉靖本亦然，近衛校曰：「當填以『皆』字。」廣雅本缺字作「名」，今據以補。職官分紀卷三十六引六典「親勳翊府中郎將員品」條原注「並」「曰」連書，中間不缺字。

〔三一〕晉文帝置臺　原本「置」下殘缺一字，嘉靖本亦然，近衛校曰：「可連書。」今從之。廣雅本缺字作「省」。職官分紀卷三十五引六典「左右驍騎大將軍員品」條原注全句作「晉文王立晉臺」。

〔三二〕後周有左右驍騎率上士二人　「二」字原本殘缺，據嘉靖本補。

〔三三〕至隋煬帝改左右備身爲左右驍衞　「衞」字原本訛作「騎」，嘉靖、廣雅二本亦然，據職官分紀卷三十五引六典「左右驍騎大將軍員品」條原注改。

〔三四〕皇朝置左右驍衞府　「驍」字原本訛作「騎」，嘉靖、廣雅二本亦然，據職官分紀同上卷上條改。

〔三五〕神龍元年復爲左右驍衞　原本「驍衞」訛作「馳騎」，嘉靖、廣雅並訛「衞」爲「騎」，今據職官分紀同上卷上條改。

〔三六〕則以胡禄隊坐於東西廊下　舊唐書職官志於「胡禄隊」上有「黄旗隊及」四字。

〔三七〕皇朝武德七年改置中郎將　「七」字原本訛作「十」，嘉靖、廣雅二本亦然，據通典職官十武官上「左右衞」條改。

〔三八〕正九品上　「上」字原本訛作「下」，嘉靖、廣雅二本亦然，據舊唐書職官志改。

〔三九〕晉宋齊梁陳又有建武奮武等將軍　案：「建武」、「奮武」之號，東漢末年均已有之。三國志魏志武帝紀曰：「（漢獻帝）初平元年，（中略）太祖行奮武將軍。」同書夏侯惇傳曰：「太祖自徐州還，惇從征呂布，爲流矢所中，傷左目，復領陳留、濟陰太守，加建武將軍。」又，吴志賀齊傳曰：「（漢獻帝）建安十八年，（中略）遷奮武將軍。」

〔四〇〕建鶩麾至駃騠旗鸞旗犀牛旗鵔鸃旗馳騶旗　「駃」字原本殘缺，嘉靖本亦然，據廣雅本補。「鵔鸃」原本訛作「駿鸃」，嘉靖、廣雅二本亦然，據新唐書儀衞志改。

〔四一〕在正殿前　「在」字原本無，嘉靖、廣雅二本亦然，據舊唐書職官志增。

〔四二〕在嘉德門内則以挾門隊坐於東西廊　「則」字原本訛作「外」，嘉靖、廣雅二本亦然，據新唐書儀衞志改。

〔四三〕從六品上　「六」字原本訛作「八」，嘉靖、廣雅亦然，據職官分紀卷三十五引六典「左右武衞大將軍長史員品」條改。

〔四四〕正八品下　「下」字原本訛作「上」，嘉靖、廣雅二本亦然，據通典職官二十二大唐官品改。下兵曹參軍品秩同此。

〔四五〕司兵爲兵曹　原本「兵曹」訛作「倉曹」，據嘉靖本改。

〔四六〕司騎爲騎曹司冑爲冑曹　原本脱訛作「騎曹爲冑曹」，嘉靖、廣雅二本亦然。案：隋書百官志：「諸衞皆置長史、録事參軍，司倉・兵・騎・鎧等員。」舊唐書職官志：左、右武衞大將軍・將軍屬官有「長史、録事參軍、倉・兵・騎・冑四曹參軍」。通典職官十武官上「左右武衞」條原注曰：「領官屬並隋置，大唐因之，同左・右衞。」今據之以增、改。

〔四七〕長史掌判諸曹翊府及鳳亭等四十九府之貳　考諸衞大將軍長史職掌「貳」皆作「事」，唯武衞及領軍衞長史作「貳」，疑「貳」乃「事」之訛。

〔四八〕别置左右屯營　「營」字原本訛作「衞」，嘉靖、廣雅二本亦然。案：通典職官十武官上「左右威衞」條曰：「龍朔二年，改左、右屯衞爲左、右威衞，而别置左、右屯營，亦有大將軍等官。」注云：「尋改左、右屯營爲羽林。」與本書卷二十五「左、右羽林軍衞大將軍員品」條原注合，今據以改。

〔四九〕從三品　原本訛作「從二品」，嘉靖本亦然，近衞校曰：「當作『從三品』。」廣雅本作「從三品」，與職官分紀卷三十五引六典「左右威衞將軍員品」條合，今據以改。

〔五〇〕大朝會則率其屬被黑質鍪甲鎧　「甲」字原本無，嘉靖、廣雅二本亦然。近衞校明本曰：「『鍪』『鎧』間脱『甲』字。」是，今據以增。舊唐書職官志諸衞之「鍪甲鎧」並省作「甲鎧」。

〔五一〕則知皇城東西面之助鋪　新唐書百官志「東、西面」作「東面」。

〔五二〕正八品上　「上」字原本訛作「下」，嘉靖、廣雅二本亦然，據通典職官二十二大唐官品改。

〔五三〕倉曹參軍事各二人　原本「曹」訛作「事」，據嘉靖本改。

〔五四〕已具前説　「説」字原本訛作「設」，嘉靖本亦然，近衞校曰：「『設』當作『説』。」廣雅本作「説」，今據以改。

〔五五〕及宜陽五十府　近衞校曰：「『府』下恐脱『之事』二字。」

〔五六〕漢建安十四年魏武爲丞相相府始置中領軍　案：宋書百官志曰：「魏武爲相，以韓浩爲護軍，史奂（涣）爲領軍，非漢官也。建安十二年，改護軍爲中護軍，領軍爲中領軍，置長史、司馬。」晉書職官志及通典職官十武官上「左右領軍衞」條亦並以改護軍爲中護軍、領軍爲中領軍屬建安十二年事，實在建安十三年六月曹操始爲漢丞相之前，韓浩、史涣之爲護軍、領軍，當更早於此。宋志之所以稱「魏武爲相」者，蓋因操於建安元年十一月已「自爲司空，行車騎將軍，百官總己以聽」，故史多早以漢相目之也。

〔五七〕領軍與中領三將軍並置　原本「中領」下殘缺一字，嘉靖、廣雅二本缺字並作「三」，與職官分紀卷三十五引六典「左右領軍衞大將軍員品」條原注合，今據以補。案：據上下文義，「三」疑當作「軍」。

〔五八〕中軍將軍羊祜統二衞前後左右驍騎等七軍營兵　原本「中軍將軍」作「中領軍將軍」，嘉靖、廣雅二本亦然，據宋書百官志，「領」字衍，今删。

〔五九〕輿駕出行　「輿」字原本訛作「與」，嘉靖、廣雅二本亦然。近衞校明本曰：「『與』當作『輿』。」是，今據以改。

〔六〇〕陳領軍將軍秩二千石　隋書百官志「二千石」作「中二千石」。

〔六一〕後魏領軍護軍第二品上　原本「二」訛作「三」，嘉靖、廣雅二本亦然，據魏書官氏志改。

〔六二〕太和二十三年降爲第三品　原本「第」上有「從」字，嘉靖、廣雅二本亦然，據魏書官氏志删。

〔六三〕中領軍亦同　「中」字原本無，嘉靖、廣雅二本亦然，據隋書百官志增。

〔六四〕隋左右領軍府各掌左右十二軍籍帳羽衞之事　原本「左右領」下無「軍」字，嘉靖、廣雅二本亦同，據職官分紀卷三十五引六典「左右領軍衞大將軍員品」條原注增。

〔六五〕光宅元年改爲左右玉鈐衞　「鈐」字原本訛作「鈴」，嘉靖、廣雅二本亦然，今據職官分紀同上卷上條改。

〔六六〕隋領軍府有將軍員　職官分紀卷三十五引六典「左右領軍衞將軍員品」條原注「有」字作「無」。

案：上文「左右領軍衛大將軍員品」條原注云：「隋左、右領軍府不置將軍，唯有長史、司馬」。又，下文「胄曹參軍事員品」條原注亦云「隋領軍府無將軍」，至煬帝改置將軍。然其時左、右領軍府實已更名左、右屯衛矣。查隋書百官志及通典職官二十一隋官品令所列諸衛將軍中亦確無領軍大將軍、將軍之職。據此，疑分紀作「無」者，是也。以隋書李安傳有「安請爲内職，高祖重違其意，除左領左右將軍，俄遷右領軍大將軍」之語，故不敢遽更，謹誌於此，以待續考耳。

〔六七〕皇朝因置之也　「置」字原本作「罷」，嘉靖、廣雅二本亦然。近衛校明本曰：「『罷』當作『置』。」與職官分紀卷三十五引六典「左右領軍衛將軍員品」條原注合，今據以改。

〔六八〕大朝會則率其屬被青質鍪甲鎧　「大」字原本無，嘉靖、廣雅二本亦然，據舊唐書職官志增。

〔六九〕則知皇城東西面之助鋪及京城苑城諸門之職　新唐書百官志「東西面」作「西面」。

〔七〇〕煬帝改置將軍　據隋書百官志，其時左、右領軍府已改爲左、右屯衛矣。

〔七一〕司階各二人　原本「二」訛作「三」，嘉靖、廣雅二本亦然，今據卷首目録改。

〔七二〕長史掌判諸曹翊府及萬敵萬年等六十府之貳　「貳」字疑當作「事」。參見校記〔四七〕。

唐六典諸衛府卷第二十五

左右金吾衛

大將軍各一人　將軍二人　長史一人　録事參軍事一人　録事一人　史二人　倉曹參軍事二人　府二人
史四人　兵曹參軍事二人　府二人〔一〕　史五人　騎曹參軍事一人〔二〕　府二人　史四人　冑曹參軍事一人
府三人　史三人　亭長二人　掌固四人　司階二人
中候三人　司戈五人　執戟五人

左右翊中郎將府

中郎將各一人　左郎將一人　右郎將一人　錄事一人　兵曹參軍事一人　府一人　史二人　校尉五人　旅帥十人　隊正二十人　副隊正二十人　左右街使各一人　判官二人　典二人

左右監門衞

大將軍各一人　將軍二人　中郎將四人　長史一人　錄事參軍事一人　錄事一人　史二人　兵曹參軍事一人　府三人　史五人　胄曹參軍事一人　府三人　史四人　亭長二人　掌固二人　監門校尉二百二十人〔三〕　直長六百八十人　長人長上二十人　直長長上二十人

左右千牛衛

大將軍各一人　將軍一人　中郎將二人〔四〕　長史一人〔五〕　録事參軍事一人　録事一人　史二人　兵曹參軍事一人　府一人　史二人　胄曹參軍事一人　府一人〔六〕　史一人　亭長二人　掌固四人　千牛備身十二人　備身左右十二人　備身一百人　主仗一百五十人〔七〕

左右羽林軍

大將軍各一人　將軍二人　長史一人　録事參軍事一人　録事一人　史二人　倉曹參軍事一人　府二人

史四人　兵曹參軍事一人　府二人　史四人　胄曹參軍事一人　府二人　史四人〔八〕　亭長二人　掌固四人　司階二人　中候三人　司戈五人　執戟五人

左右翊中郎將府

中郎將各一人　左郎將一人　右郎將一人　録事一人　兵曹參軍事一人　府一人　史二人　校尉五人　旅帥十人　隊正二十人　副隊正二十人

諸衛折衝都尉府

每府折衝都尉一人　左果毅都尉一人　右果毅都尉一人　別將一人　長史一人　録事一人〔九〕　史二人　兵曹

參軍事一人　府二人　史三人　校尉五人　旅帥十人　隊正二十人　副隊正二十人

左、右金吾衛，大將軍各一人，正三品；漢書百官表：「中尉，秦官，掌徼巡京師。武帝太初元年更名執金吾，秩中二千石，有兩丞、候、司馬、千人。屬官有中壘、寺互、武庫、都船四令・丞。又式道左、右、中候及京、輔都尉皆屬焉。〔一〇〕又後漢掌宮外及京師盜賊、水火，考按疑事；衛尉巡行宮中，執金吾徼巡宮外，相爲表裏，所以戒不虞也。漢末，魏武執政，復爲中尉。晉、宋、齊、梁、陳並不置。後魏雖有中尉之職，改御史中丞名之。至後周，置武環率、武候率，各下大夫二人。至隋，置左、右武候府，各大將軍一人，將軍三人，掌車駕出入，先驅後殿；晝夜巡察，執捕姦非；烽候道路，水草所宜。巡狩師田，掌其營禁。大業三年，改爲左、右候衛；〔一一〕四年，各增置察非掾二人，專糾彈之事。皇朝因之。龍朔二年，改爲左、右金吾衛。將軍各二人，從三品。皇朝因隋置三人，貞觀中減置二人。

左、右金吾衛大將軍・將軍之職，掌宮中及京城晝夜巡警之法，以執禦非違，凡翊府及同軌等五十府皆屬焉。凡車駕出入，則率其屬以清遊隊建白澤旗、朱雀旗以先驅，又以玄武隊建玄武旗以後殿，餘依鹵簿之法以從。若巡狩師田，則執其左、右營衛之禁。凡翊衛翊府、同軌・寶圖等五十府彍騎、衛士應番上者，〔一二〕各配所職焉。又置引駕三衛六十人，並於左、右衛取明閑隊仗法用，兼能糾彈事者充，分爲五番上下；仍於諸衛翊衛隊正內取五人爲主帥，番別配一人檢校。又置引駕佽飛六十六人，〔一三〕於當衛簡取越騎射者充，分爲六番上下，番別置主帥一人。

長史各一人，從六品上；録事參軍事各一人，正八品上；倉曹參軍事各二人，正八品下；兵曹參軍事各二人，正八品下；騎曹參軍事各一人，正八品下；冑曹參軍事各一人，正八品下。隋左、右武候府有長史、録事・倉・兵・騎・鎧等曹，皇朝因之。諸曹已具上説。司階各二人，正六品上；中候各三人，正七品下；司戈各五人，正八品下；執戟各五人，正九品下。長史掌判諸曹、翊府及同軌、寳圖等五十府之事，閲其儀仗、兵馬；凡文簿典職，稟料請給，番第上下，皆審其事而總制之。録事參軍事掌所受翊府、外府及諸衛百司之事，以發付勾檢。倉曹掌翊府、外府文官職員。兵曹掌翊府、外府武官職員。騎曹掌外府兵馬雜畜簿帳及牧養之事。〔一四〕凡諸衛馬承直配於金吾巡檢遊奕者，每月四十有五匹，皆季請其料，隨以給之。冑曹掌諸曹、翊府及外府軍戎器械，〔一五〕及其公廨興造，決罰之事。凡大朝會行從，給青龍旗、六纛、犦稍之類於衛尉，〔一六〕事畢，〔一七〕本而歸之。餘同左、右衛。

翊府中郎將各一人，〔一八〕正四品下；左、右郎將各一人，正五品上。中郎將掌領府屬，以督京城内左、右六街晝夜巡警之事；左、右郎將貳焉。餘如左、右衛。〔一九〕

左、右監門衛，大將軍各一人，正三品；漢、魏以來城門校尉之職也。隋置左、右監門府，各將軍一人，有郎將二人、校尉・直長各三十人。煬帝改左、右監門衛將軍爲郎將。皇朝置大將軍、郎將等員。龍朔二年，改府爲衛。〔二〇〕將軍各二人，〔二一〕從三品；中郎將各四人，正四品下。隋左、右監門府郎將四人，〔二二〕煬帝置二人，〔二三〕皇朝置四人。

左、右監門衛大將軍・將軍之職，掌諸門禁衛門籍之法。凡京司應以籍入宮殿門者，〔二四〕皆本司具其官爵、姓名，以移牒其門，〔二五〕若流外官承脚色，〔二六〕並具其年紀、顔狀。以門司送于監門，勘同，然後聽入。凡財物器用應入宮者，〔二七〕所由以籍傍取左監門將軍判，門司檢以入之；應出宮者，〔二八〕所由亦以籍傍取右監門將軍判，門司檢以出之。其籍月一換。若大駕行幸，則依鹵簿之法，率其屬於牙門之下以爲監守。中郎將掌監諸門及巡警之法。〔二九〕凡宮殿門及城門皆左入右出。〔三〇〕其監門官司檢校者，聽從便門出入。

長史各一人，從六品上；録事參軍事各一人，正八品上；兵曹參軍事各一人，正八品下；胄曹參軍事各一人，正八品下。隋左、右開府有長史、録事、兵曹等員，皇朝因之。胄曹已具上注。長史掌判諸曹及諸禁門之事，以省其出入巡檢，而司其籍傍；餘如左、右衛。録事參軍掌印發，勾檢稽失。諸司籍傍押於監門者，印署而遣之。兵曹掌本衛文、武官之職簿。凡授上、解免、勳階、考課、假使、禄賜之事，皆判而申牒之。胄曹掌軍戎器械及承直馬、公廨興造、決罰；餘同左、右衛。

左、右千牛衛，大將軍各一人，正三品；謝綽宋拾遺録有千牛刀，卽人主防身刀也。後魏有千牛備身，〔三一〕本掌乘輿御刀，蓋取莊子「庖丁爲文惠君解牛十九年，〔三二〕所割者數千牛，而刀刃若新發於硎石。〔三三〕」言此刀可以備身，因以名官。後魏書：「奚康生有勇力，以其子難爲千牛備身。〔三四〕」又：「楊保，〔三五〕弘農人，爲千牛備身。」北齊領左右府有領左右將軍，〔三六〕亦統千牛備身，第六品下。〔三七〕隋左、右領左右府有大將軍一人、將軍二人，〔三八〕掌侍衛左右，供御兵仗。〔三九〕領千牛備身十二人，〔四〇〕掌執千牛刀；備身左右十二人，掌供御弓箭；〔四一〕備身十六人，〔四二〕掌宿衛侍從。煬帝改爲左、右備身郎將一人，直齋二人統之；〔四三〕有千牛左右、司射左右各一十六人，並正六品；有長史、録事參軍等員。皇朝改爲左、右千牛府。龍朔二年改爲左、右奉宸衛，〔四四〕神龍元年尋改爲千牛衛。將軍各一人，從三品；北齊領左右府有領左右將軍一人，隋左、右領左右府有將軍二人，皇朝減一人。中郎將各二人，正四品下。北齊有左右備身正、副都督，並四品上。〔四五〕隋煬帝置備身郎將一人，皇朝置中郎將各二人也。左、右千牛衛大將軍·將軍之職，掌宮殿侍衛及供御之儀仗，而總其曹務。凡千牛備身、備身左右執弓箭以宿衛，主仗守戎服器物。凡受朝之日，則領備身左右昇殿，而侍列於御座之左右。若親射於射宮，則大將軍、將軍率其屬以從。凡千牛備身·備身左右考課賜會及禄秩之升降，〔四六〕同京職事官之制。中郎將掌供奉侍衛，以貳將軍及諸曹之務。凡千牛備身、備身左右以御刀仗昇殿供奉者，皆大將軍、將軍率而領之，而中郎將佐其職。凡侍奉，禁橫過座前者，禁對語及傾身與階下人語者，禁摇頭舉手以相招召者。若有口敕，通事舍人承受傳聲於階下不聞者，則中郎將宣告之。〔四七〕

長史各一人，從六品上；録事參軍事各一人，正八品上；兵曹參軍事各一人，正八品下；冑曹參軍事各一人，正八品下；隋左、右領左右府有長史以下等員，煬帝以兵曹爲司兵、冑曹爲司鎧，皇朝改之。千牛備身各十二人；備身左右各十二人；備身一百人；主仗一百五十人。大唐改千牛左右曰千牛備身，〔四八〕初置備身、主仗。

長史掌判諸曹官吏之衆務事。録事參軍掌印發，勾檢稽失。餘如左、右衛。兵曹掌文、武官及千牛備身、備身左右之簿書，及其勳階、考課、假使、禄俸事。冑曹掌甲仗之事。凡御仗之物二百一十有九，羽儀之物三百，自千牛以下各分而典掌之。其當上日，執御刀、御弓矢之外，仍量備弓箭以入宿。每月，主仗當上，則配其所職。若在行從，則兼騎曹之任。餘同左、右衛。

左、右羽林軍衛，大將軍各一人，正三品；漢置南、北軍，掌衛京師。南軍，若今諸衛也；北軍，若今左、右羽林也。呂后崩，周勃以北軍兵誅諸呂。至武帝，置羽林，掌送從，以次期門，名曰建章營騎，屬光禄勳，置令、丞以領之。後更名羽林騎，兼象天有羽林星主車騎也；又云「爲國羽翼，如林之盛」。以隴西、漢陽、安定、北地、西河、上郡良家子便弓馬者爲之。〔四九〕取從軍死事之子孫養羽林，〔五〇〕官教以五兵，號爲「羽林孤兒」。宣帝令中郎將、騎都尉監羽林，秩比二千石。光武以征伐之任勞苦者及五郡良家子以充之；父死，子代之；又簡五營高手，別爲左、右監，秩比六百石。〔五一〕魏羽林監品第五。晉光禄勳屬官有羽林郎將、羽林左、右監，品第五，銅印、墨綬，武冠，絳朝服；〔五二〕其侍陛殿，〔五三〕著鶡尾冠，紗縠單衣。〔五四〕哀帝時，桓溫執政，省羽林中郎將，唯置一監；宋高祖復置。初，江右領營兵；〔五五〕及過江，無復營兵。齊、梁、陳並有羽林監。後魏羽林監第六品下。北齊羽林監十五人，品同後魏。後周有左、右羽林率，各上士二人、中士二人，〔五六〕掌羽林之士。隋煬帝改左、右領軍爲左、右屯衞，所領兵爲羽林。皇朝名武衞所領兵爲羽林；又別置左、右屯營，各有大將軍、將軍等員，龍朔二年改爲左、右羽林軍，〔五七〕其名則歷代之羽林也。將軍各二人，從三品。　左、右羽林軍大將軍・將軍之職，掌統領北衙禁兵之法令，而督攝左、右廂飛騎之儀仗，以統諸曹之職。若大朝會，則率其儀仗以周衞階陛。若大駕行幸，則夾馳道而爲內仗。羽林禁兵旗幟、名數，〔五八〕秘莫得知，略之。　凡飛騎每月番上者，皆據其名歷而配于所職。其飛騎仗或有敕上南衙者，則大將軍、將軍承墨敕白移於金吾引駕仗，引駕仗官與監門奏覆，又降墨敕，後得入。

長史各一人，從六品上；錄事參軍事各一人，正八品上；倉曹參軍事各一人，正八品下；兵曹參軍事各一人，正八品下；冑曹參軍事各一人，正八品下；隋有左、右屯衞，有長史已下等員，皇朝因之，爲屯營。官名改更具上。〔五九〕司階各二人，正六品上；中候各三人，正七品下；司戈各五人，正八品下；執戟各五人，正九品下。　長史掌判諸曹事。〔六〇〕錄事參軍已下，職如左、右衞。凡飛騎宿衞，將軍已下不得使其出外。　若番上須兵士，則簡同、華越騎充；不足，取步騎；步騎不足，兼取諸州越騎。

翊府中郎將各一人，正四品下；左、右郎將各一人，正五品上。中郎將之職，掌領翊衛之屬，以總北軍宿衛之事；左、右郎將貳焉。〔六二〕餘務同左、右衛。

諸府，折衝都尉各一人，上府正四品上，中府從四品下，〔六三〕下府正五品下。周按井田之法而備軍政。〔六三〕至秦，廢井田，置郡縣，尉爲太守之貳而主兵。至漢，改曰都尉，〔六四〕凡武職多以尉爲補。〔六五〕後漢省都尉。至隋，左・右衛、左・右武衛、左・右武候各領軍坊、鄉團，以統戎卒。開皇初，又置驃騎將軍府，每府有驃騎將軍、車騎將軍。大業三年，改置鷹揚府，每府改驃騎爲鷹揚郎將，車騎爲鷹揚副郎將；五年，又以鷹揚副郎將爲鷹擊郎將。皇朝武德初，因隋鷹揚府，依開皇舊名置。〔六六〕

【左、右果毅都尉一人。上府從五品下，中府正六品上，下府從六品下。貞觀十年，因隋果毅郎將之名，改爲果毅都尉。

諸府折衝都尉之職，掌領五校之屬，以備宿衛，以從師役，總其戎具、資糧、差點、教習之法令。凡衛士三百人爲一團，以校尉領之，以便習騎射者爲越騎，餘爲步兵。其團十人爲火，火備六馱之馬。初置爲八，後改爲六。每歲十一月，以衛士帳上尚書，天下兵馬之數以省聞。〔六七〕凡兵馬在府，每歲季冬，折衝都尉率五校之屬以教其軍陣戰鬭之法。捉捕持更者，〔六八〕晨夜有行人必問，不應，則彈弓而嚮之；復不應，則旁射；又不應，則射之。晝以排門人遠望，暮以持更人遠聽，有衆而囂，則告主帥。垂拱中，以千二百人爲上府，千人爲中府，八百人爲下府，赤縣爲赤府，畿縣爲畿府。

左、右果毅都尉掌貳都尉。

別將一人，上府正七品下，中府從七品上，下府從七品下。長史一人，上府正七品下，中府從七品上，下府從七品下。兵曹參軍事一人。上府從八品下，中府正九品上，下府從九品下。】〔六九〕材老弱少壯，〔七〇〕各爲之簿，以進退爲。〔七一〕長史掌判兵事、倉儲、車馬、介胄之事，及其簿書、會要之法。兵曹掌兵吏糧倉、公廨財物、田園課稅之事，與其出入勾檢之法。〔七二〕每月，簿番上衛士之數以上衛。〔七三〕每歲，簿錄事及府、史、捉、□、品于補上年月、姓名，〔七四〕以上于州，申考功、兵部。

校勘記

〔一〕府二人　新唐書百官志作「三人」。

〔二〕騎曹參軍事一人　「一」字原本訛作「二」，嘉靖、廣雅二本亦然，據正文改。

〔三〕監門校尉二百二十人　舊唐書職官志及新唐書百官志均作「三百二十人」。

〔四〕中郎將二人　「二」字原本訛作「一」，嘉靖本亦然，近衞校曰：「『一』當作『二』。」廣雅本作「二」，與正文合，今據以改。

〔五〕長史一人　「一」字原本訛作「二」，嘉靖、廣雅二本亦然，據正文改。

〔六〕府一人　嘉靖、廣雅二本並作「二人」。案：新唐書百官志實作「一人」。

〔七〕主仗一百五十人　「仗」字原本訛作「杖」，嘉靖本亦然，近衛校曰：「『杖』當作『仗』。」廣雅本作「仗」，與正文合，今據以改。

〔八〕史四人　新唐書百官志作「二人」。

〔九〕録事一人　新唐書百官志於「録事」之次有「府一人」。

〔一〇〕又式道左右中候及京輔都尉皆屬焉　原本「式」字訛作「武」，無「中」字；嘉靖、廣雅二本亦然，據漢書百官公卿表改、增。

〔一一〕大業三年改爲左右候衛　原本「候」上衍「武」字，嘉靖、廣雅二本亦然，據隋書百官志删。

〔一二〕凡翊衛翊府同軌賓圖等五十府彍騎衛士應番上者　原本「衛」上脱「翊」字，嘉靖、廣雅二本亦然，據舊唐書職官志增。

〔一三〕又置引駕佽飛六十六人　「引」字原本訛作「別」，嘉靖、廣雅二本亦然，據新唐書儀衛志改。

〔一四〕騎曹掌外府兵馬雜畜簿帳及牧養之事　原本僅存「畜」與「養之事」四字，餘並殘缺；嘉靖本則但存「曹掌」、「雜畜」、「及牧」共六字，餘亦殘缺；廣雅本全存，唯訛「外」爲「翊」。今據職官分紀卷三十五「左右金吾衛胄曹參軍事員品職掌」條補（其間「簿」原兑，據新唐書百官志增）。

〔一五〕胄曹掌諸曹翊府及外府軍戎器械　「戎」字原本訛作「戍」，嘉靖、廣雅二本亦然，今據職官分紀卷三十五「左右金吾衛胄曹參軍事員品職掌」條改。

〔一六〕給青龍旗六纛⿰矛暴矟之類於衛尉　「⿰矛暴矟」原本訛作「曝矟」，嘉靖本亦然，近衛校曰：「唐志作『⿰矛暴矟』。(下略)」廣雅本作「⿰矛暴矟」，與新唐書百官志合，今據以改。

〔一七〕事畢　「事」字原本作「每」，嘉靖、廣雅二本亦然。近衛校明本曰：「『每』當作『事』。」案：卷二十四「左、右衛胄曹職掌」條亦稱「事畢」，近衛所校甚是，今據以改。

〔一八〕翊府中郎將各一人　「郎」字原本訛作「忠」，嘉靖本亦然，近衛校曰：「『忠』當作『郎』。」廣雅本作「郎」，今據以改。

〔一九〕餘如左右衛　「餘」字原本殘缺，據嘉靖本補。

〔二〇〕漢魏以來至改府爲衛　原本全無，嘉靖、廣雅二本亦然。案：據六典文例，每官員品下多叙其歷代沿革，諸司長官尤然，左、右監門衛大將軍非泛泛之官，何以無之？事頗可疑。今檢職官分紀卷三十五引六典「左右監門衛大將軍員品」條，果然有之，蓋歷代傳抄刊刻偶脱也，因據以補。其間「改府爲衛」四字原文作「改爲監衛」，依諸衛例，據通典職官十武官上「左右監門衛」條改。

〔二一〕將軍各二人　「二」字原本作「三」，嘉靖本亦然，近衛校曰：「據目録及舊、新唐志，『三人』當作『二人』。」廣雅本作「二人」。案：職官分紀卷三十五引六典「左右監門衛將軍員品」條亦作「二人」，今改正之。

〔二二〕隋左右監門府郎將四人　「左」字原本殘缺，據嘉靖本補。「將」字原本訛作「皆」，嘉靖、廣雅二本亦然，據職官分紀卷三十五引六典「左右監門衛將軍員品、中郎將員品」條原注改。又，分紀「四人」作「二人」。案：隋書百官志云：「左、右監門府各將軍(一人)，掌宮殿門禁及守衛事。各置郎將(二人)。」

〔二三〕煬帝置二人　「煬帝」及「二人」四字原本殘缺，據嘉靖本補。職官分紀同上卷上條原注「二人」作「一人」。案：隋書百官志云：煬帝時，「左、右監門府改將軍爲郎將，各置一人」。

〔二四〕凡京司應以籍入宮殿門者　近衛校曰：「舊唐志『司』作『師』。」案：京司者，在京諸官司之謂也。唐會要卷七十一左右監門衛引舊制亦作「京司」。唐律疏議卷七衛禁上「宮殿門無籍」條疏議曰：「應入宮殿，在京諸司皆有籍。」又「無著籍入宮殿」條疏議曰：「『應入宮殿』，在京諸司入宮殿者，皆著門籍。」由此可見，「司」字實是，毋庸誌異以存疑。廣雅本改「司」爲「師」，益非。

〔二五〕以移牒其門　「門」字原本訛作「官」，嘉靖、廣雅二本亦然，據唐會要卷七十一左右監門衛引舊制改。

〔二六〕若流外官承脚色　「脚」字原本殘缺，據嘉靖本補。

〔二七〕凡財物器用應入宮者　「用」字原本殘缺，據嘉靖本補。

〔二八〕應出宮者　「者」字原本訛作「音」，據嘉靖本改。

〔二九〕中郎將掌監諸門及巡警之法　原本「監諸門」作「諸監門」，嘉靖、廣雅二本亦然，據職官分紀卷三十五引六典「左右監門衛中郎將職掌」條、舊唐書職官志改。

〔三〇〕凡宮殿門及城門皆左入右出　「及」字原本訛作「友」，據嘉靖本改。

〔三一〕後魏有千牛備身　原本「牛」下有「衛」字，嘉靖、廣雅二本亦然，據舊唐書職官志刪。

〔三二〕庖丁爲文惠君解牛十九年　原本「文惠君」作「惠文君」，嘉靖、廣雅二本亦然，據莊子養生主改。

〔三三〕而刀刃若新發於硎石　原本「硎」下殘缺一字，近衛校曰：「當（與下文『言』字）連書。」嘉靖本「發」下缺二字。今據職官分紀卷三十五引六典「左右千牛衛大將軍員品」條原注於「硎」下補以「石」字。廣雅本缺字作「蓋」，與下文連讀，非是。

〔三四〕以其子難爲千牛備身　「子」字原本訛作「于」，嘉靖本亦然，近衛校曰：「『于』當作『子』。」廣雅本作「子」，與魏書奚康生傳合，今據以改。

〔三五〕楊保　近衛校曰：「『保』疑『侃』字之誤。」查魏書及北史楊侃傳均不載侃曾爲千牛備身事，誌以備考。

〔三六〕北齊領左右府有領左右將軍　原本「領左右將軍」作「左右領將軍」，嘉靖、廣雅二本亦然，據隋書百官志改。

〔三七〕亦統千牛備身第六品下　隋書百官志：北齊領左右將軍從三品，千牛備身第六品下。

〔三八〕隋左右領左右府有大將軍一人將軍二人　「隋」字原本無，嘉靖、廣雅二本亦然，據通典職官十武官上「左右千牛衛」條增。

〔三九〕供御兵仗　「仗」字原本殘缺，近衛校曰：「據隋志，當填以『仗』字。」廣雅本缺字作「仗」，今據以補。嘉靖本缺字作「亦」，非。

〔四〇〕領千牛備身十二人　「領」字原本訛作「使」，嘉靖、廣雅二本亦然，據隋書百官志改。

〔四一〕掌供御弓箭　「弓」字原本訛作「刀」，嘉靖、廣雅二本亦然，據隋書百官志改。

〔四二〕備身十六人　隋書百官志作「六十人」，通典職官十武官上「左右千牛衞」條同六典。

〔四三〕煬帝改爲左右備身郎將一人直齋二人統之　隋書百官志云：「左、右領左右府改爲左、右備身府，各置備身郎將一人，又各置直齋二人以貳之，並正四品。」

〔四四〕龍朔二年改爲左右奉宸衞　「宸」字原本訛作「寵」，嘉靖、廣雅二本亦然，據職官分紀卷三十五引六典「左右千牛衞大將軍員品」條原注改。

〔四五〕北齊有左右備身正副都督並四品上　隋書百官志：北齊備身正都督從四品上，副都督從五品上。

〔四六〕凡千牛備身備身左右考課賜會及禄秩之升降　「凡千牛備身備身左右」原本作「凡千牛備身左右」，嘉靖、廣雅二本亦然。近衞校明本曰：「『身』下脱『備身』二字。」是，今據以補。

〔四七〕則中郎將宣告之　「宣」字原本訛作「軍」，嘉靖、廣雅二本亦然，據職官分紀卷三十五引六典「左右千牛衞中郎將職掌」條改。

〔四八〕大唐改千牛左右曰千牛備身　原本「大唐」作「唐」，嘉靖、廣雅二本亦然。近衞校明本曰：「『唐』上恐脱『大』字。」是，今據以增。

〔四九〕以隴西漢陽安定北地西河上郡良家子便弓馬者爲之　「西河」原本訛作「河西」，嘉靖、廣雅二本亦然，據續漢書百官志改。又，漢陽郡本名天水郡，漢武帝元鼎三年置，後漢明帝改曰漢陽郡，見於漢書地理志並顏師古注。六典本注蓋襲續漢志之文。

〔五〇〕取從軍死事之子孫養羽林　原本「從」訛作「將」，「孫」下脱「養」字，嘉靖、廣雅二本亦然，據漢書百官公卿表改、增。

〔五一〕秩比六百石　續漢書百官志：羽林左、右監秩六百石。

〔五二〕絳朝服　宋書禮志作「四時朝服」。

〔五三〕其侍陛殿　近衛校曰：「『其侍陛殿』通典及文獻通考作『其在陛列』。」職官分紀卷三十五引六典「左右羽林軍大將軍員品」條原注「陞殿」作「陛殿」。

〔五四〕紗縠單衣　宋書禮志「紗」上有「絳」字。

〔五五〕江右領營兵　「右」字原本訛作「左」，嘉靖、廣雅二本亦然，據職官分紀卷三十五引六典「左右羽林軍大將軍員品」條原注改。

〔五六〕後周有左右羽林率各上士二人中士二人　「後」字原本無，嘉靖、廣雅二本亦然，據六典原注文例增。又，近衛校明本曰：「通典後周官品有右羽林率，無左。」案：通典職官十武官上「左右羽林衛」條曰：「後周有左、右羽林率，屬大司馬。」

〔五七〕龍朔二年改爲左右羽林軍　「改」字原本無，嘉靖、廣雅二本亦然，據職官分紀卷三十五引六典

「左右羽林軍大將軍員品」條增。

〔五八〕羽林禁兵旗幟名數　「幟」字原本訛作「戢」，嘉靖本亦然，廣雅本訛作「職」。近衞校明本曰：「『職（『戢』本字）當作『幟』。」是，今據以改。

〔五九〕官名改更具上　「具」字原本無，嘉靖、廣雅二本亦然。近衞校明本曰：「『更』下恐脱『具』字。」是，今據以增。

〔六〇〕長史掌判諸曹事　「掌」字原本無，嘉靖、廣雅二本亦然，據職官分紀卷三十五引六典「左右羽林軍長史員品職掌」條增。

〔六一〕左右郎將貳焉　「貳」字原本訛作「二」，嘉靖本亦然，近衞校曰：「『二』當作『貳』。」廣雅本作「貳」，今據以改。

〔六二〕中府從四品下　「下」字原本訛作「上」，嘉靖、廣雅二本亦然，據通典職官二十二大唐官品改。

〔六三〕周按井田之法而備軍政　「周」字原本無，嘉靖、廣雅二本亦然。近衞校明本曰：「『按』上疑脱『周』字。」是，今據以增。

〔六四〕改曰都尉　「曰」字原本訛作「四」，嘉靖、廣雅二本亦然。近衞校明本曰：「『四』當作『曰』。」是，今據以改。

〔六五〕凡武職多以尉爲補　「凡」字原本訛作「九」，嘉靖、廣雅二本亦然。近衞校明本曰：「『九』當作『凡』。」是，今據以改。

〔六六〕依開皇舊名置　「置」下原本缺頁，嘉靖本亦然，今據廣雅本補，蓋雜採舊唐書職官志、新唐書百官志及通典職官十一武官下有關記述，倣六典及原注文例輯成者也。近衛校明本依次羅列舊唐志、新唐志及通典資料，以其文繁，且不合六典體例，茲不備錄。

〔六七〕以衛士帳上尚書天下兵馬之數以省聞　舊唐書職官志「尚書」作「尚書省」，「以省聞」作「以聞」。

〔六八〕捉捕持更者　新唐書百官志「捕」作「鋪」。

〔六九〕下府從九品下　以上據廣雅本補，其下還據正德本。

〔七〇〕材老弱少壯　「材」上疑當有脱文，待考。

〔七一〕以進退爲　「爲」疑當作「焉」。

〔七二〕兵曹掌兵吏糧倉公廨財物田園課税之事與其出入勾檢之法　近衛校曰：「『園』恐『圃』字。」又，「入」字原本訛作「人」，嘉靖本亦然，近衛校曰：「『人』當作『入』。」廣雅本作「入」，今據以改。

〔七三〕簿番上衛士之數以上衛　「數」字原本作「教」，嘉靖本亦然，近衛校曰：「『教』疑『數』字。」是，今據以改。

〔七四〕簿録事及府史捉□品于補上年月姓名　原本「捉」下殘缺一字，嘉靖本亦然，廣雅缺字作「歷」。「于」字疑當作「子」，廣雅本作「於」，恐非是。並誌於此，以俟續考。

唐六典太子三師三少詹事府左右春坊内官卷第二十六

太子三師

太子太師一人

太子太傅一人

太子太保一人

太子三少

太子少師一人

太子少傅一人

太子少保一人

太子賓客四人

太子詹事府

詹事一人　少詹事一人　丞二人　主簿一人〔一〕　録事二人　令史九人　書令史十八人

太子司直二人

令史一人　書令史二人　亭長四人　掌固六人

太子左春坊

左庶子二人　中允二人〔二〕　司議郎四人　録事二人

主事二人〔三〕　令史七人〔四〕　書令史十四人〔五〕

太子左諭德一人

左贊善大夫五人　傳令四人　掌儀二人　贊者四人〔六〕

亭長四人〔七〕　掌固十三人〔八〕

崇文館

學士無員數〔九〕　學生二十人〔一〇〕　校書二人　令史二人

典書二人　搨書手二人　書手十人〔一一〕　熟紙匠三人

裝潢匠五人　筆匠三人

司經局

洗馬二人〔一二〕　文學三人　書令史二人　書吏四人〔一三〕

校書四人　正字二人　典書四人　楷書二十五人〔一四〕

掌固六人

典膳局

典膳郎丞各二人〔一五〕　書令史二人　書吏四人　主食六人　典食二百人　掌固四人

藥藏局

藥藏郎丞各二人〔一六〕　書令史一人　書吏二人　侍醫四人　典藥九人〔一七〕　掌固六人　藥僮十八人〔一八〕

內直局

內直郎丞各二人〔一九〕　書令史二人〔二〇〕　書吏四人〔二一〕　典服三十人〔二二〕　典扇典翰各十五人〔二三〕　掌固六人

典設局

典設郎四人〔二四〕　書令史二人　書吏四人　幕士六百人〔二五〕　掌固十二人

宮門局

宮門郎丞各二人〔二六〕　書令史二人〔二七〕　書吏四人〔二八〕　門僕一百三十三人〔二九〕　掌固四人

太子右春坊

右庶子二人〔三〇〕　中舍人二人　録事一人〔三一〕　主事二人

令史九人　書令史十八人

太子右諭德一人

右贊善大夫五人　傳令四人

太子通事舍人八人

典謁二十一人〔三二〕　亭長六人　掌固十二人〔三三〕

太子内坊

典内二人　丞二人　録事二人〔三四〕　令史三人　書令史五人　典直四人　導客舍人六人　閽帥六人〔三五〕　内閽八人　内給使無員數　内廐二人〔三六〕　典事二人　駕士三十人　亭長二人　掌固四人

太子内官

良娣二人　良媛六人　承徽十人　昭訓十六人　奉儀二十四人　司閨二人　掌正三人　女史三人　掌

書三人　女史三人　掌筵三人〔三七〕　女史三人　司則二人〔三八〕　掌嚴三人　女史三人　掌縫三人　女史三人　掌藏三人　女史三人　司饎二人　女史四人　掌食三人　女史四人　掌醫三人　女史二人　掌園三人　女史二人

太子太師一人，太傅一人，太保一人，並從一品。〔三九〕禮記曰：「三王之教太子，入則有保，出則有師。」史記：「秦孝公使商鞅設法，而黥太子師、傅。」則秦有其職也。漢氏唯置太傅，秩二千石，屬官有太子門大夫、庶子、洗馬、舍人。至後漢，太子太傅秩中二千石，掌輔導太子，禮如師，不領官屬。至魏，太子太傅爲第三品。漢、魏故事：皇太子於二傅執弟子禮，〔四〇〕皆爲「書」，不曰「令」；太傅於太子不稱臣。晉初，東宮不置詹事，事由二傅，少傅立草，太傅書真。〔四一〕武帝後以爲儲副體尊，〔四二〕遂命諸公居之，而本司位重，或行或領也。咸寧中，備六傅之職：朗陵公何劭爲太子太師，避景帝諱，改爲「帥」；安豐侯王戎爲太傅；武陵侯楊濟爲太保。〔四三〕其後或置或省。懷帝爲太弟，又備六傅。東晉明帝在儲宮，置保、傅之位，而無二師。〔四四〕晉令：「太子太保品第三，進賢兩梁冠，絳朝服，佩水蒼玉，銀章、青綬。」宋、齊、梁並不置。〔四五〕後魏、北齊置之，正第二品，號「東宮三太」。〔四六〕後周不置。隋氏置之，正第二品，〔四七〕皇朝因之，而加其秩。太子出，則乘輅備儀。

太子三師，以道德輔教太子者也，至於動靜起居，言語視聽，皆有以師焉。

太子少師一人，少傅一人，少保一人，並正二品。〔四八〕禮記云：「三王教太子，立太傅、少傅以養之，〔四九〕太傅在前，少傅在後。」秦、漢因之。百官表：「太子少傅秩二千石。〔五〇〕」後漢秩二千石，〔五一〕總領東宮官屬。魏故事：太傅於太子不稱臣，少傅稱臣。晉咸寧中備六傅之職，始置少師、少保，以臨海侯裴楷爲少師，〔五二〕以上蔡伯和嶠爲少保。其後或置或廢。至晉懷帝爲太弟，又備六傅之職。東晉明帝在儲宮，置保傅之位，而無師。歷宋、齊、梁、陳並不置。後魏、北齊皆置之，號「東宮三少」。隋氏降太師一等，〔五三〕皇朝因之。太子出入，則乘輅備儀，以爲後從。太子三少掌奉皇太子以觀三師之道德而教諭焉。凡三師、三少官不必備，唯其人；無其人則闕之。

太子賓客四人，正三品。漢書：「高祖欲廢太子，呂氏用張良計，致商山四皓，以爲賓客。」又：「孝武帝爲太子立博望苑，使通賓客。」則其義也。若有宴賜諸司長官，太子賓客則皆預焉。太子賓客掌侍從規諫，贊相禮儀，而先後焉。凡皇太子有賓客宴會，則爲之上齒。

太子詹事府：詹事一人，正三品；漢書百官表：「詹事，秦官，掌皇后、皇太子家，秩二千石。」應劭云：「詹，省也，給也。」言給事太子。漢東宮屬官太子門大夫、庶子、洗馬、舍人屬二傅，〔五四〕率更、家令・丞，僕，中盾，衞率，廚、廐長・丞屬詹事。成帝省詹事，後漢因之，其太子官悉屬少傅，而太傅不領官屬。魏復置詹事，品第三，掌東宮內外衆務。晉初不置詹事，東宮諸署悉隸二傅。後以保、傅位尊，不宜親務，武帝咸寧初，〔五五〕用黄門侍郎楊珧爲詹事，掌東宮之任。珧遷爲少傅，復省。惠帝元康中復置。永康中，齊王冏輔政，復省。太安中復置，懷帝又省，江左復置。晉令：「詹事，品第三，銀章、青綬，絳朝服，兩梁冠。局事擬尚書令，位視領・護將軍、中書令。〔五六〕長三令、四率、中庶子、庶子、洗馬、舍人。〔五七〕」其後用人漸重，〔五八〕或以令、僕射領之。宋、齊品秩、儀服略同於晉。梁秩中二千石，品第三；後定十八班，班第十四。陳因之。後魏太子詹事左、右置二人，其後唯置一人；初第二品下，〔五九〕太和末，降爲第三品。北齊品同魏氏，總東宮內外衆務，〔六〇〕事無大小皆統之；領家令、率更、僕三寺，左、右衞二坊。後周置太子宮正、宮尹。隋開皇元年更置詹事，二年罷之，皇朝復置。龍朔二年改爲端尹，咸亨元年復舊。天授中改爲宮尹，神龍元年復舊。少詹事一人，正四品上。皇朝置。龍朔二年改爲少尹，咸亨元年復舊。天授中復爲少尹，神龍元年復舊。太子詹事之職，統東宮三寺、十率府之政令，舉其綱紀，〔六一〕而修其職務；少詹事爲之貳。凡天子六官之典制，皆視其事而承受焉。

丞二人，正六品上；漢因秦置詹事丞，秩六百石。東漢省。至魏、晉，皆隨詹事置省。永康中，省詹事，置丞一人，文書關六傅。晉令：「詹事丞一人，品第七；銅印、墨綬，進賢一梁冠，皂朝服；〔六二〕局擬尚書左、右丞。」過江，多用員外郎及博士爲之，遷爲尚書郎。宋、齊品服同晉氏。梁、陳品第八。後魏初，從五品中；太和末，第七品下。〔六三〕北齊第七品下。隋初置一人，〔六四〕皇朝加至二人。龍朔二年改爲端尹丞，〔六五〕咸亨元年復故。天授中又改爲宮尹丞，神龍元年復故。主簿一人，從七品上；晉始置主簿，史闕其員品。歷宋、齊、梁、陳、後魏、北齊、隋，詹事府皆有五官、功曹、主簿，亦史闕其員品。皇朝置一人。龍朔、咸亨、天授、神龍並隨府改復。録事二人，正九品下。丞掌判府事。〔六六〕凡勑令及尚書省、二坊符・牒下於東宮諸司者，皆發之；若東宮諸司之申上者，亦如之。主簿掌付所受諸司之移、判及彈頭之事而勾會之。凡三寺、十率府文符之隱漏，程限稽失，大事啓文，〔六七〕小事下率更以繩之；及掌印，勾檢稽失。録事掌受事發辰。

太子司直二人，正七品上。皇朝龍朔三年置桂坊，比御史臺。置令一人，比御史大夫；司直二人，比侍御史。職在彈劾，以肅宮僚。其後廢桂坊，以司直隸詹事府。司直掌彈劾宮寮，糾舉職事。凡皇太子朝宮臣，則分知東西班。凡諸司文武應參官，每月皆具在否，以判正焉；凡諸率府配兵於諸職掌者，亦如之；皆受而檢察，其過犯者，隨以彈啓。若皇太子監國，詹事及左、右庶子爲三司使，則司直一人與司議郎、舍人分日受啓狀，〔六八〕詳其可否，以申理之。若皇太子出，則於鹵簿內分以糾察。

太子左春坊：左庶子二人，正四品上；禮記曰：「古者，周天子有庶子之官，職諸侯、卿大夫之庶子，〔六九〕

掌其戒令與其教理，別其等，正其位。國有大事，則率國子而致於太子，唯所用之。若有甲兵之事，則授之車甲，合其卒伍，置其有司，以軍法理之，司馬弗征。」至秦因之，置中庶子員。〔七〇〕漢太子太傅屬官有庶子，王莽改曰中尚翼子。後漢太子少傅屬官有太子中庶子，員五人，秩六百石，職如侍中；庶子，無員數，〔七一〕秩四百石。庶子職如三署郎。〔七二〕環濟要略曰：「庶子主宫中並諸吏之適子及支庶版籍。」魏因之。晉太子詹事有中庶子、庶子各四人，局擬散騎常侍，〔七三〕品第五；班同三令、四率，次中書侍郎下；絳朝服，武冠，平巾幘。高功中庶子與高功中舍人共掌禁令，糺正違闕，侍從左右，儐相威儀，盡規獻納，奏事文書皆典綜之。釋奠，中庶子扶左，庶子扶右。宋文帝元嘉初，〔七四〕詔中庶子隨太子入直上宫；十四年，又詔還直東宫。〔七五〕梁中庶子、庶子各四人，中庶子功高者一人爲祭酒，行則負璽，前、後部護駕，〔七六〕與高功中舍人一人共掌其坊之禁令，〔七七〕班第十一，從四品；庶子班第九，從五品。陳因之。後魏有太子中庶子、庶子員。〔七八〕北齊有門下坊，中庶子四人領之；有典書坊，庶子四人領之。中庶子第四品上。隋門下坊置左庶子二人領之，典書坊置右庶子二人領之，至是始改爲左、右矣。左庶子正四品上，右庶子四品下。〔七九〕皇朝因之。龍朔二年，改門下坊爲左春坊，左庶子爲太子左中護；咸亨元年復故。〔八〇〕左庶子在東宫，職擬侍中。

太子中允二人，正五品下。後漢太子官屬有中允，在中庶子下、洗馬上。此後無聞。皇朝貞觀初，改太子中舍人爲中允，位右庶子下，而中舍人復置。龍朔二年改曰太子左贊善大夫，咸亨元年復爲太子中允，而左贊善大夫仍置。太子中允職擬黄門侍郎。

左庶子之職，掌侍從，贊相禮儀，駁正啓奏，監省封題；中允爲之貳。凡皇太子從大祀及朝會，出則版奏外辦中嚴，〔八一〕入則解嚴焉。凡令書下於左春坊，則與中允、司議郎等覆啓以畫諾；及覆下，以皇太子所畫者留爲按，更寫令書，印署，注令諾，送詹事府。若皇太子監國，事在尚書者，如令書之法。

太子司議郎四人，正六品上；貞觀十八年置，〔八二〕龍朔二年改爲太子左司議郎，咸亨元年復舊。職擬給事中。録事二人，從八品下；主事三人，〔八三〕從九品下。司議郎掌侍從規諫，駁正啓奏，以佐庶子、中允之闕。凡皇太子之出入朝謁、從享，及釋奠於先聖先師，講學、臨冑，撫軍、監國之命可傳於史册者，並録爲記注。若宮坊之内祥瑞、災眚，及伶官之改變音律、新曲調，宮臣之宮長除拜、薨卒，〔八四〕亦皆記焉。每歲終，則送之於史館。

太子左諭德一人，正四品下；龍朔三年置。職擬左散騎常侍。太子左贊善大夫五人，正五品上。〔八五〕龍朔二年改太子中允爲之，咸亨元年復置中允，而贊善大夫不廢，又加置五人。〔八六〕職擬諫議大夫。左諭德掌諭太子以道德也。皇太子朝宮臣，則列侍於左階；出入，則騎從於正道之左。其内外庶政有可爲規諷者，隨事而贊諭焉。左贊善掌翊贊太子以規諷也。皇太子出入動静，苟非其德義，則必陳古以箴焉。

崇文館：學士；魏文帝招文儒之士，始置崇文館，王肅以散騎常侍領崇文館祭酒。自後無聞。貞觀中，崇文館有學士、直學士員，〔八七〕不常置。掌教授學生等業。校書二人，從九品下。本置讎校，開元七年改爲校書。崇文館學士掌刊正經籍圖書，以教授諸生。其課試、舉送如弘文館。校書掌校理四庫書籍，正其訛謬。

司經局：洗馬二人，從五品下；國語云：「勾踐爲夫差洗馬。〔八八〕漢太子少傅屬官有太子洗馬。後漢員十六人，秩比六百石，職如謁者。太子出，則當直者一人在前導威儀，蓋洗馬之義也。魏因之。晉太子詹事屬官太子洗馬八人，掌皇太子圖籍經書；職如謁者，局準秘書郎；〔八九〕品第七；班同舍人，次中舍人下；〔九〇〕絳朝服，進賢一梁冠，黑介幘。宋祖置八人。〔九一〕齊太子洗馬一人。梁典經局有太子洗馬八人，統典經守舍人、典事守舍人員，〔九二〕班第六，正七品。陳因之。〔九三〕北齊典書坊有太子洗馬二人，〔九四〕從五品上。隋門下坊司經局置洗馬四人，從五品上。〔九五〕至大業中，減二人。皇朝因之。龍朔二年改爲太子司經大夫，咸亨元年復舊。文學三人，正六品下；〔九六〕魏置太子文學。魏武爲丞相，命司馬宣王爲文學掾，甚爲世子所信，與吳質、朱鑠、陳羣號爲太子四友。自晉之後不置。至後周建德三年，〔九七〕置太子文學十人，後廢。〔九八〕皇朝顯慶中始置。校書四人，正九品下；宋孝建中，太子洗馬有校書吏四人。此後無聞。至北齊，有太子校書郎，〔九九〕從九品上。隋司經局置校書六人，從九品上。皇朝減置四人。正字二人，從九品上。〔一〇〇〕隋司經局置正字二人，從九品下。煬帝改爲正書，皇朝復爲正字。洗馬掌經、史、子、集四庫圖書刊緝之事，〔一〇一〕立正本、副本，貯本以備供進。〔一〇二〕凡天下之圖書上於東宮者，皆受而藏之。文學掌分知經籍，侍奉文章，總緝經籍，繕寫裝染之功，筆札給用之數，皆料度之。校書、正字掌校理刊正經、史、子、集四庫之書。

典膳局：典膳郎二人，正六品上；自漢以來並有太子食官。〔一〇三〕北齊門下坊始別置典膳局，有監、丞各二人；監六品下。隋改爲正七品下。〔一〇四〕皇朝因之。龍朔二年改爲太子典膳郎。丞二人，正八品上。北齊典膳局有丞二人，正八品下。隋正九品下，皇朝復爲八品上。典膳郎掌進膳嘗食之事；丞爲之貳。每夕，局官於廚更直。〔一〇五〕

藥藏局：藥藏郎二人，正六品上；北齊門下坊領藥藏局，〔一〇六〕有監、丞各二人，正六品下；〔一〇七〕侍藥四人，〔一〇八〕正七品下。隋門下坊領藥藏局監、丞二人，侍藥四人；〔一〇九〕監，正七品下。皇朝改監爲太子藥藏郎。丞二人，正八品上。北齊藥藏局有丞二人，正八品下。隋正九品下，皇朝因之。藥藏郎掌和齊醫藥之事；丞爲之貳。凡皇太子有疾，命侍醫入診候以議方藥。應進藥，命藥僮擣篩之，侍醫和成之；將進，宮臣監嘗，如尚藥局之職。

內直局：內直郎二人，從六品下；齊職儀：「太子有內直兵局內直兵史二人，五品勳位。」梁有齋內、主璽、主衣、扶持等局，〔一一〇〕各置有司，以承其事。陳因之。北齊門下坊領殿內局，有內直監二人，正六品下。隋門下坊領內直局，〔一一一〕置內直監二人，品同北齊。皇朝因之，職擬尚輦奉御。龍朔二年改曰太子內直郎。〔一一二〕丞二人，正八品下。北齊殿內局有副直監四人，〔一一三〕從六品下。隋內直局有副監二人，品同北齊。皇朝因改爲丞。內直郎掌符璽、繖扇、几案、衣服之事；丞爲之貳。

凡皇太子之服：

衮冕，垂白珠九旒，以組爲纓，色如其綬；青纊充耳；犀簪導；玄衣、纁裳，九章，每章一行，重以爲等，每行九；五章在衣：山、龍、華蟲、火、宗彝；四章在裳：藻、粉米、黼、黻。〔一一四〕織成爲之。白紗中單，黼領，〔一一五〕青褾、襈、裾；革帶，金鉤䚢，大帶；素帶不朱裏，〔一一六〕亦純以朱緑，〔一一七〕紐約用組。〔一一八〕韍：〔一一九〕隨裳色，火、山二章。玉具劍，金寶飾。玉鏢首；瑜玉雙佩；朱組雙大綬，四綵：赤、白、縹、紺，〔一二〇〕純朱質，長一丈八尺，三百二十首，廣九寸；小雙綬長二尺六寸，色同大綬，而首半之，間施二玉環。〔一二一〕朱襪，赤舄；加金飾。〔一二二〕侍從皇帝祭祀及謁廟、加元服、納妃則服之。〔一二三〕

具服遠遊三梁冠，加金附蟬九首，施珠翠；黑介幘，髮纓翠緌，犀簪導；絳紗袍；白紗中單，皂領、褾、襈、裾；白裙襦；白假帶；〔一二四〕方心，曲領；〔一二五〕絳紗蔽膝；其革帶、劍、珮、綬與上同。白襪，黑舄；未冠則雙童髻，〔一二六〕空頂黑介幘，雙玉導，加寶飾；謁廟還宮，元日、冬至、朔日入朝，釋奠則服之。其朔、望日入朝通服袴褶，五日常朝亦準此。

公服遠遊冠，簪導以上並同前。絳紗單衣；白裙襦；革帶，金鉤䚢，假帶；瑜玉隻佩；方心；紛；鞶囊；長六尺四寸，廣二寸四分，色同大綬。〔一二七〕白襪，烏皮履；五日常朝、元日·冬至受朝則服之。

【烏紗帽，白裙襦，白襪，烏皮履；視事及宴見賓客則服之。】〔一二八〕

弁服，弁以鹿皮爲之。犀簪導，組纓，玉璂九；絳紗衣，素裳，革帶；鞶囊，小綬，雙佩；〔一二九〕白韈，烏皮履；朔、望及視事則兼服之。〔一三〇〕

平巾幘，金飾。犀簪導；紫褶，白袴；玉梁珠寶鈿帶；著鞾；乘馬則服之。

進德冠，九璂，加金飾，其常服及白練裙襦通著之；若服袴褶，〔一三一〕則與平巾幘通著。

典設局：典設郎四人，從六品下。南齊有齋居局齋居庫丞一人。梁有齋內局，各置有司，以承其事。陳因之。北齊門下坊有齋帥局，〔一三二〕有太子齋帥、內閤帥各二人；〔一三三〕太子齋帥，正八品下。隋門下坊領齋帥局，有齋帥四人，正七品下。皇朝因之。龍朔二年，改太子齋帥爲太子典設郎。典設郎掌湯沐、灑掃、鋪陳之事。凡大祭祀，皇太子散齋三日於別殿，致齋二日於正殿。前一日，設幄坐於正殿東序及室內，俱西向，又張帷於前楹下；殿若無室，則張帷。若大禮應供者亦如之。

宮門局：宮門郎二人，從六品下；漢太子太傅屬官有太子門大夫。後漢置二人，秩六百石，職比郎將。魏因之。晉太子門大夫局准公車令，〔一三四〕班同中舍人；主通遠近牋表，宮門禁防。宋品第六，秩六百石，從駕在詹事後。〔一三五〕齊、梁、陳因之，皆置一人。北齊門大夫坊置門大夫、主簿各一人，〔一三六〕門大夫從六品上，并統伶官西涼二部、伶官清商二部。〔一三七〕隋曰宮門局，置大夫二人，從六品上。煬帝改爲宮門監，〔一三八〕皇朝復爲宮門大夫。龍朔二年改爲宮門郎，職比城門郎。丞二人，正八品下。皇朝置。宮門郎掌內外宮門管鑰之事。凡宮殿門，夜漏盡，擊漏鼓，開；夜漏上水一刻，擊漏鼓，閉。每歲終行儺，應經所由門，並先一刻早開。若皇太子不在，則閉東宮正門，其宮城門使、宿衛人應入宮殿者，各於左、右廂便門出入；至皇太子還仗，乃開。凡宮中漏刻晝夜惟唱時，不復擊鼓；若開、閉門及每夜一更盡，依法擊鐘鼓。

太子右春坊：右庶子二人，正四品下；其說已具於左庶子。隋門下坊置左庶子二人以領之，典書坊以右庶子二人領之；右庶子正四品下。皇朝因之。至龍朔二年，始改典書坊爲右春坊，右庶子爲太子右中護。咸亨元年復爲右庶子。〔一三九〕在東宮，職擬中書令。太子中舍人二人，正五品下。〔一四〇〕太子中舍人，本漢、魏太子舍人也。晉惠帝在儲宮，以舍人四人有文學才美者，與中庶子共理文書；至咸寧二年，齊王攸爲太傅，〔一四一〕遂加名爲中舍人，位敍同尚書郎。其後資漸高，擬黄門侍郎，班同門大夫，次尚書郎下。〔一四二〕高功中舍人與高功中庶子共掌禁令，糺正違闕，侍從左右，儐相威儀，盡規獻納，奏事文書，皆典給之，〔一四三〕監合嘗藥。大、小會，二官舉案正直，從大、小駕，一人前部護駕，一人後部護駕，同中庶子。月檢奏直臣名，〔一四四〕更直五日，典文疏，如中書郎。宋有四人，齊有一人。梁有四人，高功一人與中庶子祭酒共掌其坊之禁令，班第八，正六品。陳因之。〔一四五〕後魏第五品上。北齊門下坊有四人，品同後魏。隋改爲太子内舍人四人，正五品上；煬帝減二人。皇朝復爲中舍人，職擬中書侍郎。

右庶子之職，掌侍從左右，〔一四六〕獻納啓奏，宣傳令言；〔一四七〕中舍人爲之貳。凡皇太子監國，於宮内下令書，太

子親畫日至春坊，則宣傳之。〔一四八〕

太子舍人四人，正六品上；〔一四九〕漢成帝時，〔一五〇〕太學弟子三千人。王莽秉政，歲課一科二十人爲太子舍人。晉十六人，品第七，班同食官令，在洗馬下，掌表、啓、牋、疏。高功一人，與高功庶子共掌一坊禁令，糾諸逋違。從駕，則正直從，次直守；妃出，則次直從。宋四人，〔一五一〕齊一人。梁庶子下有太子舍人十六人，職如晉氏，班第三，從八品。陳因之。後魏有太子舍人員。北齊二十人，〔一五二〕從第六品，〔一五三〕隋八人，皇朝四人。龍朔二年改爲太子右司議郎，咸亨元年復爲太子舍人。〔一五四〕太子舍人掌侍從，行令書、令旨及表、啓之事。皇太子通表如諸臣之禮。諸臣及宮臣上皇太子，大事以牋，小事以啓，其封題皆曰「上於右春坊」，通事舍人開封以進。其事可施行者，皆下於舍人，與庶子參詳之，然後進；不可者則否。〔一五五〕

太子右諭德一人，〔一五六〕正四品下；龍朔二年置，職擬右散騎常侍。太子右贊善大夫五人，〔一五七〕正五品上。龍朔二年改太子中允爲右贊善大夫，咸亨元年復爲中允，而贊善大夫不廢，又加置五人。〔一五八〕職比諫議大夫。

右諭德掌如其左。皇太子朝宮臣，則列侍於右階之下；出入，則騎於正道之右。

右贊善大夫掌如其左。凡皇太子朝宮臣，則列於右階之下。

太子通事舍人八人，正七品下。齊職儀：「中庶子下有門下通事守舍人四人，三品勳祿敍，武冠，朱服。」

又，「庶子下有內典書通事舍人二人，品服同舍人，擬中書通事舍人，掌宣傳令書，內外啓奏。〔一五九〕梁中庶子有通事舍人。」〔一六〇〕又，庶子下通事舍人二人，視南臺御史，並一班，從九品。陳因之。北齊門下坊有通事守舍人四人。隋典書坊有通事舍人八人，正七品下。煬帝改太子通事舍人爲宣令舍人，皇朝復爲通事舍人。　通事舍人掌導引東宮諸臣辭見之禮，及承令勞問之事；〔一六一〕凡大朝謁及正、冬，〔一六二〕百官與諸方之使者參見東宮，亦如之。若皇太子行，先一日，京文武官職事九品已上奉辭；及還宮之明日，參見亦如之。

太子內坊：典內二人，〔一六三〕從五品下；晉有太子寺人監員。又，齊職儀：「太子三卿、校，各有寺人二人。」隋文帝始置太子內坊，有典內等員，皇朝因之。丞二人，從七品下；隋文帝置內坊丞二人，皇朝因之。典直四人，正九品下。隋內坊置丞直四人，〔一六四〕皇朝改爲典直。典內掌東宮閤內之禁令，及宮人糧廩賜與之出入；〔一六五〕丞爲之貳。凡任典直以儀式，導客主之儐序，〔一六六〕任閤帥以門户，任內閽以出入，任給使以繖扇，任內廐以車轝，任典事以牛馬；典內統而監主之。凡皇太子妃之親、內命婦之母并郡主合乘車出入者，亦監之。凡宮人、命婦亡葬之制，皆率其屬而供其職。

太子內官：漢書曰：「太子有妃，有良娣，有孺子，妻妾凡三等。」歷代因之。至宋明帝，更爲太子置內職二等，有寶林、良娣。齊建元中，太子宮置三內職：良娣比關內侯，寶林比五等侯，才人比駙馬都尉。隋初始定制，皇朝因之。

司閨，從六品。掌導引妃及宮人名簿，以總掌正、掌書、掌筵，〔一六七〕知三司出納。

掌正，從八品。掌文書出入，録目爲記；并閨閤管鑰，糾察推罰。〔一六八〕女史，流外三品。掌典文簿而執行焉。〔一六九〕餘女史視此。

掌書，從八品。掌寶及符契、經籍，宣傳、啓奏，教學、廩賜，及紙筆、監印。

掌筵，從八品。掌帷幄、牀褥，几案、舉繖扇，〔一七〇〕灑掃、鋪設及賓客。〔一七一〕

司則，從六品。掌禮儀參見，以總掌嚴、掌縫、掌藏，而領其事。

掌嚴，從八品。掌首飾、衣服，〔一七二〕巾櫛、膏沐，服玩、仗衛。

掌縫，從八品。掌裁縫衣服、織績。〔一七三〕

掌藏，從八品。掌金玉、珠寶、財貨、綿繒、縑綵出入。〔一七四〕

司饌，從六品。掌膳羞，進食先嘗，以總掌食、掌醫、掌園，而領其事。

掌食，從八品。掌膳羞、酒醴，燈燭、柴炭，及宮人食料、器皿。

掌醫，從八品。掌醫藥、伎樂。

掌園，從八品。掌園苑，種植蔬果。

校勘記

〔一〕主簿一人　册府元龜卷七〇八宫臣部總序云：「開元二十五年，始總定官數，裁爲典制。詹事府有丞、主簿、司直各二人。」通典職官十二東宫官「太子詹事主簿」條、舊唐書職官志及新唐書百官志均作「一人」。正文同此。

〔二〕中允二人　「二」字原本訛作「一」，嘉靖本亦然，近衛校曰：「『一』當作『二』。」廣雅本作「二」，與正文合，今據以改。

〔三〕主事二人　正文「二」作「三」。舊唐書職官志同目録，新唐書百官志同正文。

〔四〕令史七人　新唐書百官志作「六人」，舊唐書職官志同六典。

〔五〕書令史十四人　新唐書百官志作「十二人」，舊唐書職官志同六典。

〔六〕贊者四人　新唐書百官志作「三人」，舊唐書職官志、册府元龜卷七〇八宫臣部總序載開元二十五年定制並作「四人」。

〔七〕亭長四人　新唐書百官志作「三人」，舊唐書職官志不載。

〔八〕掌固十三人　新唐書百官志作「十人」，舊唐書職官志不載。

〔九〕學士無員數　據正文「崇文館學士」條原注，「學士」下疑當有「直學士」三字。

〔一〇〕學生二十人　册府元龜卷七〇八宮臣部總序載開元二十五年定制作「三十人」，舊唐書職官志及新唐書百官志均同六典。

〔一一〕書手十人　新唐書百官志「書」上有「楷」字，舊唐書職官志同六典。

〔一二〕洗馬二人　「二」字原本訛作「一」，嘉靖、廣雅二本亦然，據正文改。

〔一三〕書吏四人　新唐書百官志作「二人」，舊唐書職官志不載。

〔一四〕楷書二十五人　舊唐書職官志「書」下有「手」字，新唐書百官志、册府元龜卷七〇八宮臣部總序載開元二十五年定制並同六典。

〔一五〕典膳郎丞各二人　册府元龜卷七〇八宮臣部總序載開元二十五年定制作「郎一人、丞二人」，通典職官十二東宮官「典膳郎」條、舊唐書職官志及新唐書百官志並同六典。正文同此。

〔一六〕藥藏郎丞各二人　册府元龜卷七〇八宮臣部總序載開元二十五年定制作「郎一人、丞二人」，通典職官十二東宮官「藥藏郎」條、舊唐書職官志及新唐書百官志並同六典。正文同此。

〔一七〕典藥九人　新唐書百官志作「二人」，舊唐書職官志「典藥」上有「侍醫」二字，册府元龜卷七〇八宮臣部總序載開元二十五年定制訛「典」作「黄」，人數並同六典。

〔一八〕藥僮十八人　新唐書百官志作「六人」，册府元龜卷七〇八宮臣部總序載開元二十五年定制作

「九人」，舊唐書職官志同六典。

〔一九〕內直郎丞各二人　「二」字原本訛作「一」，嘉靖本亦然，近衛校曰：「『一』當作『二』。」廣雅本作「二」，與正文合，今據以改。册府元龜卷七〇八宮臣部總序載開元二十五年定制作「郎一人、丞二人」，通典職官十二東宮官「內直郎」條、舊唐書職官志及新唐書百官志並同六典。正文同此。

〔二〇〕書令史二人　新唐書百官志作「令史一人」，舊唐書職官志不載。

〔二一〕書吏四人　新唐書百官志作「三人」，舊唐書職官志不載。

〔二二〕典服三十人　新唐書百官志作「十二人」，舊唐書職官志、册府元龜卷七〇八宮臣部總序載開元二十五年定制並同六典。

〔二三〕典扇典翰各十五人　新唐書百官志各作「八人」，舊唐書職官志、册府元龜卷七〇八宮臣部總序載開元二十五年定制人數並同六典。

〔二四〕典設郎四人　册府元龜卷七〇八宮臣部總序載開元二十五年定制作「郎一人、丞二人」，通典職官十二東宮官「典設郎」條、舊唐書職官志及新唐書百官志並同六典。又，舊、新唐志並有「丞二人」。正文同此。

〔二五〕幕士六百人　新唐書百官志作「二百四十五人」，舊唐書職官志、册府元龜卷七〇八宮臣部總序載開元二十五年定制並同六典。

〔二六〕宮門郎丞各二人　册府元龜卷七〇八宮臣部總序載開元二十五年定制作「郎一人、丞二人」，通典職官十二東宮官「宮門郎」條、舊唐書職官志及新唐書百官志並同六典。正文同此。

〔二七〕書令史二人　新唐書百官志作「一人」，舊唐書百官志不載。

〔二八〕書吏四人　新唐書百官志作「二人」，舊唐書職官志不載。

〔二九〕門僕一百三十三人　舊唐書職官志作「一百三十人」，新唐書百官志作「百人」，册府元龜卷七〇八宮臣部總序載開元二十五年定制同六典。

〔三〇〕右庶子二人　「二」字原本訛作「一」，嘉靖本亦然，近衛校曰：「『一』當作『二』。」廣雅本作「二」，與正文合，今據以改。

〔三一〕録事一人　「録事」前疑當有「舍人四人」一目。詳見校記〔一四九〕。

〔三二〕典謁二十一人　舊唐書職官志作「二十人」，新唐書百官志作「四人」，册府元龜卷七〇八宮臣部總序載開元二十五年定制同六典。

〔三三〕掌固十二人　新唐書百官志作「十人」，舊唐書職官志不載。

〔三四〕録事二人　舊唐書職官志作「一人」。

〔三五〕閤帥六人　「閤」字原本訛作「問」，嘉靖、廣雅二本亦然，據舊唐書職官志改。

〔三六〕内廐二人　舊唐書職官志作「二十人」。

〔三七〕掌筵三人　「三」字原本訛作「二」，嘉靖、廣雅二本亦然，據舊唐書職官志改。

〔三八〕司則二人　舊唐書職官志「則」作「禮」，新唐書百官志同六典。

〔三九〕並從一品　原本「品」下衍「下」字，嘉靖、廣雅二本亦然，據通典職官二十二大唐官品删。

〔四〇〕皇太子於二傅執弟子禮　「弟」字原本訛作「第」，嘉靖本亦然，近衛校曰：「『第』當作『弟』。」廣雅本作「弟」，與通典職官十二東宮官「太子六傅」條合，今據以改。

〔四一〕少傅立草太傅書真　太平御覽卷二四四「太子太傅」條引晉起居注作「太傅立章，少傅寫之」，通典職官十二東宮官「太子六傅」條同六典。

〔四二〕武帝後以爲儲副體尊　「武帝後」三字原本無，嘉靖、廣雅二本亦然，據晉書職官志增。

〔四三〕咸寧中備六傅之職朗陵公何劭爲太子太師避景帝諱改爲帥安豐侯王戎爲太傅武陵侯楊濟爲太保　「戎」字原本訛作「戊」，嘉靖本亦然，近衛校曰：「『戊』當作『戎』。」廣雅本作「戎」，與晉書惠帝紀合，今據以改。　案：惠帝紀曰：「永熙元年秋八月壬午，立廣陵王遹爲皇太子。以中書監何劭爲太子太師，吏部尚書王戎爲太子太傅，衛將軍楊濟爲太子太保。」而資治通鑑卷八十二晉惠帝紀則曰：「永熙元年秋八月壬午，立廣陵王遹爲皇太子。以中書監何劭爲太子太師，衛尉裴楷爲少師，吏部尚書王戎爲太傅，前太常張華爲少傅，衛將軍楊濟爲太保，尚書和嶠爲少保。」胡三省注曰：「晉東宮六傅，唯此時具官。」證諸晉書裴楷、張華、和嶠傳，通鑑及胡注所言甚是。六典此注云「咸寧中，備六傅之職」者，實可疑焉，「咸寧」殆「永熙」之訛歟？誌此以備考。

〔四四〕東晉明帝在儲宮置保傅之位而無二師　晉書職官志云：「渡江之後，有太傅、少傅，不立師、保。」下「太子三少員品」條原注「東晉明帝在儲宮，置保、傅之位，而無師」同此。

〔四五〕宋齊梁並不置　通典職官十二東宮官「太子六傅」條曰：「自宋以下，唯有傅，而無師、保。」

〔四六〕號東宮三太　魏書官氏志、隋書百官志及通典職官十二東宮官「太子六傅」條「三太」均作「三師」。

〔四七〕正第二品　「二」字原本訛作「三」，嘉靖、廣雅二本亦然，據隋書百官志改。

〔四八〕並正二品　通典職官二十二大唐官品、舊唐書職官志「總叙官品」條及新唐書百官志並作「從二品」，舊唐志「太子三少員品」條同六典。

〔四九〕立太傅少傅以養之　「少傅」二字原本無，嘉靖、廣雅二本亦然，據禮記卷六文王世子增。

〔五〇〕太子少傅秩二千石　「子」字原本作「傅」，嘉靖、廣雅二本亦然。近衞校明本曰：「『傅』當作『子』。」是，今據以改。

〔五一〕後漢秩二千石　原本「秩」下有「中」字，嘉靖、廣雅二本亦然，據續漢書百官志删。

〔五二〕晉咸寧中備六傅之職始置少師少保以臨海侯裴楷爲少師　案：據晉書惠帝紀及資治通鑑，晉東宮始備六傅之職，當在惠帝永熙元年，「咸寧」殆「永熙」之訛，詳見校記〔四三〕。又，據晉書裴楷傳，楷初爲少師時，猶未封臨海侯也。

〔五三〕隋氏降太師一等　近衞校曰：「『太』當作『三』。」

〔五四〕漢東宮屬官太子門大夫庶子洗馬舍人屬二傅　「二」字原本訛作「三」，嘉靖、廣雅二本亦然。近衞校明本曰：「據通典，『三』當作『二』。」是，今據以改。

〔五五〕武帝咸寧初　「寧」字原本訛作「亨」，嘉靖本亦然，據廣雅本改。

〔五六〕局事擬尚書令位視領護將軍中書令　通典職官十二東宮官「太子詹事」條云：「晉太子詹事，「其職擬尚書令」。宋書百官志云：「太子詹事一人，丞一人，職比臺尚書令、領軍將軍。」太平御覽卷二四五「太子詹事」條引齊職儀曰：「詹事，品第三。茂陵書：『秩二千石，銀章、青綬，局擬尚書令，位視領、護將軍。』」

〔五七〕長三令四率中庶子庶子洗馬舍人　原本「三」下脱「令四」二字，嘉靖、廣雅二本亦然，據通典職官十二東宮官「太子詹事」條增。

〔五八〕其後用人漸重　「人」字原本訛作「大」，嘉靖本亦然，近衞校曰：「『大』當作『人』。」廣雅本作「人」，今據以改。

〔五九〕初第二品下　「品」字原本訛作「呂」，嘉靖本亦然，據廣雅本改。

〔六〇〕總東宮内外衆務　「務」字原本無，嘉靖、廣雅二本亦然，據隋書百官志增。

〔六一〕舉其綱紀　太平御覽卷二四五「太子詹事」條引六典，「舉」作「辨」。

〔六二〕皂朝服　「皂」字原本訛作「皇」，嘉靖、廣雅二本亦然，據宋書禮志改。

〔六三〕第七品下　「下」字原本訛作「上」，嘉靖、廣雅二本亦然，據魏書官氏志改。

〔六四〕隋初置一人　以上五字原本悉無，嘉靖、廣雅二本亦然，據職官分紀卷二十七引六典「詹事府丞員品」條原注、通典職官十二東宮官「太子詹事丞」條增。

〔六五〕龍朔二年改爲端尹丞　「二」字原本訛作「一」，嘉靖本亦然，近衞校曰：「『一』當作『二』。」廣雅本作「二」，與分紀同上卷上條合，今據以改。

〔六六〕丞掌判府事　「府」字原本無，嘉靖、廣雅二本亦然，據舊唐書職官志增。

〔六七〕大事啓文　「文」疑當作「聞」。

〔六八〕則司直一人與司議郎舍人分日受啓狀　「郎」字原本無，嘉靖、廣雅二本亦然，據新唐書百官志增。

〔六九〕職諸侯卿大夫之庶子　禮記卷二十燕義「卿大夫」下有「士」字。

〔七〇〕置中庶子員　通典職官十二東宮官「太子庶子」條「中庶子」下有「庶子」。

〔七一〕庶子無員數　「數」字原本無，嘉靖、廣雅二本亦然，據職官分紀卷二十八引六典「太子左春坊左庶子員品」條注增。

〔七二〕庶子職如三署郎　續漢書百官志「三署郎」作「三署中郎」。

〔七三〕局擬散騎常侍　晉書職官志云：「中庶子四人，職如侍中。」又云：「庶子四人，職比散騎常侍、中書監・令。」通典職官十二東宮官「太子庶子」條曰：「晉中庶子、庶子各四員，職比散騎常侍及中書監・令。」

〔七四〕宋文帝元嘉初　「宋」字原本訛作「孝」，嘉靖、廣雅二本亦然，據職官分紀卷二十八引六典「太子左春坊左庶子員品」條注改。

〔七五〕又詔還直東宮　「還」字原本無，嘉靖、廣雅二本亦然，據職官分紀同上卷上條注增。

〔七六〕中庶子功高者一人爲祭酒行則負璽前後部護駕　原本無「中」字，「酒」訛作「職」，「行」訛作「班」，嘉靖、廣雅二本亦然，據隋書百官志增、改。

〔七七〕與高功中舍人一人共掌其坊之禁令　原本「中舍」下脱「人」字，嘉靖、廣雅二本亦然，據通典職官十二東宮官「太子庶子」條增。

〔七八〕後魏有太子中庶子庶子員　「中」字原本訛作「左」，嘉靖、廣雅二本亦然，據魏書官氏志改。

〔七九〕右庶子四品下　隋書百官志：右庶子正四品下。

〔八〇〕咸亨元年復故　舊唐書睿宗本紀曰：景雲元年八月癸卯，改門下坊爲左春坊。蓋咸亨以後又有所改復也。

〔八一〕出則版奏外辦中嚴　原本「出」下有「入」字，嘉靖、廣雅二本亦然，據新唐書百官志删。

〔八二〕貞觀十八年置　近衞校曰：「按通典及通志略：『貞觀五年，皇太子上表，請置史職，用司箴誡。乃於門下坊置司議郎四人，精選名士以居之。』」案：據唐會要卷六十七「左春坊司議郎」條云：「貞觀十八年十月四日，皇太子上表請置史職，用爲箴誡。于是，門下坊置司議郎四員，以敬播、來濟爲之。」又舊唐書太宗本紀曰：「（貞觀）十八年十月甲辰，初置太子司議郎官員。」同書來濟傳曰：「（貞觀）十八年，初置太子司議郎，妙選人望，遂以濟爲之。」敬播傳云：「尋以撰實録功，遷太子司議郎。時初置此官，極爲清望。中書令馬周歎曰：『所恨資品妄高，不獲歷居此職。』」而考太宗本紀，馬周之爲中書令，固亦在貞觀十八年。由此可見，六典原注作「十八年」者，是也。

〔八三〕主事三人　目錄及舊唐書職官志均作「二人」，新唐書百官志作「三人」。

〔八四〕宮臣之宮長除拜薨卒　近衛校曰：「一本（宮長之『宮』）作『官』。作『宮』者非。」案：正德、嘉靖二本均作「宮長」，近衛所謂「一本」者，未悉是何本。考太平御覽卷二四六「太子司議郎」條引六典亦作「宮長」，唯其上無「宮臣之」三字；舊唐書職官志亦然。獨新唐書百官志作「官長」。近衛云「作『宮』者非」，未必然也。

〔八五〕正五品上　「上」字原本訛作「下」，嘉靖、廣雅二本亦然，據通典職官二十二大唐官品改。

〔八六〕龍朔二年改太子中允爲之咸亨元年復置中允而贊善大夫不廢又加置五人　通典職官十二東宮官「左右贊善大夫」條曰：「龍朔二年，初置左贊善大夫，替中允；置右贊善大夫，替中舍人。咸亨元年，中允、舍人復舊，而贊善大夫別自爲官，左、右各五人。」

〔八七〕貞觀中崇文館有學士直學員　新唐書百官志曰：「貞觀十三年置崇賢館。（中略）上元二年，避太子名，改曰崇文館。」

〔八八〕勾踐爲夫差洗馬　原本訛作「夫差爲勾踐洗馬」，嘉靖、廣雅二本亦然，據國語越語上改。

〔八九〕職如謁者局準秘書郎　宋書百官志云：「職如謁者、秘書郎也。」晉書職官志云：「職如謁者、秘書。」通典職官十二東宮官「洗馬」條曰：「職如謁者，准秘書郎。」

〔九〇〕次中舍人下　原本「中」「舍」間殘缺一字，嘉靖本亦然，廣雅本缺字作「書」。案：晉書職官志云：「中舍人在中庶子下、洗馬上。」由此可見「中」「舍」二字當連書。檢職官分紀卷二十八引六典

「司經局洗馬員品」條注正作「次中舍人下」。廣雅本「書」字誤增。

〔九一〕宋祖置八人　職官分紀同上卷上條注作「宋亦置八人」，疑是也。

〔九二〕統典經守舍人典事守舍人員　「典經」下「守」字原本作「書」，嘉靖、廣雅二本亦然。案：隋書百官志云梁典經局洗馬下「置典經守舍人、典事守舍人員」，「書」蓋「守」之訛，今改。

〔九三〕陳因之　隋書百官志：陳太子洗馬第六品。

〔九四〕北齊典書坊有太子洗馬二人　隋書百官志云：「（北齊）典書坊庶子四人、舍人二十八人，又領典經坊洗馬八人。」

〔九五〕從五品上　「上」字原本訛作「下」，嘉靖、廣雅二本亦然，據隋書百官志改。

〔九六〕正六品下　「下」字原本無，嘉靖、廣雅二本亦然，據通典職官二十二大唐官品增。

〔九七〕至後周建德三年　「周建」二字原本訛作「主至」，嘉靖、廣雅二本亦然，據資治通鑑卷二一五天寶四載六月辛亥所繫「（吉）温始爲新豐丞，太子文學薛嶷薦温才」條胡三省注引唐六典改。

〔九八〕後廢　「後」字原本作「復」，嘉靖、廣雅二本亦然。近衛校明本曰：「『復』當作『後』」，通典、通志作『後省』。」案：職官分紀卷二十八引六典「文學員品」條原注、通鑑同上卷上條並作「後廢」，今據以改「復」爲「後」。

〔九九〕有太子校書郎　隋書百官志無「郎」字。

〔一〇〇〕從九品上　原本「上」訛作「下」，嘉靖、廣雅二本亦然，據通典職官二十二大唐官品改。

〔一〇一〕洗馬掌經史子集四庫圖書刊緝之事　太平御覽卷二四六「太子洗馬」條引六典、舊唐書職官志「刊緝」上均有「繕寫」二字。

〔一〇二〕立正本副本貯本以備供進　太平御覽卷二四六「太子洗馬」條引六典，無「貯本」二字。職官分紀卷二十八引六典「司經局洗馬員品職掌」條作「立正本、副本，貯以備供進」。

〔一〇三〕自漢以來並有太子食官　「食」字原本訛作「倉」，嘉靖、廣雅二本亦然，據職官分紀卷二十八引六典「典膳局典膳郎員品」條原注改。

〔一〇四〕隋改爲正七品下　「正」字原本無，嘉靖、廣雅二本亦然，據分紀同上卷上條增。

〔一〇五〕局官於厨更直　「於厨」二字原本訛作「執爵」，廣雅本同，嘉靖本殘缺，據太平御覽卷二四七「太子典膳丞」條引六典、舊唐書職官志改。

〔一〇六〕北齊門下坊領藥藏局　「局」字原本訛作「郎」，嘉靖、廣雅二本亦然，據職官分紀卷二十八引六典「典膳局典膳郎員品」條原注改。

〔一〇七〕正六品下　案：下文「藥藏丞員品」條原注云北齊丞正八品下。據此，「正」上疑當有「監」字。

〔一〇八〕侍藥四人　隋書百官志「侍藥」作「侍醫」，通典職官十二東宮官「藥藏郎」條同六典。

〔一〇九〕隋門下坊領藥藏局監丞二人侍藥四人　隋書百官志云：「典膳、典藥並置監、丞各二人，藥藏又有侍醫四人。」通典職官十二東宮官「藥藏郎」條云：「隋如北齊之制。」

〔一一〇〕梁有齋內主璽主衣扶持等局　「齋」字原本作「齊」，嘉靖、廣雅二本亦然，據職官分紀卷二十八引六典「内直局内直郎員品」條原注改。兩「主」字原本並殘缺，據嘉靖本補。

〔一一一〕隋門下坊領内直局　「直」字原本訛作「置」，嘉靖本亦然，近衛校曰：「『置』當作『直』。」廣雅本作「直」，與隋書百官志合，今據以改。

〔一一二〕龍朔二年改曰太子内直郎　「曰」字原本訛作「同」，嘉靖、廣雅二本亦然，據新唐書百官志改。

〔一一三〕北齊殿内局有副直監四人　「殿内局」原本訛作「内直郎局」，「副」下原本脱「直」字；嘉靖、廣雅二本亦然，據隋書百官志改、增。

〔一一四〕藻粉米黼黻　原本無「米」字，「黼」訛作「龍」；嘉靖、廣雅二本皆然，據通典禮六十八君臣冕服冠衣制度增、改。

〔一一五〕黼領　「黼」原本訛作「黻」，嘉靖、廣雅二本亦然，據通典同上卷上篇改。

〔一一六〕素帶不朱裏　舊唐書輿服志無「不」字，通典同上卷上篇引「令云」同六典。

〔一一七〕亦純以朱緑　近衛校曰：「隋志及舊唐志『純』作『紕』。」案：通典同上卷上篇引「令云」亦作「純」。考禮記曲禮云：「爲人子者，父母存，冠衣不純素。」鄭氏注曰：「純，緣也。」則「純」字於此，其義實與「紕」通。故六典、新、舊唐志一般用「紕」，而通典一般用純。然六典殿中省、内侍省有關帝、后服飾諸條既皆已用「紕」，則太子服飾用語亦宜畫一，近衛所校，良有以也。

〔一一八〕組約用組　「組」字原本訛作「級」，嘉靖、廣雅二本亦然，據通典同上卷上篇改。

〔一一九〕韍　原本誤以「韍」作注文，綴於前注「組」字之下；嘉靖本訛「韍」爲「敗」，廣雅本訛「韍」爲「鼓」，並誤作注文，綴於「組」下。今依舊唐書輿服志移作正文。

〔一三〇〕赤白縹紺　原本「紺」下有「緝」字，嘉靖、廣雅二本亦然，據通典禮六十八君臣冕服冠衣制度引「令云」刪。

〔一三一〕間施二玉環　近衛校曰：「隋志、舊唐志及通典『二』作『三』。隋志云：『開皇用二，今加一。』」案：唐之服制，多同於隋。而隋之開皇、大業，前後服制又間或有異。隋書禮儀志云天子「雙小綬，長二尺六寸，色同大綬，而首半之；間施四玉環，開皇用三，今加一」；又皇太子「雙小綬，長一尺六寸，色同大綬，而首半之；間施三玉環，開皇用二，今加一」，即其例也。今考本書卷十一殿中省「尚衣奉御職掌」條載天子大裘冕原注曰：「間施三玉環。」是其所沿襲者，乃開皇之制也。疑皇太子服制亦當若斯，原注作「間施二玉環」者，蓋是也。又，舊唐書輿服志實亦作「二」，而非「三」字。「環」字原本作「鐶」，今據通典禮六十八君臣冕服冠衣制度及舊唐書輿服志改。

〔一三二〕加金飾　通典同上卷上篇引「令云」，「加」上有「舄」字。

〔一三三〕侍從皇帝祭祀及謁廟加元服納妃則服之　「謁」字原本訛作「祀」，嘉靖、廣雅二本亦然，據通典同上卷上篇改。

〔一三四〕白假帶　「假」字原本作「革」，嘉靖、廣雅二本亦然，據通典同上卷上篇改。

〔一三五〕方心曲領　原本「方」下缺一字，嘉靖本亦然，今依通典同上卷上篇連書。廣雅本缺字作「曲」，非。

〔一二六〕未冠則雙童髻　「髻」字原本無，嘉靖、廣雅二本亦然，據通典同上卷上篇增。

〔一二七〕長六尺四寸廣二寸四分色同大綬　原本「二寸」訛作「四寸」，「大」下脱「綬」字；嘉靖、廣雅亦然，據通典同上卷上篇改、增。

〔一二八〕烏紗帽　經視事及宴見賓客則服之　以上二十一字原本所無，嘉靖、廣雅二本亦然。近衞校明本曰：「『則服之』下，據舊唐志，當有『烏紗帽，白裙襦，白襪，烏皮履；視事及宴見賓客則服之』二十一字。」今據以增。

〔一二九〕雙佩　開元禮三序例下及新唐書車服志並作「雙佩」，通典禮六十八君臣冕服冠衣制度同六典。

〔一三〇〕朔望及視事則兼服之　「望」字原本訛作「日」，嘉靖、廣雅二本亦然，據舊唐書輿服志、新唐書車服志改。

〔一三一〕若服袴褶　「服」字原本無，嘉靖、廣雅二本亦然，據通典禮六十八君臣冕服冠衣制度增。

〔一三二〕北齊門下坊有齋帥局　「帥」字原本訛作「司」，嘉靖、廣雅二本亦然，據隋書百官志改。

〔一三三〕有太子齋帥內閤帥各二人　原本「內閤」訛作「司閤」，嘉靖、廣雅二本亦然，據隋書百官志改。

〔一三四〕晉太子門大夫局准公車令　「車令」二字原本訛作「申今」，嘉靖、廣雅二本亦然，據太平御覽卷二四七「太子門大夫」條引晉書改。

〔一三五〕從駕在詹事後　原本「駕」下缺一字，嘉靖本亦然，近衞校曰：「疑當填以『在』或『次』。」案：職官分紀卷二十八引六典「宮門局宮門郎員品」條原注缺字作「在」，今據以補。廣雅本「駕詹」連書，非。

〔一三六〕北齊門大夫坊置門大夫主簿各一人　「門大夫坊」原本訛作「門下坊」，嘉靖、廣雅二本亦然，據隋書百官志改。

〔一三七〕并統伶官西涼二部清商二部　原本訛作「并統軍官西梁清商二部」，廣雅本同；嘉靖本唯「梁」作「京」，餘並同正德本。今據隋書百官志改。

〔一三八〕煬帝改爲宫門監　「改」字原本作「復」，據隋書百官志、職官分紀卷二十八引六典「宫門局宫門郎員品」條原注改。

〔一三九〕咸亨元年復爲右庶子　舊唐書高宗本紀曰：「咸亨元年十二月庚寅，諸司及百官各復舊名。」而同書睿宗本紀又曰：景雲元年八月癸卯，改典書坊爲右春坊。蓋咸亨以後又有所改復也。

〔一四〇〕正五品下　「下」字原本訛作「上」，嘉靖、廣雅二本亦然，據通典職官二十二大唐官品改。

〔一四一〕齊王攸爲太傅　「攸」字原本訛作「冏」，嘉靖本亦然，廣雅本作「攸」。案：據晉書齊王攸傳及齊王冏傳，咸寧二年，攸方在世，冏未嗣封，且爲太子太傅者亦攸也。職官分紀卷二十八引六典「太子右春坊太子中舍人員品」條原注、資治通鑑卷二一〇「先天元年八月戊申王琚累遷太子中舍人」條胡三省注引唐六典，「冏」正作「攸」。則廣雅本是也，今據以改。

〔一四二〕次尚書郎下　「次」字原本訛作「改」，嘉靖、廣雅二本亦然，據職官分紀同上卷上條改。

〔一四三〕奏事文書皆典給之　通典職官十二東宫官「太子中舍人」條「典給」作「綜典」。

〔一四四〕月檢奏直臣名　原本「月」上有「日」字，嘉靖、廣雅二本亦然，據通典同上卷上條删。

〔一四五〕陳因之　隋書百官志：陳太子中舍人第五品。

〔一四六〕掌侍從左右　「左」字原本訛作「三」，嘉靖、廣雅二本亦然，據太平御覽卷二四五「太子左右庶子」條引六典改。

〔一四七〕宣傳令言　職官分紀卷二十八引六典「右庶子員品職掌」條「言」作「旨」，其下有「之政令」三字。

〔一四八〕中舍人爲之貳至則宣傳之　原本無，嘉靖、廣雅二本亦然，據太平御覽卷二四五「太子左右庶子」條引六典增補。「貳」字御覽作「二」，據職官分紀同上卷上條改。

〔一四九〕太子舍人四人正六品上　案：太平御覽卷二四六「太子舍人」條引六典文有述太子舍人職掌者，以上文左春坊司議郎爲例則之，六典原書於「右庶子職掌」條後，當有太子舍人員品及職掌條正文並注，而自正德以下諸本俱無，諒由歷代傳抄刊刻偶脱所致。近衛校明本嘗以太平御覽、玉海引六典之文並舊、新唐志、通典等補之，因其體例與六典不合，通典及新唐志又均非明引六典文，故不逐録。今採御覽、分紀引六典之文及舊唐志補之，仍各標其所自出，並酌加校勘焉。本條係取職官分紀卷二十八引六典「太子舍人員品」條增補者。「上」字原作「下」，據舊唐書職官志改。

〔一五〇〕漢成帝時至咸亨元年復爲太子舍人　據分紀卷二十八引六典「太子舍人員品」條注增補。

〔一五一〕宋四人　宋書百官志：宋有舍人十六人。

〔一五二〕北齊二十人　隋書百官志：北齊典書坊有舍人二十八人。

〔一五三〕從第六品　隋書百官志：北齊太子舍人居從第六品下階。

〔一五四〕咸亨元年復爲太子舍人　自此以上，悉依分紀原文。近衞校明本則全録通典職官十二「（太子）舍人」條正文，其詳審遠甚於此，務請觀覽焉。

〔一五五〕太子舍人掌侍從至不可者則否　以上據太平御覽卷二四六「太子舍人」條引六典，並參酌舊唐書職官志增補。自此以下還據正德本。

〔一五六〕太子右諭德一人　「右」字原本訛作「左」，嘉靖、廣雅二本亦然，據職官分紀卷二十八引六典「右諭德員品」條改。

〔一五七〕太子右贊善大夫五人　「右」字原本訛作「左」，嘉靖、廣雅二本亦然，據職官分紀卷二十八引六典「太子右贊善大夫員品」條改。

〔一五八〕龍朔二年改太子中允爲右贊善大夫至又加置五人　通典職官十二東宮官「左右贊善大夫」條曰：「龍朔二年，初置左贊善大夫，替中允；置右贊善大夫，替中舍人。咸亨元年，中允、舍人復舊，而贊善大夫別自爲官，左、右各五人。」

〔一五九〕掌宣傳令書內外啓奏　通典同上卷上篇「通事舍人」條「令書」作「令旨」。

〔一六〇〕梁中庶子有通事舍人　隋書百官志「舍」上有「守」字。

〔一六一〕通事舍人掌導引東宮諸臣辭見之禮及承令勞問之事　太平御覽卷二四六「太子通事舍人」條引

六典、舊唐書職官志及新唐書百官志均無「之禮」二字；職官分紀卷二十八引六典「太子通事員品職掌」條有之。

〔一六二〕凡大朝謁及正冬　太平御覽同上卷上條引六典無「大朝謁」三字，「正冬」作「元正、冬至」；職官分紀同上卷上條引六典悉同本書。

〔一六三〕太子内坊典内二人　「二」字原本訛作「一」，嘉靖、廣雅二本亦然，據目録改。

〔一六四〕隋内坊置丞直四人　「直」字原本無，嘉靖、廣雅二本亦然，據隋書百官志增。

〔一六五〕及宮人糧廩賜與之出入　舊唐書職官志「糧」作「衣」。

〔一六六〕導客主之儐序　近衛校曰：「『導客主之儐序』舊唐志作『導客主儐序』。今倣上下文例，當作『任導客以儐序』。」

〔一六七〕以總掌正掌書掌筵　「筵」字原本訛作「延」，據嘉靖本改。

〔一六八〕並閨閤管鑰糾察推罰　「管」字原本訛「營」，嘉靖本亦然；近衛校曰：「據舊唐志，『營』當作『管』。」廣雅本作「管」。「糾」字原本作「得」，嘉靖、廣雅二本亦然。近衛校明本曰：「據舊唐志，『得』當作『糾』。」案：職官分紀卷二十八引六典「掌正品職」條正作「管」、「糾」，今據以改。

〔一六九〕掌典文簿而執行焉　「典文」二字原本訛作「婰」，嘉靖本作「典」一字，近衛校曰：「（婰）當作『典文』二字。」廣雅本作「典文」，與分紀同上卷上條引六典文合，今據以改。

〔一七〇〕几案擧繖扇　舊唐書職官志作「几案繖扇」，新唐書百官志作「几案輿繖」。

〔一七二〕灑掃鋪設及賓客　舊唐書職官志作「灑掃鋪設之事」；新唐書百官志作「汛掃鋪設」。

〔一七三〕掌首飾衣服　「首」字原本無，嘉靖、廣雅二本亦然，據舊唐書職官志增。

〔一七三〕掌裁縫衣服織績　舊唐書職官志作「掌裁縫織績」，新唐書百官志作「掌裁紉織績」。

〔一七四〕掌金玉珠寶財貨綿繒縑綵出入　職官分紀卷二十八引六典「掌藏員品職掌」條「綿」作「錦」，舊唐書職官志作「掌貨貝、珠玉、錦綵」，新唐書百官志作「掌財貨、珠寶、縑綵」。

唐六典家令率更僕寺卷第二十七

太子家令寺

家令一人　丞二人　主簿一人　録事一人　府十人
史二十人　亭長四人　掌固六人〔一〕

食官署

令一人　丞二人〔二〕　府二人　史四人　掌膳十二
人〔三〕　供膳四百人〔四〕　奉觶三十人　掌固四人

典倉署

令一人　丞二人〔五〕　府三人　史五人　掌固四人

園丞二人　史二人　典事六人

司藏署

令一人　丞二人〔六〕　府三人　史五人〔七〕　典事四人

掌固四人

太子率更寺

令一人　丞一人　主簿一人　録事一人　府三人

史四人　伶官師二人　漏刻博士二人　掌漏六人

漏童六十人〔八〕　典鼓二十四人〔九〕　亭長四人　掌固四人

太子僕寺

僕一人　丞一人　主簿一人　録事一人　府三人

史五人　亭長四人〔一〇〕　掌固四人〔一一〕

廐牧署

令一人　丞二人　府三人　史五人〔一二〕　典乘四人

典事六人　牧長四人　翼馭十五人〔一三〕　駕士三十人〔一四〕

獸醫二十人　掌固四人

太子家令寺：家令一人，從四品上；秦、漢詹事屬官有太子家令、丞。張晏云：「太子稱家，故曰家令。」又茂陵中書：〔一五〕「太子家令，秩八百石。」後漢太子少傅屬官有太子家令，秩一千石，主倉穀、飲食，又領食官令、丞。〔一六〕魏因之。晉家令品第五，銅印、墨綬，進賢兩梁冠，絳朝服，比司農、少府。晉太康八年，詔曰：「太子家令、率更令、僕，東宮之達官也，宜進品第五，〔一七〕與中庶子、二率同。」宋太子家令主內菌蓐、牀几諸供中之物，〔一八〕又知官奴婢月用錢、內庫米鹽、車牛、刑獄。齊因之。自宋、齊已來，清流者不爲之。梁天監六年，武帝以三卿陵替，乃詔革選，〔一九〕家令視通直常侍，〔二〇〕率更、僕視黃門。陳因之。後魏太子三卿從三品上，〔二一〕太和二十二年降爲從四品上。北齊詹事領家令，有丞，功曹、主簿，領食官、典倉、司藏等三署令、丞，又領内坊令、丞。隋家令寺掌刑法、食膳、倉庫等事，〔二二〕領食官、典倉、司藏三署令、丞。煬帝改爲司府令，皇朝復爲家令。龍朔二年改爲宮府寺大夫，咸亨元年復舊。丞二人，從七品上；漢家令有丞。後漢、魏無聞。宋書云：「家令丞一人，晉代置。」宋、齊因之。梁、陳家令丞一人；位不登十八班者別爲七班，家令丞七班。後魏太和二十二年，太子三卿丞第九品下。〔二三〕北齊家令丞一人。隋家令丞二人，〔二四〕皇朝因之。龍朔二年改爲宮府丞，咸亨元年復舊。主簿一人，正九品下。晉家令置主簿，宋、齊因之。齊職儀：「家令主簿一人，四品勳位，掌總署諸曹事。」梁、陳、後魏無聞。北齊家令有主簿員。隋家令主簿一人，皇朝因之。家令之職，掌皇太子之飲膳、倉儲、庫藏之政令，總食官、典倉、司藏三署之官屬。〔二五〕凡皇太子備禮出入，則乘軺車，具威儀，先諸臣以導引。若祭祀、賓客，則供酒食，以爲獻主。若進獻、賜與，則奉金玉、貨幣，〔二六〕而以法式賛之。凡宮坊府署廨宇及牀几、茵蓐席、器物不供於將作、少府者，〔二七〕皆供之。丞掌判寺事。凡食官、典倉、司藏之出納，籍其名數，以時刺于詹事。凡莊宅、田園，必審其頃畝，分其疆界，寘于籍書；若租税，隨其良瘠而爲收斂之數，以時入之，禁其逋違者。若宮、朝、坊、府有土木營繕，則下於司藏，命典事以受之。主簿掌印及勾檢稽失。凡寺、署之出入財物，役使工徒，則刺詹事，上于尚書；有所隱漏，言于司直；事若重者，舉咨家令，以啓聞。

食官署：令一人，從八品下；漢詹事屬官有食官令、長、丞。〔二八〕後漢太子少傅屬官有太子食官令一人，〔二九〕秩六百石，主飲食。晉太子食官令職如太官令。〔三〇〕宋中庶子屬官有食官令，齊詹事屬官有太子食官令。〔三一〕齊職儀：「食官令一人，三品勳位，掌厨膳之事。〔三二〕」梁庶子有食官局，陳因之。後魏太子食官令五品上。〔三三〕北齊食官令、丞又別領器局、酒局二丞。隋家令寺統食官令、丞，〔三四〕皇朝因之。丞二人，從九品下。兩漢食官皆有丞，魏、晉、宋無聞。齊建元中，置食官丞四人。梁選簿有東宮食官丞，〔三五〕爲三品蘊位。〔三六〕後魏、北齊太子食官丞一人。〔三七〕隋食官丞二人，皇朝因之。

食官令掌飲膳之事；丞爲之貳。凡爲酒醴，必辨其麴蘖、黍秫、秔稻之宜，陶器、水火之用，以成乎沉浮、清濁之良；凡爲膳羞，必辨其牲牢、禽獸之名物，割烹、煎和之制度，以協乎五味、五香之正，然後可以供其享獻焉。凡四時之令節，供進及設食，得專營造，不用啓聞。其六品已下官於家令厨食者，〔三八〕元正、冬至、寒食亦供焉。左、右廂牙前坐日，職事官三品以上供十盤；宮臣六參日二十五盤；其食有餘，賜左·右春坊供奉官、詹事司直。若非坐日，供三盤。丞判署事。

典倉署：令一人，從八品下；後漢太子少傅屬官有太子倉令一人，秩六百石，主倉穀。魏、晉已下無聞。後魏有太子倉令，第五品中。北齊家令寺領典倉署令、丞，典倉署又別領園丞。隋家令寺統典倉令、丞，〔三九〕皇朝因之。丞二人，從九品下。隋典倉丞二人，皇朝因之。

典倉署令掌九穀入藏之數，及醓醢、庶羞、器皿、燈燭之事，舉其名數，而司其出納；丞爲之貳。凡諸園圃樹藝者，皆受令焉。每月籍其出納之數，以上于寺，歲終則申詹事府。凡户奴婢及番户、雜户皆給其資糧及春、冬衣服等，數如司農給付之法；若本司用不足者，則官給。丞判署事。〔四〇〕

司藏署：令一人，從八品下；晉家令有主物吏四人。梁庶子屬官有錫庫局丞；〔四一〕又有東宮衛庫丞，爲三品勳位。北齊家令寺領司藏署令、丞，司藏又別領仗庫、典作二局丞。〔四二〕隋家令寺統司藏署令、丞，皇朝因之。丞二人，從九品下。隋有司藏丞二人，皇朝因之。〔四三〕司藏令掌庫藏財貨出納、營繕之法式。凡諸司應納財物者，皆受而藏之；應出給者，則監而付之。其財物之出於庫藏，無衆寡，皆具其給賜之名數，每月上寺，歲終則以貨幣出入之數會之。丞判署事。

太子率更寺：令一人，從四品上；漢詹事府屬官有太子率更令、丞。〔四四〕後漢太子少傅屬官有太子率更令，秩千石，主庶子、舍人更直，職似光禄勳。魏因之。晉詹事屬官有太子率更令一人，銅印、墨綬，進賢兩梁冠，絳朝服；掌宮殿門户之禁，郎將屯衛之士；局擬光禄勳、衛尉。太康八年，進品第五。宋、齊因之。梁率更令視黄門，陳因之。後魏太和二十二年爲從四品上。北齊詹事率更令有丞、功曹、主簿，領中盾署令、丞各一人，掌周衛禁防，漏刻鐘鼓。隋率更寺令一人，皇朝因之。龍朔二年改爲司更大夫，咸亨元年復舊。丞一人，從七品上；後漢率更丞一人，秩四百石。魏、晉、宋、齊、梁、陳皆一人。後魏太子三卿丞第九品下。〔四五〕北齊、隋皆一人，皇朝因之。主簿一人，正九品下。晉率更令置主簿一人，宋代無聞。齊職儀：「太子率更令主簿，四品勳位。」梁、陳、後魏無聞。北齊、隋太子率更寺主簿一人，皇朝因之。

率更令之職，掌宗族次序，禮樂、刑罰及漏刻之政令。凡皇太子釋奠於先聖先師，講學齒胄，皆總其儀注，而爲之導引。若皇太子備禮出入，則乘軺車，位亞家令焉。

凡張樂，軒縣之制：鎛鐘之簴三，〔四六〕編鐘之簴三，編磬之簴三，凡九簴。每位各建鼓凡三人，柷敔二人；〔四七〕鐘、磬，簴各一人。每編鐘下笙、竽、笛、篪、塤各一人。每編磬下歌二人，琴、瑟、箏、筑各一人。文、武二舞各六佾。其簨、簴皆金三博山，飾以崇牙、流蘇、樹羽。其樂器應漆者，皆朱漆之：鐃鼓、節鼓朱漆畫，加五綵重蓋；大鼓、小鼓及餘鼓吹並朱漆，羽葆鼓飾以羽葆。〔四八〕長鳴、中鳴、大·小橫吹五綵衣幡，〔四九〕緋掌，畫蹲豹五綵腳；〔五〇〕大角幡亦如之。其大鼓、長鳴、大橫吹、節鼓及橫吹後笛、簫、篳篥、笳等工人皆服緋地苣文袍、袴及帽。金鉦、掆鼓皆加六角紫繖。〔五一〕小鼓、中鳴等，〔五二〕小橫吹及鐃，〔五三〕及橫吹後笛、簫、篳篥、笳等工人皆服青地苣文袍、袴及帽。鐃鼓及簫、笳工人服並武弁、朱褠衣、革帶。〔五四〕大角工人平巾幘、緋衫、白布大口袴。

凡鐘、鼓新成，並以羊、豕各一釁之。若皇太子親戎，則以猳、豚以釁鼓。

教樂，淫聲、過聲、凶聲、慢聲皆禁之。〔五五〕

凡漏刻，令博士以教之；掌漏以典之；漏童司刻，分時以唱之。晝夜之刻百：冬至則晝四十，夜六十；夏至則晝六十，夜四十；春、秋分則晝、夜五十。

凡諸坊、寺、府之有犯者，令其主司定罪，庶人杖已下決之，官吏杖已下皆送於大理。若皇太子未立及未卽東宮，〔五六〕其宮、坊、寺、府之犯罪者，〔五七〕皆斷於大理。

丞掌判禮樂、刑獄之事。凡官臣有犯理于率更者，皆親問之，乃斷其罪，而上於詹事。主簿掌印及勾檢稽失。凡宗族不序，禮儀不節，音律不諧，漏刻不審，刑名不法，皆舉而正之。若所司決囚，與其丞同監之。

太子僕寺：僕一人，從四品上；〔五八〕漢詹事屬官有太子僕、長、丞。後漢太子少傅屬官有太子僕一人，秩千石，主車馬，職如太僕。太子五日一朝；非入朝日，遣僕及中允朝朝入，請問起居。〔五九〕魏因之。晉詹事屬官有太子僕，銅印、墨綬，進賢兩梁冠，絳朝服；主輿馬、親族，〔六〇〕局擬太僕、宗正；太康八年，進品第五。宋、齊品秩・冠服同家令寺；從駕乘安車，次家令。梁太子僕視黃門，陳因之。後魏品同家令。北齊詹事領太子僕；僕寺置丞、功曹、主簿，領廄牧署令、丞，〔六一〕又別有車輿局丞。隋僕寺僕一人，掌宗族親疎，車輿騎乘；領廄牧署令、丞。皇朝因之。龍朔二年改爲馭僕大夫，咸亨元年復舊。丞一人，從七品上；梁太子僕有丞，陳因之。後魏太子三卿丞第九品下。〔六二〕北齊、隋太子僕丞一人，皇朝因之。主簿一人，正九品下。晉太子僕置主簿，宋無聞。齊職儀：「太子僕主簿，四品勳位。」梁、陳、後魏無聞。北齊、隋有太子僕主簿一人，皇朝因之。

太子僕之職，掌車輿、騎乘、儀仗之政令及喪葬之禮物，辨其次敍與其出入，而供給之。

皇太子之車輅三，一曰金輅，二曰軺車，三曰四望車。金輅：赤質，金飾諸末，重較箱，畫苣文鳥獸，〔六三〕黃屋，伏鹿軾，〔六四〕龍輈，金鳳一在軾；前設障塵，朱蓋黃裏；畫輪朱牙；〔六五〕左建旂九旒，右載闟戟；〔六六〕旂首金龍頭，銜結綬及鈴綏；〔六七〕駕赤駵四；八鑾在衡，二鈴在軾；金鑁方釳，翟尾五焦；鏤錫，鞶纓九就；〔六八〕從祀享、正·冬大朝、納妃則供之。軺車：金飾諸末；紫油通幰，紫油纁朱裏；駕一馬；五日常朝及朝饗宮臣出入行道則供之。四望車：金飾諸末；紫油通幰，紫油纁朱裏；朱絲絡網；駕一馬；弔臨則供之。凡皇太子備禮而出，則率廄牧令進輅，僕親馭焉。

丞掌判寺事。凡車輿、儀仗有虧闕，則移於主司，以修補之。凡馬及雜畜之料應供於外司者，每歲季夏，上于詹事。芻粟貯掌於廄所者，以時出入之，而節其數。主簿掌印及勾檢稽失。凡廄牧之畜養，車騎之駕馭，儀仗之付受，喪葬之供給，各有其程，違則糾正之。

廄牧署：令一人，從八品下；漢詹事屬官有太子廄長、丞。後漢太子少傅屬官有太子廄長一人，秩四百石，主車馬。魏、晉因之。齊職儀云：「東宮屬官有內廄局、外廄局。」梁、陳因之。後魏有太子廄長，從九品上。〔六九〕隋太子僕寺統廄牧署令、丞，皇朝因之。丞二人，從九品下。漢有太子廄丞，自後闕文。齊置太子內廄、外廄丞各一人，梁、陳因之。北齊有太子廄牧署丞、車輿局丞。隋太子僕寺統廄牧丞二人，皇朝因之。廄牧署令、丞掌車馬、閑廄、牧畜之事。凡皇太子將備禮而出，則率典乘先期調習輅馬，率駕士駕馭車乘。及出，則進輅或軺車於西閤門外，〔七〇〕南向以候皇太子之升。〔七一〕禮畢，皇太子降輅，則自西閤之外以輅及軺歸於署。其隴右羣牧隸於東宮者，皆受其政令焉。

校勘記

〔一〕掌固六人　新唐書百官志、册府元龜卷七〇八宮臣部總序載開元二十五年定制並作「四人」，舊唐書職官志不載。

〔二〕丞二人　册府元龜卷七〇八宮臣部總序載開元二十五年定制作「一人」，通典職官十二東宮官「太子家令食官署令」條云：「隋家令寺統食官令、丞：令一人，丞二人。大唐因之。」舊唐書職官志、新唐書百官志並作「二人」。正文同此。

〔三〕掌膳十二人　新唐書百官志作「四人」，舊唐書職官志、册府元龜卷七〇八宮臣部總序載開元二十五年定制並作「十二人」。

〔四〕供膳四百人　新唐書百官志作「百四十人」，册府元龜卷七〇八宮臣部總序載開元二十五年定制作「四百人」。舊唐書職官志不載。

〔五〕丞二人　册府元龜卷七〇八宮臣部總序載開元二十五年定制作「一人」，通典職官十二東宮官「太子家令典倉署令」條曰：「隋家令寺統典倉令、丞：令一人，丞二人。大唐因之。」舊唐書職官志、新唐書百官志並作「二人」。正文同此。

〔六〕丞二人　「二」字原本作「一」，嘉靖本亦然，近衛校曰：「『一』當作『二』。」廣雅本作「二」，與正文合，今據以改。又，册府元龜卷七〇八宮臣部總序載開元二十五年定制作「一人」，通典職官十二東宮官「太子家令司藏署令」條曰：「隋家令統司藏署令一人、丞二人，大唐因之。」舊唐書職官志、新唐書百官志並作「二人」。

〔七〕史五人　新唐書百官志作「史四人」，其次別有「計史一人」；舊唐書職官志俱不載。

〔八〕漏童六十人　新唐書百官志作「二十人」，册府元龜卷七〇八宮臣部總序載開元二十五年定制作「六人」，舊唐書職官志同六典。

〔九〕典鼓二十四人　新唐書百官志作「典鍾、典鼓各十二人」，舊唐書職官志、册府元龜卷七〇八宮臣部總序載開元二十五年定制並同六典。

〔一〇〕亭長四人　新唐書百官志作「三人」，舊唐書職官志不載。册府元龜卷七〇八宮臣部總序載開元二十五年定制曰：「僕寺史五人，丞、府如率更寺，餘官如家令寺。」案：家令寺有亭長四人。

〔一一〕掌固四人　新唐書百官志作「三人」，餘參見校記〔一〕及〔一〇〕。

〔一二〕史五人　新唐書百官志作「六人」，舊唐書職官志不載。

〔一三〕翼馭十五人　新唐書百官志作「十人」，資治通鑑卷一九六貞觀十五年五月丙辰下繫「于志寧上書切諫太子」條胡三省注引六典、舊唐書職官志、册府元龜七〇八宮臣部總序載開元二十五年定制並作「十五人」。

〔一四〕駕士三十人　新唐書百官志作「駕士十五人」，其次有「掌閑六百人、獸醫十人、主酪三十人」；資治通鑑同前條胡注引六典作「駕士三十人」；舊唐書職官志作「駕士三十人，獸醫二十人」，而不載掌閑、主酪員。下獸醫員數新、舊唐志之異已具於此，不復贅。

〔一五〕茂陵中書　「茂」字原本殘缺，嘉靖本亦然，據漢書百官公卿表顏師古注引「臣瓚曰」補。廣雅本缺字作「王」，非。

〔一六〕又領食官令丞　續漢書百官志無「丞」字。

〔一七〕宜進品第五　「五」字原本作「三」，嘉靖、廣雅二本亦然。案：下文云「與中庶子、二率同」。考通典職官十九晉官品，太子家令、率更令、僕實與中庶子、庶子、（左、右）衛率同在第五品。又，本書卷二十六「太子左春坊左庶子員品」條原注云：「晉太子詹事有中庶子、庶子各四人，局擬散騎常侍，品第五，班同三令、四率。」卷二十八「太子左右衞率府率員品」條原注述晉制沿革云：「四率各丞一人。服視左、右衞將軍，品第五，位同中庶子」。檢職官分紀卷二十九引六典「家令寺家令員品」條原注正作「宜進品第五」，今據以改。六典原注繫太康八年詔於此者，蓋用以敍上文「晉家令品第五」升品之由來也。

〔一八〕宋太子家令主內菌蕈牀几諸供中之物　近衞校曰：「太平御覽『供』作『宮』。」案：通典職官十二東宮官「太子家令」條作「供」，而中華書局影宋本太平御覽實亦作「供」，未悉近衞所據者是何本也。

〔一九〕乃詔革選　「選」字原本作「其」，嘉靖本亦然，據隋書百官志改。廣雅本改「其」作「之」，非。

〔二〇〕家令視通直常侍　「常侍」二字原本訛作「宮視」，嘉靖、廣雅二本亦然，據隋書百官志改。

〔二一〕後魏太子三卿從三品上　原本「從」訛作「秩」，嘉靖、廣雅二本亦然，據魏書官氏志改。

〔二二〕隋家令寺掌刑法食膳倉庫等事　「刑」字原本訛作「別」，嘉靖、廣雅二本亦然，據隋書百官志改。又，隋志「倉庫」下有「什物、奴婢」四字。

〔二三〕太子三卿丞第九品下　原本訛「第九品下」爲「從六品下」，嘉靖、廣雅二本亦然，蓋誤以三卿丞品秩爲太子三卿丞品秩也，今據魏書官氏志改。

〔二四〕隋家令丞二人　「隋」字原本訛作「隨」，嘉靖本亦然，近衞校曰：「『隨』當作『隋』。」廣雅本作「隋」，今據以改。下「隋家令主簿一人」同。

〔二五〕總食官典倉司藏三署之官屬　「倉」字原本訛作「藏」，嘉靖、廣雅二本亦然，據太平御覽卷二四七「太子家令」條引六典改。

〔二六〕則奉金玉貨幣　原本「奉」下殘缺一字，嘉靖本亦然，近衛校曰：「據唐志，『奉』『金』當連書。」廣雅本連書，今仍之。

〔二七〕凡宮坊府署廨宇及牀几茵蓐席器物不供於將作少府者　新唐書百官志無「蓐」字。

〔二八〕漢詹事屬官有食官令長丞　「漢」字原本無，嘉靖、廣雅二本亦然，據職官分紀卷二十九引六典「食官署令員品」條原注增。

〔二九〕後漢太子少傅屬官有太子食官令一人　「漢」字原本無，嘉靖、廣雅二本亦然，據職官分紀同上卷上條增。

〔三〇〕晉太子食官令職如太官令　「太子」二字原本殘缺，嘉靖本亦然，近衛校曰：「據通典，當填以『太子』二字。」廣雅本不缺字，文作「太子」，今據以補。又，下「太」字原本作「大」，嘉靖、廣雅二本亦然，據晉書職官志、職官分紀同上卷上條改。

〔三一〕齊詹事屬官有太子食官令　原本「齊詹事屬」作「齊詹事官」，其下缺一字，嘉靖本亦然，近衛校曰：「從上例，恐當作『屬官』。」廣雅本作「齊詹事屬官」，與職官分紀卷二十九引六典「食官署令員品」條原注合，今據以改、補。

〔三二〕掌廚膳之事　「之」字原本殘缺，嘉靖本亦然，近衛校曰：「據通典，當填以『之』字。」廣雅本不缺字，文作「之」，與職官分紀同上卷上條原注合，今據以補。

〔三三〕後魏太子食官令五品上　魏書官氏志：太和前制，太子食官令第五品上。

〔三四〕隋家令寺統食官令丞　「寺」字原本訛作「事」，嘉靖、廣雅二本亦然，據職官分紀卷二十九引六典「食官署令員品」條原注改。

〔三五〕梁選簿有東宮食官丞　「簿」字原本訛作「部」，嘉靖、廣雅二本亦然，據職官分紀同上卷上條引六典「食官署丞員品」條注改。

〔三六〕爲三品蘊位　原本訛「蘊」作「勳」，「勳」「位」間缺一字；嘉靖本同。廣雅本訛「蘊位」爲「勳位」。今據隋書百官志改。

〔三七〕後魏北齊太子食官丞一人　「後」字原本無，嘉靖、廣雅二本亦然。近衞校明本曰：「『魏』上脱『後』字。」是，今據以增。

〔三八〕其六品已下官於家令厨食者　「下」字原本訛作「有」，嘉靖、廣雅二本亦然，據新唐書百官志改。

〔三九〕隋家令寺統典倉令丞　「丞」字原本無，嘉靖、廣雅二本亦然，據職官分紀卷二十九引六典「典倉署令員品」條原注增。

〔四〇〕丞判署事　「判」字原本訛不成字，嘉靖本亦然，據廣雅本改。

〔四一〕梁庶子屬官有錫庫局丞　原本「錫」下有「賜」字，嘉靖、廣雅二本亦然，據隋書百官志删。

〔四二〕司藏又別領仗庫典作二局丞　「庫典」二字原本訛作「軍與」，嘉靖本亦然，廣雅本訛作「軍輿」，據職官分紀卷二十九引六典「司藏署令員品」條原注改。

〔四三〕隋有司藏丞二人皇朝因之　隋書百官志：隋有司藏丞三人。

〔四四〕漢詹事府屬官有太子率更令丞　「太」字原本作「大」，據嘉靖本改。

〔四五〕後魏太子三卿丞第九品下　原本訛「第九品下」爲「從六品下」，嘉靖、廣雅二本亦然，據魏書官氏志改。

〔四六〕鎛鐘之簴三　原本「鎛」上有「鼓」字，嘉靖、廣雅二本亦然，據通典樂四樂懸刪。

〔四七〕柷敔二人　「柷」字原本訛作「祝」，嘉靖、廣雅二本亦然，據本書卷十四「太樂令職掌」條正文「左柷右敔」改。

〔四八〕羽葆鼓飾以羽葆　下「葆」字原本訛作「保」，據嘉靖本改。

〔四九〕長鳴中鳴大小橫吹五綵衣幡　原本無「衣」字，嘉靖、廣雅二本亦然，據卷十四「鼓吹令職掌」條原注增。

〔五〇〕晝蹲豹五綵腳　原本無「蹲」字，嘉靖、廣雅二本亦然，據卷十四「鼓吹令職掌」條原注增。

〔五一〕金鉦掆鼓皆加六角紫繖　「掆」字原本作「棡」，嘉靖本亦然。案：卷十四「鼓吹令職掌」條原注凡「棡鼓」並作「掆鼓」，今據以改。廣雅本作「剛」，訛。

〔五二〕小鼓中鳴等　近衛校曰：「『等』字衍。」誌以備考。

〔五三〕小橫吹及鐃　近衛校曰：「『及鐃』二字當削去。」誌以備考。

〔五四〕鐃鼓及簫笳工人服並武弁朱褠衣革帶　原本無「鼓」字，嘉靖、廣雅二本亦然，據卷十四「鼓吹令職掌」條原注增。又，「鼓吹令職掌」條原注「鐃鼓」上有「羽葆鼓」，「簫」上有「歌」字。

〔五五〕淫聲過聲凶聲慢聲皆禁之　「過聲」二字原本無，嘉靖、廣雅二本亦然，據卷十四「協律郎職掌」條正文增。

〔五六〕若皇太子未立及未即東宮　原本「及」下殘缺二字，嘉靖本亦然，近衛校曰：「恐當填以『立而』二字。」廣雅本不缺字，文作「已立」。案：據文義，「及」可與下文「未」連書，缺字殆有意刊落者，不必補，今逕接之。

〔五七〕其宮坊寺府之犯罪者　「宮」字原本訛作「官」，嘉靖本亦然，近衛校曰：「『官』當作『宮』。」廣雅本作「宮」，今據以改。

〔五八〕從四品上　「上」字原本無，嘉靖、廣雅二本亦然，據職官分紀卷二十九引六典「太子僕寺僕員品」條增。

〔五九〕遣僕及中允朝朝入請問起居　後漢書班彪傳曰：「又，舊制太子食湯沐十縣，設周衞交戟。五日一朝，因坐東箱，省視膳食；其非朝日，使僕、中允旦旦請問而已。」唐人避睿宗李旦諱，易「旦旦」爲「朝朝」。

〔六〇〕主輿馬親族　「輿」字原本訛作「輿」，嘉靖本亦然，近衛校曰：「『輿』當作『輿』。」廣雅本作「輿」，與晉書職官志「車」字義合，今據以改。

〔六一〕領厩牧署令丞　「令」字原本無，嘉靖、廣雅二本亦然。案：隋書百官志云北齊「僕寺領厩牧署令、丞」；通典職官二十北齊職品有太子厩牧令，位從九品上；今增之。

〔六二〕後魏太子三卿丞第九品下　原本「太子」下衍「僕」字，「第九品下」訛作「從六品下」，嘉靖、廣雅二本亦然，據魏書官氏志删、改。

〔六三〕畫苣文鳥獸　原本訛「苣」爲「茞」、「鳥」爲「烏」，嘉靖本亦然，近衛校曰：「『烏』當作『鳥』。」廣雅本作「苣」、「鳥」，與舊唐書輿服志合，今據以改。

〔六四〕伏鹿軾　「軾」字原本無，嘉靖、廣雅二本亦然，據舊唐書輿服志增。

〔六五〕畫輪朱牙　舊唐書輿服志「畫輪」作「輪畫」。

〔六六〕右載闟戟　「闟」字原本訛作「闒」，嘉靖、廣雅二本亦然，據舊唐書輿服志改。

〔六七〕衡結綬及鈴綏　「鈴」字原本訛作「紷」，嘉靖、廣雅二本亦然，據舊唐書輿服志改。

〔六八〕鞶纓九就　「就」字原本訛作「旒」，嘉靖、廣雅二本亦然，據舊唐書輿服志改。

〔六九〕從九品上　「上」字原本訛作「下」，嘉靖、廣雅二本亦然，據魏書官氏志改。

〔七〇〕則進輅或軺車於西閤門外　「西閤」原本訛作「南閤」，嘉靖、廣雅二本亦然，據新唐書百官志改。

〔七一〕南向以俟皇太子之升　「南向」原本訛作「西向」，嘉靖、廣雅二本亦然，據新唐書百官志改。

唐六典太子左右衛及諸率府卷第二十八〔一〕

太子左右衛率府

率各一人　副率二人〔二〕　長史一人　録事參軍事一人

録事一人〔三〕　史二人〔四〕　倉曹參軍事一人　府一人

史二人　兵曹參軍事一人　府二人　史三人　冑曹

參軍事一人　府二人　史二人　亭長二人　掌固二

人　司階一人　中候二人　司戈二人　執戟三人〔五〕

左右率府親府勳府翊府

中郎將各一人　左郎將一人〔六〕　右郎將一人　録事一

人　兵曹參軍事一人　府一人　史二人　校尉五人
旅帥十人　隊正二十人　副隊正二十人
太子左右司禦率府
率各一人　副率二人　長史一人　録事參軍事一人
録事一人　史二人　倉曹參軍事一人　府一人　史
二人　兵曹參軍事一人　府二人　史三人　冑曹參
軍事一人　府二人　史三人　亭長二人　掌固二人
司階一人　中候二人　司戈二人　執戟三人
太子左右清道率府
率各一人　副率二人　長史一人　録事參軍事一人

錄事一人　史二人　倉曹參軍事一人　府一人　史二人　兵曹參軍事一人　府二人　史三人　胄曹參軍事一人　府二人　史二人　亭長二人　掌固二人

司階一人　中候二人　司戈二人　執戟三人

太子左右監門率府

率各一人　副率二人〔七〕　長史一人　錄事參軍事一人

錄事一人　史二人　兵曹參軍事一人　府二人　史二人　胄曹參軍事一人　府二人　史二人〔八〕　亭長二人　掌固二人　監門直長七十八人

太子左右內率府

率各一人　副率一人　長史一人　録事參軍事一人　録事一人　史二人　兵曹參軍事一人　府一人　史二人　冑曹參軍事一人　府一人　史一人　亭長二人　掌固二人　千牛十六人　備身二十八人　主仗六十人

太子左右衛率府，率各一人，正四品上；秦、漢詹事屬官有太子衛率。後漢爲少傅屬官，秩四百石，主門衛士。魏因之。晉初爲中衛率，〔九〕太始五年，分爲左、右二率。惠帝爲太子，加置前衛率；愍懷在東宮，又加後衛率。〔一〇〕故元康之中凡四衛率。成都王穎爲太弟，〔一一〕又置中衛率，是爲五率。〔一二〕凡太子出，前衛率導，在前黄麾外；左、右二率從，俠導輿車；〔一三〕後衛率從，在烏皮外；並載戟執刀。〔一四〕四率各丞一人。服視左、右衛將軍，品第五，位同中庶子。過江，省前、後率，至孝武帝復置，宋又省。齊左、右衛率武冠，絳朝服，品第五，秩千石。梁位視御史中丞，左衛率領果毅、統遠、立忠、建寧、陵鋒、夷寇、祚德等七督，右衛率領崇禁、永吉、崇和、細射等四督。陳因之。後魏太和二十二年，太子左、右衛率從第三品。北齊有太子左、右衛坊率。後周東宮官員有司戎、司武、司衛之類。〔一五〕至隋文帝，始分置左・右衛率、左・右宗衛率、左・右虞候開府、左・右内率、左・右監門率，凡十府，以備儲闈武衛之職。煬帝改左、右衛率爲左、右侍率，皇朝復爲左、右衛。〔一六〕龍朔二年改左、右衛府爲左、右典戎衛；咸亨如故。〔一七〕副率各二人，從四品上。隋文帝置，煬帝改爲左、右侍副率，皇朝復爲左、右衛副率。龍朔、咸亨隨衛改復。

左、右衛率掌東宮兵仗羽衛之政令，以總諸曹之事，凡親、勳、翊府及廣濟等五府屬焉；副率爲之貳。凡元正、冬至，皇太子朝宮臣及諸方使，則率衛府之屬以儀仗爲左、右廂之周衛。若皇太子備禮出入，則如鹵簿之法以從。每月，親、勳、翊三府之衛及廣濟等五府之超乘應番上者，配于所職。

長史各一人，正七品上；隋置，皇朝因之。録事參軍事各一人，從八品上；隋置，皇朝因之。倉曹參軍事各一人，從八品下；隋置，皇朝因之。兵曹參軍事各一人，從八品下；〔一八〕隋置，皇朝因之。胄曹參軍事各一人，從八品下；隋置，爲鎧曹，皇朝因之。長安中改爲胄曹參軍，神龍初復爲鎧曹，太極中又爲胄曹。〔一九〕司階各一人，從六品上；中候各二人，從七品下；司戈各二人，從八品下；執戟各三人，從九品下。

長史掌判諸曹及三府、五府之貳。凡府事，大事則從其長，小事則專達。季秋，以其屬官之狀上於率，而爲之考課。録事參軍事掌監印、發付、勾稽。倉曹掌親·勳·翊三府、廣濟等五府文官之簿書，凡勳階、考課、假使、禄賜，及公廨、財物、田園、食料皆典之。兵曹掌親·勳·翊三府、廣濟等五府武官，親·勳·翊衛衛士之名簿，及其番上、差遣之法式。凡上番者，皆受其名簿，而咨配于率。兼知公、私馬及雜畜之簿帳。胄曹掌親・勳・翊三府、廣濟等五府器械，諸公廨繕造之物事。凡大朝會，行從應請戎仗者，則具其名數，受之於主司，既事而歸之。

左、右率府親府・勳府・翊府中郎將各一人，從四品上；中郎將之說，已具上左、右衛。梁左衛率領七營，右衛率領四營。二率各領殿中將軍十人、員外將軍十人。又有正員司馬、員外司馬，〔三〇〕屯騎、步兵、翊軍三校尉，謂之三校；〔三一〕旅賁中郎將、冗從僕射，謂之二將。又有左、右積弩將軍各一人。北齊太子左、右衛坊率各領騎官備身員，又有內直備身、備身正・副都督，備身五職等員，〔三二〕又有直閤、直前、直後員，又有旅騎、屯衛、典軍等校尉各二人，騎尉三十人。〔三三〕隋左、右衛率下有直閤四人、直寢八人，直齊、直後各十人。〔三四〕皇朝左、右衛率各置親、勳、翊三府，每府中郎將一人、郎將二人，〔三五〕掌其府校尉、旅帥及親、勳、翊衛之屬以宿衛。〔三六〕左、右郎將各一人，正五品下。皇朝置。中郎將、郎將掌其府校尉、旅帥及親、勳、翊衛之屬以宿衛，而總其府事。兵曹掌判勾。若大朝會及皇太子備禮出入，則從鹵簿之法，而監其羽儀。

太子左、右司禦率府，率各一人，正四品上；隋文帝置左、右宗衛率各一人、副率二人，掌領宗人侍衛，職擬左、右領軍將軍，加置行參軍二人。煬帝改爲右、右武侍率，皇朝復爲左、右宗衛。龍朔二年改爲左、右司禦衛率府，神龍初又爲宗衛，開元初復爲左、右司禦率府。〔三七〕副率各二人，從四品上。隋文帝置，皇朝因之。其後改復，皆隨於府。

左、右司禦率府率掌同左、右衛率；副率爲之貳。郊城等三府之旅賁應番上者，各配于所職。

長史各一人，正七品上；録事參軍事各一人，從八品上；倉曹參軍事各一人，從八品下；兵曹參軍事各一人，從八品下；胄曹參軍事各一人，從八品下；隋置左、右虞候開府，初無録事，〔三八〕有長史及四曹參軍；〔三九〕至煬帝改爲率府，始置録事，皇朝因之。餘具上説。司階各一人，從六品上；中候各二人，從七品下；司戈各二人，從八品下；執戟各三人，從九品下。長史掌判諸曹及郊城等三府之貳，餘皆如左、右率府。

太子左、右清道率府：率各一人，正四品上；隋文帝置左、右虞候，各開府一人，掌斥候非違，〔三〇〕職擬左、右金吾將軍；煬帝改爲左、右虞候率，又各置副率二人。〔三一〕皇朝因之。龍朔二年改爲左、右清道衛，神龍初又爲虞候率府，開元初復爲清道率府。副率各二人，從四品上；〔三二〕隋煬帝置，皇朝因之。龍朔、神龍、開元隨府改復。〔三三〕左、右清道率府率掌東宮内外晝夜巡警之法，以戒不虞；凡絳邑等三府皆屬焉；副率爲之貳。凡皇太子出入，則領其屬以清游隊爲之先，以後拒隊爲之殿，其餘依鹵簿之法以從。凡仗衛之出入，置細引以導之，兼爲之糺正。凡五十人，用左、右率之親、勳、翊衛爲之，分爲五番，每番有主帥及中郎或左、右郎將一人領焉。每月，絳邑等三府之直盪應番上者，〔三四〕配于所職。

長史各一人，正七品上；錄事參軍事各一人，從八品上；倉曹參軍事各一人，從八品下；兵曹參軍事各一人，從八品下；冑曹參軍事各一人，從八品下；司階各一人，從六品上；中候各二人，從七品下；司戈各二人，從八品下；執戟各三人，從九品下。 長史掌判諸曹及絳邑等三府之貳，餘如左、右率府。

太子左、右監門率府，率各一人，正四品上；隋文帝置左、右監門率各一人、副率各二人，掌諸門禁，職擬左、右監門將軍，〔三五〕各有直長十人。煬帝改爲左、右宮門將，〔三六〕降爲正五品。皇朝復改爲監門率。龍朔二年改爲左、右崇掖衛，咸亨復舊。垂拱中改爲鶴禁衛，神龍初復舊。 副率各二人，從四品上。隋文帝置，正五品；皇朝因之。龍朔、開元隨府改復。〔三七〕 左、右監門率府率掌東宮諸門禁衛之法；副率爲之貳。凡東宮諸司應以籍入于宮殿者，皆本司具其官爵、姓名以牒門司，門司送于監門，監門之主與判曹印署，復送于門司，門司會之，同則聽入。凡東宮內、外門之守者，並司其出入。凡財物、器用之出入於宮禁者，皆以籍傍爲據，左、右監門以出入之。若皇太子出入，則依鹵簿之法，率其屬於牙門之左右，以爲捍守。

長史各一人，從七品上；錄事參軍事各一人，正九品上；兵曹參軍事各一人，正九品下；

胄曹參軍事各一人，正九品下。隋置左、右監門率，有長史以下等員，無倉曹，以兵曹兼掌其事，皇朝因之。

長史掌判諸門禁衞之貳。録事參軍事掌印，兼勾稽失。兵曹兼倉曹之職，餘皆如左、右率府。其諸司籍傍判於監門者，檢其官爵、姓名、年貌，監其器物，檢其名數；月終，諸門之籍傍歸於府者，則會其出入之數。胄曹掌器械及公私馬、驢、雜畜，土木繕造之事。凡諸府直馬配於左、右監門之巡探者，則請其料，歸於馬主，禁其隱没棄遺者。

太子左、右內率府，率各一人，正四品上；隋文帝置左、右內率．副率，〔三八〕領東宮千牛、備身侍奉之事，職擬千牛將軍。其備身有：千牛備身八人，掌執千牛刀；備身左右十六人，〔三九〕掌供奉弓箭；備身二十人，掌宿衞侍從。煬帝降內率爲正五品，皇朝因加至四品上。龍朔二年改爲左、右奉裕率，神龍初復舊。副率各一人，從四品上。隋置，皇朝因之。龍朔、神龍隨府改復。

左、右內率府率之職，掌東宮千牛、備身侍奉之事，而主其兵仗，總其府事；而副率爲之貳。以千牛執細刀、弓箭，以備身宿衞、侍從，以主仗守戎服、器物。凡皇太子坐朝，則領千牛、備身之屬升殿。若射于射宮，則率領其屬以從，位定，千牛、備身奉細弓及矢，立於東階上，西面；率奉弓，副率奉矢及決拾，北面張弓，左執弣，右執簫以進，副率以巾拂矢而進，進訖，各退立於位。及射，左、右內率啓其矢中及不中；既事，受亦如之。

長史各一人，從七品上；録事參軍事各一人，正九品上；兵曹參軍事各一人，正九品下；冑曹參軍事各一人，正九品下。隋置右、右内率，有長史以下等員，無兵曹，皇朝置之。長史掌判諸曹官吏及千牛、備身之貳，餘如左、右率府。録事參軍事掌印，〔四〕兼勾簿書及其勳階、考課稽失。兵曹掌文武官及千牛、備身之簿書，及其勳階、考課、假使、禄俸之事。冑曹掌細引仗及羽儀之物，自千牛以下各分而典之。

校勘記

〔一〕(大)唐六典太子左右衛及諸率府卷第二十八　原本脱「卷」字。正德以下諸本皆然，據本書文例增。

〔二〕副率二人　案：自「副率」以下均言左、右衛率各若干人也，「各」字省略。諸率府倣此。

〔三〕録事一人　「一人」二字原本殘缺，據正德本補。

〔四〕史二人　册府元龜卷七〇八宮臣部總序載開元二十五年定制作「一人」；新唐書百官志亦作「一人」，其上別有「府一人」；舊唐書職官志不載府、史。

〔五〕執戟三人　「三」字原本訛作「二」，正德以下諸本皆然，據正文改。

〔六〕左郎將一人　案：自「左郎將」以下均云親、勳、翊府各若干人也，「各」字省略。

〔七〕副率二人　舊唐書職官志作「一人」，通典職官十二東宮官「左右監門率府」條及新唐書百官志均作「二人」。正文同此。

〔八〕史二人　新唐書百官志作「三人」。

〔九〕晉初爲中衞率　「中」字原本無，正德以下諸本皆然。案：宋書百官志云：「晉初曰中衞率。」今據職官分紀卷三十引六典「太子左右衞率府率員品」條注增。

〔一〇〕惠帝爲太子加置前衞率愍懷在東宮又加後衞率　宋書百官志云：「惠帝時，愍懷太子在東宮，加置前、後二率。」

〔一一〕成都王穎爲太弟　「穎」字原本無，正德以下諸本皆然，據宋書百官志、職官分紀同上卷上條增。

〔一二〕是爲五率　「五」字原本訛作「三」，正德以下諸本皆然，據宋書百官志、職官分紀同上卷上條改。

〔一三〕俠導輿車　「俠」字正德、嘉靖二本並作「挾」，廣雅本作「夾」，三字通。

〔一四〕並載戟執刀　通典職官十二東宮官「左右衞率府」條原注、太平御覽卷二四七「左衞率」條及通志職官略第五「左右衞率府」條原注引晉志「載」並作「帶」。

〔一五〕後周東宮官員有司戎司武司衞之類　「戎」字原本訛作「成」，正德以下諸本皆然，據通典職官十二東宮官「左右衞率府」條改。

〔一六〕皇朝復爲左右衞　通典職官十二東宮官「左右衞率府」條曰：「大唐爲左、右衞率府。」舊唐書職官志曰：「國家復爲衛率。」

〔一七〕咸亨如故　原本「故」下有「掌統東宮三寺、十率府之事，舉其紀綱，而脩其職務焉」凡二十一字，正德以下諸本皆然。案：此其所言，乃太子詹事分內之事，已見卷二十六「太子詹事職掌」條，本文與之相較，唯多一「掌」字及易「政令」爲「事」而已，左、右衛率焉得享有此等總攬東宮庶務之大權？當係闌入，今删去之。

〔一八〕從八品下　「下」字原本訛作「上」，正德、嘉靖二本亦然，近衛校曰：「舊、新唐志『上』作『下』。」廣雅本作「下」，與通典職官二十二大唐官品、職官分紀卷三十「左右衛率府」引六典「兵曹參軍事員品」條合，今據以改。

〔一九〕太極中又爲胄曹　「太」字原本作「大」，正德、嘉靖二本亦然，據廣雅本改。

〔二〇〕又有正員司馬員外司馬　隋書百官志「員外司馬」下有「督官」二字。

〔二一〕謂之三校　「三」字原本壞作「二」，據正德本改。

〔二二〕北齊太子左右衛坊率各領騎官備身員又有內直備身備身正副都督備身五職等員　隋書百官志云：「(北齊)左、右衛坊率各領騎官備身正・副都督、騎官備身五職、騎官備身員，又有內直備身正・副都督、內直備身五職、內直備身員。又有備身正・副都督、備身五職員。」又，「五」字原本訛作「三」，正德以下諸本並訛作「二」，據隋志改。

〔二三〕騎尉三十人　原本「騎」下有「都」字，正德以下諸本皆然，據隋書百官志删。

〔二四〕直齊直後各十人　隋書百官志「齊」作「齋」，二字通。

〔二五〕每府中郎將一人郎將二人　「一」字原本訛作「二」，正德以下諸本皆然，據本條正文改。

〔二六〕掌其府校尉旅帥及親勳翊衛之屬以宿衛　「尉」字原本訛作「至」，正德以下諸本皆然，據其下「中郎將、郎將職掌」條正文改。

〔二七〕開元初復爲左右司禦率府　舊唐書睿宗本紀曰：「景雲二年八月庚午，改（中略）左、右宗衛率府爲左、右司禦率府。」

〔二八〕初無録事　案：此録事者，指録事參軍事也。下「始置録事」同。

〔二九〕有長史及四曹參軍　案：四曹者，指功、倉、兵及騎兵曹也。

〔三〇〕掌斥候非違　隋書百官志「非違」作「伺非」。

〔三一〕又各置副率二人　「副率」二字原本無，正德以下諸本皆然，據通典職官十二東宮官「左右清道率府」條增。

〔三二〕從四品上　「上」字原本訛作「下」，正德以下諸本皆然，據職官分紀卷三十引六典「清道率府副率員品」條、通典職官二十二大唐官品改。

〔三三〕龍朔神龍開元隨府改復　「神龍」二字原本無，正德以下諸本皆然，今據「太子左右清道率府率員品」條原注增。

〔三四〕絳邑等三府之直盪應番上者　「三」字原本無，正德以下諸本皆然，據玉海卷一百二十八唐率府十率府注引六典增。

〔三五〕職擬左右監門將軍　「職」字原本無，正德以下諸本皆然，據「左右司禦率府率員品」條及「左右清道率府率員品」條原注文例增。

〔三六〕煬帝改爲左右宮門將　「宮門將」三字原本訛作「監門將軍」四字，正德以下諸本皆然，據隋書百官志改。

〔三七〕龍朔開元隨府改復　案：據上文「左右監門率府率員品」條原注所敍沿革，「開元」二字實深可疑，依六典原注文例，當作「咸亨、垂拱、神龍」六字。

〔三八〕隋文帝置左右内率副率　「内」字原本無，正德以下諸本皆然，據隋書百官志增。

〔三九〕備身左右十六人　隋書百官志「十六人」作「八人」。

〔四〇〕録事參軍事掌印　原本「參軍」下無「事」字，據正德本增。

唐六典諸王府公主邑司卷第二十九

親王府

傅一人　諮議參軍事一人　友一人　文學二人　東閤祭酒一人　西閤祭酒一人　長史一人　司馬一人　掾一人　屬一人　主簿一人　史二人　記室參軍事二人　史二人　録事參軍事一人　録事一人〔一〕　府一人　史二人　功曹參軍事一人　府一人　史二人　倉曹參軍事一人　府一人　史二人　户曹參軍事一人　府一人　史二人　兵曹參軍事一人　府一人　史二

人　騎曹參軍事一人　府一人　史二人　法曹參軍事一人　府一人　史二人　士曹參軍事一人　府一人　史二人　參軍事二人　行參軍四人　典籤二人

親事府

典軍二人　副典軍二人　府一人　史二人　執仗親事十六人　執乘親事十六人　親事三百三十三人　校尉旅帥隊正隊副準人部領

帳内府

典軍二人〔二〕　副典軍二人〔三〕　府一人　史二人

帳内六百六十七人　校尉旅帥隊正隊副準人部領

親王國

國令一人　大農二人〔四〕　尉二人〔五〕　丞一人　録事一人　府五人〔六〕　史十人〔七〕　典衛八人　舍人四人

學官長食官長丞各一人　廄牧長丞典府長丞各二人

公主邑司

令一人　丞一人　録事一人　史八人　主簿二人

謁者二人　舍人二人　家吏二人〔八〕

親王府：傅一人，從三品；漢高祖初置諸侯王，有太傅，輔導王。後漢曰傅，秩二千石。魏、晉因之。宋、齊、梁、陳皆爲師，後魏始蕃王、二蕃王、三蕃王各有師、傅，〔九〕北齊唯置師。隋皇伯叔、昆弟、皇子爲親王者，〔一〇〕置師。皇朝因之。開元初，改爲傅。〔一一〕諮議參軍事一人，正五品上；晉氏公府置諮議參軍事，蓋取諮詢謀議軍事也。宋、齊因之。梁、陳諸王·公府及位從公開府者，及皇弟、皇子、皇弟·皇子之庶子府各有諮議參軍員。〔一二〕隋三公府及諸王府各有諮議參軍，正五品上，皇朝因之。友一人，從五品下；後漢東平憲王爲驃騎將軍，〔一三〕辟杜撫以爲西曹掾，尋以爲師友。魏、晉諸王置友一人，宋、齊因之，品第六，進賢一梁冠，絳朝服。梁皇弟、皇子府友各一人，班第八，正六品。陳因之。後魏諸王友從四品下。北齊皇子置友一人，第五品上。隋爲從五品下，皇朝因之。文學二人，從六品上；漢氏公府、州郡並有文學，魏氏諸王始有文學員，晉、宋、齊、梁、陳皆因之。梁班第五，〔一四〕從七品。後魏太和末，六品上。〔一五〕北齊因之。隋親王府有文學二人，從六品上，皇朝因之。東閤祭酒、西閤祭酒各一人，從七品上。晉初，位從公以上並置東閤、西閤祭酒，宋、齊、梁、陳、後魏、北齊皆相因。親王府及嗣王、上柱國府各有東、西閤祭酒，〔一六〕從七品上，皇朝因之。

王傅掌傅相訓導，〔一七〕而匡其過失。諮議掌訏謀左右，〔一八〕參議庶事。友掌陪侍遊居，規諷道義。文學掌讎校典籍，侍從文章。祭酒掌接對賢良，導引賓客。

長史一人，從四品上；漢相國、丞相有兩長史，秩千石。後漢三公府各有長史員，魏太祖、吳長沙桓王府因之。宋、齊諸王領鎮者有長史，〔一九〕品第六，秩千石，銅印，墨綬，進賢兩梁冠，絳朝服。梁、陳公府並有長史，後魏、北齊亦同。隋親王、嗣王、郡王各有長史，皇朝因之，嗣王、郡王則不置。司馬一人，從四品下；司馬，古主兵之官也。宋、齊諸王領鎮者各有司馬。梁、陳、後魏、北齊、隋並與長史同置，〔二〇〕皇朝因之。掾一人，正六品上；漢氏三公、大將軍、御史大夫並有掾、屬員。西漢辟召皆上言之，故東、西曹掾比四百石，餘曹比三百石，其屬並二百石。〔二一〕後漢皆自辟除，不復上言，故通降爲百石。品秩雖下，優禮甚弘。三公蓋天子之股肱，掾、屬則三公之喉舌，故三府掾乃言行之本，禍福之主；及其遷除，或周月而長州郡，或數年而至公卿。魏、晉皆相因置，多者或至數十人。江左以來，諸公置掾二人，其加崇者置四人。〔二二〕掾、屬常敦明教義，肅清風俗，非禮不言，非法不行，以訓羣吏。宋、齊、梁、陳、後魏、北齊公府皆有掾、屬。隋氏三師、三公不開府，〔二三〕國王、嗣王、郡王府有掾、屬各一人，〔二四〕皇朝因之。屬一人，正六品上；漢、魏已來，與掾同置。過江之後，則爲曹名，諸公置户曹屬一人，其加崇者置倉曹屬一人。梁、陳諸公、皇子、皇弟府並有屬，後魏、北齊三師・三公府各有屬，〔二五〕隋親王府有屬一人，皇朝因之。主簿一人，從六品上；漢三公府有黄閤主簿，省録衆事。魏、晉已下皆有。梁、陳諸公、皇弟、皇子府各有主簿。後魏皇子主簿從六品。〔二六〕北齊諸王皆有主簿，隋親王府二人，皇朝置一人。史二人；皇朝因隋置，餘史並同。記室參軍事二人，從六品上；漢三公及大將軍皆有記室令史，主上章表，奏報書記。〔二七〕魏太祖輔漢，以陳琳、阮瑀管記室，軍國書檄，多二人所作。〔二八〕晉氏諸公及位從公以上並有記室員，宋諸公府有記室參軍事，〔二九〕梁、陳公府及王府皆有記室參軍，北齊因之。〔三〇〕隋親王府及嗣王府有記室參軍，皇朝因之。録事參軍事一人，從六品上；晉元帝初爲鎮東大將軍，有録事參軍一人。梁、陳王府有中録事參軍及録事參軍各一人，後魏亦同，北齊因之。〔三一〕隋親王、嗣王府有録事參軍一人，皇朝因之。録事一人，從九品下；功曹參軍事一人，〔三二〕正七品上；漢、魏、晉、宋、齊、梁、陳、後周，州、郡、縣並有功曹員。後魏太和末，諸王府並有功曹員。隋氏親王、嗣王府有功曹參軍，煬帝改爲功曹書佐，皇朝復爲功曹參軍。倉曹參軍事一人，正七品上；後魏諸王府有倉曹參軍。隋親王、嗣王府有倉曹參軍，煬帝改爲倉曹書佐，皇朝復爲參曹參軍。户曹參軍事一人，〔三三〕正七品上；後魏、隋氏並與倉曹同置。兵曹參軍事一人，正七品上；

梁、陳王府有中兵曹參軍、中直兵曹參軍各一人。後魏有皇子府中兵參軍，始蕃王、二蕃王有兵曹參軍。〔三四〕北齊皇子府有中兵、外兵參軍。隋親王、嗣王府有兵曹參軍，煬帝改爲兵曹書佐，皇朝復爲兵曹參軍。騎曹參軍事一人，正七品上；隋親王、嗣王府有騎曹參軍一人，煬帝改爲騎曹書佐，皇朝復故。法曹參軍事一人，正七品上；梁、陳、後魏諸王府，隋親王、嗣王府，並有法曹行參軍；煬帝改曰法曹行書佐，皇朝復舊。士曹參軍事一人，正七品上；後魏諸王府、隋親王府皆有士曹行參軍，煬帝改爲士曹行書佐，皇朝復舊。參軍事二人，正八品下；後漢末，三公府有參軍事，〔三五〕如孫堅參車騎軍事，〔三六〕荀彧參丞相軍事是也。魏武帝征荆州，請邯鄲淳參軍事。自晉、宋已來，代有其任。梁選簿：「皇弟、皇子府有正參軍。」後魏有皇子參軍，北齊因之。隋親王、嗣王府有參軍六人，〔三七〕長兼行參軍八人，煬帝改爲行書佐，皇朝復爲參軍四人，今減二人。〔三八〕六曹已下官吏，三府並同。其雜使又有執刀十五人、典獄十八人、問事十二人、白直二十四人。行參軍四人，從八品上；晉氏加置行參軍，以自辟召，故曰「行」也。宋、齊、梁、陳皆有之。梁選簿：「嗣王府行參軍降正王府一階。」隋親王、嗣王府並有長兼行參軍，煬帝改爲長兼行書佐，皇朝改爲行參軍。典籤二人，從八品下。齊職儀云：「諸公領兵，〔三九〕局有典籤二人。」隋親王府、嗣王府、上柱國・柱國府、上大將軍・大將軍府各有二人，〔四〇〕皇朝因之。長史、司馬掌統理府寮，紀綱職務。掾掌通判功曹、户曹、倉曹事。屬掌通判兵曹、騎曹、法曹、士曹事。〔四一〕主簿掌覆省王教。記室掌表、啟、書、疏。録事參軍事掌付事勾稽，省署鈔目。録事掌受事發辰，兼勾稽失。功曹掌文官簿書、考課、陳設、儀式等事。倉曹掌廩禄請給，財物市易等事。户曹掌封户、田宅、僮僕、弋獵等事。兵曹掌武官簿書、考課、儀衛、假使等事。騎曹掌廐牧、騎乘、文物、器械等事。

法曹掌推按欺隱，決罰刑獄等事。士曹掌公廨舍宇，繕造工徒等事。參軍事掌出使及雜檢校事。〔四二〕典籤掌宣傳教令事。

親王親事府，典軍二人，正五品上；齊職儀：「諸公領兵職，局有庫典軍七職二人、倉典軍七職二人，又有船官典軍、茭箬典軍、樵炭典軍等員。」皇朝因其名而置，多以武官及流外爲之。〔四三〕副典軍二人，從五品上；執仗親事十六人，正八品上；執乘親事十六人，正八品上。已上並皇朝置。

親王帳內府，典軍二人，正五品上；齊職儀：「諸公領兵職，局有車廄典軍五品二人、馬典軍五品二人，又有釀倉典軍、炭屯典軍、樵屯典軍。」皇朝因其名而置。副典軍二人，從五品上；府一人；史一人；〔四四〕帳內六百六十七人。並皇朝置。

親事府典軍、副典軍掌領校尉已下守衞陪從事。執仗掌執弓仗。執乘掌供騎乘。親事掌儀衞事。校尉、旅帥、隊正、隊副掌領親事陪從事。〔四五〕

帳內府典軍、副典軍掌領校尉已下儀衞陪從事。帳內掌儀衞事。〔四六〕校尉、旅帥、隊正、隊副掌領帳內陪從事。

親王國：國令一人，從七品下；隋置，皇朝因之。〔四七〕大農二人，從八品下；漢諸侯王國置大司農。

晉諸王國置大農，與郎中令、中尉爲三卿。宋、齊、梁、陳、北齊王國並有大農，〔四八〕隋置一人，皇朝因之。尉二人，正九品下；漢諸王國有王尉，魏、晉、宋、齊、梁、陳、北齊並有中尉，〔四九〕隋因爲尉，皇朝因之。丞一人，從九品下；録事一人；府五人；史十人；已上並皇朝置。典衛八人；漢諸王國有衛士長，主衛士侍衛。晉諸王國有典衛令，宋、齊、梁、陳、北齊並有。隋王國有典衛八人，皇朝因之。舍人四人；陳、北齊王國皆有舍人，〔五〇〕隋王國有舍人四人，皇朝因之。學官長一人；晉、宋、齊、梁、陳王國並有學官令，〔五一〕隋有學官長，皇朝因之。食官長一人，丞一人；宋、齊、梁、陳、北齊王國並有食官長，〔五二〕隋親王國有食官長、丞各一人，皇朝因之。廄牧長二人，丞二人；漢諸侯王國有太僕，武帝改曰僕。晉、宋王國置牧長，南齊、北齊爲廄牧長，隋置長、丞各一人，皇朝因之。典府長二人，丞二人。晉氏王國有典府丞，梁、陳、北齊亦因之。隋置長、丞各一人，皇朝因之。國令、大農掌通判國司事。國尉掌分判國司事。國丞掌付事勾稽，省署鈔目，監印，給紙筆事。典衛掌守衛居宅事。舍人掌供引納騶策事。學官掌教授内人事。食官掌營造膳食事。廄牧掌知畜牧牛馬事。典府掌知府内雜事。

公主邑司，令一人，從七品下；漢書百官表：「宗正屬官有公主家令。」公主所食曰「邑」。晉太康中，〔五三〕爲長山長公主置家令一人。宋、齊已後，時有其職。隋氏復置，皇朝因之。神龍初，公主府並同王府置官屬；景雲初，罷之。丞一人，從八品下；晉起居注云：「太康十一年，詔曰：『南郡公主家令丞缺，何以不補？』」隋有其職，皇朝因之。録事一人，從九品下。皇朝因隋置。公主邑司官各掌主家財貨出入、田園徵封之事。其制度皆隸宗正焉。

校勘記

〔一〕録事一人　原目次在「典籤二人」之後，居親王府目録之尾，正德以下諸本皆然，今據本卷正文順序及六典諸卷文例，移植於此。

〔二〕典軍二人　通典職官十三「歷代王侯封爵」條作「三人」，舊唐書職官志、新唐書百官志、册府元龜卷七〇八宮臣部總序載開元二十五年定制並作「二人」。正文同此。

〔三〕副典軍二人　通典職官十三「歷代王侯封爵」條作「三人」，舊唐書職官志、新唐書百官志、册府元龜卷七〇八宮臣部總序載開元二十五年定制並作「二人」。正文同此。

〔四〕大農二人　通典職官十三「歷代王侯封爵」條、新唐書百官志並作「一人」，舊唐書職官志、册府元龜卷七〇八宮臣部總序載開元二十五年定制並作「二人」。正文同此。

〔五〕尉二人　新唐書百官志作「一人」，通典職官十三「歷代王侯封爵」條、舊唐書職官志、册府元龜卷七〇八宮臣部總序載開元二十五年定制並作「二人」。正文同此。

〔六〕府五人　新唐書百官志作「四人」，册府元龜卷七〇八宫臣部總序載開元二十五年定制作「五人」。正文同此。

〔七〕史十人　新唐書百官志作「八人」，册府元龜卷七〇八宫臣部總序載開元二十五年定制作「十人」。正文同此。

〔八〕家吏二人　「吏」字正德以下諸本並作「史」，新唐書百官志同；舊唐書職官志作「吏」。

〔九〕後魏始蕃王二蕃王三蕃王各有師傅　魏書官氏志、通典職官十三「歷代王侯封爵」條，均有諸王師而無傅。

〔一〇〕隋皇伯叔昆弟皇子爲親王者　「伯」字原本無，正德以下諸本皆然，據隋書百官志增。

〔一一〕開元初改爲傅　舊唐書睿宗本紀：景雲二年十一月戊寅，改王師爲傅。新唐書百官志：「景雲二年，改師曰傅。開元二年廢，尋復置。」

〔一二〕及皇弟皇子皇弟皇子之庶子府各有諮議參軍　「皇弟皇子之庶子」七字原本作「皇庶子」三字，而無「弟皇子之」四字，正德以下諸本皆然，今據隋書百官志增。

〔一三〕後漢東平憲王爲驃騎將軍　「後」字原本無，正德以下諸本皆然，近衞校明本曰：「（漢）當作『後漢』。」是。今據以增。

〔一四〕梁班第五　「梁」字原本無，正德以下諸本皆然，今據隋書百官志，依六典原注文例增。

〔一五〕後魏太和末六品上　魏書官氏志：太和後制，皇子文學第六品上。

〔一六〕親王府及嗣王上柱國府各有東西閤祭酒　近衞校明本曰：「『親王府』上恐脱『隋』字。」據文義，近衞所校似極允當，唯隋書百官志明言上柱國、嗣王均無東西閤祭酒，故不敢遽增，謹誌以備考。

〔一七〕王傅掌傅相訓導　舊唐書職官志「訓」作「贊」。

〔一八〕諮議掌訏謀左右　「訏」字原本訛作「許」，據正德本改。

〔一九〕宋齊諸王領鎮者有長史　「鎮」上原本有「藩」字，廣雅本亦然，正德、嘉靖二本書作「蕃」。案：宋、齊之時猶無藩鎮之名，今依下文「司馬員品」條原注「宋、齊諸王領鎮者各有司馬」句例删。

〔二〇〕梁陳後魏北齊隋並與長史同置　「北」字原本訛作「廿」，據正德本改。

〔二一〕其屬並二百石　續漢書百官志云：「屬比二百石。」

〔二二〕江左以來諸公置掾二人其加崇者置四人　宋書百官志云：「江左以來，諸公置長史、倉曹掾、户曹屬、東·西閤祭酒各一人，（中略）加崇者置（中略）掾、屬四人，則倉曹增置屬，户曹置掾。江左加崇，極於此也。」

〔二三〕隋氏三師三公不開府　近衞校明本曰：「據隋志，『不』當作『上』。」案：據隋書百官志云：「三師不主事，不置府僚。」又云：「三公參議國之大事，依北齊置府僚。無其人則闕。祭祀則太尉亞獻，司徒奉俎，司空行掃除，其位多曠，皆攝行事。尋省府及僚佐，置公則坐於尚書都省，朝之衆務，總歸於臺閣。」由此可見，「不」字實是也。

〔二四〕國王嗣王郡王府有掾屬各一人　「各」字原本無，正德以下諸本皆然，據隋書百官志增。

〔二五〕後魏北齊三師三公府各有屬　通典職官二「總叙三師三公以下官屬」條云：「後魏三師無官屬。」

〔二六〕後魏皇子主簿從六品　魏書官氏志：皇子主簿從六品下。

〔二七〕奏報書記　續漢書百官志「報」上無「奏」字。

〔二八〕多二人所作　「二」字原本殘缺，據正德本補。

〔二九〕宋諸公府有記室參軍事　近衛校明本曰：「『宋』下疑脱『齊』。」

〔三〇〕北齊因之　近衛校明本曰：「『北齊』上疑脱『後魏』。」

〔三一〕梁陳王府有中録事參軍及録事參軍各一人後魏亦同北齊因之　原本「及録事」下無「參軍」二字，正德以下諸本皆然，今據隋書百官志增。又：魏書官氏志無中録事參軍。隋書百官志云：北齊「王位列大司馬上（非親王則位在三公下），置師一人，餘官大抵與梁制不異。」

〔三二〕功曹參軍事一人　原本無「事」字，據正德本增。

〔三三〕户曹參軍事一人　「一」字原本訛作「二」，正德以下諸本皆然。案：原本及正德以下諸本卷首目録俱作「一」，與通典職官十三「歷代王侯封爵」條、舊唐書職官志及新唐書百官志合，今據以改。

〔三四〕始蕃王二蕃王有兵曹參軍　魏書官氏志始蕃王、二蕃王、三蕃王各有中兵參軍，其兵曹參軍則未見焉。

〔三五〕後漢末三公府有參軍事　「後」字原本無，正德以下諸本皆然，今以下文所舉孫堅、荀彧、邯鄲淳均屬東漢末年事，緣六典原注文例增。

〔三六〕如孫堅參車騎軍事　「車」字原本無，正德以下諸本皆然，今據三國志本傳增。

〔三七〕隋親王嗣王府有參軍六人　隋書百官志：親王、嗣王府有參軍事四人、行參軍六人。

〔三八〕今減二人　「減」字原本訛不成字，據正德本改。

〔三九〕諸公領兵　據下文「親王親事府典軍員品」條原注所引齊職儀文例，「兵」下疑脱「職」字。

〔四〇〕隋親王府嗣王府上柱國柱國府上大將軍大將軍府各有二人　原本「將軍府」上無「大」字，正德以下諸本皆然，今據隋書百官志增。又，隋志郡王府亦有典籤。

〔四一〕屬掌通判兵曹騎曹法曹士曹事　「騎曹」二字原本無；正德、嘉靖二本亦然；近衞校曰：「據唐志，『(兵)曹』下逸『騎曹』二字。」廣雅本有之，與通典職官十三「歷代王侯封爵」條合，今據以增。

〔四二〕參軍事掌出使及雜檢校事　據通典職官十三「歷代王侯封爵」條，「參軍事」下疑當有「行參軍三字。

〔四三〕多以武官及流外爲之　「武」字原本訛作「文」，正德以下諸本皆然，據新唐書百官志改。

〔四四〕史一人　卷首目録作「二人」，新唐書百官志作「一人」。

〔四五〕校尉旅帥隊正隊副掌領親事陪從事　原本「從」下無「事」字，正德以下諸本皆然，今依下文「帳内府校尉旅帥隊正隊副職掌」條文例增。

〔四六〕帳内掌儀衞事　原本無「事」字，正德以下諸本皆然，今依上文「親事府親事職掌」條文例增。

〔四七〕皇朝因之　「皇」、「之」二字原本殘缺，據正德本補。

〔四八〕宋齊梁陳北齊王國並有大農　近衛校明本曰：「『陳』下疑脱『後魏』。」又，「王」字原本訛作「三」，正德、嘉靖二本亦然，據廣雅本改。

〔四九〕魏晉宋齊梁陳北齊並有中尉　近衛校明本曰：「『陳』下疑脱『後魏』。」

〔五〇〕陳北齊王國皆有舍人　案：據宋書百官志及晉書職官志，晉、宋之時，王國已有舍人十員。

〔五一〕晉宋齊梁陳王國並有學官令　據隋書百官志，北齊皇子王國亦有學官令一人。

〔五二〕宋齊梁陳北齊王國並有食官長　案：宋書百官志及晉書職官志所載晉、宋王國官俱無「食官長」之名。册府元龜卷七〇八宫臣部總序曰：「齊因宋制，（中略）增置食官、廄牧長。」據此，「宋」字疑衍。

〔五三〕晉太康中　「太」字原本作「大」，正德本亦然，據嘉靖本改。

唐六典三府督護州縣官吏卷第三十

京兆河南太原三府官吏

大都督府中都督下都督官吏

上州中州下州官吏

京縣畿縣天下諸縣官吏

大都護上都護府官吏

鎮戍嶽瀆關津官吏

京兆、河南、太原府：牧各一人，從二品；昔舜分九州爲十二州，始置十二牧。大禹鑄鼎，貢金九牧。周禮八命作牧。秦分天下爲三十六郡，京爲內史，漢武帝改爲京兆尹，秩二千石。後漢都洛陽，爲河南尹，魏、晉因之。歷代所都皆爲尹；江左爲丹陽尹，北齊爲清都尹，後周及隋復爲京兆尹。始秦分天下，令御史監郡，漢省之，丞相遣史分剌諸州。武帝初置部刺史十三人，掌奉詔條察州，秩六百石，類今之十道使也；又置司隸校尉，部三輔、三河、弘農，類今之京畿按察使也。成帝更名刺史爲牧，秩二千石。後漢復爲刺史，後復爲牧。魏、晉已下皆爲刺史。晉武帝罷司隸校尉，置司州牧。江左爲揚州刺史，後魏、北齊皆爲司州牧。後周置雍州牧，隋因之。大業三年，罷州置郡，京兆、河南皆爲尹，則兼牧之任矣。皇朝又置雍州牧。洛州初爲都督府，及置都，亦爲牧。開元初，復爲京兆、河南尹。尹一人，從三品；漢京兆尹有都尉、丞，皆詔除。都尉比二千石，典武職；丞秩六百石。後漢省都尉，州又置別駕、治中，皆刺史自辟除。魏、晉已下皆因之。隋文帝罷郡，以州統縣，改別駕、治中爲長史、司馬。煬帝罷州置郡，罷長史、司馬，置贊治，後改爲丞；又置通守以貳太守，〔一〕京兆、河南等爲内史。皇朝置雍州別駕，永徽中，改爲長史，正四品下。開元初，改長史爲尹，從三品。然親王爲牧，皆不知事，職務總歸於尹，亦漢氏京尹之任也。少尹二人，從四品下。魏、晉已下有治中，隋文帝改爲司馬，煬帝改爲贊治，後改爲丞。皇朝復曰治中，後避高宗諱，改曰司馬。開元初，改爲少尹，置二員。司録參軍事二人，正七品上；漢、魏已來及江左，郡有督郵、主簿，蓋録事參軍之任也，皆太守自辟除。後魏、北齊、後周、隋氏，州皆有録事參軍。及罷郡，以州統縣，皆吏部選除。煬帝罷州置郡，有東、西曹掾及主簿。皇朝省掾、主簿，置録事參軍。開元初，改爲司録參軍。録事四人，從九品上；隋置京兆録事四人，皇朝因之。府、史各二人。功曹參軍事二人，正七品下；漢、魏已下，司隸校尉及州、郡皆有功曹、户曹、賊曹、兵曹等員。北齊諸州有功曹、倉曹、中兵、外兵、甲曹、法曹、士曹、左户等參軍事。隋諸州有功曹、户曹、兵曹等參軍事，法曹、士曹行參軍；郡有西曹、金曹、户曹、兵曹、法曹、士曹等。及罷郡置州，以曹爲名者，改曰司。煬帝罷州置郡，改司功、司倉、司户、司兵、司法、司士等爲書佐。皇朝因其六司，而改書佐爲參軍事。開元初，爲功曹參軍。府六人，史十二人。倉曹參軍事二人，正七品下；北齊諸州有倉曹參軍事，隋文帝改爲司倉參軍，煬帝改爲司倉書佐，皇朝復爲倉曹參軍。府八人；史十六人。户曹參軍事二人，正七品下；漢、魏已來，州、郡皆有户曹掾，或爲左户。隋有户曹參軍，〔二〕文帝改爲司户參軍，煬帝爲司户書佐，皇朝因爲司户參軍。開元初，爲户曹參軍。府十一人；史二十二人；帳史一人。景雲初置。兵曹參軍事二人，正七品下；漢、魏已下，諸州皆有兵曹，或爲中兵、外兵、騎兵。北齊已下，改復並與功曹同。府九人；史十八人。法曹參軍事二人，正七品下；漢、魏已下，州、郡有賊曹、決曹掾，或法曹，或墨曹。自隋已下，改復並與上同。府九人；史十八人。士曹參軍事二人，正七品下；北齊諸州有士曹行參軍。已下改復，並與上同。府七人；史十四人。參軍事六人，正八品下。注見王府參軍文下。執刀十五人。典獄十八人。〔三〕問事十二人。白直二十四人。經學博士一人，從八品上；助教二人；魏、晉已下，郡、國並有文學，即博士、助教之任。並皇朝置。學生八十人。皇朝置。醫學博士一人；助教一人；開元初置。醫學生二十人。貞觀初置。

大都督府：都督一人，從二品。魏黄初二年，始置都督諸州軍事，或領鎮戎、總夷校尉；三年，上軍大將軍曹真都督中外諸軍事。〔四〕司馬宣王征蜀，加號大都督。自此之後，歷代皆有。至隋，改爲總管府。皇朝武德四年，又改爲都督府。〔五〕貞觀中，始改爲上、中、下都督府。長史一人，從三品；秦、漢邊郡有長史。魏、晉已來，諸州皆有別駕、治中。至北齊，八命、七命、六命州刺史各有長史，〔六〕隋九等州亦有長史。開皇三年，改雍州別駕爲長史；煬帝麗州置郡，又改爲別駕，唯都督府則置長史。永徽中，始改別駕爲長史，大都督府長史仍舊正四品下，開元初始增其秩。〔七〕司馬二人，從四品下。北齊及隋九等州各有司馬。開皇三年，改雍州贊治爲司馬。皇朝改郡爲州，各置治中一人，其都督府則置司馬。永徽中，改治中爲司馬。錄事參軍事二人，正七品上；錄事二人，從九品上；史四人。功曹參軍事一人，正七品下；府四人，史六人。倉曹參軍事二人，正七品下；府四人，史八人。戶曹參軍事二人，正七品下；府五人，史十人，帳史一人。兵曹參軍事二人，正七品下；府四人，史八人。法曹參軍事二人，正七品下；府四人，史八人。士曹參軍事一人，正七品下；府四人，史八人。參軍事五人，正八品下。執刀十五人。典獄十六人。問事十人。白直二十二人。〔八〕市令一人，從九品上；漢代諸郡、國皆有市長，晉、宋已後皆因之。隋氏始有市令。皇朝初，又加市丞。戶四萬已上者，省補市令。丞一人，佐一人，史二人，帥三人，倉督二人，史四人。北齊九等州、縣各有倉督員，隋因之。〔九〕經學博士一人，從八品上；助教二人，學生六十人。醫學博士一人，從八品下；助教一人，學生十五人。若中、下都督府戶滿四萬已上者，〔一〇〕官員同此，唯減司馬一人。

中都督府：都督一人，正三品。別駕一人，正四品下；漢司隸校尉有別駕從事，校尉一人行部則奉引，〔一一〕主錄衆事。〔一二〕舊解以爲別乘傳車，故曰別駕。諸州刺史亦有之。元帝時，條州大小，爲設吏員，別駕、治中、諸部從事秩皆百石。後漢改曰別駕從事史，三國因之。晉代諸州各置別駕、治中從事史一人，宋、齊、梁、陳、後魏、周、隋因而不改，〔一三〕皇朝因之。永徽中，改別駕爲長史。垂拱初，〔一四〕又置別駕員，多以皇家宗枝爲之。神龍初罷，開元初復置，始通用庶姓焉。長史一人，正五品上；司馬一人，正五品下。録事參軍事一人，正七品下；録事二人，從九品上；史四人。功曹參軍事一人，從七品上；府三人，史六人。倉曹參軍事一人，從七品上；涼州加一人，仍加府一人、史二人。府三人，史六人。户曹參軍事一人，從七品上；府四人，史七人，帳史一人。兵曹參軍事二人，從七品上；府四人，史八人。若管内無軍團，雖有軍團唯管三州已下者，省兵曹一人。法曹參軍事一人，從七品上；府四人，史八人。士曹參軍事一人，從七品上；府三人，史六人。參軍事四人，從八品上。執刀十五人。典獄十四人。問事八人。白直二十人。市令一人，從九品上；丞一人；佐一人；史二人；帥三人；倉督二人，史四人。經學博士一人，從八品下；助教二人；學生六十人。醫學博士一人，正九品下；助教一人；〔二五〕學生十五人。下都督府户滿二萬已上者，〔二六〕官員亦準此。

下都督府：都督一人，從三品。户不滿二萬爲下都督。別駕一人，從四品下；長史一人，從五品上；司馬一人，從五品下。録事參軍事一人，從七品上；録事二人，從九品上；史三人。功曹參軍事一人，從七品下；府二人；史二人。州管户不滿一萬者，不置功曹，其事隸入倉曹。倉曹參軍事一人，從七品下；府三人；史六人。户曹參軍事一人，從七品下；府四人；史七人；帳史一人。兵曹參軍事一人，從七品下；府三人；史六人。法曹參軍事一人，從七品下；兼掌士曹事。府三人，史六人。參軍事三人，從八品下。管户不滿一萬者，省一人。執刀十五人。典獄十二人。問事六人。白直十六人。市令一人，從九品上；丞一人；佐一人；史二人；帥二人；倉督二人，史三人。經學博士一人，從八品下；助教一人；學生五十人。若邊遠僻小州不滿五千户者，四分減一。醫學博士一人；助教一人；學生十二人。

上州，凡户滿四萬已上爲上州。刺史一人，從三品。秦置御史監郡，漢初省之，丞相遣史分刺諸州，亦不常置。至武帝元封五年，〔一七〕初置部刺史十三人，掌奉詔條察諸州，秋、冬入奏，居無常所。後漢則皆有定所。屬官有別駕·治中·主簿·功曹從事、諸曹掾等員，皆自辟除；以刺衆官及萬人非違，故謂之刺史。自漢、魏已來，或爲牧，或爲刺史，皆管郡。隋初，上州有刺史、長史、司馬、録事參軍，功曹·户曹·兵曹等參軍事，法曹·士曹等行參軍、典籤、州都、光初主簿、郡正主簿、西曹書佐、祭酒從事、部郡從事、倉督、市令·丞等員并佐史等；郡置太守、丞、尉、正、光初功曹、光初主簿、縣正功曹、主簿、西曹、金·户·兵·法·士等曹，市令等并佐史員；州、郡皆爲九等。三年，罷郡，以州統縣，改別駕、贊治爲長史、司馬。舊周、齊州郡縣職，自州都、縣正已下皆自調用以理事，至是不知事，直謂之鄉官，別置品官，皆吏部選除；佐官以曹爲名者，皆改爲司。十四年，改九等州、縣爲四等。十五年，罷鄉官。煬帝三年，罷州置郡，置太守，罷長史、司馬，置贊治以貳之。後又置通守，改贊治爲丞。録事已下，並見於上。別駕一人，從四品下；長史一人，從五品上；司馬一人，從五品下。録事參軍事一人，從七品上；録事二人，從九品上；史三人。司功參軍事一人，從七品下；佐三人；史六人。司倉參軍事一人，從七品下；佐三人；史六人。司户參軍事二人，〔一八〕從七品下；佐三人；史七人；帳史一人。司兵參軍事一人，從七品下；佐三人；史六人。司法參軍事二人，〔一九〕從七品下；佐四人；史八人。司士參軍事一人，從七品下；佐三人；史六人。參軍事四人。執刀十五人。典獄十四人。問事八人。白直二十人。〔二〇〕市令一人，從九品上；丞一人；佐一人；史二人；帥三人；〔二一〕倉督二人；史四人。經學博士一人，從八品下；助教二人；學生六十人。醫學博士一人，正九品下；助教一人；學生十五人。

中州，戶二萬已上。刺史一人，正四品上。別駕一人，正五品下；長史一人，正六品上；司馬一人，正六品下。録事參軍事一人，正八品上；録事一人，從九品下；〔二二〕史二人。司功參軍事一人，正八品下；佐二人；史四人。司倉參軍事一人，正八品下；佐二人；史四人。司戶參軍事一人，正八品下；佐三人；史五人；帳史一人。司兵參軍事一人，正八品下；佐三人；史四人。司法參軍事一人，正八品下；兼掌司士事。佐三人；史六人。參軍事三人，正九品下。執刀十人。典獄十二人。問事六人。白直十六人。市令一人；丞一人；佐一人；史二人；帥二人；倉督二人；史三人。經學博士一人，正九品上；助教一人；學生五十人。醫學博士一人，從九品下；助教一人；學生十二人。

下州，戶不滿二萬者爲下州。刺史一人，正四品下。別駕一人，從五品上；司馬一人，從六品上。録事參軍事一人，從八品上；録事一人，從九品下；史二人。司倉參軍事一人，從八品下；兼掌司功事。佐二人；史四人。司户參軍事一人，從八品下；兼掌司兵事。佐三人；史五人；帳史一人。司法參軍事一人，從八品下；〔二三〕兼掌司士事。佐二人；史四人。參軍事二人，從九品下。執刀十人。典獄八人。問事四人。白直十六人。市令一人；佐一人；史一人；帥二人；倉督一人，史二人。經學博士一人，正九品下；助教一人；學生四十人。醫學博士一人，從九品下；學生一十人。

京兆、河南、太原牧及都督、刺史掌清肅邦畿，考覈官吏，宣布德化，撫和齊人，勸課農桑，敦諭五教。〔二四〕每歲一巡屬縣，觀風俗，問百姓，〔二五〕録囚徒，恤鰥寡，閱丁口，務知百姓之疾苦。部内有篤學異能聞於鄉閭者，〔二六〕舉而進之；有不孝悌，悖禮亂常，不率法令者，糺而繩之。其吏在官公廉正己清直守節者，必察之；〔二七〕其貪穢諂諛求名徇私者，亦謹而察之；皆附于考課，以爲褒貶。若善惡殊尤者，隨即奏聞。若獄訟之枉疑，〔二八〕兵甲之徵遣，興造之便宜，符瑞之尤異，亦以上聞。其常則申於尚書省而已。若孝子順孫，義夫節婦，志行聞於鄉閭者，亦隨實申奏，表其門閭；若精誠感通，則加優賞。其孝悌力田者，〔二九〕考使集日，具以名聞。其所部有須改更，得以便宜從事。若親王典州及邊州都督、刺史不可離州局者，應巡屬縣，皆委上佐行焉。

尹、少尹、别駕、長史、司馬掌貳府、州之事，以紀綱衆務，通判列曹；歲終則更入奏計。

司録、録事參軍掌付事勾稽，省署抄目。〔三〇〕糺正非違，監守符印。若列曹事有異同，得以聞奏。

功曹、司功參軍掌官吏考課、假使、選擧、祭祀、禎祥、道佛、學校、表疏、書啓、醫藥、陳設之事。凡差使，先差州官；不充，取縣官，率一半已上；不充，取前資官。其上佐、録事參軍、縣令不得充使出境。凡州、縣及鎮倉督，縣博士、助教，中、下州市令及縣市令，嶽、瀆祝史，並州選，各四周而代。州、鎮倉督，州、縣市令，取勳官五品已上及職資九品者；若無，通取勳官六品已下，倉督取家口重大者爲之。州市令不得用本市内人，縣市令不得用當縣人。博士、助教部内無者，得於旁州通取。縣録事通取部内勳官五品已上；若無堪任者，並佐、史通取六品已下子及白丁充之。凡貢擧人有博識高才，強學待問，無失俊選者，爲秀才；通二經已上者，爲明經；明閑時務，精熟一經者，爲進士；通達律令者，爲明法。其人正直清修，名行孝義，旌表門閭，堪理時務，亦隨賓貢爲孝弟力田。凡貢人，上州歲貢三人，中州二人，下州一人。若有茂才異等，亦不抑以常數。凡貢人行鄉飲酒之禮，牲用少牢。若州縣春、秋二社及釋奠之禮，亦皆以少牢。凡諸州每年任土所出藥物可用者，隨時收採，以給人之疾患。皆預合傷寒、時氣、瘧、痢等藥，部内有疾患者，隨須給之。

倉曹、司倉參軍掌公廨、度量、庖厨、倉庫、租賦、徵收、田園、市肆之事。每歲據青苗徵税，畝別二升，以爲義倉，以備凶年；將爲賑貸，先申尚書，待報，然後分給。又，歲豐，則出錢加時價而糴之，不熟，則出粟減時價而糶之，謂之常平倉，常與正、義倉帳具本利申尚書省。

户曹、司户參軍掌户籍、計帳，道路、逆旅，田疇、六畜、過所、蠲符之事，而剖斷人之訴競。凡男女婚姻之合，必辨其族姓，以舉其違。凡井田利害之宜，必止其爭訟，以從其順。凡官人不得於部内請射田地及造碾磑，與人爭利。

兵曹、司兵參軍掌武官選舉，兵甲器仗，門户管鑰，烽候傳驛之事。凡驛馬以「驛」字印印左膊，以州名印印項左。每歲貢武舉人有智勇謀略強力悍材者，舉而送之。試長垛、馬槍、翹關、擎重，以爲等第之上下，爲之升黜，從文舉行鄉飲酒之禮，然後申送。

法曹、司法參軍掌律、令、格、式，鞫獄定刑，督捕盜賊，糺逖姦非之事，以究其情僞，而制其文法。赦從重而罰從輕，使人知所避而遷善遠罪。

士曹、司士參軍掌津梁、舟車、舍宅、百工衆藝之事。啓塞必從其時，役使不奪其力，通山澤之利以贍貧人，凡州界内有出銅、鐵處，官未採者，聽百姓私採。若鑄得銅及白鑞，官爲市取；如欲折充課役，亦聽之。其四邊，無問公私，不得置鐵冶及採銅。自餘山川藪澤之利，公私共之。致瓌異之貨以備國用，是以官無禁利，人無稽市。凡知山澤有異寶、異木及金、玉、銅、鐵、彩色雜物處堪供國用者，奏聞。

參軍事掌出使檢校及導引之事。

市令、丞掌市廛交易，禁斥非違之事。

經學博士以五經教授諸生。

醫學博士以百藥救療平人有疾者。下至執刀、白直、典獄、佐、史，各有其職。州、府之任備焉。〔三一〕

萬年、長安、河南、洛陽、奉先、太原、晉陽，令各一人，〔三二〕正五品上。殷、周已往，五等諸侯皆自理其人。及周衰，諸侯相并，大國則別置邑、縣、鄙，〔三三〕以君其人。齊、晉謂之大夫，魯、衞謂之宰，〔三四〕楚爲公、尹，〔三五〕秦曰令、長。漢書云：「縣長皆掌理其縣。萬户已上爲令，秩千石至六百石；減萬户爲長，秩五百石至三百石。〔三六〕皆有丞、尉，秩四百石至二百石，是爲長吏。百石以下，有佐史之秩，〔三七〕爲少吏。〔三八〕」漢京兆尹統長安令，後漢河南尹統洛陽令，魏、晉已後皆因之。隋初，兩京置四縣，增秩爲正五品，〔三九〕皇朝因之而不改。天后時，東都又置來庭、永昌二縣，以太原爲北都，尋亦罷。開元十一年置北都，以晉陽、太原爲京縣。十七年巡陵，又以奉先同京縣。丞二人，從七品上。漢氏縣丞、尉多以本郡人爲之，〔四〇〕三輔縣則兼用他郡。及隋氏革選，盡用他郡之人。漢已下皆一人。皇朝置京縣丞二員，〔四一〕北京太原、晉陽各置一丞。主簿二人，從八品上。自漢以來，主簿皆令、長辟除。周、隋長安縣令、丞已下有功曹主簿，西曹、兵·倉·户·法·士等曹主簿。皇朝京縣置二人，太原、晉陽各一員。録事二人，從九品下；隋長安縣置録事二人。佐二人，史二人。〔四二〕尉六人，從八品下。漢氏長安有四尉，分爲左、右部：城東、南置廣部尉，是爲左部；城西、北置明部尉，是爲右部。並四百石，黃綬、大冠。主追捕盜賊，伺察姦非。後漢洛陽置四尉，皆孝廉作，有東部、南部、西部、北部尉。魏氏因之。晉洛陽置六部尉，過江，亦於建康置六部尉，宋、齊、梁、陳並因之。北齊鄴縣亦置三尉。隋氏長安無尉，有正；煬帝後置尉。皇朝武德初，始置尉六人。司功佐三人，史六人。司倉佐四人，史八人。司户佐五人，史十人。司兵佐三人，史六人。司法佐五人，史十人。司士佐四人，史八人。典獄十四人。問事八人。白直十八人。博士一人，助教一人，學生五十人。

京兆、河南、太原諸縣，令各一人，正六品上；丞一人，正八品下。〔四三〕主簿一人，正九品上。隋九等縣丞、尉已下皆有，以本縣人爲之，高宗始爲品官，令吏部選授。尉二人，正九品下。後漢置尉，大縣二人，小縣一人，主捕盜賊。三國、晉、宋之後並因之。隋氏九等縣則上縣二人，中、下縣一人；煬帝改爲縣正，又爲書佐。皇朝復爲縣尉，畿縣户不滿四千者亦置二人，萬户已上置三人。諸州上縣令從六品上；丞一人，從八品上；〔四四〕主簿一人，正九品下；〔四五〕尉二人，從九品上。中縣令一人，正七品上；〔四六〕丞一人，從八品下；〔四七〕主簿一人，從九品上；尉一人，從九品下，縣滿四千户增置一人。中下縣令一人，從七品上；丞一人，正九品上；〔四八〕主簿一人，從九品上；尉一人，從九品下。〔四九〕下縣令一人，從七品下；丞一人，正九品下；主簿一人，從九品上；尉一人，從九品下丞一人，正八品下；注見上文。主簿一人，正九品上；隋九等縣丞、尉已下皆有光初功曹、光初主簿，功曹主簿，西曹、金·户·兵·法·士等曹佐及市令等員，正九品下，〔五〇〕皆本縣人爲之。高宗始爲品官，令吏部選授。尉二人，正九品下；録事二人，史三人；司功佐三人，史五人；司倉佐四人，史七人；司户佐四人，史七人，帳史一人。萬户已上增置佐二人、〔五一〕史四人、帳史一人。司法佐四人，史八人；萬户已上增置佐一人、史二人。司士佐四人，史八人；典獄十人；〔五二〕問事四人；白直十人；市令一人，佐一人，史一人，帥二人；經學博士一人，助教一人，學生四十人。

諸州上縣，令一人，從六品上；丞一人，從八品下；主簿一人，正九品下；尉二人，從九品上；〔五三〕録事二人，史三人；司户佐四人，史七人，帳史一人；〔五四〕萬户已上增置佐二人、史四人、帳史一人。司法佐四人，史八人；萬户已上增置佐一人、史二人，餘同畿縣。典獄十人；問事四人；白直十人；市令一人，佐一人，史一人，帥二人，倉督二人；博士一人，助教一人，學生四十人。

諸州中縣，令一人，正七品上；丞一人，從八品下；〔五五〕主簿一人，從九品上；尉一人，從九品下；録事一人，史二人；〔五六〕司户佐三人，史五人，帳史一人；〔五七〕四千户增置佐一人、史二人、帳史一人。司法佐三人，〔五八〕史六人；四千户增置佐一人、史二人。典獄八人；問事四人；白直八人；市令一人，佐一人，史一人，帥二人，倉督一人；博士一人，助教一人，學生三十五人。

諸州中下縣，令一人，從七品上；丞一人，正九品上；主簿一人，從九品上；尉一人，從九品下；録事一人，司户佐二人，史四人，〔五九〕帳史一人；司法佐二人，史四人；典獄六人；問事四人；白直八人；市令一人，佐一人，史一人，帥二人；無市則闕。博士一人，助教一人，學生二十五人。

諸州下縣，令一人，從七品下；丞一人，正九品下；主簿一人，從九品上；尉一人，從九品下録事一人，司户佐二人，史四人，帳史一人；司法佐二人，〔六〇〕史四人；典獄六人；問事四人；白直八人；市令一人，史一人，〔六一〕帥二人；無市則闕。博士一人，助教一人，學生二十人。

京畿及天下諸縣令之職，皆掌導揚風化，撫字黎氓，敦四人之業，崇五土之利，養鰥寡，恤孤窮，審察冤屈，躬親獄訟，務知百姓之疾苦。所管之户，量其資産，類其強弱，定爲九等。其户皆三年一定，以入籍帳。若五九、謂十九、四十九、五十九、七十九、八十九。三疾謂殘疾、廢疾、篤疾。及中、丁多少，貧富強弱，蟲霜旱澇，年收耗實，過貌形狀及差科簿，皆親自注定，務均齊焉。若應收授之田，皆起十月，里正勘造簿曆；十一月，縣令親自給授，十二月内畢。至於課役之先後，訴訟之曲直，必盡其情理。每歲季冬之月，行鄉飲酒之禮，六十已上坐堂上，五十已下立侍於堂下，使人知尊卑長幼之節。若籍帳、傳驛、倉庫、盗賊、河隄、道路，雖有專當官，皆縣令兼綜焉。縣丞爲之貳。

主簿掌付事勾稽，省署抄目，糾正非違，監印，給紙筆、雜用之事。

録事掌受事發辰，句檢稽失。〔六二〕

縣尉親理庶務，分判衆曹，割斷追催，〔六三〕收率課調。

博士掌以經術教授諸生。二分之月，釋奠于先聖、先師。

大都護府，大都護一人，從二品；副大都護一人，〔六四〕從三品；副都護二人，〔六五〕正四品上。漢武帝開西域，安其種落三十六國，置使者、校尉以領護之。宣帝時，鄭吉爲西域都護，始立幕府；都護之名，自吉始也。至章帝時，廢西域都護，令戊己校尉領之。魏、晉之間，有都護左·右軍、都護將軍之号，遂廢都護之名。皇朝永徽中，始置安南、安西大都護。景雲二年，又置單于都護。開元初，置北庭都護。今有單于副都護。長史一人，正五品上；漢宣帝置西域都護長史一人，自後不絶，今單于則不置。司馬一人，正五品下。漢武帝置護烏桓校尉、護羌校尉，各司馬二人；元帝置戊己校尉，亦置司馬一人，皆都護司馬之任也。録事參軍事一人，正七品上；録事二人，從九品上；史二人。功曹參軍事一人，正七品下；府二人；史二人。倉曹參軍事一人，正七品下；府二人；史二人。户曹參軍事一人，正七品下；府三人；史三人；帳史一人。兵曹參軍事一人，正七品下；府三人；史四人。法曹參軍事一人，正七品下；府三人；史四人。參軍事三人，正八品下。單于唯有兵曹、倉曹兩員。

上都護府，都護一人，正三品；副都護二人，從四品上。長史一人，正五品上；司馬一人，正五品下。録事參軍事一人，正七品下；録事二人；史三人。功曹參軍事一人，從七品上；府二人；史二人。倉曹參軍事一人，從七品上；府二人；史二人。户曹參軍事一人，從七品上；府三人；史三人；帳史一人。兵曹參軍事一人，從七品上；府三人；史四人。參軍事三人，從八品上。

都護、副都護之職，掌撫慰諸蕃，輯寧外寇，覘候姦譎，征討攜離；長史、司馬貳焉。諸曹如州、府之職。

上鎮，將一人，正六品下；鎮副一人，正七品下。魏有鎮東、鎮西、鎮南、鎮北將軍之名，晉、宋已後皆因之。隋有鎮將、鎮副，皇朝因之。録事一人；史二人。倉曹參軍事一人，從八品下；職同諸州司倉。佐一人；史二人。兵曹參軍事一人，從八品下；佐二人；史二人。倉督一人；史二人。

中鎮，將一人，正七品上；鎮副一人，從七品上。録事一人。兵曹參軍事一人，正九品下；佐一人；〔六六〕史四人。倉督一人，史二人。

下鎮，將一人，正七品下；鎮副一人，從七品下。録事一人。兵曹參軍事一人，從九品下；佐一人；史二人。倉督一人；史一人。

上戍，主一人，〔六七〕正八品下；戍副一人，從八品下。左傳曰齊侯使公子無虧戍曹，又使連稱、管至父戍葵丘。至後魏孝文，使趙遐爲梁城戍主。又王榮世爲三城戍主，〔六八〕遇賊陷城，與戍副鄧元興等皆不屈節，被害。宋書云：「劉德願爲遊擊將軍，領石頭戍事。」宋檀道濟以護軍領石頭戍事。宋、齊已下至隋，皆有其官，皇朝因之。佐一人；史二人。

中戍，主一人，從八品下；史二人。

下戍，主一人，正九品下；史一人。

鎮將、鎮副掌鎮捍防守，總判鎮事。

録事掌受事句稽。

倉曹掌儀式、倉庫，飲膳、醫藥，付事勾稽，省署抄目，監印，給紙筆，市易、公廨之事。

兵曹掌防人名帳，戎器、管鑰，差點及土木興造之事。〔六九〕

戍主、戍副掌與諸鎮略同。

五嶽、四瀆，令各一人，正九品上。古者，神祠皆有祝及祭酒，或有史者。令，蓋皇朝所置。祝史三人；齋郎三人。〔七〇〕並皇朝所置。〔七一〕

廟令掌祭祀及判祠事。

祝史掌陳設、讀祝、行署文案。

齋郎掌執俎豆及灑掃之事。〔七二〕

上關，令一人，從八品下；按：周禮有司關上士二人，又有尹喜爲關令；漢有甯成爲關都尉，並其職也。〔七三〕

隋代立制，皇朝因之。丞二人，正九品下。〔七四〕皇朝置。〔七五〕録事一人，〔七六〕府二人，史四人，〔七七〕典事六人，津吏八人。〔七八〕

中關，令一人，〔七九〕正九品下；丞一人，從九品下。録事一人，府一人，〔八〇〕史二人，典事四人，津吏六人。

下關，令一人，從九品下。府一人，史二人，典事二人，津吏四人。

關令掌禁末遊，伺姦慝。凡行人車馬出入往來，必據過所以勘之。

丞掌付事勾稽，監印，省署抄目，通判關事。

録事掌受事發辰，勾檢稽失。

典事掌巡剗鋪及雜當。

津吏掌橋船之事。無津則不置。〔八一〕

唐六典載古官制度，備因革，成一王書，可爲後世標準。比緣兵火，所在闕文。械承乏永嘉，得本於州學教授張公，同以白　太守徽學新安程公，〔八二〕一見肅然，曰：「周公之典，所謂設官分職，以爲民極，〔八三〕蓋具體矣。其階品有制，其尊卑有序，其名官有義。公等能廣其傳，則朝廷於焉若稽，〔八四〕縉紳於焉矩儀，〔八五〕士子於焉講究，〔八六〕一舉三得，〔八七〕不其偉歟！」〔八八〕因命張公校其訛闕，〔八九〕而棫募工鏤板，〔九〇〕幾年有成，〔九一〕乃藏諸學，〔九二〕以傳久遠，資其直以養士類。〔九三〕

紹興四年，歲次甲寅，七月戊申朔。左文林郎充温州州學教授張希亮校正，左宣教郎知温州永嘉縣主管勸農公事詹棫題誌

校勘記

〔一〕又置通守以貳太守　隋書百官志「以貳」作「位次」。

〔二〕隋有户曹參軍　近衛校明本曰：「『隋』下恐脫『初』字。」

〔三〕典獄十八人　舊唐書職官志作「十一人」，新唐書百官志同六典。

〔四〕上軍大將軍曹真都督中外諸軍事　原本「上」下無「軍」字，正德以下諸本皆然，據三國志魏志曹真傳及宋書百官志增。

〔五〕皇朝武德四年又改爲都督府　案：通典職官十四州郡上「都督」條曰：「（武德）七年，改大總管府

爲大都督府，總管府爲都督府。」杜佑原注：「舊洛州已置都督府，武德四年廢府，置大行臺。」同書職官十五州郡下「京尹」條曰：「大唐武德四年，置洛州都督。」又，舊唐書高祖本紀曰：「（武德四年）十一月甲申，於洛州置大行臺，廢洛州都督府。庚寅，焚（洛州）都督紫微宫乾陽殿。」同書又曰：「（武德七年二月丁巳）改大總管府爲大都督府。」蓋唐於武德四年平王世充、竇建德後，曾於其舊都洛州、洛州臨時特置都督府，六典本注及舊唐書職官志所言「武德四年又改爲都督」，卽指此也。然斯二都督府旋卽罷廢，其正式改置，實始於武德七年，觀唐會要記諸大總管府、總管府之改爲大都督、都督府多在七年二月十八（或十七）日，可知也。

〔六〕至北齊八命七命六命州刺史各有長史　近衞校明本曰：「按北齊九等州有長史，後周八命、七命、六命刺史有長史，疑『北齊』下有脱誤。」案：參稽下文「司馬員品」條原注、隋書百官志及通典職官二十一後周官品，所脱疑爲「九等州各有長史，後周」九字。

〔七〕開元初始增其秩　舊唐書職官志：「景雲二年，（中略）雍、洛及大都督府長史加爲三品階。」同書睿宗本紀曰：「（景雲二年）秋七月，新置都督府並停。唯雍·洛州長史、揚·益·荆·并四大都督府長史階爲三品。」

〔八〕白直二十二人　舊唐書職官志作「二十四人」。

〔九〕北齊九等州縣各有倉督員隋因之　隋書百官志唯云北齊九等郡、隋九等州各有倉督員，不及縣。

〔一〇〕若中下都督府户滿四萬已上者　原本「萬」下有「人」字，正德以下諸本皆然，近衞校明本曰：

「『人』恐衍。」參照下文「中都督府醫學博士員品」、「下都督府都督員品」及「下都督府經學博士員品」等條原注，近衛所校是也，今據以删。

〔一一〕漢司隷校尉有別駕從事校尉一人行部則奉引　近衛校明本曰：「『一人』二字當在『從事』下。」案：續漢書百官志云：「別駕從事，校尉行部則奉引。」

〔一二〕主録衆事　續漢書百官志「録」上無「主」字。

〔一三〕宋齊梁陳後魏周隋因而不改　據隋書百官志，「後魏」下疑當有「北齊」二字。

〔一四〕垂拱初　通典職官十五州郡下「總論郡佐」條作「（高宗）上元元年」，唐會要卷六十九別駕作「（高宗）上元二年（十月十日）」。

〔一五〕助教一人　原本無此四字，正德以下諸本皆然。案：職官分紀卷三十九引六典，大都督府醫學博士所屬有「助教一人」，原注曰：「中、下府同。」今據以增。

〔一六〕下都督府户滿二萬以上者　「府」字原本無，據正德本增。

〔一七〕至武帝元封五年　「封」字原本訛作「光」，正德以下諸本並訛「封」作「光」、「五」作「三」，今據漢書武帝紀改。

〔一八〕司户參軍事二人　舊唐書職官志作「一人」，新唐書百官志作「二人」。

〔一九〕司法參軍事二人　舊唐書職官志作「一人」，新唐書百官志作「二人」。

〔二〇〕白直二十人　舊唐書職官志作「二十四人」。

〔二一〕帥三人　原本無此三字，正德以下諸本皆然，據舊唐書職官志增。

〔二二〕從九品下　舊唐書職官志、新唐書百官志「下」並作「上」。

〔二三〕從八品下　「下」字原本訛作「上」，正德以下諸本皆然，據通典職官二十二大唐官品改。

〔二四〕敦諭五教　「敦諭」，正德以下諸本作「教諭」，舊唐書職官志作「敦敷」。

〔二五〕問百姓　舊唐書職官志「姓」作「年」。

〔二六〕部内有篤學異能聞於鄉閭者　「部」字原本無，正德以下諸本皆然，據舊唐書職官志增。

〔二七〕必察之　舊唐書職官志「必」下有「謹而」二字。

〔二八〕若獄訟之枉疑　舊唐書職官志「之枉疑」三字作「疑議」二字。

〔二九〕其孝悌力田者　舊唐書職官志「田」下有「頗有詞學」四字。

〔三〇〕省署秒目　正德以下諸本「秒」並作「抄」，二字音義並通。

〔三一〕州府之任備焉　「府」字原本作「縣」，正德以下諸本皆然，據舊唐書職官志改。

〔三二〕萬年長安河南洛陽奉先太原晉陽令各一人　「各」字原本無，正德以下諸本皆然；近衞校明本曰：「『令』下脱『各』字。」今據以增。

〔三三〕大國則别置邑縣鄙　舊唐書職官志「邑」上有「郡」字。

〔三四〕齊晉謂之大夫魯衞謂之宰　原本兩「之」字並作「云」，據正德本改。

〔三五〕楚爲公尹　「公」字原本訛作「令」，正德以下諸本皆然，據舊唐書職官志改。

〔三六〕秩五百石至三百石　「至三百石」四字原本無，正德以下諸本皆然，據漢書百官公卿表增。

〔三七〕有佐史之秩　漢書百官公卿表「佐史」上有「斗食」二字。

〔三八〕爲少吏　漢書百官公卿表「爲」上有「是」字。

〔三九〕隋初兩京置四縣增秩爲正五品　隋書百官志：大興、長安縣令本從五品下；煬帝三年，始增大興、長安、河南、洛陽四縣令爲正五品。

〔四〇〕漢氏縣丞尉多以本郡人爲　「郡」字原本作「部」，據正德本改。

〔四一〕皇朝置京縣丞二員　「二」字原本訛作「三」，正德以下諸本皆然，據正文改。

〔四二〕史二人　舊唐書職官志作「四人」。

〔四三〕丞一人正八品下　「下」字原本訛作「上」，正德以下諸本皆然，據通典職官二十二大唐官品及舊唐書職官志「總叙官品」條改。

〔四四〕丞一人從八品上　本卷此下「諸州上縣丞員品」條正文、舊唐書職官志「諸州上縣丞員品」條及新唐書百官志均作「從八品下」，通典職官二十二大唐官品、舊唐書職官志「總叙官品」條同本注。下「上縣丞員品」條正文同此不另。

〔四五〕主簿一人正九品下　原本無「正」字，今據其下諸州上縣「主簿員品」條正文、舊唐書職官志及新唐書百官志增。正德以下諸本作「從九品下」，非。

〔四六〕正七品上　「正」字原本無，正德以下諸本皆然，今據其下「諸州中縣令員品」條正文增。

〔四七〕從八品下　「下」字原本作「上」，正德以下諸本皆然，據通典職官二十二大唐官品改。

〔四八〕正九品上　「正」字原本無，正德以下諸本皆然，今據其下「中下縣丞員品」條正文增。

〔四九〕從九品下　「下」字原本無，正德以下諸本皆然，據其下「中下縣尉員品」條正文增。

〔五〇〕隋九等縣丞尉至正九品下　據隋書百官志，隋大興、長安縣正、功曹主簿位亦才視從九品，遑論其餘？參諸本注下文「高宗始爲品官，令吏部選授」之語，上述注文疑有脱誤，待考。

〔五一〕萬户已上增置佐二人　「二」字原本壞作「一」，據正德本改。

〔五二〕典獄十人　舊唐書職官志作「十四人」。

〔五三〕從九品上　「上」字原本訛作「下」，正德以下諸本皆然，據上文「京兆、河南、太原諸縣令員品」條原注改。

〔五四〕帳史一人　原本無此四字，正德以下諸本皆然，據舊唐書職官志增。

〔五五〕從八品下　原本訛作「正九品上」，正德以下諸本皆然，據通典職官二十二大唐官品改。

〔五六〕史二人　舊唐書職官志作「四人」。

〔五七〕帳史一人　原本無此四字，正德以下諸本皆然，據舊唐書職官志增。

〔五八〕司法佐三人　舊唐書職官志作「二人」。

〔五九〕史四人　舊唐書職官志作「三人」。

〔六〇〕司法佐二人　舊唐書職官志作「一人」。

〔六一〕史一人　舊唐書職官志作「史二人」，其上有「佐一人」。

〔六二〕句檢稽失　原本「句」、「檢」二字互倒，正德以下諸本皆然。近衛校明本曰：「(檢句)當作『句檢』。」是，今據以改。

〔六三〕割斷追催　正德以下諸本「催」並作「徵」。

〔六四〕副大都護一人　新唐書百官志作「二人」，舊唐書職官志未見。

〔六五〕副都護二人　舊唐書職官志作「四人」，新唐書百官志作「二人」。

〔六六〕佐一人　原本「一」作「三」，正德以下諸本皆然。案：上鎮兵曹參軍佐才只二人，中鎮焉能過之？「三」字顯訛，今據新唐書百官志改。

〔六七〕上戍主一人　「戍主」二字原本殘缺，據正德本補。

〔六八〕又王榮世爲三城戍主　「王榮世」原本訛作「王世榮」，正德以下諸本皆然，今據北史節義傳改。

〔六九〕差點及土木興造之事　新唐書百官志作「馬驢、土木、謫罰之事」。

〔七〇〕祝史三人齋郎三人　以上八字原本無，正德以下諸本皆然，今據職官分紀卷四十三引六典「五岳四瀆令員品」條增。　齋郎三人，舊唐書職官志、新唐書百官志並作「三十人」。

〔七一〕並皇朝所置　以上五字原本無，正德以下諸本皆然，據職官分紀同上卷引六典同條原注增。

〔七二〕齋郎掌執俎豆及灑掃之事　「掌」字原本無，正德以下諸本皆然，據職官分紀同上卷引六典「齋郎職掌」條增。

〔七三〕並其職也　「並」字原本殘闕，據正德本補。

〔七四〕正九品下　原本作「從九品上」，正德以下諸本皆然，今據通典職官二十二大唐官品改。

〔七五〕皇朝置　「朝」字原本殘缺，據正德本補。

〔七六〕録事一人　原本僅存「事」字，餘並殘缺，據正德本補。

〔七七〕史四人　「史四」二字原本殘缺，據正德本補。

〔七八〕津吏八人　「人」字原本殘缺，據正德本補。

〔七九〕中關令一人　原本五字全缺，據正德本補。

〔八〇〕府一人　新唐書百官志作「二人」。

〔八一〕無津則不置　原本全句書作大字正文，綴於上文「事」下，正德以下諸本皆然。近衞校明本曰：「『無津』以下五字恐注文。」與六典及原注文例合，今據以改。

〔八二〕同以白太守徽學新安程公　「白」字原本殘缺，據正德本補。

〔八三〕以爲民極　「民」字原本殘缺，據正德本補。

〔八四〕則朝廷於焉若稽　「稽」字原本殘缺，據正德本補。

〔八五〕縉紳於焉矩儀　原本僅「焉」字猶可辨認，餘並殘缺，據正德本補。

〔八六〕士子於焉講究　原本僅存「士」、「究」二字，餘並殘缺，據正德本補。

〔八七〕一舉三得　原本四字全缺，據正德本補。

〔八八〕不其偉歟　原本僅「歟」字猶可辨認，餘並殘缺，據正德本補。

〔八九〕因命張公校其訛闕　原本僅存「訛」字，餘並殘缺，據正德本補。

〔九〇〕而械募工鏤板　「械募工」三字原本殘缺，據正德本補。

〔九一〕幾年有成　「有成」二字原本殘缺，據正德本補。

〔九二〕乃藏諸學　正德本「乃」下有「丐」字。

〔九三〕資其直以養士類　「養」字原本殘缺，據正德本補。又正德本「類」下有「云」字。

中國史學基本典籍叢刊　書目

續編兩朝綱目備要
宋季三朝政要箋證
宋代官箴書五種
契丹國志
西夏書校補
大金弔伐録校補
大金國志校證
聖武親征録（新校本）
黑韃事略校注
元朝名臣事略
明本紀校注
皇明通紀
明季北略
明季南略
國初群雄事略
三朝遼事實録
小腆紀年附考
小腆紀傳
史略校箋
廿二史劄記校證
通鑑地理通釋
文史通義校注